«*Ecumene* è il nome dato dai Greci antichi a ciò che essi consideravano il mondo abitato. In *Età di conquiste*, Angelos Chaniotis racconta la storia dell'*ecumene* ellenistica – la sua straordinaria diversità culturale, oltre alle persone, alle idee e agli eventi che per secoli la unirono. Chaniotis rompe audacemente con le divisioni cronologiche tradizionali della storia antica e scrive della lunga età ellenistica che va dal periodo del regno di Alessandro fino ad Adriano. Chiunque sia interessato alle grandi conquiste culturali dell'antico mondo greco trarrà grande profitto da questo libro ambizioso, opera di un grande storico.»
  Alain Bresson, autore di *The Making of the Ancient Greek Economy: Institutions, Markets, and Growth in the City-States*

«Una storia dell'oriente greco vivace e di ampio respiro che offre una rara combinazione di erudizione e di accessibilità.»
  Andrew Erskine, Professore di Storia antica, Università di Edimburgo

«Angelos Chaniotis, in questo nuovo lavoro, trasmette tutta la ricchezza e l'emozione di un'epoca straordinaria della storia umana. Il periodo della storia greca successivo alla morte di Alessandro è la storia dell'ascesa e della caduta di imperi e di regni, di un nuovo mondo greco globale che si stende dalla Cirenaica all'Afghanistan, e della lotta delle città del "vecchio" mondo greco per mantenere la loro posizione. Ma è anche un periodo di intensa creatività culturale e scientifica, nel quale i sovrani erano onorati come dei, e nel quale per la prima volta le nostre fonti rivelano dettagli della vita quotidiana dei Greci e degli stranieri. Non c'è nessuno che conosca i documenti relativi alla lunga età ellenistica meglio di Chaniotis – e in *Età di conquiste* imprime la vita a questa tela variegata.»
  Tom Harrison, Professore di Storia antica, Università di St Andrews

«Il periodo che inizia con le conquiste di Alessandro Magno e finisce con il regno dell'imperatore romano Adriano è uno dei più importanti e tumultuosi della storia. Gesù Cristo, Cleopatra, Giulio Cesare e Nerone sono solo alcune delle figure che vissero in quest'epoca. Greci e parlanti greco svolsero un ruolo importante in questo periodo e sono testimoni di una serie di fenomeni stupefacenti – l'emergere del Cristianesimo, il consolidamento dell'impero romano, la fondazione della biblioteca di Alessandria, e progressi duraturi nella filosofia, nella letteratura, nel pensiero politico e nella tecnologia. Angelos Chaniotis fa rivivere l'età ellenistica con straordinaria cultura, piena padronanza delle fonti e sensibilità. Il suo libro offre un'immagine brillante del cosmopolita mondo greco e rivela perché è ancora importante per noi oggi.»
  Phiroze Vasunia, autore di *The Gift of the Nile: Hellenizing Egypt from Aeschylus to Alexander*

ETÀ DI CONQUISTE

Angelos Chaniotis

ETÀ DI CONQUISTE

Il mondo greco da Alessandro ad Adriano

Traduzione di *Lucia Floridi*

EDITORE ULRICO HOEPLI MILANO

Titolo originale: *Age of Conquests. The Greek World from Alexander to Hadrian (336 BC - AD 138)*
Original English language edition first published by Profile Books Ltd, London
Copyright © Angelos Chaniotis, 2018
All Rights Reserved

Per l'edizione italiana:
Copyright © Ulrico Hoepli Editore S.p.A. 2019
via Hoepli 5, 20121 Milano (Italy)
tel. +39 02 864871 - fax +39 02 8052886
e-mail hoepli@hoepli.it

www.hoepli.it

Tutti i diritti sono riservati a norma di legge
e a norma delle convenzioni internazionali

Le fotocopie per uso personale del lettore possono essere effettuate nei limiti del 15% di ciascun volume/fascicolo di periodico dietro pagamento alla SIAE del compenso previsto dall'art. 68, commi 4 e 5, della legge 22 aprile 1941 n. 633. Le fotocopie effettuate per finalità di carattere professionale, economico o commerciale o comunque per uso diverso da quello personale possono essere effettuate a seguito di specifica autorizzazione rilasciata da CLEARedi, Centro Licenze e Autorizzazioni per le Riproduzioni Editoriali, Corso di Porta Romana 108, 20122 Milano, e-mail autorizzazioni@clearedi.org e sito web www.clearedi.org.

ISBN 978-88-203-8620-7

Ristampa:

4 3 2 1 0   2019 2020 2021 2022 2023

Traduzione: Lucia Floridi
Realizzazione editoriale: Bold Content & Consulting - Milano
Copertina: mncg S.r.l. - Milano

La traduzione dell'opera è stata realizzata grazie al contributo del SEPS
SEGRETARIATO EUROPEO PER LE PUBBLICAZIONI SCIENTIFICHE

SEPS
Via Val d'Aposa 7 - 40123 Bologna
seps@seps.it   -   www.seps.it

Stampato da L.E.G.O. S.p.A., stabilimento di Lavis (TN)

Printed in Italy

Alla memoria di John Davey

Sommario

Lista delle cartine XIII
Lista delle immagini XXI
Premessa XXV

Introduzione 1

1 Come tutto ebbe inizio. Dalla Macedonia
  all'*ecumene* (356-323 a.C.) 11
  L'eredità di un padre (356-336 a.C. ca.) – L'idea di un figlio: da
  Troia all'Egitto (336-331 a.C.) – Passaggio in Persia: Alessandro
  il vendicatore (331-327 a.C.) – *Pothos*: il desiderio di superare
  il limite (327-324 a.C.) – Diventare immortale (324-323 a.C.) –
  L'eredità di Alessandro

2 I successori. Avventurieri e architetti di regni (323-275 a.C.) 33
  Il problema della successione (323 a.C.) – I successori: il ritratto
  dell'ambizione – La guerra lamiaca o guerra ellenica (323-322
  a.C.) – Da signori della guerra a re (322-306 a.C.) – Sogni di impero (306-281 a.C.) – Avventure siciliane – L'ultimo avventuriero: Pirro – Un nuovo mondo a est e a ovest: diviso ma connesso

3 La «vecchia» Grecia nel III secolo breve. Lotte per la
  sopravvivenza, la libertà e l'egemonia (279-217 a.C.) 59
  L'ubiquità della guerra – I nuovi barbari: i Galli fanno il loro
  ingresso nel mondo greco (279-277 a.C.) – La guerra cremonidea
  (267-261 a.C.) – Arato e l'ascesa degli Achei (251-229 a.C.) – I
  restauratori del potere: Dosone e Cleomene (239-221 a.C.) – La
  «guerra sociale»: l'ultima grande guerra che i Greci combatterono da soli (220-217 a.C.)

4 L'età d'oro tolemaica (283-217 a.C.) 77
  L'egemonia tolemaica nel III secolo breve – Niente di buono sul
  fronte orientale: le guerre siriache (274-253 a.C.) – *Cherchez la*

femme: la guerra di Laodice (246-241 a.C.) e la chioma di Berenice – L'ultima vittoria tolemaica: la battaglia di Rafia

5 Re e regni   89
   Basileia: le origini eterogenee della sovranità ellenistica – La sovranità come un affare di famiglia – Nuove sfide amministrative: governare un impero – Città e re: lotte per l'autonomia e illusioni di libertà – Il carattere militare della regalità ellenistica – La divinità mortale dei re ellenistici – Negoziare il potere – La messa in scena della monarchia

6 La città-stato in un mondo di confederazioni e di imperi   127
   La *polis*: declino fisico e longevità ideologica – Un mondo pieno di *poleis* – Il federalismo ellenistico: grandi attese e grandi fallimenti – Istituzioni politiche – Illusioni di democrazia e realtà di plutocrazia – Lo *star system* ellenistico: demagoghi, tiranni, dinasti ed eroi

7 L'intreccio. L'avvento di Roma (221-188 a.C.)   155
   Symploke: la nascita della storia globale – «La donna, il fuoco, il mare»: la guerra che portò i Romani nei Balcani (229 a.C.) – Dalla fiducia e la lealtà all'espansione: i primi passi di Roma verso l'impero – Demetrio di Faro e la seconda guerra illirica (219-218 a.C.) – Nubi in occidente (217-205 a.C.) – Il grande intreccio: la prima guerra macedone (215-204 a.C.) – La crisi egizia e un'alleanza opportunistica (204-201 a.C.) – Un punto di svolta nell'imperialismo romano? La seconda guerra macedone (200-197 a.C.) – Libertà: un annuncio gravido di conseguenze (196 a.C.) – Uno scontro fatale: Antioco III e Roma (196-189 a.C.) – La pace di Apamea: un punto di svolta nella storia dell'oriente greco (188 a.C.) – Quando la Grecia smise di produrre uomini per bene

8 Gli stati greci diventano province romane (188-129 a.C.)   183
   Il dominio come abitudine – La fine del regno macedone (179-167 a.C.) – *Graecia capta*: la trasformazione della Grecia in provincia (167-146 a.C.) – Da regno alleato a provincia: gli ultimi Attalidi (159-129 a.C.) – L'espansione come sfruttamento: i *publicani* romani in Asia

9 Declino e caduta dei regni ellenistici in Asia e in Egitto
   (188-80 a.C.)   201
   Götterdämmerung in oriente – Uno scontro di culture in Giudea: da sommi sacerdoti a re – L'ascesa e la caduta dei regni greci in Asia centrale – I conflitti dinastici seleucidi e la morte lenta della dinastia – Il gioco dei troni: le guerre civili dei Tolomei

10 Un campo di battaglia di ambizioni straniere (88-30 a.C.) 215
    Nostalgia della libertà di fare la guerra – Il Ponto: da regno pe-
    riferico a protagonista internazionale – La prima guerra mitrida-
    tica e l'ascesa di Silla – La seconda e la terza guerra mitridatica
    e le ambizioni di Lucullo – Le guerre contro i pirati e l'ascesa
    di Pompeo – Il progetto di Pompeo per l'oriente romano – Gli
    ultimi Tolomei: da re a clienti di patroni romani – Una relazione
    romana: Cleopatra e Cesare – Il dittatore è morto. Lunga vita a
    chi? – L'ultimo dramma ellenistico: Antonio e Cleopatra

11 Un oriente romano. Storie locali e il loro contesto globale
    (30 a.C.-138 d.C.) 241
    Dèi terreni e re celesti – I Greci ai margini della storia mondiale –
    Augusto e la creazione del principato – Organizzare l'oriente
    romano: re clienti e annessioni – Rivitalizzare la Grecia e l'Asia
    Minore – Nerone, la breve libertà dei Greci e la lunga lotta dei
    Giudei – L'inclusione dei Greci nell'élite imperiale: i Flavi – Il
    consolidamento dei confini dell'*ecumene*: Traiano e Adriano

12 Imperatori, città e province da Augusto ad Adriano
    (30 a.C.-138 d.C.) 269
    Il dono della divina Provvidenza agli uomini: l'imperatore roma-
    no – Governare da lontano: la visibilità dell'imperatore – *Theoi
    sebastoi*: la divinità degli imperatori – L'amministrazione provin-
    ciale – Le città: *poleis* tradizionali, colonie romane e vita politica

13 Le condizioni socio-economiche. Da città greche a rete
    «ecumenica» 301
    La ridefinizione delle gerarchie sociali: ricchezza, *status* giuridico
    e posizione sociale – Uomini di cultura: l'avanzamento sociale
    grazie all'istruzione e alle competenze – Prossimità al potere e
    mobilità sociale – Problemi urgenti e soluzioni fallimentari nella
    Grecia ellenistica – *Ubi bene ibi patria*: migrazioni ellenistiche –
    Specializzazione professionale e mobilità – *Pax Romana*: tensioni
    ereditate in un nuovo contesto

14 Tendenze sociali e culturali. Benefattori, confratelli, efebi,
    atleti, uomini, donne e schiavi 329
    Individuare tendenze e innovazioni – «Evergetismo»: benefici,
    prestigio sociale e potere politico – Le associazioni volontarie –
    Cultura agonistica e star internazionali nello sport e nell'intrat-
    tenimento – La formazione dei valori e dell'identità civica: l'efebia
    e il ginnasio – Nuovi modelli matrimoniali e la visibilità delle
    donne – Sfumature di grigio: la schiavitù nel mondo ellenistico e
    nell'oriente romano

15 Dal culto cittadino al megateismo. Le religioni in un mondo cosmopolita 357
Tendenze globali, esperienze individuali – Che cosa c'è di «ellenistico» nelle religioni della «lunga età ellenistica»? – I festival – La popolarità mutevole dei vecchi dèi – Culti egizi ed egizianeggianti – Mitra – Il sommo dio, influenze giudaiche e tendenze monoteistiche – Un'età di miracoli – A me le orecchie: la comunicazione personale con il divino – Culti misterici tradizionali – L'aldilà – Innovazione religiosa: fondatori di culti, missionari e «santoni» – Il Cristianesimo e l'inizio dell'intolleranza religiosa

16 I Greci e l'*ecumene* 399
Sei gradi di separazione: un'antica «globalizzazione» – Connettività: un mondo piccolo – Popoli in movimento – Convergenza culturale e tradizioni locali

Citazioni e fonti 415
Bibliografia 435
Cronologia 445
Indice analitico 455

Lista delle cartine

Cartina 1: La Grecia e l'Asia Minore occidentale
Cartina 2: Le campagne di Alessandro
Cartina 3: Il mondo ellenistico
Cartina 4: L'Italia meridionale e la Sicilia durante la spedizione di Pirro
Cartina 5: L'Asia Minore
Cartina 6: Il regno Seleucide e i regni greco-battriani
Cartina 7: L'impero di Augusto
Cartina 8: L'impero romano sotto Traiano e Adriano

La Grecia e l'Asia Minore occidentale

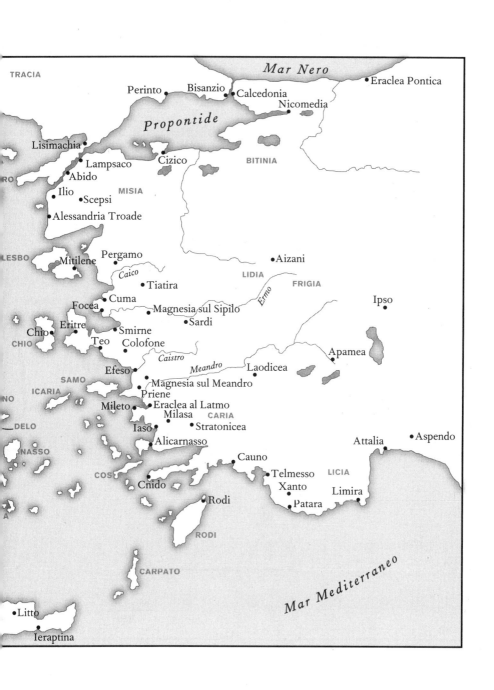

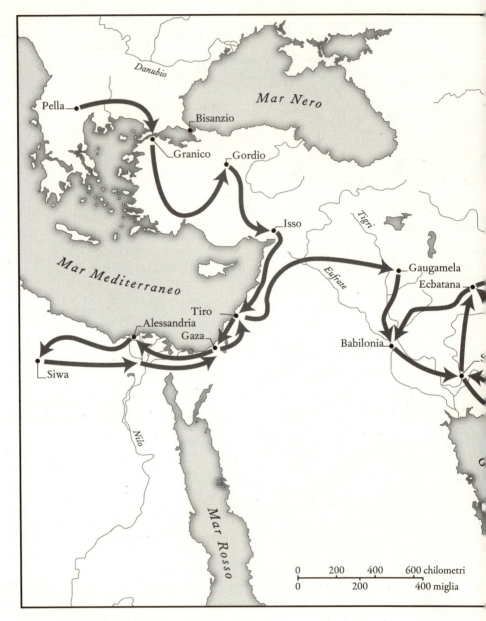

Le campagne di Alessandro

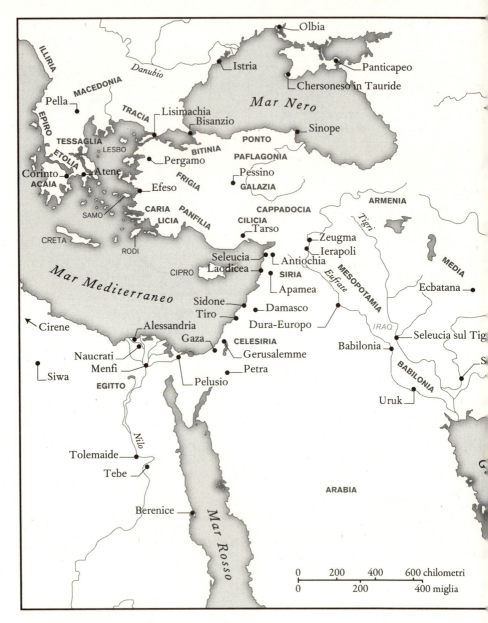

Il mondo ellenistico

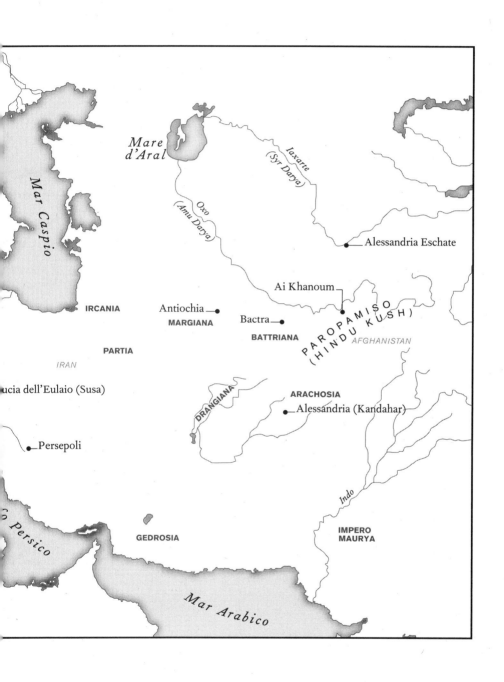

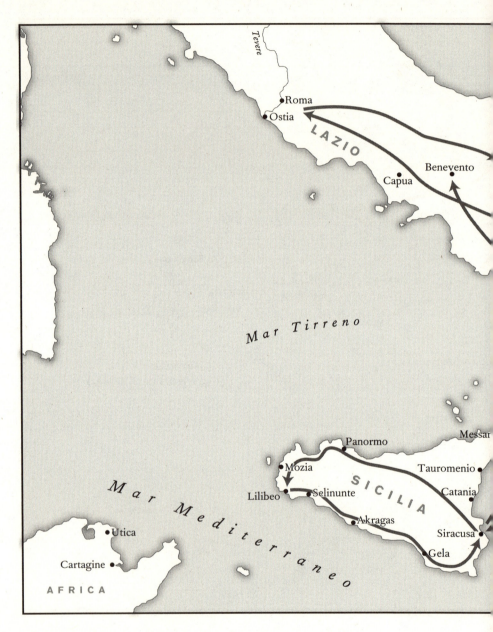

L'Italia meridionale e la Sicilia durante la spedizione di Pirro

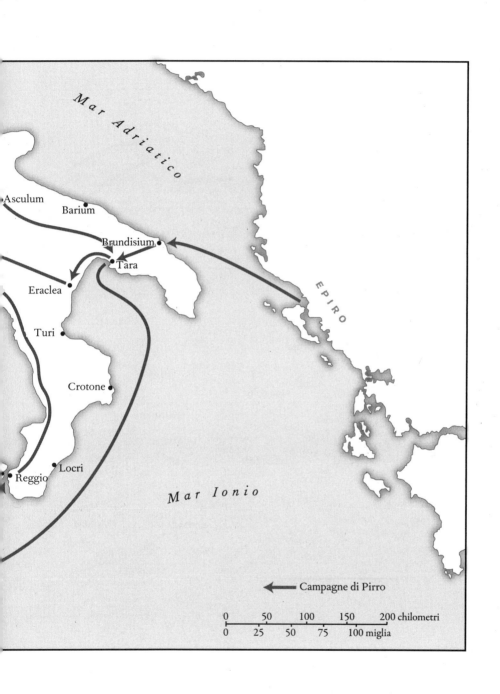

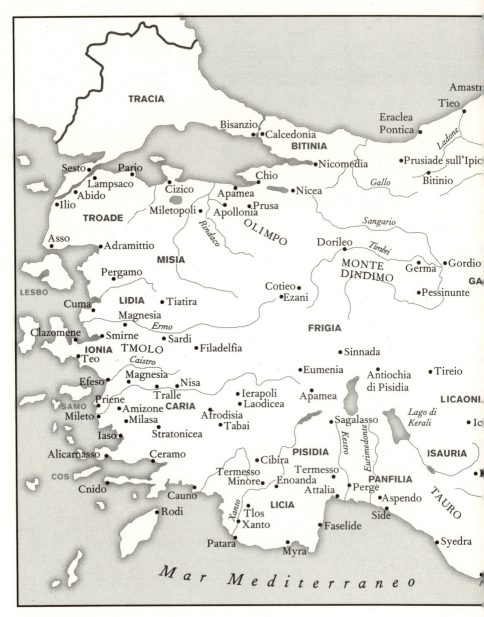

L'Asia Minore

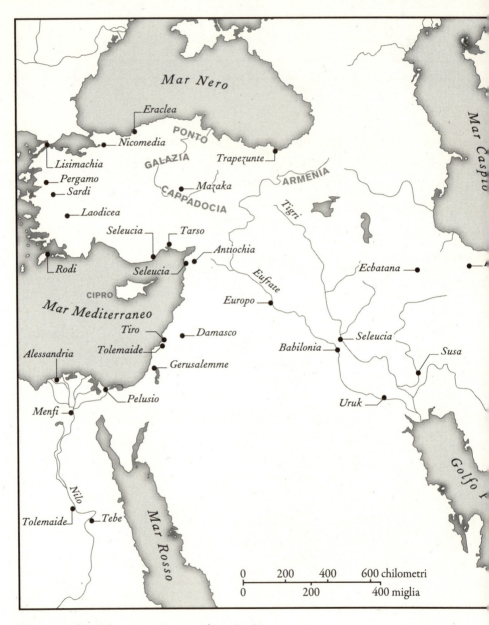

Il regno Seleucide e i regni greco-battriani

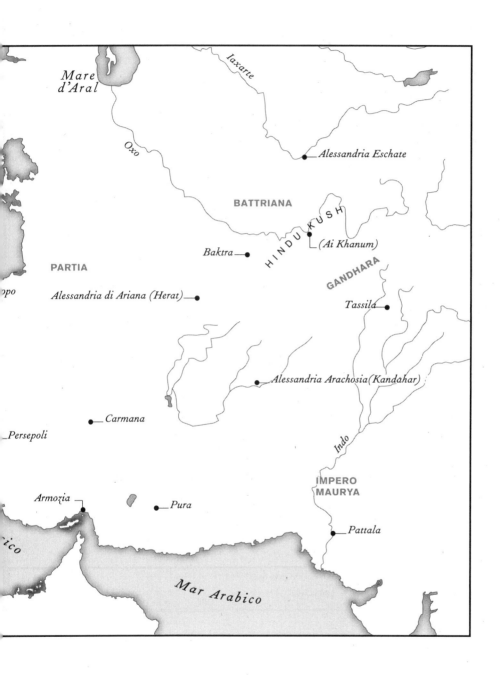

L'impero di Augusto

L'impero romano sotto Traiano e Adriano

Lista delle immagini

1. Testa di Filippo II di Macedonia, miniatura in avorio. Vergina, 350-336 a.C. circa. Museo archeologico di Ege/Vergina. Photo © Granger Historical Picture Archive/Alamy Stock Photo　　p. 14
2. Tetradracma d'argento di Lisimaco raffigurante Alessandro con il diadema e le corna di Ammone. Zecca di Lisimachia, 297–281 a.C. circa. Museo numismatico di Atene (inv. n. NM 1204). Photo © Museo numismatico di Atene　　p. 21
3. Tetradracma d'argento di Demetrio Poliorcete; sul dritto, Nike è in piedi sul castello di prua di una galera, con una tromba in mano; sul rovescio, Poseidone. Zecca di Efeso, 301–295 a.C. circa. Museo numismatico di Atene (inv. n. NM Collezione di Empedocle 288). Photo © Museo numismatico di Atene　　p. 42
4. Le sette meraviglie del mondo antico. Il colosso di Rodi. Incisione di Philip Galle (1537–1612), da un soggetto di Maarten van Heemskerck (1498–1574). The Nelson-Atkins Museum of Art, Kansas City. Photo © PHAS/uIG/Getty Images　　p. 45
5. Calco moderno del ritratto in marmo della testa di Pirro d'Epiro. Copia romana di un originale del tardo III sec. a.C. Museo archeologico di Ioannina. Eforato delle Antichità di Ioannina. Photo © Ministero greco della cultura e dello sport/Archaeological Receipts Fund　　p. 49
6. Gruppo scultoreo in marmo raffigurante il Gallo Ludovisi che uccide se stesso e la moglie. Copia di un gruppo statuario della fine del III sec. a.C., I/II sec. d.C. Museo Nazionale di Roma. Photo © De Agostini/G. Dagli Orti/Getty Images　　p. 66
7. Moneta d'oro di Arsinoe II, III sec. a.C. Photo © CM Dixon/Print Collector/Getty Images　　p. 69
8. Tetradracma d'argento con effigiato il sovrano della Battriana Eucratide I (297-281 a.C. circa); Eucratide ha in mano una lancia e indossa un diadema e un elmo con corna, 297–281 a.C. circa. Museo numismatico di Atene (inv. n. NM 1850/1998). Photo © Museo numismatico di Atene　　p. 110

9. Statua di bronzo di un sovrano ellenistico, III/II sec. a.C. Museo nazionale romano. Palazzo Massimo, Italia. Photo © B O'Kane/Alamy Stock Photo p. 111

10. Statua di un politico ellenistico da un monumento funerario. Smirne. Ora perduta. Photo: P. Zanker, 'Brüche im Bürgerbild? Zur bürgerlichen Selbstdarstellung in den hellenistischen Städten', in M. Wörrle e P. Zanker (edd.), Stadtbild und Bürgerbild im Hellenismus, Munich, 1995, 267 fig. 5 p. 148

11. Statua di un uomo con la barba. Provenienza ignota, 150 a.C. circa. Jean Paul Getty Museum (inv. n. 91.AA.14). Photo © J. Paul Getty Museum, Villa Collection, Malibu, California p. 148

12. Gruppo di Atena (Atena combatte contro il gigante Alcioneo e Gea). Dal fregio dell'altare di Pergamo, II sec. a.C. Museo di Pergamo, Berlino. Photo © World History Archive/Alamy Stock Photo p. 195

13. Tetradracma d'argento di Cleopatra VII. Zecca di Ascalon, 48 a.C. circa. Museo numismatico di Atene (inv. n. NM Demetriou Collection 1636). Photo © Museo numismatico di Atene p. 232

14. Le rovine del tempio di Augusto e Roma. Ankara, Turchia, I sec. d.C. Photo © eFesenko/Alamy Stock Photo p. 248

15. Portico meridionale del Sebasteion di Afrodisia con immagini mitologiche. Afrodisia, metà del I sec. d.C. Photo © Angelos Chaniotis p. 250

16. Bassorilievo in marmo dal Sebasteion di Afrodisia: Claudio sottomette la Britannia. Afrodisia, metà del I sec. d.C. Photo © Scavi di Afrodisia (Guido Petruccioli). Courtesy R.R.R. Smith p. 251

17. Colonna di marmo usata come pietra miliare per segnalare il 260° miglio da Epidamno. Sindos, 146–118 a.C. circa. Museo archeologico di Salonicco (inv.n. MΘ 6932; IG X.2.1 Suppl. 1668). Photo © Ministero greco della cultura e dello sport/Archaeological Receipts Fund (O. Kourakis) p. 252

18. Ricostruzione di un monumento a Patara, con la misurazione delle strade che connettevano le città della Licia. Patara, metà del I sec. d.C. Photo © Mustafa Adak p. 253

19. Busto dell'imperatore Augusto, I sec. d.C. Munich Glyptothek. Photo © Erin Babnik/Alamy Stock Photo p. 256

20. Odeon di Erode Attico. Atene, metà del II sec. d.C. Photo © imageBriker/Alamy Stock Photos p. 264

21. Ritratto colossale in marmo di Adriano, 130–138 d.C. circa. Atene. Museo archeologico nazionale, Atene. Photo © Ministero greco della cultura e dello sport/Archaeological Receipts Fund p. 265

22. Busto di Antinoo. Patrasso, metà del II sec. d.C. Museo archeologico nazionale, Atene (inv. n. 417). Photo © Ministero greco della cultura e dello sport/Archaeological Receipts Fund p. 266
23. Denario d'argento di Domiziano con l'iscrizione Imp(erator) Caes(ar) Domit(ianus) Aug(ustus) Germ(anicus) P(ontifex) M(aximus), tr(ibunicia) p(otestate) XV. Zecca di Roma, 95/96 d.C. Museo numismatico di Atene (inv. n. NM Zarifis Collection 203). Photo © Museo numismatico di Atene p. 273
24. Sarcofago di marmo. Afrodisia, fine del II sec. d.C. Afrodisia. Photo © Angelos Chaniotis p. 275
25. Rilievo funerario in marmo di Dioscoride. Salonicco, 160 d.C. circa. Museo archeologico di Salonicco (inv. n. 1207). Photo © Ministero greco della cultura e dello sport/Archaeological Receipts Fund (K. von Eickstedt) p. 276
26. La strada principale nella colonia romana di Dion in Macedonia. Photo © Scavi di Dion. Courtesy Korina Vasteli p. 291
27. Il ginnasio di Ai-Khanoum, metà del II sec. a.C. Photo © Délégation Archéologique Française en Afghanistan, 1975 p. 344
28. Rilievo funerario del mercante-schiavo Aulo Caprilio Timoteo. Anfipoli, 100 d.C. circa. Supplementum Epigraphicum Graecum XXVIII 537. Photo © J. Roger, «Inscriptions de la région de Strymon», *Revue Archéologique* 6 (1945), 47 p. 356
29. Rilievo funerario di Tito Flavio Kotys decorato con un'immagine del cavaliere trace. Filippopoli, II/III sec. d.C. Museo archeologico regionale di Plovdiv (Inscriptiones Graecae in Bulgaria Repertae V 5466). Photo © RAM Plovdiv p. 370
30. Statuetta in marmo di Serapide. Roma, IV sec. d.C. Musei Vaticani. Photo © CNP Collection/Alamy Stock Photo p. 372
31. Rilievo votivo raffigurante Iside. Dion, Macedonia, fine del III/inizio del II sec. a.C. Museo archeologico di Dion (inv. n. 410). P. Christodoulou, 'Les reliefs votifs du sanctuaire d'Isis à Dion', in L. Bricault e R. Veymiers (edd.), Bibliotheca Isiaca II, Bordeaux, 2011, 11–16. Photo © Perikles Christodoulou p. 373
32. Rilievo funerario di Aulo Papio Cheilon. Salonicco, II sec. d.C. Museo archeologico di Salonicco (inv. n. 1254; IG X.2.1.58). Photo © Ministero greco della cultura e dello sport – Archaeological Receipts Fund (O. Kourakis) p. 374
33. Rilievo calcareo di Mitra che uccide il toro. Dura-Europo. 170 d.C. circa. Yale University Art Gallery (inv. n. 1935.98). Photo © Yale University Art Gallery p. 376

34. Tavoletta votiva in bronzo dedicata a Zeus Hypsistos. Vi sono raffigurati gli occhi di Artemisia, che soffriva di una malattia oftalmica. Efeso. II sec. d.C. Museum für Kunst und Gewerbe Hamburg. Photo © Museum für Kunst und Gewerbe Hamburg / Maria Thrun p. 380
35. Rilievo votivo dal santuario di Serapide di Salonicco (IG X.2.1.59). Salonicco, II sec. d.C. Museo archeologico di Salonicco (inv. n. MΘ 829). Photo © Ministero greco della cultura e dello sport /Archaeological Receipts Fund (V. von Eickstedt) p. 384
36. Scultura in marmo raffigurante Glicone. Tomi. II sec. d.C. Museo archeologico di Costanza, Romania. Photo © DEA/G. Dagli Orti/ Getty Images p. 395
37. Rilievo ed epigramma funerario per un maiale ucciso da un carro. Edessa, Macedonia, 200 d.C. circa. Dipartimento delle Antichità di Pella (inv. n. AKA 1674). Photo © Ministero greco della cultura e dello sport/Eforato delle antichità di Pella p. 407
38. Rilievo di Mathura con scene delle peregrinazioni di Buddha. Mathura, II sec. d.C. Photo © Barney Burstein/Getty Images p. 409

Premessa

Questo libro è rivolto a un pubblico di non specialisti. Intende fornire un quadro generale dei principali sviluppi storici in ambito politico, sociale e religioso nelle zone in cui vissero i Greci dopo l'età classica. Copre due periodi storici che sono di solito trattati separatamente: l'età ellenistica, che inizia, convenzionalmente, con le campagne militari o con la morte di Alessandro Magno (334 o 323 a.C.) e finisce con la morte di Cleopatra (30 a.C.), e la prima età imperiale, dall'inizio del principato di Augusto (27 a.C.) alla morte di Adriano (138 d.C.). Nell'introduzione spiego come la trattazione congiunta di questi due periodi contribuisca a una migliore comprensione degli sviluppi sociali e culturali di quest'epoca. Il titolo *Età di conquiste* non si riferisce solo al fatto che i momenti più importanti di questi due periodi sono scanditi da conquiste militari (di Filippo e di Alessandro, dei re ellenistici, dei generali e degli imperatori romani, dei Parti e di altri popoli orientali); si riferisce anche, metaforicamente, a un allargamento senza precedenti delle conoscenze, delle competenze tecniche e degli orizzonti intellettuali.

La parte narrativa presenta, in modo inevitabilmente sintetico, i principali sviluppi politici, dalla creazione di un'alleanza ellenica da parte di Filippo II di Macedonia e dalle campagne militari di Alessandro Magno fino alla morte di Adriano. Data la complessità dei principali eventi militari e politici, la narrazione dovrà continuamente muoversi tra i diversi teatri in cui essi ebbero luogo; la cronologia (pp. 447-456) aiuterà il lettore a stabilire la sincronia dei vari episodi. Non mi è stato possibile narrare nel dettaglio la storia dei singoli regni o delle singole città, descrivere battaglie o presentare le biografie dei protagonisti. La narrazione è selettiva e i principali criteri su cui si è basata la selezione sono stati la rilevanza storica e il carattere esemplare di un determinato fatto. Interrompo il racconto delle vicende alla fine del capitolo 4, quando Roma fa la sua comparsa sulla scena, per fornire, nei capitoli 5 e 6, una panoramica dei regni e della loro amministrazione, delle istituzioni e della vita politica delle città-stato, della nascita degli stati federali, un'importante innovazione del III secolo a.C. I quattro capitoli successivi esaminano l'espansione romana in oriente, dalle prime guerre contro i pirati illiri alla morte di Cleopatra e alla fine delle guerre civili romane. Il capitolo 11 è un breve resoconto dei principali sviluppi nel mondo greco sotto i primi imperatori romani. Il capitolo 12 tratta le principali istituzioni del periodo imperiale dalla prospettiva delle province greche ed ellenizzate: la posizione dell'imperatore, l'amministrazione provinciale e i mutati sistemi politici delle città e delle colonie romane. I tre capitoli successivi sono dedicati a importanti cambiamenti nella società, nella cultura e nella religione. Una discussione adeguata e sufficientemente approfondita della filosofia, della letteratura, della scienza, della tecnologia, delle arti visive e dell'architettura avrebbe richiesto uno spazio che in questo libro non era possibile avere. Infine, nell'ultimo capitolo, spiego in sintesi come la «lunga età ellenistica» cambiò la posizione dei Greci nell'*ecumene* (la terra abitata), rendendo la loro storia parte integrante della storia antica «globale». Inevitabilmente, talvolta si è dovuta sacrificare la profondità dell'analisi in nome dell'ampiezza geografica, così come la presentazione di caratteristiche e tendenze generali ha lasciato poco spazio per una discussione adeguata delle differenze locali.

Fino alla fine del XIX secolo, la storia ellenistica è stata scritta, principalmente, sulla base dei resoconti storiografici giunti fino a noi – in primo luogo Polibio, Diodoro e Appiano – delle informazioni fornite dal geografo Strabone, dalle *Vite* di Plutarco e da poche altre fonti letterarie. Lo studio del mondo greco sotto la dominazione romana era poco sviluppato, con l'eccezione della letteratura e dell'arte. Le cose sono cambiate nel corso del XX secolo, con i progressi della ricerca archeologica soprattutto in Macedonia, Asia Minore e Asia centrale (*e.g.* ad Ai-Khanoum), la pubblicazione di iscrizioni e lo studio di papiri e monete. Nuove fonti testuali – iscrizioni e papiri – si aggiungono continuamente alle fonti note, fornendo la risposta ad alcune domande, inducendoci a porcene di nuove e aggiungendo sfumature alle conoscenze già acquisite. Oggi l'età ellenistica e romana sono aree di ricerca estremamente dinamiche. Nuove scoperte stimolano continuamente gli studi scientifici, imponendo revisioni, spesso piccole, ma a volte anche drastiche.

Se si dovessero citare tutti i libri, gli articoli e le raccolte di iscrizioni su cui è basato il contenuto di questo libro la bibliografia sarebbe forse più lunga della parte narrativa. Nelle note, mi sono limitato a inserire riferimenti alle fonti che sono citate o menzionate nel testo e a una piccola selezione di articoli e libri consigliati come letture di approfondimento e che contengono a loro volta riferimenti alle fonti e ulteriore bibliografia. Anche la bibliografia generale è molto selettiva.

Né la bibliografia né le note rendono giustizia al contributo dato dagli editori e dagli interpreti delle iscrizioni allo studio del mondo ellenistico e dell'oriente romano. Tra questi, menziono con grande rispetto solo coloro che non sono più in vita, e sul cui lavoro si basa la nostra conoscenza del mondo greco post-classico: Wilhelm Dittenberger, Philippe Gauthier, Peter Herrmann, Maurice Holleaux, Louis Robert, Frank Walbank e Adolph Wilhelm.

Tom Harrison e un valutatore anonimo mi hanno dato consigli preziosi. La mia gratitudine va anche a Michael Fowler, Roberta Gerdes, Henry Heitmann-Gordon, Kathryn Minogue e Matthew Peebles, che hanno migliorato la mia prosa inglese, e a Emyr Dakin, che mi ha aiutato con la correzione delle bozze. Sono particolarmente grato a Lesley Levene per il suo editing accurato ed efficiente. Penny Daniel e Louisa Dunnigan di Profile Books hanno seguito con competenza tutto il processo editoriale. John Davey mi ha proposto di scrivere questo libro e ne ha accompagnata la stesura, spesso nei momenti difficili, con buoni consigli e pazienza. Purtroppo non è arrivato a vederne la pubblicazione. Il libro è dedicato alla sua memoria, in segno di gratitudine.

Introduzione

Alessandro il Macedone, figlio di Filippo ... sconfisse Dario re dei Persiani e dei Medi, e regnò al suo posto ... Intraprese molte guerre, si impadronì di fortezze e uccise i re della terra; arrivò sino ai confini della terra e raccolse le spoglie di molti popoli ... Regnò per dodici anni e morì. I suoi subalterni assunsero il potere, ognuno nella sua regione; dopo la sua morte tutti cinsero il diadema, e dopo di loro i loro figli per molti anni e si moltiplicarono i mali sulla terra.

Questo estratto del primo libro dei *Maccabei*, un testo ebraico della fine del II secolo a.C. sopravvissuto solo in traduzione greca, è un resoconto soggettivo di quella che chiamiamo, tradizionalmente, «età ellenistica» – il periodo che va dalle spedizioni di Alessandro (334-324 a.C.) alla morte di Cleopatra (30 a.C.). La prospettiva dell'autore è quella di un esponente militante di una provincia conquistata che impugnò le armi contro i re greci e i loro sostenitori giudei ellenizzati.

Ci sono buone ragioni per iniziare un libro sulla storia dei Greci in un'epoca cosmopolita con una citazione da un testo giudaico: in primo luogo, perché esso mostra l'esistenza di prospettive diverse e di punti di vista contrastanti; in secondo luogo, perché un libro che metteva in discussione il dominio culturale e politico greco era diffuso grazie all'uso del greco come lingua franca; in terzo luogo, perché l'età ellenistica deve il suo nome agli «ellenisti», un gruppo di Giudei che adottò abitudini greche. Questo testo riflette alcuni dei contrasti e delle contraddizioni di questo periodo.

Che cos'è l'età ellenistica? Perché la studiamo? Ed è giusto estenderne la fine tradizionale, il 30 a.C., ed esaminare questo periodo insieme ai primi 150 anni dell'età imperiale, come se si trattasse di una «lunga età ellenistica»? Per quanto riguarda il suo inizio, la morte di Alessandro Magno fu senz'altro un punto di svolta importante nella storia dell'antica Grecia. La creazione di dinastie da parte dei suoi successori è forse l'aspetto più visibile e di certo più innovativo dei decenni che seguirono la sua morte. E il mondo era innegabilmente pieno di mali, forse non i mali che aveva in mente l'autore giudaico dei *Maccabei* – l'oppressione religiosa e culturale degli Ebrei – ma certamente i mali causati da guerre interminabili, debiti pubblici e privati, lotte civili. Naturalmente, definire l'età ellenistica semplicemente come un'età di mali è parziale e sbagliato. Questo periodo storico è qualcosa di più che la semplice somma delle guerre tra i successori di Alessandro, le dinastie che essi fondarono, Roma, le tribù barbare, i re stranieri, le città e le federazioni. Che cos'altro vale la pena prendere in considerazione di questi tre secoli?

Nel nostro linguaggio quotidiano diciamo che qualcuno ha commesso un errore *colossale* o che una persona sopporta *stoicamente* le avversità della vita. Possiamo far riferimento a piaceri *epicurei*, e quando ci troviamo in vacanza all'estero possiamo avere la tentazione di visitare un *museo*. Fra quanti hanno studiato la geometria *euclidea* a scuola alcuni l'hanno odiata, altri l'hanno amata. Quando troviamo inaspettatamente la soluzione a un problema può capitarci di esclamare «*Eureka!*», e anche se possiamo non comprenderne il funzionamento, le pompe e i cilindri *idraulici* sono parte della nostra vita. Ciò che i termini colossale, stoico, epicureo, museo, euclideo, *eureka* e idraulico hanno in comune è che essi sono nati in età ellenistica. Le scuole filosofiche degli Epicurei e degli Stoici furono fondate alla fine del IV secolo a.C.; «*Eureka!*» («Ho trovato!») è quello che, a quanto si racconta, Archimede esclamò intorno al 230 a.C., quando si rese conto che il volume di acqua che aveva spostato immergendosi in una vasca era uguale al volume della parte del corpo che aveva immerso; ed Euclide è un matematico che visse ad Alessandria all'inizio del III secolo a.C., sotto Tolomeo I, il re che fondò il Museo, il «luogo sacro alle Muse», un istituto culturale legato al suo palazzo. Nel Museo, il matematico e ingegnere Ctesibio applicò la sua comprensione dell'energia idrica alla creazione del primo organo a canne (*hydraulis*), che operava attraverso la pressione dell'acqua. Il colosso era una grossa statua del dio del Sole eretta nel porto di Rodi nel 280 a.C., considerata, insieme al Faro – il grande faro di Alessandria – una delle sette meraviglie del mondo. Per valutare l'impatto di un periodo storico, vale la pena esaminare le parole o le espressioni che esso ha lasciato in eredità ai posteri.

Conquiste scientifiche, artistiche, intellettuali e culturali come quelle appena menzionate non possono e non devono essere studiate al di fuori del loro contesto. Il Museo di Alessandria, la biblioteca a esso collegata e gli innumerevoli contributi dei dotti e degli scienziati che vi lavoravano esistettero solo perché Alessandro fondò la città eponima di Alessandria e perché il re che governava sull'Egitto ellenistico aveva grandi risorse e le metteva a disposizione per il progresso della conoscenza. Il trasferimento della leadership culturale da Atene in Grecia all'Egitto e all'Asia fu parte di un processo che ebbe inizio con lo stanziamento degli immigrati greci nelle nuove città fondate nei territori conquistati da Alessandro. Il colosso commemorava una vittoria militare; il Faro di Alessandria era connesso con l'accresciuta importanza dei traffici marittimi nel Mediterraneo orientale; la filosofia stoica si poneva in una dialettica costante con la vita politica e gli sviluppi sociali. La storia dei conflitti sociali, delle guerre, degli esperimenti politici e delle innovazioni nelle città e nei regni dell'età ellenistica è indispensabile per capire l'arte e la scienza, la filosofia e la letteratura, la tecnologia e la religione. Ci sono quindi buone ragioni per studiare l'età ellenistica, e altre saranno menzionate in seguito. Le campagne militari di Alessandro sono un buon punto di partenza. Ma dove dobbiamo fermarci?

Lo studio dell'età ellenistica finisce tradizionalmente con il suicidio di Cleopatra nel 30 a.C. e l'annessione del suo regno d'Egitto da parte di Roma. Questo è senz'altro un importante punto di svolta nella storia politica. Segna la fine dell'ultimo grande regno ellenistico e l'inizio del principato – una forma di governo monarchico che prese forma sotto Augusto e i suoi successori. Il 30 a.C., tuttavia, non è un punto di svolta nella storia della società, dell'economia, della religione e della cultura. Alcune tendenze che osserviamo in età ellenistica proseguono nei due secoli dopo la morte di Cleopatra. Per capirle pienamente, dobbiamo prendere in considerazione fonti successive a quell'anno. E viceversa, non si possono capire le istituzioni politiche, l'organizzazione sociale, l'economia, la cultura e la religione dell'oriente greco-romano nei primi due secoli dell'età imperiale senza considerare le loro radici ellenistiche. È dunque meglio studiare il periodo che va dalle spedizioni di Alessandro in oriente fino, all'incirca, al regno di Marco Aurelio (161-80 d.C.) come un unico periodo storico, che propongo di chiamare «lunga età ellenistica». Si possono riconoscere varie fasi distinte in questo periodo di circa 500 anni – indicate dalla divisione in capitoli di questo volume – ma lo sviluppo è stato continuo.

La narrazione storica di questo libro finisce con la morte di Adriano nel 138 d.C., anche se le condizioni nelle province ellenofone non cambiarono sotto il suo successore, Antonino Pio. I cambiamenti cominciarono a occorrere con l'inizio delle guerre di Marco Aurelio contro i Parti nel 161 d.C. Se ho scelto il regno di Adriano per segnare la fine di questo libro, non è né perché questo imperatore è più noto al grande pubblico del suo successore, né perché consolidò i confini dell'impero romano, ponendo fine alla grande offensiva che segnò il regno del suo predecessore Traiano. È piuttosto perché la fondazione del Panellenio – un'assemblea che, almeno in teoria, univa tutte le città di origine greca – chiude simbolicamente un cerchio che si aprì con i tentativi di Filippo II di Macedonia e di suo figlio Alessandro di unire tutti i Greci. Poiché l'unità dei Greci – o la sua mancanza – è uno dei grandi temi di questo libro, è opportuno che l'alleanza panellenica di Filippo e di Alessandro e l'assemblea panellenica di Adriano segnino, rispettivamente, l'inizio e la fine della narrazione.

Alessandro cominciò la campagna contro l'impero persiano come leader di un'alleanza di Greci allo scopo dichiarato di liberare le città greche dell'Asia Minore che erano sotto il dominio barbaro, e di vendicare la distruzione dei santuari greci da parte dei Persiani nel 480 a.C. Non poté mai perdonare gli Spartani, una grande potenza che non entrò a far parte dell'alleanza, perché gli impedirono di proclamare che stava conducendo una campagna di *tutti* i Greci. Dopo la vittoria del Granico, ad Atene fece una dedica ad Atena. La breve iscrizione dedicatoria umiliava il solo nemico che Alessandro non era riuscito a sconfiggere in uno scontro diretto: «Alessandro, figlio di Filippo, e i Greci, eccetto gli Spartani, dedicarono queste spoglie tolte ai barbari che vivono in Asia». Adriano non cercò di riuscire laddove Alessandro aveva fallito; il suo Panellenio non aveva nulla in comune con l'alleanza militare di Alessandro. Proprio questo contrasto tra due diverse versioni dell'unità greca – una diretta contro un nemico barbaro, l'altra che riuniva i Greci all'interno del quadro amministrativo dell'impero romano – fa del regno di Adriano un punto di chiusura adatto per questo libro.

Quattrocentocinquant'anni dopo la spedizione di Alessandro, le città greche – questa volta, tutte le città greche – erano di nuovo soggette a un potere imperiale: l'impero romano. La città natale di Alessandro, Pella, era una colonia romana; la sua città eponima in Egitto, Alessandria, rimaneva il porto più importante del Mediterraneo, ma aveva perduto il significato di centro del potere politico che aveva avuto per buona parte del III secolo a.C. Nonostante i catastrofici cambiamenti negli equilibri politici, che determinarono l'inclusione nell'impero romano di quasi tutte le aree in cui vivevano i Greci e i parlanti greco, ciò che non cambiò fu l'esistenza di una specifica identità greca, che distingueva gli Elleni da tutti gli altri. Siamo quindi giustificati a studiare una specifica storia greca all'interno dell'impero, proprio come possiamo studiare la storia dei Giudei, dei Germani, degli Iberici, dei Britanni o di qualsiasi altro gruppo etnico assoggettato dai Romani. Bisogna ammettere che questa identità «greca» era flessibile e adattabile. Gli autori greci più scaltri potevano persino dichiarare che i Romani discendevano da una tribù greca, se questo risultava loro utile per venire a patti con la dominazione romana; le città ellenizzate dell'Asia Minore potevano entrare a far parte del Panellenio inventando prove di una loro fondazione da parte di eroi o di coloni greci; quasi chiunque avesse un'istruzione e una cittadinanza greche in una città con origini elleniche, vere o inventate, poteva essere visto come un Greco, a prescindere dal fatto che il suo nome fosse greco, trace, iraniano o romano.

Gli intellettuali ad Atene, Efeso e Alessandria possono aver guardato con disprezzo alle popolazioni ellenizzate in Asia o nei Balcani, ma nel mondo cosmopolita dell'impero romano, con le sue ampie reti politiche, economiche, culturali, sociali e religiose, una «storia dei Greci» non può essere limitata alle regioni dove città e colonie greche esistevano prima delle campagne di Alessandro; deve prendere in considerazione anche le zone in cui i Greci si stabilirono durante l'impero di Alessandro e i regni dei suoi successori. Di conseguenza, il mio approccio alla storia dei Greci da Alessandro ad Adriano è geograficamente inclusiva. Mi concentrerò soprattutto sulle zone che sono meglio rappresentate nelle nostre fonti e che ebbero la maggiore densità di comunità greche: la Grecia continentale, l'Egeo, l'Asia Minore, la Siria, la Cirenaica e il delta del Nilo in Egitto. Ma ho cercato, sia nella narrazione degli eventi sia nelle panoramiche più ampie dei principali sviluppi politici, sociali, religiosi e culturali, di includere i Greci occidentali della Sicilia e dell'Italia meridionale, le città greche sulle sponde occidentali e settentrionali del mar Nero e i Greci dell'Asia centrale – Afghanistan, Pakistan e India del Nord.

I fattori unificanti nella «lunga età ellenistica» che la distinguono dai periodi precedenti sono anche l'importanza della monarchia, la forte spinta imperialista che caratterizzò la politica sia dei re ellenistici sia del senato romano, la stretta interdipendenza degli sviluppi politici nei Balcani, in Italia, nella regione del mar Nero, in Asia Minore, nel Vicino oriente e in Egitto, l'accresciuta mobilità delle popolazioni in queste zone, la diffusione della vita e della cultura urbana, una tecnologia avanzata e, infine, la graduale omogeneizzazione della lingua, della cultura, della religione e delle istituzioni. La maggior parte di questi fenomeni non esisteva in dimensioni simili prima delle campagne di Alessandro.

Questo periodo è veramente l'epoca cosmopolita dei Greci, come mai fu nessun periodo precedente della storia greca. Molti dei fenomeni che si osservano nella «lunga età ellenistica» trovano paralleli nel mondo moderno, e la «modernità» di questo periodo storico lo rende ancora più affascinante sia per gli storici sia per gli osservatori attenti dei nostri stessi giorni e della nostra stessa epoca. Ne commenterò brevemente quattro: globalizzazione, megalopoli, nuove religioni e un nuovo governo.

Data l'interconnessione di vaste aree in Europa, Asia e Nord Africa, il mondo ellenistico e l'impero romano sono stati giustamente considerati esempi precoci di «globalizzazione». Naturalmente il termine moderno di «globalizzazione» può essere usato solo tra virgolette. In primo luogo, le reti ellenistiche e romane non coprivano l'intero globo ma solo quella che i contemporanei consideravano l'*ecumene*, e poi, in secondo luogo, molte persone dell'epoca non pensavano alla terra abitata come a un globo, ma come a un disco circondato dall'Oceano. L'ampiezza di connessioni nelle zone conosciute ai Greci e ai Romani è, nondimeno, impressionante. Le conquiste di Alessandro non crearono un impero duraturo, ma generarono un'enorme rete politica di regni, dinasti semi-indipendenti e *poleis* (città-stato) che si estendeva dall'Adriatico all'Afghanistan e dall'Ucraina all'Etiopia. Questi stati ebbero relazioni con l'Italia, le colonie greche del sud della Francia, Cartagine nel Nord Africa e l'impero Maurya in India, costituendo così una rete che comprendeva l'intero mondo conosciuto a eccezione della Cina. L'espansione romana ampliò questo mondo interconnesso aggiungendo l'Europa centrale e occidentale e ampie parti del Nord Africa. Già intorno alla metà del II secolo a.C., Polibio, uomo di stato e storico che trattò le prime fasi dell'espansione romana, era pienamente consapevole della connettività che univa tutto il Mediterraneo e introdusse, per descriverla, il termine *symploke* (intreccio; vedi p. 87).

In che modo questo cambiamento coinvolse la vita della gente, le istituzioni e le culture di comunità tanto eterogenee è una domanda affascinante. In apparenza, si osserva un'accresciuta omogeneità in vari aspetti della vita. Il greco divenne la lingua franca nei regni ellenistici in Asia e in Africa e rimase tale nelle province romane orientali; fu spesso usato in Italia e nelle province occidentali, soprattutto tra gli intellettuali e gli immigrati da oriente. Le istituzioni legali greche e romane raggiunsero aree remote. Molti aspetti della cultura – dalla forma delle città agli abiti, dalle barbe degli uomini alle pettinature delle donne, dallo stile delle opere d'arte alla forma delle lampade utilizzate per illuminare le attività notturne, dalle tecniche di performance retorica alle forme di intrattenimento – mostrarono un livello stupefacente di conformità, seguendo le tendenze che si andavano sviluppando nei principali centri politici e culturali.

Chiamare questi processi di convergenza culturale «ellenizzazione» per il periodo ellenistico e «romanizzazione» per quello imperiale, come si è soliti fare, sarebbe fuorviante. Mentre questi termini implicano una relazione unilaterale tra centro e periferia, lo sviluppo di una *koine* (una comune forma di espressione) culturale nella «lunga età ellenistica» fu il risultato di processi ben più lunghi e articolati. I principali protagonisti di questi processi non furono soltanto gli uomini politici, ma anche gli artisti itineranti, gli oratori e i poeti, i soldati e gli schiavi, i maghi e gli interpreti di sogni che si muovevano da un paese all'altro. L'accresciuta mobilità nei regni multi-etnici e nell'impero romano ebbe come risultato una convergenza culturale e una fusione di idee qualificate come «sincretismo». Pertanto, quando utilizzo i termini «ellenizzazione» ed «ellenizzato» in questo libro, faccio riferimento solo all'adozione della lingua e dell'alfabeto greci da parte delle popolazioni non-greche, consapevole del fatto che, dietro la superficie di una lingua comune, perduravano costumi e identità distinti. Iscrizioni bilingui e trilingui in greco e in latino, greco ed egizio, greco ed ebraico, latino e aramaico, e così via, sono espressioni visibili di una complessità culturale imperitura. Uno scambio dinamico tra i Greci, le popolazioni locali in Asia e in Egitto e i più tardi immigrati dall'Italia riplasmava continuamente la cultura. L'elemento non greco può essere visto più chiaramente nelle pratiche religiose e nei nomi di persona, ma di certo esisteva anche in una varietà di fenomeni che vanno dai miti alla memoria storica, dalle idee sull'aldilà ai costumi sociali, dalle pratiche funerarie al vestiario, alla preparazione dei cibi e alle tecniche di coltivazione della terra.

Naturalmente, il multiculturalismo era una caratteristica distintiva soprattutto delle «megalopoli» sorte in questo periodo. Città come

Alessandria, Antiochia, Atene, Efeso, Tessalonica, Corinto e Pergamo, con popolazioni dai 100.000 a un milione di abitanti, non possono essere paragonate alle moderne megalopoli di dieci milioni di persone o più. Ma apparivano gigantesche ai contemporanei. All'inizio del III secolo a.C., il poeta Teocrito descrive la reazione di due donne, immigrate da Siracusa ad Alessandria, mentre camminano in una strada affollata durante una festa religiosa: «O dèi, che folla! Come e quando è possibile affrontare questo malanno, un vero formicaio senza numero e metro?». Le grandi città con una popolazione eterogenea, come Alessandria, ponevano i loro abitanti di fronte a vari problemi che sono a noi familiari: la sicurezza, le tensioni tra persone di origini diverse, l'anonimato, il senso di abbandono, il desiderio di appartenere a un gruppo. Più diminuiva la partecipazione politica degli abitanti alla vita delle loro città, più cresceva il loro bisogno di compensare questa perdita di partecipazione con l'impegno all'interno di un'altra forma di comunità – religiosa, professionale ecc.

Alcune di queste esigenze, come nel nostro mondo, venivano appagate da «nuove religioni» che promettevano la protezione in vita e la beatitudine nell'aldilà. Culti esotici furono importati e adattati all'ambiente greco, facendo sì che i loro adepti si organizzassero in associazioni volontarie; queste erano sia esclusive, nella misura in cui richiedevano un'iniziazione, sia inclusive, dal momento che erano di solito aperte alle persone indipendentemente dalla loro origine, dal sesso e dallo stato sociale. Le associazioni volontarie, religiose o di altro tipo, davano ai loro membri un senso di identità.

Nonostante la posizione predominante dei regni e dei grossi stati federali, la *polis* restò il principale palcoscenico della vita politica, sociale e religiosa. In nessun altro periodo della storia greca, neanche nell'epoca della grande colonizzazione dall'VIII al VI secolo a.C., furono fondate così tante nuove città come tra la fine del IV secolo a.C. e il III. *Poleis* vecchie e nuove, e più tardi le colonie romane che furono fondate in Grecia, Asia Minore e nel Vicino oriente a partire dalla fine del I secolo a.C. fino all'inizio del II secolo d.C., tutte ebbero una qualche forma di sovranità e ampi margini di auto-amministrazione. Ma questa sovranità veniva ridimensionata, prima attraverso l'intervento dei re, poi, dopo il 146 a.C., attraverso l'istituzione di un'amministrazione provinciale romana e più tardi attraverso la forte presenza dell'imperatore romano. Anche se le città mantenevano delle istituzioni che permettevano ai cittadini di prendere delle decisioni, come l'assemblea popolare, esse erano sempre più dipendenti dai contributi di facoltosi benefattori. Questo, insieme all'intervento diretto dei re e delle autorità romane in favore delle istituzioni oligarchiche, trasformò gradualmente le città da democrazie moderate, in cui gli uomini più abbienti dovevano negoziare il loro potere con i cittadini, competevano con i loro pari per ottenere un incarico e avevano l'obbligo di rendere conto del loro operato, in oligarchie, in cui il potere e i diritti politici dipendevano dal possesso di ricchezze. Questo contrasto tra sovranità popolare nominale e partecipazione e potere reali, non ignoto alle democrazie di oggi, ebbe come conseguenza l'adozione, da parte delle élite, ma anche dei re, di un comportamento teatrale finalizzato a creare un equilibrio tra un'esibita affabilità e un'appropriata distanza – un atteggiamento che somiglia al populismo di oggi. Le occasionali rivolte degli indebitati, dei diseredati, dei meno privilegiati e di quanti erano soggetti a discriminazione non riuscivano a sfociare in riforme. Il potere dei «notabili» non veniva messo in discussione finché questi erano disponibili a investire parte delle loro ricchezze in quella che oggi chiamiamo «spesa pubblica». Le relazioni sociali nella «lunga età ellenistica» erano basate su forme complesse di reciprocità.

Queste caratteristiche, così attuali, sembreranno senz'altro, al lettore moderno, un aspetto sorprendente del periodo storico trattato in questo libro. Un lettore antico sarebbe stato affascinato invece da altri due elementi che il periodo ellenistico e imperiale offrono in abbondanza: *peripeteiai* (improvvisi cambiamenti di fortuna) e *paradoxa* (fenomeni inattesi). La «lunga età ellenistica» ci mette di fronte a contrasti e contraddizioni: la persistenza delle tradizioni e le rivoluzioni tecnologiche, come lo sviluppo del «meccanismo di Antikythera», un sofisticato congegno che mostrava vari fenomeni dei corpi celesti e i cicli del Sole e della Luna; il contrasto tra razionalità e superstizione, monarchia e partecipazione popolare, il piccolo mondo della *polis* e il grande mondo dei regni e dell'impero, il locale e l'universale. Fornisce il contesto culturale per la nascita del Cristianesimo. E offre spunti di riflessione utili agli osservatori del mondo moderno. Queste ragioni sono sufficienti, spero, per immergersi nelle pagine di questo libro.

I
Come tutto ebbe inizio
Dalla Macedonia all'*ecumene*
(356-323 a.C.)

L'eredità di un padre (356-336 a.C. ca.)

Un turista a Mieza, un piccolo sito ai piedi del Monte Bermio, nel 343 a.C. avrebbe prima di tutto ammirato la bellezza mozzafiato del paesaggio: pendici coperte di alberi, rivi di acqua chiara e una serie di grotte scavate in una parete rocciosa. Era stata la bellezza del luogo a ispirare agli abitanti la credenza che esso fosse la dimora delle Ninfe, cioè un Ninfeo. Il nostro turista immaginario si sarebbe stupito nel vedere che alle Ninfe era stata data una compagnia maschile: un insegnante barbuto sulla quarantina e un gruppo di adolescenti e di giovani impegnati a discutere di poesia, geografia, mito e fenomeni naturali. Mai il nostro turista immaginario avrebbe pensato che le persone riunite in questo luogo idilliaco fossero destinate ad avere un impatto duraturo sulla storia del mondo. Una di queste persone, Aristotele, avrebbe posto le fondamenta della filosofia e della scienza occidentali; nessun altro, fino a Cartesio, avrebbe esercitato un'influenza più duratura sul pensiero europeo. Gli era stato assegnato dal re macedone Filippo il compito di istruire suo figlio Alessandro e i rampolli dell'élite del regno. Il nipote di Aristotele, Callistene, quasi trentenne, avrebbe scritto una storia influente di Alessandro che più tardi avrebbe ispirato il *Romanzo di Alessandro*, un'opera che circolò in varie versioni in lingua greca, latina, siriaca, armena e slava e divenne uno dei libri più letti prima dell'età moderna. Alessandro, allora tredicenne, avrebbe avviato, neanche dieci anni più tardi, una campagna militare che avrebbe cambiato il volto del mondo conosciuto; undici anni dopo avrebbe fondato Alessandria, una città destinata a oscurare tutte le altre città del Mediterraneo orientale per ricchezza, numero di abitanti e cultura. In questa città, Tolomeo, un altro adolescente, avrebbe stabilito una dinastia che avrebbe superato in longevità qualsiasi altra dinastia nota del mondo antico; ma, cosa ancora più importante, avrebbe fondato il più grande centro di cultura che il mondo avesse mai conosciuto: il Museo, con la sua famosa biblioteca.

Simili costellazioni di personalità straordinarie presenti nello stesso momento nello stesso luogo non sono comuni nella storia. Se si verificano quando c'è una forte richiesta di cambiamento, possono accadere grandi cose, come durante il Rinascimento, l'Illuminismo o la rivoluzione francese. Nel 343 a.C., la richiesta di cambiamento si faceva in effetti sentire in Grecia. Il tardo V secolo e la prima metà del IV avevano visto una successione di poteri egemoni che erano riusciti solo per brevi periodi a esercitare il loro controllo sul mondo delle città libere e delle confederazioni. Le continue guerre tra i poteri egemoni e i loro alleati ribelli diedero ai re achemenidi di Persia l'opportunità di vendicarsi per le sconfitte subite in una serie di guerre con i Greci (480-449 a.C.). Nel 387 a.C., gli Achemenidi avevano recuperato il controllo delle città greche dell'Asia Minore, che erano tornate a far parte del loro impero. Dopo che le città-stato di Atene, Sparta e Tebe ebbero visto le loro egemonie stabilite, sfidate e distrutte, una nuova potenza era emersa intorno alla metà del IV secolo a.C. ai margini del mondo greco: i Macedoni (*Makedones*), guidati dal re argeade Filippo II.

La casa reale degli Argeadi aveva regnato sui Macedoni sin dal VII secolo a.C. La dinastia dichiarava di discendere da Temeno, re di Argo, e, in ultima analisi, da Eracle. I Macedoni erano una tribù con un nome greco, che molto probabilmente significava «quelli delle montagne» – da *makednos* («altura»). Veneravano gli dèi greci, Zeus olimpio in particolare. I loro insediamenti più importanti avevano nomi greci: Dion, «il santuario di Zeus», ed Ege, «il luogo delle capre». I loro nomi di persona avevano etimologie greche: Filippo, «colui che ama i cavalli»; Tolomeo, «il guerriero»; Perdicca, «la pernice»; Aminta, «il difensore»; Alessandro, «il protettore di uomini»; Berenice, «colei che porta la vittoria»; Cleopatra, «la figlia di un padre glorioso»; Archelao, «colui che guida l'esercito». E parlavano un dialetto greco. Ciò che li distingueva dai Greci della Grecia continentale e delle colonie non era tanto il loro dialetto – probabilmente tanto difficile da capire per un Ateniese quanto lo è l'inglese del profondo sud per un docente universitario di Oxford – quanto il loro stile di vita. Fino al V secolo a.C. essi furono principalmente pastori che vivevano in piccoli stanziamenti. A differenza dei Greci del sud, che avevano abolito la monarchia ereditaria prima del VI secolo a.C. – i due re di Sparta sono un'eccezione – erano governati da re. La distinzione fatta talvolta nei documenti ufficiali tra «gli Elleni e i

Macedoni» non è basata sull'etnicità, ma si riferisce piuttosto a forme diverse di organizzazione comunitaria.

Fino all'inizio del IV secolo a.C., i Macedoni vissero all'ombra dei re achemenidi e poi di Atene. Il re Archelao (413-399 a.C.) rafforzò il regno, facendo progredire la vita urbana e la cultura; fu alla sua corte che Euripide compose le *Baccanti*. La sua morte, tuttavia, fu seguita da scontri e guerre dinastiche. Quando il re Perdicca III fu ucciso in battaglia nel 359 a.C., suo fratello Filippo ottenne il potere a spese di suo nipote Aminta, una figura minore. Nei venticinque anni del suo regno Filippo II (vedi Figura 1) trasformò la Macedonia e l'intero mondo greco tanto drasticamente quanto suo figlio avrebbe più tardi trasformato il resto del mondo conosciuto. Lo storico Arriano (II secolo d.C.) mette in bocca ad Alessandro un apprezzamento del contributo dato da Filippo alla civilizzazione dei Macedoni:

> Filippo, infatti, avendovi trovati senza fissa dimora e senza mezzi, mentre, avvolti in pelli, per lo più pascolavate sui monti scarso bestiame, per il quale lottavate con poco successo contro Illiri, Triballi e Traci confinanti, vi diede da portare clamidi invece che pelli, vi fece scendere dai monti in pianura, rendendovi capaci di combattere con i barbari vicini, così che basate la vostra sicurezza non più sulla posizione forte dei villaggi quanto sul valore personale; egli ha fatto di voi degli abitatori di città e vi ha dotato di buone leggi e buoni costumi.

Anche se questa immagine della Macedonia prima di Filippo è senz'altro esagerata, come una ricerca archeologica in Macedonia ha dimostrato, i risultati da lui conseguiti furono notevoli. Genio militare, diplomatico scaltro, grande organizzatore, desideroso di apprendere dagli altri e incline a cogliere sfide e opportunità, abile nella propaganda e con ambizioni sfrenate, Filippo II si merita l'epiteto di «Grande» non meno di suo figlio. Poiché aveva trascorso alcuni anni della sua giovinezza come ostaggio a Tebe, Filippo aveva appreso la nuova tattica dell'esercito tebano, la falange obliqua, in cui l'ala sinistra era più forte del centro e dell'ala destra. Mentre l'ala destra, più debole, teneva occupato il nemico, restando ferma il più a lungo possibile o battendo la ritirata, l'ala sinistra aveva l'opportunità di avanzare contro l'ala destra dell'avversario, tradizionalmente forte, di romperla e di circondare il nemico. Filippo migliorò questa tattica con un congegno geniale. Equipaggiò la sua fanteria con una lunga spada (*sarissa*) che veniva

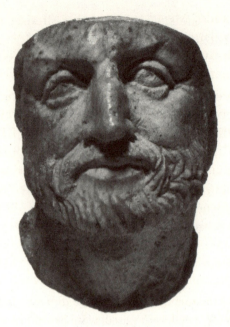

1. Testa di Filippo II di Macedonia, miniatura in avorio.

abbassata all'unisono e la cui lunghezza fino a 6-7 metri proteggeva cinque file di soldati. Migliorò anche l'addestramento della cavalleria. Le sue vittorie militari nel corso degli anni, che ingrandirono il suo regno, erano accompagnate da misure amministrative. I figli dei suoi nobili venivano istruiti sotto la supervisione della corte, venivano fondate città, le risorse naturali dei nuovi territori – legname e argento – venivano utilizzate per la costruzione di una flotta e veniva concessa terra ai soldati in cambio del servizio militare.

Il fatto che Filippo abbia invitato Aristotele, astro nascente della filosofia e della scienza, a istruire suo figlio, che sembrava un degno successore, mostra che Filippo era più che un uomo d'azione. Il suo palazzo a Ege (attuale Verghina), recentemente riportato alla luce, rivela sofisticazione ideologica. Una delle corti fu decorata con un tema emblematico, il ratto della principessa fenicia Europa da parte di Zeus. Gli spettatori contemporanei erano in grado di coglierne un'allusione al conflitto tra Europa e Asia. Erodoto inizia il suo racconto delle guerre persiane con un riferimento a questo mito per spiegare come cominciarono i continui conflitti tra Greci e barbari. Filippo stava consapevolmente preparando i Greci per la tappa successiva del loro conflitto con l'allora indebolito impero persiano: una nuova campagna contro l'Asia, sotto il suo comando. Mentre il palazzo di Filippo veniva costruito e affrescato, un intellettuale ateniese, Isocrate, in una lettera aperta del 346 a.C., lo esortava a «farsi campione della causa della concordia tra i Greci e di una campagna militare contro i barbari»: cioè, contro l'impero persiano.

Per attuare il suo piano di invadere l'impero persiano, Filippo si assicurò gradualmente una rete di supporto, che culminò nella creazione di un'alleanza nel 337 a.C., la sua mossa diplomatica più astuta. L'ampliamento dell'influenza di Filippo al di fuori dei confini geografici della Macedonia, verso sud, era cominciato molto prima, con l'annessione *de facto* della Tessaglia al suo regno intorno al 352 a.C. Eletto alla magistratura più alta della lega tessala (*archon*), controllava una terra ricca di grano e cavalli ed era padrone dei proventi dei porti e dei mercati. Il successo di Filippo non si basava solo sulla forza militare. Corruppe uomini di stato ad Atene, la sua rivale per il controllo della Grecia, e firmò trattati d'alleanza ogni volta in cui gli apparivano il mezzo più opportuno per neutralizzare un nemico – senza, tuttavia, avere l'intenzione di rispettarli. Filippo è spesso ricordato come il vecchio padre ubriaco invischiato in un conflitto con il figlio pieno di talento e con la moglie ambiziosa. Ma Filippo era un uomo che poteva far tacere il più grande oratore dell'antichità con la sua semplice presenza. Quando Demostene di Atene ebbe la sua unica occasione di incontrarlo faccia a faccia come ambasciatore nel 347 a.C., fu abbandonato dalla sua arma migliore: la sua eloquenza. Dopo aver pronunciato qualche parola di introduzione, all'improvviso smise di parlare e svenne.

L'impresa più grande di Filippo fu quella di unificare i Greci in un'alleanza per la prima volta dal 477 a.C. Il suo esercito sconfisse le truppe alleate degli Ateniesi e dei Beoti nella battaglia di Cheronea nel 338 a.C. Per gli storici dell'Ottocento e del primo Novecento, questa battaglia segnò la fine delle libere città-stato e, di conseguenza, la fine della storia greca – o almeno della parte che vale la pena studiare. Vista da un'altra prospettiva, la battaglia di Cheronea è l'inizio della fine della storia achemenide. Invece di distruggere i suoi nemici sconfitti, Filippo li invitò a una conferenza – una delle sue mosse diplomatiche inattese e geniali. Il luogo dell'incontro fu scelto con attenzione: Corinto. Nel punto in cui uno stretto corridoio di terra unisce la Grecia centrale con il Peloponneso c'era un santuario di Poseidone, sede di uno dei quattro festival atletici panellenici tradizionali. Ma, soprattutto, Corinto era il luogo dove i Greci si erano accordati su un'alleanza contro i Persiani nel 480 a.C. Fu questa alleanza corinzia a battere Serse a Salamina nel 479 a.C. e a Platea nel 478 a.C., per sgretolarsi un anno dopo. Filippo si pose nella tradizione di questi vincitori; ricordò ai Greci che potevano sconfiggere i Persiani e proteggere la loro libertà solo se erano uniti; e ricordò loro anche che avevano il dovere di liberare le città greche dell'Asia Minore dal dominio persiano, come avevano fatto nel 478 a.C. Con l'eccezione di Sparta e dell'Epiro, molte città e confederazioni greche accettarono questo invito. I delegati conclusero un trattato di pace che garantiva ciò che i Greci consideravano più importante: la loro indipendenza, l'esenzione dai tributi e la libertà dalle guarnigioni. Quanti pronunciarono il giuramento imposto dal trattato si impegnarono a mantenere la pace e a non cercare di rovesciare la costituzione dei vari stati membri o il potere regio di Filippo e dei suoi successori. I membri dell'alleanza erano rappresentati in un consiglio (*synhedrion*), presumibilmente in proporzione all'entità della popolazione o delle truppe; le comunità più piccole forse condividevano un rappresentante. In caso di conflitto tra i membri, il consiglio svolgeva il ruolo di tribunale o di arbitrato. Un attacco contro il territorio o la costituzione di un membro obbligava gli altri membri a dichiarare guerra all'aggressore. L'alleanza eleggeva un capo (*hegemon*) che deteneva il comando militare in caso di guerra e stabiliva la dimensione dei contingenti che dovevano essere forniti da ciascun alleato. Come era prevedibile, Filippo fu eletto *hegemon* e mobilitò i Greci in una guerra contro i Persiani. I suoi scopi ultimi erano probabilmente di espandere il suo regno, liberare le città greche dell'Asia Minore dal dominio persiano e farle entrare a far parte della sua alleanza; probabilmente non aveva intenzione di distruggere l'impero persiano. Anche se molti dettagli di questo trattato ci sfuggono, la sua influenza sulla storia successiva fu sostanziale. L'alleanza corinzia o ellenica fu la base della leadership di Alessandro nella sua spedizione militare e fu periodicamente riesumata da tutti i re che in seguito vollero rivendicare a se stessi il controllo sui Greci.

Filippo può aver gestito con successo gli affari in Grecia, ma non riuscì a sciogliere le tensioni all'interno della sua stessa famiglia. Che avesse sposato una nuova moglie – la settima – nel 338 o 337 a.C. non era strano; i re macedoni praticavano la poligamia. Ma questa nuova moglie, Cleopatra, apparteneva a una famiglia macedone di spicco, a differenza delle altre mogli; un qualunque suo figlio avrebbe messo in discussione la successione di Alessandro al trono. I rapporti tra padre e figlio divennero così tesi che Alessandro dovette lasciare la corte per un breve periodo. Poco prima dell'inizio della campagna persiana, si riconciliò con suo padre e tornò a Ege.

L'idea di un figlio: da Troia all'Egitto (336-331 a.C.)

All'apice del suo potere, nel giorno in cui stava celebrando le nozze di sua figlia Cleopatra nel teatro di Ege, Filippo fu assassinato da una delle sue guardie del corpo, un suo ex amante. Il movente ufficiale dell'assassino era che Filippo non aveva punito coloro che lo avevano violentato durante una delle consuete riunioni alcoliche a corte. Solo pochi minuti prima dell'omicidio, erano stati portati in processione nel teatro i simulacri dei dodici dèi, accompagnati da una tredicesima immagine, che raffigurava Filippo stesso. In questo modo Filippo assimilava il proprio potere terreno a quello degli dèi. Molti Greci avrebbero considerato questo gesto un atto di insolenza, *hybris*, e la sua morte una punizione divina. In effetti, il fatto che il suo assassinio avvenne in teatro fu un'ironia tragica. Il pubblico andava a teatro per vedere in che modo la *hybris* degli eroi del mito veniva punita senza indugio dagli dèi. Ed è esattamente questo lo spettacolo che il fato offrì al pubblico riunito nel teatro di Ege quel giorno. La vita imitava l'arte.

Ma molti contemporanei rivolsero altrove i loro pensieri. Era stata forse Olimpiade, la moglie ripudiata di Filippo e madre di Alessandro, una donna potente e passionale, a istigare il delitto? Alessandro era coinvolto nella cospirazione che portò suo padre alla tomba, e lui sul trono? C'era forse l'oro persiano dietro questo delitto, pagato per evitare la minaccia dell'invasione imminente? Le voci circolavano; nulla fu però mai neanche lontanamente dimostrato. Ad Atene, Demostene apparve in pubblico in magnifiche vesti per celebrare la morte di Filippo, nonostante fosse in lutto per la morte di sua figlia. Voleva dimostrare che il suo affetto per la propria creatura era subordinato all'amore che nutriva per la patria e per la libertà che sperava Atene avrebbe ottenuto. La gioia di Demostene fu vana.

Alessandro, ora ventenne, consolidò la sua posizione come re dei Macedoni. Suo cugino Aminta, il figlio del re Perdicca, costituiva un ostacolo in tal senso, così Alessandro lo fece uccidere. Con una serie di veloci battaglie militari, il giovane principe protesse i confini a nord, sconfisse quanti avevano ritenuto che l'egemonia macedone si fosse conclusa e demolì la città di Tebe. Nel 336 a.C. rinnovò l'alleanza ellenica e fu eletto *hegemon*, per riprendere l'opera di suo padre. Filippo aveva già inviato delle truppe in Asia Minore. Ora Alessandro mobilitò le truppe alleate in una guerra contro Dario III, il Gran Re.

Partì per l'Asia nel maggio del 334 a.C. La sua prima tappa fu Troia, dove compì una serie di azioni simboliche volte ad assimilare la sua campagna militare alla guerra di Troia.

> Depose una corona anche sulla tomba di Achille; narrano poi che Efestione depose una corona sulla tomba di Patroclo; e Alessandro, come vuole un racconto, si felicitò con Achille che gli fosse toccato in sorte Omero quale araldo per la memoria dei posteri.

Scopo dichiarato della spedizione sembra che sia stata la liberazione delle città dell'Asia Minore e la vendetta per la distruzione di santuari da parte dei Persiani durante l'invasione della Grecia nel 480/479 a.C. Il primo obiettivo fu raggiunto in meno di due anni. Il secondo era – forse intenzionalmente – vago. Che cosa costituisse un contraccambio adeguato poteva e doveva essere una questione di interpretazione.

Le prime mosse di Alessandro dopo la sua vittoria nella prima grande battaglia al Granico nel 334 a.C. e la presa di Sardi, la capitale persiana dell'Asia Minore, erano più o meno prevedibili (vedi Cartina 2). A parte una deviazione, non necessaria sul piano strategico ma importante su quello simbolico, a Gordio – dove tagliò il nodo di Gordio e rese chiaro che il dominio dell'Asia, promesso dallo scioglimento del nodo, era una questione di competenza nelle armi – continuò la sua campagna lungo la costa. Cercò persistentemente un confronto diretto con l'esercito persiano finché non sconfisse il Gran Re in persona a Isso nell'ottobre o nel novembre del 333 a.C. Era prevedibile anche che Dario a questo punto avrebbe fatto una proposta per porre fine alla guerra. Ma la proposta, che prevedeva la concessione ad Alessandro di tutte le zone a ovest dell'Eufrate, fu rifiutata. Anche se l'autenticità delle lettere che i due re si sarebbero scambiati è discutibile, sembra che a questo punto Alessandro stesse già mettendo in discussione la legittimità del governo di Dario. Anche la sua mossa successiva aveva senso: uno degli aspetti più deboli della sua strategia era che la Grecia e l'Egeo erano rimasti vulnerabili a causa delle operazioni della flotta persiana nell'Egeo; così gli obiettivi successivi di Alessandro furono le più importanti basi navali persiane in Fenicia. Dopo un lungo assedio di sette mesi, il prezioso porto di Tiro cadde. Mentre la maggior parte dei generali avrebbe probabilmente inseguito il nemico sconfitto, Alessandro interruppe quello che sembrava il normale corso della campagna e si diresse in Egitto alla fine del 332 a.C. Questa decisione fu un punto di svolta importante della sua spedizione.

Questa mossa era giustificata? C'era da aspettarsi che una provincia persiana che si era spesso ribellata contro gli Achemenidi fosse un obiettivo facile; e in effetti l'Egitto non oppose resistenza. È altrettanto ragionevole che dopo due anni di campagna militare, e in particolare dopo le fatiche sopportate negli assedi di Tiro e, più tardi, di Gaza, l'esercito avesse bisogno di un po' di riposo. Strategicamente, il controllo dell'Egitto avrebbe significato che l'intero Mediterraneo orientale sarebbe stato nelle mani di Alessandro. Tuttavia, le azioni di Alessandro in Egitto mostrano che egli non era andato lì per concedere una vacanza al suo esercito o per consolidare il controllo del Mediterraneo orientale. Nei pochi mesi del suo soggiorno in Egitto, Alessandro procedette con una serie di misure che sono paradigmatiche del suo modo di concepire il proprio dominio e indicative dei suoi progetti. Assunse i titoli e i poteri del faraone; con la sua visita all'oracolo di Ammone nell'oasi di Siwa, fece il primo passo verso un suo culto divino; infine, fondò una nuova città a cui fu dato il suo nome.

I documenti egizi attribuiscono ad Alessandro i titoli ufficiali del faraone degli Egizi, anche se non è sicuro che sia stato posto ufficialmente sul trono. Un'indicazione chiara di come Alessandro intendeva governare il suo regno fu l'adozione, da parte sua, di tradizioni locali. Offrì un sacrificio al bue sacro a Menfi, ristabilì l'autorità dei sacerdoti e diede il via a progetti edilizi nei siti sacri di Karnak e Luxor. Poi attraversò il deserto libico per visitare il santuario di Amun (Ammone) nell'oasi di Siwa. Perché Alessandro decise di tentare l'impegnativa sfida di attraversare uno dei deserti più pericolosi? Era forse attratto da un'altra sfida ancora, quella di riuscire laddove Cambise, il conquistatore persiano dell'Egitto, aveva fallito nel 525 a.C. – dato che l'esercito di Cambise, a quanto si raccontava, era stato sommerso da una tempesta di sabbia? Era motivato da una profonda religiosità? Voleva consultare il parere di uno degli oracoli più rispettati e rafforzare così la propria autorità? Le risposte degli storici a queste domande divergono, dal momento che non abbiamo fonti affidabili. Non sono queste le uniche incertezze a circondare la personalità e le azioni di Alessandro. È difficile individuare motivazioni razionali, ideologiche o emotive dietro tutte le sue decisioni.

A Siwa, il sommo sacerdote naturalmente salutò Alessandro nel modo che si addiceva a un faraone, come il figlio del dio Amon-Ra. Questo saluto può essere tradotto in greco come «figlio di Zeus», poiché i Greci identificavano Amun con il loro Zeus. L'allusione a una discendenza divina diede ad Alessandro un'aura che sarebbe stata ulteriormente sviluppata negli anni successivi. Alessandro fece delle dediche ad «Ammone, suo padre» (vedi p. 407), e le monete coniate subito dopo questa visita lo dipingono con le corna di Amun (vedi Figura 2). La sua propaganda fu veloce a trarre vantaggio dalla visita al santuario di Ammone.

Il terzo e più importante avvenimento durante la permanenza di Alessandro in Egitto è la fondazione di Alessandria. Fondare una nuova città non era di certo un'idea originale. I Greci fondavano città ovunque andassero; lo facevano da secoli. Eracle, il mitico antenato di Alessandro, a quanto si diceva aveva fatto tre cose durante le sue peregrinazioni: aveva compiuto imprese che sembravano impossibili, era andato a letto con delle vergini e aveva fondato delle città. Per quanto riguarda almeno due di queste attività, Alessandro seguì il modello del suo avo. Non c'è da stupirsi neanche del fatto che la nuova città prese il suo nome. Suo padre aveva già fondato due città eponime: Filippi e Filippopoli. E già nel 340 a.C. Alessandro, che allora aveva sedici anni, aveva fondato una Alessandropoli da qualche parte in Tracia dopo una spedizione militare di successo. Ciò che rese Alessandria particolarmente importante, tuttavia, furono le sue dimensioni e l'attenzione che, a quanto pare, Alessandro riservò alla sua progettazione. Questa città si rivelò la sua impresa più duratura.

Alessandro era arrivato in Egitto come re dei Macedoni e generale dell'alleanza ellenica. Ripartì come faraone, *ktistes* (fondatore) e dio vivente. Come faraone, era il sovrano personale e assoluto del regno più antico noto ai suoi contemporanei. Questo regno era molto diverso da quello macedone; rifletteva tradizioni antiche di tre millenni e corrispondeva alle specifiche esigenze amministrative della terra del Nilo. Come fondatore di una città, aveva elevato se stesso allo *status* dei leggendari fondatori di città, figure sovrumane che popolavano i miti e le leggende greche e venivano venerati nelle città che avevano fondato. Con la sua visita a Siwa, associò fermamente se stesso a poteri divini. Il passaggio in Egitto costituiva una conclusione: secondo una delle voci che circolavano all'epoca, l'oracolo di Siwa aveva confermato che Alessandro aveva punito l'assassinio di suo padre. C'era ora un'altra questione in sospeso da risolvere: la punizione dei Persiani per il loro

2. Moneta di Alessandro con le corna di Ammone.

sacrilegio durante le guerre persiane. Questa si sarebbe compiuta negli anni successivi.

Passaggio in Persia: Alessandro il vendicatore (331-327 a.C.)

Dario aveva tutte le ragioni per cercare una conclusione alla guerra in una singola battaglia. Era stato sconfitto di persona a Isso e la sua strategia di creare un secondo fronte nell'Egeo per distrarre l'attenzione di Alessandro era fallita. Una guerra prolungata avrebbe solo indebolito la sua autorità e incoraggiato i poteri centrifughi nel suo impero. Permettere ad Alessandro di invadere il cuore dell'Iran e di intrappolarlo lì con una politica di terra bruciata poteva essere un'opzione dal punto di vista della strategia militare, ma contrastava con un'ideologia che attribuiva al monarca l'invincibilità.

In questa fase della guerra, l'iniziativa apparteneva a Dario. Dopo aver mobilitato truppe dalle parti orientali e occidentali del suo regno, soprattutto la cavalleria, scelse il campo di battaglia. L'esercito di Dario, molto più forte di quello del suo avversario, attese l'invasore su una vasta pianura a Gaugamela, a est del Tigri, dove 30.000 cavalieri e carri sciti erano in una posizione di vantaggio. Alessandro accolse la sfida con gioia e con buon senso strategico. Permise alla cavalleria iranica di sconfiggere il centro del suo fronte, ma la seconda linea di difesa riuscì a tenerla impegnata. Questo gli diede l'opportunità di colmare con la sua cavalleria i vuoti creati dall'avanzata persiana. Montò la carica direttamente contro il centro delle truppe persiane, dove il Gran Re, sicuro di sé, aveva preso posto. Le truppe di Dario non riuscirono a fermare la cavalleria macedone e il re fu costretto alla fuga. Questa vittoria di una strategia audace contro la superiorità numerica segnò la fine dell'impero achemenide e Alessandro fu dichiarato re dell'Asia sul campo di battaglia. Nel dicembre del 331 a.C. conquistò due delle città più importanti dell'impero persiano, Babilonia e Susa, senza incontrare alcuna opposizione. La capitale tradizionale dell'impero, Persepoli, fu presa e saccheggiata dopo una qualche resistenza nel gennaio o febbraio del 330 a.C. Fu solo qualche mese dopo, nel maggio del 330, che il palazzo reale fu messo a fuoco, forse come atto di vendetta per la distruzione dei santuari greci durante l'invasione persiana più che per la decisione estemporanea di alcuni ufficiali ubriachi istigati da una prostituta, come pur si è sostenuto. Con questa impresa, Alessandro poteva affermare di aver ottemperato ai propri obblighi verso l'alleanza ellenica. Non può essere una coincidenza che Alessandro, prima di lasciare Persepoli, congedò le truppe delle città e delle confederazioni greche. Questo segnò la fine della campagna che aveva guidato come capo dell'alleanza ellenica.

Ci sono prove indirette del fatto che egli potrebbe aver progettato anche di rimandare in Macedonia alcuni degli ufficiali che gli erano più vicini. Se questo è vero, significa che a questo punto Alessandro non aveva ancora programmato di proseguire la sua campagna militare oltre le capitali persiane. Forse fu costretto a continuare a inseguire il suo rivale sconfitto con il suo esercito macedone e alcune truppe di rinforzo a causa dei disordini nelle satrapie settentrionali determinati dal vuoto di potere e dai pericoli derivanti dal fatto che Dario era ancora libero. Dal momento che aveva fallito come comandante militare, Dario aveva perduto la sua legittimità; fu arrestato dai suoi satrapi e messo a morte nell'estate del 330 a.C. Alessandro trattò il defunto monarca con il rispetto dovuto non a un nemico, ma a un predecessore: lo fece seppellire nel cimitero reale a Persepoli e così acquistò ulteriore legittimità, specialmente agli occhi degli ex sudditi di Dario. Poi Alessandro, ancora una volta, assunse il ruolo di vendicatore. Inseguì e giustiziò gli uccisori di Dario e in una campagna militare durata tre anni sottomise le province ribelli nell'Iran settentrionale e orientale (330-327 a.C.). Alla fine di questa campagna, non tornò in nessuna delle sue capitali persiane, ma continuò piuttosto la sua avanzata verso est, raggiungendo territori che i miti greci associavano solo con le campagne orientali del dio Dioniso e con le avventure di Eracle. Nessun altro Greco prima di lui aveva mai raggiunto il subcontinente indiano. Nell'inverno del 327-326 a.C., Alessandro iniziò una campagna contro le tribù che si erano rifiutate di riconoscere la sua autorità. Questa campagna lo portò nel Punjab (vedi Cartina 2), verso nuove frontiere e vicino all'Oceano orientale che, secondo la geografia dell'epoca, costituiva la fine del mondo. Ma spinse anche Alessandro ai suoi limiti estremi.

Pothos: il desiderio di superare il limite (327-324 a.C.)

Nel 327-326 a.C., dopo aver attraversato l'Iran orientale, l'Afghanistan e la Battriana, Alessandro stava mettendo alla prova le proprie capacità cercando di conquistare la fortezza di Aorno, sul monte Pir-Sar in Pakistan, considerata inespugnabile. Persino il suo avo Eracle aveva fallito nel tentativo di conquistarla, secondo quanto narra il mito. Era stata l'impresa più orientale tra quelle compiute da Eracle; Alessandro, dicono gli autori antichi, fu condotto ai limiti estremi del mondo dal *pothos* (desiderio). Non fu l'unico greco trascinato dal *pothos* a riuscire in imprese in cui tutti prima avevano fallito e a indagare l'ignoto. Mentre cercava di raggiungere la parte più orientale dell'Oceano, un suo contemporaneo, Pitea di Massalia (l'odierna Marsiglia), stava esplorando l'Oceano oltre le colonne d'Ercole, l'attuale Gibilterra (vedi p. 401). Ma fu il *pothos* di Alessandro ad avere l'impatto più immediato e profondo sui contemporanei.

Dopo aver conquistato la fortezza di Aorno, Alessandro spinse la sua campagna in India, incalzato dal desiderio di raggiungere l'Oceano orientale. La sua impresa non fu indotta solo dalla curiosità. Come re d'Asia, aveva adottato l'ideologia della monarchia orientale, e questo voleva dire che non poteva tollerare che dei sovrani non riconoscessero la sua autorità. Questa campagna in India può aver avuto anche un aspetto esplorativo, ma fu in primo luogo una campagna militare finalizzata a stabilire un'autorità i cui limiti potevano coincidere solo con la fine del mondo abitato.

Attraversato l'Indo, Alessandro sconfisse Poro, re del Punjab, nel giugno del 326 a.C., lo incaricò di governare questo territorio e fondò due nuove città sui lati opposti del fiume Idaspe. Sono queste le uniche città fondate da Alessandro a non portare il suo nome: Bucefala, così chiamata in onore del suo cavallo Bucefalo, caduto nella battaglia contro Poro, e Nicea (città della vittoria, oggi Mong), che commemorava il suo successo. Alessandro non poteva sapere che questa sarebbe stata la sua ultima vittoria militare.

Quando Alessandro cercò di continuare la sua campagna in India, fu sconfitto dalla natura. Esausti per le fatiche e tormentati di continuo dalle tempeste causate dai monsoni, i suoi soldati si rifiutarono di marciare oltre il fiume Ifasi (Beas). Questo ammutinamento costrinse Alessandro a interrompere la sua campagna e a tornare in Persia. Un sacrificio a Poseidone nel mare davanti alla costa del delta dell'Indo a Patala (vedi Cartina 2) segnò la fine della spedizione. Parte dell'esercito tornò in Iran con una flotta sotto il comando dell'amico d'infanzia di Alessandro Nearco. Gli ordini di Nearco furono di navigare dall'India al Golfo Persico. La sua descrizione di questo viaggio, che fornì un'enorme messe di informazioni sulla geografia, la flora, la fauna e il clima, è sopravvissuta indirettamente negli *Indika* di Arriano, scritti nel II secolo d.C. Per ragioni sconosciute – per affrontare ancora un'altra sfida o per punire le sue truppe per il loro ammutinamento – Alessandro tornò dall'India con un esercito di più di 30.000 uomini, seguendo la via più difficile attraverso il deserto Gedrosiano. Dopo due mesi di marcia, durante i quali almeno 20.000 uomini morirono, Alessandro arrivò a Pura; quattro mesi più tardi, nel marzo del 324 a.C., giunse a Susa. Aveva 31 anni, non era mai stato sconfitto ed era il sovrano assoluto del più grande impero che il genere umano avesse mai conosciuto. I termini di paragone che aveva scelto non erano uomini, ma dèi ed eroi del mito – Dioniso ed Eracle – e li aveva superati.

Se dobbiamo credere alle fonti, durante la sua spedizione Alessandro teneva sotto il cuscino la sua spada e una copia dell'*Iliade*. Non sappiamo se avesse anche una copia dell'*Odissea*, ma è improbabile. Il tema dell'*Odissea* era il *nostos*, il desiderio di tornare in patria, e Alessandro non mostrò mai alcun desiderio di fare ritorno in Macedonia. Il tema dell'*Iliade* incontrava di più i suoi gusti. Il poema epico narra dell'ira (*menis*) di Achille, un uomo ferito nell'onore. L'eroe epico riconosceva che l'unica forma di immortalità concessa dagli dèi agli uomini è quella data dal *kleos aphthiton* (la gloria imperitura). Achille era stato il modello di Alessandro sin dalla fanciullezza; il Macedone aveva anche impostato l'inizio della sua campagna in Asia come un tributo all'eroe omerico. Per restare fedele alla sua emulazione di Achille, Alessandro avrebbe dovuto perdere la persona a lui più cara, come Achille aveva perduto Patroclo. E sarebbe anche dovuto morire giovane. La vita, in questo, non lo deluse.

Diventare immortale (324-323 a.C.)

Nell'epica non c'è posto per le sfide amministrative; nel mondo reale, invece, i conquistatori di solito non si ritirano a godersi i piaceri della pace. Alessandro aveva fatto le sue conquiste; ora doveva governare. Le conseguenze della sua prolungata assenza dall'Asia centrale divennero visibili quando fece ritorno in Persia: corruzione, paura delle rivolte, minacce all'unità dell'impero. Il colpo più basso gli era stato inferto dal suo tesoriere, Arpalo, che, temendo di essere punito per la sua cattiva gestione delle finanze reali, era fuggito in Grecia all'inizio del 324 a.C. con gran parte del tesoro. I nemici di Alessandro adesso potevano utilizzare quel denaro per pagare i mercenari.

Gli affari in Grecia erano stati trascurati per parecchio tempo, così Alessandro fece sentire la sua presenza in modo radicale: emise un decreto che ordinava alle città greche di accettare il ritorno dei loro esuli – persone che avevano abbandonato le loro città nel corso delle guerre civili o a causa di debiti insoluti. Se il suo scopo era quello di ottenere il supporto degli esuli, di certo ci riuscì. Quando il decreto fu annunciato ai giochi olimpici del 324 a.C. fu accolto con gioia da centinaia di esiliati. Se il suo scopo era quello di affermare il suo potere, ottenne anche questo, ma la sua decisione creò scompiglio nelle città. Il ritorno degli esuli ebbe ripercussioni sulla composizione del corpo cittadino; fu un intervento radicale che in qualche modo violava l'autonomia delle città greche – autonomia che Alessandro, in qualità di *hegemon* dell'alleanza ellenica, sarebbe stato obbligato a rispettare. Le città greche si trovarono di fronte al dilemma che sarebbe stato alla base del rapporto tra *poleis* e re nei secoli a venire: se avessero scelto di difendere la loro indipendenza, avrebbero corso il rischio di dover affrontare una guerra con un re incommensurabilmente più forte.

In passato, le decisioni di Alessandro si erano spesso scontrate con una qualche resistenza, ma nulla può essere paragonato alla crisi che il re dovette affrontare poco dopo il suo arrivo in Persia. Decise di congedare 10.000 soldati macedoni che avevano combattuto al suo fianco negli ultimi dieci anni e di farli tornare in Grecia. Quando i soldati si opposero, Alessandro mise fine a un ammutinamento a Opis giustiziando i capi della rivolta e sostituendo le truppe con dei soldati iranici. Cratero, uno dei suoi generali, ricevette l'incarico di ricondurre i veterani in Grecia; i restanti soldati macedoni, in totale non più di 6000, fecero un giuramento di lealtà ad Alessandro insieme alle truppe iraniche. Questo cambiamento nella composizione dell'esercito, una delle basi del suo potere monarchico, riflette la trasformazione del potere di Alessandro da quello di re dei Macedoni a quello di re dell'Asia.

Fu in questo tempo di crisi che Alessandro ricevette dalle città greche il più grande onore immaginabile: fu stabilito che alla sua persona dovessero essere tributati onori rituali, come se fosse un dio. Fu Alessandro a chiederlo? È dubbio, ma le città di sicuro sapevano che avrebbe gradito questo onore. Tradizionalmente, la relazione tra uomini e dèi era caratterizzata da un principio di reciprocità. I mortali riconoscevano l'esistenza e il potere degli dèi attraverso dei riti – sacrifici, dediche e preghiere – finché avevano modo di assistere a manifestazioni del potere divino. La reciprocità deve aver motivato anche alcune città greche a rivolgersi ad Alessandro con gli stessi riti con cui si rivolgevano ai loro dèi, inviando ambasciatori sacri con corone sulle loro teste, facendo offerte e manifestando le proprie richieste. Senza essere o diventare un dio, Alessandro era assimilato agli dèi, dal momento che le sue imprese erano superiori a qualsiasi misura umana (vedi pp. 113-114).

Come gli uomini, gli dèi sono inermi di fronte al fato, e Alessandro non era un'eccezione. Nell'autunno del 324 a.C., Efestione morì. Era il compagno d'infanzia di Alessandro, l'amico più caro e l'amante in una relazione omoerotica del tipo che caratterizzava la società greca arcaica. Alessandro pianse Efestione non meno di quanto Achille aveva pianto Patroclo. Ordinò la costruzione di una tomba monumentale e in Macedonia Efestione fu onorato come un eroe.

La morte di Efestione ritardò i preparativi per la mossa successiva di questo re inquieto: l'esplorazione e la conquista della penisola arabica. Questo piano fu dettato prima di tutto dal desiderio di Alessandro di completare la conquista del mondo, ma anche da ragioni strategiche. Aveva bisogno dell'Arabia come di un collegamento tra le due estremità del suo impero, l'Egitto e l'India. Ordinò la costruzione di una flotta, l'edificazione di un porto più grande a Babilonia e il miglioramento dei canali in Mesopotamia. La nuova campagna stava per cominciare quando Alessandro cominciò a mostrare i sintomi di una malattia, che all'inizio non prese seriamente. Indebolito dalle ferite, dagli eccessi, dalla fatica e dalla perdita di Efestione, Alessandro morì nel giugno del 323 a.C., prima del suo trentatreesimo compleanno. È improbabile che la controversia sulla causa della sua morte – malaria, un'altra malattia o avvelenamento – possa mai essere risolta. Alessandro aveva infine conseguito la sola immortalità di cui i mortali hanno una parte: il *kleos aphthiton*.

L'eredità di Alessandro

Dai tempi di Gustav Johann Droysen, che nel 1837 scrisse la prima storia moderna di Alessandro, è diventato abituale interpretare l'eredità del conquistatore macedone in termini culturali. Secondo Droysen, Alessandro perseguì sistematicamente e consciamente lo scopo di superare il divario tra oriente e occidente:

> Come nel primo giorno della Creazione Dio separò la luce dalle tenebre e come dalla notte e dal mattino fu creato il primo giorno, allo stesso modo il primo giorno della storia separò per la prima volta le popolazioni dell'oriente e dell'occidente, dirigendole verso un'inimicizia eterna e verso un eterno desiderio di riconciliazione ... L'esercito di Alessandro cominciò ad adottare lo stile di vita asiatico e a riconciliarsi e fondersi con coloro che il verdetto dei secoli aveva odiato, disprezzato e chiamato barbari; oriente e occidente cominciarono a fondersi l'uno con l'altro e a preparare un futuro in cui entrambi sarebbero scomparsi.

Generazioni di storici hanno modificato questa opinione, alcuni in modo più radicale di altri. Anche se si mette plausibilmente in discussione che Alessandro avesse in mente di unire oriente e occidente, le sue conquiste diedero indubbiamente il primo impulso a quel processo di assimilazione che si sviluppò nei secoli successivi alla sua morte. L'impero che aveva creato mancava di solide basi e come unità amministrativa si sgretolò; ma gli sconfitti rimasero uniti in una rete di relazioni politiche, scambi economici e influenze culturali. Anche se Alessandro non lasciò un successore diretto, la sua personalità e le sue imprese ispirarono uomini ambiziosi nell'ambiente a lui vicino, i successori, che combatterono tra di loro per il controllo dell'impero, e successivamente i re ellenistici e i generali e gli imperatori romani. Ma l'impatto tangibile di Alessandro e la sua eredità diretta sono i criteri e i modelli su cui l'oriente greco si basò nei successivi tre secoli.

Se da soldato Alessandro fu guidato dalla passione e talvolta da desideri irrazionali, come amministratore fu guidato dal pragmatismo. Grazie alla sua origine macedone, era abituato alla complessità dell'esercizio del potere su un conglomerato eterogeneo di sudditi e di alleati. In Macedonia, tra i sudditi di suo padre c'erano i Macedoni, di cui era re, i cittadini delle città greche, asservite o fondate da lui e a cui era concessa una qualche forma di autonomia, i cittadini delle città della lega tessala, che Filippo comandava come magistrato supremo. I membri dell'alleanza ellenica non erano sotto il dominio del re, ma nondimeno accettavano il suo comando. Questa struttura era emersa gradualmente durante i vent'anni del regno di Filippo. Le conquiste di Alessandro avevano prodotto una situazione molto più complessa. Alessandro aveva liberato le città greche d'Asia Minore, che probabilmente si unirono all'alleanza ellenica. Aveva fondato varie città, anche se il numero dato da Plutarco (più di settanta) viene giustamente messo in dubbio. I suoi cittadini erano per lo più mercenari greci cresciuti nelle tradizioni delle libere città greche, e tuttavia le nuove città erano in terre conquistate dal re. Alessandro aveva assunto il ruolo di faraone in Egitto ed era succeduto al Gran Re come sovrano di una moltitudine di gruppi etnici e di dinasti regionali dipendenti. Governare questo impero era una sfida ancora più grande di quella affrontata dai fondatori dell'impero achemenide, Ciro I (550-530 a.C. circa) e Dario I (522-486 a.C.).

Alessandro deve essersi reso conto che gli mancava il personale qualificato necessario ad assicurare una transizione graduale dal governo degli Achemenidi al suo, la riscossione indisturbata dei tributi e la conservazione di un'amministrazione efficiente. A questo scopo, doveva usare le tradizioni amministrative locali. Anche la popolazione locale desiderava un ritorno veloce e pacifico alla vita di ogni giorno. L'accoglienza entusiastica riservata nel 331 a.C. al conquistatore di Babilonia come al nuovo monarca era una chiara espressione di questo desiderio, a cui Alessandro rispose con prudenza. Mostrò rispetto per gli dèi tradizionali e lasciò i satrapi al loro posto, anche se elesse dei comandanti militari macedoni nelle province a garantire il suo governo. Salì sul trono del Gran Re a Susa nel dicembre del 331 a.C. e adottò le insegne esteriori del potere che ogni Greco avrebbe subito identificato come barbare, ad esempio alcuni aspetti dell'abbigliamento tipico del re persiano. Fece visita alla tomba di Ciro a Pasargade e fece seppellire Dario nel cimitero reale. Cercò di introdurre un rituale persiano nell'incontro tra il monarca e i suoi sudditi chiamato *proskynesis* – la prostrazione o genuflessione di fronte al re, un gesto che i Greci riservavano al culto degli dèi; la resistenza della corte gli fece abbandonare questo piano. Il suo matrimonio con Roxane, la figlia di un sovrano locale in Sogdiana, stabilì strette relazioni con l'aristocrazia indigena dell'Iran. Riconobbe Poro, uno dei comandanti militari più abili che mai lo avessero contrastato, come governatore dei territori più a est. Incluse 30.000 Iranici addestrati alla maniera macedone nel suo esercito e accettò i migliori cavalieri iranici nelle unità equestri macedoni. Verso la fine del suo regno, Alessandro si circondò di guardie del corpo persiane. Riconobbe uno statuto matrimoniale alle relazioni di 10.000 soldati con donne non greche, per lo più iraniche, e la legittimità della prole. In un matrimonio collettivo a Susa, novanta dei suoi compagni più cari sposarono donne iraniche alla maniera persiana; durante questo matrimonio, Alessandro e i suoi intimi amici Efestione e Cratero si sposarono con delle donne della famiglia reale persiana.

Per alcuni storici, queste misure furono il risultato di una grande visione, mentre secondo altri furono un tentativo di far fronte alle sfide derivanti dall'amministrazione di un enorme impero, per il quale il numero limitato di nobili macedoni e i pochi uomini provenienti dalle città greche non sarebbero stati sufficienti. Questa seconda ipotesi sembra la più plausibile. Con l'inclusione di Iranici nel suo esercito e nella sua amministrazione, Alessandro seguiva su una scala più ampia e in una forma più estrema una strategia di governo che suo padre aveva già sperimentato quando aveva incluso membri dei clan rivali della nobiltà e della regalità macedone nella sua corte. Alessandro sembra aver avuto a cuore più l'allargamento della base di reclutamento per il suo esercito e la sua amministrazione che l'abolizione delle differenze etniche in un mondo conquistato che era sempre stato multiculturale.

La coerenza con cui Alessandro perseguì questa politica, contro una forte opposizione, è notevole. Eliminò alcuni membri del suo circolo più intimo per il loro coinvolgimento, vero o presunto, in cospirazioni o perché criticavano apertamente il re: Filota, il capo della cavalleria, e suo padre, il vecchio generale Parmenione, furono messi a morte nel 330 a.C.; Clito, uno dei suoi alti ufficiali, che criticò aspramente le nuove abitudini non-macedoni di Alessandro, fu ucciso dal re nel 328 a.C.; infine il suo storico, Callistene, che rappresentava lo spirito dei cittadini greci liberi, fu messo a morte nel 327 a.C., insieme ad alcuni paggi reali che egli avrebbe istruito (è la cosiddetta congiura dei paggi). La lotta contro una simile opposizione lascia pochi dubbi circa il fatto che Alessandro avesse un piano e non stesse agendo soltanto sulla base dell'istinto o del capriccio.

Alessandro seguì l'unico modello che conosceva: una monarchia personale in cui tutto dipendeva dal re. Quelli più vicini a lui avevano le funzioni militari e amministrative più alte. In cima alla gerarchia c'erano uomini che occupavano i massimi ranghi militari. Tra questi, gli amici più intimi del re erano noti con il titolo onorifico di «guardie del corpo» (*somatophylakes*). L'ufficiale di rango più elevato era il chiliarca, «comandante di 1000 uomini», una funzione che corrispondeva a quella del gran visir achemenide e che fu probabilmente mutuata dalla tradizione indiana. Alcuni membri dell'aristocrazia iranica furono accettati anche nel circolo ristretto dei «parenti» (*syngeneis*), a cui era permesso di baciare il re. Soldati scelti svolgevano la funzione di *hetairoi*, «compagni», nell'*agema*, un corpo scelto di cavalleria, e come soldati in unità scelte di fanteria.

La monarchia di Alessandro aveva radici in tre diverse tradizioni monarchiche – quelle della Macedonia, della dinastia achemenide e dell'Egitto faraonico – come anche nel ruolo di Alessandro come *hegemon* dell'alleanza ellenica. Non tornò mai in Grecia e nessuna delle voci sui suoi ultimi progetti prevedeva un ritorno in Macedonia. Questo non significa, tuttavia, che egli trascurasse gli affari in Grecia e in Macedonia. Con lettere regali, editti (*diagrammata*) e messaggi comunicati attraverso dei messi faceva sì che i suoi desideri fossero noti nelle città, che erano formalmente sue alleate e non parte del suo dominio. Questi mezzi continuarono a essere importanti strumenti di potere fino alla fine del periodo ellenistico.

Le decisioni di Alessandro plasmarono il mondo ellenistico in modo molto tangibile: Alessandro stabilì i limiti geografici di questo mondo a est, e definì il carattere del potere monarchico, le relazioni tra re e città, tra urbanizzazione e integrazione di popolazioni e tradizioni locali. I tredici anni del suo regno sono uno di quei periodi della storia durante i quali l'orologio sembra muoversi più in fretta del normale. La spedizione di Alessandro iniziò come una risposta ai bisogni e alle tendenze contemporanei e terminò con il conseguimento di desideri personali. Non possiamo calcolare in quale misura Alessandro cambiò il corso della storia. Di certo accelerò la fine dell'impero persiano e la creazione di una rete più ampia di regioni più di quanto qualsiasi contemporaneo avrebbe potuto immaginare. La resistenza ad Alessandro e la frammentazione del suo impero dopo la sua morte mostrano che egli aveva impresso al corso della storia un ritmo che i suoi contemporanei non erano in grado né di comprendere né di seguire.

Non sappiamo se il maestro di Alessandro, Aristotele, la mente più grande dell'epoca, capì o approvò le politiche del suo discepolo. A prescindere dalla diffidenza nei confronti della monarchia assoluta da parte di un filosofo che era nato in una *polis* greca e che aveva scelto di vivere, pensare e insegnare ad Atene, la città che considerava se stessa un modello di libertà e di democrazia, Aristotele aveva un'idea molto netta della superiorità dei Greci sui barbari:

> C'è un'altra forma di monarchia, come sono i regni di alcune popolazioni barbariche. Hanno tutti quanti un potere simile alle tirannidi, ma sono conformi alla legge ed ereditari; perché i barbari, essendo per natura più servili dei Greci, e gli Asiatici degli Europei, sopportano senza difficoltà un potere dispotico esercitato su di loro.

L'inclusione di soldati iranici nell'esercito macedone e i matrimoni misti tra Greci e non Greci può difficilmente essere conciliata con questi insegnamenti. Mi chiedo in che modo una città come Alessandria, una *polis* greca fondata in una terra con tradizioni teocratiche e con la presenza pervasiva del potere reale, si sarebbe inserita nella tassonomia aristotelica delle costituzioni. Aristotele morì subito dopo Alessandro, dopo aver solo intravisto la nascita di un nuovo mondo. Il significato di questo nuovo mondo trova una splendida espressione in «Nel 200 a.C.», del poeta alessandrino Kavafis:

> E dalla spedizione panellenica, fulgida,
> vittoriosa, mirabile,
> celebrata, gloriosa,
> come nessuna s'ebbe gloria mai,
> da quella incomparabile spedizione, sortimmo,
> novello mondo greco, e grande, noi.
>
> Noi, genti d'Alessandria, d'Antiochia,
> di Seleucia, con tutti i Greci innumeri
> dell'Egitto, e di Siria,
> e di Media, e di Persia, e gli altri, gli altri.
> Con gli estesi dominî, e il vario gioco
> d'adeguamenti accorti.
> E la nostra Comune Lingua Greca
> fino alla Battriana noi la recammo, all'India.

2
I successori

Avventurieri e architetti di regni
(323-275 a.C.)

Il problema della successione (323 a.C.)

I re macedoni di solito non morivano nei loro letti; cadevano in battaglia o venivano assassinati. Nella monarchia macedone tradizionale un nuovo re acquisiva la sua legittimità tramite l'acclamazione da parte dell'esercito. Era prima di tutto, e soprattutto, un comandante militare. Come nelle *poleis* le assemblee di cittadini eleggevano i loro comandanti militari e altri ufficiali, così l'assemblea dei guerrieri macedoni eleggeva l'uomo che li avrebbe condotti in guerra. Il principio dinastico della successione veniva rispettato, ma il nuovo re non era sempre il figlio maggiore del re defunto – o neanche necessariamente suo figlio. Anche quando Filippo morì per mano di un sicario nel 336 a.C., non era affatto scontato che a succedergli dovesse essere Alessandro. Il nipote di Filippo, Aminta, figlio del re Perdicca III, aveva ancora diritto al trono e Alessandro aveva due fratellastri: Arrideo, più vecchio di lui, nato nel 359 a.C., e Carano, il figlio neonato dell'ultima moglie di Filippo. Arrideo soffriva di una qualche forma di disabilità, ma la rivendicazione del trono da parte di Carano avrebbe potuto ricevere l'appoggio dei suoi parenti materni, che erano membri della nobiltà macedone. Sia Aminta sia Carano furono uccisi immediatamente dopo che l'esercito ebbe proclamato re Alessandro. Il bagno di sangue del 336 a.C. non era stato ancora dimenticato quando Alessandro morì tredici anni più tardi. E i generali più vecchi dell'esercito di Alessandro avevano anche assistito a uccisioni e usurpazioni reali tra il 369 e il 359 a.C. Simili esperienze lasciavano poche speranze di un passaggio di potere pacifico.

Se nel 359 e nel 336 a.C. la questione era chi sarebbe stato il re dei Macedoni, nel 323 a.C. le cose erano ben più complicate. La maggior parte dell'esercito macedone, responsabile dell'acclamazione del nuovo re, era in Macedonia, con l'eccezione di circa 6000 soldati rimasti a

Babilonia. E Alessandro era qualcosa di più che semplicemente il re macedone e il supremo magistrato della lega tessala. Era il comandante dell'alleanza ellenica e, soprattutto, il sovrano di un impero che aveva personalmente conquistato. Il fatto che Alessandro non avesse lasciato alcuna disposizione per la sua successione, poi, non rendeva di certo le cose più facili.

Alessandro alla sua morte lasciò l'anello del potere a uno dei suoi ufficiali, Perdicca, il chiliarca (visir). Questo non significava che Perdicca dovesse salire al trono; lo autorizzava, semplicemente, a sovrintendere al passaggio del potere. Al momento della morte di Alessandro, era inconcepibile che un uomo al di fuori della dinastia argeade potesse essere dichiarato re. Solo un parente stretto del sovrano costituiva un'opzione: un fratello, un figlio o un cognato. Il defunto re aveva lasciato due vedove. Roxane, sua moglie dal 327 a.C., era incinta quando Alessandro morì. Statira, figlia di Dario III, sposò Alessandro solo un anno prima della sua morte e non gli diede figli. Alcune fonti suggeriscono che Alessandro possa aver avuto un figlio illegittimo con la sua amante Barsine, un ragazzo di nome Eracle. Entrambe le sorelle maggiori di Alessandro, Cinnane e Cleopatra, erano vedove; una terza sorella, Tessalonica, ora intorno ai venticinque anni, era (sorprendentemente) ancora nubile. Per gli ambiziosi esponenti della nobiltà macedone, tutte e tre le donne erano un buon partito, ma nessuna di loro era a Babilonia. Erano tutte e tre in Macedonia con la madre di Alessandro, Olimpiade, ancora una figura influente a corte. Solo il fratellastro maggiore di Alessandro, Arrideo, era a Babilonia. Nonostante la sua disabilità, aveva accompagnato Alessandro nella sua spedizione. Anche se l'esercito aveva dichiarato Arrideo re, il suo governo deve essere stato sentito come temporaneo, finché il figlio di Alessandro, che ancora doveva nascere, non avesse raggiunto l'età per regnare, o finché uno dei generali di Alessandro non fosse riuscito a legittimare in qualche modo il suo governo sul regno macedone o sull'intero impero. Il nuovo re, che prese il nome di Filippo III, fu posto sotto la tutela di Cratero, uno degli ufficiali più anziani, mentre ai principali comandanti dell'esercito furono assegnati dei compiti nell'amministrazione dell'impero. Quando Roxane diede alla luce un figlio, qualche mese più tardi, anche lui fu acclamato re, con il nome di Alessandro IV, e posto sotto la stessa tutela.

Che cosa pensavano gli uomini più anziani, che avevano combattuto per Filippo e poi per Alessandro? E, soprattutto, che cosa passava per la testa ai più giovani, che avevano visto il loro amico d'infanzia conquistare il mondo allora conosciuto, diventare il sovrano di un impero multietnico, allontanarsi gradualmente dalla maggior parte di loro, adottare alcuni dei tratti di un despota orientale e addirittura acquisire lo *status* di un dio? Tutti i resoconti storici di questi anni che ci sono rimasti guardano agli eventi con la consapevolezza di quanto sarebbe accaduto poi – la divisione dell'impero e la creazione di tre grandi regni e di vari altri più piccoli. Ma nel 323 a.C. nessuno poteva sapere che cosa sarebbe successo, e neanche se Roxane avrebbe messo al mondo un maschio o una femmina. Alessandro aveva impiegato meno di sette anni a sottomettere l'impero persiano; ci vollero diciassette anni prima che qualcuno degli ufficiali di Alessandro osasse farsi proclamare re, e questo dimostra la loro esitazione nel rompere con la tradizione della dinastia argeade. Non sappiamo neanche se nel 323 a.C. una divisione dell'impero fosse considerata una possibilità. La prospettiva di avere un singolo sovrano dell'impero, o della maggior parte di esso, non fu abbandonata fino al 281 a.C., più di quarant'anni dopo la morte di Alessandro.

Alessandro continuava a incombere, con la propria ombra, sui suoi compagni. Si racconta che quando uno di loro, Cassandro, vide una statua di Alessandro, mostrò tutti i sintomi fisici della paura: brividi, tremiti e vertigini. Alessandro non solo incuteva timore dopo la sua morte; ispirava ambizione e poteva conferire la legittimità. Il suo corpo, le insegne del suo potere e i membri della sua famiglia divennero importanti strumenti di propaganda e di legittimazione. Per questo motivo Tolomeo, uno dei generali di Alessandro, trafugò il corpo del Macedone per seppellirlo nella sua provincia, l'Egitto. Anche se le fonti antiche sono esplicite sulla sepoltura ad Alessandria, esse non impediscono agli archeologi più fantasiosi di cercare una tomba altrove. Anche la tutela di re Filippo III Arrideo e di Alessandro IV era un privilegio molto conteso. Cassandro cercò la legittimazione sposando la sorella di Alessandro, Tessalonica. Un esempio estremo dello sfruttamento, a scopi di legittimazione, di qualsiasi cosa restasse di Alessandro è il comportamento di Eumene, uno degli ufficiali più anziani, che mise in mostra il trono del Macedone nei consigli militari nel corso di una guerra in Asia Minore, insinuando la presenza del defunto re.

Si racconta che quando ad Alessandro fu chiesto, sul letto di morte, a chi avrebbe lasciato il regno, abbia risposto: «Al migliore; prevedo che i miei amici organizzeranno una grande gara funebre per me». *Se non è vero, è ben trovato* [in italiano nel testo, N.d.T.]. La sua morte inaugurò una serie di guerre, che possono essere viste come una gara tra uomini ambiziosi e potenti, e alcune delle loro mogli, per il potere supremo. Il risultato di queste guerre fu non soltanto una geografia politica completamente nuova, ma anche una nuova concezione del potere monarchico, basata, all'inizio, più sul carisma che sulla legittimità dinastica.

I successori: il ritratto dell'ambizione

I numerosi protagonisti di questo periodo sono chiamati successori (*diadochoi*) e per questo motivo il periodo di guerre ininterrotte tra la morte di Alessandro e la divisione definitiva dell'impero nel 281 a.C. è noto come «l'età dei diadochi», o «l'età dei successori». Alcuni di costoro erano uomini anziani, appartenenti alla generazione di Filippo, membri dell'aristocrazia macedone. Antipatro, settantacinque anni e reggente della Macedonia dal 334 a.C., rappresentava la continuità e l'autorità. Il sessantenne Antigono Monoftalmo (con un occhio solo), che era stato a capo degli alleati greci durante la spedizione, adesso governava la Grande Frigia, una delle principali province dell'Asia Minore (vedi Cartina 3).

Per quanto anziani potessero essere, questi uomini erano anche padri di figli ambiziosi. Il figlio di Antipatro, Cassandro, nato intorno al 350 a.C., era a Babilonia quando Alessandro morì e deve aver sperato di succedere a suo padre. Il figlio di Antigono Monoftalmo, Demetrio, aveva solo 14 anni, ma sarebbe presto diventato uno dei successori più importanti, guadagnandosi infine l'epiteto di Poliorcete (l'assediatore).

Tra i numerosi ufficiali coinvolti nei conflitti sorti in seguito alla morte di Alessandro, tre uomini avrebbero dominato la scena politica nei successivi quaranta anni. Erano amici di Alessandro sin dalla fanciullezza e membri del ristretto circolo delle «guardie del corpo»: Tolomeo, quarantaquattro anni, fu nominato satrapo dell'importante provincia d'Egitto; Lisimaco, sui trentotto anni, divenne governatore della Tracia, la provincia che univa Europa e Asia; Seleuco, trentacinque anni, succedette a Perdicca come chiliarca. Infine Eumene, il segretario reale di Alessandro, ottenne un'importante posizione amministrativa.

Per quanto l'effettivo vuoto di potere invitasse questi uomini a sperare e a sognare, essi erano stati abituati a essere alla pari alla corte di Alessandro. Come potevano ora accettare che uno di loro ascendesse alla posizione un tempo occupata dal defunto re? C'era da aspettarsi che se uno di loro avesse cercato di guadagnare troppo potere, gli altri avrebbero fatto fronte comune contro di lui. La minaccia non distolse i principali protagonisti dal tentativo di acquistare maggiore potere, come avevano visto fare ad Alessandro con grande passione per più di un decennio. Le loro ambizioni in conflitto tra loro resero la storia politica di questo periodo una sequenza confusa di guerre e di *renversements des alliances*, di solito accompagnati da brevi matrimoni combinati tra uno dei successori e la sorella o la figlia di un altro.

Molti dettagli relativi agli eventi di questo periodo (vedi cronologia, pp. 448-449) sono ancora incerti, e la scoperta di nuove iscrizioni occasionalmente fornisce qualche informazione in più. Qui si rende conto brevemente solo di alcuni degli avvenimenti più importanti, che meglio danno l'idea della natura dei conflitti e dei progetti e delle aspettative dei protagonisti di quest'epoca.

La guerra lamiaca o guerra ellenica (323-322 a.C.)

«Se Alessandro fosse davvero morto, tutto il mondo sentirebbe l'odore del suo cadavere», disse, a quanto pare, l'oratore ateniese Demade quando la notizia della morte di Alessandro raggiunse Atene. Quando la notizia fu confermata, Demostene consigliò ai suoi concittadini di liberarsi dall'egemonia macedone. Questi avevano buoni motivi per seguire il suo consiglio. Il «decreto degli esuli» (vedi p. 25) aveva causato un grave malcontento e gli Ateniesi erano nella condizione di finanziare una guerra contro Antipatro – ironicamente, con i soldi di Alessandro. Nel 324 a.C., Arpalo, il tesoriere infedele del re, era giunto nella loro città con la somma enorme – a quanto si dice – di 5000 talenti e un piccolo esercito di 6000 mercenari. Questo denaro poteva ora essere usato per assoldare dei mercenari. Migliaia di uomini, disoccupati dopo che Alessandro aveva smantellato gli eserciti dei satrapi, erano in attesa di un impiego a Capo Tenaro. Atene trovò degli alleati tra gli stati greci che avevano motivo di opporsi alla supremazia macedone. La concomitante designazione di questa guerra come di «guerra ellenica» – vale a dire una guerra combattuta da un'alleanza di Elleni – indica che le città e le confederazioni greche che unirono le loro forze con Atene propagandavano la loro lotta come quella di liberi stati greci contro il dominio macedone. Un'iscrizione la chiama «la guerra che il popolo di Atene combatté per la libertà degli Elleni».

Dopo qualche successo iniziale dei Greci, Antipatro fu costretto a ritirarsi nella città tessala di Lamia, dove fu assediato dall'inverno del 323 a.C. alla primavera del 322 a.C. – di qui la denominazione di «guerra lamiaca». Ma a questo punto la sorte dei Greci mutò. Dopo una vittoria macedone a Cranno nel settembre del 322 a.C., i Greci capitolarono incondizionatamente. Condannato dall'assemblea ateniese insieme ad altri capi anti-macedoni, Demostene andò supplice al santuario di Poseidone a Calauria e si suicidò per evitare l'arresto. Per gli studiosi dell'Ottocento e del primo Novecento la morte di Demostene segnò la fine della storia delle libere città greche.

La sconfitta degli Elleni determinò lo stabilimento di regimi oligarchici e di guarnigioni nelle città. E tuttavia il sogno di libertà continuava. La promessa di *eleutheria* (libertà), *autonomia* (autonomia) e liberazione dalle guarnigioni divenne un importante strumento di propaganda che fu utilizzato da alcuni dei successori per ottenere l'appoggio delle città greche contro i loro nemici. Anche se questa promessa fu continuamente tradita, i Greci non smisero di sognare fino a dopo l'instaurazione dell'impero romano.

Da signori della guerra a re (322-306 a.C.)

L'insurrezione della Grecia non fu l'unica minaccia che i successori dovettero affrontare subito dopo la morte di Alessandro. Ampie parti dell'Asia Minore non erano veramente sotto il controllo dei loro satrapi e le guerre fallimentari dei successori nei decenni successivi portarono alla creazione di piccoli regni (vedi Cartina 5). In Cappadocia, il re ribelle Ariarate I fu crocifisso nel 322 a.C., ma il suo nipote e figlio adottivo Ariarate II sconfisse il satrapo macedone nel 301 a.C. e fondò una dinastia che durò per più di due secoli. In Bitinia, il governatore locale Zipoete difese con successo il suo regno dalle armate macedoni (326-301 a.C.) e assunse il titolo di re nel 297 a.C., fondando uno dei più importanti regni alla periferia degli imperi principali che emersero dalle guerre di questo periodo.

Non appena terminarono i conflitti in Grecia e in Asia Minore, scoppiarono le guerre tra i successori. Nei primi anni, finché furono ancora vivi gli eredi legittimi di Alessandro, i principali protagonisti diressero i loro sforzi verso l'acquisizione di forza militare. La ottennero tramite alleanze con città greche e tramite il controllo delle province che pagavano un tributo e servivano come base per il reclutamento dei mercenari. Le strategie variavano, a seconda delle risorse di ciascun successore (vedi Cartina 3). Tolomeo aveva dei chiari vantaggi nel controllare l'Egitto, un territorio omogeneo con immense risorse e un'antica tradizione di governo monarchico. Cassandro basava il suo potere sul possesso della Macedonia e della maggior parte della Tessaglia, oltre che sul controllo di una serie di città importanti, inclusa Atene, dove erano state collocate delle guarnigioni e dove venivano appoggiati i regimi oligarchici e i tiranni. La base di Lisimaco era la provincia della Tracia, strategicamente importante. Dopo il 312 a.C., Seleuco controllava il cuore dell'impero, Babilonia e la Mesopotamia, che gli dava accesso a grandi ricchezze e all'esercito imperiale. Antigono, che aveva mostrato in uno stadio molto precoce di avere l'ambizione di unire l'intero impero sotto il suo governo, operò su fronti diversi, da Babilonia alla Siria e dalla Grecia all'Asia Minore. Le sue grandi risorse erano la flotta, il controllo dei porti e l'appoggio dei Greci che credevano alla sua promessa di liberare le loro città.

Ogni volta in cui uno dei successori sembrava acquisire troppo potere, gli altri si univano contro di lui. Dopo la sua sconfitta, venivano stipulati dei patti, che venivano infranti non appena per uno degli alleati si presentava l'opportunità di accrescere il proprio regno o anche di ottenere il controllo dell'intero impero. Poi era lui a essere abbandonato dai suoi alleati e nuove alleanze venivano a formarsi, finché il generale troppo ambizioso veniva sconfitto. Questa fu un'epoca di ambizioni, speranze e tradimenti, di avventure e di bruschi rovesci di fortuna. Non sorprende che le varie storie di questo periodo si soffermino su improvvisi rovesci di fortuna (*peripeteiai*) ed eventi inattesi (*paradoxa*). Uno dopo l'altro, quasi tutti i protagonisti di questo periodo furono assassinati, traditi dai loro ufficiali o uccisi dai loro alleati; nel migliore dei casi, caddero in battaglia. Nel 309 a.C., la dinastia argeade era stata eliminata, rendendo così il titolo reale accessibile a uomini dell'élite macedone al di fuori della vecchia linea dinastica.

Il primo importante punto di svolta in questo periodo fu la guerra condotta da una coalizione di molti dei successori contro Perdicca, che aveva invaso l'Egitto nel 320 a.C. Era qui che il suo satrapo, Tolomeo, aveva portato il corpo di Alessandro per seppellirlo ad Alessandria nell'autunno del 321 a.C., acquisendo così uno dei più importanti simboli di continuità con la dinastia argeade. Mentre Perdicca fu ucciso dai suoi stessi ufficiali, Cratero, il tutore del re, cadde in battaglia in Asia

Minore. Gli altri successori raggiunsero un accordo a Triparadiso, nel nord della Siria, nell'estate del 320 a.C., che confermò Antipatro come reggente in Europa e lo rese tutore dei due re. Antigono Monoftalmo succedette a Perdicca al comando dell'esercito. Questa posizione e il matrimonio di suo figlio Demetrio con la figlia di Antipatro, Fila, lo resero uno degli uomini più potenti dell'impero. Gli fu affidato anche il compito di condurre una guerra contro gli ultimi sostenitori di Perdicca in Asia Minore. Anche se questo era un compito gravoso, gli conferiva il comando di imponenti eserciti. Per quanto riguarda gli altri successori, Tolomeo mantenne la sua provincia d'Egitto e Lisimaco la Tracia, mentre Seleuco, uno degli ufficiali che avevano tradito Perdicca, ricevette Babilonia, una zona con enormi risorse. Nessuno avrebbe potuto prevedere, nel 320 a.C., che questo «accordo di Triparadiso» prefigurasse quella che sarebbe stata la suddivisione dell'impero quarant'anni dopo.

Antipatro morì un anno più tardi, dopo aver nominato suo successore alla reggenza dei re Poliperconte, un nobile macedone, anziché suo figlio Cassandro. Deluso dalla decisione del padre, Cassandro si alleò con Antigono e altri successori contro Poliperconte, il cui unico supporto in Asia Minore era Eumene, fedele al governo legittimo degli Argeadi. Quattro anni di guerra, durante i quali Olimpiade tolse di mezzo re Filippo III ed Eumene fu a sua volta ucciso nel 315 a.C., portarono Cassandro molto vicino al trono di Macedonia. Organizzando il funerale del sovrano assassinato e della sua famiglia nel cimitero reale di Ege, assolse al compito tradizionale dell'erede al trono. Inoltre, era il tutore del re superstite, Alessandro IV, e aveva sposato la sorella di Alessandro, Tessalonica, dando il suo nome a una città di nuova fondazione. Gli unici ostacoli tra lui e il trono erano un bambino di sette anni, cioè il re legittimo, Alessandro IV, e le ambizioni degli altri successori. Il più anziano di loro, Antigono Monoftalmo, stava ora emergendo come l'uomo più potente dell'impero che si andava sgretolando. Il più giovane dei successori era suo figlio Demetrio, nato nel 337 a.C., che per giovinezza, bellezza, abilità strategiche e ambizioni appariva come un nuovo Alessandro. Antigono riunì sotto il suo potere una parte significativa del territorio asiatico. Anche Seleuco, il governatore di Babilonia, sentì la pressione e dovette fuggire in Egitto.

Ma poi il successore più potente si trovò ad affrontare l'opposizione di tutti gli altri. Cassandro, Tolomeo, Seleuco e Lisimaco formarono una nuova coalizione del 314 a.C. e posero ad Antigono un ultimatum, proponendo una nuova distribuzione delle province. Antigono rispose con un'accurata messa in scena: raccolse l'esercito, che nella tradizione del regno macedone era fonte di legittimazione delle decisioni importanti, a Tiro e gli fece approvare per acclamazione un documento che dichiarava Cassandro nemico dell'impero e gli chiedeva di rilasciare Alessandro IV, ritirare le guarnigioni dalle città greche e lasciarle libere. Da un lato, Antigono stava facendo appello alla lealtà dell'esercito verso il legittimo re argeade, e dall'altro al desiderio delle città greche di restare libere e autonome. Poliperconte e suo figlio Alessandro, che controllava parti della Grecia meridionale, si allearono con Antigono, e iniziò una nuova guerra. Antigono e i suoi alleati riportarono qualche successo in Grecia, ma Seleuco riuscì a riguadagnare il controllo della sua provincia di Babilonia nel 312 a.C. Un trattato di pace nel 311 a.C. ripristinò lo *status quo* del 314 a.C., ma era chiaro che questa pace non sarebbe durata. Cassandro eliminò l'ultimo elemento di continuità ordinando l'assassinio di Alessandro IV nel 310 a.C. Eracle, un giovinetto che si pensava fosse il figlio illegittimo avuto da Alessandro con una nobile persiana e, pertanto, il successivo nella linea di successione, fu anch'egli messo a morte.

La fine biologica della dinastia argeade significava che, dal momento che il titolo di *basileus* (re) non poteva più essere assunto da un membro della famiglia di Alessandro, chiunque poteva ora rivendicarlo. Sorprendentemente, nessuno lo fece. Ci si sarebbe aspettati che a questo punto Cassandro, l'unico successore che, tramite il matrimonio con la figlia di Alessandro, era connesso con la dinastia argeade, avrebbe predisposto la sua acclamazione a re. Ma era la vittoria che faceva i re, non l'uccisione di adolescenti. Quella vittoria non c'era ancora stata, e a riportarla sarebbe stato un altro dei successori.

La vacanza del trono fu interpretata da molti successori come un invito a cementare la divisione dell'impero e a cercare di acquistare, da parte loro, quanto più territorio possibile. Antigono si prefisse l'obiettivo di riunire l'impero sotto la propria guida. All'inizio, il suo successo fu impressionante. Suo figlio Demetrio liberò Atene nel 307 a.C. dalla guarnigione di Cassandro, un evento di grande significato simbolico per i Greci, tradizionalmente amanti della libertà. Subito dopo, Demetrio sconfisse la flotta di Tolomeo a Salamina, a Cipro (vedi Figura 3). La vittoria navale a Salamina non fu strategicamente importante come quella di molti anni prima – la vittoria dei Greci sui Persiani a Salamina, vicino ad Atene, nel 478 a.C. – ma segnò un punto di svolta decisivo nella storia di questo periodo e l'emancipazione definitiva dei successori

3. Moneta di Demetrio Poliorcete che commemora la sua vittoria a Salamina. Nike è in piedi sul castello di prua di una galera, con una tromba in mano.

dall'ombra di Alessandro. Si racconta che Demetrio mandò un messaggero, Aristodemo, ad annunciare la vittoria a suo padre. Forse seguendo le istruzioni di Demetrio – sappiamo che Demetrio era un maestro della messa in scena – il messaggero all'inizio lasciò Antigono e l'esercito riunito incerti sull'esito della battaglia. Plutarco descrive la scena drammatica, sintetizzando il resoconto di uno storico contemporaneo:

> Aristodemo non rispose a nessuno, ma si avvicinò, passo dopo passo e con un'espressione solenne sul volto, in perfetto silenzio. Molto preoccupato per questo, Antigono, non più capace di trattenersi, venne alla porta per incontrare Aristodemo; una folla numerosa ora lo seguiva, procedendo velocemente verso il palazzo. Quando giunse vicino, Aristodemo allungò la mano e gridò a gran voce: «Salve, re Antigono, abbiamo sconfitto Tolomeo in una battaglia navale, e ora siamo signori di Cipro, con 12.800 soldati come prigionieri di guerra».

L'annuncio di Aristodemo somiglia a una rappresentazione drammatica. Nei suoi movimenti, nell'espressione del volto e nel linguaggio del corpo, egli imitava la figura del messaggero, così come la gente l'aveva vista tante volte rappresentata sul palco. Solo dopo aver ottenuto l'attenzione del suo pubblico e aver creato suspense Aristodemo annunciò la vittoria. Ma ancora più importante del suo annuncio fu il suo saluto. «Salve, re Antigono». Le acclamazioni degli ufficiali e dei soldati alla «corte» di Antigono somigliavano a un'acclamazione del re da parte dell'esercito macedone e quindi conferivano al regno di Antigono un senso di legittimità. Il nuovo re fondò la nuova città eponima di Antigonea, sul fiume Oronte, e lì assunse il diadema come simbolo del nuovo *status* che aveva acquisito. Inviò un diadema anche a suo figlio.

Dopo che Antigono e Demetrio ebbero assunto il titolo di re, gli altri successori li seguirono in fretta, e presto Tolomeo, Seleuco, Lisimaco e Cassandro furono acclamati re nel 306 a.C. Ma di cosa o di chi erano re? Erano re in quanto successori di Alessandro? Erano re di regni territoriali? Né il titolo reale di questi re né quello di nessuno dei loro successori fu mai accompagnato da una specificazione etnica o geografica, come potrebbe essere, ad esempio, il titolo di re degli Epiroti. Questa mancanza di designazione etnica o geografica implica che i successori erano re di qualsiasi terra potessero conquistare e mantenere sotto il proprio controllo. Ma sembra che almeno due di loro, Antigono e suo figlio Demetrio, abbiano posseduto l'ambizione di raggiungere il potere «universale». «L'anno dei re», come è comunemente definito il 306 a.C., non risolse la questione della successione di Alessandro; fu solo l'inizio di una nuova fase di guerre.

Sogni di impero (306-281 a.C.)

Per circa cinque anni la Macedonia e l'impero furono senza re (310-306 a.C.). Ora all'improvviso ne avevano sei. Nel 297 a.C. il governatore della Bitinia, Zipoete, fu il primo sovrano non greco in Asia Minore ad assumere il titolo di re. In Sicilia, Agatocle fu proclamato re nel 304 a.C., seguendo l'esempio dei successori (vedi p. 52). L'intenzionale vaghezza del titolo di «re» invitava quanti lo portavano ad aggiungere al loro regno tutte le regioni possibili. Questo è ciò che essi cercarono di fare in una nuova fase di guerre che non può essere qui narrata nel dettaglio.

L'episodio più memorabile fu l'assedio dell'isola di Rodi da parte di Demetrio, un alleato di Tolomeo, nel 305-304 a.C. Anche se Demetrio non riuscì a prendere la città, la sua inventività durante l'assedio gli valse il soprannome di Poliorcete. I suoi ingegneri costruirono una macchina d'assedio mobile, la *helepolis*. Era una struttura di legno simile a una torre, con nove piani e portata su ruote, dotata di congegni antincendio e di corridoi; una lunga asta aggettante terminava in un cono con una testa di ariete. Fu grazie alla vendita delle grosse macchine d'assedio costruite dagli ingegneri di Demetrio che i Rodiesi finanziarono l'erezione di una statua del loro dio patrono, Helios, il Sole, alta 33 metri. La statua fu eretta nel loro porto dodici anni più tardi come monumento di guerra. Un terremoto la distrusse nel 226 a.C., ma la sua fama come una delle sette meraviglie del mondo antico sopravvive e la sua ricostruzione stimola l'immaginazione degli storici dell'arte. Si tratta del colosso di Rodi (vedi Figura 4).

Incoraggiati dai successi militari, Antigono e Demetrio indicarono l'estensione della loro ambizione rivitalizzando l'alleanza ellenica (vedi p. 15). Come capo di questa alleanza, Alessandro aveva guidato i Greci nella sua campagna d'Asia. Il fatto che Antigono e Demetrio ripristinassero l'alleanza nel 302 a.C., unendo sotto la loro guida molte città greche, fu un tentativo consapevole di assumere la posizione di Alessandro come *hegemon* degli Elleni. La loro decisione conferma il sospetto che, a questo punto, essi mirassero a succedere ad Alessandro come unici sovrani del suo impero. Naturalmente questo significava anche che essi correvano il rischio di un confronto diretto con le forze unificate degli altri successori, che reagirono come c'era da aspettarsi: Seleuco, Lisimaco e Tolomeo unirono le loro forze contro questo «pericolo chiaro e presente».

Se anche gli altri successori avessero ambizioni analoghe a quelle di Antigono non è sicuro, anche se questo è più probabile per Seleuco che per gli altri. Dopo aver stabilito il suo governo in Mesopotamia e nell'Iran orientale, anche Seleuco aveva di recente imitato Alessandro avviando una spedizione militare in India. Anche se non riuscì a stabilire un controllo permanente sulle regioni a est dell'Indo, la sua campagna ebbe un significato militare diretto e conseguenze ideologiche e culturali indirette. Essa lo portò in conflitto con un regno che era sorto all'indomani delle campagne di Alessandro. Chandragupta (Sandrokottos in greco), un avventuriero e capo militare, aveva utilizzato la forza delle armi per stabilire il potere politico, fondando il regno Maurya nella pianura del Gange ed espandendo gradualmente il suo dominio dal Gange all'Indo. Dopo aver fallito nel tentativo di sottometterlo, Seleuco firmò con lui un trattato nel 303 a.C. in cui concesse tutti i territori tra il Paropamiso e l'Indo in cambio del riconoscimento della sua sovranità e di 500 elefanti da guerra – una potente arma che diede a Seleuco un inatteso vantaggio militare sui suoi nemici. Dal punto di vista ideologico, questa campagna faceva di Seleuco un secondo Alessandro. La sua impresa fu imitata un secolo più tardi da un suo discendente, Antioco III (vedi p. 171). Il trattato ebbe una conseguenza culturale imprevista: l'inviato di

4. Una fantasiosa ricostruzione cinquecentesca del colosso di Rodi.

Seleuco, Megastene, scrisse una relazione dei suoi viaggi e dell'organizzazione della corte Maurya che è una delle nostre fonti più importanti per la storia dell'antica India. Rafforzato dagli elefanti da guerra e con le frontiere orientali messe in sicurezza, Seleuco poteva ora procedere verso l'Asia Minore per riunire le sue truppe con quelle di Lisimaco.

La battaglia decisiva ebbe luogo a Ipso, in Frigia, nel 301 a.C. Demetrio, posto a capo della cavalleria, imitò le audaci cariche di Alessandro, sconfiggendo il fronte che si trovava direttamente davanti a lui. Tuttavia commise un errore fatale: inseguì i nemici in fuga senza notare lo spazio vuoto che aveva creato nell'esercito di suo padre. Seleuco approfittò di questa opportunità. Entrò in quello spazio con i suoi elefanti e sconfisse le truppe di Antigono. Il re ottantunenne cadde in battaglia, sperando fino alla fine che suo figlio lo avrebbe salvato in tempo.

Demetrio rimase un protagonista importante, controllando alcune città costiere in Asia Minore, oltre all'isola di Cipro e alle importanti basi navali di Tiro e Sidone. Era anche prevedibile che l'alleanza vincitrice si sarebbe sgretolata subito dopo la vittoria. Lisimaco aveva fatto in effetti grandi acquisizioni territoriali in Asia Minore, distruggendo le speranze di Seleuco di un'espansione verso occidente. Tolomeo, che non era presente alla battaglia, ne aveva approfittato per conquistare la Celesiria (*Koile Syria*, «Siria concava») che corrisponde all'incirca agli attuali Siria meridionale, Libano e Palestina – una zona il cui controllo causò sei cosiddette guerre siriache tra i discendenti di Tolomeo e Seleuco nei successivi cento anni. Quando la figlia di Tolomeo, Arsinoe, una donna intelligente e ambiziosa, sposò Lisimaco, Seleuco si rese conto che le sue ambizioni erano soggette al controllo dei suoi alleati. Ci fu un nuovo *renversement des alliances*. Solo due anni dopo la battaglia di Ipso, Demetrio stipulò un'alleanza con Seleuco destinata a breve vita come le precedenti. Tuttavia, per il futuro, Demetrio poteva contare almeno sulla tolleranza di Seleuco verso il suo tentativo di espandere il proprio potere.

Demetrio aveva molti vantaggi: era ancora giovane, famoso grazie alle sue innovazioni durante l'assedio di Rodi e ammirato come uno dei più begli uomini del suo tempo; era anche astuto, instancabile e ambizioso. Il suo svantaggio era che non controllava un'area geograficamente coerente come i suoi rivali. Presto gli si presentò l'opportunità di porre rimedio a questo problema, guadagnando il controllo della Macedonia, la madrepatria di tutti i successori. Cassandro, che si era stabilito come re in Macedonia, morì nel 298/297 a.C. e suo figlio, Filippo IV, morì solo un anno più tardi, lasciando due fratelli più giovani, Antipatro e Alessandro, in lotta per il trono. Mentre aspettava il momento giusto per attaccare, Demetrio accrebbe il suo potere in Grecia e preparò il suo ritorno.

Per realizzare i suoi piani, per Demetrio fu essenziale il controllo di Atene, tradizionale guida delle *poleis* greche. Atene era la città dove lui e suo padre avevano ottenuto i loro primi grandi successi e dove avevano ricevuto onori che li assimilavano a eroi locali; era la città che lo aveva tradito dopo Ipso. Nella primavera del 295 a.C., Demetrio conquistò Atene, ma anziché punire gli Ateniesi, promise loro più di una donazione di grano. Nel frattempo, il conflitto dinastico in Macedonia stava raggiungendo il suo apice. Uno dei pretendenti al trono, Alessandro, commise un errore fatale: chiese aiuto a Demetrio. Demetrio lo intese come un invito della Fortuna stessa e accettò con gioia. Progettò l'uccisione di Alessandro e mise in scena la sua acclamazione a re da parte dell'esercito nell'autunno del 294 a.C. Ora, all'apice della sua potenza, continuava a gestire e ad esibire il proprio potere come in una rappresentazione teatrale, dimenticando che ogni dramma finisce con la punizione dell'*hybris*.

Nel 291 a.C., Demetrio sposò Lanassa, che, a quanto si dice, era una delle donne più belle del suo tempo. Subito dopo il suo matrimonio, andò ad Atene, programmando di giungervi in concomitanza con la celebrazione dei misteri eleusini. Gli Ateniesi celebrarono il suo arrivo come l'avvento di un dio, bruciando incenso, coronando statue e altari, offrendo libagioni, ballando nelle strade e cantando un inno che paragonava il suo potere terreno a quello degli dèi (vedi pp. 117-118).

> Egli è qui pieno di gioia, come si addice a un dio, sereno e sorridente. Il suo aspetto è solenne, i suoi amici sono tutti intorno a lui e lui si trova al centro, come le stelle intorno al sole. Salve, figlio del dio potente, Poseidone, e di Afrodite! Giacché gli altri dèi o sono lontani, o non hanno orecchi, o non esistono, o non si curano di noi, mentre vediamo te, qui presente, fatto non di legno o di pietra, ma reale.

Demetrio imitava Dioniso, sostituendo i simboli del potere reale con il costume dionisiaco, una corona di vite e un bastone di finocchio (*thyrsos*). Più o meno in questo periodo, commissionò la tessitura di un mantello, destinata a non essere mai portata a termine, che rappresentasse le stelle e lo zodiaco, un'allusione al suo controllo del ciclo annuale, delle stagioni e del tempo stesso. Nella sua propaganda, appariva tra i suoi amici come il sole circondato dalle stelle. Seguendo l'esempio di Alessandro e degli altri successori, fondò una nuova città, Demetriade, in Tessaglia, in un punto strategico per la sua flotta, che gli permetteva inoltre il controllo del traffico marittimo dalla Grecia continentale, attraverso l'Egeo, verso l'Asia Minore e oltre. Demetriade era nella parte meridionale del Golfo di Pagase, davanti a Iolco sul lato nord, il luogo leggendario da cui era partita la spedizione degli Argonauti. È un segno del suo genio militare che egli si sia reso conto dell'importanza di una flotta e di porti sicuri per la conservazione del suo potere, e molti dei suoi successori seguirono il suo esempio nel perseguire una politica navale. Non è una coincidenza che gli Ateniesi si riferissero a lui come al figlio di Poseidone nel loro inno. Dalle azioni di Demetrio appare chiaro che il suo obiettivo era quello di espandere il suo potere oltre la Macedonia, prima in Grecia, poi al di là dell'Egeo.

Rispondendo alle richieste degli Ateniesi, che stavano subendo gli attacchi dei pirati etolici, Demetrio fece una guerra contro lo stato federale dell'Etolia. Gli Etoli erano una potenza in ascesa nella Grecia occidentale e controllavano anche Delfi, uno dei più importanti santuari ellenici. Questa guerra diede a Demetrio l'opportunità di provare che le sue intenzioni di proteggere i Greci erano autentiche. Ma non riuscì a sconfiggere gli Etoli e dovette scendere a patti con loro nel 289 a.C. La sua stella stava tramontando con la stessa velocità con cui era sorta. La sua nemesi giunse nella persona di un altro avventuriero i cui molti rovesci di fortuna somigliano a quelli di Demetrio: Pirro d'Epiro (vedi Figura 5).

Pirro era un membro della famiglia reale che governava i Molossi, una tribù greca in Epiro, nel nord-ovest della Grecia, e in quanto tale era parente alla lontana di Alessandro Magno, la cui madre era una principessa molossa. Ascese al trono quando aveva dodici o tredici anni nel 306 a.C., ma fu presto esiliato a causa di conflitti dinastici. Nel 302, cercò rifugio alla corte di Demetrio. Nel 298, fu inviato a Tolomeo come ostaggio. Tornò in Epiro come re nel 297 e, ispirato dal successo di Alessandro, cercava occasioni per accrescere il proprio potere. Circa trent'anni dopo la morte di Alessandro apparve ai contemporanei come un nuovo Alessandro, come afferma Plutarco: «Molti dei Macedoni erano spinti a dire che in lui solo tra tutti i re potevano vedere un'immagine della grande audacia di Alessandro, mentre gli altri, e in particolare Demetrio, non fecero che assumere la maestà e la pompa di Alessandro, come attori sul palcoscenico».

Nel 288 a.C., quando Demetrio stava preparando una grande spedizione militare per riconquistare l'Asia Minore, con una fanteria, a quanto si dice, di 98.000 uomini, 120.000 cavalieri e 500 navi, Pirro, Lisimaco, Tolomeo e Seleuco formarono ancora una volta un'alleanza opportunistica per fermarlo. Pirro invase la Macedonia da est e Lisimaco da ovest, provocando paura e rabbia tra le truppe di Demetrio e inducendo molti soldati a disertare. Prima che una battaglia decisiva contro Pirro potesse aver luogo, alcuni soldati spinsero Demetrio ad abbandonare il trono e la Macedonia. E così fece. Kavafis cattura l'atmosfera nella sua «Re Demetrio», ispirata dal racconto di Plutarco:

> Andò a spogliarsi
> dei suoi pomposi paramenti d'oro,
> gettò le calzature porporine.
> D'umili panni, frettolosamente,
> si rivestì, fuggì.

5. Ritratto di Pirro d'Epiro.

Questo fu l'inizio della fine per un re la cui vita attende ancora un produttore cinematografico. Anche se affrontò gli attacchi di Tolomeo in Grecia, nell'Egeo e in Fenicia, e aveva perduto una grossa parte del suo esercito e due dei suoi possessi più importanti, i porti di Sidone e di Tiro, Demetrio cercò ancora di occupare l'Asia Minore, ma la campagna fu un fallimento. Fu costretto a rientrare in Cilicia, nel sud dell'Asia Minore, e, passando dal monte Tauro, a entrare nel regno di Seleuco. Qui, fu messo in trappola. Impossibilitato a raggiungere il mare, decise di arrendersi a Seleuco nel 285 a.C. Come suo padre, Demetrio non era riuscito a creare un impero paragonabile, per ampiezza, a quello di Alessandro. Morì come prigioniero di Seleuco due anni più tardi.

Non c'è bisogno di poteri divinatori per prevedere cosa sarebbe successo poi: l'alleanza ad hoc degli alleati di Demetrio si sgretolò e i due successori, Lisimaco e Seleuco, cercarono di riuscire laddove Demetrio aveva fallito. Lisimaco condusse il suo più giovane alleato, Pirro, fuori dalla Macedonia, diventando così l'unico re dei Macedoni; aveva ora in suo possesso non solo la Tracia, ma anche la maggior parte dell'Asia Minore. Seleuco, dall'altro lato, controllava la maggior parte dei possedimenti orientali di Alessandro. Una resa dei conti tra i due re più anziani, gli unici ancora in vita della generazione di Alessandro dopo la morte di Tolomeo I nel 283/282 a.C., era solo una questione di tempo.

Come spesso accadeva in questo periodo, a scatenare la guerra furono donne ambiziose e conflitti dinastici. L'ultima moglie di Lisimaco era Arsinoe, figlia di Tolomeo I, che aveva quarantacinque anni in meno di suo marito e fu la donna più influente della storia greca prima di Cleopatra. Arsinoe si mise contro Agatocle, figlio maggiore di Lisimaco e governatore dell'Asia Minore. Probabilmente si rese conto che i suoi figli avrebbero potuto rivendicare il trono solo se avesse tolto di mezzo Agatocle. Lisimaco fu indotto a credere che suo figlio avesse l'intenzione di avvelenarlo e ne ordinò l'uccisione nel 283 a.C. Quando i sostenitori di Agatocle si rifugiarono da Seleuco, tra loro c'era Tolomeo Cerauno (il Tuono). Cerauno era il figlio maggiore di Tolomeo I e quindi il fratellastro di Arsinoe. Si era rifugiato da Lisimaco nel 285 a.C., quando suo padre aveva deciso di eleggere a suo successore il figlio avuto da un'altra moglie. Seleuco, che aveva ora quasi ottant'anni, riconobbe l'occasione di espandere il suo impero a ovest, con il pretesto di una campagna per vendicare l'uccisione di Agatocle.

Lisimaco si trovava ora in una posizione difficile. In primo luogo, c'era la minaccia costante di invasione da parte di tribù barbare alla frontiera nord del suo regno. In secondo luogo, egli dovette affrontare un'insurrezione in Asia Minore, causata dall'omicidio di Agatocle; a Pergamo, un'importante città nell'Asia Minore nord-occidentale, il comandante Filetero si era ribellato. E ora Seleuco invadeva i suoi possedimenti in Asia Minore. Per la maggior parte della sua vita Seleuco aveva rivolto la sua attenzione a est. Dopo aver condotto due campagne militari in India e aver nominato suo figlio Antioco I reggente nelle parti orientali del suo regno nel 293 a.C., ebbe infine la possibilità, alla fine della sua vita, di tornare nella sua patria macedone, che non aveva più visto da quando l'aveva lasciata da giovane ufficiale per seguire Alessandro più di cinquant'anni prima. I due anziani re si incontrarono a Curopedio in Frigia nel 281 a.C. Lisimaco fu ucciso in battaglia, aprendo a Seleuco la possibilità di realizzare il sogno che tutti i successori una volta avevano avuto: riunificare quanto più possibile dell'impero di Alessandro, dalla Macedonia all'Iran. E tuttavia Seleuco non aveva ancora imparato la lezione che gli ultimi quarant'anni avrebbero dovuto insegnare a ciascun attore di questo dramma: non fidarsi mai di un alleato dopo la sconfitta del nemico comune. Tolomeo Cerauno uccise Seleuco nella capitale della Tracia, Lisimachia, nel settembre del 281 a.C. e sposò la vedova di Lisimaco, la sua sorellastra Arsinoe, promettendo di risparmiare la vita dei suoi figli. In questo modo, poté autoproclamarsi re, a capo della Macedonia e della Tracia. Non appena la missione fu compiuta, uccise due dei figli di Arsinoe (il più grande riuscì a fuggire), costringendola a tornare in Egitto, dove suo fratello Tolomeo II l'aspettava a braccia aperte. Sarebbe diventato il suo terzo e ultimo marito, e insieme avrebbero consolidato il regno tolemaico d'Egitto.

Avventure siciliane

Le zone della colonizzazione greca a ovest (Italia meridionale e Sicilia) e a nord (le coste occidentali e settentrionali del mar Nero) furono solo indirettamente toccate dalle guerre dei successori. Le evoluzioni politiche in Sicilia rappresentano un caso esemplare di sviluppi paralleli in oriente e occidente (vedi Cartina 4). Anche se i Greci in Italia e in Sicilia erano organizzati in città-stato, avevano una lunga tradizione di governo autocratico da parte di tiranni. Uomini ambiziosi avevano di frequente tratto vantaggio dalle situazioni di crisi per stabilire il loro potere. Le occasioni non mancavano, a causa di tre problemi endemici: gli sforzi dei Cartaginesi di ampliare il loro territorio in Sicilia a spese delle colonie greche; la minaccia da parte delle popolazioni non greche in Italia (Bruzi, Lucani, Mamertini); infine, i conflitti politici tra i sostenitori della democrazia e i gruppi oligarchici.

Parallelamente alle guerre dei successori, un'analoga lotta per il potere personale scoppiò anche in Sicilia. Nel 322 a.C., la crisi politica nella città più grande della Sicilia, Siracusa, aveva raggiunto la sua punta più drammatica. Una guerra civile tra i democratici e gli oligarchici stava minacciando l'autonomia stessa della città, poiché gli oligarchici ricercavano il supporto del più acerrimo nemico di Siracusa, i Cartaginesi. Nel 319/318 a.C., il capo dei democratici radicali, Agatocle, scaltro stratega e abile populista, riuscì a ottenere l'appoggio della maggioranza dei cittadini, promettendo di porre fine ai contrasti e di salvaguardare le istituzioni politiche. L'assemblea lo elesse generale, un incarico tradizionale, aggiungendo al suo titolo la designazione di «protettore della pace». Non si dovrebbe mai prestar fede a titoli che ricordano i ministeri orwelliani della Verità, della Pace e dell'Abbondanza. Agatocle interpretò a suo modo il ruolo di «protettore della pace»: 4000 dei suoi nemici furono uccisi; altri 6000 fuggirono ad Agrigento. Dichiarando di voler tornare alla vita di privato cittadino, non fece altro che promuovere la sua elezione a un altro incarico straordinario nel 317 a.C.: generale con autorità illimitata (*strategos autokrator*), incaricato della «cura della città» (*epimeleia tes poleos*). Tramite l'applicazione di misure populiste – la cancellazione dei debiti e la concessione della terra ai poveri – ottenne l'appoggio popolare necessario all'imposizione di un suo potere autocratico. Nel 314 a.C., le città di Agrigento, Gela e Messina riconobbero l'egemonia di Siracusa; tuttavia, altre città siciliane formarono un'alleanza contro la supremazia siracusana. Con l'appoggio di Cartagine, che stava praticando con successo la politica del *divide et impera*, i nemici di Siracusa assediarono la città. Agatocle rispose a questa minaccia attaccando Cartagine e costringendo i Cartaginesi a ritirare il loro esercito da Siracusa nel 310 a.C.

Nel Nord Africa, Agatocle inseguì il sogno di un impero su piccola scala, un sogno ispirato alle conquiste di Alessandro. Cirene, la più grande colonia greca della Libia, era governata dal macedone Ofella, amico intimo di Alessandro. Subito dopo il suo arrivo nel 308 a.C., Agatocle fece uccidere Ofella e si impadronì del suo esercito. La spedizione africana alla fine fallì perché la flotta cartaginese era superiore a quella siracusana e i due figli di Agatocle furono uccisi dai suoi stessi mercenari. Ma Agatocle mantenne il suo potere in Sicilia e nel 306 a.C. concluse un trattato di pace con Cartagine che lo rese il solo sovrano delle parti greche della Sicilia. Seguendo l'esempio dei successori, assunse il titolo di re nel 304 a.C., coniò monete con la sua immagine e stabilì legami con altri re ellenistici, sposando una delle figlie di Tolomeo I. L'infaticabile sovrano espanse la sua influenza oltre la Sicilia aiutando le città greche dell'Italia meridionale contro i loro vicini barbari e occupando Corcira. Agatocle si stava preparando per una nuova invasione dell'Africa quando la morte lo colse, nel 289/288 a.C.

Il suo punto di partenza era stata una guerra civile in una città siciliana, ma nel giro di tre decenni le sue avventure lo avevano portato in Nord Africa e le sue relazioni politiche si estendevano dall'Egitto all'Italia meridionale e dalla Macedonia alla Sicilia. Come Alessandro, aveva come obiettivo un nemico tradizionale delle città greche, Cartagine, e per la prima volta portò la guerra nel suo territorio. Utilizzò le stesse tattiche dei re a lui contemporanei – guerra, matrimoni dinastici, alleanze, tradimento e omicidio – e non pose mai un limite geografico alle proprie ambizioni. Anche se non riuscì a stabilire una dinastia, abituò i Greci d'occidente all'idea che avevano bisogno di un monarca come loro difensore contro i nemici barbari, Roma e Cartagine. Un nuovo difensore emerse nella persona di Pirro d'Epiro.

L'ultimo avventuriero: Pirro

«Vittoria di Pirro» è una delle numerose espressioni lasciate in eredità ai posteri dal mondo ellenistico. L'espressione ha le sue origini nelle avventure di Pirro (318-272 a.C. circa), re d'Epiro dal 306 al 302 a.C. e di nuovo dal 297 al 272 a.C. (vedi Figura 5). Abbiamo già incontrato Pirro come uno dei più carismatici successori di Alessandro e vittorioso rivale di Demetrio Poliorcete (vedi p. 48). Seguendo l'esempio degli altri successori, esercitò il potere regale in qualunque zona di cui riuscisse a ottenere il controllo. Nel 288 a.C., espulse Demetrio dalla Macedonia, ma il suo governo lì fu di breve durata, poiché fu cacciato da Lisimaco nel 284 a.C. Come re dell'Epiro, possedeva il più grande potere militare a est dell'Adriatico. Era naturale, allora, che i Greci dell'Italia e della Sicilia si rivolgessero a Pirro quando cominciarono ad avvertire la pressione dell'espansione romana.

Dalla metà del IV secolo a.C. in poi, la nobiltà romana che aveva il controllo del senato aveva perseguito una politica di espansione. La competizione aristocratica favoriva questo processo, poiché i membri della classe dirigente erano inclini a ricevere comandi militari e a promuovere il loro proprio prestigio e quello delle loro famiglie attraverso vittorie militari. Alla fine del secolo, l'espansione romana aveva raggiunto l'Italia meridionale, minacciando le colonie greche della zona. I cittadini di Tara – l'attuale Taranto – erano sicuri della sconfitta se avessero dovuto affrontare un attacco dei Romani senza aiuti esterni. Se la minaccia si fosse presentata un secolo prima, il loro alleato e protettore naturale sarebbe stato Sparta, la madrepatria di Tara. Ma i tempi erano cambiati e nel 281 a.C. si rivolsero a Pirro per averne il sostegno. Il motivo per cui Pirro accettò di intervenire è facile da comprendere: Lisimaco aveva posto fine alla sua ambizione di espandersi a est; l'occasione di espandere il proprio potere a ovest era pertanto accolta con entusiasmo, in un'epoca in cui la sovranità dipendeva dai successi in guerra e dall'acquisizione di nuovi territori. Si racconta che il filosofo

Cinea, sentendo dei progetti di Pirro di navigare alla volta dell'Italia, lo coinvolse in questa discussione:

> «Pirro, i Romani hanno fama di essere buoni soldati e signori di molti popoli bellicosi; se, quindi, un dio ci permettesse di sconfiggerli, come dovremmo utilizzare la nostra vittoria?» Pirro rispose: «La tua domanda, Cinea, non ha davvero bisogno di una risposta; con i Romani sconfitti, non c'è città, né barbara né greca, che possa opporci resistenza, ma entreremo subito in possesso di tutta l'Italia – e nessuno meglio di te dovrebbe sapere quanto questa terra sia grande, ricca e potente». Poi, dopo una breve pausa, Cinea disse: «E dopo aver conquistato l'Italia, o re, che cosa faremo?». Pirro, che ancora non aveva capito le sue intenzioni, rispose: «La Sicilia è vicina, e ci chiama; è un'isola piena di ricchezze e di uomini, ed è molto facile da conquistare, perché lì, Cinea, ora che Agatocle è morto, non ci sono altro che fazioni, anarchia nelle città, e demagoghi irritabili». «Ciò che dici», rispose Cinea, «forse è vero; ma la nostra spedizione finirà con la conquista della Sicilia?». «Che gli dèi ci concedano la vittoria e il successo», rispose Pirro, «e ce ne serviremo come base per compiere grandi imprese. Chi potrebbe infatti tenerci lontani dalla Libia o da Cartagine, quando queste siano a portata di mano, se Agatocle è quasi riuscito a conquistarle, fuggendo in segreto da Siracusa e salpando alla volta dell'Africa con poche navi? E quando avremo conquistato queste terre, nessuno dei nostri nemici, che adesso ci trattano con disprezzo, oseranno opporci resistenza; nessuno può dubitarne». «Proprio nessuno», disse Cinea, «perché è chiaro che, con un simile potere, saremo in grado di riconquistare la Macedonia e di governare saldamente la Grecia. Ma quando avremo assoggettato ogni cosa, cosa faremo?». A quel punto Pirro scoppiò a ridere e disse: «Staremo bene, e ogni giorno berremo vino, amico mio, e ci intratterremo in piacevoli conversazioni». Ora che Cinea aveva portato Pirro a questo punto, disse: «Bene, dunque, che cosa ci impedisce di bere vino e di intrattenerci piacevolmente tra di noi se lo desideriamo? Di sicuro abbiamo già adesso questa opportunità e possiamo approfittarne senza prenderci alcun disturbo; perché, dunque, dovremmo cercare di raggiungere lo stesso scopo attraverso spargimenti di sangue, rischi e pericoli, dopo aver inflitto ad altri e aver patito noi stessi gravi danni?».

La storia del mondo sarebbe forse stata diversa se politici e re avessero avuto un Cinea con cui parlare e se avessero capito che cosa il filosofo stava cercando di dire. È improbabile che questa discussione abbia mai avuto luogo, ma essa descrive molto bene la svolta imperialista di questo periodo.

Pirro giunse in Italia nel 280 a.C. I suoi punti di forza erano il suo genio militare, l'imponente cavalleria e l'uso degli elefanti da guerra. La sua sfortuna fu che la sua campagna cominciò con delle vittorie (vedi Cartina 4). Ma queste vittorie, a Eraclea nel 280 e ad Asculum nel 279, causarono gravi perdite al suo esercito senza decidere la guerra. Dopo Asculum, Pirro, a quanto si racconta, disse: «Ancora un'altra vittoria contro i Romani e siamo perduti». Se avesse ricevuto la buona sorte di una sconfitta subito all'inizio della spedizione, potrebbe non aver lasciato ai posteri l'espressione «vittoria di Pirro»; piuttosto, potrebbe aver avuto la possibilità di terminare la sua vita pacificamente, tra bicchieri di vino e piacevoli conversazioni.

All'inizio, la debolezza romana indusse le popolazioni indigene, i Lucani e i Bruzi, e le città greche di Crotone e di Locri, a unirsi a lui. Incoraggiato dal suo successo, Pirro non tornò in oriente per approfittare della morte di Lisimaco e del caos in Macedonia, dovuto all'invasione dei Celti (vedi pp. 61-64). Anziché difendere la Macedonia dai barbari e reclamarne il trono, rivolse la propria attenzione ai barbari d'occidente: i Cartaginesi in Sicilia. Si trattò di un errore – diede ad Antigono Gonata, il figlio di Demetrio Poliorcete, la possibilità di presentarsi come il difensore dei Greci.

Pirro all'inizio fu vittorioso e fu proclamato re di Sicilia. Ma quando non riuscì a conquistare la roccaforte cartaginese di Lilibeo e concluse un trattato di pace con Cartagine, perse l'appoggio dei Greci. Essi vedevano il monarca come un buon re quando era in grado di difenderli e come un tiranno quando non ci riusciva. La sollevazione dei Greci contro di lui lo costrinse a tornare in Italia, dove affrontò i Romani un'ultima volta a Malevento nel 275 a.C. La battaglia fu inconcludente, ma con il suo esercito decimato e le sue risorse finanziarie esaurite, Pirro interruppe le sue avventure italiche e tornò in Macedonia.

Qui continuò le sue imprese militari. Sconfisse Antigono Gonata e riguadagnò per un breve periodo il trono di Macedonia, lasciando ad Antigono solo il controllo delle città costiere. Ma il suo governo divenne impopolare, specialmente quando i suoi mercenari gallici profanarono le tombe reali a Ege. Nel 272 a.C., accettò di aiutare Cleonimo, il re esiliato di Sparta, a riconquistare il suo trono, sperando forse di guadagnare il controllo della Grecia meridionale. Tuttavia, il suo attacco a Sparta fallì e suo figlio fu ucciso durante l'assalto. Mosse immediatamente a nord per intervenire in un conflitto ad Argo, una delle più importanti città del Peloponneso. Qui, la tegola di un tetto lanciata sulla sua testa da una donna durante una rissa di strada pose fine alla sua vita e alle sue avventure militari.

Pirro non riuscì a creare un regno e a fondare una dinastia. Tutto ciò che riuscì a guadagnare fu la fama di grande comandante militare. Si racconta che durante una discussione tra Annibale e Scipione, il generale romano che lo aveva sconfitto, su chi fossero stati i più grandi generali della storia, Annibale mise al primo posto Alessandro, Pirro al secondo e se stesso al terzo. Ironicamente, nessuno di loro creò un impero duraturo.

Un nuovo mondo a est e a ovest: diviso ma connesso

La divisione dell'eredità di Alessandro e la morte di Pirro segnano l'inizio di un periodo di circa cento anni (fino al 188 a.C.) in cui la geografia politica del mondo ellenistico restò per lo più immutata (vedi Cartina 3). Fino al primo confronto diretto tra un regno ellenistico e Roma nel 215 a.C., gli stati ellenistici erano una zona quasi chiusa, solo temporaneamente infastidita da occasionali incursioni barbariche. Vari regni erano emersi dalle guerre dei successori. Ciascuno di essi aveva un nucleo geografico relativamente ben definito. Le aggiunte territoriali esterne furono spesso contestate, talvolta perdute e talvolta accresciute, ma il nucleo centrale restava sostanzialmente lo stesso.

Tolomeo I aveva organizzato il suo regno in Egitto, e anche se sia lui sia i suoi successori avevano significativi possedimenti fuori dall'Egitto – Cipro, la Celesiria, alcune isole dell'Egeo e siti litoranei in Grecia e in Asia Minore – la terra del Nilo e la Cirenaica erano il centro del loro regno. Tolomeo I morì pacificamente nel 283/282 a.C., lasciando in eredità ai suoi figli Tolomeo II e Arsinoe II un regno stabile. La sua dinastia, detta dei Tolomei o dei Lagidi – Lago era il padre di Tolomeo – avrebbe governato l'Egitto fino al 30 a.C.

Con la morte di Seleuco nel 281 a.C., il suo successore, Antioco I, fu lasciato a difendere i territori asiatici in Mesopotamia, Siria e in gran parte dell'Asia Minore, abbandonando il sogno di regnare anche come re di Macedonia. Uno dei suoi discendenti, Antioco III, giustificò le sue rivendicazioni territoriali con la vittoria di Seleuco a Curopedio (vedi p. 178), ma i suoi sogni di espandersi oltre l'Asia furono infranti dai Romani. La dinastia dei Seleucidi controllava un territorio vasto, culturalmente composito e soggetto a continue minacce. Le popolazioni dell'antico regno achemenide erano abituate al governo monarchico, ma le città greche dell'Asia Minore dovevano imparare un nuovo «copione» diplomatico per interagire con i re Seleucidi. I confini di questo regno fluttuarono più spesso di quelli di qualunque altro, fino alla sua dissoluzione definitiva nel 63 a.C.

Una nuova potenza stava emergendo nell'Asia Minore nord-occidentale, il regno di Fileterο e dei suoi successori a Pergamo: non erano ancora re, ma erano comunque sovrani potenti. La dinastia di questi Attalidi – da Attalo I, il primo sovrano di Pergamo a dichiararsi re – ebbe i suoi anni di maggiore gloria a cavallo tra la fine del III e l'inizio del II secolo a.C. Vicino al territorio Attalide, il più piccolo regno di Bitinia fu consolidato sotto il dominio di Zipoete (297-278 a.C.) e sarebbe durato fino al 74 a.C. In Cappadocia, al confine con i possedimenti dei Seleucidi in Asia Minore e in Siria, Ariarate II ereditò il regno del suo omonimo zio e creò ancora un altro regno minore; la sua dinastia restò al potere fino al 95 a.C. E alla fine, come conseguenza della battaglia di Curopedio e degli eventi che seguirono, fu creato il regno del Ponto, governato da un'altra dinastia con origini iraniche ma vicina alla cultura greca, i Mitridatidi, dal 281 al 47 a.C.

In Sicilia, un politico siracusano riuscì laddove Agatocle e Pirro avevano fallito. Ierone di Siracusa fu eletto generale con l'appoggio del popolo nel 275 a.C., stabilì un governo personale e fu proclamato re nel 269 a.C. Sotto il suo regno, che durò fino al 215 a.C., la parte greca della Sicilia si sviluppò secondo le stesse linee dei regni ellenistici. C'erano poi altri regni in periferia. A ovest, l'Epiro restò un regno indipendente dopo la morte di Pirro, ma la tribù degli Atamani, nelle sue vicinanze, era governata da un altro sovrano. In Dalmazia, le tribù illiriche erano soggette a un re. Gli Spartocidi regnavano sulla parte nord-orientale del mar Nero.

Solo una delle principali dinastie ellenistiche non era ancora al potere dopo Curopedio: gli Antigonidi di Macedonia, discendenti di Antigono Monoftalmo e di Demetrio Poliorcete. Dopo Curopedio, il regno di Macedonia, che includeva anche la Tessaglia e la Tracia, era nelle mani di Tolomeo Cerauno. E tuttavia il suo potere non era destinato a durare. Solo un anno dopo le sue infide mosse, Tolomeo si trovò ad affrontare l'invasione di tribù barbariche dal lontano occidente, i

Galli. Fu sconfitto, fatto prigioniero e giustiziato – atti che molti dei contemporanei devono senz'altro aver interpretato come una punizione divina. Fu il figlio di Demetrio, Antigono Gonata, che riuscì a consolidare questo regno nel 277 a.C. e a fondare la dinastia degli Antigonidi. L'invasione dei Galli, una delle esperienze più traumatiche della storia greca, fu l'occasione per la sua ascesa al potere.

3
La «vecchia» Grecia nel III secolo breve
Lotte per la sopravvivenza, la libertà e l'egemonia
(279-217 a.C.)

L'ubiquità della guerra

Che cos'è che gli studiosi moderni considerano dei fondamentali punti di svolta nei sessant'anni che separarono il consolidamento degli stati ellenistici intorno al 275 a.C. dalla prima guerra tra un regno ellenistico e Roma? Di certo il fatto che un gruppo di circa settanta studiosi ebraici ad Alessandria tradusse la Torah su invito di un re che la leggenda identifica con Tolomeo II, che un matematico a Siracusa saltò fuori da una vasca da bagno gridando «*Eureka!*» e che un astronomo dichiarò che la terra si muoveva intorno al sole. Gli eventi che occorsero nel «III secolo breve» cambiarono la cultura mondiale. I *Settanta*, la traduzione greca della Torah, consentì ai non Ebrei di conoscere le Sacre Scritture. A Siracusa, Archimede scoprì un principio che porta il suo nome e permette la misurazione del volume di oggetti irregolari. Aristarco di Samo pose le fondamenta per un universo eliocentrico.

Si potrebbero aggiungere altri momenti meno noti ma altrettanto fortunati della scienza e della cultura di questi anni: per esempio, la misurazione straordinariamente accurata della circonferenza della terra da parte di Eratostene – la sua stima era di 40.500 km circa (appena 491 km in più delle dimensioni reali); o l'invenzione dell'*hydraulis*, una prima forma di organo a canne, da parte di Ctesibio intorno al 270 a.C.; o che il medico Erasistrato, originario della piccola isola di Ceo, scoprì che il cuore non è la sede delle emozioni ma funziona piuttosto come una pompa. O, ancora, il fatto che Zenodoto di Efeso, bibliotecario della biblioteca di Alessandria, preparò la prima edizione critica dei poemi epici di Omero e introdusse il criterio di organizzazione di una biblioteca per soggetto e, tra i soggetti, in ordine alfabetico secondo il nome dell'autore; inventò anche l'etichetta da porre alla fine di ogni rotolo con i principali dati identificativi (autore, titolo e soggetto). Non è una coincidenza che molti di questi progressi siano stati fatti ad Alessandria, il più importante centro culturale del tempo.

Solo pochi tra i contemporanei devono essersi resi conto del significato epocale di questi eventi. Ancora meno devono essere stati quanti fecero attenzione alle imprese del re Ashoka in India, il quale, dopo aver stabilito un impero nella maggior parte del subcontinente indiano (269-232 a.C.), si convertì al Buddismo e inviò dei missionari in occidente (vedi p. 390). Solo i Greci occidentali devono aver notato la guerra combattuta tra Roma e Cartagine, più tardi ricordata come la prima guerra punica (264-241 a.C.). E, comprensibilmente, nessuno sapeva delle guerre nel lontano oriente che portarono all'unificazione della Cina sotto la prima dinastia imperiale dei Qin nel 221 a.C. I Greci del III secolo erano troppo impegnati a contestare le frontiere di regni, città e confederazioni per guardare oltre i confini del loro mondo.

La guerra dominava la memoria pubblica e privata nel III secolo breve. Interessava la vita di tutti; era l'esperienza più memorabile che una persona potesse vivere – a prescindere dallo *status*, dall'età e dal genere. La tomba di un certo Apollonio di Timno, che non cadde in battaglia ma morì di vecchiaia intorno alla metà del III secolo a.C., fu ornata con il simbolo che egli un tempo aveva avuto sullo scudo: un serpente. Il suo epitafio nomina gli eventi che, evidentemente, gli piaceva narrare quando era in vita: le battaglie che aveva combattuto per la sua patria e le innumerevoli spade che aveva «fermamente conficcato nella carne dei nemici». La gente ricordava un padre, un figlio, un fratello e un amico caduti in battaglia; la figlia rapita dai pirati; il parente che si era distinto in guerra. Le memorie di guerra variavano. Andavano dall'epitafio per un giovane soldato, predisposto dal padre, e dalla dedica di un guerriero dopo il ritorno, sano e salvo, da una spedizione, a un lungo decreto in onore di un ufficiale, alla descrizione di una battaglia da parte di uno storico e alle *res gestae* di un re vittorioso. Non è possibile narrare le reali dimensioni delle guerre di questo periodo (vedi cronologia, pp. 450-452), ma prima di esaminare alcune delle più importanti, è necessario riassumere le cause principali di questi conflitti.

L'ascesa dei regni ellenistici fu certamente la più importante, per tre ragioni. In primo luogo, l'espansione dei regni limitò il territorio, la libertà e l'autonomia delle *poleis* greche; ogni volta in cui se ne dava l'opportunità, le città si ribellavano per riguadagnare la loro autonomia. In secondo luogo, i re tentavano continuamente di espandere il loro territorio a spese di altri regni. In terzo luogo, anche se il tipo del «re avventuriero», come Pirro, Demetrio e Agatocle, divenne meno centrale, non scomparve, e vari avventurieri, di solito membri di una dinastia, usurpatori e governatori ribelli, cercavano di creare i loro propri regni. Se la monarchia era un fattore nuovo nel provocare una guerra, i conflitti tra le città e all'interno di esse erano tanto antichi quanto la *polis* greca. Guerre piccole e grandi spesso traevano origine da dispute territoriali e dai tentativi delle città più grandi di esercitare il controllo sui più piccoli paesi confinanti. L'espansione territoriale e l'egemonia erano anche le linee politiche principali seguite dalle confederazioni; di conseguenza, abbondavano le guerre di piccola scala per l'acquisizione di terre e l'assoggettamento di una comunità. Invasioni su larga scala da parte dei barbari, come l'invasione dei Celti nel 280 a.C. e dei Parni in Partia nel 238 a.C., erano meno comuni, ma il loro impatto era drammatico.

I nuovi barbari: i Galli fanno il loro ingresso nel mondo greco (279-277 a.C.)

Secondo una leggenda, le oche sacre del Campidoglio salvarono Roma da un attacco notturno di barbari quando, starnazzando, misero in allerta i difensori della città. Questi barbari erano i Galli, una popolazione celtica. Spesso si dimentica che queste oche non salvarono Roma, ma solo la sua ultima linea di difesa, il colle capitolino. La città fu messa a ferro e fuoco nel 387 a.C., e anche se le ricerche archeologiche di oggi non confermano gli antichi resoconti di distruzione totale, il danno deve essere stato considerevole e lo shock per i Romani tremendo. Non c'erano oche sacre nel nord della Grecia ad annunciare l'invasione celtica cento anni più tardi, ma se i sovrani della Macedonia non fossero stati così distratti dalle loro guerre gli uni contro gli altri, avrebbero potuto notare la minaccia incombente.

I Greci del nord e del nord-ovest avevano sempre fatto fronte ad attacchi barbarici. La Macedonia fu regolarmente invasa da varie tribù che abitavano le terre a sud del Danubio, e Alessandro Magno dovette combattere contro i barbari del nord prima di poter cominciare la sua campagna d'Asia. Re Lisimaco di Tracia e suo figlio erano stati catturati dai Geti e furono costretti a pagare un grosso riscatto per la loro libertà. Incursioni da parte di tribù scitiche e tracie erano una minaccia costante per le città greche in Tracia e lungo la costa occidentale del mar Nero. Nella Grecia occidentale, le città e le tribù in Epiro e Illiria videro spesso i loro territori depredati dai predoni.

La tribù celtica dei Galli in origine occupava territori nella Francia orientale e in Svizzera, da dove cominciarono a muoversi verso est e sud nel IV secolo a.C. Il sacco di Roma è solo uno dei primi episodi di migrazione che portarono allo stanziamento dei Celti prima nei Balcani settentrionali e poi nell'Asia Minore centrale. I primi incontri dei Greci con questi barbari furono violenti, ma non tanto drammatici da lasciare impressioni durature. Talvolta il pagamento di un tributo – dichiarato «dono» per salvare le apparenze – permetteva di evitare un attacco. Si racconta anche che Alessandro Magno ricevette degli inviati dai capi dei Galati (Galli). Le cose cambiarono nell'*annus horribilis* del 280 a.C. Il numero degli invasori era molto grande; essi penetrarono in aree della Grecia centrale che non li avevano mai visti in passato. Possiamo solo fare ipotesi sulle cause di questa invasione. I soliti sospetti sono carestia, avidità, la crescita della popolazione e la pressione da parte di altre tribù più a nord o a est – e queste sono in effetti le cause dichiarate nelle fonti antiche. Ma sembra che le tempistiche dell'invasione siano connesse con i fatti che stavano accadendo in Macedonia e in Tracia. I Celti non erano così lontani da non essere stati informati circa le guerre tra i successori e i conflitti alla corte di Tolomeo Cerauno. C'erano contatti regolari tra la Macedonia e la Tracia e i barbari del nord e, nel 281 a.C., quando Tolomeo Cerauno uccise due figli di Arsinoe, sua moglie e sorella, il terzo cercò rifugio presso i Dardani, una delle tribù barbare. È probabile che i capi delle tribù celtiche abbiano tratto vantaggio da questi eventi quando sferrarono la loro invasione nel 280/279 a.C. Le fonti a nostra disposizione non ci permettono di determinare il numero esatto di persone che si mossero – a quanto si dice, 85.000 uomini, servi e membri delle loro famiglie. Il loro obiettivo era probabilmente una migrazione, non un attacco.

I Celti si mossero in tre divisioni dell'esercito: il gruppo orientale, guidato da Cheretrio, attaccò la Tracia, il gruppo centrale, sotto Brenno e Achicorio, invase la Peonia (a nord della Macedonia), mentre il gruppo occidentale mosse contro la Macedonia e l'Illiria. Tolomeo Cerauno cercò di difendere il suo regno recentemente conquistato, ma fu sconfitto, catturato e giustiziato. Il suo successore, suo fratello Meleagro, fu costretto dall'esercito a dimettersi dopo due mesi di regno; il re successivo, Antipatro, un nipote di re Cassandro, durò solo per 45 giorni. Il regno fu allora offerto al generale Sostene, governatore dell'Asia Minore sotto Lisimaco. Probabilmente egli declinò il titolo di re, ma non la missione. Fu lui che riuscì a respingere gli invasori fuori dai confini del regno, e governò per circa due anni (279-277 a.C.).

Nel secondo anno dell'invasione (279/278 a.C.), il grosso dell'esercito celtico, sotto Brenno e Achicorio, invase la Grecia continentale, nella prima invasione barbarica di questa parte della Grecia fin dai tempi delle guerre persiane esattamente due secoli prima. E proprio come durante l'invasione persiana sotto Serse, un'alleanza ellenica cercò di fermare gli invasori allo stretto passo delle Termopili. I Greci riuscirono a difendere il passo, ma non a fermare l'invasione. I Celti raggirarono il passo e anziché muovere verso sud, procedettero verso ovest per saccheggiare il santuario di Apollo a Delfi. Gli eserciti delle due federazioni della Grecia centrale, gli Etoli e i Focesi, arrivarono giusto in tempo e, approfittando della loro conoscenza del territorio montagnoso e delle cattive condizioni atmosferiche, respinsero i barbari. Lo scampato pericolo fu subito attribuito all'intervento divino, un miracolo o di Apollo o di Zeus Soter (Salvatore). Quattro secoli più tardi, Pausania racconta in che modo Delfi fu salvata. Il suo racconto, una versione ampliata di resoconti contemporanei, ci dà un'impressione del modo in cui questo evento fu annunciato dai difensori di Delfi agli altri Greci che non erano lì a combattere contro questi guerrieri imponenti, terribili, impavidi, empi e assetati di sangue, il cui numero, secondo quanto si racconta, era di molto superiore a quello dei Greci (40.000-60.000):

> L'intero campo di battaglia occupato dall'esercito dei Galati fu scosso violentemente per buona parte della giornata da tuoni e fulmini incessanti. Il rumore dei tuoni terrorizzava i Galati e nello stesso tempo impediva loro di sentire gli ordini, mentre i fulmini dal cielo bruciavano non solo quelli che colpivano ma anche quelli che erano vicino a loro, con l'armatura che avevano indosso. Comparvero inoltre gli spettri degli eroi Iperoco, Laodoco e Pirro ... La notte portò sofferenze ancora più atroci. Giunse, infatti, un freddo tremendo, e con esso la neve; grosse rocce, cadendo giù dal monte Parnaso, e rupi, rompendosi, facevano dei barbari il loro obiettivo ... Si accamparono dove li sorprese il buio durante la ritirata, e nella notte furono presi dal panico ... All'inizio solo alcuni divennero pazzi, e questi si immaginarono di udire passi di cavalli al galoppo e l'attacco di nemici in avvicinamento; ma dopo un

po' la delusione si impadronì di tutti quanti. Così, correndo alle armi, si divisero in due gruppi, gli uccisori e gli uccisi, senza né capire la loro lingua madre né riconoscere gli uni l'aspetto degli altri o la forma dei loro scudi ...

Terremoti, tempeste e nebbia sono molto comuni nella regione del monte Parnaso. Quando questi fenomeni naturali occorrono opportunamente durante un'invasione barbarica e, in più, quando decidono di uccidere i cattivi e di salvare i buoni, allora devono essere il risultato della provvidenza divina. Questo è ciò che i Greci credevano quando decisero, poco dopo questo evento, di istituire sacrifici di ringraziamento e festività per la salvezza della Grecia.

Dopo che Brenno, ferito, si suicidò, Achicorio si ritirò con il resto dell'esercito, soffrendo ulteriori perdite. La Grecia fu salva, ma piccoli gruppi di Celti si erano stabiliti con successo in Illiria e in Tracia. Cosa ancora più importante, la Grecia era di nuovo senza un re. Questa era un'opportunità che Antigono Gonata, figlio di Demetrio Poliorcete, non avrebbe mai osato neanche sognare. Aveva ereditato non solo parte dell'esercito, della flotta e delle roccaforti di suo padre, ma anche la sua ambizione e le sue rivendicazioni al trono della Macedonia. Si precipitò con il suo esercito in Macedonia e sconfisse le truppe celtiche rimaste a Lisimachia, apparentemente con l'aiuto di Pan, il dio del terrore. La sua vittoria diede al suo esercito la giustificazione per proclamarlo re nel 277 a.C. Fu temporaneamente cacciato da alcune parti della Macedonia da Pirro nel 275 a.C., ma la morte di Pirro nel 272 eliminò l'ultimo ostacolo al trono di Macedonia, che sarebbe rimasto in mano agli Antigonidi fino al 167 a.C.

Ciò che in definitiva salvò la Macedonia e la Grecia dalla minaccia celtica, tuttavia, non furono la vittoria di Antigono o i miracoli di Apollo, ma piuttosto l'imprudenza di un altro re. Nicomede I di Bitinia aveva bisogno di mercenari per stabilizzare il suo dominio nel regno che aveva appena ereditato da suo padre, Zipoete. Così invitò due gruppi di Celti capeggiati da Lonorio e Lutario, che stavano saccheggiando la zona dell'Ellesponto e della Tracia, a combattere per lui. Nel 277 a.C., i Celti per la prima volta raggiunsero l'Asia Minore. All'inizio, assistettero Nicomede nelle sue guerre, ma presto cominciarono ad agire indipendentemente. Le città costiere e poi l'entroterra dell'Asia Minore divennero vittime delle loro incursioni. I Celti erano venuti per restare. Tre tribù si stabilirono nell'Asia Minore centrale, in una regione chiamata Galazia, «la terra dei Galati» – cioè la terra dei Galli (vedi cartina 5). I Tolistoagi si stabilirono vicino a Pessino, i Trocmi vicino ad Ancyra e i Tectosagi vicino a Tavio. Qui organizzarono delle circoscrizioni fondate sulle tradizioni celtiche e mantennero cultura, toponimi e antroponimi, tipi di insediamenti e costumi funebri della terra d'origine. La federazione galata sopravvisse fino al 25 a.C., quando questa zona fu incorporata nell'impero romano.

L'invasione celtica cambiò la composizione etnica di ampie zone dal Danubio all'Egeo, specialmente nel nord dei Balcani e in misura minore in Tracia, Illiria e Asia Minore. Provocò anche importanti cambiamenti politici. In Grecia, i maggiori beneficiari furono gli Etoli. Finora di scarso rilievo sulla grande scena internazionale e per lo più visti come un fattore di instabilità a causa delle loro incursioni nel sud della Grecia, gli Etoli avevano svolto una parte importante nella difesa di Delfi e si erano presentati come campioni della libertà greca. Una volta che la minaccia celtica era stata allontanata, gli Etoli riunirono nel loro stato federale un grosso numero di città della Grecia centrale e oltre, promettendo di offrire protezione da una minaccia più permanente alla loro indipendenza: la Macedonia. Quanti non entrarono a far parte di questa confederazione divennero vittime delle incursioni degli Etoli. I conflitti derivanti dallo scontro tra l'Etolia e i suoi nemici, specialmente la Macedonia e lo stato federale degli Achei nel Peloponneso, dominò la storia politica del tardo III secolo. In Asia Minore, l'invasione celtica contribuì all'ascesa del regno Attalide di Pergamo. Fu solo dopo una grande vittoria sui Galati intorno al 238 a.C. che il sovrano di Pergamo, Attalo I, assunse il titolo di re.

Nella memoria collettiva e nella coscienza etnica dei Greci, i Celti in qualche modo vennero a sostituire i Persiani nel ruolo dei barbari che avevano minacciato la libertà greca e avevano commesso sacrilegi, ma che alla fine erano stati sconfitti. L'invasione del 279 a.C. fu uno shock paragonabile a quello dei 9/11 d.C., e sia gli orrori sia la vittoria furono ricordati per secoli grazie a racconti, anniversari commemorativi, festività e monumenti celebrativi (vedi Figura 6) e, soprattutto, grazie agli sforzi di quanti avevano combattuto contro i Galli per sfruttare la loro vittoria nell'arena politica. Un festival commemorativo, i Soteria (il festival in onore di Zeus salvatore), fu istituito a Delfi poco dopo la vittoria. Gli Etoli lo riorganizzarono qualche anno prima del 246 a.C., invitando i partecipanti dell'intero mondo greco a competere in gare atletiche e musicali.

6. Gruppo statuario raffigurante un Gallo che uccide se stesso e la moglie.

Sull'acropoli di Atene, vicino al tempio di Atena Nike, le cui decorazioni scultoree mostravano gli Ateniesi che difendevano la loro patria dai barbari invasori – le Amazzoni e i Persiani – il comandante della guarnigione macedone di re Antigono Gonata dedicò ad Atena Nike un monumento «contenente memorie delle imprese del re contro i barbari per la salvezza dei Greci». Questo monumento, forse consistente in pannelli dipinti, commemorava la vittoria di Antigono sui Galli nel 277 a.C. Stando all'ombra dei templi di Atena Parthenos e di Atena Nike, e prendendo in prestito temi della loro decorazione scultorea, fu eretto in una posizione ideale per comunicare il suo messaggio: era stato Antigono Gonata – e non gli Etoli – a salvare i Greci dai barbari. Questa rivendicazione, tuttavia, non mancò di essere messa in discussione. Cinquant'anni più tardi, il nemico degli Antigonidi, il re di Pergamo, Attalo I, scelse la stessa posizione per la dedica di un gruppo scultoreo che rappresentava dei Galli morenti. L'acropoli ateniese divenne un campo di battaglia di opere d'arte che rappresentavano interpretazioni contrastanti della storia recente.

Le epifanie divine erano un elemento importante della commemorazione delle guerre celtiche. In nessun altro periodo della storia ellenistica troviamo una concentrazione di racconti sui miracoli simile a quello degli anni dell'invasione galata. Storie di dèi che avevano sconfitto i barbari sacrileghi venivano raccontate non solo a Delfi e alla corte macedone, ma anche nelle città dell'Asia Minore. A Cizico, Eracle era rappresentato in un rilievo in piedi sopra un Galata; a Temisonio, si raccontava che Eracle, Apollo ed Hermes fossero apparsi in sogno ai magistrati e avessero dato loro il consiglio di salvare l'intera popolazione nascondendola in una grotta; a Celene, i barbari furono respinti dal mitico musico Marsia e dalla sua musica. È assai probabile che il racconto sul miracolo di Delfi abbia ispirato anche gli altri. Portando gli dèi sulla terra, i Greci che avevano vissuto la terribile invasione dei Galati assimilavano le loro battaglie sia ai racconti omerici, in cui uomini e dèi combattevano fianco a fianco, sia ai miracoli narrati in connessione con le guerre persiane. In questo modo, la sconfitta dei Galli con l'assistenza divina acquistò dimensioni epiche e fu innalzata al simbolo della vittoria greca sul barbaro archetipico. I successivi barbari a invadere la Grecia, i Romani, sarebbero giunti su invito dei Greci. Li avrebbero trovati divisi, come sempre. Ma questa volta gli Olimpi non sarebbero venuti in loro aiuto.

La guerra cremonidea (267-261 a.C.)

Per gli abitanti della Grecia continentale e dell'Egeo, i termini libertà e autonomia avevano significati precisi: libertà nella politica estera delle loro città; libertà dalle guarnigioni dei re o di altro tipo; libertà dal pagamento di tributi; libertà nella gestione dei loro affari interni. La posizione dominante dei re macedoni limitò molte di queste libertà. Coloro che le avevano perdute erano pronti a credere a chiunque ne promettesse il ripristino. Antigono Monoftalmo per primo sfruttò questo desiderio nel 311 a.C. (vedi p. 40), ma anche altri re ellenistici tentarono di approfittare di questo amore per la libertà nei loro rapporti con le comunità greche istigando una ribellione che avrebbe indebolito uno dei loro nemici. La presenza di roccaforti nella Grecia centrale e meridionale era di vitale importanza per i re della Macedonia, che avevano risorse, finanziarie e umane, più limitate rispetto ai Tolomei o ai Seleucidi. Gli Antigonidi controllavano efficacemente il traffico in Grecia mantenendo Demetriade in Tessaglia, le due più importanti città dell'Eubea, Calcide ed Eretria, le fortezze sulla collina delle Muse ad Atene e sulla collina di Munichia al Pireo, e infine la cittadella di Acrocorinto all'ingresso del Peloponneso. Per questa ragione, Demetriade, Calcide e Acrocorinto più tardi divennero note come «le catene della Grecia». Ogni volta in cui le *poleis* vedevano la loro autonomia minacciata o perduta a causa della politica espansionistica di un re, cercavano alleanze con un altro re o con altre *poleis* e confederazioni e impugnavano le armi per la loro libertà. Questo è lo scenario in cui si inserì la guerra cremonidea.

Nel 268 a.C., l'uomo di stato ateniese Cremonide propose all'assemblea ateniese un trattato di alleanza tra Atene, Sparta, i loro rispettivi alleati e Tolomeo II. Il bersaglio di questa alleanza era Antigono Gonata. L'obiettivo dei Greci era chiaro: la liberazione dalle guarnigioni macedoni. Quello di Tolomeo II, invece, era indebolire Gonata. I Tolomei avevano tradizionalmente forti interessi nell'Egeo, dal momento che controllavano varie isole attraverso la lega nesiotica (*koinon ton Nesioton*), una confederazione delle isole delle Cicladi. Il suo magistrato capo (*nesiarca*) era al servizio del re. Il suo immediato superiore era l'ammiraglio tolemaico Filocle, che era anche re della città fenicia di Sidone. La presenza di Antigono nell'Egeo e il suo controllo dei porti erano ostacoli per la supremazia marittima tolemaica. Ma forse ambizioni su larga scala stavano dietro il coinvolgimento di Tolomeo in questa guerra.

La sua politica di dominio navale e di controllo della Grecia era stata determinata in buona parte da sua moglie, Arsinoe (vedi Figura 7). Prima di sposare suo fratello nel 279 a.C., Arsinoe era stata la moglie di due re di Macedonia, Lisimaco e Tolomeo Cerauno. Il regno che era ora governato da Gonata era stato il suo regno. Il suo solo figlio superstite tra quelli nati dal matrimonio con Lisimaco, Tolomeo Epigono (nato dopo), era un nemico giurato di Gonata e aveva già cercato di conquistare il trono di Macedonia. Non è certo che la coppia regale d'Egitto avesse piani concreti di regnare in Macedonia o di stabilire un controllo diretto in Grecia. Ma Tolomeo e Arsinoe potrebbero aver

7. Arsinoe II Filadelfo.

avuto come obiettivo quello di stabilire un'egemonia sui Greci, simile a quella di Filippo II e di Alessandro.

Le persone vicine a Tolomeo II adottarono l'idea che i Greci si sarebbero dovuti riunire sotto un'unica guida per opporre quanti minacciavano la loro libertà. A Platea, dove i Greci, alla fine, sconfissero l'esercito persiano sul suolo ellenico nel 477 a.C., Glaucone, un Ateniese al servizio del re, promosse l'idea di libertà greca e concordia sponsorizzando un sacrificio in onore di Zeus Eleutherios (portatore della Libertà) e di Homonoia (concordia). Ad Atene, il fratello di Glaucone Cremonide promosse lo stesso spirito panellenico. Ricordando le guerre persiane e celebrando Tolomeo come il campione della libertà greca, Cremonide giustificò un'alleanza di Atene, Sparta e Tolomeo II con queste parole:

> In passato, gli Ateniesi, i Lacedemoni e i loro rispettivi alleati si unirono e si allearono gli uni con gli altri e insieme combatterono molte gloriose battaglie contro quanti cercavano di rendere schiave le loro città, ottenendo la gloria e portando la libertà agli altri Greci. E ora che circostanze simili hanno coinvolto l'intera Grecia a causa di quanti cercano di sovvertire le leggi e le costituzioni avite di ciascuna città, il re Tolomeo, seguendo la politica del suo avo e di sua sorella mostra in modo ben

visibile il suo zelo per la comune libertà dei Greci. Il popolo di Atene ha stretto un'alleanza con lui e con gli altri Greci e ora essi emettono un decreto per invitare tutti a seguire la stessa politica.

Dalla prospettiva di Tolomeo, una guerra «per la comune libertà dei Greci» era una guerra che avrebbe indebolito i suoi principali nemici in Grecia e nell'Egeo.

Operazioni militari ebbero luogo in Attica, nel Peloponneso e in molte isole dell'Egeo. L'alleanza anti-macedone all'inizio fu vittoriosa, ma Tolomeo non riuscì a fornire un grosso supporto, a dispetto delle operazioni della sua flotta nell'Egeo. La campagna ateniese fu saccheggiata, la popolazione dovette affrontare penuria di cibo e all'alleanza furono inferti due grossi colpi: la sconfitta e la morte del re spartano, Areo, vicino a Corinto nel 265 a.C. e la perdita della flotta ateniese in una battaglia navale vicino a Cos nel 261 a.C. Atene, indebolita dall'assedio, dal blocco e dalle incursioni nella sua campagna, a corto di cereali e privata della sua flotta, fu costretta ad arrendersi nel 261 a.C. La città sarebbe rimasta sotto il controllo macedone per più di trent'anni. Gli Ateniesi fallirono nella lotta per la libertà. L'idea di un'alleanza panellenica fu dimenticata per quarant'anni e Sparta si ritirò ancora una volta dalla scena. Ma laddove Atene e Sparta avevano fallito, sarebbe più tardi riuscito un politico di Sicione.

Arato e l'ascesa degli Achei (251-229 a.C.)

Alessandro aveva vent'anni quando gli fu assegnato il trono di Macedonia e la responsabilità di guidare i Greci in una spedizione contro la Persia. Demetrio Poliorcete aveva la stessa età quando liberò Atene e ricevette onori divini da parte degli Ateniesi nel 307 a.C. Quando fece ritorno in Epiro per rivendicare il suo trono nel 298/297 a.C., Pirro aveva ventun anni. E all'età di vent'anni, Antioco III pose fine alla ribellione nelle provincie orientali del regno dei Seleucidi che aveva ereditato all'età di diciassette anni, nel 220 a.C. Nelle monarchie, la morte dei re offriva ai giovani sfide e opportunità. Nel mondo delle *poleis*, dove le istituzioni funzionavano correttamente, i giovani dovevano aspettare per ottenere una posizione di dominio; passavano la giovinezza ad apprendere i compiti e a farsi una reputazione attraverso successi personali, connessioni sociali e soldi ricevuti in eredità. Era solo nei momenti di grande crisi che uomini che a stento avevano raggiunto l'età della cittadinanza prendevano delle iniziative. Arato era uno di questi uomini, che trasse vantaggio dalla crisi politica e sociale nel Peloponneso settentrionale per lasciare un'impronta sulla storia di tutta la Grecia.

Il Peloponneso del III secolo a.c. era ancora un mondo di *poleis*; ma il loro ordine politico era stato turbato da decenni di agitazioni sociali e di interventi monarchici. Come a Siracusa e in Asia Minore, uomini ambiziosi avevano stabilito un potere personale. Nelle fonti dell'epoca erano indicati come «tiranni», anche se essi di solito mascheravano il loro potere autocratico sotto la copertura di un incarico tradizionale. Argo fu governata da una serie di tiranni appartenenti a una famiglia d'élite che aveva acquisito e mantenuto il potere grazie al supporto di Antigono Gonata. Dei tiranni governavano anche Megalopoli e Sicione. Corinto era sotto il diretto controllo di Antigono Gonata, che aveva posto il fratellastro Cratero a capo delle guarnigioni e in pratica ne aveva fatto il governatore della città. Cacciando questi tiranni, Arato cambiò il destino del Peloponneso per un secolo.

Nato intorno al 271 a.C., Arato aveva conosciuto la violenza politica durante la sua fanciullezza. Suo padre, Clinia, era membro di una delle famiglie più importanti di Sicione ed era un nemico dei tiranni. Quando Arato aveva sette anni, un nuovo tiranno prese il potere (vedi p. 150); suo padre fu ucciso, ma Arato riuscì a fuggire ad Argo. Anche se in esilio, ricevette l'istruzione a cui le persone del suo rango erano abituate, era ammirato come atleta e divenne il capo dei Sicioni costretti, come lui, a stare lontani dalla loro patria. Aveva vent'anni quando riportò un piccolo gruppo di esuli a Sicione nel 251 a.C. Si arrampicarono sulle ripide mura di cinta di notte, catturarono le guardie e divulgarono la notizia della rivolta. I cittadini si sollevarono contro il tiranno Nicocle e misero a fuoco il suo palazzo, e alla fine della giornata, con una sola perdita in termini di vite umane, la tirannide di Sicione era stata abbattuta. Per evitare la guerra civile quando gli esuli, al loro ritorno, reclamarono le loro proprietà, Arato prese due provvedimenti. Fece di Sicione un membro di una confederazione antica ma fino ad allora poco importante, la lega achea, e ricevette supporto finanziario dall'unico re che avrebbe potuto trarre vantaggio dall'indebolimento della Macedonia: il re d'Egitto. La decisione di Arato di far entrare Sicione a far parte della lega achea ebbe conseguenze di vasta portata per l'intero Peloponneso e per la storia greca.

Fino alla metà del III secolo a.C., il Peloponneso era stato diviso in una serie di comunità che parlavano dialetti differenti, riconducevano la loro storia a fondatori mitici diversi e avevano istituzioni politiche eterogenee. Alcune comunità erano riunite in confederazioni tutt'altro che rigide chiamate *koina* (Achei, Elei, Arcadi). Nel periodo classico, la confederazione più importante era quella degli Arcadi nel Peloponneso centrale. Il *koinon* degli Achei non aveva mai avuto un ruolo importante. Originariamente era formato da dodici comunità del Peloponneso nord-occidentale. Due di queste città, Elice e Oleno, furono distrutte da un terremoto e dallo tsunami che ne derivò nel 373 a.C., e quelle che rimasero caddero in uno stato di disgregazione a causa degli interventi dei re macedoni. Intorno al 280 a.C., la lega fu rivitalizzata per iniziativa di Dime, Patrasso, Fera e Tritea. Nel 275/274 a.C., seguirono anche le altre città, cacciando tiranni e guarnigioni, e la confederazione fu riorganizzata sotto la guida di un segretario federale e di due generali (più tardi ridotti a uno) che venivano eletti su base annua (vedi p. 136). Ad attrarre Arato nella lega achea furono le possibilità che una simile collaborazione offriva per la liberazione dal governo dei tiranni e l'indipendenza dalla Macedonia. L'ingresso nella lega di Sicione, una città sul lato opposto del Peloponneso, cambiò il suo carattere di confederazione regionale. La lega achea si avventurò su una strada che l'avrebbe resa una potenza prima nel Peloponneso e poi nell'intera Grecia.

Nel 245 a.C., Arato fu nominato all'incarico più alto, quello di generale (*strategos*). Per trasformare questo stato federale in una potenza influente in Grecia, dovette contrastare il dominio macedone sulla Grecia meridionale. L'obiettivo più importante era Corinto, una città di grande importanza strategica. Qui una guarnigione macedone era posta a guardia della cittadella di Acrocorinto, che controllava il traffico dalla Grecia centrale al Peloponneso. Arato condusse un piccolo distaccamento di 400 uomini nella cittadella attraverso un passaggio segreto, sconfisse la guarnigione e liberò Corinto, che immediatamente entrò a far parte della lega. Incoraggiate da questo successo, Megara, Trezene ed Epidauro seguirono subito l'esempio, cacciando le guarnigioni macedoni ed entrando anch'esse a far parte della lega. Una tappa importante nell'ascesa al potere della lega fu la decisione di Lidiade, tiranno di Megalopoli, di far entrare anche la sua città a farne parte. Negli anni successivi, si alternò con Arato nella carica di *strategos* (234-230 a.C.). Un'alleanza temporanea con la lega etolica consentì un'ulteriore espansione, e nel 229 a.C. Arato era con le sue truppe alle porte di Atene. Un tempo leader dei

Greci, Atene era rimasta sotto il controllo di una guarnigione macedone dal 261 a.C. Arato convinse il comandante della guarnigione a ritirare la sue truppe offrendogli un compenso di 150 talenti; venti talenti furono messi a disposizione da Arato stesso, mentre il resto della somma fu procurato da Medeo, uomo politico ateniese, e in parte donato dal re d'Egitto, propenso a danneggiare gli interessi della Macedonia. L'isola di Egina, Ermione, la maggioranza delle città dell'Arcadia e Argo si unirono alla lega, che aveva ora raggiunto il culmine della sua espansione territoriale e del suo potere, oscurando Sparta come principale potenza del Peloponneso e rivaleggiando in influenza con la lega etolica. Polibio, un cittadino della lega e, nella prima parte della sua vita, un comandante della sua cavalleria, ne dà un giudizio molto lusinghiero:

> In generale, non c'è differenza tra l'intero Peloponneso e una singola città, eccetto che i suoi abitanti non vivono all'interno di uno stesso muro di cinta. Per il resto, all'interno della lega e nelle singole città tutti hanno istituzioni simili ... Non troverai da nessuna parte una costituzione e un ideale di uguaglianza, libertà di parola e, in breve, di vera democrazia più perfetti che tra gli Achei ... A nessuno dei membri originari è permesso di godere di un privilegio speciale, e a tutti i nuovi membri sono conferiti gli stessi diritti.

Il punto di vista favorevole di Polibio non sorprende; le memorie di Arato, ora perdute, erano la sua principale fonte di informazione circa gli avvenimenti di questo periodo. È naturale che la trasformazione di una potenza periferica secondaria in una delle maggiori protagoniste della politica internazionale fosse presentata dal suo principale fautore come una storia di successo. E tuttavia uno studio attento della documentazione in nostro possesso rivela tensioni e fratture che in definitiva impedirono alla lega achea di unificare i Greci. Arato e gli altri comandanti della lega erano dei rappresentanti della ricca élite di proprietari terrieri che per decenni avevano detenuto il monopolio del potere, talvolta come magistrati eletti, talvolta come tiranni. Anche se la lega sviluppò delle procedure per la risoluzione pacifica di dispute territoriali tra i suoi membri, le inimicizie personali persistettero. Il problema più grande, tuttavia, era che la lega fallì completamente nel risolvere i problemi sociali che si erano venuti a costituire nei secoli precedenti nel Peloponneso (vedi p. 317). La lega non poteva diventare una credibile paladina della libertà dei Greci sotto la guida di uomini di stato che non erano disposti a sciogliere le tensioni causate dall'ingiustizia economica e sociale. Questo problema divenne chiaro meno di due decenni dopo la liberazione di Corinto e fece esplodere una guerra che minacciò l'esistenza stessa della lega (vedi p. 75).

I restauratori del potere: Dosone e Cleomene (239-221 a.C.)

Le cose non sembravano andar bene per Antigono Gonata in Grecia alla fine della sua vita. Per due decenni dopo la guerra cremonidea aveva dominato la Grecia; in seguito a una vittoria sulla flotta tolemaica intorno al 256 a.C., controllava la maggior parte delle isole dell'Egeo. Ma la politica di Arato lo aveva privato della sua roccaforte più importante nella Grecia meridionale, Acrocorinto, nel 245 a.C. Anche se riuscì a mantenere sotto il suo controllo Atene e l'Eubea, i regimi a cui aveva dato il suo appoggio nel Peloponneso crollarono l'uno dopo l'altro. Il suo successore, Demetrio II, dovette impiegare la maggior parte del suo breve regno (239-229 a.C.) a combattere contro le forze unificate di Etoli e Achei per riuscire a salvaguardare la propria influenza nella Grecia centrale; il suo principale successo fu impedire allo stato federale della Beozia di unirsi alla lega achea nel 236 a.C. Quando morì per le ferite durante una guerra contro le tribù del nord, suo figlio Filippo aveva solo nove anni. Il suo cugino di secondo grado Antigono, un nipote di Demetrio Poliorcete, assunse la reggenza finché Filippo non fu maggiorenne. Oltre al titolo di re, gli fu dato anche il soprannome di Dosone (colui che darà [il regno]).

La situazione nel 229 a.C. non potrebbe essere stata più difficile per un re macedone. Il confine settentrionale era minacciato; nel vicino regno d'Epiro, una rivoluzione aveva abbattuto la monarchia e stabilito una repubblica intorno al 233 a.C., incoraggiando le ambizioni degli Etoli a espandersi in questa zona. Le truppe romane si trovavano per la prima volta a est del mare Adriatico, a combattere contro la regina dell'Illiria Teuta (vedi pp. 157-158). Gli Etoli e gli Achei, per quanto tradizionalmente nemici, avevano unito le loro forze contro la Macedonia e Atene, la roccaforte più importante degli Antigonidi a sud, fu perduta per sempre quando il comandante della guarnigione macedone accettò un'ingente somma di denaro e ritirò le sue truppe.

In questa situazione disastrosa Dosone si rivelò tanto energico quanto lo era stato suo nonno Demetrio Poliorcete, e non solo mise al sicuro le frontiere settentrionali del suo regno sconfiggendo le tribù barbariche, ma rivitalizzò anche una politica tradizionale degli Antigonidi: cercò di assicurarsi il controllo del mar Egeo, che negli ultimi decenni era stato dominato dai Tolomei. Le sue operazioni militari in Caria nel 228 a.C., di cui poco si sa, non furono un'avventura estemporanea, ma un tentativo di stabilire delle solide basi navali su entrambe le sponde dell'Egeo. La decisione di Dosone di operare in una zona di vitale interesse per i Tolomei deve essere stata una mossa strategica finalizzata ad aprire una nuova fase nella competizione tra i due regni per la supremazia navale. Anche se Dosone non riuscì a stabilire un controllo macedone permanente nell'Asia Minore meridionale, si guadagnò la reputazione di importante capo politico e militare.

Dosone aveva più potenziali avversari di quanti non ne potesse gestire: i Tolomei, le leghe achea ed etolica e Roma. Questo intreccio divenne ancora più complesso quando un giovane re spartano, Cleomene III, sul trono dal 235 a.C., avviò una serie di riforme sociali finalizzate a ripristinare il potere militare di Sparta ampliando il corpo dei cittadini che possedevano la terra e che avevano le basi finanziarie per l'addestramento e il servizio militare nel 228 a.C. (vedi p. 316). Questo progetto spartano alimentò le speranze dei diseredati anche altrove in Grecia, e si cominciò a chiedere la ridistribuzione delle terre e l'abolizione dei debiti, un tema ricorrente nei conflitti sociali (vedi pp. 315-317). Quando Cleomene cercò di esportare le sue riforme e di riguadagnare a Sparta il ruolo di guida nel Peloponneso (227-222 a.C.), la lega achea fu costretta a reagire. Incapace di far fronte con successo alle operazioni militari di Cleomene nel Peloponneso e riconoscendo in Dosone un grande leader, Arato prese una decisione epocale. Ponendo fine all'inimicizia tra lega achea e regno macedone, avvicinò il nemico di un tempo e gli chiese di prendere il comando in una guerra contro Cleomene. Seguendo l'esempio del suo bisnonno Antigono Monoftalmo, Dosone riportò in vita l'antica alleanza ellenica a Corinto nel 224 a.C. e divenne il leader di una coalizione di tutti i principali stati federali in Grecia. Oltre alla lega achea e ai Tessali, che erano sotto il dominio macedone, anche i principali stati federali della Grecia centrale, Focidesi, Beoti, Acarnesi ed Epiroti, si unirono all'alleanza. I pochi alleati di Sparta erano gli stati del Peloponneso che si rifiutarono di entrare a far parte della lega achea. La rinascita dell'alleanza ellenica sotto la guida del re macedone pose fine all'influenza tolemaica in Grecia. Due anni più tardi, la vittoria di Dosone a Sellasia nel 222 a.C. pose fine alle ambizioni di Cleomene, e il re spartano sconfitto fu costretto a cercare rifugio in Egitto, dove fu in seguito assassinato.

La «guerra sociale»: l'ultima grande guerra che i Greci combatterono da soli (220-217 a.C.)

All'apice del suo potere, Dosone fu costretto a tornare in Macedonia per affrontare un attacco da parte degli Illiri a nord; vittorioso ma indebolito, forse a causa di una ferita, morì improvvisamente nel 221 a.C. Suo nipote, ora diciottenne, salì al trono come Filippo V. Succedette a Dosone anche alla guida dell'alleanza ellenica. L'educazione di Filippo, come quella del suo contemporaneo seleucide, Antioco III, le loro tradizioni familiari e le aspettative inerenti alla loro posizione di re indussero entrambi i sovrani a imprese militari che sconvolsero il mondo per trent'anni, dal 219 al 189 a.C. Nessuna delle loro ambizioni fu soddisfatta. Al contrario, alla fine delle loro vite lasciarono i loro regni molto più deboli di quanto non lo fossero all'inizio del loro governo.

Filippo V fu presto chiamato a proseguire l'opera di Dosone; guidò l'alleanza ellenica in una guerra contro la lega etolica, Sparta e l'Elide dal 220 al 217 a.C. La guerra era stata provocata da incursioni degli Etoli nella Grecia centrale e meridionale. La potenza emergente dell'Etolia stava minacciando gli alleati della Macedonia (Epiro e Acarnania) e anche i confini del regno; nel Peloponneso, alcune città della lega achea erano state vittime di attacchi da parte degli Etoli. Questa cosiddetta «guerra sociale» (dal latino *socius*, alleato), portò devastazione in tutta la Grecia, ma rivelò le capacità militari di Filippo; il fatto che Arato, un comandante di esperienza, fosse il suo consigliere, contribuì al successo del giovane re. Nonostante alcune significative vittorie, Filippo nell'agosto del 217 a.C. accettò di stipulare un trattato di pace con gli Etoli. Il trattato ripristinò lo *status quo* precedente all'inizio della guerra. Anche se cancellò tutte le conquiste di Filippo, accrebbe la sua reputazione di leader. Non è una coincidenza che un'alleanza cretese, il *koinon* cretese, lo elesse *prostates* (capo dell'alleanza).

Per capire perché Filippo pose fine alla guerra e perché il 217 a.C. si rivelò uno dei punti di svolta più importanti della storia ellenistica dobbiamo guardare ad alcuni eventi che si stavano verificando molto lontano dalla Grecia: i conflitti tra i Tolomei e i Seleucidi per la Siria meridionale (vedi pp. 79-87) e l'aspra competizione tra Roma e Cartagine per il controllo del Mediterraneo occidentale.

4
L'età d'oro tolemaica
(283-217 a.C.)

L'egemonia tolemaica nel III secolo breve

Poco dopo la morte di suo padre, Tolomeo II fondò delle feste ad Alessandria, le Tolemaiche. Dichiarò che esse avevano lo stesso *status* delle feste pitiche in onore di Apollo. Tutte le città del mondo greco furono invitate a prendervi parte inviando dei messaggeri sacri (*theoroi*) come facevano in occasione delle grandi feste tradizionali. Durante la prima celebrazione del festival – la data è discussa (274 a.C. circa?) – alla presenza di questi messi e visitatori stranieri, il re mise in scena la più grande processione che il mondo greco avesse mai conosciuto. Fu così imponente che, mezzo millennio più tardi, lo scrittore Ateneo fu in grado di citare una lunga descrizione conservata nell'opera di Callisseno di Rodi. Le varie parti della processione sottolineavano il legame tra i Tolomei e i loro patroni divini, Zeus e Dioniso, e Alessandro Magno, il loro contributo alla libertà dei Greci e l'estensione del loro potere. Degli attori, con indosso costumi colorati e lussuosi, impersonavano i compagni di Dioniso e idee astratte come l'anno e le quattro stagioni. Un vero e proprio esercito di satiri marciava in panoplie d'argento, d'oro e di bronzo; Sileni, ragazzi e ragazze rappresentavano il ritorno trionfale di Dioniso dall'India.

> C'erano statue di Alessandro e di Tolomeo, cinte di corone d'edera fatte d'oro. La statua della Virtù (militare), posta vicino a Tolomeo, aveva una corona d'ulivo dorata ... La città di Corinto, vicino a Tolomeo, era coronata con una fascia d'oro ... Questo carro era seguito da donne con indosso abiti e ornamenti lussuosi; attraverso degli annunci venivano identificate con le città della Ionia e con le altre città dell'Asia e delle isole, un tempo soggette al dominio dei Persiani ... Dopo di loro marciavano la cavalleria e la fanteria, tutte armate in modo da provocare meraviglia. La fanteria era composta all'incirca da 57.600 uomini, la cavalleria da 23.200 ...

La celebrazione fu una complessa impresa propagandistica orchestrata per comunicare la legittimità del dominio, la protezione divina, la ricchezza e il potere dei Tolomei. Questo spettacolo indimenticabile aveva dei sottintesi militari e alludeva alla rivendicazione, da parte dei Tolomei, di una posizione egemone nel mondo greco.

Tra tutte le dinastie ellenistiche, fu solo nell'Egitto tolemaico che il passaggio del potere ebbe luogo senza incidenti dalla generazione dei successori fino al 283/282 a.C. Sfruttando le ricche risorse del loro regno, al sicuro da minacce dirette al loro territorio e attraverso una scaltra politica di alleanze, i re Filadelfi, Tolomeo II e Arsinoe II (vedi Figura 7), trasformarono il regno tolemaico nella principale potenza politica del Mediterraneo orientale. Teocrito descrive l'Egitto e il suo sovrano con questi versi intorno al 270 a.C.:

> Infinite regioni, infinite genti
> fanno prosperare le messi che la pioggia di Zeus rafforza;
> ma nessun paese è fecondo come la bassa terra d'Egitto,
> quando il Nilo straripando frantuma le umide zolle;
> nessun paese contiene tante città popolate di genti industriose.
> Tre centinaia di città vi sono costruite,
> e tre migliaia oltre a tre volte diecimila,
> ancora due triadi, e infine altre tre enneadi:
> su tutte regna il valoroso Tolomeo.
> Domina poi su parte della Fenicia e dell'Arabia,
> della Siria e della Libia, e del paese dei neri Etiopi;
> a tutti i Panfili e ai guerrieri Cilici
> dà ordini, ai Lici e ai Cari bellicosi,
> e alle isole Cicladi, ché per lui le navi migliori
> solcano i flutti, e tutto il mare e la terra
> e i fiumi scroscianti obbediscono a Tolomeo;
> molti cavalieri, molti guerrieri scudati,
> armati di rilucente bronzo, s'adunano intorno a lui.
> Per ricchezza può superare tutti i re:
> tanta ne affluisce ogni giorno nella casa opulenta
> da ogni parte. E i popoli in pace attendono ai loro lavori ...
> [a Tolomeo] sta a cuore, come a un buon re,
> di custodire i paterni beni, e altri egli stesso ne acquista.

Se si dovesse credere ai poeti di corte, i futuri storici potrebbero avere un'impressione piuttosto fuorviante della dinastia nord-coreana dei Kims. Tolomeo II non era davvero il signore della Libia. Magas, suo fratellastro e governatore di Cirene, si era dichiarato re indipendente nel 276 a.C., e Cirene restò un regno indipendente fino alla sua morte nel 250 a.C. Solo quando la sorella di Magas, Berenice, sposò un figlio di Tolomeo nel 246 a.C., Cirene tornò al regno dei Tolomei.

Ma nonostante le sue esagerazioni, il ritratto teocriteo della ricchezza, del potere militare, del dominio dei mari, dell'influenza in politica estera e della sicurezza interna è fededegno quanto lo permette il genere della poesia encomiastica. Tolomeo sapeva bene come promuovere questa immagine di superiorità, anche se non ingannava gli osservatori attenti. Si racconta che Arato fosse solito ammirare la ricchezza dell'Egitto, «udendo racconti dei suoi elefanti, e delle sue flotte, e dei suoi palazzi»; ma quando andò dietro le quinte, «vide che tutto in Egitto è messa in scena e scenografia».

La diplomazia tolemaica arrivò fino all'Ucraina. Nel porto di Ninfeo, un graffito sul muro di un santuario di Afrodite rappresenta nei minimi dettagli una nave di nome *Iside*, probabilmente quella che portò gli ambasciatori di Tolomeo II alle città della costa settentrionale del mar Nero. È a questo re che le città greche si rivolgevano nei momenti di bisogno e di conflitto. Tolomeo II fu coinvolto nella guerra cremonidea e affiancò Arato nella liberazione delle città del Peloponneso dalle tirannidi e dalle guarnigioni (vedi pp. 68-70 e 73).

La politica estera di Tolomeo aveva due obiettivi principali: garantire il dominio dell'Egeo attraverso il controllo delle isole e delle città costiere in Asia Minore e controllare una regione che non aveva mai cessato di essere contesa tra imperi, paesi e religioni. Nell'antichità era nota come Celesiria (*Koile Syria*, «Siria concava») e corrisponde agli attuali Siria del sud, Libano e Palestina (vedi Cartina 3). Sei guerre siriache furono combattute tra i Tolomei e i Seleucidi per il possesso di questa terra.

Niente di buono sul fronte orientale: le guerre siriache (274-253 a.C.)

Durante la prima guerra siriaca intorno al 274-271 a.C., Tolomeo II difese con successo l'occupazione della Celesiria e delle sue roccaforti in Asia Minore. Le sue ambizioni e quelle del suo figlio adottivo e coreggente, Tolomeo Epigono, devono essere state molto più grandi durante la seconda guerra di Siria (260-253 a.C.), che scoppiò in circostanze non chiare poco dopo la guerra cremonidea. Questo Tolomeo più giovane era l'unico figlio superstite del matrimonio con Lisimaco dell'amata sorella e moglie del re, Arsinoe (vedi p. 68). Per distinguerlo dal figlio maggiore di Tolomeo, il futuro Tolomeo III, gli fu dato il soprannome di Epigono (nato dopo). Dopo infruttuosi tentativi di rivendicare il trono del padre e di governare sulla Macedonia e la Tracia (279-277 a.C.), Tolomeo Epigono giunse in Egitto. Non più tardi del 267 a.C., all'incirca all'epoca in cui scoppiò la guerra cremonidea contro Antigono Gonata, Tolomeo II nominò lui – e non il figlio maggiore – coreggente al regno. In quanto figlio di Lisimaco, Epigono sarebbe stato l'avversario naturale di Antigono Gonata, ora sul trono un tempo occupato dal suo padre naturale.

Quando Tolomeo II promosse una nuova guerra siriaca contro Antioco II, intorno al 260 a.C., Epigono si trovava a Mileto, forse per rappresentarvi gli interessi del padre adottivo. Tuttavia, probabilmente deluso dalla mancanza di appoggio al suo sogno di regnare in Macedonia, Epigono unì le proprie forze con quelle di Timarco, tiranno di Mileto, e si ribellò contro Tolomeo II nel 259-258 a.C. All'inizio ricevette il supporto di Antioco II, ma la rivolta terminò con la presa di Mileto da parte di Antioco II, la morte di Timarco e, probabilmente, la riconciliazione di Epigono con il re d'Egitto. La forte presenza tolemaica in Asia Minore mise in allarme sia Rodi, una potenza navale del sud dell'Egeo, sia Antigono Gonata, che decise di schierarsi dalla parte di Antioco. In una grande battaglia navale vicino a Cos (256 a.C.?), la flotta tolemaica fu sconfitta. Antigono Gonata aveva ora il controllo dell'Egeo, con l'eccezione di Thera, dove Tolomeo mantenne una guarnigione. Antioco II riconquistò buona parte del territorio che i Seleucidi avevano perduto durante la prima guerra siriaca.

Queste guerre siriache, e quelle che seguirono, furono qualcosa di più che gli sforzi dei re di controllare un'area di importanza strategica per le comunicazioni e i commerci militari. Erano parte di una serie di sforzi miranti a legittimare la loro autorità attraverso il successo militare (vedi pp. 109-113). La Celesiria restò contesa tra i due regni per un altro secolo. Le prime guerre siriache sono anche paradigmatiche del modo in cui i conflitti regionali potevano espandersi facilmente attraverso il coinvolgimento di ulteriori potenze, fossero regni o città.

Il trattato di pace fu sigillato da un matrimonio dinastico nel 253 a.C. Antioco II divorziò da sua moglie Laodice, accettando un matrimonio con la figlia di Tolomeo, Berenice. Questo matrimonio ebbe conseguenze importanti, anche se non quelle che avrebbero voluto i due re, i quali sottovalutarono il risentimento della regina ripudiata.

Cherchez la femme: la guerra di Laodice (246-241 a.C.) e la chioma di Berenice

Con la morte di Tolomeo II nel gennaio del 246 a.C., si concluse un'epoca segnata dalla sua influenza nella «politica internazionale». Antioco II può a questo punto aver visto l'opportunità di tentare l'espansione a spese dei territori tolemaici fuori dall'Egitto. Ma anche Tolomeo III aveva dei motivi per iniziare una guerra. La pace del 253 a.C. aveva inflitto un colpo significativo all'influenza tolemaica in Asia Minore e nell'Egeo, e questo avrebbe giustificato lo sforzo di riguadagnare il terreno perduto e di legittimare il suo governo attraverso un'impresa militare. Nel 246 a.C., Antioco II era in Asia Minore, presumibilmente dopo essersi riconciliato con Laodice, che viveva a Efeso. Dal momento che il suo ripudio del matrimonio con una principessa tolemaica inficiava il trattato di pace, egli stava evidentemente programmando la guerra. Ma neanche Tolomeo III era impreparato; il suo esercito stava già gestendo, nell'Egeo settentrionale, una prima fase del conflitto.

Antioco II morì improvvisamente nell'agosto del 246 a.C., forse assassinato da Laodice, che subito assunse il potere del regno. La donna fece proclamare re il figlio maggiore, Seleuco II, e orchestrò l'assassinio del figlio di Berenice e, più tardi, della regina stessa nella capitale seleucide di Antiochia. Per Tolomeo III la guerra non era solo questione di difendere o conquistare un territorio, ma anche di proteggere sua sorella e suo nipote, e poi di vendicare le loro morti. Il suo successo fu impressionante. Condusse una campagna militare nel cuore del regno seleucide, conquistandone le capitali, Seleucia e Antiochia, poi oltrepassò l'Eufrate e proseguì la sua marcia fino alla Mesopotamia. Il fatto che Tolomeo III raggiungesse la Mesopotamia meridionale fu un'impresa audace e uno splendido successo. Questo era il luogo da cui, quasi ottant'anni prima, suo nonno, il compagno di Alessandro, aveva iniziato il suo viaggio verso Alessandria. Quando il governatore di Efeso defezionò per passare dalla parte di Tolomeo, la città più importante dell'Asia Minore passò sotto il controllo tolemaico.

Fino a questo punto la guerra era stata un conflitto tra i Tolomei e i Seleucidi; ma, come spesso accadeva in questo periodo, essa ebbe un effetto domino. Quando Eno in Tracia, una città di importanza strategica per il traffico marittimo nel nord dell'Egeo, passò sotto il controllo tolemaico, Antigono Gonata, il rivale tradizionale dei Tolomei nell'Egeo, ne fu allarmato. Con il suo ingresso in guerra, la «guerra laodicea» si trasformò in una delle grandi guerre ellenistiche. Il re macedone, che aveva di recente perduto le sue principali roccaforti nella Grecia meridionale, vide l'occasione per riguadagnare il controllo delle Cicladi. In una grande battaglia navale ad Andro, la flotta tolemaica fu sconfitta nel 246 o 245 a.C.

Tolomeo III dovette sospendere la sua campagna intorno al 243 a.C., forse a causa dei disordini in Egitto, provocati dalla sua lunga assenza. Seleuco II riuscì a riguadagnare terreno in Asia Minore e in Siria, ma a caro prezzo: dovette accettare come coreggente il fratello minore Antioco Ierace (l'avvoltoio), che più tardi si autoproclamò re dell'Asia Minore intorno al 240 a.C. Per quanto riguarda Antigono Gonata, l'impatto del suo successo ad Andro fu presto quasi completamente cancellato. Arato liberò Corinto e Acrocorinto dalla guarnigione macedone nel 245 a.C. (vedi p. 72). Sotto la sua guida, la lega achea si alleò con Tolomeo III, che fu dichiarato *hegemon* di terra e mare nel 243 a.C.

L'incarico aveva scarso significato sul piano pratico – Tolomeo III non si pose mai alla guida di nessun esercito o di nessuna flotta achea. Aveva, tuttavia, un valore politico. Non era la prima volta che una confederazione di stati eleggeva a proprio capo militare un re: era questa la posizione che Filippo II aveva detenuto nell'alleanza ellenica e che in seguito avrebbero avuto gli Antigonidi Antigono Dosone e Filippo V durante la sua rinascita nel 224 a.C. Ma per la prima volta veniva a trovarsi in quella posizione un re il cui regno era fuori dalla Grecia, il che rivela la lungimiranza delle rivendicazioni politiche sia del designatore, Arato, sia del designato, Tolomeo III. Possiamo ipotizzare che per Arato questo significasse che la lega achea stava occupando il ruolo che era stato un tempo dell'alleanza ellenica. Sarebbe sorprendente se un uomo di stato con la lungimiranza e la consapevolezza del proprio ruolo nella storia – Arato fu uno dei primi autori di un memoriale – non se ne fosse reso conto. E sarebbe altrettanto sorprendente se Tolomeo fosse stato all'oscuro delle precedenti alleanze con aspirazioni panelleniche e del significato del suo ruolo di *hegemon* di un'alleanza in Grecia. Anche Tolomeo III era consapevole del proprio ruolo storico: ci ha lasciato brevi resoconti delle sue gesta attraverso un'iscrizione in cui racconta con orgoglio le sue imprese senza precedenti (vedi p. 84). Questo non significa che Tolomeo III stesse risuscitando sogni di una successione ad Alessandro in Europa e in Asia. E tuttavia non si può negare una continuità negli strumenti di gestione politica utilizzati dai re e dagli uomini di stato più importanti. Riconosciamo uno schema ricorrente: un gruppo di città greche, unite per affrontare un nemico che minaccia la loro indipendenza, accetta come capo un sovrano la cui politica sembra in quel momento favorire il loro progetto; e un sovrano accetta il comando non per amore della libertà, ma per guadagnare importanza sulla scena panellenica.

    La guerra laodicea continuò fino al 241 a.C., quando Seleuco II e Tolomeo III conclusero, infine, un trattato di pace. Il maggiore successo di Tolomeo III fu che egli non solo mantenne la Celesiria, ma addirittura espanse il proprio regno, impadronendosi del più importante porto della Siria, Seleucia di Pieria. Con il controllo di Cipro, di varie isole dell'Egeo, di città costiere in Tracia e di città dell'Asia Minore, l'Egitto sotto Tolomeo III confermò la sua posizione di principale potenza del Mediterraneo orientale. Il predominio di Tolomeo III fu favorito anche dai vari problemi politici che i suoi principali avversari si trovarono ad affrontare. Il principale sconfitto nella guerra fu Seleuco II. Dopo una guerra civile, suo fratello Ierace governava come re indipendente su ampi territori dell'Asia Minore settentrionale e occidentale. E a Pergamo il dinasta locale Attalo I acquisì il titolo reale dopo una grande vittoria sulle tribù celtiche nell'Asia Minore nord-occidentale nel 238 a.C. Intorno al 228 a.C., espulse Ierace dall'Asia Minore. Ierace continuò le sue avventure prima in Mesopotamia e poi in Tracia, dove fu ucciso nel 226 a.C. In oriente, Andragora, il governatore della Partia, aveva tratto vantaggio dal coinvolgimento di Seleuco II nella guerra di Laodice e aveva governato la sua provincia come re indipendente (245-238 a.C. circa). Quando la tribù nomade dei Parni – più tardi noti come Parti – invase le province orientali dei Seleucidi e occupò tutta la Partia (238-209 a.C.), Seleuco II non fu in grado di fornire la protezione che i satrapi si aspettavano dal re (vedi p. 206). Di conseguenza Diodoto, il satrapo della Battriana, dichiarò la propria indipendenza e fondò il regno greco-battriano. Quando Seleuco II cadde da cavallo e morì nel 226 a.C., il suo regno era quasi la metà di quello del padre.

    Tolomeo aveva ogni motivo di festeggiare. Poco dopo la guerra, ordinò che un grande trono fosse eretto ad Aduli, la parte più meridionale del suo regno, sul mar eritreo, l'odierno mar Rosso. Un'iscrizione scritta in greco e in egizio dichiara orgogliosamente i suoi successi. Un monaco, Cosma Indicopleuste (colui che navigò verso l'India), la vide nel 525 d.C. e ci ha lasciato il testo, insieme a un disegno del trono:

> Re Tolomeo il Grande ... dopo aver ereditato dal proprio padre il potere sovrano su Egitto, Libia, Siria, Fenicia, Cipro, Licia, Caria e sulle isole Cicladi, marciò alla volta dell'Asia con la fanteria, la cavalleria, una flotta ed elefanti dalla terra dei Troglodoti e dall'Etiopia, che suo padre e lui stesso furono i primi a catturare in queste terre e, dopo averli portati in Egitto, a equipaggiare a scopo militare. Dopo aver guadagnato il controllo di tutte le terre dalla parte dell'Eufrate, di Cilicia, Panfilia, Ionia, Ellesponto, Tracia e di tutti gli eserciti in questi paesi e degli elefanti indiani, e dopo aver trasformato tutti i sovrani di queste terre in suoi sudditi, attraversò il fiume Eufrate, e dopo aver sottomesso Mesopotamia, Babilonia, Susiana, Persia, Media e il resto delle terre, fino alla Battriana, e dopo aver ritrovato tutti gli oggetti sacri che erano stati rubati in Egitto dai Persiani, e dopo averli riportati in Egitto insieme con il resto dei tesori di queste terre, inviò le proprie truppe attraverso i fiumi [canali] che erano stati scavati ...

Tolomeo III Evergete (il Benefattore) presenta se stesso come il garante della legittimità dinastica, come il sovrano del più grande numero di terre dopo Alessandro, come un guerriero che seguì le orme del grande conquistatore fino alla Battriana, come un innovatore militare e un vendicatore dell'ingiustizia perpetrata dal re persiano Cambise contro i templi egizi nel 525 a.C. Nonostante le sue esagerazioni, egli fu, in effetti, l'uomo più potente del Mediterraneo orientale. È piuttosto sorprendente che Tolomeo III decise di non approfittare del suo chiaro vantaggio su Gonata e Seleuco II per perseguire una politica più aggressiva. Fu forse l'unico re ellenistico ad aver tratto un insegnamento dai fallimenti dei successori e a essersi reso conto che acquisire troppo potere avrebbe portato i suoi nemici a unirsi contro di lui? O desiderava una vita meno avventurosa in Egitto? Se le sue azioni ci danno qualche indicazione circa le sue intenzioni, Tolomeo III era interessato a mantenere un equilibrio dei poteri, appoggiando coloro che indebolivano i suoi rivali – più spesso con il denaro che con le armi. Una politica meno aggressiva significava anche meno rischi e, a differenza dei suoi rivali, che furono continuamente coinvolti in guerre fino alla loro morte, Tolomeo

III trascorse gli ultimi vent'anni del suo regno in Egitto, rivolgendo l'attenzione al proprio patrimonio. È lui il primo re tolemaico per il quale i sacerdoti egizi innalzarono iscrizioni con lunghi decreti onorifici in greco, egiziano geroglifico e demotico; inoltre, riformò l'amministrazione delle province. Da Alessandria, poteva monitorare tranquillamente le lotte in Grecia, Asia Minore, Mesopotamia e nel lontano oriente.

La memoria di Laodice e della sua guerra si dissolse. Tuttavia, un piccolo incidente aveva lasciato per sempre la sua impronta nel cielo notturno. Quando Tolomeo III stava combattendo in Mesopotamia nel 243 a.C., la sua giovane moglie Berenice aveva fatto voto ad Afrodite di offrirle la propria lunga treccia bionda se la dea avesse protetto il re e glielo avesse riportato indietro. Tolomeo tornò sano e salvo e Berenice pose i suoi capelli nel tempio di Afrodite in adempimento al proprio voto. Quando, il giorno dopo, la chioma era scomparsa, l'astronomo di corte seppe spiegare che cosa era successo. Identificò i capelli con una costellazione, affermando che la dea dell'amore aveva ricavato un così grande piacere dall'offerta da porre i capelli nel firmamento, dove la Chioma di Berenice può essere vista ancora oggi a occhio nudo. Il poeta di corte Callimaco compose un carme ispirato a questo episodio. Esso è andato per la maggior parte perduto, con l'eccezione di qualche frammento restituito da un papiro. Tuttavia ne sopravvive una traduzione latina nel *carmen* 66 di Catullo, un bell'elogio dell'amore. L'amore di Berenice fu dunque più forte del desiderio di conquista? Fu questo a trattenere Tolomeo in Egitto e a farlo resistere alla tentazione di tentare nuove conquiste? Questa ipotesi non potrà mai essere né provata né smentita; resta un'ipotesi bella, per quanto poco plausibile, un intermezzo sereno tra una catena di guerre e l'altra.

L'ultima vittoria tolemaica: la battaglia di Rafia

Nel 221 a.C., una nuova generazione di giovani si trovò a ricoprire importanti posizioni di comando. Il re della Macedonia Antigono Dosone morì e a succedergli fu Filippo V, allora diciottenne (p. 76). In Egitto, Tolomeo III morì, lasciando sul trono il diciassettenne Tolomeo IV. In oriente, Antioco III, che aveva ventidue anni ed era succeduto al trono di suo fratello Seleuco II quattro anni prima, aveva appena sconfitto l'usurpatore Molone e ristabilito la sua autorità in Asia Minore. Sfruttando questa vittoria, aveva dato il via a una campagna militare contro l'Egitto, allo scopo di riconquistare il territorio perduto della Celesiria.

Questa quarta guerra siriaca (219-217 a.C.) terminò con una delle più grandi battaglie dell'età ellenistica, la battaglia di Rafia, vicino a Gaza, il 22 giugno del 217 a.C. Se dobbiamo credere ai numeri forniti da Polibio, i due eserciti avevano in totale 150.000 uomini ed erano supportati da 175 elefanti da guerra. Per la prima volta una parte sostanziale delle forze tolemaiche era costituita da nativi egizi, addestrati alla maniera macedone – 20.000 uomini, secondo quanto riferito. All'inizio della battaglia, gli elefanti africani di Tolomeo, che non potevano sopportare l'odore e il rumore degli elefanti indiani di Antioco, furono presi dal panico e causarono disordine nell'esercito tolemaico. Mentre Antioco aveva la meglio sulla cavalleria sull'ala sinistra e si dava all'inseguimento del nemico in fuga, pensando di aver vinto, Tolomeo attaccò con successo il centro. Quando Antioco realizzò che la sua falange era stata respinta, era già troppo tardi. Sconfitto, si ritirò a Gaza e chiese una tregua per seppellire i suoi morti, un sesto dell'esercito, a quanto dicono le fonti. La Celesiria sarebbe rimasta tolemaica per altri vent'anni.

Ma nonostante questa vittoria, la guerra ebbe conseguenze negative per l'Egitto. Il suo elevato costo indebolì le finanze reali e, cosa ancora più importante, il contributo dei nativi egizi alla vittoria accrebbe la loro autostima. Solo dieci anni dopo la battaglia, gli indigeni si ribellarono contro Tolomeo sotto il comando di Hugronaphor, che si proclamò faraone nell'Alto Egitto (Egitto meridionale). I Tolomei erano destinati a perdere il controllo di gran parte del loro regno per vent'anni, dal 205 al 185 a.C. circa. Polibio descrive questo conflitto come «una guerra che, oltre alla ferocia e all'illegalità che ogni parte mostrò all'altra, non vide alcuna battaglia, battaglia navale o assedio regolari, né nessun'altra cosa degna di essere menzionata». Le sue conseguenze per l'economia tolemaica e per il riconoscimento dell'autorità dei re furono pesanti.

Anche se la quarta guerra siriaca è stata qui trattata come una guerra regionale, va detto che essa era in parte collegata ad altre due guerre combattute in regioni lontane tra il 222 e il 217 a.C.: una guerra a Creta e la «guerra sociale» di Filippo V di Macedonia e degli Achei contro gli Etoli (p. 76). Si può osservare in modo esemplare, in questi anni, una caratteristica tipica delle guerre ellenistiche, che rende confuso qualsiasi resoconto della storia di quest'epoca: l'interrelazione di conflitti in apparenza slegati. Per capire questo fenomeno, dobbiamo rivolgere la nostra attenzione ai mercenari greci che combatterono nella battaglia di Rafia, 6500 nell'esercito di Antioco e altri 11.000 in quello di Tolomeo. Dei mercenari al servizio di entrambe le parti, 5500 provenivano dalla sola Creta. I Cretesi al servizio di Antioco erano guidati da un uomo di Gortina, mentre quelli dell'esercito tolemaico da uno di Cnosso, la più grande nemica di Gortina. La presenza di mercenari cretesi negli eserciti sia dei Seleucidi sia dei Tolomei è legata alla divisione politica di Creta. Nel 222 a.C., Gortina e Cnosso si erano unite contro l'unica città in grado di sfidare la loro egemonia: Litto. Ma incontrarono una certa opposizione, forse connessa con i conflitti sociali. Questa guerra contro Litto causò guerre civili in varie città, determinando, alla fine, la rottura dell'alleanza tra Cnosso e Gortina. E questo conflitto cretese ebbe luogo in parallelo e in connessione con la guerra di Filippo V e degli Achei contro gli Etoli. I Gortinesi e i loro alleati appoggiarono Filippo V, mentre gli abitanti di Cnosso erano alleati degli Etoli.

Lo storico contemporaneo Polibio designò questo fenomeno di guerre interconnesse in Grecia, Asia e Africa *symploke* (intreccio). Dal 217 a.C. in poi, una protagonista di primo piano fece la sua comparsa in questi intrecci nel Mediterraneo orientale: Roma. Esamineremo questo nuovo sviluppo storico dopo una panoramica dell'organizzazione politica del mondo ellenistico.

5
Re e regni

Basileia: le origini eterogenee della sovranità ellenistica

Un autore ellenistico anonimo definisce in questo modo la regalità: «Il potere monarchico [*basileiai*] non è dato agli uomini né dalla natura né dalla legge; è dato a coloro che sono capaci di comandare gli eserciti e di trattare con prudenza le questioni politiche». Ponendo il successo militare al di sopra della legittimità, questa definizione rompe con le tradizioni greche precedenti relative alla regalità. Fino ad Alessandro, i Greci avevano conosciuto soltanto uomini che avevano il titolo di *basileus* (re) in accordo con le tradizioni istituzionali: perché appartenevano a una determinata famiglia – per esempio, in Macedonia gli Argeadi – o perché erano stati eletti all'ufficio annuale di *basileus* che esisteva in alcune città. Ma i contemporanei di Alessandro e dei suoi successori avevano fatto esperienza di come le vittorie militari facessero i re. Fu una vittoria che fece di Alessandro prima un faraone in Egitto e poi il re dell'Asia. Tutti i successori furono proclamati re sulla base del successo militare, non della legittimità dinastica. Antigono Gonata non fu acclamato re subito dopo la morte di suo padre nel 283 a.C., anche se comandava un esercito e controllava dei territori, ma solo dopo la sua vittoria sui Galli nel 277 a.C. Analogamente, i primi dinasti di Pergamo esitarono a essere acclamati re. Solo la vittoria di Attalo I sui Galli intorno al 238 a.C. gli permise di assumere questo titolo. I Greci occidentali di Sicilia avevano fatto a lungo esperienza del potere monarchico dei tiranni, ma il primo ad assumere il titolo di *basileus* fu Agatocle (vedi p. 52), sfruttando i suoi successi in guerra. Seguendo l'esempio dei successori, egli non aggiunse una specificazione geografica o etnica al suo titolo di re. Non era «re di Sicilia» o «re dei Siracusani». Agatocle era semplicemente «re Agatocle»: vale a dire, re di qualunque territorio potesse controllare. Solo Cassandro utilizzò un titolo con una specificazione etnica: «re dei Macedoni». La vaghezza intenzionale del titolo dei re ellenistici lasciava aperta la possibilità di una continua espansione del loro potere; era un invito alla conquista.

Dopo l'istituzione delle monarchie ellenistiche la legittimità di un re dipendeva dal principio dinastico di successione che di solito determinava il passaggio del potere dal padre al figlio; il potere di un re dipendeva dal suo esercito. La proclamazione del re da parte dell'assemblea in armi era un vecchio rituale con un grande valore simbolico. Si ritiene che nella Macedonia pre-ellenistica, quando un re moriva, i membri più influenti della corte presentassero all'esercito l'uomo che avevano scelto, volontariamente o sotto pressione, come prossimo re. Attraverso l'acclamazione l'esercito lo riconosceva come re e comandante. Questa pratica continuò dopo la fine della casa degli Argeadi. Dopo il periodo dei successori, le proclamazioni dei re vengono menzionate solo in contesti di usurpazione o di problemi di successione, ma questo non significa che esse non occorressero anche in condizioni normali. Nel regno tolemaico, è probabile che la proclamazione del re si svolgesse non solo di fronte all'esercito, ma anche di fronte alla popolazione di Alessandria, la capitale.

Ma le tradizioni macedoni erano solo una parte di ciò che costituiva il potere monarchico ellenistico. Le influenze straniere erano altrettanto significative. Quando Alessandro assunse il controllo dell'Egitto, fu probabilmente incoronato faraone; quando salì sul trono nelle vecchie capitali achemenidi, lo fece come successore dei Gran Re, adottando aspetti del loro abbigliamento. Non sappiamo come il circolo macedone di amici reagì ai rituali egizi. Ma sappiamo che la loro reazione all'adozione, da parte di Alessandro, delle tradizioni persiane in merito all'abbigliamento e al cerimoniale regi fu di critica, scherno e totale rifiuto. Una delle tradizioni cerimoniali, la *proskynesis*, genuflessione, fu avversata con una tale veemenza, in quanto barbara, che Alessandro fu costretto ad abbandonarla. Le cose andarono diversamente con il diadema, una fascia ornamentale che i Greci potevano facilmente associare alla fascia conferita agli atleti vittoriosi. Dall'«anno dei re» in avanti, il diadema fu l'*insignium* più importante della sovranità. Quando Antioco IV fu posto sul trono dei Seleucidi dal re Eumene II di Pergamo e dai suoi fratelli nel 175 a.C., la cerimonia di incoronazione viene descritta con queste parole: «Lo ornarono con il diadema e le altre insegne come è giusto, offrirono il sacrificio di un bue e si scambiarono promesse di fiducia con tutta la benevolenza e l'affetto».

Per comprendere a pieno l'adozione di tradizioni non greche da parte dei re ellenistici, dobbiamo cambiare per un attimo prospettiva. Invece di guardare le cose dal punto di vista dei Greci, dobbiamo considerarle da quello delle élite locali, del personale di corte – scribi, astrologi, eunuchi e servi – e delle popolazioni autoctone, specialmente in città come Babilonia o Susa. All'inizio, le élite locali – ufficiali, amministratori e sacerdoti, senza i quali la gestione prima dell'impero di Alessandro e poi dei regni seleucide e tolemaico sarebbe stata impossibile – soccombettero al potere militare; dopo che si fu placato lo shock iniziale per la fine della dinastia achemenide, esse richiesero dei gesti che permettessero loro di integrarsi all'interno di un nuovo sistema o di un nuovo governo. Avevano bisogno di provvedimenti che garantissero la continuità nelle incombenze amministrative più complesse, come l'ispezione del territorio per le tasse, la manutenzione delle infrastrutture e delle comunicazioni, l'amministrazione della giustizia e il controllo dei vasti territori dei regni. I re ellenistici, che dovevano negoziare il loro potere con numerosi alleati (vedi pp. 120-122), erano disposti a compiere questi gesti di benevolenza. L'accettazione di simboli di sovranità non greci era una delle loro strategie di negoziazione. In Egitto, il Nilo si gonfiava ogni anno in agosto, che il potere fosse nelle mani di un faraone egizio, di un satrapo persiano, del discendente di un generale macedone o di un monarca romano; i compiti cultuali, amministrativi e tecnici connessi alla piena del Nilo restavano gli stessi. Il cambiamento di sovrano era una sfida; la discontinuità aveva conseguenze disastrose. Un simile *horror saltus* – paura di salti nel vuoto e di cambiamenti improvvisi – caratterizzava l'amministrazione dei territori in Asia. Dalla prospettiva dei custodi della tradizione, cambiavano solo i nomi dei sovrani, non le mansioni e le strutture. I documenti tradizionali – i diari astronomici, le liste dei re e le cronache rinvenute a Babilonia – registrano il passare del tempo sotto Alessandro e i Seleucidi allo stesso modo in cui avevano fatto per centinaia di anni. Utilizzano la stessa lingua e la stessa scrittura, rivelano la stessa mentalità e corrispondono a un concetto di monarchia simile a quello che esisteva sotto gli Achemenidi. In Egitto, i decreti sacerdotali in onore dei re tolemaici si rivolgono a loro con le stesse frasi di elogio che per secoli avevano compiaciuto i faraoni: per esempio, «il re dell'Alto e del Basso Egitto Tolomeo, l'eterno, amato da Ptah, figlio di Tolomeo e di Arsinoe, gli dèi fratelli». Il mondo ellenistico era pieno di illusioni, sia volontarie che involontarie. Una di esse era l'illusione della continuità, quando in realtà così tanto era cambiato.

Ciò che non era mai cambiato, tuttavia, era il significato del principio di successione dinastica: la conservazione del potere all'interno della cerchia di un'unica famiglia, anche se spesso innegabilmente si trattava di una famiglia piuttosto allargata.

La sovranità come un affare di famiglia

Sentite questa storia: una donna sposa suo fratello e poi, dopo la sua morte, l'altro suo fratello; ma a quel punto il suo nuovo marito la lascia per sposare la figlia avuta dal matrimonio precedente e uccide il loro unico figlio. Queste cose succedono, potreste dire. E, in effetti, succedono, nelle soap opera più dozzinali e nelle corti ellenistiche: questa è la storia di Cleopatra II (vedi p. 213). Le famiglie reali ellenistiche fronteggiavano le sfide che tutte le famiglie potenti devono fronteggiare: la conservazione, la divisione e la trasmissione del potere della famiglia; le lotte per l'affetto e l'attenzione; la gelosia e l'invidia; l'ambizione e la delusione. Studiare il potere monarchico ellenistico solo come un'istituzione, senza esaminare le relazioni interpersonali e le tensioni emotive è sbagliato quanto bandire le emozioni dallo studio della famiglia reale britannica. Ma, naturalmente, quando abbiamo a che fare con famiglie vissute più di due millenni fa, ciò che studiamo sono informazioni filtrate.

Le monarchie ellenistiche paragonavano se stesse a una famiglia ed erano gestite come tali. In teoria, tutto il potere era nelle mani del capofamiglia ma, a seconda della sua età, della sua esperienza e della sua personalità, l'influenza di mogli, madri, figli e membri della corte, gli «amici», poteva essere significativa. La percezione della monarchia ellenistica come di una famiglia non è moderna. È esattamente il modo in cui le monarchie si presentavano ai loro sudditi e al mondo esterno. Anche se Laodice, la moglie di Antioco III, non era la sorella del re, era ufficialmente designata come tale. Gli epiteti regali con cui i monarchi tolemaici erano conosciuti sottolineavano le loro relazioni familiari. Tolomeo II era «amante della sorella» (Filadelfo); Tolomeo IV, Tolomeo VII, Berenice III, Tolomeo XIII e Cleopatra VII (la famosa Cleopatra) erano «amanti del padre» (Filopatore); Tolomeo VI era «amante della madre» (Filometore), come le sue due mogli, sua sorella Cleopatra II e sua figlia Cleopatra III. Questi epiteti talvolta riflettevano la realtà – Tolomeo II amava davvero sua sorella Arsinoe II – e talvolta no – la relazione tra Cleopatra II e Cleopatra III era, nella migliore delle ipotesi, disfunzionale. Che fossero l'espressione di sentimenti reali o meno, questi epiteti avevano sempre lo stesso scopo: presentare ai sudditi l'immagine della continuità e dell'armonia dinastiche.

La storia di un figlio che si innamora della seconda moglie di suo padre ci è nota dal *Don Carlos* di Verdi (e di Schiller); ma è anche un dramma d'amore ellenistico con un lieto fine, che ha per protagonisti Antioco I e la sua matrigna Stratonice. Avrebbe ispirato quadri di David e Ingres, oltre a una delle opere comiche più famose del tardo XVIII secolo, la *Stratonice* di Étienne Méhul (1792). Questa storia d'amore fornisce un buon esempio di come i reali volessero dare di sé l'immagine di una famiglia amorevole. Nel 294 a.C., Antioco si innamorò di Stratonice, la giovane moglie di suo padre Seleuco. Disperato, decise di lasciarsi morire di fame, astenendosi dal cibo con il pretesto di una qualche malattia. Ma non riuscì a ingannare il suo medico, Erasistrato, che era determinato a identificare l'oggetto del desiderio del giovane, fosse un uomo o una donna. Stando giorno dopo giorno nella camera del suo paziente, Erasistrato notò che ogni volta che Stratonice veniva a fargli visita Antioco reagiva con i sintomi tipici della malattia d'amore: «balbuzie, forte rossore, annebbiamento della vista, sudore improvviso, palpiti del cuore irregolari e, infine, la sua anima era in preda a sgomento, impotenza, stupore e pallore». Alla fine, contando sull'affetto di Seleuco per il figlio, il dottore corse il rischio di dire al re che la malattia di Antioco era un amore che non poteva né essere soddisfatto né essere curato: l'amore per la moglie di Erasistrato. Quando Seleuco pregò Erasistrato di dargli sua moglie, dal momento che era amico di Antioco, Erasistrato chiese al re se lui avrebbe fatto lo stesso qualora Antioco fosse stato innamorato di Stratonice. Con le lacrime agli occhi, Seleuco dichiarò che avrebbe volentieri rinunciato al suo intero regno per salvare Antioco. Dopo aver provocato questa dichiarazione, Erasistrato rivelò la verità.

> Di conseguenza, Seleuco convocò un'assemblea di tutto il popolo e dichiarò che era suo desiderio e sua decisione fare di Antioco il re di tutte le satrapie dell'alto Egitto e di Stratonice la sua regina, e che i due diventassero marito e moglie. Secondo lui suo figlio, abituato com'era a essere compiacente e obbediente in tutto, non avrebbe contraddetto il padre su questo matrimonio; e nel caso in cui sua moglie fosse stata riluttante a fare questo passo fuori dal comune, fece appello agli amici perché la

istruissero e la persuadessero a considerare buono e giusto tutto ciò che il re riteneva tale.

Non possiamo sapere con certezza cosa accadde nelle camere reali dei Seleucidi; la nostra conoscenza della storia del figlio malato d'amore è probabilmente dovuta al fatto che una simile informazione fu divulgata con l'approvazione della corte. Dopo tutto, i sentimenti espressi dai tre protagonisti non erano disdicevoli. Questa è la storia di un padre amorevole disposto a fare un sacrificio, di un figlio rispettoso e obbediente e di una moglie devota e saggia – una famiglia amorevole sostenuta nella sua decisione dai suoi amici. C'è probabilmente anche un elemento di teatralità in questa storia: i membri della famiglia reale apparivano ai loro sudditi come persone con delle emozioni. La gente può aver pensato: «Il re e suo figlio sono come noi». Questa è una strategia di comunicazione che ci è nota dalla politica moderna. Che Seleuco abbia convocato un'assemblea per annunciare la sua decisione è significativo: l'assemblea probabilmente consisteva nella popolazione della capitale e nell'esercito ed era abituata alla presentazione del coreggente e futuro re, in accordo con la vecchia tradizione macedone delle proclamazioni dei re da parte dell'esercito (vedi p. 90).

All'incirca un decennio più tardi, intorno al 285 a.C., Tolomeo I nominò coreggente suo figlio Tolomeo II. Simili dichiarazioni divennero in seguito una prassi comune nei regni ellenistici come un metodo di salvaguardia della successione dinastica. Tuttavia, la trasmissione del potere non avveniva sempre in modo così pacifico. Poiché i matrimoni regali erano di solito un mezzo per la creazione di nuove alleanze, era abbastanza comune che un re ripudiasse la propria moglie per la parente di un altro re quando se ne presentava il bisogno. I figli dei molteplici matrimoni del re generavano comunemente conflitti e spesso anche le mogli ripudiate. Prendiamo l'esempio di Tolomeo I d'Egitto. Prima di diventare re, aveva sposato Euridice, la figlia del potente reggente Antipatro. Euridice gli diede tre figli e due figlie. Nel 317 a.C., Berenice, nipote di Antipatro e vedova di un nobile macedone, andò ad Alessandria con suo figlio Magas e le sue figlie Antigone e Teossena. Mentre assisteva la regina, attirò l'attenzione di Tolomeo, che ripudiò la sua prima moglie per sposarla; gli diede due figlie, Arsinoe e Filotera, e un figlio, il futuro Tolomeo II. Solo da questi due matrimoni (e ce ne furono altri) Tolomeo ebbe otto figli e tre figliastri. Quando scelse come suo successore Tolomeo II, suo figlio maggiore, Tolomeo Cerauno, fuggì alla corte di Lisimaco, dove la sua sorellastra Arsinoe era regina e sua sorella Lisandra era sposata con il figlio del re Agatocle. Quando gli intrighi di Arsinoe portarono all'esecuzione di Agatocle, Cerauno e Lisandra si rifugiarono alla corte di Seleuco. Cerauno aiutò Seleuco a sconfiggere Lisimaco nella battaglia di Curopedio, ma la sua ambizione era più grande della sua gratitudine. Assassinò Seleuco dopo la vittoria e si fece proclamare re in Macedonia. Quando avanzò pretese anche sul trono d'Egitto, Tolomeo II trovò un accordo con il suo fratellastro maggiore e organizzò per lui il matrimonio con la loro sorella Arsinoe. Ma Arsinoe cospirò contro il suo nuovo marito e Cerauno fece uccidere due dei suoi figli. Arsinoe alla fine tornò in Egitto, dove sposò suo fratello Tolomeo, diventando una delle donne più influenti della storia ellenistica e, dopo la sua morte, una dea popolare (vedi Figura 7).

Con simili intrecci non stupisce che le lotte dinastiche fossero comuni. Lisimaco fece giustiziare suo figlio Agatocle (284 a.C.); Magas, re di Cirene, si ribellò contro il fratellastro Tolomeo II (274 a.C.); Antioco I fece condannare a morte il figlio maggiore, Seleuco (267 a.C.); Antioco Ierace combatté contro suo fratello Seleuco II per il trono e governò per un breve periodo in parti dell'Asia Minore (246-235 a.C. circa); Filippo V ordinò l'esecuzione di suo figlio Demetrio (180 a.C.), che sospettava di un complotto con i Romani. Per quarant'anni il regno tolemaico fu travagliato dalle lotte per il potere tra Tolomeo VI e suo fratello Tolomeo VIII, e più tardi tra Tolomeo VIII e sua sorella Cleopatra II (163-118 a.C. circa). Lotte dinastiche tra diversi rami dei Seleucidi furono endemiche in quel regno dal 161 fino alla sua caduta nel 63 a.C. (vedi pp. 208-210).

In tutte queste lotte dinastiche, le donne svolgevano un ruolo di primo piano. Seguendo una tradizione che aveva salde radici nei regni tribali della Macedonia e dell'Epiro, le mogli del re erano potenti; erano donne abituate a viaggiare, dotate di esperienza politica e talora anche di abilità militari. Olimpiade, la madre di Alessandro, fu una protagonista delle guerre tra i successori come lo fu Euridice, la moglie del re Filippo III Arrideo. La cosiddetta guerra di Laodice (246-245 a.C.) è un esempio dell'influenza politica delle regine ellenistiche (vedi pp. 81-83). Tuttavia, nessuna di queste regine è paragonabile all'ultima sovrana ellenistica, Cleopatra VII, che aveva interessi per le scienze e una personalità che affascinò due dei più grandi generali di Roma (vedi pp. 231-238).

Le lotte dinastiche talvolta coinvolgevano anche i figli illegittimi che i re avevano avuto dalle loro cortigiane. Un certo Eracle, presunto figlio illegittimo nato dalla relazione di Alessandro con Barsine, una nobile persiana, fu una figura minore delle guerre dei successori (vedi p. 41). Un altro figlio illegittimo di una casa reale, Aristonico, il figlio illegittimo di Attalo II, si dichiarò re quando il suo fratellastro Attalo III lasciò in eredità il suo regno a Roma nel 133 a.C. (vedi p. 195); anche i figli illegittimi dei re seleucidi svolsero un ruolo importante nelle lotte dinastiche del II secolo a.C.

L'usurpazione del potere da parte di parenti dei re è un fenomeno correlato. Un episodio di questo tipo coinvolse, su piccola scala, Alessandro, nipote del re Antigono Gonata. Il re lo nominò comandante di Corinto, la guarnigione macedone più importante della Grecia. Approfittando dell'indebolimento del potere della Macedonia nella Grecia meridionale, Alessandro si ribellò e per un breve periodo stabilì un dominio personale a Corinto e in Eubea. Molone, che governava le satrapie seleucidi settentrionali, si ribellò contro Antioco III per il suo odio verso il suo più alto funzionario (223-220 a.C.). Lo stesso Antioco affrontò anche la ribellione di Acheo, un lontano parente, che riuscì a farsi proclamare re in parte dell'Asia Minore (220-214 a.C.). Gli usurpatori forse intendevano governare solo quelle terre su cui potevano mettere le mani e non l'intero impero seleucide.

Nonostante queste sfide, le dinastie ellenistiche durarono più a lungo di qualsiasi dinastia romana. Gli Antigonidi governarono, con qualche interruzione, dal 307 al 167 a.C., gli Attalidi dal 281 al 133 a.C. e i Tolomei dal 323 al 30 a.C. Anche la lenta agonia dei Seleucidi (150-63 a.C.) fu preceduta da un vigoroso periodo di politiche imperiali (312-163 a.C.). Per contrasto, gli Antonini, una dinastia di imperatori romani adottivi, non riuscirono a durare per neanche un secolo (96-192 d.C.). Che cosa spiega la longevità delle dinastie ellenistiche? Il primo fattore è che il principio della successione ereditaria era generalmente rispettato in tutti gli aspetti della legge e della società. Cosa ancora più importante, solo i membri delle dinastie regnanti, i loro parenti stretti e i loro principali consiglieri avevano accesso all'esperienza politica, alle risorse – denaro ed eserciti – e alla rete di relazioni con comandanti militari, governatori, élite cittadine e, più tardi, senatori romani, necessarie per stabilire un potere personale. Di conseguenza, un passaggio del potere da una famiglia regnante a un'altra poteva avvenire solo in circostanze limitate: quando i governatori in aree poco controllate e difese in modo inadeguato alla periferia di un regno rinunciavano alla loro lealtà e creavano regni indipendenti, come il regno greco-battriano in

Iran e Afghanistan (vedi pp. 206-208); o quando il passaggio di potere era il risultato di una presenza straniera, di solito l'intervento romano. Inoltre, le corti ellenistiche erano molto abili nell'applicare una serie di provvedimenti per far sì che il loro governo sembrasse accettabile alle varie parti coinvolte in complesse negoziazioni: l'esercito, le città indipendenti, la popolazione indigena, gli abitanti delle capitali reali e, per un certo periodo, Roma.

Nuove sfide amministrative: governare un impero

Che fare, quando hai poco più di vent'anni e sei stato addestrato a governare un regno che puoi girare tutto a piedi in meno di dieci giorni, se all'improvviso ti trovi a dover guidare un impero che si estende dai Balcani all'Iran a est e all'Egitto a sud? Posto che il successo non abbia accecato il tuo buon senso, allora adotti il sistema amministrativo che hai trovato sul posto e attui solo le modifiche assolutamente necessarie. Ma che fare se nelle zone recentemente sottomesse porti una popolazione che non ha familiarità con le istituzioni e le tradizioni locali? Introduci nei territori conquistati le loro istituzioni o abitui i nuovi venuti alle strutture esistenti nel loro nuovo ambiente? Queste erano le due difficoltà con cui Alessandro Magno si dovette confrontare non appena mise piede in Egitto. Le difficoltà si intensificarono dopo che ebbe sconfitto Dario III a Gaugamela ed ebbe occupato il trono dei re achemenidi a Susa. Alessandro si trovò ad affrontare gli stessi problemi anche durante la sua campagna nel lontano est, quando faceva stabilire i veterani nelle zone conquistate; e li incontrò ancora nel breve periodo tra il suo ritorno dalla spedizione e la sua morte precoce.

Nell'affrontare la prima difficoltà, Alessandro seguì il senso comune approfittando delle infrastrutture esistenti. Per due secoli i re achemenidi avevano governato il loro impero sfruttando un sistema di satrapie e combinando il governo centralizzato, autocratico del re e della sua corte con la decentralizzazione di alcuni compiti – il reclutamento locale delle truppe, la tutela della legge e dell'ordine, la raccolta dei tributi – al livello della provincia. Un'altra autorità tradizionale che Alessandro non poteva ignorare era la classe sacerdotale, specie in Egitto. Ma il trasferimento dei veterani che erano cresciuti nelle tradizioni politiche, sociali e culturali delle *poleis* greche era un fenomeno nuovo in Egitto e nel resto del vasto impero di Alessandro. Per l'organizzazione e l'amministrazione delle nuove *poleis* Alessandro guardò al modello delle colonie greche. Per quanto riguarda invece l'assegnazione delle terre ai soldati e il loro insediamento all'interno di esse nelle zone conquistate, Alessandro e i suoi successori potrebbero aver seguito un sistema macedone pre-esistente. Pertanto, l'organizzazione dei regni ellenistici e la loro amministrazione affondava le sue radici in molti ambienti diversi, comprese le istituzioni greche e macedoni, accanto alle tradizioni locali; ma c'era sempre posto per l'innovazione.

Alessandro morì prima di poter affrontare l'attività amministrativa quotidiana di governare un impero. Ma per i suoi successori non c'era una via di fuga di fronte a questa difficoltà; essi dovettero occuparsi immediatamente dei compiti amministrativi. Le caratteristiche principali dell'amministrazione dovevano essere operative già intorno al 300 a.C. Nonostante molte significative differenze, i regni ellenistici condividevano caratteristiche comuni in merito alla posizione del re, all'ideologia della monarchia e all'amministrazione. I compiti principali consistevano nell'amministrazione militare e nella difesa del territorio, nelle questioni fiscali e nella riscossione delle tasse, nell'amministrazione della giustizia e nella manutenzione dei santuari.

Il re era circondato da alti funzionari, che formavano la sua corte. A meno che non fosse un minorenne, era lui in persona a reclutare questi funzionari sulla base del merito, delle capacità e della lealtà. Molto spesso, specie nel primo periodo, i funzionari non erano nati nel regno dove prestavano servizio ma provenivano da città greche e ottenevano la loro posizione a corte grazie a una varietà di fattori. La discendenza da una famiglia con influenza e conoscenze contribuiva a una posizione a corte, ma uomini competenti, specialmente ufficiali dell'esercito, potevano arrivare al vertice della gerarchia grazie al loro merito e alla loro lealtà. La lealtà era personale ed era rivolta al re, non al regno o allo «stato». L'incompetenza amministrativa di un re o la sua sconfitta in guerra potevano, pertanto, turbare il rapporto di fiducia tra re e funzionario, inducendo quest'ultimo a cercare un altro capo.

I membri della corte e gli alti funzionari erano legati direttamente alla persona del re. Erano suoi «amici» (*philoi*). I loro titoli indicavano la loro vicinanza al re e la loro posizione gerarchica. Nel regno tolemaico, dove questi titoli furono formalizzati all'inizio del II secolo a.C., gli alti ufficiali e i membri della corte erano chiamati «guardie del corpo» (*somatophylakes*), «seguaci» (*diadochoi*), «amici» (*philoi*), «capi delle guardie del corpo» (*archisomatophylakes*), «primi amici» (*protoi phi-

loi), «parenti» (*syngeneis*); in seguito furono introdotti anche i titoli di «uguale nell'onore ai parenti» (*homotimos tois syngenesin*) e «uguale nell'onore ai primi amici» (*isotimos tois protois philois*). Designazioni simili esistevano anche nel regno seleucide: «amici», «amici onorati» (*timomenoi philoi*), «primi amici» e «amici primi e illustri» (*protoi kai protimomenoi philoi*). Gli «amici» erano uno degli organi amministrativi e militari più importanti di un regno ellenistico. Erano comandanti delle principali unità militari, governatori di distretti e province, ambasciatori e consiglieri. Accompagnavano il re quando andava a caccia e prendevano parte ai suoi banchetti; erano maestri dei loro principi e talvolta veri amici. Con il tempo, la posizione di «amico» del re passò da una generazione all'altra e venne a crearsi un'aristocrazia ereditaria che, tuttavia, lasciava sempre a nuovi arrivati competenti o astuti l'opportunità di diventare parte della corte.

La corte era dov'era il re, e il re, quando non era in guerra, era nella sua capitale, o in una delle sue capitali, se ne esisteva più di una. Per i Tolomei questa capitale era Alessandria, una città che nel corso dell'età ellenistica divenne un grande centro urbano con circa un milione di abitanti, una vera megalopoli dell'antichità. Il palazzo reale, vicino alle tombe dei re, era il centro indiscusso del potere. Ad Alessandria era connesso con un centro di cultura e con una biblioteca, il Museo (vedi pp. 2 e 305). Il regno seleucide aveva tre capitali: Antiochia e Apamea sull'Oronte e Seleucia sul Tigri. Pergamo, la capitale degli Attalidi, divenne un grande centro urbano nel corso del III secolo a.C. In Macedonia né la capitale tradizionale a Ege e a Pella, né la capitale secondaria a Demetriade acquisirono le dimensioni delle capitali dei nuovi regni.

I complessi compiti amministrativi rendevano la vita nelle corti ellenistiche più sofisticata che nella corte rudimentale della vecchia monarchia macedone. L'elemento principale della vita di corte restava il banchetto, il *symposion*, che riuniva, in un'occasione di bevute conviviali, il re, la sua famiglia e gli alti ufficiali militari e amministrativi. Il banchetto era l'occasione per prendere decisioni su questioni di politica estera e di strategia militare, per scambi con ospiti e messaggeri stranieri e per la discussione in generale. Nelle corti ellenistiche, specialmente ad Alessandria, le attività culturali di un banchetto – la recitazione di opere letterarie vecchie e nuove, lezioni di storia, discussioni su opere d'arte e performance musicali – spesso raggiunsero un livello elevato di raffinatezza. Questo dipendeva dalle capacità e dagli interessi intellettuali del re e dei suoi cortigiani. Da un lato abbiamo uomini come Tolomeo I, uno storico affermato lui stesso, che radunò ad Alessandria i principali studiosi del suo tempo per creare il Museo e la sua biblioteca come centri di cultura, o Pirro e Antigono Gonata, che erano circondati da filosofi; dall'altro troviamo re che amavano esibire le loro stesse competenze performative, Antioco IV come mimo e Tolomeo XII come suonatore di flauto, ma erano criticati dai loro contemporanei per il danno che arrecavano alla dignità regale. È superfluo aggiungere che la competizione tra i cortigiani per esercitare la loro influenza, l'ambizione, le inimicizie e le cospirazioni fiorivano nelle corti ellenistiche come in tutte le altre corti della storia, così come non mancavano le storie d'amore tra i re e le donne della corte.

I regni più grandi adottavano un sistema di amministrazione provinciale che essenzialmente seguiva tradizioni precedenti. In Egitto, un elaborato sistema amministrativo esisteva sin dall'epoca dei faraoni, per sfruttare al meglio la piena annuale del Nilo per l'agricoltura. I Tolomei lo adottarono. Compiti importanti, specie la costruzione e la manutenzione di canali e dighe, e la preparazione dei campi in vista della piena del Nilo, dovevano essere coordinati da un'autorità centrale, alla quale gli amministratori locali dovevano fare rapporto. Il cuore dell'amministrazione era la corte ad Alessandria, dove l'«amministratore capo» (*dioiketes*) dirigeva l'amministrazione fiscale. La regione era suddivisa in circa quaranta province o distretti chiamati *nomoi*. Ogni *nomos* era governato da un «generale» (*strategos*) con compiti di polizia e giudiziari. Il «capo del *nomos*» (*nomarches*) era responsabile della produzione agricola, mentre un «amministratore» (*oikonomos*) sovrintendeva alle questioni fiscali e al pagamento di un tributo al tesoro reale di Alessandria. Era assistito dallo «scriba reale» (*basilikos grammateus*), che era responsabile della contabilità. Questi compiti erano molto importanti, perché nel sistema economico tolemaico quasi tutte le attività economiche erano sotto lo stretto controllo dell'amministrazione reale.

L'amministrazione centrale stabiliva cosa doveva essere prodotto e dove, da chi e in quali quantità, e inoltre il prezzo dei beni e l'ammontare delle tasse da versare. Molti prodotti, in particolare vari oli vegetali, erano monopolio di stato, e le restrizioni del governo limitavano il commercio con l'estero. Per gestire questo sistema, l'amministrazione si avvaleva dei servizi di riscossori di imposte, che anticipavano il pagamento del tributo stimato per un certo prodotto, ottenendo il diritto di riscuotere il tributo dalla popolazione. Nel II secolo a.C., i «generali territoriali» (*strategoi* o *epistrategoi tes choras*) erano responsabili di unità territoriali superiori alle province, vale a dire Medio e Alto Egitto, Tebaide e Cipro.

Ogni *nomos* era suddiviso in *topoi* (distretti), fatti di *komai* (villaggi). Ogni *topos* e ogni *kome* erano governati da ufficiali locali, rispettivamente i toparchi e i comarchi, che erano assistiti da scribi. Per l'amministrazione della giustizia c'erano dei tribunali locali, diversi per i Greci, la popolazione indigena e possibilmente anche per gruppi etnici particolari, come gli Ebrei. Inoltre, i Tolomei rispettavano in una certa misura l'autorità dei sacerdoti locali come mediatori tra i mortali e gli dèi. Il sistema amministrativo e fiscale dell'Egitto valeva anche, con lievi modifiche, per l'amministrazione dei possedimenti egiziani all'estero, in Siria meridionale e in Palestina, in Asia Minore e nell'Egeo. I possedimenti esterni erano governati anche dai generali, mentre gli *oikonomoi* presiedevano alle questioni fiscali ed economiche ed erano l'anello di congiunzione tra gli esattori di imposte e il tesoro reale. Ogni amministratore rendeva conto del suo operato all'autorità superiore in una catena rigidamente gerarchica di comando che cominciava al livello del villaggio e passava attraverso il distretto e la provincia per arrivare fino all'amministrazione centrale ad Alessandria. Per questioni di sicurezza e di giustizia, i «generali» provinciali rendevano conto direttamente al re, mentre l'amministrazione fiscale era guidata dall'«amministratore capo».

Un compito importante per l'amministrazione reale era la manutenzione delle forze armate. La guerra aveva raggiunto alti livelli di sofisticazione tattica in battaglia e nei lunghi assedi, oltre a un alto grado di specializzazione, grazie all'esistenza di diversi tipi di truppe con armi specifiche, per esempio la falange pesante con le sue lunghe lance, gli armati alla leggera con piccoli scudi rotondi, gli arcieri e i frombolieri, gli operatori delle macchine d'assedio e degli strumenti di artiglieria, la cavalleria e la flotta; queste truppe richiedevano un addestramento speciale. Le armate mobilitate dai re talvolta erano enormi – per esempio, 140.000 uomini combatterono nella battaglia di Rafia (vedi p. 86) – ed eterogenee, costituite da un esercito permanente professionale, mercenari, truppe delle città e delle federazioni alleate e, in alcuni casi, soldati reclutati tra la popolazione non greca.

Le condizioni nel regno seleucide erano piuttosto diverse. Non c'era un elemento geografico unificante come il Nilo; la distanza tra le capitali e le satrapie nella periferia favoriva tendenze centrifughe che portavano a usurpazioni e secessioni. Ma i principi dell'amministrazione non differivano da quelli dell'Egitto tolemaico. Anche qui i fondatori dell'impero basavano il loro governo su un insieme di tradizioni locali, specie nell'amministrazione delle province orientali, e di tradizioni civiche greche, applicate all'amministrazione delle città. Il «supervisore degli affari» (*epi ton pragmaton*), una sorta di visir, era l'amministratore più importante alle dipendenze del re; la sua carica era stata mutuata dagli antichi regni orientali. Le tasse e i tributi erano riscossi dal tesoro reale (*to basilikon*), che era sotto il controllo del «supervisore delle imposte» (*epi ton prosodon*); i funzionari tributari locali nelle province facevano riferimento a lui. Nel tardo III secolo e all'inizio del II a.C., le province dell'Asia Minore erano governate da una sorta di viceré, il «supervisore degli affari oltre il Tauro». Un altro funzionario importante era il «ciambellano» (*epi tou koitonos*). Il regno era diviso in province che corrispondevano a grandi linee alle satrapie dell'impero persiano. Il loro governatore, il generale (*strategos*), combinava funzioni militari e civili. Le suddivisioni interne delle satrapie in distretti e sottodistretti, i *topoi*, variavano a seconda delle dimensioni e della posizione geografica di ciascuna satrapia. La gerarchia del comando è rivelata da iscrizioni che contengono gli ordini del re e da lettere di accompagnamento che danno istruzioni alle autorità subordinate di agire in accordo con essi e di farli iscrivere. Per esempio, un dossier di documenti datato al 209 a.C., rinvenuto a Filomelio in Frigia, contiene l'ordine del re (*prostagma*) con cui Nicanore viene nominato alto sacerdote di tutti i santuari nelle province dell'Asia Minore. Quest'ordine fu dapprima mandato a Zeuxis, il viceré, che lo trasmise a Filomelo, il satrapo di Frigia; a sua volta il satrapo lo inviò al governatore del distretto, Eneia, che lo diede a Demetrio, presumibilmente il comandante di un sottodistretto. Infine, Demetrio passò una copia a un altro destinatario, forse un ufficiale o un sacerdote locale. L'intera procedura di trasmissione impiegò meno di un mese. Nel loro regno i Seleucidi trovarono un'infrastruttura preesistente, soprattutto una rete di strade che facilitava le comunicazioni e i commerci. La migliorarono, in primo luogo attraverso lo sviluppo di città e porti in luoghi adatti che potessero servire da centri di transito da est a ovest.

Il regno degli Attalidi fu relativamente piccolo fino al 188 a.C., quando il senato romano premiò re Eumene II con vasti territori in Asia Minore che in passato avevano fatto parte del regno seleucide (vedi p. 180). In queste zone, gli Attalidi adottarono le strutture amministrative preesistenti. Il regno antigonide di Macedonia e Tessaglia fu molto più piccolo degli altri regni ellenistici per tutta la sua esistenza, e il suo problema principale fu il controllo delle città suddite in Grecia meridionale e nelle isole dell'Egeo. Questo richiedeva negoziazioni complesse tra i re, che volevano imporre la loro autorità, e le città, che non rinunciarono mai alla loro lotta per l'autonomia (vedi pp. 105-109).

I regni ellenistici erano multietnici e multilingui, e questo costituiva un altro problema amministrativo. Anche nel regno antigonide di Macedonia, culturalmente più omogeneo, parte della popolazione delle campagne non era di origine greca; ma queste persone – principalmente ma non esclusivamente Traci – usavano il greco per gli epitafi e le dediche ed erano profondamente ellenizzati. Le cose erano più complesse in Asia e in Egitto. Nei regni dell'Asia Minore, le città greche, vecchie e nuove, con la loro popolazione quasi esclusivamente greca, coesistevano con insediamenti nella campagna i cui abitanti appartenevano a varie popolazioni indigene anatoliche: Misi, Cari, Frigi, Lidi, Paflagoni, Traci e altri. Il servizio militare portava ulteriori immigrati: Iranici, Galli e Giudei. Nel regno dei Tolomei, oltre alla popolazione nativa dell'Egitto e ai coloni greci, troviamo anche un elevato numero di Giudei e di mercenari di diverse origini. Il regno seleucide era il più variegato quanto a gruppi etnici e lingue, specie nel periodo della sua massima espansione nel III secolo a.C. Per quanto riguarda queste popolazioni eterogenee, l'amministrazione reale doveva affrontare principalmente due compiti: fiscalità e giustizia.

Le popolazioni indigene che vivevano nelle terre dei re mantenendo una qualche forma di auto-amministrazione per i loro affari locali sono note con il nome di *laoi* (popoli). Essi coltivavano la terra del re e pagavano collettivamente un tributo o al re o alla persona alla quale egli avesse eventualmente donato la terra – un cortigiano, un ex ufficiale, una regina da cui avesse divorziato. Il tributo di un villaggio – non di un singolo agricoltore – di solito consisteva in un decimo dei prodotti della terra e in una percentuale (tra il due e il dodici per cento) del valore di legna, bestiame, vino e altri prodotti. Ma occasionalmente è attestata anche un'imposta sul capitale. Il termine moderno di «servo» non descrive accuratamente la posizione dei *laoi*. I *laoi* erano individui liberi, nel senso che non erano di proprietà di un'altra persona o di un'istituzione. Quando la terra che avevano coltivato cambiava proprietario, per conquista o donazione, cambiava il destinatario del loro tributo, ma questo non significa che essi diventassero la proprietà di un nuovo padrone della terra o che essi fossero legati in qualche modo al terreno.

Quando il re univa la loro terra al territorio di una città, essi diventavano *paroikoi* (coloro che vivono vicino alla città). Le generalizzazioni sulla condizione dei *laoi* probabilmente sono false. Data la frequenza delle guerre e il bisogno dei re di riempire i loro tesori di denaro per finanziare i loro eserciti, la repressione e lo sfruttamento devono essere stati comuni. In Egitto, dove abbiamo le maggiori informazioni sulla vita della popolazione indigena, nel II secolo a.C., specialmente nelle condizioni caotiche delle guerre civili, parte della popolazione divenne vittima di sfruttamento e anarchia, abbandonò i campi e si diede al brigantaggio. Il decreto di amnistia tolemaica del 118 a.C., dopo un lungo periodo di guerre dinastiche, fa esplicito riferimento a questo problema. Il proclama reale decretava che «coloro che sono fuggiti perché accusati di brigantaggio e di altri reati devono tornare alle loro case, riprendere le occupazioni precedenti e recuperare i beni che per le suddette ragioni erano stati sequestrati ma che non sono stati ancora venduti». In Asia Minore, Aristonico ottenne sostegno nella sua ribellione contro Roma alla fine del II secolo a.C. (vedi pp. 195-197) in parte a causa dell'insoddisfazione di questa popolazione nel regno attalide.

Negli insediamenti urbani, gli stranieri, per lo più mercenari, si organizzavano in comunità autogestite chiamate *politeumata* (comunità di cittadini). Sappiamo di tali *politeumata* nel regno tolemaico. La popolazione di Cauno e Termesso che risiedeva a Sidone era organizzata ciascuna nel suo *politeuma*: gruppi analoghi di Beoti, Cretesi, Cilici, Giudei e Idumei (da una regione a sud del mar Morto) sono noti in Egitto. I *politeumata* di Frigi e Lici, attestati solo nel periodo imperiale, devono essere già esistiti in precedenza. I *politeumata* avevano i propri santuari e i propri sacerdoti. A giudicare dai *politeumata* giudaici, che sono attestati in varie città (Alessandria, Eracleopoli, Leontopoli, Berenice) e sono i meglio documentati, i membri di un *politeuma* vivevano in quartieri separati; qui i magistrati del *politeuma* avevano compiti amministrativi e giudiziari a loro concessi dall'amministrazione tolemaica. Il primo magistrato del *politeuma* era il *politarches* o *ethnarches*.

L'alto grado di flessibilità e l'adozione di tradizioni differenti permetteva alle corti reali di gestire la complessa amministrazione di territori vasti ed eterogenei con un personale piuttosto limitato. Tuttavia, le problematiche connaturate alla sovranità ellenistica – i conflitti dinastici e il carattere militare del potere regio che obbligava il sovrano a legittimare continuamente il suo dominio tramite le guerre – minavano la stabilità del governo, come vedremo nei prossimi capitoli.

Città e re: lotte per l'autonomia e illusioni di libertà

Nel 318 a.C. il generale ateniese Focione fu processato per essersi opposto al re Filippo Arrideo. Secondo alcune fonti, fu condannato all'unanimità. Ma uno storico anonimo di Atene, il cui resoconto dei fatti sopravvive indirettamente nella *Vita di Focione* di Plutarco, dà una versione diversa:

> Il loro trasporto [di Focione e dei suoi seguaci] offriva un triste spettacolo, mentre venivano condotti dal Ceramico al teatro. Dopo essere stati portati lì, Clito [un sostenitore del re] li dichiarò in arresto, finché i magistrati non convocarono un'assemblea, consentendo a tutti l'accesso al palco e al teatro, e non impedendo a nessuno, né schiavo né cittadino che avesse perduto la cittadinanza, di partecipare. Poi fu letta ad alta voce la lettera del re, nella quale egli dichiarava che, per parte sua, giudicava questi uomini come dei traditori, ma dal momento che gli Ateniesi erano liberi e autonomi, avevano il diritto di giudicare da sé. Dopodiché, Clito presentò gli uomini. A questo punto, alcuni di loro si coprirono il capo, altri abbassarono lo sguardo, piangendo. Qualcuno trovò il coraggio di alzarsi in piedi e di dire che, dal momento che il re aveva affidato una decisione così importante al popolo, era giusto che gli schiavi e gli stranieri se ne andassero.

Lo storico anonimo intendeva mostrare che l'assemblea popolare, la più importante espressione della democrazia e della sovranità del popolo, era diventata una rappresentazione teatrale. Menzionando dettagli che a prima vista sembrano irrilevanti, evoca l'immagine di uno spettacolo. L'assemblea aveva luogo in teatro, la sede degli spettacoli. Non era composta dai soli cittadini, che costituivano l'organismo decisionale consueto, ma dai tipici frequentatori del teatro: uomini e donne, cittadini e stranieri, liberi e schiavi. Durante questo spettacolo qualcuno lesse ad alta voce la lettera del re, in cui egli riconosceva il diritto degli Ateniesi di comunicargli il loro libero giudizio, ma solo dopo averli informati del proprio. Nel teatro – il luogo dell'illusione e dell'inganno – il re mise in scena una rappresentazione teatrale della «libertà». Questa parodia di assemblea era una sorta di maschera teatrale, dietro la quale si cercava di dissimulare l'amara realtà: la perdita della sovranità popolare.

La vittoria di Filippo II a Cheronea nel 338 a.C. non fu la fine delle *poleis* greche, ma fu di certo un momento di svolta nella loro storia: a partire da quel momento molte comunità cittadine in Grecia e in Asia Minore si trovarono sotto il controllo, diretto o indiretto, dei re; e quante non lo erano furono presto o tardi incorporate in stati federali e dovettero accettare l'esistenza parallela della sovranità federale (vedi pp. 134-138).

I vantaggi che i re traevano dal controllo delle *poleis* erano molteplici. Le città sostenevano la loro politica «internazionale». I loro eserciti servivano da alleati. Le loro risorse umane erano importanti per il reclutamento di mercenari. Le loro fortezze e i loro porti permettevano ai re di controllare siti strategici, oltre al traffico terrestre e marittimo. Per esempio, le guarnigioni macedoni a Calcide e ad Acrocorinto controllavano importanti vie di collegamento. Il controllo dei porti – Atene da parte degli Antigonidi, Efeso e Itano a Creta da parte dei Tolomei – insieme al possesso di isole come Taso, Thera e Samo, era un bene ricercato dalle flotte reali. In alcuni casi i re potevano anche imporre alle città un tributo regolare o contributi straordinari.

Una varietà di mezzi permetteva ai re di esercitare il loro controllo sulle città. Il più diretto ed efficace, ma anche il più odiato, era l'imposizione di una guarnigione, che il re presentava come una protezione ma che i cittadini sentivano come una limitazione alla loro libertà. Dall'inizio del IV secolo in poi il termine *aphrouretos* (libero da una guarnigione) divenne pressoché sinonimo di *autonomos*. Nelle parole di una delle fonti ellenistiche citate da Plutarco nella *Vita di Arato*, gli Achei furono «imbrigliati come cavalli» quando accettarono una guarnigione macedone e consegnarono ostaggi al re Antigono Dosone. Le guarnigioni esercitavano pressioni sulle istituzioni politiche di una comunità civile; in certa misura ne sfruttavano le risorse economiche; ne occupavano le basi militari – fortezze, cittadelle e porti. Oltre al comandante della guarnigione, un rappresentante influente degli interessi di un re, in alcuni casi il controllo reale veniva istituzionalizzato attraverso la nomina di un ufficiale che rappresentava il re. Un «supervisore della città» (*epistates epi tes poleos* o semplicemente *epi tes poleos*) veniva di solito eletto dai re per le città all'interno dei confini del loro regno. Questi «governatori cittadini», talvolta identici ai comandanti delle guarnigioni, sono attestati per i possedimenti esteri tolemaici a Cipro, in Asia Minore e nell'Egeo, per il regno attalide di Pergamo, per il regno del Bosforo sul mar Nero e per i regni di Bitinia e Cappadocia. Nel regno macedone, il re esercitava il suo controllo sulle città inviando istruzioni ai «supervisori» (*epistatai*); non è certo se questi *epistatai* fossero dei magistrati cittadini eletti o dei «governatori cittadini» scelti dal re. I re rendevano note le loro volontà attraverso normative di valore generale (*diagrammata*) e lettere che affrontavano questioni particolari. I re potevano anche esercitare la loro influenza sulle città attraverso uomini di stato locali che fossero leali nei loro confronti. Tuttavia, spettava alla città applicare le istruzioni del re facendo approvare all'assemblea popolare un decreto o una legge.

Nominando dei «supervisori» o dando sostegno ai tiranni, stabilendo delle guarnigioni, offrendo aiuto agli alleati politici e comunicando la loro volontà tramite lettere, i re ellenistici esercitavano un rigido controllo sulle città nelle zone sotto la loro influenza e limitavano la sovranità popolare. Tuttavia, ci si sforzò di salvaguardare le apparenze, per mantenere un'illusione di democrazia e di sovranità, per dare alle città l'impressione di essere più che nominalmente libere. Questo risultato veniva conseguito attraverso un'accurata scelta dei termini nella corrispondenza tra i re e le città e attraverso un comportamento teatrale. La corrispondenza tra Filippo V Antigonide e la città nominalmente sovrana di Larissa in Tessaglia è molto istruttiva. Nel 217 a.C., gli abitanti di Larissa inviarono un'ambasceria a re Filippo V per spiegare che la loro città aveva sofferto un calo demografico a causa delle guerre. In risposta all'ambasceria di una città libera, Filippo diede le sue istruzioni, che, tuttavia, richiedevano l'approvazione ufficiale dell'assemblea dei destinatari:

> Finché non penserò ad altri che meritino la vostra cittadinanza, è al momento mio parere che voi dobbiate approvare un decreto per concedere la cittadinanza ai Tessali o agli altri Greci che sono residenti nella vostra città. Quando questo sarà fatto, infatti, e resterete tutti uniti grazie ai favori ricevuti, sono sicuro che come risultato ci saranno molti altri vantaggi per me e per la città, e la terra sarà coltivata più estensivamente.

La concessione della cittadinanza, che determinava l'accettazione di nuovi membri con pieni diritti all'interno della comunità della *polis*, era una decisione che solo la comunità sovrana poteva prendere, attraverso una votazione nell'assemblea popolare. Per quanto grande potesse essere il potere effettivo del sovrano, egli non avrebbe mai potuto concedere a nessuno la cittadinanza di nessuna *polis* del suo regno. Tuttavia, ciò che poteva fare era chiedere alla comunità di prendere la sua decisione in accordo con le sue proprie procedure costituzionali. Naturalmente il re poteva rendere chiaro il suo volere. Filippo lo fece utilizzando un verbo molto marcato, *krino* (decidere, pronunciare un giudizio); ma combinava la sua decisione con delle argomentazioni, per permettere agli abitanti di Larissa di salvare la faccia approvando il decreto non per effetto della sua decisione ma della persuasione. La frase «è mio parere che voi dobbiate approvare un decreto» mostra l'incongruenza tra la sovranità nominale di Larissa («... che voi dobbiate approvare un decreto») e il vero potere del re («è mio parere che»). Il consiglio di Filippo era troppo chiaro per essere ignorato, ma la storia non finì lì. Mentre il re era distratto da una guerra, gli abitanti di Larissa cancellarono il decreto che erano stati costretti a emanare. Filippo dovette inviare una seconda lettera del 214 a.C.:

> Ho sentito dire che quanti avevano ottenuto la cittadinanza in accordo con la lettera che vi avevo inviato e con il vostro decreto, e i cui nomi erano stati iscritti sulla stele, sono stati cancellati. Se questo è accaduto, coloro che vi hanno consigliato hanno ignorato l'interesse della vostra città e la mia decisione ... E tuttavia, anche adesso vi esorto ad affrontare la questione con imparzialità, e a restituire i loro diritti di cittadinanza a quanti erano stati scelti dai cittadini.

Questa volta Filippo spiegò con maggiori dettagli i vantaggi del provvedimento, e chiarì ciò che la città avrebbe dovuto fare. Ancora una volta, non poteva emanare un decreto, ma poteva dettarne il contenuto. Chiese poi agli abitanti di Larissa di rinviare qualsiasi decisione sulle persone considerate non meritevoli della cittadinanza e concluse: «Ma mettete in guardia in anticipo quanti intendono presentare accuse contro di loro, che non sembri che agiscano in questo modo per ragioni personali». Questa seconda volta la città acconsentì. Filippo era un maestro nel comportamento teatrale; sapeva come indossare la maschera del sovrano affabile, amico del popolo. Quando visitò Argo, alcuni anni più tardi (209 a.C.), «si tolse il diadema e la veste di porpora, desideroso di creare l'impressione di uguaglianza con la folla, di una persona mite, di un amico del popolo». Oltre a cambiare il proprio abbigliamento per produrre un'immagine ingannevole, utilizzava anche le parole in modo tale da far passare un ordine per un consiglio. La corrispondenza tra Filippo V e Larissa è un buon esempio di come le lettere del re potessero essere un importante strumento per esercitare il potere in modo indiretto.

Le relazioni tra re e *poleis* nominalmente sovrane erano caratterizzate da reciprocità. I re avevano bisogno delle città, ma anche le città avevano bisogno del supporto del re, soprattutto per difendersi dagli attacchi dei pirati nell'Egeo e dei popoli confinanti e dei barbari in Asia Minore, Egeo settentrionale e Tracia. Per questo motivo, i re talvolta giustificavano l'insediamento di una guarnigione permanente come se si trattasse di un atto generoso finalizzato a proteggere una città, mentre allo stesso tempo offriva vantaggi strategici ai sovrani stessi.

Le comunità cittadine si rivolgevano al re perché facesse da arbitro nelle dispute. Confidavano nel suo supporto finanziario e nelle sue donazioni, che permettevano di abbellire le città con edifici di rappresentanza e opere d'arte, di rifornire i cittadini di grano a basso prezzo, di procurare agli atleti olio di oliva per ungersi nelle palestre e di onorare gli dèi in modo più sontuoso. Il più importante contributo materiale dei re era quello in difesa delle città: donavano cavalli per la cavalleria, armi e navi da guerra, legname per la costruzione delle navi e fondi per edificare o riparare le mura cittadine. Ma nulla veniva apprezzato di più della disponibilità del sovrano a riconoscere la libertà e l'autonomia di una città, a concedere a essa l'esenzione dalle tasse e a renderla libera da guarnigioni.

Le città mostravano la loro lealtà a quei re che avevano tutelato i loro interessi offrendo loro onori simili a quelli riservati agli dèi (vedi pp. 113-120). La relazione tra re e città era basata su una complessa negoziazione di potere e di reciprocità, simile a quella che esisteva tra il popolo e l'élite (vedi p. 144). Si racconta che quando una donna anziana insisteva perché Demetrio Poliorcete l'ascoltasse e il re rispose di non avere tempo, lei gli abbia gridato: «Allora smetti di fare il re!». L'accettazione del governo di un re richiedeva, in cambio, dei servizi da parte del sovrano.

Il carattere militare della regalità ellenistica

Quando i documenti ellenistici fanno riferimento a un regno ellenistico, utilizzano la frase «il re, gli amici e le truppe» (*ho basileus kai hoi philoi kai hai dynameis*). Un regno ellenistico era quindi costituito dal re, gli alti comandanti militari, gli ufficiali dell'amministrazione (gli amici), e l'esercito. Un re ellenistico era prima di tutto un leader militare (vedi Figure 8 e 9). Sotto questo aspetto, non era molto diverso da molti

8. Moneta con effigiato il sovrano della Battriana Eucratide I (297-281 a.C. circa); ha in mano una lancia e indossa un elmo con corna.

basileis pre-ellenistici. Si può riconoscere il carattere militare della regalità ellenistica nelle mansioni dei re, nell'addestramento dei principi, nell'organizzazione delle loro corti, nei simboli del loro potere, nella loro auto-rappresentazione e nel rapporto con l'esercito.

Nel suo encomio di Tolomeo II, il poeta di corte Teocrito afferma: «[a Tolomeo] sta a cuore, come a un buon re, / di custodire i paterni beni, e altri egli stesso ne acquista». Tra i principali compiti di un re ellenistico c'erano la difesa del patrimonio, il recupero delle terre perdute e la conquista di nuovi territori. Ci si aspettava che combattesse, che offrisse una effettiva protezione militare, che fosse vittorioso e che morisse sul campo di battaglia quando necessario. Antioco III Seleucide corrispondeva a questo modello di re ellenistico ideale. Salì al trono all'età di vent'anni e in una serie di guerre sedò una rivolta da parte di Molone, il governatore delle satrapie settentrionali, che si era autoproclamato re in Media (220 a.C.), riuscì quasi a riannettere la Celesiria al suo regno (219-217 a.C.) e a ristabilire il controllo sulla maggior parte dell'Asia Minore sconfiggendo l'usurpatore Acaio (216-213 a.C.). Poi, su imitazione di Alessandro Magno, avviò una grande campagna militare che portò i suoi eserciti nei territori oltre l'Hindu Kush (212-205 a.C.), dove obbligò i re locali a riconoscere la sua supremazia. Al suo ritorno (204 a.C.), era noto come Megas (Magno).

9. Statua di bronzo di un sovrano ellenistico.

Per soddisfare simili aspettative, un principe doveva essere istruito sin dall'infanzia. Addestramento militare, equitazione e caccia erano le principali priorità nella formazione dei figli maschi di un re. Accompagnando in guerra suo padre o altri comandanti militari, un giovane principe acquisiva esperienza e legittimava il suo diritto alla successione. Alcuni re svilupparono un forte interesse per la teoria militare e per l'uso delle «scienze applicate» in guerra. Demetrio Poliorcete doveva il suo soprannome, «l'assediatore», ai nuovi congegni meccanici che aveva utilizzato durante il suo assedio di Rodi nel 305-304 a.C. Fece costruire per lui da Epimaco di Atene una macchina d'assedio mobile, a nove piani (*helepolis*), con una lunga asta aggettante che terminava in un cono decorato con una testa d'ariete. Si dice che Pirro e suo figlio Alessandro furono autori di opere di tattica militare. I Tolomei erano inclini alla ricerca balistica, e Ierone II di Siracusa ricorse alle competenze di Archimede per risolvere problemi relativi a tattiche di assedio (vedi p. 166). Ci si aspettava che i re, in battaglia, attaccassero le prime file, anche se era considerato un errore che si esponessero al pericolo senza buone ragioni. Molti re del III e del II secolo a.C., con l'eccezione dei Tolomei, passavano gran parte del loro regno nelle campagne militari, e molti di loro erano spesso feriti e talvolta uccisi durante l'azione.

Alcuni dei soprannomi con cui erano noti i re traevano origine dalle acclamazioni, spontanee o studiate a tavolino, che sottolineavano il successo e la prodezza militari: Soter (il Salvatore), Nicatore (il Vincitore), Niceforo (portatore di vittoria), Callinico (dalla bella vittoria) ed Epifane (Illustre). La natura militare della sovranità ellenistica è visibile anche nei simboli del potere. L'elmo era un attributo fisso nel ritratto dei re (vedi Figura 8). Una celebre statua di un re ellenistico (vedi Figura 9) mostra un sovrano nudo in una posa rilassata; una linea diagonale virtuale guida lo sguardo dello spettatore in cima alla sua lancia, rendendo chiaro, in questo modo, che una manifestazione violenta del suo potere è possibile, ogni volta in cui essa si renda necessaria. Le qualità e il potere militari svolgevano una parte importante nelle celebrazioni organizzate dai re. Gli elementi militari erano prominenti nella festa più importante che sappiamo essersi svolta in questo periodo, la processione organizzata da Tolomeo II in onore di suo padre ad Alessandria (274 a.C. circa; vedi pp. 77-78). Agli spettatori veniva data una prova visibile della forza militare del re, poiché essi si trovavano di fronte a 57.600 fanti e 23.200 cavalieri, accompagnati da attrezzature militari, che marciavano attraverso le strade di Alessandria verso lo stadio. Quando Antioco IV non riuscì ad assumere il controllo dell'Egitto e fu umiliato da un ufficiale romano (vedi p. 202), compensò il suo fallimento e indicò i suoi piani futuri organizzando un'imponente parata militare di più di 50.000 uomini, in parte equipaggiati di armi esotiche.

Quando un re non riusciva a offrire la protezione militare che ci si aspettava da lui, quanti ne avevano la possibilità erano indotti a prendere il suo posto, o usurpandone il trono o creando i loro propri regni. Continuamente alle prese con attacchi da parte di tribù nomadi, le satrapie settentrionali seleucidi, nell'Iran settentrionale e in Afghanistan, si staccarono quando l'attenzione dei Seleucidi fu distratta da altre questioni. Timarco, il satrapo della Media, sfruttò le sue guerre contro i Parti invasori per diventare re di quella parte dell'impero (163-160 a.C.). Quasi tutti i piccoli regni alla periferia del mondo ellenistico avevano le loro origini nelle ambizioni di governatori e dinasti ribelli che approfittavano della debolezza del re.

Il carattere militare della monarchia portava a percepire il buon re come un uomo sempre vittorioso, sensibile alle richieste dei suoi sudditi e delle città dipendenti, infinitamente più deboli. Non tutti i re erano all'altezza di questi standard. Quando lo erano, il loro potere non poteva essere misurato secondo parametri umani; poteva essere paragonato solo a quello degli dèi. Meritavano pertanto gli onori di solito riservati alle divinità.

La divinità mortale dei re ellenistici

Il primo mortale a ricevere onori divini durante la sua vita in Grecia fu il generale spartano Lisandro, dopo la sconfitta di Atene nella guerra del Peloponneso nel 404 a.C.: gli oligarchi sami, di ritorno dall'esilio, gli eressero un altare in segno di gratitudine, gli offrirono sacrifici, intonarono canti cultuali e cambiarono il nome del festival di Era in Lisandria, il festival di Lisandro. Anche se questi onori si rivelarono effimeri, anticipano fenomeni successivi, ai quali Filippo II di Macedonia ed Alessandro Magno diedero un qualche impulso. Il culto di Filippo esisteva a Filippi, la città da lui fondata, e probabilmente anche in varie altre città greche. Nel giorno in cui fu assassinato, la sua immagine venne portata in processione insieme alle immagini dei dodici Olimpi; con un simile spettacolo, Filippo non stava dichiarando direttamente di essere un dio, ma stava indirettamente paragonando il suo potere a quello degli dèi (vedi p. 17).

Il culto di Alessandro è un fenomeno più complesso. Fino alla fine della sua vita, Alessandro si comportò come un uomo pio, non trascurando mai di fare sacrifici agli dèi. Quando fu ferito, pronunciò una battuta, assicurando i suoi compagni che quanto vedevano era sangue, non «l'*ichor*, che scorre nelle vene degli dèi beati». Alessandro annoverava tra i suoi antenati Eracle e Achille, venerati come eroi e semidèi. La sua consanguineità con queste figure sovrumane non era un'innovazione. Altri Greci prima di lui erano stati considerati figli di dèi ed eroi per le loro straordinarie imprese: per esempio, si riteneva che il famoso atleta di Taso Teagene fosse figlio di Eracle. Questa tradizione fu poi proseguita dai Tolomei, che dichiararono di discendere sia da Eracle sia da Dioniso, e dai Seleucidi, che consideravano Apollo un loro antenato – se non addirittura il padre di Seleuco I. Quando Alessandro si fece consacrare faraone d'Egitto, divenne d'ufficio il figlio del dio del Sole

Ra e un essere divino lui stesso. Durante la sua permanenza in Egitto o poco dopo, circolava la voce che suo padre non fosse Filippo, ma Zeus. Ma oltre a questo, ciò che aumentava la percezione di Alessandro come di un uomo il cui potere era paragonabile a quello degli dèi, e che avrebbe dovuto pertanto ricevere onori commisurati, erano le sue imprese militari senza precedenti e i suoi sforzi di superare eroi e dèi. Gareggiò con Eracle quando attaccò Aorno (vedi p. 23) e la sua conquista dell'India fu paragonata alla spedizione indiana del dio Dioniso.

Durante la spedizione di Alessandro, il suo culto fu stabilito in varie città dell'Asia Minore: furono eretti altari per celebrare sacrifici in suo onore, ebbero luogo delle gare e ad alcune tribù (suddivisioni civiche) fu dato il suo nome. Il suo amico Efestione fu onorato come un dio dopo la sua morte. Una vera innovazione si verificò nel 323 a.C., quando le città della Grecia continentale, forse spinte da Alessandro o incoraggiate dalla sua corte, inviarono dei messaggeri sacri a Babilonia per onorarlo come un dio (vedi p. 26). Alessandro morì poco dopo e, con poche eccezioni, il suo culto fu interrotto. In Asia Minore, Eritre faceva ancora sacrifici ad Alessandro all'inizio del II secolo a.C. e sacerdoti di re Alessandro sono ancora attestati a Efeso nel II secolo d.C. e a Eritre nel III secolo d.C.

Alla fine del IV secolo a.C., l'offerta ai re degli onori di solito riservati agli dèi era una prassi consolidata. Uno dei primi esempi è il culto di Antigono Monoftalmo e di Demetrio Poliorcete ad Atene. Quando Demetrio liberò Atene dalla guarnigione di Cassandro (307 a.C.), gli Ateniesi dichiararono Antigono e Demetrio «salvatori» (*soteres*) della città; fu eretto un altare e il «sacerdote dei salvatori», di nuova istituzione, offriva i sacrifici; due nuove tribù presero il nome dei salvatori, Antigonide e Demetriade; furono istituite delle festività annuali, con una processione, un sacrificio e una gara. In molte città, il culto dei re e di alcune regine consisteva negli stessi elementi. Un recinto (*temenos*) era dedicato al sovrano e ne prendeva il nome. Nel recinto, veniva eretto un altare per i sacrifici al re. La sua statua veniva dedicata in un tempio preesistente, vicino alla statua di un dio tradizionale, con il quale il re ora «condivideva il tempio» (*synnaos*). Ogni anno veniva eletto un sacerdote per sovrintendere alla celebrazione del sacrificio, che aveva luogo durante una festa. Le feste greche di solito si tenevano nel giorno del compleanno di un dio e comprendevano una processione, un sacrificio e competizioni atletiche. Questi elementi facevano da modello al culto cittadino del sovrano. Le feste prendevano il nome del re (*e.g.* le *Antiocheia* per Antioco).

Un esempio istruttivo è l'istituzione di onori divini per Seleuco I e Antioco I a Ege in Asia Minore subito dopo la loro vittoria a Curopedio nel 281 a.C. Oltre a celebrare i due re con il titolo di *Soteres* per aver concesso la libertà alla città, Ege prese una serie di provvedimenti: la costruzione di un tempio vicino al recinto di Apollo, l'erezione di due statue di culto, di due altari per i re e di un altare e una statua per *Soteira*, la «dea salvatrice» (probabilmente Atena) e il sacrificio di tori a Seleuco e ad Antioco durante le feste di Apollo. Ulteriori sacrifici per commemorare la liberazione della città venivano offerti ogni mese, oltre che nel mese di Seleuco (che prendeva il nome dal re). Per questo culto, ogni anno doveva essere eletto un sacerdote. Con indosso una corona d'alloro, una fascia e splendide vesti, questi doveva offrire il sacrificio preliminare sull'altare del re prima di ogni incontro dell'assemblea. L'araldo sacro includeva i re in tutte le preghiere, veniva offerto incenso e venivano recitate preghiere in tutte le libagioni fatte di fronte ai magistrati. Inoltre, a due nuove tribù venne dato il nome di Seleuco e di Antioco; la sede dei consiglieri prese il nome di Seleuco, quella dei generali di Antioco. Si possono osservare elementi simili, ma onori ancora maggiori, anche a Teo in Asia Minore nel 204 a.C., quando la città espresse la sua gratitudine ad Antioco III per averla liberata dalle tasse e averle riconosciuto la prerogativa dell'inviolabilità. I cittadini riconoscenti riservarono ad Antioco e alla regina, sua «sorella» Laodice, onori che li assimilavano agli dèi. Vicino alla statua di Dioniso, patrono della città, furono erette statue di Antioco e Laodice,

> in modo che coloro che resero sacri e inviolabili la città e il suo territorio, ci liberarono dai tributi e concessero questo favore al popolo e all'associazione degli artisti di Dioniso, ricevano da noi tutti gli onori, nel miglior modo possibile; condividendo con Dioniso il tempio e gli altri culti, essi saranno, insieme, i salvatori della nostra città e, insieme, ci daranno dei benefici.

Furono istituite delle nuove feste, che presero il nome della coppia reale (*Antiocheia kai Laodikeia*). Ogni suddivisione civica chiedeva di erigere un altare per il re e la regina e di offrire sacrifici allo stesso modo in cui i sacrifici erano offerti a Poseidone. Inoltre, agli abitanti che non avevano la cittadinanza veniva chiesto di prendere parte alla celebrazione, offrendo sacrifici nelle loro case. Quando si svolgevano le feste, ciascuno doveva indossare una corona per segnalare il carattere festivo della giornata; i tribunali venivano chiusi e ogni tipo di attività sospesa. Il luogo in cui Antioco il Grande aveva annunciato i suoi benefici, il municipio, fu consacrato e vi fu eretta una statua. Tutti i magistrati dovevano offrire un sacrificio nel primo giorno dell'anno. Dal momento che la statua del re si trovava nella sede del consiglio, tutte le deliberazioni dei consiglieri avevano luogo, per così dire, sotto lo sguardo del sovrano. Oltre che ad Antioco, un sacrificio veniva offerto anche a due personificazioni che evidenziavano simbolicamente la natura dell'onore: le Cariti, emblema della gratitudine e del beneficio, e Mneme, la memoria. Il sacrificio comunicava l'idea che i Tei avrebbero ricordato per sempre i favori ricevuti e provato perenne riconoscenza. Nel giorno di Capodanno, tutti i magistrati annuali dovevano «offrire un sacrificio per l'inaugurazione del loro incarico, per iniziarlo in modo propizio»; in questo modo, le celebrazioni per il nuovo anno divennero feste per il re. In quel giorno, i giovani che avevano finito il loro tirocinio come efebi (vedi pp. 342-345) ed erano entrati a far parte del corpo cittadino offrivano un sacrificio alla coppia reale, «per non iniziare alcuna attività pubblica senza prima aver reso grazie ai benefattori, per abituare i nostri figli a considerare ogni cosa subordinata all'espressione della gratitudine». Entrando in città, i vincitori delle competizioni atletiche incoronavano la statua del re e gli offrivano un sacrificio. Per ringraziare il re di aver garantito la coltivazione della terra e averla resa feconda, le primizie venivano poste di fronte alla sua statua e il sacerdote la cingeva con una corona stagionale. Alla regina Laodice fu dedicata una fontana.

> Poiché la regina è pia verso gli dèi e benevola verso il popolo, è opportuno che tutti coloro che onorano gli dèi ed eseguono purificazioni attingano da questa fontana l'acqua per la preparazione del sacrificio ... Tutti i sacerdoti e le sacerdotesse, che offrono un sacrificio in nome della città, dovranno usare quest'acqua in tutti i sacrifici che richiedono acqua.

Questi riti associavano alla coppia reale aspetti centrali della vita: il processo decisionale nel consiglio, il potere esecutivo dei magistrati, l'educazione dei giovani, la cittadinanza, le vittorie nelle competizioni atletiche, l'agricoltura, la famiglia e il culto di Dioniso. Il re e la regina erano simbolicamente presenti nelle attività politiche e nei rituali cittadini; erano associati con le idee astratte di memoria, salvezza, protezione, libertà e gratitudine. I riti assimilavano l'impatto del potere del re a quello degli dèi. Come un dio, Antioco aveva concesso la prosperità.

Onorandolo come un dio, i Tei mostravano gratitudine ma esprimevano anche la loro speranza che il re li avrebbe beneficiati con la sua benevolenza anche in futuro. In quanto dimostrazione di gratitudine, il culto monarchico era anche una strategia di persuasione: obbligava il re a perpetuare la sua benevolenza. Per sollecitare i benefici regali, le città sceglievano di presentare se stesse come deboli, sofferenti e dipendenti, costruendo così l'immagine del re potente. Assimilando il potere del re a quello di un dio, le città obbligavano indirettamente il sovrano a comportarsi come tale. Un termine che talvolta è utilizzato in connessione con il culto del re è *isotheoi timai* (onori divini). L'attributo *isotheos* sottolinea il fatto che i re ellenistici *non* erano dèi; erano solo onorati *come* dèi. Questo concetto permetteva ai Greci ellenistici di innalzare i re a uno *status* superiore a quello dei comuni mortali senza deificarli.

Il culto di re e regine aveva un carattere ufficiale; anche quando i sacrifici erano offerti in casa, erano prescritti in modo ufficiale. La gente non pregava i re individualmente per i suoi problemi personali. Solo la regina Arsinoe II ricevette un culto privato dopo la sua morte intorno al 268 a.C. Come patrona dei naviganti, era una dea popolare nel Mediterraneo orientale ed era identificata con le patrone tradizionali della navigazione, come Afrodite e Iside.

La mentalità che sta dietro al culto monarchico può essere osservata in un inno cantato dagli Ateniesi nel 291 a.C., quando accolsero Demetrio Poliorcete. Quando programmò il suo arrivo ad Atene perché coincidesse con la celebrazione dei misteri eleusini di Demetra, dei cori in processione e degli *ithyphalloi* (uomini che indossavano un costume con il fallo eretto) gli andarono incontro danzando e cantando per le strade:

> In che modo nella nostra città sono presenti gli dèi più grandi e più cari! Le circostanze hanno portato qui insieme, infatti, Demetra e Demetrio; la prima viene a celebrare i sacri misteri di Core [Persefone], mentre il secondo è qui, pieno di gioia, come si addice a un dio, sereno e sorridente. Il suo aspetto è solenne, i suoi amici sono tutti intorno a lui e lui si trova al centro, come le stelle intorno al sole. Salve, figlio del dio potente, Poseidone, e di Afrodite! Giacché gli altri dèi o sono lontani, o non hanno orecchi, o non esistono, o non si curano di noi, mentre noi vediamo te, qui presente, fatto non di legno o di pietra, ma reale. Così

rivolgiamo a te le nostre preghiere: prima di tutto, porta la pace, carissimo; ne hai il potere. In secondo luogo, occupati della sfinge che regna non solo su Tebe ma sull'intera Grecia, la sfinge etolica che siede su una roccia come quella antica, che cattura e porta via tutte le nostre genti, e io non posso combattere contro di lei – perché è un'abitudine etolica quella di impadronirsi delle proprietà dei vicini e ora anche di ciò che è lontano; soprattutto, puniscila tu stesso; altrimenti, trova un Edipo che faccia cadere la sfinge dalla roccia o la riduca in polvere.

Il canto celebra l'*epifania* degli dèi – vale a dire la manifestazione della loro presenza; elogia il loro potere visibile ed effettivo con epiteti al superlativo; fa riferimento alla disponibilità degli dèi meritevoli di questo nome ad ascoltare le preghiere. Queste sono caratteristiche significative del culto divino ellenistico (vedi pp. 382-385). Secondo il concetto religioso che sta alla base di questo inno, un vero dio è disposto a comunicare con i mortali e ad ascoltare le loro preghiere, in opposizione alle immagini mute. Demetrio è «reale» per la sua presenza visibile ed effettiva, allo stesso modo in cui solo gli dèi che sono presenti e manifestano il loro potere sono veri dèi. Dichiarando che contano solo gli dèi che prestano ascolto alle preghiere, il poeta implicitamente avvertiva Demetrio che anche la sua divinità dipendeva da questo. Come vero dio, doveva dimostrare la sua abilità ad ascoltare le preghiere degli Ateniesi e a salvarli dai loro nemici. La divinità dei mortali era basata sulla loro efficacia. Nelle parole dello storico dell'inizio del III secolo d.C., Dione Cassio, «l'*arete* [il potere straordinario, efficace] rende molti uomini simili agli dèi [*isotheos*]; nessuno è mai diventato re per votazione».

Mentre il culto del sovrano istituito dalle città rispondeva ai benefici, passati o auspicati, e pertanto favoriva la comunicazione tra la città e il re, il culto dinastico del sovrano introdotto dalla corte aveva origini e scopi diversi: forniva un elemento unificante per tutti i vasti territori e creava un legame tra il re e i suoi sudditi. Inizialmente, il culto dinastico consisteva nella deificazione di un re defunto; più tardi, cominciò a comprendere anche i re vivi. Quando Tolomeo I morì nel 283 a.C., il suo figlio e successore, Tolomeo II, lo dichiarò un dio; lo stesso onore fu riservato anche alla vedova di Tolomeo, Berenice, nel 279 a.C. La defunta coppia reale veniva venerata come «gli dèi salvatori» (*theoi soteres*). Quando Arsinoe, moglie e sorella di Tolomeo II, morì (268 a.C.?) – o forse anche prima della sua morte – il suo culto fu introdotto nei templi di tutti gli dèi indigeni in Egitto. In modo sottile, Tolomeo II diffuse e legittimò il suo dominio associando se stesso e sua sorella con il culto di Alessandro Magno. Il sacerdote di Alessandro divenne anche il sacerdote degli «dèi amanti del fratello» (*theoi philadelphoi*). Tutti i suoi successori fecero lo stesso, aggiungendo i loro epiteti al titolo del sacerdote. In questo modo, il culto di Alessandro ad Alessandria fu trasformato in un culto dinastico. I documenti pubblici venivano datati con riferimento a questo sacerdote «eponimo», sottolineando sia la continuità dinastica sia la natura divina della monarchia.

Oltre a questo culto, i Tolomei venivano onorati anche come «dèi venerati nel medesimo tempio» (*synnaoi theoi*) nei templi egizi, ricevendo libagioni quotidiane e offerte di incenso. La prima destinataria di questo culto era la popolazione indigena. Le date delle feste dinastiche spesso seguivano le tradizioni egizie: il culto di Arsinoe II veniva finanziato con il denaro che era di solito pagato nei templi egiziani indigeni; i decreti dei sacerdoti egizi, incisi sulla pietra in caratteri indigeni, facevano riferimento ai membri della famiglia reale con il vocabolario religioso tradizionale egizio. Simili pratiche permettevano alla popolazione indigena di riconoscere nel re tolemaico il loro faraone. Fuori dall'Egitto, nei possedimenti tolemaici in Asia Minore, a Cipro e nelle isole dell'Egeo, il culto dinastico era praticato dai soldati che prestavano servizio nelle guarnigioni tolemaiche, stabilendo una connessione con il centro del potere nella lontana capitale. Il culto dinastico tolemaico era di importanza centrale per la conservazione di una rete di contatti e per l'esibizione di grandezza. Il più grande monarca di questo regno, Tolomeo II, lo sfruttò consapevolmente per questi fini istituendo le feste tolemaiche (vedi p. 77), alle quali le città dell'intero mondo greco inviavano i loro messi sacri (*theoroi*).

I Seleucidi governavano su un regno meno omogeneo di quello dell'Egitto tolemaico. Anche se non potevano fondare il loro culto dinastico su pratiche preesistenti come le tradizioni faraoniche, potevano comunque utilizzare il potere unificante del culto religioso. La deificazione del monarca defunto era una procedura standard fin dal tempo di Antioco I, ma un'innovazione fu introdotta quando Antioco III istituì il suo proprio culto mentre era ancora vita. Introdusse l'ufficio di sommo sacerdote per lui stesso e per i suoi antenati (209 a.C.?) e qualche tempo più tardi istituì un sommo sacerdote anche per sua moglie Laodice.

Nei loro regni, il culto dinastico dava ai monarchi supporto ideologico per il loro potere e permetteva alla popolazione indigena di partecipare a forme di culto in cui essa riconosceva elementi familiari. D'altro canto, le città usavano il culto monarchico come uno strumento con cui stabilivano una stretta relazione con il monarca ed esprimevano direttamente la loro gratitudine per i benefici passati e le loro aspettative per quelli futuri. Analogamente, re e regine rispondevano a questi onori promettendo di prendere in considerazione gli interessi delle città. Nelle delicate negoziazioni tra *polis* e re, le città incoraggiavano la liberalità regale e costruivano l'immagine di un monarca con una supremazia e un potere illimitati, simili a quelli di un dio.

Negoziare il potere

I re ellenistici governavano su tutti i territori che potevano acquisire e mantenere con la loro potenza militare: i territori che avevano ereditato e che erano nella posizione di difendere; i territori che riuscivano a conquistare; i territori delle città a cui offrivano la loro protezione. Di conseguenza, i loro regni erano eterogenei per quanto riguarda le origini dei loro abitanti, la loro posizione legale – cittadini, coloni militari e popolazioni dipendenti – e le loro istituzioni. Ogni regno aveva un suo nucleo geografico: Macedonia e Tessaglia per gli Antigonidi, Egitto per il Tolomei, Siria settentrionale, Babilonia e parti dell'Asia Minore per i Seleucidi, Asia Minore nordoccidentale per gli Attalidi; i piccoli regni periferici di Bitinia, Cappadocia, Ponto e Armenia avevano le loro rispettive regioni come nucleo centrale. A causa dei numerosi possedimenti esterni, i territori dei regni maggiori erano difficilmente racchiusi all'interno di una frontiera ininterrotta. Governare questi regni era un'impresa ardua. L'accettazione del governo del re dipendeva dallo svolgimento efficace di delicate negoziazioni con altri re (e con le loro figlie), i suoi «amici», il suo esercito, la popolazione delle città e soprattutto della capitale (o delle capitali), le città greche, le élite indigene e le popolazioni locali, gli dèi e, a partire dall'inizio del II secolo a.C., anche Roma. La forza di un re ellenistico dipendeva da questo complesso campo di interazioni con gli «altri», in un gioco di promesse e aspettative, richieste e offerte, successi e minacce, potere e tolleranza.

La regalità ellenistica era fortemente personalizzata. Quelli che oggi chiameremmo «affari di stato» erano chiamati, in greco ellenistico, «affari del re» (*pragmata tou basileos*); il visir del regno era «l'addetto agli affari» (*epi ton pragmaton*); il regno era assimilato a una casa (*oikos*);

la corte era formata dagli «amici» del re (*philoi*). I loro titoli, sempre più formalizzati, indicavano quanto fossero vicini alla persona del re e quanta fiducia fosse riposta in loro. Il termine «amico» implica una relazione di fiducia e di affetto, basata sull'accettazione della posizione gerarchicamente più elevata del re e sull'attesa di ricompense in cambio della propria lealtà.

I re erano consci dell'impatto che la loro generosità avrebbe avuto sulla lealtà dei loro amici, dei loro ufficiali e del loro esercito. Per questa ragione, si accertarono che nei documenti ufficiali che venivano pubblicamente iscritti si facesse riferimento alla loro politica di premiare generosamente quanti si comportavano bene nei loro confronti. Un simile accordo reciproco era alla base anche della relazione tra il re e il suo esercito. Ci si aspettava che la lealtà e un valido servizio fossero ripagati con promozione, protezione, onori e vantaggi materiali, per esempio terra, denaro, premi e una parte del bottino dopo una spedizione coronata da successo. I beneficiari dei favori imperiali ne facevano menzione nelle loro dediche agli dèi o per la salute dei re. Comunicando agli altri l'idea della reciprocità, rafforzavano la lealtà e propagandavano i principi su cui si fondava il potere regio. Per i soldati, il premio più importante era la concessione di terra. Come nel caso degli amici, la lealtà dell'esercito poteva essere facilmente perduta quando la paura della sconfitta diventava evidente, la promessa di bottino non era mantenuta e il potere del re era troppo debole o troppo autoritario. Neanche ad Alessandro Magno fu risparmiata l'esperienza di un ammutinamento di soldati in collera; ammutinamenti di eserciti, e soprattutto di mercenari, così come casi di diserzione, sono ben attestati.

A partire dalla fine del III secolo a.C., i re ellenistici furono spesso costretti a contrattare la loro posizione con un potere esterno: Roma. Concludevano trattati di alleanza con i Romani; negoziavano i termini di un trattato di pace dopo la loro sconfitta in una guerra; facevano appello ai Romani come arbitri o sostenitori nei loro conflitti dinastici; guardavano a essi come a potenziali sostenitori nella loro politica estera; e quando si trovavano privi di alternative, lasciavano loro in eredità i propri regni. La creazione di regni satelliti, alleati, deriva dall'influenza crescente dei Romani e dalla loro esitazione iniziale ad annettere territori e a curarsi della loro amministrazione; preferivano lasciare questo compito ai «re clienti».

Queste trattative erano particolarmente frustranti a causa dei diversi «linguaggi diplomatici» utilizzati dai Greci e dai Romani, della fluidità della politica romana, dell'equilibrio di potere talvolta misterioso tra senato e comandanti militari ambiziosi. Nel 168 a.C., Antioco IV fece esperienza della diplomazia romana in un modo che sarebbe stato ricordato a lungo. Dopo un'invasione vittoriosa dell'Egitto, e sul punto di annettere il regno tolemaico, si trovò di fronte alla richiesta dei Romani di ritirare le sue truppe. Antioco non aveva, per così dire, molto spazio di manovra. Il messaggero romano disegnò un cerchio intorno a lui con il suo bastone e gli disse di non uscirne finché non gli avesse dato una risposta. Il Seleucide dovette acconsentire (vedi p. 202). Allo stesso tempo, Prusia II, re di Bitinia, dimostrò come un sovrano debole potesse rivolgersi ai Romani, che avevano appena sconfitto suo cognato Perseo, per raggiungere i suoi scopi:

Quando i messaggeri romani giunsero da lui per la prima volta, andò all'incontro con la testa rasata e con un cappello, una toga e delle scarpe, e di fatto esattamente con l'abito indossato da quanti erano stati recentemente affrancati a Roma (i Romani li chiamano *liberti*). Salutando i messaggeri, disse: «Guardate il vostro schiavo liberato, che è disposto a compiacervi in tutto e a imitare i vostri costumi!» ... E ora, di nuovo, quando raggiunse l'ingresso del senato, si fermò di fronte alla porta davanti ai senatori e, abbassando entrambe le mani, si prostrò di fronte alla soglia e ai Padri seduti, esclamando: «Salve, dèi salvatori!», superando tutti gli altri che vennero dopo di lui in assenza di virilità, comportamento effemminato e adulazione.

Adottando l'*habitus* di uno schiavo liberato, Prusia obbligava il senato ad assumere nei suoi confronti le responsabilità che un *patronus* aveva verso i suoi *liberti*. Elevando il senato al livello degli dèi salvatori, il re sfidava i suoi membri a comportarsi come tali, esattamente come le città dell'epoca cercavano il supporto dei re stabilendo culti per i sovrani. Si tratta di un comportamento teatrale che è una caratteristica tipica della sovranità ellenistica.

La messa in scena della monarchia

Demetrio Poliorcete fu certamente il più tragico, ma anche il più teatrale, dei re. Nei suoi sforzi persistenti di succedere ad Alessandro come sovrano dell'impero, sperimentò più ribaltamenti di fortuna di qualsiasi altro re ellenistico; perdette e riguadagnò regni di continuo. Plutarco, basandosi su fonti ellenistiche, percepiva la vita di Demetrio come uno spettacolo teatrale. Quando Demetrio e gli altri successori cambiarono il loro comportamento non appena ricevettero la corona, Plutarco li paragona a degli attori tragici che «adattano ai loro costumi il passo, la voce, la postura a tavola e il modo di rivolgersi agli altri». Descrive il ribaltamento di fortuna di Demetrio come un passaggio dal comico al tragico. Il guardaroba del re è descritto come «un grande dramma», ed è così paragonato al costume di un attore. Attraverso citazioni dal *Menelao* di Sofocle e dalle *Baccanti* di Euripide, Plutarco commenta la situazione di Demetrio dopo la sua sconfitta. Il suo funerale è descritto come una performance drammatica. Mentre un apprezzatissimo flautista intonava una melodia solenne, «i remi andavano perfettamente di pari passo con questa melodia, e i loro spruzzi, come i colpi sul petto, segno di lutto, rispondevano alle cadenze del flauto». I remi delle navi assunsero il ruolo di un coro tragico. Infine, Plutarco conclude la vita del re con le parole «e ora che il dramma macedone è stato messo in scena, passiamo a quello romano».

Demetrio non fu una pedina nel gioco della Fortuna, ma un abile attore nel suo ruolo di re. La *sua* vita fu paragonata a un'opera teatrale perché la visse come un bravo interprete. Demetrio sapeva come adottare un comportamento teatrale nella costruzione della propria immagine. Un esempio tipico è l'attenta messa in scena della sua apparizione ad Atene nel 295 a.C., dopo aver conquistato la città che lo aveva tradito alcuni anni prima. Scegliendo come data per il suo arrivo il giorno in cui di solito gli Ateniesi festeggiavano il festival drammatico delle Dionisie, il re ordinò agli Ateniesi di riunirsi nel teatro – spettatori, per così dire, del loro stesso spettacolo. Circondò l'edificio con i suoi uomini armati e incluse se stesso sulla scena con le sue guardie del corpo. Dopo che queste disposizioni ebbero sconcertato e terrorizzato gli Ateniesi, Demetrio fece infine la sua comparsa attraverso uno degli ingressi della parte superiore, come un attore tragico. Nel pieno controllo delle emozioni degli Ateniesi terrorizzati, Demetrio mise in scena in teatro un rovescio di fortuna, una vera e proprio *peripeteia*. Con il giusto tono di voce e la scelta di parole appropriate, perdonò gli Ateniesi e li conquistò – il risultato che aveva desiderato per la sua messinscena.

Che cosa spiega l'uso di un comportamento teatrale da parte dei sovrani ellenistici? Una risposta è fornita da un trattato sulla sovranità attribuito a un certo Diotogene. Il testo fu probabilmente composto nel II secolo d.C., ma le sue idee sul governo monarchico si applicano anche alla sovranità ellenistica. L'autore consiglia al monarca di dissociarsi dalle debolezze umane e di stupire gli spettatori con le sue apparizioni teatrali e la sua posa studiata:

> Il monarca deve distaccarsi dalle debolezze umane e avvicinarsi agli dèi, non tramite l'arroganza, ma tramite la magnanimità e la grandezza della sua virtù, circondandosi da così tanta fiducia e autorità con il suo aspetto, il suo pensiero, la sua ragione, la moralità della sua anima, le opere, il movimento e la postura del corpo, che coloro che lo guardano ne siano travolti e si trovino colmi di pudore e saggezza e di un sentimento di fiducia.

L'autore conclude: «E soprattutto, si dovrebbe ricordare che la sovranità è l'imitazione degli dèi». Indirettamente, egli vede il re come un attore a cui è assegnata sulla terra la parte che in cielo spetta agli dèi: un uomo che imita gli dèi, senza essere un dio. Per ottenere questo, il re deve avere di più che doti morali e intellettuali; la messinscena del suo comportamento richiede un uso attento del linguaggio del corpo. In un altro passo, l'autore sottolinea di nuovo l'importanza degli aspetti esteriori:

> Per quanto riguarda i discorsi pubblici, il buon re deve prestare attenzione ad avere una postura e un aspetto adeguati, formando un'immagine di se stesso politica e seria, così da non apparire alla moltitudine né crudele né spregevole, ma dolce e premuroso. Ci riuscirà se sarà, prima di tutto, maestoso da guardare e da ascoltare e se sembrerà degno del suo potere; in secondo luogo, se sarà garbato nella conversazione, nell'aspetto e nei benefici; in terzo luogo, se sarà temibile nella sua onestà, nelle punizioni e nella rapidità e, in generale, nell'esperienza e nella pratica della sovranità. La maestà, essendo un'imitazione degli dèi, renderà possibile che egli sia ammirato e onorato dalla gente; la gentilezza farà sì che i sudditi siano disposti favorevolmente nei suoi confronti e che lo amino; infine, la severità terrorizzerà i suoi nemici e lo renderà invincibile, ma lo farà apparire magnanimo e sicuro di sé ai suoi amici.

Un aspetto cruciale nell'immagine pubblica di un re ellenistico era la salvaguardia dell'equilibrio tra l'affabilità, necessaria per la popolarità del sovrano, e la distanza, indispensabile perché il suo ruolo di guida fosse rispettato. Distanza e affabilità sono essenziali sia per l'accettazione della leadership militare sia per le relazioni con le città autonome. Comandare un esercito richiede una chiara distanza gerarchica tra re e soldati. Ma un comandante di successo deve farsi vedere durante gli addestramenti e sul campo di battaglia, sollecito ai bisogni dei soldati e disposto a premiarli per la loro lealtà e i loro servizi. La relazione di un re con una città libera era basata su un equilibrio simile tra autorità e amichevolezza, distanza e vicinanza, disuguaglianza e affabilità, tra la richiesta di lealtà da parte del re e la richiesta di autonomia da parte della città. I re dovevano esibire teatralmente un rapporto di uguaglianza per raggiungere il loro obiettivo.

I sovrani avevano molte occasioni per mettere in scena le loro apparizioni pubbliche: l'assemblea in armi, le celebrazioni a corte, le processioni e i ricevimenti cerimoniali nelle città. Di Filippo V si dice che modificò il suo abito per creare l'illusione dell'uguaglianza e dell'affabilità:

> Dopo che ebbe celebrato le gare nemee, tornò ad Argo, togliendosi il diadema e la veste di porpora, desideroso di creare l'impressione di uguaglianza con la folla, di una persona mite, di un amico del popolo. Ma più era popolare l'abito che indossava, più monarchico il potere che possedeva.

L'abito era per Filippo ciò che la maschera era per un attore: un mezzo per creare un'immagine. Polibio descrive un comportamento simile a proposito del re seleucide Antioco IV, che era desideroso di costruire l'immagine pubblica opportuna:

> Molte volte si toglieva l'abito regale e indossava una toga, andando in giro per l'*agora*, partecipando alle elezioni e chiedendo alla gente per chi avrebbe votato, abbracciando alcuni e pregando altri, per essere eletto *agoranomos* [ispettore del mercato] o *demarchos* [capo della città].

Si racconta che per creare l'illusione di essere un re del popolo, si unisse alle persone comuni durante le loro celebrazioni, suonando strumenti musicali. Alla fine delle grandi feste che aveva organizzato a Dafne nel 166 a.C. (vedi p. 195), fu portato al palazzo da alcuni mimi come se fosse uno degli artisti. Qui danzò nudo e recitò con i buffoni. Questa esibita gregarietà non piacque a tutti, e Polibio ironicamente modificò il suo titolo regale di Epifane (illustre) in Epimane (folle); quando l'equilibrio tra distanza e affabilità veniva turbato, un simile comportamento era preso per follia. Ma una messinscena accurata aveva un impatto straordinario. Quando, intorno al 185/184 a.C., due dei figli di Attalo I visitarono Cizico, la città natale della loro madre, Apollonide, fecero in modo, tramite un'accurata pianificazione, che la loro visita ricordasse a tutti i più famosi «figli virtuosi» della storia greca. Secondo una leggenda, quando non c'erano buoi per spingere il carro di Era da Argo al santuario della dea, i suoi figli, Cleobi e Bitone, si sostituirono agli animali. I figli di Attalo misero la madre tra loro e passeggiarono tra i santuari della città tenendola per mano. «Gli spettatori approvarono i giovani e li considerarono degni; ricordando le gesta di Cleobi e Bitone, paragonarono a queste la loro condotta». Questa storia sintetizza efficacemente alcune delle prerogative delle famiglie reali ellenistiche che sono state discusse più sopra: la rappresentazione della dinastia regnante come di una famiglia amorevole, il giusto equilibrio tra affabilità e distanza, l'elevazione della famiglia reale al di sopra dei comuni mortali e il confronto tra i suoi membri e le figure del mito, gli sforzi per ottenere il consenso. Anche negli anni immediatamente precedenti alla sua fine, Cleopatra, l'ultima dei Tolomei, in una cosa continuò a eccellere: nell'incantare gli spettatori attraverso l'elegante insediamento sul trono dei suoi figli (vedi p. 238). Ma, secondo Kafavis:

Gli Alessandrini sapevano ovviamente
ch'erano solo parole da teatro.

6
La città-stato in un mondo di confederazioni e di imperi

La *polis*: declino fisico e longevità ideologica

Cosa provava un turista visitando la più grande città del periodo classico, Atene, due secoli dopo la morte di Pericle? Eraclide, un viaggiatore, registrò le impressioni suscitate su di lui da questa e da altre città intorno alla metà o alla fine del III secolo a.C.:

> La città in sé è tutta arida e non ha un buon rifornimento d'acqua; le strade sono strette e tortuose, dal momento che sono state costruite molto tempo fa. Molte case sono state edificate in modo dozzinale, e sono poche quelle che raggiungono standard più alti; uno straniero avrebbe difficoltà a credere, a prima vista, che questa sia la famosa città di Atene, anche se presto potrebbe arrivare ad abbandonare il suo scetticismo. Lì vedrai, infatti, gli spettacoli più belli che ci siano sulla terra: un teatro grande e imponente, un magnifico tempio di Atena, qualcosa di divino e degno di essere visto, il cosiddetto Partenone, situato sopra il teatro ... Hanno feste di ogni tipo, e filosofi provenienti da ogni parte del mondo ti gettano fumo negli occhi e ti forniscono svago; ci sono molte opportunità per trascorrere il tempo libero e spettacoli senza interruzione. I prodotti della terra sono tutti economici e deliziosi al gusto, anche se un po' scarseggiano. Ma la presenza di stranieri, ai quali i cittadini di Atene sono tutti abituati, e che si adatta alla loro inclinazione, li induce a dimenticarsi del loro stomaco e a rivolgere la loro attenzione a cose piacevoli. Grazie agli spettacoli e agli intrattenimenti presenti in città, la gente comune non ha esperienza della fame, perché è portata a dimenticarsi del cibo; per quanti hanno denaro, invece, non c'è nessuna città paragonabile per i piaceri che offre.

Una città piena di contrasti: tra passato e presente, ricchi e poveri, illusioni e realtà. Nella sua descrizione di Atene e di altre città, Eraclide presenta immagini vivide di un mondo eterogeneo. Edifici imponenti, spettacoli, feste, conferenze, strade sicure e buone infrastrutture sono tra gli aspetti positivi. Nella vicina Beozia, Tanagra è elogiata per l'ospitalità e per l'amore della giustizia della sua gente, e per il fatto che i boschi nelle sue vicinanze sono liberi dai banditi. Se l'autore sottolinea simili elementi, è perché non ci se li poteva aspettare ovunque. In molti luoghi, osserva segnali di declino. Riguardo a Platea, cita i versi sprezzanti del poeta comico contemporaneo Posidippo:

Ha due templi, un portico, e il suo nome ...
Per la maggior parte del tempo è un deserto,
e solo alle feste dell'Eleutheria
diventa una città.

Con nessuna impresa recente di cui essere fiera, Platea poteva puntare solo sulle feste commemorative per la celebrazione dell'ultima vittoria contro i Persiani nella battaglia del 478 a.C. Una storia celebre era ciò che le vecchie città greche avevano in abbondanza. Ad Atene mancava l'acqua, ad Antedone il grano. Un viaggiatore ad Atene poteva trovare numerosi edifici da ammirare – il teatro, il Partenone, il tempio di Zeus Olimpio, ancora incompiuto, le scuole filosofiche nell'Accademia e nel Liceo, il ginnasio di Cinosarge – ma nessuno di questi edifici era stato costruito nel periodo ellenistico. Se Tebe aveva un aspetto più moderno, era solo perché era stata rasa al suolo da Alessandro nel 335 a.C. e ricostruita vent'anni più tardi.

La principale causa del declino era la guerra. Il numero di guerre crebbe dopo Alessandro a causa delle ambizioni dei re, dei conflitti territoriali, delle invasioni barbariche, della pirateria e dell'espansione romana. I risultati erano disastrosi: perdita di uomini, devastazione del territorio e delle sue risorse, debiti pesanti per la comunità e per i singoli cittadini, una forte dipendenza dalle potenze che offrivano protezione. E tuttavia ciò che fa impressione, nonostante tutti i problemi, le lamentele e i segnali di declino, è la vitalità della *polis* come punto di riferimento politico. Quando all'inizio del II secolo a.C. Polibio voleva elogiare le conquiste della lega achea, la paragonò a una città-stato: «In generale, non c'è differenza tra l'intero Peloponneso e una singola città, eccetto che i suoi abitanti non sono inclusi all'interno delle stesse mura cittadine». Tre secoli più tardi, nel 155 d.C., quando l'oratore Elio Aristide compose il suo *Encomio di Roma* in lode dell'impero romano, lo descrisse come una rete di centri urbani e una confederazione di città-stato:

> Quando mai ci sono state così tante città sia nell'entroterra sia sulla costa, o quando sono state così meravigliosamente dotate di ogni cosa? Un uomo del passato ha mai viaggiato attraverso un paese come facciamo noi oggi, contando una città al giorno e talvolta passando, nello stesso giorno, per due o tre città, come se stesse passando attraverso parti di una sola? ... Le città brillano di splendore e di fascino, e tutta la terra è stata resa bella come un giardino.

Per Polibio e per Aristide, il termine di paragone per misurare qualsiasi entità politica era la *polis*, la città-stato. Sin dall'VIII secolo a.C. al più tardi, la *polis* era stata la forma predominante di organizzazione politica nella Grecia antica. Una *polis* era costituita, tipicamente, da un centro urbano (*asty*), di solito con una cittadella fortificata (*acropolis*). L'insediamento principale era circondato da un territorio (*chora*), dove gran parte della popolazione viveva e lavorava. Sull'acropoli o nelle sue vicinanze c'erano altari, santuari e templi, il luogo in cui si riuniva l'assemblea, la piazza del mercato (*agora*), le sedi dei magistrati e altri edifici pubblici. A seconda della sua posizione geografica, una *polis* poteva avere uno o due porti, suddivisioni territoriali, di solito chiamate *demoi*, e insediamenti dipendenti. Alcuni agricoltori in possesso della cittadinanza abitavano nelle campagne ed esercitavano i loro diritti come cittadini nelle comunità rurali sparse nel territorio della *polis*. Ma che i cittadini delle aree rurali partecipassero o meno all'assemblea in città dipendeva da quanto vivevano lontani e da quanto era possibile per loro viaggiare fino al centro urbano e passarvi un po' di tempo.

La città-stato rimase l'unica realtà politica di cui ampie parti della popolazione nel mondo ellenistico e nell'impero romano avevano esperienza diretta. Per gli intellettuali costituiva il principale quadro di pensiero. Per i poeti e i narratori competeva con i paesaggi pastorali idealizzati come ambientazione per le loro creazioni letterarie. Anche se l'elogio di Aristide è esagerato e unilaterale come lo sono tutte le orazioni encomiastiche, su un punto l'autore ha ragione: il numero senza precedenti di città, piccole e grandi, che esistevano nell'impero romano. Nelle province occidentali e in Nord Africa, questo era il risultato della colonizzazione e dell'urbanizzazione su iniziativa dei Romani. Nell'oriente ellenofono – Grecia e isole, Asia Minore e Vicino e Medio oriente – l'urbanizzazione aveva radici molto più antiche che in occidente, e sono necessarie alcune distinzioni. È vero che numerose *poleis* scomparvero dalla Grecia continentale, da alcune isole e dall'Asia Minore nel corso del periodo ellenistico, o per una completa distruzione o per la perdita del loro *status* di comunità autonome. Ma quando vasti territori dalla costa egea fino al moderno Afghanistan furono integrati nella cultura greca, furono fondate così tante nuove *poleis* o furono ristrutturati così tanti insediamenti preesistenti, che se dovessimo applicare criteri puramente quantitativi il periodo da Alessandro ad Adriano sarebbe quello della maggior crescita della *polis* greca e della maggiore diffusione delle sue istituzioni e delle sue caratteristiche architettoniche: assemblee, consigli, magistrati, ginnasi, teatri, piazze del mercato e municipi. Ma criteri puramente quantitativi sarebbero ingannevoli. Il periodo in cui osserviamo un incremento senza precedenti del numero di *poleis* fu, allo stesso tempo, un periodo in cui il potere stava passando dalle *poleis* alle confederazioni e ai regni, e poi all'impero romano.

Che le città fossero in una forma o nell'altra politicamente dipendenti da potenze egemoniche non era una novità. Per buona parte del V e del IV secolo a.C. numerose *poleis* greche furono dominate prima da Atene, poi da Sparta, Tebe e la Macedonia; dal 387 a.C. fino alla spedizione di Alessandro le *poleis* libere dell'Asia Minore erano sotto il controllo del re persiano. L'istituzione delle monarchie ellenistiche portò un nuovo cambiamento qualitativo: molte città, inclusa una potenza egemone tradizionale come Atene, caddero sotto il controllo, diretto o indiretto, dei re per lunghi periodi. L'ascesa di stati federali fece passare il centro del potere dai politici delle città-stato ai politici delle confederazioni. Infine, lo stabilirsi graduale dell'amministrazione provinciale romana determinò un altro cambiamento.

Anche se le città-stato, come comunità di cittadini, restarono il palcoscenico di una palpitante vita politica, il loro impatto sulla grande scena internazionale era limitato – a parte per le guerre che esse spesso provocavano. Le città-stato producevano politici di prima classe, come Arato di Sicione, ma ogni volta in cui questi uomini di stato ebbero un impatto sulla storia fu perché erano attivi al di fuori degli stretti confini delle loro *poleis*, come capi di confederazioni o come consiglieri del re. Le città-stato competevano per gli onori e i meriti nel presente, ma le loro rivendicazioni di privilegi erano basate sulle imprese del passato.

Questi contrasti si spiegano con i profondi cambiamenti della società e delle istituzioni, poiché i confini del mondo in cui le città-stato avevano vissuto fino al IV secolo a.C. si erano allargati.

Un mondo pieno di *poleis*

In nessun altro periodo della storia greca dal tempo della grande colonizzazione dell'VIII-VII secolo a.c. nacquero così tante nuove *poleis* come nei 450 anni che vanno dall'età di Alessandro Magno a quella di Adriano; ma in nessun altro periodo, d'altro canto, così tante *poleis* scomparvero dalle mappe geografiche o perdettero la loro condizione di stati autonomi, generalmente a causa delle guerre. In questo periodo è possibile distinguere alcune fasi.

La prima fase, dal 330 al 220 a.C. circa, cominciò con le conquiste di Alessandro e con la lotta dei successori per stabilire i loro propri regni. Molte nuove *poleis* furono fondate nei territori conquistati da Alessandro e governati dai suoi successori. Si dice che Alessandro da solo abbia fondato più di settanta città, ma questa è sicuramente un'esagerazione. Il numero esatto di queste Alessandrie, le più famose delle quali sono Alessandria d'Egitto e Alessandria Arachosia, l'attuale Kandahar, non può essere determinato. Queste nuove città servirono comunque da modello per i successori. Un'ondata di nuove fondazioni, che fungevano da centri amministrativi e prendevano il nome di un re o di membri delle famiglie reali, cominciò già nei primi anni dopo la sua morte. Piccoli insediamenti furono ridenominati e riorganizzati come *poleis*, acquisirono lo *status* di *polis* anche alcuni centri che avevano già funzioni militari e religiose, città distrutte furono ricostruite e nuove città furono fondate vicino ai villaggi e ai santuari. Per esempio, Therme divenne Tessalonica, dal nome della sorella di Alessandro, moglie di re Cassandro; Cassandro fondò anche Cassandrea nel 316 a.C. sul sito di Potidea, una città che era stata distrutta nel 356 a.C. Anche Tebe deve la sua rifondazione nel 316/315 a.C. a Cassandro. Il piccolo centro di Farnace, sull'Oronte, divenne il tesoro reale di Seleuco I con il nome di Apamea, da sua moglie Apama; Seleuco I fondò altre due capitali per il suo impero, dando loro il proprio nome e quello di suo figlio Antioco: Seleucia sul Tigri e Antiochia sull'Oronte. Demetrio Poliorcete fondò Demetriade in Tessaglia. Tolomeo I fece di Tolemaide Ermia la capitale dell'Alto Egitto, mentre suo figlio fondò due porti sul mar Rosso, a uno dei quali diede il nome di sua moglie Arsinoe e all'altro quello di sua madre, Berenice. Le città importanti nei domini reali svolgevano funzioni amministrative centrali, come residenze reali e come sedi dei governatori provinciali. La loro popolazione veniva organizzata in comunità civiche, ma la presenza di un re, della sua corte, del suo tesoro e del suo esercito le distingueva dalle *poleis* «normali». Anche i governatori dei re fondavano città: Antigono Docimo, governatore sotto Antigono Monoftalmo, fondò Docimio in Frigia alla fine del IV secolo a.C.; Temisone, un cortigiano di Antioco II, fondò Temisonio, anch'essa in Frigia; Nicanore, un ufficiale seleucide, fondò Antiochia Arabica.

Un altro fenomeno significativo in questo periodo è l'assorbimento di comunità più piccole in città più grandi confinanti, o sulla base di un accordo interstatale (*sympoliteia*), o come risultato di guerre e conquiste. Per dare solo pochi esempi: in Asia Minore Mileto assorbì Myous e Tebe, Efeso fece lo stesso con Pigela e Teo con Cirbisso. A causa della promozione di Pergamo a capitale reale, vecchie città nelle sue vicinanze furono inglobate nel suo territorio, perdettero gradualmente importanza e furono abbandonate. Quando una *polis* con il suo territorio era assorbita da un'altra, la sua popolazione di solito acquisiva la cittadinanza e veniva a costituire una sottodivisione civica, ma talvolta era degradata allo *status* di popolazione dipendente. L'insediamento talvolta sopravviveva come fortezza o come area urbana, ma talvolta la popolazione lo abbandonava e si trasferiva in una città più grande.

In questa prima fase la fondazione di nuove città in Asia attrasse un gran numero di coloni; l'impatto di queste nuove fondazioni è paragonabile a quello della creazione di nuove città nel Nuovo Mondo a partire dalla fine del XVII secolo e fino al XIX. Per la «vecchia Grecia» questo significò una considerevole perdita di popolazione. Nei primi decenni di questo processo, e in casi isolati anche più tardi, si trattò, in realtà, di un effetto desiderato. Alle persone che non possedevano terra, così come ai membri delle fazioni sconfitte nei conflitti politici, veniva offerta la possibilità di un nuovo inizio. Questo movimento da ovest a est contribuì anche a uno spostamento dei centri economici e culturali dalla Grecia continentale alle capitali dei nuovi regni e alle città che avevano le relazioni più strette con i nuovi centri del potere, come Rodi ed Efeso. La posizione di una città era adesso determinata da nuovi parametri: il suo rapporto con un re, come fondazione reale, capitale o sede di una guarnigione reale; la sua posizione amministrativa all'interno di un regno; la sua posizione lungo una delle strade che univano i nuovi territori al Mediterraneo; la sua appartenenza a una confederazione.

La seconda fase, dal 220 al 64 a.C. circa, fu dominata da guerre tra città greche e da conflitti che avevano a che fare con l'espansione romana. Molte *poleis* nella Grecia continentale e nelle isole furono distrutte, perdettero la loro indipendenza o furono assorbite all'interno di comunità politiche più grandi. La distruzione di Corinto da parte dei Romani nel 146 a.C. fu considerata una tragedia e ricordata come un atto di insuperata barbarie. Dozzine di piccole città subirono lo stesso destino, più spesso per mano dei vicini greci vincitori che dei soldati romani; alcune si ripresero dalla distruzione, altre furono obliterate. Quando le fonti antiche menzionano la distruzione di settanta siti in Molosside (Epiro) nel 167 a.C., questo numero include senz'altro piccole *poleis*. A Creta, un luogo particolarmente bellicoso, il II secolo a.C. vide la distruzione di almeno otto *poleis*. Quando Creta divenne parte dell'impero romano, solo quindici o sedici insediamenti conservavano lo *status* di *polis*, una piccola porzione rispetto alle oltre cinquanta città-stato che sappiamo essere esistite all'inizio del periodo ellenistico.

A causa delle crisi dinastiche nei regni tolemaico e seleucide, in questa fase osserviamo anche un cambiamento significativo nell'influenza politica di capitali reali come Antiochia e Alessandria. La popolazione di queste città divenne gradualmente un fattore politico importante, esercitando pressione sulla corte, avanzando richieste, organizzando rivolte e addirittura rovesciando re.

A partire dall'inizio del II secolo a.C., si nota l'impatto di Roma in relazione allo *status* legale delle *poleis*. Il senato e i magistrati romani prendevano decisioni sullo *status* – e talvolta sull'esistenza stessa – di una *polis*, il pagamento di tributi, l'assegnazione di una città al regno di un sovrano e l'attribuzione di territori alle città alleate. Per esempio, nel 167 a.C. Delo, fino ad allora una città-stato indipendente, divenne proprietà di Atene, mentre Rodi perdette i territori della Licia e della Caria e il controllo delle città in queste regioni, che gli era stato conferito vent'anni prima.

Ma mentre questo periodo vedeva la diminuzione del numero di *poleis* nella «vecchia Grecia», nuove *poleis* continuavano a essere create in Egitto e in Asia. Per esempio, Boeto, un governatore della Tebaide in Egitto, fondò tre città di carattere militare intorno al 140-130 a.C., Euegetis, Philometoris e Cleopatra. Ma la nascita di nuove *poleis* era adesso solo più raramente il risultato di nuove fondazioni su iniziativa di re e governatori regi; più spesso avveniva attraverso la promozione a *poleis* di preesistenti siti di guarnigioni su iniziativa di magistrati locali. Approfittando della crisi della potenza seleucide in Asia Minore, alcuni stanziamenti rivendicarono lo *status* di *polis*. Tirieo, sul confine tra Frigia e Pisidia, è un buon esempio. La sua popolazione era formata da soldati e indigeni. Dopo la sconfitta di Antioco III e la pace di Apamea del 188 a.C. (vedi p. 180), Tirieo mandò un'ambasceria a Eumene II, al quale questi territori erano stati donati dai Romani, richiedendo che all'insediamento fossero concessi le sue proprie leggi, un consiglio e un ginnasio – in altre parole, che gli fosse attribuito lo *status* di *polis* autogovernata. Un altro insediamento che deve aver acquisito lo *status* di *polis* nello stesso modo è Afrodisia in Caria, più tardi una città fiorente.

La terza fase per la *polis* inizia con il nuovo ordine di Pompeo in oriente nel 64 a.C., ma la parte più importante di questa fase giunge dopo, alla fine delle guerre civili romane. In questa fase, lo *status* di *poleis* greche dipendeva dal senato e dai generali romani, e più tardi dall'imperatore. La colonia di cittadini romani era un nuovo tipo di comunità civile con un impatto significativo sulla società e la cultura greca (vedi pp. 256-258).

Il federalismo ellenistico: grandi attese e grandi fallimenti

L'ascesa della lega achea ed etolica introdusse una nuova forma di potere politico nella storia greca accanto ai regni e alle *poleis*: lo stato federale. Naturalmente, le confederazioni esistevano già prima delle conquiste di Alessandro. Le popolazioni della Grecia centrale e di parti del Peloponneso erano organizzate in confederazioni di vario tipo: i loro membri erano sia città sia comunità più piccole. La denominazione di solito utilizzata per queste confederazioni è *koinon* o *ethnos*. La Tessaglia era suddivisa in vari *koina*, e ulteriori *koina* esistevano in Etolia, Acarnania e Beozia nella Grecia centrale, in Acaia, Arcadia e Messenia nel Peloponneso, e in Asia Minore.

Gli stati federali conobbero il periodo della loro massima fioritura nel III secolo a.C. e all'inizio del II. Furono protagonisti degli eventi politici e militari più importanti, dalla sconfitta dei Galli nel 278 a.C. da parte del *koinon* etolo alla resistenza finale del *koinon* acheo contro l'espansione romana nel 146 a.C. Due fattori contribuirono a rendere gli stati federali organizzazioni politiche influenti: il bisogno delle comunità greche di sviluppare forme di cooperazione militare per difendere meglio se stesse contro le minacce esterne e la pressione esercitata dai re ellenistici, che minacciavano l'autonomia delle libere *poleis*. Poiché gli stati federali avevano territori più ampi, potevano mobilitare eserciti più grandi rispetto alle singole città. I politici più lungimiranti e ambiziosi, come Arato in Acaia, riconoscevano i vantaggi dell'unità, anche se non riuscirono mai a eliminare gli antagonismi e le tradizionali inimicizie che spesso provocavano interventi stranieri e che, in definitiva, portarono alla conquista della Grecia da parte dei Romani.

Nonostante alcune significative differenze locali, gli stati federali ellenistici condividevano alcune caratteristiche. Con pochissime eccezioni, come Creta, godevano di una doppia cittadinanza, così che i singoli cittadini erano cittadini sia dello stato federale sia dello stato membro: per esempio, il nome ufficiale dello storico Polibio era Polibio, figlio di Licorta, acheo, cittadino di Megalopoli. Ogni stato membro percepiva se stesso come una comunità di cittadini indipendente e sovrana, che per determinati scopi cedeva alcuni aspetti della sua sovranità ai magistrati federali. Così, per esempio, in tempo di guerra il comando militare supremo era nelle mani di un generale federale. Altri ambiti in cui gli stati membri cooperavano erano la celebrazione di feste e gare, procedure comuni in certe questioni legali, la risoluzione di dispute territoriali e di altro tipo – attraverso l'arbitrato, il giudizio da parte di una città straniera e il giudizio da parte di giudici stranieri fatti venire appositamente – e l'uso delle stesse unità di peso. Di solito, anche se non sempre, gli stati membri di una confederazione avevano forme costituzionali simili. I singoli membri amministravano i loro affari locali e avevano anche i loro propri territori, i loro magistrati e spesso le loro proprie monete. Alcune confederazioni si espandevano ben al di là dei confini geografici del territorio tribale originario. Il *koinon* etolo aveva membri anche a Creta e in Asia Minore, il *koinon* beota si espandeva oltre i confini della Beozia e il *koinon* acheo riuniva ampie parti del Peloponneso.

Gli stati federali avevano una politica estera comune: in altre parole, combattevano guerre, facevano alleanze con altri stati, concludevano trattati di pace insieme e mobilitavano truppe sotto un comando unificato. Sotto questo punto di vista, somigliano ad alleanze di soci paritari, con una struttura interna coerente e una continuità. Per tutte le questioni di interesse federale i *koina* convocavano un'assemblea federale in sedute ordinarie e straordinarie, mentre l'attività quotidiana era gestita da un consiglio i cui membri erano costituiti da magistrati federali – comandanti militari, un segretario e dei tesorieri. Il *koinon* acheo era governato da un comitato di dieci magistrati esecutivi (*damiourgoi*), un generale (*strategos*), un comandante della cavalleria (*hipparchos*), un segretario (*grammateus*), un comandante della flotta (*nauarchos*), sottostrateghi (*hypostrategoi*) e un tesoriere (*tamias*). Questi magistrati venivano eletti senza alcun tentativo di raggiungere una rappresentanza paritaria degli stati membri. Politici particolarmente fidati potevano essere rieletti – Arato fu rieletto sedici volte e Filopemene otto. Nel *koinon* etolo, i magistrati erano eletti da un'assemblea, nella quale ogni cittadino aveva un voto. Oltre al generale e al comandante della cavalleria, c'erano comandanti per ciascuna delle sette sezioni dell'esercito (*epikletarcheontes*), un segretario e sette tesorieri che amministravano i contributi pagati dagli stati membri proporzionalmente all'entità della loro popolazione.

L'assemblea federale, che era aperta a tutti i cittadini, si riuniva regolarmente in occasione delle grandi feste ed eccezionalmente ogni volta in cui si doveva prendere una decisione importante. L'assemblea di solito si riuniva in un santuario federale o in una delle città principali. L'assemblea achea si incontrava quattro volte durante la «stagione di guerra», a inizio maggio, inizio giugno, fine luglio e fine settembre. In origine si riuniva nel santuario di Zeus Omario vicino a Egio, ma dopo il 189 a.C. le città socie cominciarono a fare a turno a ospitare le riunioni. Ogni città aveva diritto a un voto; durante l'incontro, i cittadini dei diversi stati membri che avevano più di trent'anni e avevano diritto di partecipazione votavano separatamente, per determinare il voto della loro comunità. Il *koinon* etolo si incontrava due volte l'anno e ogni volta in cui se ne presentava la necessità; la riunione per l'elezione dei magistrati aveva luogo in autunno presso il santuario federale di Termo, mentre le altre riunioni si svolgevano a rotazione nelle diverse città. I decreti dell'assemblea etolica erano validi in tutto il territorio dello stato federale; di quando in quando, l'assemblea eleggeva un comitato di «scrittori di leggi» (*nomographoi*), che registravano le nuove leggi e si accertavano che non ci fossero contraddizioni tra leggi nuove e vecchie.

Il consiglio federale (*synhedrion* o *boule*) era un organo importante di uno stato federale. Si riuniva più spesso dell'assemblea, per la quale preparava proposte, riceveva i messaggeri stranieri e collaborava con i magistrati sulle questioni politiche più importanti. Nel consiglio del *koinon* etolo, gli stati membri erano rappresentati in misura proporzionale alla loro popolazione. Nel 167 a.C., il consiglio aveva più di 550 membri, così le questioni quotidiane erano gestite da un comitato più piccolo di trenta consiglieri (*apokletoi*).

Alcuni stati federali svilupparono dei sistemi elaborati per facilitare una mobilitazione efficiente delle truppe, una migliore rappresentanza delle città-membro all'interno degli organi federali e relazioni armoniose tra i membri. Il *koinon* beota era diviso in sette distretti, chiamati *tele*, con all'incirca lo stesso numero di cittadini. Ogni *telos* era anche un'unità militare ed era rappresentato nel consiglio, il comitato dei sette «magistrati dei Beoti» (beotarchi) e altre magistrature. Le quattro città più grandi – Tebe, Orcomeno, Tanagra e Tespie – formavano un distretto ciascuna, mentre le città più piccole erano raggruppate insieme in tre distretti. Un ottavo distretto fu aggiunto quando Opous fu annessa dal *koinon* alla fine del III secolo a.C. In Acaia, il territorio federale era diviso anche in distretti (*synteleiai*), ciascuno dei quali era obbligato a dare un uguale contributo alle forze armate.

Rispetto a questo schema generale potevano esserci delle deviazioni. Una libera confederazione di isole cicladiche, la lega nesiotica, fu creata da Antigono Monoftalmo alla fine del IV secolo a.C. per unire i suoi alleati nel mar Egeo; nella prima metà del III secolo a.C. questa organizzazione passò sotto il controllo dei Tolomei e più tardi di Rodi (188-167 a.C. circa). La lega nesiotica non aveva una doppia cittadinanza e il «capo delle isole» (*nesiarchos*) non era un magistrato eletto annualmente ma un ufficiale tolemaico, che veniva scelto dal re e, insieme all'ammiraglio (*nauarchos*), rappresentava gli interessi tolemaici nell'Egeo. Nelle zone montagnose a sud-ovest di Creta, fu istituita, alla fine del IV secolo, una «lega di montanari» (*koinon ton Oreion*). Era composta solo da quattro o cinque città, che possedevano una cittadinanza congiunta e un territorio comune, concludevano insieme le alleanze, emettevano monete federali e svilupparono un forte senso di identità regionale. Una seconda federazione a Creta, la «lega dei Cretesi», emerse all'inizio del III secolo a.C. Il nome della lega, i «Cretaei» (*Kretaieis*), era una denominazione artificiale che operava una distinzione tra i Cretesi (*Kretes*), termine con cui ci si riferiva agli abitanti dell'isola di Creta e agli uomini di origine cretese che vivevano all'estero, e i Cretaei, gli abitanti delle città che facevano parte del *koinon*. Questa lega era essenzialmente un'alleanza tra due poteri egemonici, Gortina e Cnosso, e spesso si scioglieva a causa dei loro conflitti, per essere poi riportata in vita a opera di re stranieri. Non aveva una cittadinanza federale, dei magistrati e un esercito; i membri erano rappresentati in un consiglio e un'assemblea generale discuteva le questioni di politica estera. Il principale risultato ottenuto dalla lega fu la fissazione di regole per risolvere i conflitti tra gli stati membri, i cittadini delle diverse *poleis* e cittadini cretesi e stranieri.

Fuori dalla Grecia, il concetto di una confederazione di comunità indipendenti è attestato almeno in Licia. Non ci sono prove sicure che sia esistita una lega licia nel periodo del controllo tolemaico nel III secolo a.C., ma è probabile che i Tolomei avessero favorito la creazione di una confederazione per sostenere il loro governo. Una lega esisteva senz'altro nel periodo dell'occupazione rodia in Licia (188-167 a.C.), che si opponeva al controllo rodio. Dopo la liberazione, la lega aveva tutte le caratteristiche di uno stato federale. Era costituita da 23 città governate da un consiglio, con le città maggiori che inviavano tre rappresentanti ciascuna e le città minori che ne inviavano due o uno. I contributi delle comunità alle finanze federali corrispondevano alla loro grandezza. Il consiglio, i cui incontri erano ospitati da diverse città a rotazione, eleggevano il magistrato capo – «il leader dei Lici» (*lykiarches*) – oltre ad altri magistrati e ai giudici di una corte federale. La lega seguiva una politica estera comune: per esempio, firmò un trattato di alleanza con Roma sotto Giulio Cesare nel 46 a.C.

Lo sviluppo di procedure per la risoluzione dei conflitti tra gli stati federali e il perfezionamento di un sistema di rappresentanza proporzionale sono le maggiori conquiste della cultura politica ellenistica. Le confederazioni rompevano le frontiere politiche, geografiche ed etniche di comunità con tradizioni differenti; nel consiglio federale, politici di diverse comunità si confrontavano con in mente interessi condivisi. Ma proprio perché gli stati federali favorivano le identità regionali e spesso perseguivano una politica aggressiva, volta all'annessione delle comunità confinanti, non riuscirono a interrompere la frammentazione politica del mondo greco. Ossessionati dai conflitti contro le città che si opponevano alla loro espansione e contro altri *koina*, cercarono alleati tra coloro che costituivano la più grande minaccia alla loro autonomia: i re e Roma. A partire dalla fine del III secolo a.C., e poi nel II, gli uni e l'altra contribuirono in maniera determinante alle guerre che portarono alla dominazione romana sulla Grecia.

Istituzioni politiche

A prima vista, finché le influenze istituzionali e gli interventi politici romani non divennero evidenti, nel I secolo a.C., poco sembra essere cambiato nella struttura politica e nelle istituzioni della *polis* greca. Queste istituzioni erano simili in tutto il mondo ellenico, dalle colonie della Magna Grecia e dalle città della Grecia e dell'Asia Minore alle colonie militari fondate da Alessandro e dai re ellenistici nel Vicino e Medio oriente. Le comunità della *polis* avevano un'assemblea, di solito designata con il termine *ekklesia*, che si riuniva regolarmente per discutere e approvare le proposte avanzate dal consiglio. Il consiglio, di solito chiamato *boule*, gestiva le attività quotidiane, ma la sua funzione più importante era la discussione preliminare delle proposte avanzate dai magistrati (*probouleusis*), talvolta anche dai cittadini comuni. Il consiglio aveva in genere un comitato esecutivo, che rimaneva in carica per un breve periodo, di solito da un mese a sei. Infine, dei magistrati annuali con potere esecutivo, noti con la denominazione generica di *archai* o *archontes* (coloro che governano), erano responsabili di vari compiti militari, finanziari, religiosi e amministrativi, troppi per poterli elencare qui. Il numero, la designazione, le mansioni e le modalità di nomina di questi magistrati differivano a seconda delle dimensioni della città, delle sue tradizioni e della natura della sua costituzione. Tra i magistrati importanti presenti in molte delle città ellenistiche ci sono quelli militari: gli *strategoi* (generali), che di solito formavano un comitato, e gli *ipparchoi* (comandanti della cavalleria); magistrati finanziari chiamati *tamiai* (tesorieri) e *epi tes dioikeseos* (responsabili delle finanze pubbliche); magistrati che erano «responsabili della città» (*astynomoi*) e «responsabili del mercato» (*agoranomoi*), con compiti di supervisione delle strutture pubbliche – le strade, gli edifici pubblici e la piazza del mercato; il sovrintendente alle attività sportive (*gymnasiarchos*); infine i sacerdoti. Uno dei magistrati era «eponimo»: vale a dire che l'anno in cui esercitava il suo incarico prendeva da lui il nome. In Asia Minore, questa magistratura eponima era spesso detenuta dallo *stephanephoros* (colui che porta la corona); molte città avevano sacerdoti eponimi.

Nelle costituzioni democratiche, l'assemblea si riuniva più spesso che nelle oligarchie – c'erano quaranta incontri regolari ogni anno ad Atene – e più spazio era riservato alle discussioni. In alcune città – per esempio, Iaso in Asia Minore – i cittadini ricevevano un onorario per la partecipazione agli incontri dell'assemblea (*ekklesiastikon*). Nelle democrazie, almeno alcuni dei magistrati erano scelti per sorteggio e non per elezione, il che dava qualche opportunità di esercitare l'attività politica a tutti i cittadini, a prescindere dalle loro proprietà e da altre qualifiche. La cittadinanza dipendeva dalla nascita in una famiglia di cittadini e non dalle proprietà o dal mestiere esercitato. Per contrasto, le oligarchie richiedevano prerequisiti particolari sia per avere la cittadinanza sia per ottenere i vari incarichi pubblici e prendere parte alle attività del consiglio. Alcune magistrature, soprattutto quelle che includevano mansioni finanziarie, richiedevano come prerequisito il possesso di ricchezze sia nelle democrazie sia nelle oligarchie. A Teo, in Asia Minore, solo gli uomini con proprietà del valore stimato di almeno 4 talenti – l'equivalente dei proventi di una vita per un soldato mercenario – avevano il diritto di essere eletti all'incarico di comandante della guarnigione di fronte a Cirbisso. Alcuni sacerdozi erano il privilegio ereditario di famiglie d'élite, anche nelle democrazie. Per risolvere il problema di finanziare il culto religioso in un sistema religioso politeista, alcune città vendevano i sacerdozi di certe divinità a uomini e donne che erano disposti ad accettare l'obbligo di esercitare le funzioni connesse al culto in cambio dei privilegi sacerdotali e dell'esenzione da alcuni obblighi fiscali e di altro tipo.

Si deve essere cauti quando si cerca di descrivere la vita politica nelle città ellenistiche: l'eterogeneità delle loro istituzioni era così grande e i cambiamenti a breve termine – introdotti sotto l'influenza dei re in seguito a guerre civili o all'imposizione di un governo autocratico – così comuni che le osservazioni generali che seguono non sono valide per tutte le *poleis*. Si può tuttavia distinguere una linea generale di sviluppo passibile di variazioni locali. Tra i fattori importanti che determinavano la natura della costituzione c'erano l'esistenza di requisiti di proprietà per poter esercitare l'attività politica, cioè per partecipare all'assemblea e per ricoprire cariche pubbliche, e in alcuni casi anche per ottenere la cittadinanza; la nomina di consiglieri e magistrati tramite elezione, per sorteggio tra i membri dell'intero corpo cittadino o per sorteggio tra cittadini preselezionati; la ratifica di tutte le decisioni politiche da parte dell'assemblea; l'obbligo di rendere conto del proprio operato da parte dei magistrati; infine l'esercizio di un controllo esterno, ad esempio attraverso la presenza di una guarnigione, di un tiranno sostenuto da un re straniero o di un «supervisore» regio all'interno della città.

Atene e altre città per le quali abbiamo un buon numero di documenti, soprattutto Samo, Rodi, Cos, Mileto, Pergamo, Magnesia sul

Meandro e Priene, ci permettono di vedere come questi fattori potessero differire. Ad Atene, per esempio, fu imposto un censo dai Macedoni nel 322 a.C., che escludeva dalla partecipazione politica 12.000 cittadini la cui proprietà valeva meno di 2000 dracme e che riduceva ad appena 9000 i cittadini con i prerequisiti necessari per far parte del consiglio e per occupare gli uffici pubblici, e forse anche per partecipare all'assemblea. Nel 317 a.C. la soglia fu ridotta a 1000 dracme, e nel 307 a.C. fu probabilmente abolita. Regolamentazioni analoghe devono essere esistite nelle città che le nostre fonti descrivono come oligarchiche. Per gran parte della sua storia, dal 322 al 229 a.C., Atene fu sotto il controllo diretto dei re macedoni. Anche se le istituzioni democratiche continuavano a esistere, la guarnigione macedone, i rappresentanti dei re macedoni e i politici locali fedeli ai re garantivano che le decisioni dell'assemblea fossero conformi alla volontà dei sovrani.

La democrazia radicale che era esistita ad Atene nel V secolo a.C. e che era stata imposta dagli Ateniesi ai loro alleati subì significative modifiche nel corso del IV secolo a.C. sia ad Atene sia nel resto del mondo greco. Uno dei cambiamenti fondamentali fu che furono conferiti maggiori potere esecutivo e influenza ai magistrati, i quali erano ora quasi sempre eletti e non scelti per estrazione. Anche il significato del termine *demokratia* era cambiato. Intorno alla metà del II secolo a.C. Polibio definì la costituzione della lega achea come una democrazia: «Non troverai da nessuna parte una costituzione e un ideale di uguaglianza, libertà di parola e, in breve, di vera democrazia più perfetti che tra gli Achei». E tuttavia nella lega achea una piccola minoranza di ricchi proprietari terrieri deteneva il monopolio del potere politico; inoltre, l'elogio della «vera democrazia» da parte di Polibio presuppone l'esistenza di «false democrazie». Mentre un vago concetto di *demokratia* era idealizzato, allo stesso tempo il significato istituzionale concreto del termine variava da città a città e da periodo a periodo. «Rispettare la democrazia» divenne uno slogan che ammetteva numerose interpretazioni. Il significato di *demokratia* passò gradualmente da «governo del *demos*» – governo dei cittadini a prescindere da ricchezza e origini – a «sovranità del *demos*» – sovranità del corpo cittadino in primo luogo in opposizione agli interventi esterni. Questo cambiamento semantico permetteva anche alle città in cui molti cittadini erano esclusi dagli uffici pubblici e dalla partecipazione alla vita politica di essere designate come *demokratiai*.

Questo non significa che i vecchi conflitti tra i «democratici» e i sostenitori dell'oligarchia e dell'aristocrazia fossero stati dimenticati.

Continuarono a essere emanate leggi che impedivano l'imposizione di regimi oligarchici; le città continuavano a festeggiare la restaurazione della democrazia quando le guarnigioni straniere se ne andavano o quando venivano meno i regimi autoritari; le guerre civili tra i sostenitori e gli oppositori della democrazia non erano rare.

Quali conclusioni potrà trarre uno storico del futuro dai biglietti della New Jersey Transit? Questi informano i passeggeri che essi hanno diritto a un posto a prescindere dalla razza, dal colore della pelle, dal genere, dalla nazione di origine o dalla fede religiosa. Un futuro storico noterà che condannando la discriminazione questo testo non fa altro che riconoscerne l'esistenza. Razza, colore, genere, origine nazionale e fede religiosa possono essere irrilevanti per viaggiare sui treni della New Jersey Transit, ma cinquant'anni dopo il *Civil Right Act* del 1964 contano ancora in molti e ben più importanti aspetti della società americana. Uno storico antico deve affrontare problemi simili quando cerca di individuare le contraddizioni tra apparenza e realtà. E questo è vero anche per lo studio della «democrazia» nelle città ellenistiche, perché le più grandi limitazioni della democrazia non erano imposte dalle istituzioni, ma basate su dati di fatto: poche famiglie ricche avevano il monopolio del potere e assicuravano che gli incarichi politici più importanti passassero da una generazione alla successiva. Anche se le città greche continuavano ad apprezzare l'ideale della sovranità del popolo, per le città in cui le fonti ci danno informazioni sulla realtà della vita politica la democrazia sembra essere stata solo un'illusione.

Illusioni di democrazia e realtà di plutocrazia

Le famiglie d'élite, con denaro, conoscenze e prestigio basati sulla tradizione, sono sempre state una caratteristica preminente della vita politica greca, anche nella democrazia radicale dell'Atene classica. Queste continuarono a essere influenti per tutto il IV e il III secolo a.C., ma a partire dalla fine del III secolo e molto più chiaramente dalla metà del II in poi, ci fu una tendenza alla monopolizzazione del potere da parte dei membri di poche famiglie e al passaggio di importanti incarichi politici da una generazione alla successiva. Le radici di questo processo devono essere cercate nella dipendenza delle finanze pubbliche da finanziatori privati: cioè, nel ruolo svolto dai benefattori. Fornendo il denaro per le funzioni pubbliche, attraverso donazioni, prestiti o contributi a sottoscrizioni, costoro promuovevano la loro immagine e ottenevano l'approvazione della leadership politica delle loro famiglie (vedi pp. 330-334).

Una serie di domande può aiutarci a stabilire il livello di democrazia in varie città ellenistiche e l'estensione del monopolio del potere da parte delle famiglie ricche. Chi erano coloro che venivano eletti agli uffici pubblici, e quanto spesso? Quanti incarichi pubblici accumulavano? L'attività politica è attestata anche per i loro avi, per i membri della loro famiglia e per i loro discendenti? La partecipazione da parte dei cittadini meno abbienti alle sedute dell'assemblea veniva incoraggiata attraverso il pagamento di un onorario? All'assemblea venivano presentate proposte di uomini diversi dai magistrati? Le iscrizioni onorifiche che forniscono qualche informazione biografica su un uomo in vista, e anche dati sui suoi antenati, costituiscono delle testimonianze importanti. Per esempio, a Cos un certo Diocle, vissuto intorno al 200 a.C., era nato in una famiglia illustre. Suo nonno Protagora era stato un medico importante; suo padre, Leodamante, aveva occupato l'incarico civile più alto, quello di *monarchos*, nel *deme* di Alasarna. Da giovane Diocle si era conquistato la fama vincendo nelle grandi competizioni atletiche locali del 217 a.C. Nel 206 a.C. era stato sacerdote di Dioniso. Quando la sua città subì gli attacchi dei predoni cretesi nel 201 a.C., egli propose in assemblea una sottoscrizione per raccogliere i fondi utili alla difesa di Cos. Con un contributo di 7000 dracme – una somma per la quale un soldato mercenario avrebbe dovuto lavorare per più di vent'anni – Diocle fu anche il maggiore donatore. I decreti onorifici che elogiano le sue imprese durante la guerra non mancano di menzionare la tradizione della sua famiglia nel servizio pubblico. «Comportandosi in modo conforme alla virtù che gli era stata trasmessa dagli antenati», Diocle mostrò capacità di comando e di pensiero tattico; mise al sicuro la fortezza del suo *deme*, reclutò, organizzò e guidò i suoi difensori; portò le armi, sovrintese alla costruzione delle fortificazioni, procurò i fondi necessari e prestò denaro ogni volta che fu necessario.

Un altro esempio dell'influenza esercitata da una famiglia importante viene da Atene, una città la cui vita politica alla fine del III secolo a.C. era dominata da due fratelli: Euriclide e Micione. Euriclide prestò servizio come generale di fanteria e amministratore del tesoro militare, utilizzando molto del suo denaro personale durante l'incarico. Come organizzatore di gare spese l'enorme somma di sette talenti; quando la terra era arida e incolta a causa delle guerre, procurò il denaro necessario alla coltivazione. Nel 229 a.C. «restituì la libertà alla città insieme a suo fratello Micione», procurando il denaro necessario a pagare la guarnigione macedone e a «convincerla» a ritirarsi da Atene. «Fortificò i porti e riparò le mura della città e del Pireo, insieme a suo fratello Micione»; fece alleanze con altre città greche, si assicurò che i prestiti fossero ripagati ad Atene, propose nuove leggi, organizzò spettacoli in onore degli dèi, introdusse una competizione atletica di uomini in armi per commemorare la restaurazione della libertà e si distinse nell'attività edilizia. Euriclide non solo lavorò a stretto contatto con suo fratello, ma iniziò anche suo figlio alla vita politica. Dopo aver prestato servizio per un anno come amministratore del tesoro militare, una magistratura per la quale era richiesto il possesso di ricchezze, continuò a svolgere questa mansione per un secondo anno «attraverso suo figlio», anche lui chiamato Micione, che fu così introdotto all'attività politica. Una delle liturgie più onerose e prestigiose era la *agonothesia*, la responsabilità finanziaria per l'organizzazione di una gara. Euriclide «rese di nuovo disponibile suo figlio per questo incarico». Sappiamo che Micione, che imparò le sue mansioni sotto la guida del padre, fu più tardi *agonothetes*, membro della commissione per l'acquisto del grano e benefattore. Non si tratta di un caso isolato. Elicone, un comandante della guardia a Priene, fu assistito da suo figlio per tutta la durata del suo incarico alla fine del III secolo a.C. Talvolta gli onori elargiti a un cittadino importante venivano ereditati dai suoi discendenti. Gli Ateniesi decretarono, per esempio, che Filippide, poeta comico, uomo di stato e benefattore all'inizio del III secolo a.C., dovesse ricevere per tutta la vita pasti gratuiti con il comitato esecutivo del consiglio e un posto d'onore in tutte le gare organizzate dalla città. Non solo Filippide fu elevato al di sopra dei cittadini comuni e associato agli uomini più importanti, ma questi onori furono riservati anche ai suoi discendenti più anziani, perpetuando così la posizione preminente della famiglia del benefattore.

Queste tendenze possono essere osservate anche alla periferia del mondo ellenistico. Protogene fu uno degli uomini più ricchi di Olbia, sulla costa settentrionale del mar Nero, alla fine del III secolo a.C. Fu eletto all'incarico dei «Nove» (probabilmente tesorieri), fu ambasciatore presso il re scita e fu responsabile delle finanze pubbliche, svolgendo questo incarico per tre anni. Il decreto in suo onore inizia con un riferimento a suo padre, che aveva «reso molti e grandi servizi alla città in termini sia di donazione di denaro sia di gestione degli affari pubblici», sottolineando così l'importanza delle tradizioni familiari e dei doveri ereditati. Il passo dallo *status* ereditato, dalla ricchezza ereditata, dal potere ereditato e dalla gratitudine ereditata all'istituzionalizzazione di una classe di cittadini privilegiati era breve. Questo passo fu compiuto quando le città greche entrarono a far parte dell'impero romano (vedi pp. 291-295).

Anche se le istituzioni democratiche continuarono a esistere nelle città ellenistiche, la vita politica maturò progressivamente caratteristiche oligarchiche e aristocratiche: magistrature e attività politica divennero gradualmente il privilegio esclusivo di un piccolo numero di famiglie ricche, come nei regimi oligarchici; e questo privilegio veniva ereditato all'interno di queste famiglie, come nelle aristocrazie ereditarie. Spesso troviamo l'accumulo di magistrature e di funzioni politiche, l'iterazione di un incarico, l'occupazione degli incarichi da parte dei membri delle stesse famiglie e la monopolizzazione dell'iniziativa militare da parte di una piccola élite. Il *demos* accettava la supremazia dell'élite in cambio dei servizi che essa forniva attraverso gli atti di beneficenza. Questa relazione di reciprocità fu osservata dal geografo Strabone nella Rodi del I secolo a.C.:

> I Rodiesi hanno a cuore il *demos*, anche se non vivono in una democrazia. Cercano nondimeno di mantenere in buone condizioni la massa dei poveri. E così alla gente comune viene fornito il cibo, e i ricchi aiutano i bisognosi, secondo una tradizione antica. Per l'approvvigionamento di cibo hanno un sistema di liturgie [servizi obbligatori da rendere alla comunità, imposti alle classi dominanti], con il doppio risultato che i poveri ricevono i mezzi di sussistenza e che alla città non mancano le risorse umane, specialmente da impiegare nella flotta.

Questo non significa che la leadership e l'influenza politica dell'élite fossero indiscusse o che fossero le stesse in ogni luogo e per tutto il periodo preso in esame. Inoltre, la natura della posizione politica preminente dei benefattori cambiò gradualmente dal III al II secolo a.C. Nelle prime fasi di questo sviluppo, i membri delle famiglie d'élite miravano a occupare il primo posto tra i loro concittadini; tuttavia, a partire dalla metà del II secolo a.C. in poi, quando le spese pubbliche di una città erano finanziate principalmente dai benefattori, i membri di questa élite non erano più considerati dei *primi inter pares*, rispettati per il loro patriottismo, ma costituivano un gruppo chiuso che si poneva chiaramente al di sopra del resto del corpo cittadino. Questo sviluppo interno coincideva con l'espansione di un controllo romano diretto, prima in

Grecia e poi in Asia Minore. I capi politici romani, cresciuti in un sistema aristocratico di governo, trovarono i loro naturali alleati nelle città greche tra i sostenitori dell'oligarchia, favorevoli a riforme secondo le quali gli incarichi politici e la partecipazione al consiglio dovevano essere ristretti solo a quanti soddisfacevano i criteri di proprietà. Dopo la loro conquista della Grecia nel 146 a.C., i Romani imposero costituzioni oligarchiche secondo le quali la partecipazione politica e l'elezione agli incarichi dipendevano da requisiti di proprietà (*apo timematon*). Così la leadership di fatto di un'élite era anche connessa in misura crescente con requisiti legali e titoli di censo. Questo processo giunse a compimento nel periodo imperiale.

I cittadini che non appartenevano al circolo delle famiglie d'élite avevano possibilità limitate, se ne avevano, di esercitare i poteri esecutivi o di preparare e presentare proposte al consiglio, dando così inizio alla procedura legislativa. Ma essi trovavano il modo per influenzare la vita politica. In primo luogo, i vari gruppi di cittadini potevano rendere chiara la loro volontà tramite le acclamazioni, gridando a gran voce e in modo ritmico durante gli incontri ufficiali dell'assemblea o durante gli incontri informali, di solito in teatro, ogni volta in cui accadeva un evento importante. In secondo luogo, quando delle questioni importanti – ad esempio alleanze, dichiarazioni di guerra o conclusione di trattati di pace, cambiamenti istituzionali, finanze pubbliche e debiti privati – dividevano profondamente una comunità, folle di cittadini si impegnavano attivamente in episodi di violenza che talvolta degeneravano in vere e proprie guerre civili. In terzo luogo – e cosa più importante – l'élite non era mai un gruppo completamente omogeneo. Individui e famiglie erano in competizione tra loro per il potere e seguivano programmi differenti. In questa competizione, essi si contendevano l'appoggio dei cittadini per l'elezione alle magistrature e per il successo delle loro proposte nell'assemblea. Questo appoggio poteva passare da un politico all'altro, a seconda della volontà dei cittadini. L'ascesa e il declino dei politici, definiti, nelle nostre fonti, demagoghi o tiranni (vedi p. 150), non è altro che il risultato di questo appoggio altalenante.

I politici in lizza tra loro dovevano portare dalla loro parte ampie fasce di cittadini. Questo richiedeva strategie di persuasione che andavano oltre le semplici abilità retoriche. Dovevano conservare l'illusione della guida del popolo e allo stesso tempo o esercitare un potere politico personale come capi autocratici o mantenere posizioni privilegiate come membri di un'oligarchia quasi ereditaria. Una simile discrepanza tra il principio di uguaglianza e il governo effettivo dell'élite non è ignota come problema strutturale nelle democrazie di massa di oggi. Come il filosofo greco contemporaneo Panajotis Kondylis ha osservato, la asimmetria tra realtà e attese può essere osservata nel modo in cui l'élite presenta se stessa alla «persona ordinaria»:

> Il populismo deve soddisfare continuamente anche dei bisogni psicologici, creando dei surrogati dell'uguaglianza dove l'uguaglianza praticamente non esiste. Un esempio di un simile surrogato è il forte azzeramento dei confini tra privato e pubblico, così che la «gente ordinaria», ma anche i «cittadini maturi», possano essere convinti, sulla base di ciò che viene detto loro dai mass media, che questo o quel membro dell'élite si comporta in generale in modo «umano» ed è, in generale, «uno di noi». Il populismo intrinseco alla democrazia di massa fa sì che il dovere principale dei membri dell'élite sia quello di mostrare in ogni occasione quanto essi siano vicini alla gente comune.

I politici ellenistici affrontavano il problema creato dalla discrasia tra aspettative e realtà adottando comportamenti scenici e teatrali nella loro interazione con i cittadini: testi composti con grande attenzione, abiti particolari, linguaggio del corpo, espressioni facciali e controllo della voce. Le statue dei politici mostrano uomini avvolti in mantelli ordinari, evitando l'ostentazione di lusso; le braccia ferme evocano autocontrollo e riservatezza; quando sono libere dal drappeggio del mantello e tese in avanti, indicano energia e tensione (vedi Figura 10). I ritratti coevi condensano nella loro espressione facciale il vigore e l'energia con cui il buon cittadino eseguiva gli impegnativi compiti civici che gli erano assegnati (vedi Figura 11). Queste immagini fanno venire in mente il consiglio dato da Quintiliano agli oratori: essi dovrebbero palesare la loro stanchezza lasciando cadere le loro vesti in un disordine incurante e allentando la toga, sudando copiosamente e mostrando segni di fatica, indicando così che non hanno risparmiato alcuna forza per l'interesse dei loro clienti. La somiglianza con un resoconto della campagna di George Bush Senior a Houston nel 1964 è impressionante: «Più e più volte, su ogni schermo televisivo a Houston, si vide George Bush con il suo cappotto appoggiato sulle spalle, le maniche tirate su, mentre camminava per le strade del suo distretto, sorridendo, stringendo le mani, facendo sapere ai suoi elettori quanto ci tenesse. A che cosa non fu mai chiaro». In età ellenistica l'oratoria politica era diven-

10. Statua di un politico ellenistico.   11. Ritratto di un politico ellenistico.

tata una rappresentazione scenica attentamente preparata, attraverso la quale gli uomini di stato controllavano le emozioni dell'assemblea. Prendendo lezione dagli attori, gli oratori politici avevano appreso l'uso corretto del linguaggio del corpo. Quando l'autore della *Rhetorica ad Herennium*, in parte basata su modelli ellenistici, osserva che «una buona presentazione assicura che ciò che l'autore sta dicendo sembri provenire dal suo cuore», l'enfasi è sull'apparenza (*videatur*), sulla creazione di un'illusione.

Uno dei modi più efficaci per rafforzare il potere dell'élite e renderlo accettabile era quello di mantenere visibili i loro servizi e benefici. Con contributi volontari, essi mostravano la loro disponibilità a spendere parte della loro proprietà privata per la comunità. Ma questa disponibilità si combinava con l'attesa che la comunità accettasse la loro leadership. L'élite ricorreva continuamente a un comportamento teatrale per tenere sotto controllo le emozioni e i pensieri del popolo, per creare l'illusione di non essere poi così lontana dai cittadini comuni. Già alla fine del IV secolo a.C. Demetrio Falereo si prendeva grande cura del proprio aspetto fisico per apparire gioioso e affabile; alcuni secoli più tardi le raffigurazioni dei cittadini virtuosi li mostrano con espressioni facciali che indicano la loro spossatezza dopo gli impegnativi sforzi per il bene pubblico. Vengono in mente le parole di *Chicago* di Fred Ebb:

> Mostragli un po' del vecchio sano entusiasmo
> dagli un numero brillante e divertente
> e otterrai una risposta straordinaria
> [...]
> mostragli un po' del vecchio sano entusiasmo
> e faranno di te una star.

Lo *star system* ellenistico: demagoghi, tiranni, dinasti ed eroi

La vita politica ellenistica, almeno la vita politica che era bella abbastanza da lasciare tracce nelle fonti scritte, era dominata dalle star. Le conquiste di Alessandro avevano chiarito che anche ciò che sembrava impossibile poteva essere ottenuto tramite il perseguimento appassionato di un obiettivo (*pothos*), l'emulazione zelante degli uomini gloriosi del passato (*zelos*) e, naturalmente, la fortuna (*tyche*). Il potere familiare ereditato non era una qualità trascurabile, ma se ne poteva fare a meno.

Il potere personale non doveva essere esteso come quello di uno dei successori; poteva essere limitato a una città o a una regione. Prendiamo in considerazione alcuni esempi di uomini che ascesero al potere grazie alle loro qualità militari. Alla fine del IV secolo a.C. Agatocle (vedi pp. 51-52) divenne per un breve periodo re di Sicilia a partire da un incarico pubblico. Nel 319 a.C., l'ufficiale macedone Alceta cercò rifugio a Termesso, in Pisidia, e, grazie alla sue abilità militari, raggiunse una straordinaria posizione di comando. Reclutò dei giovani, organizzò razzie e divenne famoso per la sua generosa distribuzione del bottino. Fu solo il comportamento sleale dei «vecchi uomini», che cercarono di catturare Alceta per consegnarlo ad Antigono Monoftalmo, a indurlo a commettere il suicidio. Se fosse sopravvissuto, sarebbe diventato uno di quegli uomini potenti che controllavano le città e che le nostre fonti talora chiamano «tiranni». Un certo Timarco, tiranno di Mileto intorno al 260 a.C., era stato probabilmente un comandante di mercenari o un soldato di alto rango che ascese al potere autocratico sfruttando la sua esperienza bellica. Un altro modo per ottenere un potere autocratico di piccola scala era attraverso il sostegno del re. Per esempio, dal 317 al 307 a.C. l'oratore e filosofo Demetrio Falereo governò Atene come tiranno con l'appoggio di Cassandro. Telmesso in Licia fu governata dal 250 a.C. circa e per circa un secolo da dinasti imparentati con Tolomeo I d'Egitto.

Dal periodo arcaico in poi, la tirannide fiorì nelle città sotto due condizioni: controllo esterno e guerra civile. Sicione fu per decenni dominata sia dalla guerra civile sia dai tiranni:

> La città di Sicione ... divenne vittima della guerra civile e dell'ambizione dei demagoghi, cadendo in uno stato permanente di agitazione e disordine, passando da un tiranno all'altro, finché, dopo l'uccisione di Cleone, Timoclide e Clinia furono eletti magistrati, uomini della più alta reputazione con la più grande influenza tra i cittadini. Ma non appena il governo sembrò essersi in qualche modo stabilizzato, ecco che Timoclide morì e Abantida, figlio di Pasea, uccise Clinia nel tentativo di imporsi come tiranno. Degli amici e dei parenti di Clinia, alcuni li mandò in esilio, altri li uccise.

Le uccisioni e la successione dei tiranni proseguirono finché il figlio di Clinia, Arato, non vi pose fine tornando dall'esilio. Dall'esilio tornarono anche 500 cittadini, rivendicando le proprietà che il regime precedente aveva confiscato e distribuito tra i suoi seguaci. Le tirannidi nel Peloponneso al tempo di Arato venivano imposte e rovesciate in seguito ai conflitti tra i membri dell'élite. Il vago riferimento ai demagoghi indica che i tiranni cercavano e ottenevano il sostegno dei cittadini, oltre a quello dei mercenari. Sembra verosimile che essi ottenessero l'appoggio di alcuni cittadini tramite la promessa di terre che sarebbero state confiscate ai loro oppositori.

Alcuni politici dovevano il loro predominio politico ai consigli che davano, alle loro competenze militari e al loro coraggio. Combattevano contro tiranni e nemici stranieri, impedivano che le loro comunità si schierassero dalla parte sbagliata negli scontri militari e svolgevano il ruolo di ambasciatori. Quando morivano eroicamente in battaglia, il loro esempio ispirava le generazioni successive. Eugnoto, comandante della cavalleria beota, è un buon esempio. Rendendosi conto che la battaglia contro Demetrio Poliorcete a Onchesto nel 294 a.C. era perduta, si suicidò sul campo di battaglia. La sua statua, vicino all'altare di Zeus nella piazza del mercato, commemorava la sua morte eroica e incitava i giovani: «Così diventate guerrieri nella gloria, così diventate eroi, difendendo la città dei vostri padri». La statua di Eugnoto e l'iscrizione divennero un esempio per i giovani. Per generazioni dopo la sua morte, la base della sua statua fu utilizzata per incidere i nomi delle reclute che probabilmente pronunciavano i loro giuramenti proprio di fronte all'altare di Zeus e alla statua di Eugnoto.

Di solito gli uomini venivano posti al di sopra dei loro concittadini, durante la loro vita, per la loro indiscussa leadership come comandanti e consiglieri. Un buon esempio è costituito da Licurgo di Atene, durante il regno di Alessandro. Rampollo di una delle famiglie più prestigiose di Atene, uomo ricco e oratore di spicco, occupò ripetutamente l'incarico di responsabile dell'amministrazione finanziaria ed eccelse come proponente di decreti. Mise in ordine le finanze della città, promosse un intenso programma di costruzione e riformò le istituzioni ateniesi. Grazie alla sua leadership, un intero periodo della storia ateniese è chiamato «l'Atene di Licurgo». Arato e Filopemene furono i capi politici e militari della lega achea per decenni. Euriclide e Micione fecero lo stesso ad Atene alla fine del III secolo a.C. (vedi pp. 143-144) e all'inizio del I secolo a.C. Diodoro Pasparo fu la personalità più importante a Pergamo negli anni successivi alla fine della monarchia attalide.

A seguito di matrimoni e migrazioni, l'influenza di una famiglia ricca poteva estendersi su più di una città e coprire varie generazioni. Un certo Cheremone a Nisa fu uno dei ricchi Greci che si schierarono dalla parte dei Romani durante la guerra mitridatica nell'88 a.C. Suo figlio Pitodoro si trasferì a Tralle e, con il suo enorme patrimonio, divenne uno dei suoi principali cittadini. Sua figlia Pitodoride si sposò con un esponente di un'altra ricca famiglia a Laodicea e divenne regina del Ponto nel 14 a.C. (vedi p. 308) e intorno al 25 a.C. un altro membro della famiglia, Cheremone, andò in senato a Roma e dall'imperatore per chiedere aiuto per la ricostruzione di Tralle dopo un terremoto devastante. Membri della famiglia fecero parte delle élite di Tralle e Nisa fino al II secolo d.C. Dopo la loro morte, questi uomini erano spesso innalzati al di sopra della condizione delle persone comuni: in loro onore venivano celebrati sacrifici annuali; ai ginnasi veniva dato il loro nome; se ne manteneva in vita la memoria.

Gli anni turbolenti del I secolo a.C. vedono l'ascesa di un nuovo tipo di capo politico: l'uomo ambizioso, spesso colto e con grandi doti retoriche, che saliva al potere alleandosi con un comandante romano (vedi pp. 310-311). Un esempio è Nicia di Cos, un uomo, a quanto pare, di umili origini. Si racconta che una della sue pecore diede alla luce un leone, predicendo così il suo futuro dominio. Il supporto di Marco Antonio gli permise di stabilire un governo quasi monarchico a Cos. Il suo ritratto compariva sulle monete della sua città e dozzine di altari furono eretti nelle case private in risposta a un appello – o a un ordine – che invitava a pregare per la sua salute. Le dediche iscritte sono rivolte «agli dèi ancestrali per la salvezza di Nicia, il figlio del popolo, amante della sua madrepatria, un eroe, un benefattore della città». La designazione di «eroe» rivela che egli era già stato elevato oltre il rango dei mortali. Ma dopo la sconfitta di Antonio, la sua tomba fu profanata e il suo corpo mutilato.

In molti casi, le capacità retoriche e la demagogia si rivelavano qualità importanti per un «tiranno». Atenione ad Atene aveva acquisito le sue ricchezze grazie all'attività di maestro di retorica; come demagogo e sostenitore di re Mitridate VI ad Atene, stabilì un governo che viene descritto come «tirannide», anche se era dissimulato dietro la maschera di un pubblico ufficio (vedi p. 219). Un altro uomo di lettere che supportò Mitridate e detenne il potere politico nella sua città, Adramittio, è il filosofo Diodoro, che, nelle vesti di generale, ordinò il massacro dell'intero consiglio.

L'importanza delle strategie di persuasione spiega perché troviamo un numero significativo di filosofi e maestri di oratoria – come Eutidemo e Ibrea di Milasa (vedi p. 307) – tra gli uomini potenti delle città ellenistiche. In un momento indefinito a Tarso il filosofo epicureo Lisia, che era stato eletto sacerdote di Eracle e a cui era stato affidato l'incarico pubblico di «portatore di corona», rifiutò di restituire la sua corona alla fine del suo mandato annuale e «divenne un re con il suo abbigliamento, indossando una tunica color porpora con strisce bianche, uno splendido mantello, scarpe bianche della Laconia e una corona d'oro». L'abito fa il monaco; una corona d'oro fa il re. Ma che cosa fece di Lisia un sovrano autocratico? Non abbiamo altre informazioni, ma la formazione filosofica del dinasta e, legate a questa, le sue competenze retoriche suggeriscono che abbiamo a che fare con un demagogo che deve aver sfruttato le tensioni sociali per stabilire il proprio dominio. Come sacerdote di Eracle, il dio patrono del ginnasio, può essere stato connesso all'educazione degli efebi, e il suo abbigliamento somiglia da vicino a quello del sovrintendente del ginnasio. È possibile che abbia avuto il supporto dei giovani, spesso un fattore importante nelle guerre civili.

Lunghe iscrizioni biografiche narrano le imprese di generali eroici, saggi consiglieri, benefattori generosi e coraggiosi ambasciatori inviati a Roma. Le statue onorifiche di questi protagonisti decoravano in un numero senza precedenti gli spazi pubblici della città. Ma con il fermo consolidamento del potere imperiale sotto Augusto, un solo protagonista fu tollerato nell'impero: l'imperatore.

7
L'intreccio

L'avvento di Roma
(221-188 a.C.)

Symploke: la nascita della storia globale

Nel 221 a.C., l'anno in cui nuovi re salirono al potere sia nel regno antigonide sia in quello tolemaico, un evento in un luogo molto distante sfuggì di certo all'attenzione di tutti i politici del mondo greco. In Spagna, uno schiavo iberico uccise il comandante cartaginese Asdrubale e un suo parente di ventisei anni gli succedette come comandante in capo nella regione: Annibale, il figlio di Amilcare Barca. Il padre di Annibale aveva guidato l'esercito cartaginese durante la prima guerra punica, che si era conclusa con la vittoria romana nel 241 a.C. Annibale era un nemico giurato di Roma sin dall'infanzia; da ragazzo, aveva visto i tentativi di suo padre di rivitalizzare la potenza cartaginese in Spagna (237-229 a.C.). Ora gli veniva data l'opportunità di portare avanti quest'opera. Le sue operazioni militari in Spagna dal 221 al 219 a.C. furono il preambolo che condusse all'invasione dell'Italia, alla seconda guerra punica e a un'alleanza con la Macedonia nel 215 a.C.

«Può il batter d'ali di una farfalla in Brasile provocare un tornado in Texas?» fu il titolo suggerito a Edward Lorenz, il matematico pioniere della teoria del caos, per la sua conferenza al 139° meeting dell'*American Association for the Advancement of Science* nel 1972. «Può uno schiavo in Spagna aver provocato, in ultima analisi, la conquista della Grecia da parte dei Romani?» È futile cercare effetti farfalla nella storia. Ma il grado di interdipendenza degli eventi nelle diverse aree geografiche è intrinsecamente connesso alle caratteristiche fondamentali di un periodo storico. Non è una coincidenza che una simile interdipendenza sia stata osservata per la prima volta da uno storico in connessione con una serie di eventi accaduti intorno al 220 a.C. Lo storico era Polibio, la sua osservazione riguarda l'interdipendenza di eventi storici nell'intero Mediterraneo dal 220 a.C. in poi e il termine coniato per indicare questo fenomeno è *symploke*, intreccio.

Nel primo libro delle sue *Storie* Polibio spiega perché decise di cominciare la sua narrazione degli eventi con il 220 a.C.:

> Prima di questi eventi [cioè dell'inizio della seconda guerra punica] le vicende delle varie parti del mondo erano, per così dire, separate le une dalle altre, poiché i fatti erano fra loro indipendenti quanto ai progetti, alle conseguenze, ai luoghi di svolgimento. Dopo questi avvenimenti, invece, la storia diventa quasi un tutt'uno, le vicende dell'Italia e dell'Africa settentrionale si intrecciano con quelle dell'Asia e della Grecia, e i fatti sembrano tutti volgere verso un unico fine.

In Grecia, Asia Minore, Vicino oriente ed Egitto, gli intrecci regionali erano stati un fenomeno costante sin dalle guerre dei successori. I conflitti più importanti, come la guerra cremonidea (vedi pp. 68-70) e la guerra di Laodice (vedi pp. 81-83), avevano coinvolto tutte le potenze, piccole e grandi. Ma Polibio aveva ragione nel riconoscere l'inizio di un periodo di intrecci di eventi politici e militari senza precedenti, iniziato intorno al 220 a.C.

«La donna, il fuoco e il mare»: la guerra che portò i Romani nei Balcani (229 a.C.)

Gli storici antichi che narrarono l'inizio dell'espansione romana in oriente non ebbero difficoltà a identificare il colpevole: *cherchez la femme*. Se dovessimo credere a loro, l'espansione di Roma a est dovrebbe essere considerata come una serie di guerre giuste che iniziarono e finirono con le campagne provocate, rispettivamente, dalle crudeli regine Teuta di Illiria e Cleopatra d'Egitto. Si deve dare la colpa al pregiudizio maschile se le donne sono più spesso citate per nome dagli autori antichi per la loro cattiva fama che per la loro saggezza. La morale delle loro storie è che l'azione femminile provoca disastri. Questo stereotipo è stato immortalato in un verso del poeta comico ellenistico Menandro, «la donna, il fuoco e il mare», l'unico verso antico a essere mai arrivato su *Playboy*, come titolo di un breve racconto. Ma pregiudizio maschile e stereotipi non sono gli strumenti migliori dell'interpretazione storiografica, né noi dobbiamo prestar fede agli storici solo perché scrissero in greco o in latino.

Teuta entra in scena quando suo marito Agrone, il re della tribù illirica degli Ardiei, morì all'improvviso in seguito a una serie di eccessi mentre celebrava una vittoria nel 231 a.C. Lasciò un figlio piccolo, Pinne, che aveva avuto dalla prima moglie, Triteuta. Teuta salì al trono al posto suo, governando un popolo che era abituato a vivere di razzie, come molti altri popoli nei mari Adriatico ed Egeo.

> Con la miopia tipica di una donna, non vedeva che i successi recenti e non aveva occhi per cosa stava accadendo altrove. Così prima autorizzò i corsari a depredare ogni nave che incontravano, poi radunò una flotta e un esercito grandi quanto i precedenti e li fece partire, ordinando ai comandanti di trattare l'intera costa come se fossero loro nemici.

Con la prospettiva di un uomo greco, questo è il modo in cui Polibio vedeva le cose settant'anni più tardi. I predoni raggiunsero il mar Ionio e conquistarono anche l'importante porto di Corcira (Corfù), che Teuta pose sotto il comando di Demetrio, il sovrano dell'isola di Faro (Hvar). Quando i predoni cominciarono a far vittime tra le navi mercantili romane e italiche e a minacciare la sicurezza delle vie marittime nell'Adriatico, il senato romano decise di intervenire. Due ambasciatori romani incontrarono Teuta per chiederle risarcimenti e la fine delle razzie. Secondo quanto si racconta, Teuta, durante il loro colloquio, rispose che la pirateria era un mezzo lecito di acquisire proprietà – un punto di vista che molte comunità marittime avrebbero condiviso – e che lei non avrebbe privato i suoi sudditi dei proventi di questa attività. Uno dei messaggeri romani rispose che Roma avrebbe assicurato che in Illiria fossero introdotti costumi migliori. Durante il viaggio di ritorno, la nave romana fu attaccata e uno dei messaggeri fu ucciso. Roma dichiarò guerra nel 229 a.C.

È improbabile che l'aumento della pirateria illirica da sola abbia determinato la decisione del senato di impiegare più di 20.000 uomini e 200 navi per impadronirsi di Corcira e raggiungere l'Illiria. Le incursioni dei pirati illirici non erano nuove. I nuovi fattori nel 229 a.C. che fecero la differenza furono che ora gli interessi di Roma si estendevano fino alla costa Adriatica dell'Italia e che quella parte della Sicilia era diventata una provincia romana nel 241 a.C. Ciò che determinò l'esplosione del conflitto nel 229 a.C. – e che non avrebbe potuto provocarlo prima della metà del III secolo – non fu una donna, ma l'obbligo dei Romani di proteggere un numero, notevolmente aumentato, di alleati e di comunità dipendenti.

La prima guerra illirica non durò a lungo (229-228 a.C.). Quando la flotta e l'esercito romano, al comando di entrambi i consoli, raggiunsero Corcira, Demetrio di Faro passò dall'altra parte, cedette la sua isola ai Romani e fece loro da guida. Teuta si ritirò nella parte settentrionale del suo regno, si arrese e poi scomparve dalle fonti storiche. Il senato romano aveva fatto ciò che era necessario: aveva conservato la fiducia degli alleati. Era soddisfatto da un trattato di pace che obbligava Teuta a pagare un tributo e a ritirarsi da buona parte dell'Illiria; a non più di due navi, disarmate, fu concesso il permesso di navigare oltre Lisso, il confine dell'Illiria. Roma non era interessata a stabilire un protettorato in Illiria, all'occupazione di luoghi importanti sul piano strategico o alla conquista e all'annessione di territori. Era interessata principalmente ad affermare la sua guida proteggendo gli interessi dei suoi alleati. Chiedendo a Teuta di abbandonare la guida di tutte le tribù illiriche, Roma cercava di evitare l'ascesa di uno stato illirico unito. Quando questo obiettivo fu raggiunto, i Romani si ritirarono, lasciando a Demetrio di Faro il controllo di larga parte dell'Illiria. E tuttavia la guerra ebbe conseguenze profonde, perché a quel punto Roma concluse anche trattati di amicizia con le vecchie vittime di Teuta, Epidamno, Corcira e Apollonia. Questi accordi, a prima vista innocui, avrebbero potenzialmente potuto obbligare i Romani e intraprendere azioni politiche e militari.

Dalla fiducia e la lealtà all'espansione: i primi passi di Roma verso l'impero

Generazioni di studiosi moderni hanno cercato di spiegare l'espansione romana, cambiando continuamente le loro interpretazioni. È improbabile che questo processo di reinterpretazione possa mai concludersi, poiché ciò che determina la prospettiva di uno storico moderno è più spesso la sua propria esperienza dell'imperialismo – inglese, tedesco, sovietico, americano o qualsiasi altra forma potrà esserci in futuro – e, di conseguenza, nuovi modelli teorici piuttosto che nuove evidenze.

Per quanti, nell'antichità, credevano nella teleologia, vale a dire in una progressione finalistica della storia, l'espansione di Roma fu uno sviluppo naturale. L'umanità tende per sua natura all'unità ecumenica, sotto la guida e il controllo dell'uomo migliore o della nazione migliore. A un'espressione estrema di questa visione teleologica dà voce, intorno alla metà del I secolo d.C., Plinio, che interpretava l'impero romano come una confederazione di nazioni. Per lui, l'Italia fu scelta dagli dèi «per congiungere i poteri dispersi, ingentilire i costumi, riunire insieme gli idiomi dissonanti e selvaggi di così tanti popoli attraverso l'uso condiviso di una lingua per la comunicazione, per dare umanità al genere umano, e, in breve, per far sì che le genti di tutto il mondo avessero un'unica patria». Alcuni autori antichi formularono la questione in termini differenti: a che cosa era dovuto il successo di Roma nella conquista del mondo? Lo storico greco Polibio attribuì questo successo alla superiorità della costituzione romana, mentre lo storico romano Sallustio lo attribuì alla virtù virile (*virtus*) dei Romani. Simili idee piacquero agli storici della Germania nazista, che, seguendo l'opinione di Hitler secondo cui una corretta comprensione della storia romana è una buona maestra politica, attribuirono il successo dei Romani alla loro superiorità biologica e a un istinto naturale al comando.

Gli storici con programmi ideologici meno rigorosi di Plinio o di Hitler si sono resi conto che le risposte insoddisfacenti sono di solito la conseguenza di domande sbagliate. La questione per loro non era né teleologica («A quale fine obbediva l'espansione romana?»), né di semplice causalità («Perché i Romani decisero di conquistare il mondo?»): si trattava piuttosto di riconoscere i processi dinamici e di cercare di capire gli obiettivi primari della politica romana in fasi diverse dell'espansione di Roma. Così alcuni storici hanno difeso l'idea di un «imperialismo difensivo», secondo cui la politica estera romana dalla seconda guerra punica fino all'abolizione del regno macedone (216-167 a.C.) fu determinata dal desiderio del senato di evitare pericoli veri o immaginari; altri hanno negato l'esistenza di un piano ordinato e hanno visto nell'espansione a oriente uno dei più grandi casi della storia del mondo o il risultato di una catena di coincidenze; altri ancora hanno negato all'espansione romana il carattere di uno sviluppo omogeneo e continuo, individuando piuttosto un passaggio graduale da una politica difensiva a un interesse sempre più forte all'annessione e allo sfruttamento economico delle regioni a est dell'Adriatico. Ma nessun approccio può spiegare davvero l'espansione romana in oriente se lo si considera soltanto un fenomeno della storia di Roma e il risultato dell'azione di questo popolo. Fino all'annessione di territori in Grecia nel 146 a.C., per molti stati ellenistici i Romani furono principalmente uno strumento per perseguire i loro propri scopi. L'espansione romana è un episodio importante della storia ellenistica quanto lo è della storia romana.

Dall'abolizione della monarchia alla fine del VI secolo a.C. alla prima guerra punica (264-241 a.C.), la politica delle famiglie nobili che dominavano il senato mirò prima di tutto a stabilire una posizione di predominio tra le città del Lazio e poi a estendere l'egemonia al resto dell'Italia. L'espansione di Roma è un processo continuo, dalla prima alleanza dell'Urbe con le città confinanti nel Lazio nel 493 a.C. all'espansione nel nord Italia dal 232 al 218 a.C. circa. Se i provvedimenti presi da Roma dopo una vittoria in guerra ci forniscono un indizio circa la politica della nobiltà, il principale obiettivo di Roma non era la conquista e l'annessione di territori, anche se questo si verificava quando il territorio del nemico era nelle vicinanze. La principale preoccupazione di Roma era il riconoscimento della sua leadership in Italia e la creazione di una rete di alleati che la appoggiasse in caso di guerra. I rapporti di Roma con le comunità sconfitte erano determinati dalle peculiarità locali, minacce specifiche e potenziali vantaggi – politici, militari ed economici; pertanto erano di volta in volta diversi. In molti casi, Roma permetteva alle comunità sconfitte di continuare a esistere come alleate autonome con diritti e obblighi differenti. Vari tipi di comunità alleate, semi-autonome e subordinate, costituivano il sistema romano di governo. Città e tribù etrusche, italiane e greche nell'Italia centrale e meridionale che erano state riconosciute come alleate di Roma, sia pacificamente sulla base di un trattato, sia dopo una sconfitta militare, mantennero la loro autonomia, ma avevano l'obbligo di assistere i Romani nelle loro guerre con truppe guidate dai loro propri comandanti. Altre comunità subordinate con un certo grado di autonomia contribuivano con le loro truppe alle guerre romane. Le colonie – vale a dire, insediamenti di cittadini romani in Italia e, più tardi, nelle province – erano molto importanti per il controllo militare della penisola e allo stesso tempo fornivano a Roma un luogo dove sistemare parte della popolazione più povera della città. Questo sistema flessibile di governo garantiva la leadership militare e politica illimitata di Roma in Italia, senza imporre alla nobiltà romana l'impegnativo compito di occuparsi degli affari interni degli alleati e delle comunità suddite; forniva un grande serbatoio per il reclutamento di soldati affidabili; dava ai Romani la possibilità di svolgere attività economiche oltre i confini del loro territorio. La debolezza del sistema divenne evidente più tardi, dalla metà del II secolo a.C. in poi: un esercito formato da piccoli proprietari terrieri era costretto a stare lontano da casa per lunghi periodi, via via che le politiche senatoriali portavano le legioni romane in regioni sempre più lontane; infine, le istituzioni romane tradizionali non erano più sufficienti per il controllo di una vasta rete di comunità suddite.

La leadership di Roma in questo complesso sistema di alleanze e di comunità dipendenti era basata su uno dei valori chiave della società aristocratica romana: la *fides*, la fiducia. La *fides* obbligava un individuo gerarchicamente superiore (*patronus*) a offrire la sua protezione a un individuo dipendente (*cliens*), ricevendo in cambio l'appoggio del cliente nella competizione tra nobili per il potere politico e il prestigio sociale. Trasferito alla politica estera romana, il valore della *fides* obbligava Roma a intervenire in favore di coloro che avevano accettato la sua posizione di preminenza come alleati o il suo dominio come comunità subordinate. L'espansione romana aveva portato comunità sulla costa orientale di Italia e Sicilia nel sistema della *fides* romana. Questo è il motivo per cui, nel tardo III secolo a.C., Roma non poteva ignorare la pirateria illirica come aveva fatto in passato, quando le vittime delle razzie illiriche non facevano ancora parte della sua rete.

Pertanto, in estrema sintesi, nella prima guerra illirica è possibile ravvisare alcune delle principali caratteristiche dell'espansione romana: Roma aveva stabilito il suo diritto al predominio, con tutti i vantaggi politici, militari ed economici che una posizione egemonica porta con sé; una guerra locale obbligò Roma a intervenire per affermare questo predominio; questo intervento ebbe come conseguenza un'ulteriore espansione dei contatti di Roma e l'introduzione di nuovi membri nella rete economica romana. Nuovi contatti significavano ulteriori obblighi e così già in questa fase era possibile prevedere che ci sarebbero stati nuovi interventi. Un problema serio che si fosse presentato a un nuovo alleato avrebbe obbligato Roma a dare prova della sua leadership e a fornirgli protezione; questo intervento avrebbe a sua volta portato Roma sempre più a est, verso nuovi contatti, nuovi obblighi e nuovi interventi. Questo processo sembra familiare, perché lo abbiamo visto svilupparsi nel caso di altre egemonie, da ultimi gli USA.

Demetrio di Faro e la seconda guerra illirica (219-218 a.C.)

Se i Romani non sapevano già che non si deve prestare fiducia a un traditore, lo avrebbero imparato presto. Demetrio di Faro, il cui tradimento li aveva aiutati a vincere la guerra, stabilì il proprio dominio, rafforzò la propria posizione stringendo alleanze con la Macedonia nel

222 a.C. e la tribù illirica degli Istri nel 221 a.C. e cercò di rilanciare esattamente la politica che aveva determinato la caduta di Teuta. Una nuova flotta illirica navigò oltre la città di Lisso nel 220 a.C. in violazione del trattato con Roma, saccheggiò il sud del Peloponneso e terrorizzò le isole dell'Egeo.

Nella «guerra sociale» in Grecia (vedi p. 76), Demetrio decise di stare dalla parte della Macedonia. Presumibilmente, il suo obiettivo era di rilanciare la potenza dell'Illiria. Deve aver deciso che questo era il momento opportuno, poiché l'attenzione di Roma era distratta da problemi prima con le tribù celtiche nell'Italia settentrionale (225-222 a.C.) e poi con Cartagine (219 a.C.), e che la Macedonia era il giusto alleato. Pertanto, estese il suo dominio a spese di alleati romani e rese insicuri i traffici nell'Adriatico. Non si aspettava che Roma reagisse in modo immediato ed energico. Ma appena prima dell'inizio della guerra con Annibale, il senato romano decise di mettere al sicuro i porti dell'Illiria, e la seconda guerra illirica esplose nel 219 a.C. Quella che iniziò come una rappresaglia ebbe un effetto domino a causa delle interconnessioni tra le diverse parti. La scaltra strategia del console romano Emilio Paolo, che attaccò Demetrio nel centro del suo potere, l'isola di Faro, decise la guerra in favore di Roma nel 218 a.C. Demetrio fuggì alla corte macedone e in Illiria sorsero dei piccoli stati indipendenti.

Mentre Emilio Paolo stava celebrando il trionfo a Roma, l'esercito di Annibale si stava dirigendo in Italia. Dopo aver conquistato la Spagna nel 220-219 a.C., Annibale passò i Pirenei e poi le Alpi nel settembre del 218 a.C., invadendo la pianura Padana nell'ottobre dello stesso anno con una fanteria di 20.000 uomini e una cavalleria di 6000. Solo due anni più tardi, Emilio Paolo sarebbe morto nella battaglia di Canne, il potere di Roma avrebbe vacillato e la storia greca e romana si sarebbe intrecciata in modi che nessuno avrebbe potuto prevedere alla fine della seconda guerra illirica.

Nubi in occidente (217-205 a.C.)

Più o meno nello stesso periodo in cui la battaglia di Rafia scatenò importanti conseguenze in Egitto (vedi p. 86), un altro importante evento militare, con epocali conseguenze a lungo termine, accadde in un luogo lontano. Alla fine del giugno del 217 a.C., un esercito romano aveva preso posizione vicino al lago Trasimeno per fermare l'invasione di

Annibale nel nord Italia. In una battaglia sulle rive del lago, i Romani subirono una delle sconfitte più umilianti della loro storia. La sconfitta e le enormi perdite (15.000 uomini, secondo le fonti) crearono il panico a Roma, costringendo il senato a richiedere la nomina di un *dictator*, un comandante militare con pieni poteri su tutti i magistrati per un periodo massimo di sei mesi – una misura eccezionale permessa solo nei momenti di disperazione.

Mentre Annibale continuava la sua campagna nell'Italia centrale e meridionale, portando dalla sua parte alcuni degli alleati di Roma, e i Romani stavano cominciando a temere per l'esistenza stessa della loro città, Filippo V prese una decisione inaspettata: invitò i Greci a una conferenza di pace a Naupatto nell'agosto del 217 a.C. La sua principale avversaria, l'Etolia, era rappresentata dal suo politico più importante, Agelao. Lo storico Polibio lo presenta mentre pronuncia un discorso con il quale invita Filippo V a considerare le conseguenze ad ampio raggio della guerra tra Annibale e Roma:

> Che i Cartaginesi conquistino i Romani, o i Romani i Cartaginesi, è in ogni modo improbabile che i vincitori si accontentino del controllo della Sicilia e dell'Italia. Andranno oltre e spingeranno i loro eserciti e i loro obiettivi più lontano di quanto non potremmo desiderare ... Se siete inclini all'azione, rivolgetevi a occidente e indirizzate i vostri pensieri alle guerre in Italia. Aspettate lì con freddezza il corso degli eventi e cogliete l'opportunità di lottare per il dominio universale. Né la crisi attuale è sfavorevole a un simile auspicio. Ma vi prego di rimandare le vostre controversie e le vostre guerre con i Greci a un momento di maggiore tranquillità; mantenere il potere di fare la pace o la guerra con loro a vostro piacimento deve essere il vostro supremo obiettivo. Poiché se lasciate che le nubi che si stanno ora addensando in occidente si fermino sopra la Grecia, temo fortemente che il potere di fare la pace o la guerra, e, in una parola, tutti questi giochi che stiamo giocando l'uno contro l'altro, ci saranno strappati di mano in modo così completo che dovremo pregare il cielo perché ci garantisca solo questo, il potere di fare la guerra o la pace gli uni con gli altri come ci pare e piace, e di dirimere le nostre proprie controversie.

Polibio scrisse queste parole mezzo secolo più tardi, quando le nubi che allora si stavano addensando in occidente si erano già trasferite sulla Grecia. Anche se Agelao non disse mai le parole esatte che Polibio gli mette in bocca, il suo discorso riflette pensieri correnti all'epoca. Che i Greci dovessero unirsi per affrontare le minacce esterne era un'idea con una lunga tradizione nell'ideologia ellenica: i Greci – o almeno la maggior parte di loro – avevano affrontato l'invasione persiana di Serse nel 480 a.C.; Filippo II e Alessandro Magno avevano guidato un'alleanza panellenica contro l'impero achemenide. I politici più importanti erano al corrente di quello che stava accadendo in Italia. Il consiglio di Agelao a Filippo, di rimandare le sue guerre contro i Greci, corrisponde alle politiche opportunistiche di quel periodo e alla nota astuzia di Filippo. La speranza di espandere il proprio potere era intrinseca alla monarchia ellenistica; il riferimento di Agelao alla spinta imperialista, che costringe il vincitore di un conflitto a tentare un'espansione ulteriore, è una nozione che in letteratura greca risale fino a Erodoto.

Il discorso può essere fittizio, ma le opinioni che esso esprime non sono necessariamente anacronistiche. Ciò che è completamente anacronistico, tuttavia, è la previsione che i Greci potessero essere privati della loro libertà di fare la pace e la guerra. Nessuno avrebbe mai potuto prevederlo nel 217 a.C. Allo stesso modo, nessuno avrebbe potuto prevedere le conseguenze della decisione di Filippo di accettare una pace in Grecia e poi, due anni più tardi, di allearsi con Annibale.

Filippo concluse la «guerra sociale» in Grecia per attaccare i Romani indeboliti e ottenere il dominio del mondo? Anche se la tempistica della sua decisione, solo poche settimane dopo la sconfitta devastante di Roma, parla a favore di questa interpretazione, altri fattori possono aver forzato la mano del re. È probabile che Filippo dovesse difendere il suo regno da uno dei soliti attacchi delle tribù barbariche o ristabilire la sua influenza in Illiria. Ma a prescindere dalle sue motivazioni originarie nel negoziare una pace in Grecia, è significativo che Filippo scelse un confronto con Roma. Questa decisione lo allontanò dal suo principale consigliere, Arato. Il re ordinò la costruzione di cento *lemboi*, piccole navi veloci adatte al trasporto di truppe e agli attacchi improvvisi ma non alle battaglie navali. Questi *lemboi* non erano certamente il mezzo per conquistare il dominio del mondo, ma erano l'ideale per stabilire il controllo sulla costa orientale del mare Adriatico e le sue isole. Quando una flotta romana di dieci navi arrivò nel mar Ionio per offrire supporto agli amici di Roma (Apollonia, Epidamno e Corcira), Filippo immediatamente abbandonò le sue operazioni. Non era pronto per una guerra importante, né se l'aspettava. Nella fase iniziale del loro confronto, sia Roma sia Filippo furono cauti. I Romani non potevano abbandonare i loro alleati nel mare Adriatico né potevano finire impegnati su un secondo fronte importante; la priorità di Filippo era mettere al sicuro il suo regno.

Il grande intreccio: la prima guerra macedone (215-204 a.C.)

Le cose cambiarono significativamente un anno più tardi. Nell'agosto del 216 a.C., i Romani subirono un'altra sconfitta devastante, questa volta a Canne. Secondo Polibio, quasi l'intero esercito che aveva marciato contro Annibale (90.000 uomini) fu annientato, con 70.000 morti e 10.000 prigionieri. I numeri sono esagerati, ma indicano l'enormità della perdita e del suo impatto. Similmente esagerate furono le notizie che raggiunsero Roma: due eserciti consolari con i loro comandanti erano andati interamente distrutti. L'impatto sulla popolazione fu terribile. Secondo le stime moderne, nei primi anni di guerra Roma aveva perduto un quinto dei cittadini maschi al di sopra dei diciassette anni. E tuttavia, sorprendentemente, solo pochi degli alleati di Roma decisero di defezionare: tra questi Siracusa, la più grande colonia greca in occidente.

Fu in questo momento critico che Filippo V stipulò un trattato di alleanza con Annibale nel 215 a.C., trasformando senza volerlo la futura storia greca in un capitolo dell'espansione di Roma. Una traduzione greca del trattato è conservata nelle *Storie* di Polibio. Le due parti si giurarono alleanza e protezione reciproca contro i loro nemici, ma lo scopo del trattato in caso di una vittoria su Roma era molto limitato. Il passo che ci interessa, in cui Annibale formula gli obblighi e i vantaggi previsti da questa alleanza, è rivelatore:

> Una volta che gli dèi ci avranno dato la vittoria nella guerra contro i Romani e i loro alleati, se i Romani ci chiedessero di stringere un accordo di amicizia, lo stringeremo, in modo tale che siate compresi anche voi, e a condizione che l'esercito romano non muova mai guerra contro di voi e che i Romani non siano più padroni di Corcira, Apollonia, Epidamno, Faro, Dimale, dei Partini e dell'Antitania; infine, essi renderanno a Demetrio di Faro quanti dei suoi si trovano nei domini romani.

Filippo voleva che i Romani fossero cacciati da qualsiasi luogo a est del mare Adriatico. La sua attenzione era rivolta alla Grecia, dove interveniva di continuo negli affari politici delle città. Filippo non aveva l'ambizione di estendere il suo potere sull'Italia, né Annibale aveva alcun piano di distruggere Roma. Annibale non gli chiese mai delle truppe per la sua guerra in Italia; si accontentava di sapere che i Romani avevano un secondo fronte in Illiria. Ma anche se limitato nei suoi scopi, il trattato ebbe conseguenze enormi. Arato, il politico più esperto della lega achea, si oppose ripetutamente alle azioni di Filippo, ma morì dopo una lunga malattia nel 214 a.C., forse lentamente avvelenato dal re, che ebbe anche una relazione con la nuora di Arato.

Mentre stava tornando in Macedonia, il messaggero ateniese fu fatto prigioniero dai Romani. Quando i Romani vennero a conoscenza degli accordi, decisero di affrontare il nuovo fronte in oriente inviando una flotta sotto il comando del propretore Marco Valerio Levino. L'Illiria fu il principale campo di battaglia in questa prima guerra macedone, che durò dal 214 al 205 a.C. Il maggiore successo di Filippo fu la conquista dell'importante porto di Lisso nel 212 a.C., che gli diede accesso all'Adriatico e il controllo dei territori adiacenti. In Italia, le cose non stavano andando bene per Annibale. Le sue speranze che gli alleati di Roma passassero dalla sua parte erano state disilluse. La maggioranza degli alleati era rimasta fedele a Roma, e quelli che non lo avevano fatto erano stati fatti prigionieri dai Romani.

L'assedio di Siracusa del 214 a.C. fu uno degli episodi più drammatici della seconda guerra punica, in cui vennero a confronto un grande stratega, Marco Claudio Marcello, e un grande matematico, Archimede. Quando Marcello iniziò l'assedio costruendo una grossa macchina da guerra su una piattaforma, creata legando insieme otto galere, Archimede inventò degli strumenti tecnologici che complicarono la vita dell'assediante. Ogni sorta di munizioni e di pietre furono lanciate con incredibile velocità contro i Romani; le loro navi furono distrutte da travi gettate improvvisamente fuori dalle mura; arpioni di ferro agganciarono la prua delle loro navi, le lanciarono verso l'alto e poi le fecero ricadere a terra. Se Marcello riuscì alla fine a conquistare la città, fu perché durante alcune trattative notò una torre che non era ben sorvegliata, fece una stima della sua altezza, fece preparare una scala e sferrò il suo attacco mentre i Siracusani stavano celebrando delle feste. Archimede fu ucciso durante il tumulto. Fu avvicinato da un soldato romano mentre era impegnato a elaborare alcune teorie geometriche, disegnando le figure sulla sabbia. «Non guastare i miei cerchi!», furono le sue celebri ultime parole. Ma in gioco in questa guerra c'era ben più che delle figure geometriche.

I Romani avevano bisogno di alleati in Grecia. Naturalmente, i loro potenziali alleati erano i nemici dei loro nemici, gli Etoli, che guardavano con ansia al potere crescente di Filippo. Nell'autunno del 212 a.C., Roma e gli Etoli stipularono un accordo, il cui testo è conservato nelle *Storie* di Livio e in parte in un'iscrizione. Come nel trattato tra Annibale e Filippo, la clausola relativa al periodo successivo alla fine della guerra è rivelatore. Tutte le zone conquistate a nord dell'Etolia sarebbero dovute entrare a far parte dello stato etolico, mentre i prigionieri e i beni mobili sarebbero stati bottino romano; le città che si fossero arrese sarebbero entrate a far parte della lega etolica, mantenendo la loro autonomia. Roma non stava rivelando alcun interesse per un'espansione territoriale. Ma due clausole che erano, a prima vista, meno significative, ebbero ripercussioni impreviste. In primo luogo, il trattato impediva agli alleati di concludere una pace separata. Gli Etoli fecero esattamente questo nel 206 a.C.; violando il trattato, liberarono i Romani da ogni obbligo verso di loro. In secondo luogo, il trattato permetteva ad altri stati di entrare a far parte dell'alleanza, facilitando i contatti di Roma in Grecia e oltre.

Il fatto che il regno di Pergamo entrò a far parte dell'alleanza ebbe conseguenze di lungo termine. Pergamo si era affermata come potenza regionale nell'Asia Minore nord-occidentale sotto i dinasti Filetero (281-263 a.C.) ed Eumene I (263-241 a.C.). Nel 238 a.C., il nuovo sovrano, Attalo I (241-197 a.C.), vinse un'importante vittoria contro i Galati, che avevano devastato l'Asia Minore per tre decenni. La sua vittoria portò anche dei guadagni territoriali in Asia Minore a spese del regno seleucide. Il più grande nemico di Attalo era il suo vicino, Prusia I, re di Bitinia (228-182 a.C. circa), alleato di Filippo. Questo non lasciò ad Attalo altra scelta che allearsi con i nemici di Filippo. Entrando a far parte dell'alleanza di Roma e dell'Etolia, Attalo per la prima volta rese il regno di Pergamo un fattore politico in Europa e stabilì un rapporto tra Roma e l'Asia Minore. La sua decisione ebbe come conseguenza una grossa guerra, in cui furono coinvolti quasi tutti gli stati della Grecia e due regni dell'Asia Minore.

Le relazioni diplomatiche tra Roma e gli stati greci rivelano un tratto importante della storia politica di questo periodo: la frammentazione del mondo greco in molti stati in competizione tra loro che concludevano alleanze secondo un unico criterio – la loro propria salvezza – e le violavano ogni volta in cui se ne presentava l'opportunità. Nelle relazioni interstatali di un mondo in cui uno stato aveva solo nemici, gli avversari di un avversario erano amici solo finché servivano agli obiettivi, offensivi o difensivi, di uno stato. Nella prima guerra macedone, la lega achea appoggiò Filippo V contro Roma, poiché i suoi rivali nel Peloponneso (Sparta, Messene ed Elide) erano i nemici di Filippo. Gli Etoli appoggiarono i Romani perché erano i nemici del loro rivale per il potere nella Grecia continentale. Attalo I si schierò dalla parte degli Etoli, perché il suo avversario in Asia Minore, il regno di Bitinia, era un alleato di Filippo. Qualsiasi piccolo cambiamento in questo fragile sistema di alleanze aveva conseguenze di ampia portata.

Anche se Filippo dovette affrontare una grossa coalizione su diversi fronti nella Grecia centrale e nel Peloponneso, mantenne la sua posizione e nel 207 a.C. costrinse Attalo I a ritirarsi dalla spedizione e a tornare a Pergamo. Avendo perduto un alleato e non ricevendo un significativo aiuto da parte di Roma, gli Etoli nel 206 a.C. furono costretti a concludere un trattato di alleanza separato con Filippo, violando così il loro trattato con Roma. Se solo avessero aspettato! Anche i Romani siglarono un trattato di pace con Filippo un anno più tardi – la pace di Fenice nel 205 a.C. – per non essere distratti nelle fasi finali della loro guerra contro Annibale, che si concluse con la battaglia di Zama e la sconfitta di Cartagine nel 202 a.C. La pace di Fenice riconobbe lo *status quo* precedente all'inizio della guerra, confermando così la posizione di Roma come protettrice delle piccole città indipendenti nel mar Ionio, in Epiro e in Illiria. Filippo V non era riuscito a cacciare i Romani dai Balcani.

Privata della guida di Arato nel 214 a.C. e distratta dai perenni problemi nel Peloponneso, la lega achea non svolse alcun ruolo importante in questa guerra. Vale la pena dare un rapido sguardo al conflitto che ebbe luogo parallelamente alla prima guerra macedone nel Peloponneso; è solo uno dei tanti conflitti regionali di questo tipo in Grecia e in Asia Minore in questi anni. Tre le cause principali di guerra che segnarono la storia regionale del Peloponneso: le dispute territoriali, soprattutto tra Megalopoli, un membro della lega achea, e Messene; i tentativi di Sparta di riconquistare l'influenza e i territori che aveva perduto dopo la sconfitta di Cleomene a Sellasia (vedi p. 75); infine, i conflitti della lega achea con le città e le confederazioni che sfidavano la sua posizione egemonica, soprattutto Sparta, Elide e Messene. Nella persona di Filopemene, un grande comandante militare che fu eletto generale degli Achei per la prima volta nel 209 a.C., la lega trovò di nuovo un capo forte. Dopo aver riorganizzato l'esercito federale, Filopemene si rivolse ai problemi determinati dalle nuove ambizioni spartane. Sparta era tradizionalmente governata da due re, discendenti di due case reali. Intorno al 209 a.C. uno dei due re era un bambino di nome Pelope. Questo nome probabilmente alludeva ad ambizioni egemoniche. Pelope è il nome del mitico eroe da cui il Peloponneso (l'isola di Pelope) prese il nome. Non si conosce nessuno che abbia mai portato questo nome prima, per questo pare che esso esprima ambizioni di dominio sulla regione. Ma qualsiasi ambizione fosse associata al bambino, era destinata a non essere appagata. In circostanze non chiare, un certo Macanida, uomo di origini oscure, forse un mercenario, divenne reggente e usurpò il trono. Come alleato etolo, saccheggiò il Peloponneso fino a Olimpia, finché Filopemene lo uccise con le sue stesse mani in una battaglia a Mantinea nel 207 a.C. A Macanida succedette come reggente un altro avventuriero di origini oscure, Nabide, che continuò questa politica espansionista, sfidando la lega achea, finché non fu sconfitto da Filopemene in una battaglia a Tegea nel 201 a.C. e fu costretto a cercare fortuna altrove. «La prima cosa è che i Greci non dovrebbero andare in guerra gli uni contro gli altri»: il consiglio di Arato non era stato seguito.

Ora che Filippo V per la prima volta aveva trascinato in una guerra con Roma un regno greco, l'intreccio delle sorti del Mediterraneo occidentale e orientale era completo. Solo i Greci della costa settentrionale del mar Nero, distratti dalle minacce ben più pressanti delle tribù barbare vicine, possono non essersi resi conto delle «nubi che si stavano addensando in occidente» e che si erano fermate sopra la Grecia. A partire da questo momento in poi, ogni contatto tra una comunità greca e Roma ebbe un impatto non solo su questa comunità, ma su tutte le città, confederazioni e regni con cui quella comunità avesse relazioni. Il mondo Mediterraneo era simile a quanto descritto da Rossini nel secondo atto della sua *Cenerentola*:

Questo è un nodo avviluppato,
questo è un gruppo rintrecciato.
Chi sviluppa più inviluppa,
chi più sgruppa, più raggruppa.[1]

---

1 Jacopo Ferretti, libretto della *Cerentola* di G. Rossini, Atto 2, Scena 8 [in italiano nel testo, *N.d.T.*].

La crisi egizia e un'alleanza opportunistica (204-201 a.C.)

La pace di Fenice venne a coincidere con una serie di eventi inattesi nel regno tolemaico che diede a Filippo V e ad Antioco III un'opportunità di espansione che si sarebbero potuti aspettare solo in sogno. Quando Tolomeo IV morì nel 205 a.C., lasciò sul trono d'Egitto un bambino di quattro anni, suo figlio Tolomeo V. Il cortigiano Agatocle, la cui sorella era l'amante del defunto re, seppe approfittarne: fece assassinare la regina Arsinoe III e divenne il tutore del bambino. La parte meridionale del regno, dove era scoppiata una rivolta di indigeni intorno al 206 a.C., a partire dal 205 a.C. era sotto il controllo di un faraone locale, Haronnophris. E quando l'abuso di potere di Agatocle fu evidente, esplose l'indignazione della popolazione di Alessandria contro il tutore del re. La crisi nel regno tolemaico non poteva essere nascosta ai rivali tradizionali dei Tolomei, gli Antigonidi e i Seleucidi.

La pace di Fenice permise a Filippo di volgere l'attenzione, ancora una volta, a est. È possibile che abbia concluso la sua guerra con Roma proprio per perseguire i suoi progetti di espansione oltre il mar Egeo. Gli Antigonidi erano sempre stati interessati a dominare l'Egeo; né Filippo né il suo predecessore avevano dimenticato che i fondatori della loro dinastia un tempo avevano governato su parti dell'Asia Minore. Solo due decenni prima, nel 228 a.C., Antigono Dosone aveva cercato di occupare parti della Caria. Adesso era il momento per Filippo di concepire piani simili. Il suo naturale avversario nell'Egeo meridionale era l'isola di Rodi, una potenza navale con forti interessi commerciali e militari. Per fermare la sua influenza crescente, Filippo V si servì della sua autorità a Creta – dal 217/216 a.C. era il capo di un'alleanza di città cretesi. Su sua iniziativa, le navi cretesi razziarono Rodi, altre isole dell'Egeo meridionale e le città costiere dell'Asia Minore. La cosiddetta prima guerra cretese (206-201 a.C. circa) non ebbe risultati duraturi per Filippo. Al contrario, alienò al re molte comunità greche e accrebbe il prestigio di Rodi come paladina della sicurezza dei mari. Nel 201 a.C. i Rodiesi avevano compromesso l'alleanza cretese guadagnandosi alleati a Creta e anche stabilendo una guarnigione sull'est dell'isola.

Se Filippo fallì dunque nel suo tentativo di guadagnare il controllo dell'Egeo meridionale, riuscì però nelle sue imprese in una zona di importanza strategica: la Tracia, all'ingresso dell'Ellesponto, una regione che controlla il passaggio dal Mediterraneo al mar Nero e dall'Europa all'Asia (vedi Cartina 5). Parti della Tracia europea erano ancora sotto il controllo tolemaico; sul lato asiatico dello stretto, i regni di Pergamo sotto Attalo I e di Bitinia sotto Prusia I, cognato di Filippo, erano coinvolti in un conflitto territoriale endemico; infine, una serie di città greche con posizioni strategiche per le comunicazioni tra i continenti, come Bisanzio, Abido e Chio, erano alleate della lega etolica. È qui che Filippo ebbe il suo successo maggiore. Conquistò Chio e Mirlea e le cedette a Prusia, chiedendo in cambio al re di Bisanzio di espandersi a spese di Pergamo. Le successive vittime furono altre due alleate etoliche, Lisimachia e Calcedonia, oltre all'isola di Taso.

Per Antioco III quanto stava succedendo in Egitto costituiva un invito ad agire e a vendicare la sconfitta di Rafia. Negli anni successivi alla battaglia, aveva investito tutte le sue energie nel recupero delle parti perdute del suo impero. Prima sedò una rivolta di suo cugino Acheo, che si era proclamato re in Asia Minore (216-214 a.C.). Nelle campagne successive, che durarono fino al 209 a.C., Antioco riconquistò le province settentrionali e orientali che erano passate sotto il controllo di governatori e sovrani locali. Serse, il sovrano dell'Armenia, riconobbe Antioco come suo signore, la Partia fu riconquistata ed Eutidemo, il re greco della Battriana, fu sconfitto ma riconosciuto come re. Poi Antioco procedette alla sua più grande impresa, una campagna in India, esemplata su quella di Alessandro. Valicando l'Hindu Kush nel 207 a.C., raggiunse il regno indiano di Sofagaseno (Subhashsena). Questa campagna non gli portò guadagni territoriali permanenti in Afghanistan e in India, ma gli portò ingenti ricchezze, 150 elefanti da guerra e molto prestigio. Quando tornò in Siria nel 205/204 a.C., dopo aver restaurato l'impero un tempo governato da Seleuco I, si era conquistato l'appellativo di Megas (Magno).

Ci si sarebbe potuti aspettare che Filippo V e Antioco III, due re potenti e ambiziosi, combattessero l'uno contro l'altro per il controllo dei territori tolemaici, ora che il regno tolemaico era in crisi. Invece decisero di cooperare, per conquistare il più possibile del regno tolemaico. Nell'inverno del 203/202 a.C., raggiunsero un accordo per spartirsi l'impero tolemaico. Antioco avrebbe dovuto ricevere Cipro, i possedimenti tolemaici nell'Asia Minore meridionale (Licia e Cilicia) e in Celesiria; Filippo avrebbe guadagnato i possedimenti settentrionali dei Tolomei in Tracia, nel Chersoneso tracio (all'ingresso dell'Ellesponto) e nelle isole Cicladi. Nessuno si aspettava che questo accordo (segreto), relativo a operazioni in zone in cui i Romani non avevano interessi di sorta, avrebbe presto portato a nuove guerre con Roma.

Un punto di svolta nell'imperialismo romano?
La seconda guerra macedone (200-197 a.C.)

Filippo e Antioco iniziarono le loro operazioni nel 202 a.C., ma l'avanzamento di Filippo ebbe un effetto domino con conseguenze impreviste. Le operazioni di Filippo in Tracia e in parti dell'Asia Minore, dove devastò il regno di Pergamo nel 201 a.C. e conquistò territori in Ionia e in Caria, non costituivano una minaccia per Roma. Ma costituivano una minaccia diretta per Pergamo, interferivano con Rodi e mettevano in allarme le libere città greche. I Rodiesi e re Attalo I, sostenuto da Atene, decisero di appellarsi a Roma. I loro messaggeri apparvero di fronte al senato nell'estate del 201 a.C., informarono i Romani dell'accordo tra Antioco e Filippo e chiesero a Roma aiuto contro l'espansione di Filippo. Roma era uscita solo di recente dalla sua lunga guerra contro Cartagine; era stata una guerra vittoriosa, ma aveva causato la perdita di molti uomini, l'abbandono delle attività agricole e spese belliche ingenti. I senatori naturalmente non avevano dimenticato che Filippo si era alleato con i loro nemici proprio quando loro stavano affrontando la minaccia più grave. Ma la loro risposta non fu e non sarebbe potuta essere una dichiarazione di guerra – non ancora. Piuttosto, inviarono un'ambasceria formata da tre senatori, che imposero a Filippo un ultimatum. Roma vietava a Filippo di far guerra contro le comunità greche e consigliava un arbitrato internazionale per la risoluzione dei conflitti, soprattutto quello tra la Macedonia e Pergamo. In quel momento, Filippo stava assediando la città di Abido nel nord-ovest dell'Asia Minore. All'inizio ignorò l'ultimatum, poi lo respinse.

A Roma, il console P. Sulpicio Galba, a cui la Macedonia era stata assegnata come la sua zona di responsabilità politica, convocò l'assemblea popolare e, sostenuto dall'élite senatoria, presentò una mozione secondo la quale si doveva dichiarare guerra a re Filippo e ai Macedoni a causa dei loro atti di ingiustizia e dei loro attacchi contro gli alleati del popolo romano. Questa mozione fu respinta, presumibilmente perché i Romani erano stanchi dei pericoli e delle sofferenze della guerra. Fu solo nel corso di una seconda seduta che il console riuscì a convincere l'assemblea a dichiarare guerra.

Questa decisione, che portò alla seconda guerra macedone (200-197 a.C.), è vista come un punto di svolta nella storia politica dell'intero Mediterraneo. A differenza dei conflitti militari precedenti in Grecia, questa volta il *casus belli* per i Romani non fu una minaccia diretta rivolta contro di loro. Le operazioni di Filippo in Tracia e in Asia Minore non avevano un impatto sui loro interessi e su quelli dei loro alleati in Italia. Inoltre, il trattato tra Filippo e Antioco riguardava le sorti di regioni molto lontane da Roma e dall'Italia e dalle adiacenti zone di interesse. Questi fattori rendevano questa decisione diversa rispetto agli altri interventi di Roma sulla costa orientale del mar Adriatico. Né Rodi né Atene erano alleate di Roma. Solo Attalo I, che era stato un alleato dei Romani durante la prima guerra macedone e forse rimase un alleato dopo la pace di Fenice, potrebbe aver avuto un motivo plausibile per chiedere supporto militare, anche se al momento della dichiarazione di guerra non era più sotto attacco da parte di Filippo.

Dunque, l'anno 200 a.C. è l'inizio di una nuova politica romana a est, aggressiva e imperialista? Per Theodor Mommsen, premio Nobel per la letteratura nel 1902 per la sua *Storia di Roma*, i Romani avevano bisogno di combattere questa guerra per la loro propria salvezza. Mommsen scriveva in un'epoca in cui i politici avevano la stessa sicurezza che avrebbe avuto un secolo dopo George W. Bush che esista qualcosa come una guerra incondizionatamente giusta. Oggi, per comprendere una decisione, siamo portati a prendere in considerazione l'impatto delle emozioni, della mentalità e dei valori delle persone che l'hanno presa. I Romani e i loro capi osservavano di certo con sospetto e paura l'ascesa di un grande potere in oriente solo pochi anni dopo la sottomissione di Cartagine in occidente; erano indignati dall'arrogante rifiuto dell'ultimatum da parte di Filippo; volevano vendicarsi dell'uomo che si era alleato con Annibale e che la pace di Fenice aveva lasciato impunito. Inoltre, i valori sociali secondo i quali i Romani erano cresciuti influenzarono questa decisione, specialmente il valore della *fides*, che i Romani tenevano sempre presente nelle loro relazioni internazionali (vedi p. 161). Negare aiuto agli alleati avrebbe significato violare il rapporto di *fides* e pregiudicare direttamente la rivendicazione, da parte di Roma, di una posizione di comando.

Ma è improbabile che i politici romani che proposero la dichiarazione di guerra si rendessero conto delle conseguenze sul medio o lungo termine di un coinvolgimento in Macedonia e in Asia Minore – anche se il coinvolgimento di Roma in Spagna poteva aver fornito un parallelo istruttivo. L'iniziale reazione negativa dell'assemblea e la perseveranza del console, che non era disposto ad accettare un no come risposta, mostrano entrambe chiaramente che nel 200 a.C. le posizioni di Roma sulla leadership e l'espansione non erano ancora ben definite. La decisione dell'assemblea romana di scegliere alla fine la guerra anziché l'inerzia determinarono il corso della storia nel Mediterraneo orientale e le scelte dei Romani nei loro futuri affari esteri. Nelle parole di Cicerone, che scrisse nella fase finale dell'espansione romana, i Romani facevano guerra *aut pro sociis aut de imperio* (o in favore dei loro alleati o per l'egemonia). Via via che il numero degli alleati e la posizione di egemonia continuavano a crescere, i Romani sempre più difficilmente decidevano di ignorare un invito all'azione.

Nella seconda guerra macedone, Roma poteva contare sul supporto di tutti gli stati greci messi in allarme dall'espansione di Filippo su vari fronti in Grecia e in Asia Minore. Gli Etoli, nemici tradizionali della Macedonia, si unirono a Pergamo, Rodi e Atene. Nei primi anni dello scontro (200-198 a.C.), Filippo affrontò con successo questa grossa coalizione in una guerra che fu combattuta con poco entusiasmo. La lega achea all'inizio non partecipò, perché era impegnata in una guerra contro il re di Sparta, Nabide (vedi p. 169); il sovrano spartano offrì a Filippo il suo aiuto in cambio dell'importante città di Argo, che Nabide aveva occupato nel 199 a.C. Le cose cambiarono nel 198 a.C., quando Tito Quinto Flaminino, un giovane generale nato intorno al 229 a.C., con una forte ammirazione per la cultura greca e una profonda comprensione dei valori delle comunità greche, fu eletto comandante delle truppe romane. Al comando di Flaminino, l'obiettivo della guerra non era più impedire a Filippo di attaccare i Greci, ma costringerlo a ritirare le sue guarnigioni dalle città greche. Flaminino adottò lo slogan della libertà che era stato già usato spesso, in passato, dai re ellenistici contro i loro nemici. I Greci erano inclini a rispondere all'appello di Flaminino a una guerra per la libertà. Al suo fianco in questa campagna per conquistarsi il favore dei Greci aveva il re di Pergamo, Attalo I. Ma mentre Attalo stava pronunciando un'orazione in favore di Roma in Beozia, ebbe un infarto e lo si dovette riportare a Pergamo.

Flaminino costrinse Filippo a ritirarsi in Tessaglia, e la sua campagna ricevette un nuovo impulso quando molti membri della lega achea decisero di abbandonare la loro linea filomacedone o neutrale e di unirsi ai Romani. A quel punto Nabide tradì Filippo, sperando di riuscire a tenere per sé Argo nel caso di una vittoria romana. Mentre Filippo era disposto a negoziare la pace, rinunciando alle sue conquiste in Tracia e in Asia Minore, Flaminino non era interessato a un trattato di pace, volendo che il suo incarico fosse prorogato. Chiese a Filippo di ritirarsi dalla Grecia e di accontentarsi della Macedonia e della Tessaglia; vale a dire, dei confini che il regno macedone aveva prima della battaglia di Cheronea nel 338 a.C. Questo era naturalmente inaccettabile per il re antigonide. Mentre le negoziazioni procedevano lentamente, Flaminino ricevette la desiderata proroga del suo incarico e riprese la guerra. Abbandonato dai suoi alleati, con l'eccezione dell'Acarnania, Filippo fu infine sconfitto in Tessaglia. La battaglia decisiva ebbe luogo sulle colline di Cinocefale nel giugno del 197 a.C., e fu un trionfo della tattica militare romana sulla pesante falange macedone, che era incapace di distendersi pienamente sul terreno collinoso e fu accerchiata dai flessibili manipoli romani. Subendo grosse perdite e fuggendo dal campo di battaglia, Filippo fu costretto ad accettare le condizioni di pace imposte dai Romani.

Filippo acconsentì a rinunciare a tutta la Grecia, oltre alle sue conquiste in Asia Minore, Tracia ed Egeo settentrionale (Lemno e Taso). La Tessaglia, che sin dal tempo di Filippo II era stata parte del regno macedone, era perduta, inclusa una delle capitali macedoni, la città di Demetriade, dove era sepolto Demetrio Poliorcete, bisnonno di Filippo. Senza le sue roccaforti tradizionali, Calcide e Corinto, Filippo perse tutta la sua influenza in Grecia. Inoltre, parti della Macedonia a ovest (Orestide) e al nord divennero autonome. Filippo fu costretto a cedere la propria flotta, tranne cinque navi, pagare un'indennità di guerra di 1000 talenti e mandare il suo figlio più giovane, Demetrio, a Roma come ostaggio. Le condizioni di pace erano umilianti. Anche se il regno di Macedonia rimaneva uno stato autonomo, il suo ruolo di potenza egemone era distrutto. Attalo I morì a Pergamo più o meno in questo periodo, forse senza essere mai venuto a sapere della sconfitta dei suoi alleati.

Libertà: un annuncio gravido di conseguenze (196 a.C.)

Flaminino sapeva come mettere in scena l'annuncio della vittoria di fronte a un pubblico greco. Ogni due anni tutti i Greci celebravano un grande festival con giochi atletici e musicali a Istmia, vicino a Corinto. Il luogo aveva un molteplice significato simbolico e ideologico. Era a Istmia che fu stabilita la prima alleanza ellenica durante le guerre persiane e fu qui che furono rinnovate le alleanze elleniche successive. Poseidone, in onore del quale il festival veniva celebrato, era il patrono di Demetrio Poliorcete, e la vicina rocca di Acrocorinto era stata la più importante guarnigione antigonide in Grecia. Flaminino scelse la celebrazione di questa festa per annunciare ai Panelleni riuniti la loro liberazione. Nel successivo tumulto, molti nel pubblico non erano sicuri di che cosa fosse stato annunciato. L'araldo fu chiamato di nuovo nello stadio a ripeterlo. Si racconta che le grida di approvazione si levarono così in alto che si videro degli uccelli cadere dal cielo. I Tessali istituirono un festival della libertà (Eleutheria) per celebrare la loro liberazione e la restaurazione del loro stato federale.

Con la proclamazione della libertà, un generale romano fece ciò che in passato avevano fatto i re ellenistici: apparve come un salvatore e un liberatore. Flaminino ricevette onori divini a Calcide, come i re ellenistici prima di lui. Roma era diventata una potenza la cui presenza era avvertita fortemente dalla costa est del mare Adriatico all'Asia Minore, assumendo il ruolo che in passato era stato dei re ellenistici. Non sorprende quindi che Roma fosse onorata dalle comunità greche esattamente allo stesso modo in cui i re ellenistici erano stati onorati nel passato: come una dea. Il suo nome era *Thea Rhome* (la dea Roma), e poiché la parola *rhome* significa «forza», i Greci stavano venerando allo stesso tempo una personificazione della forza e una personificazione della più grande potenza militare dei loro tempi. La concessione di onori divini a Roma iniziò subito dopo la dichiarazione di libertà. La federazione di città euboiche istituì nel 196 a.C. le feste Rhomaia – vale a dire, le feste della dea Roma – e in Asia Minore ci sono testimonianze di un culto di Roma dal 189 a.C. in poi. Un culto dedicato all'intero popolo romano e al senato seguì a stretto giro.

Era stata dichiarata la libertà. Ma questo che cosa significava? Flaminino voleva dire qualcosa di molto preciso: la libertà dalle guarnigioni macedoni. Ma alcuni Greci avrebbero dato a questo termine un significato più ampio: libertà da qualsiasi potenza limitasse la loro autonomia, libertà di combattere guerre e di stringere accordi di pace come volevano. Con una simile interpretazione del termine libertà, nuovi conflitti erano inevitabili.

Roma aveva messo piede in un campo di interessi contrastanti che la sua élite senatoria non poteva ignorare. Il ruolo tradizionale svolto dai re ellenistici, come arbitri nei conflitti territoriali e sostenitori in caso di bisogno, era un ruolo che ora gli stati greci si aspettavano da Roma. Roma era vista come responsabile della sicurezza della Grecia contro le invasioni barbariche a nord – per questo motivo, la conservazione del regno macedone era importante per i Romani – ma anche come responsabile della risoluzione di conflitti piccoli e grandi in Grecia.

Per svolgere questo ruolo, i Romani dovevano diventare Greci. Furono ammessi a prendere parte alle varie competizioni atletiche nei festival panellenici e furono ricordate o inventate leggende che documentavano la loro parentela con i Greci. Roma sembrava essere entrata a far parte del mondo ellenistico non come un conquistatore esterno, ma come una grande potenza ellenistica, con la quale molti stati greci conclusero trattati di alleanza, creando, in questo modo, maggiori responsabilità per i Romani e portandoli sempre più al dentro della complessità politica dell'oriente ellenistico.

Uno scontro fatale: Antioco III e Roma (196-189 a.C.)

Le dinamiche di questo sviluppo divennero visibili subito dopo la dichiarazione di libertà. Sottomesso un sovrano ambizioso, Roma si trovava ora a doverne affrontare un altro: Antioco III. Dimenticando opportunamente il suo accordo segreto con Filippo e non disturbato da Pergamo, Rodi e Roma, che erano impegnate nella seconda guerra macedone, si espanse a spese del regno tolemaico. Ad Alessandria, il cortigiano Agatocle, che governava come tutore del re bambino Tolomeo V, fu ucciso durante una sollevazione popolare nel 202 a.C. La paralisi dell'autorità centrale e una rivolta nell'Egitto del sud permise ad Antioco di completare la riconquista della Celesiria nel 198 a.C. Poté quindi continuare la sua espansione in Asia Minore, minacciando Pergamo. Quando, nell'estate del 196 a.C., Flaminino stava annunciando il trattato di pace con Filippo a Istmia, Antioco III e le sue truppe erano già sul suolo europeo, in Tracia. I suoi messaggeri, che erano presenti al festival, furono convocati da Flaminino, che presentò loro delle richieste derivanti dalla dichiarazione di libertà. Antioco avrebbe dovuto rispettare la libertà delle città libere dell'Asia Minore e sgombrare le città che aveva sottratto a Filippo e ai Tolomei. Non avrebbe dovuto attraversare l'Ellesponto con il suo esercito. Queste richieste non portarono subito alla guerra; i Romani avevano bisogno di una pausa. In un incontro a Lisimachia, in Tracia, all'inizio del 195 a.C., quando i Romani ripeterono le loro richieste e interpretarono la presenza di Antioco in Europa come parte di un piano per attaccare Roma, il re presentò pubblicamente il suo punto di vista:

Il re disse che non riusciva a capire su quali basi i Romani potessero discutere con lui per le città dell'Asia; avevano meno diritto di farlo rispetto a tutti gli altri. Poi chiese loro di non immischiarsi per nulla negli affari d'Asia; lui non aveva interferito in nessun modo con le faccende italiche. Disse che era andato in Europa con il suo esercito per riprendere possesso del Chersoneso e delle città della Tracia. La sovranità su queste zone apparteneva a lui più che a chiunque altro. All'inizio Lisimaco aveva potere su questa zona, ma quando Seleuco portò la guerra contro di lui e vinse [281 a.C.], l'intero regno di Lisimaco cadde in mano a Seleuco come bottino di guerra ... Per quanto riguarda le città autonome dell'Asia, avrebbero dovuto ottenere la loro libertà non tramite un ordine di Roma, ma attraverso un atto di favore da parte sua.

Sin dalla prima giovinezza, Antioco aveva perseguito un unico piano: restaurare l'impero del fondatore della sua dinastia. Lo aveva fatto nelle satrapie orientali, Siria, Palestina e Asia Minore. Da quando Seleuco I aveva sconfitto Lisimaco, i Seleucidi secondo Antioco potevano legittimamente rivendicare il possesso della Tracia. I Romani e Antioco erano d'accordo su un solo punto: l'Asia non era parte della sfera d'influenza romana. Ma per quanto riguarda l'Europa, l'affermazione dei Romani che la presenza di Antioco fosse una minaccia non è assurda come sembra. Solo ventiré anni prima, Annibale aveva iniziato la sua campagna contro Roma da un luogo ben più distante della Tracia. E Annibale, il nemico sconfitto di Roma, era lui stesso alla corte di Antioco, dove consigliava al re di portare la guerra in Italia. Inoltre, la Grecia adesso faceva parte della sfera di interesse romana e Roma non poteva ignorare l'espansione di Antioco. A questo congresso, si scontrarono due mondi: il vecchio mondo di un re che era chiamato «il Grande», e le cui pretese affondavano le loro radici nelle guerre dei diadochi, e il nuovo mondo in cui gli obblighi di Roma verso i suoi alleati l'avevano resa un elemento importante della politica greca. Non possiamo biasimare Antioco per la sua incapacità di capire quanto era cambiato con la vittoria di Roma.

Negli anni seguenti, Antioco III strinse una serie di matrimoni dinastici che rafforzarono la sua posizione. Nel 196 a.C. aveva già nominato coreggente al regno il figlio maggiore, Antioco, e lo aveva fatto sposare con sua sorella Laodice – simili matrimoni tra fratelli erano comuni in Egitto, ma questo fu il primo esempio di questa pratica nel regno seleucide. Quando questo Antioco più giovane morì nel 193 a.C., Laodice sposò il successivo nella linea di successione, Seleuco, che fu ora nominato coreggente. La figlia di Antioco, Antiochide, sposò il re di Cappadocia, Ariarate IV, nel 194 a.C., assicurandosi così un'alleanza nell'Anatolia orientale; nel 193 a.C., infine, Antioco concluse il suo conflitto con l'Egitto facendo sposare sua figlia, Cleopatra I Sira, con Tolomeo V – fu lei la prima delle regine egiziane a portare questo nome.

Altre due potenze trasformarono la guerra fredda tra Antioco e Roma in una guerra vera e propria: gli Etoli, delusi perché non avevano guadagnato nulla dalla sconfitta della Macedonia nella seconda guerra macedone, pur avendo fornito il loro appoggio ai Romani, e il nuovo re di Pergamo, Eumene II, che aveva visto la maggior parte dei possedimenti conquistati da suo padre, Attalo I, cadere in mano ad Antioco. Per motivi differenti, sia gli Etoli sia Eumene erano favorevoli a una guerra tra Roma e Antioco. Gli Etoli fecero la mossa decisiva nel 192 a.C., quando invitarono il re seleucide a venire in Grecia per fare da arbitro tra l'Etolia e Roma. Antioco arrivò nell'ottobre del 192 a Demetriade con un piccolissimo esercito di 10.000 fanti, 500 cavalieri e sei elefanti da guerra. La sua speranza che tutta la Grecia si sarebbe schierata dalla sua parte fu subito delusa. Persino Filippo V prese le parti dei Romani, punendo in questo modo i suoi vecchi nemici, gli Etoli, e il suo socio infedele, Antioco. I Romani non potevano restare inattivi quando Antioco arrivò in Grecia e la guerra ebbe inizio. Incapace di mantenere la sua posizione in Grecia, Antioco tornò in Asia Minore nella primavera del 190 a.C. Il nuovo console Lucio Cornelio Scipione, accompagnato dal fratello, Scipione Africano, l'uomo che aveva sconfitto Annibale, riportò un'importante vittoria in una battaglia vicino a Magnesia sul Sipilo nel 190 a.C. Anche se le cifre riferite da Livio per le perdite riportate dai due eserciti sono esagerate – 400 soldati romani e 50.000 seleucidi – il bilancio della battaglia fu un disastro per Antioco e un punto di svolta nella storia dell'impero seleucide. Poco dopo, nel 189 a.C., anche gli Etoli furono costretti a trattare la pace.

La pace di Apamea: un punto di svolta nella storia dell'oriente greco (188 a.C.)

Gli accordi imposti dai Romani dopo la fine della guerra contro Antioco sono tappe fondamentali nello sviluppo dell'espansione e del diritto internazionale romani. Gli Etoli furono costretti ad accettare l'egemonia romana (*imperium maiestatemque populi Romani*) e ad avere gli stessi amici e nemici dei Romani – in altre parole, a rendere la loro politica estera soggetta ai desideri di Roma. Questo accordo era diverso dalla precedente pratica romana di concludere trattati di amicizia (*amicitia*) o alleanze per guerre specifiche. L'accordo di pace con Antioco fu concluso nel 188 a.C. ad Apamea.

Antioco perdette tutti i suoi possedimenti in Asia Minore (vedi Cartina 5) a nord del monte Tauro e del fiume Calicadno, per un totale di quasi un terzo del suo territorio. Le sue guarnigioni si ritirarono dalle città e i suoi elefanti da guerra furono dati a Roma, insieme agli ostaggi. Antioco accettò di pagare un'enorme indennità di guerra di 15.000 talenti – questa cifra corrisponde *grosso modo* al salario annuale di 300.000 mercenari. Le sue navi non potevano più navigare a nord del Calicadno. Ai confini occidentali del suo regno, i Romani gli diedero il permesso di combattere solo guerre difensive. In Asia Minore alcune città furono dichiarate libere e alcuni siti di guarnigione approfittarono del vuoto di potere per elevarsi allo *status* di *poleis*. I Romani ricompensarono i loro alleati con enormi concessioni territoriali. Rodi, che aveva già dei possedimenti sulle coste dell'Asia Minore, ottenne la Licia e la Caria, diventando così per un breve periodo la *polis* greca con il territorio più ampio, con dei possedimenti che neanche Atene al suo apogeo o Sparta avrebbero mai potuto sognare. Eumene di Pergamo vide espandersi i confini del suo regno in Asia Minore, dal momento che gli furono assegnati dei possedimenti che prima facevano parte del regno seleucide. I Romani furono costretti ad attendere alcuni anni per trattare con Annibale, che, per quanto anziano – era nato nel 247 a.C. – aveva continuato a combattere, prima contro i Romani come comandante dell'esercito e della flotta di Antioco (fino al 189 a.C.) e poi contro Eumene come comandante di Prusia I di Bitinia. Sotto la pressione di Roma, Prusia prese in considerazione l'ipotesi di consegnare il generale cartaginese ai Romani, ma Annibale preferì uccidersi con il veleno, nel 182 o 181 a.C., per liberare infine dalle loro paure i suoi vecchi nemici. «Liberiamo i Romani dalla loro preoccupazione costante, dal momento che non hanno la pazienza di attendere che un vecchio muoia», scrisse nella lettera che lasciò al momento del suicidio.

Quando la Grecia smise di produrre uomini per bene

La vittoria su Antioco fu un punto di svolta importante nelle relazioni tra Roma e gli stati greci. Come nella dichiarazione di libertà nel 196 a.C., le decisioni sul destino delle città greche d'Asia Minore erano risoluzioni unilaterali dei Romani, da parte di un comitato di dieci senatori sotto Cneo Manlio Vulsone. Anche se i Romani non ottenevano alcun guadagno territoriale e ancora si rifiutavano di assumersi qualsiasi responsabilità amministrativa nell'oriente greco, apparivano come una potenza sovrana che poteva prendere decisioni su questioni territoriali e sul pagamento di tributi ad altri stati così come sulla condizione legale delle città greche. Il senato romano aveva conseguito i suoi scopi principali, ovvero distruggere per sempre il potere dei suoi nemici e rafforzare quello dei suoi alleati. Le truppe romane si ritirarono e lasciarono agli stati greci il compito di imparare come rapportarsi con questo nuovo equilibrio dei poteri.

Già negli anni immediatamente precedenti alla pace di Apamea il senato e i magistrati romani si erano inseriti nel vuoto di potere lasciato dal declino del regno antigonide. Nei decenni successivi alla pace, questo ruolo si intensificò: il senato e i generali romani fecero da arbitri nelle dispute territoriali e nei conflitti tra le comunità greche; le ambascerie che venivano di solito inviate alle corti dei re ora attraversavano il mare Adriatico per rivolgersi ai capi romani; i messaggeri romani, infine, erano una vista comune in Grecia e alle corti dei re. Ma Roma non possedeva né amministrava direttamente alcun paese nei Balcani o in Asia Minore. Questo lasciava spazio a sufficienza ai monarchi tradizionali per perseguire le loro politiche e vivere nell'illusione che poco fosse cambiato.

C'erano ancora uomini di stato che pensavano che Roma non dovesse esercitare alcuna influenza sugli affari greci. Filopemene (vedi p. 169) fu definito «l'ultimo dei Greci» da un anonimo romano proprio per questo motivo, per la sua ferma convinzione che la lega achea dovesse rimanere davvero indipendente. Morì mentre stava perseguendo questa linea politica. Non essendo disposto a tollerare la rivolta di Messene contro la lega nel 183 a.C., fece guerra alla città, dove cadde dal suo cavallo dietro le linee nemiche e fu catturato. I suoi nemici lo obbligarono a bere il veleno. La sua morte unì la lega contro i Messeni ribelli e Filopemene ricevette onori divini nella sua patria, Megalopoli, per secoli. Il futuro storico Polibio fu scelto per trasportare l'urna del generale in uno dei funerali più imponenti che si siano mai svolti in Grecia. Quattro secoli più tardi, il viaggiatore Pausania avrebbe commentato che la Grecia smise di produrre uomini per bene dopo la sua morte. Questo è discutibile. Ciò che è sicuro è che né i tentativi degli stati di abbandonare la lega achea né gli interventi di Roma cessarono dopo la sua morte, finché la Grecia non divenne una provincia romana.

8
Gli Stati greci diventano province romane
(188-129 a.C.)

Il dominio come abitudine

In uno studio illuminante sulle teorie proposte per spiegare l'imperialismo romano, Zvi Yavetz cita una barzelletta polacca in cui un prete cattolico cerca di spiegare a un contadino che cosa sono i miracoli. «Se cado dal campanile della chiesa e non mi faccio niente, come lo chiami?» «Un caso», risponde il contadino. «E se cado di nuovo e resto illeso?», insiste il prete, «Ancora un caso». «E se lo faccio una terza volta?» La lucida risposta del contadino è: «Un'abitudine». Se fino alla sconfitta di Antioco gli impegni militari di Roma in oriente potevano essere visti come casi, subito dopo questo evento essi divennero sicuramente un'abitudine.

In quarant'anni, il mondo ellenistico aveva attraversato una vera e propria rivoluzione: il declino e la caduta delle tre monarchie tradizionali – gli Antigonidi, i Seleucidi e i Tolomei – e l'ascesa di una nuova potenza e dei suoi alleati – Roma, Rodi e Pergamo. Quello che i comandanti romani avevano ottenuto, e forse cercato, era l'espansione territoriale in occidente, con la creazione di due province in Spagna e il consolidamento in Italia, con un legame più forte tra le comunità italiche e Roma. La costruzione della via Flaminia nel 220 a.C., una strada maestra che connetteva Roma con l'importante porto di Ariminum (Rimini) sul mare Adriatico, contribuì a questo consolidamento, insieme ad altri provvedimenti, come la fondazione di colonie di cittadini romani in Italia e la concessione della cittadinanza agli abitanti della penisola. Finché l'élite senatoria non aveva ancora ottenuto l'unificazione dell'Italia in un'unica confederazione, essa non poteva preoccuparsi della sottomissione di territori in oriente. Le cose gradualmente cambiarono, a mano a mano che la posizione egemonica di Roma nel Mediterraneo trasformava le sue strutture economiche con l'importazione di un gran numero di schiavi, il declino delle piccole aziende agricole e la nascita dei grandi latifondi, la dipendenza di parte della popolazione dal bottino di guerra e lo sviluppo di interessi economici fuori dall'Italia. Dopo le continue vittorie di Roma in guerre su tutti e quattro i lati del Mediterraneo, la sua politica estera di certo non era più principalmente una politica difensiva; era una politica offensiva. Anche se dovremo seguire lo sviluppo di questa politica separatamente in diversi luoghi, prima in Macedonia e in Grecia, poi in Asia e in Egitto, nel nuovo mondo «intrecciato» essi erano interconnessi.

La fine del regno macedone (179-167 a.C.)

In Macedonia, Filippo V passò i suoi ultimi anni sul trono (fino al 179 a.C.) a difendere i confini ora ridotti del suo regno e a rafforzare il suo esercito. Il suo figlio e successore, Perseo, continuò questa politica, evitando provocazioni e rispettando la libertà della città greche. Ma si comportava ancora come un sovrano sicuro di sé. Era re di un regno ormai ridotto in dimensioni, ma era anche il membro di una dinastia che per secoli aveva svolto un ruolo attivo nella politica greca. Gli mancavano le guarnigioni che un tempo avevano permesso a suo padre di esercitare un controllo su parti della Grecia, ma non gli mancavano gli strumenti diplomatici e propagandistici per riguadagnare una posizione influente. Nel 178 a.C. sposò la figlia del re seleucide, Seleuco IV; sua sorella era sposata con Prusia II, re di Bitinia. Nella Grecia continentale, il santuario di Delfi, rispettato da tutti i Greci, un tempo era stato sotto il controllo del suo antenato, Demetrio Poliorcete. I Macedoni avevano i loro rappresentanti nel consiglio della confederazione sacra (anfizionia) che lo amministrava. Fu qui che Perseo apparve nel 174 a.C., durante la celebrazione dei giochi pitici, con una scorta militare che indicava la sua ambizione a svolgere un ruolo di guida tra i Greci. È più o meno in questo periodo che egli eresse un monumento a Delfi, facendovi incidere vecchi documenti che sottolineavano la protezione offerta al santuario dai suoi antenati. Nel 173 a.C. concluse un trattato con lo stato federale della Beozia.

Le azioni di Perseo erano osservate con attenzione da Eumene II di Pergamo. Quando sopravvisse a un attentato contro la sua vita a Delfi, il re accusò Perseo di essere il mandante dell'assassinio. Seguendo l'esempio di suo padre, Attalo, che aveva provocato la seconda guerra macedone mettendo in allarme il senato romano circa le operazioni di Filippo, Eumene apparve di fronte al senato nel 172 a.C. e, con un'orazione coinvolgente, sostenne che ogni azione di Perseo era una minaccia diretta contro Roma. Il suo discorso ebbe successo, non per la plausibilità dei suoi argomenti, ma perché l'élite romana era aperta alla prospettiva di una guerra in Grecia.

Per alcuni anni Roma non era stata impegnata in conflitti militari e questo era un motivo di frustrazione per i senatori più giovani, che guardavano con invidia alle vittorie, ai trionfi e alla gloria della vecchia generazione. La competizione aristocratica era alimentata dalle guerre. Gli influenti cavalieri romani, membri dell'ordine equestre che nella società romana occupava il secondo posto, erano impegnati attivamente nelle attività commerciali e produttive. Erano pertanto fortemente interessati a nuovo bottino e a nuovi schiavi di guerra, e questa prospettiva appariva attraente anche a parte della popolazione. Gli interessi economici sono una motivazione più plausibile per la nuova guerra di Roma che la difesa degli alleati e gli obblighi derivanti dalla *fides*.

Non c'è da stupirsi se i consoli appena eletti chiesero l'assegnazione della Macedonia come loro area di pertinenza per l'anno successivo. Furono inviate delle ambascerie in Grecia per confermare l'aiuto ai Greci in una eventuale guerra contro Perseo. Allo stesso tempo il re macedone prese provvedimenti per accrescere il proprio prestigio in Grecia, senza però volere un confronto militare. Nelle città greche, molti di coloro che avevano motivo di non essere soddisfatti della loro situazione, soprattutto quanti erano afflitti da debiti, guardavano a lui pieni di speranza, forse non perché Perseo avesse dei progetti concreti di attuare riforme sociali o di cancellare i debiti, ma perché disprezzavano i capi politici che appoggiavano i Romani.

Mentre gli ambasciatori romani giravano per la Grecia in cerca di alleati, i tentativi di Perseo di organizzare degli incontri con loro e di evitare la guerra fallirono. Il senato romano non aveva intenzione di negoziare per evitare un conflitto militare che era già stato deciso. I Romani non presentarono mai alcuna richiesta né diedero alcun ultimatum. Si ebbe l'impressione che sin dall'inizio di questo confronto l'intenzione dei leader romani fosse quella di procedere alla guerra per il bottino che ne avrebbero ricavato. La dichiarazione di guerra giunse all'inizio del 171 a.C. Poco prima dell'inizio di questa terza guerra macedone, i Romani inviarono una lettera a Delfi in cui riassumevano le loro rimostranze contro Perseo. Questo testo, inciso a grandi caratteri nel santuario, è l'eccellente testimonianza della creazione di un *casus belli*. Perseo fu accusato di essere giunto con il suo esercito a Delfi durante la tregua sacra delle feste pitiche; di essersi alleato con i barbari che vivevano al di là del Danubio, quegli stessi barbari che un tempo avevano cercato di rendere schiava la Grecia e di depredare il santuario di Apollo a Delfi; di aver attaccato amici e alleati dei Romani; di aver ucciso gli ambasciatori inviati a concludere dei trattati con Roma; di aver cercato di avvelenare membri del senato e di assassinare re Eumene; di aver fomentato conflitti e discordie nelle città greche, corrotto i capi politici e cercato di vincere il favore delle masse attraverso la promessa della cancellazione dei debiti; di aver progettato una guerra contro Roma per privare i Greci della loro protettrice e renderli schiavi. Seguivano ulteriori accuse, non più conservate dalla pietra, forse false o esagerate come quelle che vi si trovano ancora. Presentare delle rimostranze prima di sferrare un attacco è una strategia di persuasione universalmente applicata. Una delle favole di Babrio (II secolo d.C.) è un commento ironico a questa pratica:

> Una volta un lupo vide un agnello che si era allontanato dal gregge, ma invece di piombare su di lui e di prenderlo con la forza, cercò di trovare un'accusa plausibile per giustificare la sua ostilità. «L'anno scorso, per quanto tu sia piccolo, mi hai calunniato». «E come potrei averlo fatto un anno fa? Non sono ancora nato da un anno». «Bene, non stai dunque depredando questo campo, che è mio?» «No, visto che non ho ancora mai mangiato neanche un filo d'erba né ho iniziato a brucare». «E non hai forse bevuto dalla mia fontana?» «No, sono ancora le mammelle di mia madre a provvedere al mio nutrimento». A quel punto il lupo piombò addosso all'agnello e mentre lo divorava commentò: «Non priverai il lupo della sua cena neanche se ti riesce facile rifiutare tutte le mie accuse».

Nessuno aveva intenzione di privare la lupa della sua cena. In questa guerra, Perseo era quasi interamente isolato, nonostante le simpatie di molti Greci e il risentimento per l'intervento dei Romani. Nella fase iniziale della guerra (171-170 a.C.) riportò qualche successo, ma questo non gli fece guadagnare alcun alleato, tranne il re d'Illiria Genzio, e i Romani non avevano intenzione di negoziare. I tentativi di Rodi di fare da arbitro in questo conflitto furono rifiutati da Roma e visti con sospetto. Nel 168 a.C. Genzio fu sconfitto e catturato. Il nuove console del 168 a.C., Lucio Emilio Paolo, incontrò Perseo in una battaglia decisiva vicino a Pidna nel 168 a.C. All'inizio, l'esercito romano non fu in grado di resistere all'avanzata della terribile falange macedone con tutte le sue lunghe picche. Ma quando le legioni romane si ritirarono sul terreno irregolare delle colline, la falange perdette la sua coesione e i manipoli di Paolo si inserirono negli spazi vuoti che erano venuti a crearsi, attaccando i soldati macedoni ai fianchi scoperti. Le corte spade dei Macedoni erano di scarsa utilità contro le più lunghe spade e i pesanti scudi dei legionari. Nel momento critico in cui cambiò il corso della battaglia, la cavalleria macedone non intervenne, o perché il re era stato ferito all'inizio della battaglia o perché, secondo i resoconti dei nemici, egli era codardamente fuggito. L'esercito macedone fu annientato; si dice che caddero 30.000 Macedoni. Perseo fuggì sull'isola di Samotracia, ma, rendendosi conto della sua condizione disperata, alla fine si arrese a Paolo, che lo condusse a Roma e lo esibì durante il suo trionfo. Morì in prigione ad Alba Fucens poco dopo, nel 165 o 162 a.C.

I provvedimenti dei Romani dopo Pidna sono di tipo diverso rispetto alle loro precedenti reazioni alle vittorie e rivelano un cambiamento significativo nella politica romana. Il regno antigonide della Macedonia fu sciolto. Questa volta la decisione del senato compromise non solo l'integrità territoriale di uno stato ellenistico ma la sua stessa esistenza. I territori del regno furono suddivisi in quattro repubbliche indipendenti chiamate *merides* (distretti), forse corrispondenti a unità amministrative e militari già esistenti (vedi Cartina 1). La *meris* più a sud, con Anfipoli come sua capitale, si estese tra i fiumi Nesto e Strimone; Tessalonica fu la capitale della seconda *meris* nella Macedonia centrale, tra i fiumi Strimone e Assio. Il cuore del vecchio regno macedone, a occidente, divenne la terza *meris*, con la tradizionale residenza macedone, Pella, come sua capitale. La quarta *meris* era costituita dalle regioni montagnose della Macedonia settentrionale (Pelagonia), con Eraclea Lincestide come sua capitale. Ai quattro stati non era permesso avere alcuna relazione tra loro né celebrare matrimoni misti. Fu proibito anche lo sfruttamento delle risorse naturali della Macedonia, legname e miniere, fino al 158 a.C. Metà del tributo che veniva prima versato al tesoro reale doveva ora essere pagato a Roma; per la prima volta, i Romani stavano imponendo il pagamento regolare di un tributo, un chiaro segno di subordinazione, a est del mare Adriatico. Il re, i membri della corte e i tesori reali furono portati a Roma. Queste imposizioni furono presentate ai rappresentanti macedoni ad Anfipoli come una dichiarazione di libertà, dal momento che la popolazione veniva liberata dalla monarchia. In Illiria, la monarchia fu abolita e il territorio fu suddiviso in tre *merides* nominalmente indipendenti.

La nuova natura della presenza romana in Grecia è rivelata anche da provvedimenti relativi al resto dei Greci, incluse le comunità che non erano state impegnate in questa guerra. Quanti negli stati neutrali o alleati avevano avuto un atteggiamento favorevole verso Perseo furono denunciati dai loro nemici politici, arrestati e deportati in Italia, insieme a ostaggi che avrebbero garantito la futura lealtà verso Roma. La lega achea da sola dovette consegnare 1000 ostaggi, tra cui il comandante della cavalleria, Polibio, figlio di un politico di spicco che aveva favorito la neutralità dell'Acaia e membro dell'oligarchia achea dominante. La sua disgrazia costituisce la fortuna dello storico moderno. Polibio divenne tutore dei figli di Emilio Paolo, fu introdotto nel circolo senatorio ed ebbe accesso a documenti e informazioni di prima mano sulla storia recente e contemporanea; queste informazioni costituiscono la base del suo lavoro storiografico che copre il periodo dell'espansione romana dal 264 al 146 a.C. Diviso tra una visione nostalgica del mondo degli stati greci indipendenti e l'ammirazione per le istituzioni e i valori romani, ci ha lasciato riflessioni eccezionali non solo sulla storia politica ma anche sul ruolo dello storico come maestro di politica pragmatica.

In Epiro, l'unico importante alleato di Perseo, furono distrutti e saccheggiati settanta stanziamenti; la loro popolazione, a quanto pare 250.000 persone, fu venduta come schiava. I Rodiesi, amici tradizionali dei Romani, furono severamente puniti solo per aver voluto mediare tra Roma e Perseo. Rodi perdette alcuni territori in Asia Minore – la Caria e la Licia – che furono dichiarati liberi. Ma la sua punizione maggiore fu che l'isola di Delo, indipendente da Atene per la maggior parte del periodo ellenistico (314-167 a.C.), fu restituita agli Ateniesi e fu dichiarata porto franco, vale a dire un porto in cui non venivano applicati dazi doganali né sulle esportazioni, né sulle importazioni. Rodi si trovò all'improvviso con una forte rivale nei commerci e Delo divenne il più importante centro di transito commerciale nel Mediterraneo orientale, attraendo molti commercianti dall'Italia (*Italici*). Anche Eumene II, che dopo tutto aveva provocato la guerra e aveva combattuto dalla parte dei Romani, fu guardato con sospetto dal senato a causa di voci secondo le quali durante l'ultima fase del conflitto avrebbe avuto l'intenzione di evitare la sconfitta totale di Perseo. Con questi provvedimenti Roma si mostrava adesso non un'alleata o una protettrice, ma una dominatrice.

Gli eventi di questi anni mostrano un cambiamento della politica romana a oriente. Fu dichiarata guerra senza un buon motivo; lo stato sconfitto perdette la sua integrità; furono creati nuovi stati, con istituzioni imposte dai Romani; furono pagati dei tributi a Roma; alcuni territori passarono di mano secondo le decisioni unilaterali del senato; dei re furono umiliati (vedi pp. 202-203). Nel 167 a.C., re Prusia di Bitinia visitò Roma con la testa rasata e gli abiti di uno schiavo liberato per chiedere pietà al senato (vedi p. 122). L'impatto psicologico sul mondo greco fu enorme, e possiamo fortunatamente coglierlo nei documenti dell'epoca. Nel 167 a.C., alcuni ambasciatori di Teo in Ionia andarono a Roma per intervenire in favore della loro colonia Abdera in Tracia nel conflitto di quest'ultima con il re trace Cotys. Un decreto che li riguarda mostra la forte tensione emotiva che venne a determinarsi quando l'orgoglio tradizionale di una comunità libera si trovò ad affrontare la necessità di supplicare i Romani: «Quando andarono a Roma come ambasciatori, sopportarono pazientemente disagi fisici e psicologici, facendo appello ai magistrati romani e, con la loro perseveranza, offrendosi come ostaggi ... Si impegnarono anche, faticosamente, a far visita ogni giorno alle case dei ricchi patroni romani, sostando negli atri». Nessun'altra iscrizione greca fa mai riferimento ai disagi dell'anima. Dovendo fare appello ai magistrati romani e sottoporsi ai rituali quotidiani dei *clientes*, gli ambasciatori ebbero l'impressione di non essere più uomini liberi, ma ostaggi, come quelli, innumerevoli, che erano stati portati a Roma a quel tempo. La predizione attribuita ad Agelao a Naupatto si era avverata: le nubi da occidente si erano trasferite sulla Grecia.

Graecia capta: la trasformazione della Grecia in provincia (167-146 a.C.)

Con la dissoluzione del regno antigonide e altri provvedimenti unilaterali del 167 a.C., i Romani dimostrarono la loro volontà di esercitare un potere egemonico sulla Grecia e sull'Asia Minore. E tuttavia ci vollero altri vent'anni perché compissero il passo finale: il dominio diretto attraverso l'annessione del territorio e l'introduzione dell'amministrazione diretta tramite la creazione di province. L'opportunità fu offerta da una rivolta in Macedonia e dai conflitti perenni nel Peloponneso.

Nel 153 a.C., un certo Andrisco, sovrano di Adramittio nel nord-ovest dell'Asia Minore, affermò di essere il figlio di Perseo e il re legittimo della Macedonia. Suo «zio», il re seleucide Demetrio I, non appoggiò la sua rivendicazione al trono e anzi lo consegnò al senato. In questo modo riconobbe nel senato un'autorità superiore che aveva, se non il diritto, almeno certamente il potere di riconoscere la legittimità di un re. A Roma, nessuno prese Andrisco sul serio (il suo nome, peraltro, significa omuncolo). Ma nel 149 a.C., egli riuscì a fuggire da Roma e, con l'aiuto del re di Tracia Teres, che era sposato con la sorella di Perseo, invase la Macedonia, restaurò la monarchia e cominciò a saccheggiare il territorio della Tessaglia. A quanto pare, le classi più povere lo appoggiarono, riponendo in lui le speranze per la cancellazione dei debiti e la ridistribuzione della terra. I Romani in origine sottovalutarono questo pericolo e presero in considerazione la possibilità di lasciare che fosse la lega achea a trattare con lui. Ma nel 148 a.C. cominciò la terza e ultima guerra punica, e Andrisco commise l'errore fatale di allearsi con Cartagine. Una legione romana inviata contro di lui non riuscì a sconfiggerlo e Andrisco conquistò addirittura la Tessaglia. Ma quando due legioni, guidate dal pretore Quinto Cecilio Metello, arrivarono nel 148 a.C., Andrisco non ebbe alcuna possibilità di vittoria. Privo del supporto dell'élite macedone e senza alleati in Grecia, fu presto sconfitto, catturato, esibito in trionfo a Roma e giustiziato.

Più o meno nello stesso periodo, nel Peloponneso il conflitto endemico tra la lega achea e Sparta aveva preso un nuovo corso. Dopo l'assassinio di re Nabide nel 192 a.C., Sparta era stata costretta a unirsi alla lega, ma questo fu sentito dagli Spartani come una perdita di indipendenza. Le tensioni giunsero al culmine quando il senato chiese alla lega di fare da arbitro in un conflitto territoriale tra Megalopoli e Sparta nel 165 a.C. e la lega prese una decisione che favorì Megalopoli. La volontà di Sparta di lasciare la lega fu accolta favorevolmente dal senato. I senatori, o ignari o incuranti delle sensibilità locali, giunsero a consigliare, nel 147 a.C., l'uscita di varie città importanti dalla lega, incluse Corinto e Argo. La situazione divenne esplosiva quando il conflitto acquistò anche una dimensione sociale. Il politico acheo Critolao legò l'inclusione di Sparta nella lega alla promessa di riforme sociali a favore dei diseredati e delle persone gravate dai debiti. Se questo sia stato il risultato di un interesse genuino verso le riforme sociali o semplicemente una mossa populista per ottenere l'appoggio delle masse è difficile da stabilire. Critolao non propose la cancellazione dei debiti, ma solo il blocco dei pagamenti e la liberazione di quanti avevano perduto la loro libertà per non essere riusciti a saldarli. Il suo programma sociale, diretto originariamente contro Sparta, unì tutti quelli che ne avevano tratto profitto e avevano volto la loro ostilità non solo contro Sparta ma anche contro Roma. Il conflitto si trasferì nella Grecia centrale, poiché alcuni stati federali (Beozia, Eubea, Focide, Locride) appoggiavano le politiche di Critolao.

Metello, che dopo la sua vittoria era rimasto in Macedonia, inviò tre ambasciatori all'assemblea della lega achea, ma l'assemblea li rimandò indietro, dichiarando guerra contro Sparta e provocando così la reazione di Roma. Le legioni di Metello marciarono dalla Macedonia senza indugio e sconfissero gli Achei a Scarfia. Critolao cadde in questa battaglia e il suo successore, Dieo, organizzò rapidamente la difesa a Corinto. Nella loro disperazione, i leader achei promisero la libertà e la cittadinanza a tutti i loro schiavi che fossero disposti a combattere. A Leucopetra, vicino a Corinto, i Greci combatterono e perdettero la loro ultima battaglia. Il nuovo console romano Lucio Mummio conquistò la città di Corinto e, probabilmente in accordo con una decisione senatoriale, la rase al suolo nel 146 a.C., l'anno in cui Cartagine subì la stessa sorte. Dieo si suicidò; la popolazione di Corinto fu o uccisa o venduta in schiavitù. Se, con la distruzione di Corinto, il senato voleva dare ai Greci una lezione esemplare – la spiegazione più probabile per questo atto di brutalità – ci riuscì. Per due generazioni, la Grecia continentale non causò alcun problema ai senatori romani.

I provvedimenti di Roma dopo queste vittorie erano senza precedenti non solo per la loro brutalità, ma anche per la loro dimensione istituzionale. I quattro stati macedoni furono aboliti e i loro territori divennero la prima provincia romana in Grecia. La nuova provincia era sotto la responsabilità di un proconsole, un console il cui comando veniva prolungato oltre il suo mandato annuale e a cui veniva affidata una regione direttamente governata da Roma. La giurisdizione del console si estendeva all'Illiria, che dopo l'allontanamento del suo ultimo re, Genzio, nel 167 a.C., era nominalmente indipendente. Il primo governatore dopo la partenza di Metello, Cneo Egnazio, arrivò nel 146 a.C. Con la via Flaminia come modello (vedi p. 183), egli diede subito inizio alla costruzione della strada nota come via Egnazia, che connetteva l'importante porto di Epidamno (Dyrrhachion, Durazzo) sul mare Adriatico con Tessalonica, contribuendo al consolidamento della provincia e migliorando i traffici e le comunicazioni con l'Italia. Riparata molte volte, queste strada è utilizzata ancora oggi (vedi Figura 17).

Una commissione senatoria di dieci uomini regolamentò gli affari nella Grecia centrale e meridionale; allo storico Polibio fu assegnato il compito della riorganizzazione politica della Grecia meridionale. Molti provvedimenti possono essere dedotti solo indirettamente da fonti più tarde. Gli alleati di Roma (Sparta, Atene, Etolia, Acarnania, gli stati federali della Tessaglia) rimasero nominalmente liberi. Tutti gli altri stati (la lega achea, Megara, la Locride, la Beozia, la Focide, l'Eubea) furono assegnati alla giurisdizione del governatore provinciale della Macedonia. Gli stati federali furono sciolti per un breve periodo e quando furono ripristinati il numero dei loro membri fu diminuito: per esempio, il *koinon* acheo fu ridotto ai confini della regione omonima dell'Acaia, nell'angolo nord-occidentale del Peloponneso. Le città rimasero libere e autonome. Dal momento che non ci sono prove della presenza di appaltatori delle imposte (*publicani*) in Grecia, è improbabile che essi in origine dovessero pagare un tributo a Roma. Parte del territorio di Corinto e della terra posseduta da quanti avevano guidato l'opposizione a Roma divenne terreno pubblico romano. La nuova libertà delle comunità greche era radicalmente diversa dalla libertà un tempo dichiarata da Flaminino. Ora c'era un governatore romano in Macedonia, e nessuna comunità greca pensava di prendere alcun provvedimento nella sua politica estera senza prima consultare il governatore e il senato. Per quanto riguarda gli affari esteri, essi erano nelle mani dei capi dei regimi oligarchici che erano stabiliti ovunque e che appoggiavano Roma. Dopo il 146 a.C., la Grecia fu soggetta all'autorità del senato romano.

Ricerche comparative sugli imperialismi hanno riconosciuto alcune caratteristiche comuni che connotano il comportamento di una potenza imperialistica. I provvedimenti di Roma dopo il 146 a.C. – così come alcuni di quelli presi prima di questa data – corrispondono a molte di queste caratteristiche: Roma limitò la libertà degli stati greci in merito alle loro relazioni estere, istituì un'amministrazione provinciale, annetté dei territori, intervenne negli affari locali, obbligò alcune delle comunità dipendenti a pagare un tributo e si aspettava un supporto militare incondizionato; sfruttava le risorse economiche, permetteva ai suoi cittadini di acquisire terra nelle aree assoggettate e obbligava gli stati dipendenti a concludere trattati con Roma come partner in condizioni di disuguaglianza.

Dopo il sacco di Corinto, innumerevoli opere d'arte furono trasportate da Corinto a Roma, dando impulso alla produzione artistica a Roma e in Italia. Cento anni più tardi, Orazio avrebbe riconosciuto l'impatto di questo evento in un verso famoso: *Graecia capta ferum victorem cepit et artes intulit agresti Latio* («La Grecia conquistata conquistò il suo fiero vincitore e introdusse le arti nel rustico Lazio»). Ma i contemporanei di questo evento non potevano riconoscere alcun impatto culturale positivo nella distruzione di una delle città più antiche della Grecia. I Greci erano rimasti sciocccati oltre misura. Con una lunga catena di domande in ritmica sequenza, il poeta contemporaneo Antipatro di Sidone lamenta la distruzione di questa città, sottolineando amaramente la natura effimera del potere e la forza distruttiva della guerra:

> Dov'è la tua ammirata bellezza, dorica Corinto? Dove le corone di torri, dove gli antichi tesori, dove i templi degli dèi, dove i palazzi, dove le donne discese da Sisifo e le folle immense d'un tempo? Neppure una traccia infelicissima avanza di te: tutte afferrò e divorò la guerra. Inviolate restiamo noi sole Nereidi, figlie di Oceano, alcioni delle tue sventure.

Da regno alleato a provincia: gli ultimi Attalidi (159-129 a.C.)

Anche se il regno di Pergamo era stato l'alleato più leale di Roma nelle sue guerre, il tentativo di Eumene II di organizzare una pace tra Perseo e Roma nel 168 a.C. gli guadagnò il sospetto del senato. Il re di Pergamo aveva provocato una guerra pensando di poter utilizzare i Romani contro i nemici macedoni; ma aveva fornito loro solo una scusa per combattere una guerra per i loro propri interessi. Nei decenni successivi, i re pergameni dovettero affrontare due minacce: avevano dispute territoriali con il vicino regno di Bitinia e, più a est, i sovrani galati razziarono ripetutamente il territorio di Pergamo, le città greche in questa zona e la città-tempio di Pessino in Frigia. Nel 166 a.C., anche se Eumene affrontò con successo una sollevazione di tribù galate, Roma riconobbe l'autonomia dello stato galato, punendo Eumene per la sua mancanza di entusiasmo nell'ultima fase della guerra contro Perseo.

A Eumene succedette suo fratello Attalo II (159-139/138 a.C.). Il nuovo re era già un uomo anziano, consapevole della dipendenza da Roma. In una lettera inviata al sacerdote di Pessino, egli cerca di spiegare perché aveva esitato a dichiarare guerra ai Galli d'Asia Minore e, pertanto, non era riuscito a fornire la protezione che ci si attendeva da lui:

Avviare un'impresa senza la loro partecipazione cominciò a sembrare molto pericoloso; se avessimo avuto successo, il tentativo prometteva di portarci invidia e calunnia e funesti sospetti – che i Romani avevano già provato verso mio fratello – mentre, se avessimo fallito, saremmo senz'altro andati incontro alla distruzione. Perché essi, ci parve, non avrebbero guardato al nostro disastro con simpatia, ma, al contrario, sarebbero stati felici di assistervi, dal momento che avevamo intrapreso questi progetti senza di loro. Per come stanno le cose ora, invece, se – Dio non voglia – fossimo battuti su tutti i fronti, avendo agito totalmente con la loro approvazione, riceveremmo aiuto e potremmo recuperare le nostre perdite, con il favore degli dèi.

Le decisioni di Attalo erano soggette all'approvazione di Roma, non sulla base di accordi legali e trattati, ma della nuova realtà politica.

L'espansione della Bitinia sotto Prusia II causò una lunga guerra, dal 159 al 154 a.C. Sostenuto dai re della Cappadocia e del Ponto, Attalo II sconfisse Prusia II, che fu obbligato da Roma a pagare indennità di guerra a Pergamo. Pochi anni dopo, nel 149 a.C., Prusia II fu assassinato dal suo stesso figlio Nicomede. In Cappadocia, Attalo aiutò re Ariarate V nella sua guerra contro suo fratello Oroferne (158-156 a.C.), acquisendo così una significativa influenza anche lì. Nei suoi ultimi anni, Attalo II e suo nipote Attalo III governarono insieme un regno che accumulò tesori attraverso il pagamento di un tributo da parte delle città e delle popolazioni suddite e contribuì alla stabilità nell'Asia Minore occidentale. L'altare di Pergamo (vedi Figura 12), costruito in un qualche momento tra il 184 e il 166 a.C., è la testimonianza più celebre della potenza attalide; le rappresentazioni di una battaglia tra gli Olimpi e i giganti alludevano alle vittorie attalidi sui Galli, mentre altre immagini commemoravano i mitici fondatori di Pergamo.

Ad Attalo II succedette Attalo III, che morì dopo un breve regno (139/138-133 a.C.). Anche se una lunga iscrizione celebra una vittoria militare con la quale Attalo III si guadagnò onori divini, l'erezione di una grossa statua, una festa stravagante e l'istituzione di un anniversario commemorativo, sembra che il reale interesse del re consistesse negli studi medici e botanici. Né la sua vittoria né i suoi trattati di medicina ebbero alcun impatto duraturo. Il suo testamento invece sì. Morendo senza figli, lasciò il suo regno al popolo romano, ma allo stesso tempo rese liberi la città di Pergamo e i suoi territori; sembra che abbia lasciato

12. Altare di Pergamo (dettaglio della battaglia tra gli dèi olimpi e i giganti).

ai Romani di decidere se anche le altre città greche del suo regno, sino ad allora soggette al pagamento di un tributo, dovessero essere liberate. Gli storici moderni pensano che Attalo III temesse i disordini sociali o che non volesse che a salire al trono dopo di lui fosse il suo fratellastro Aristonico. Che al momento della sua morte il governo diretto dei Romani in Grecia fosse una realtà già da oltre un decennio e nessuna decisione politica importante venisse presa in nessuna parte del Mediterraneo orientale senza prima aver consultato il senato romano può aver influenzato la sua decisione.

Le condizioni al momento della morte di Attalo III erano tali che la sua volontà scatenò sviluppi imprevisti. In primo luogo, Roma si trovava in una profonda crisi sociale, principalmente a causa dell'impoverimento dei piccoli proprietari terrieri. Era il tempo in cui Tiberio Gracco stava proponendo le riforme agrarie che suo fratello Caio Gracco avrebbe realizzato dieci anni più tardi. L'eredità di Pergamo fu per Roma una fonte inattesa di fondi per finanziare soluzioni a problemi sociali urgenti e Tiberio propose immediatamente di mettere all'asta i tesori di Attalo e di distribuire il denaro tra i proprietari terrieri. In secondo luogo, Attalo aveva un fratellastro, Aristonico, un figlio illegittimo di Eumene II, che non era pronto a rinunciare al suo patrimonio senza discutere. In terzo luogo, le città greche che erano parte del regno attalide e soggette al pagamento di un tributo videro un'opportunità di riguadagnare la loro piena autonomia. Infine, qualsiasi serio sviluppo politico era destinato a suscitare speranze di cambiamenti più ampi in coloro che non erano soddisfatti delle loro condizioni finanziarie e sociali. La convergenza di questi fattori rese la situazione esplosiva. Aristonico prese il nome reale di Eumene e rivendicò la propria successione al trono. Deve esserci stata una qualche opposizione al testamento e forse un qualche supporto ad Aristonico. Sostenitori di Aristonico potrebbero essere stati quanti erano rimasti privi della cittadinanza per aver lasciato Pergamo dopo la morte di Attalo. Ma in vista della nuova prospettiva di libertà, né Pergamo né altre città greche erano inclini ad accettare un nuovo re. Un'iscrizione di Metropoli in Ionia che onora il politico locale Apollonio, ucciso nel primo anno di guerra nel 132 a.C., esprime questi sentimenti:

> Dopo che re Filometore [Attalo III] morì e i Romani, benefattori e salvatori di noi tutti, restituirono la libertà a quanti erano abituati a essere soggetti al dominio reale di Attalo, in accordo con il loro decreto, e Aristonico giunse e volle privarci della libertà che ci era stata restituita dal senato, Apollonio si sottopose all'obbligo di opporre con parole e azioni quell'uomo, che aveva conferito a se stesso il potere monarchico a dispetto della decisione dei Romani, benefattori comuni, facendosi carico della salvaguardia della libertà in accordo con la volontà del popolo.

Sembra che il senato romano avesse promesso immediatamente di liberare le città dal tributo che dovevano pagare ai re. A confermarlo è il discorso pronunciato da Marco Antonio di fronte all'assemblea dei Greci in Asia nel 41 a.C.: «Vi liberammo dalle tasse che eravate soliti pagare ad Attalo». Le città lo intesero come un ritorno allo stato originale, legittimo.

Privo del supporto delle città, Aristonico ottenne l'appoggio della popolazione rurale promettendo la libertà agli schiavi e la proprietà ai contadini dipendenti. Avendo il controllo di alcune città (Tiatira, Apollonia e Stratonicea sul Caico), fondò anche una città in Misia a cui fu dato il nome di Eliopoli, «la città del Sole». Interpretata tradizionalmente dagli storici marxisti come una rivoluzione sociale, la politica di Aristonico non fu probabilmente altro che una risposta pragmatica alle necessità della loro lotta per il potere. I comandanti militari e le città cercavano regolarmente di espandere la base del reclutamento dei loro eserciti promettendo la liberazione degli schiavi, la cancellazione dei debiti e la concessione della cittadinanza. Riforme socio-economiche serie furono in primo luogo strumenti per rivitalizzare il potere militare di uno stato. Questo non significa che non ci fosse la richiesta di riforme sociali ed economiche in quel periodo. Al contrario, nello stesso momento in cui Aristonico stava iniziando la sua ascesa, Roma stava affrontando per la prima volta una ribellione di schiavi in Sicilia, sotto la guida di un certo Euno, uno schiavo della Siria (135-132 a.C.), e il filosofo stoico Caio Blossio a Roma stava consigliando a Tiberio Gracco di procedere con le riforme agrarie e di distribuire la terra ai diseredati. Dopo l'assassinio di Tiberio nel 133 a.C., Blossio lasciò Roma e raggiunse Aristonico. È possibile che le sue idee filosofiche, delle quali non si sa quasi nulla, abbiano influenzato la fondazione della «città del Sole». Tuttavia, Aristonico probabilmente non iniziò la sua rivolta per attuare riforme sociali, ma approfittò semplicemente dell'insoddisfazione sociale per i suoi propri obiettivi; quanti non erano contenti della loro situazione si unirono a qualcuno che sarebbe potuto diventare il loro paladino, anche se la loro preoccupazione principale non era chi avrebbe governato Pergamo, ma chi avrebbe dato loro la terra e la libertà.

Per ragioni diverse, molte città e tutti i regni vicini (Ponto, Bitinia, Cappadocia e Paflagonia) si unirono in una coalizione sotto la guida di Roma contro Aristonico. Le città temevano le agitazioni sociali, speravano nell'indipendenza e volevano dimostrare lealtà a Roma; i regni obiettavano all'ascesa di uno stato forte nelle loro vicinanze. Aristonico ebbe un qualche successo all'inizio, e il console romano Publio Licinio Crasso fu ucciso durante una delle prime battaglie nel 131 a.C. Le cose cambiarono con l'arrivo di rinforzi sotto Marco Perperna, che assediò Aristonico a Stratonicea, lo catturò e lo portò a Roma nel 129 a.C., dove fu giustiziato con lo strangolamento durante la celebrazione del trionfo del generale.

Subito dopo la fine della guerra, una delegazione di dieci senatori sotto il console Manio Aquillio fu inviata a Pergamo per attuare le disposizioni prese precedentemente dal senato in merito all'accettazione del testamento. I territori orientali del regno (parti della Frigia e della Licaonia) furono probabilmente assegnati ai regni che si erano alleati con Roma (vedi Cartina 5). Restavano territori a sufficienza in Asia Minore per formare una nuova provincia, chiamata Asia. Consisteva nelle aree ellenizzate e urbanizzate dell'Asia Minore nord-occidentale e centrale (Misia, Troade, Ionia, Lidia, Frigia sud-occidentale e parti della Caria). I possedimenti europei degli Attalidi – il Chersoneso tracico e l'isola di Egina – furono inglobati nella provincia di Macedonia. Pergamo e altre città importanti divennero libere, tranne le città che avevano appoggiato Aristonico. Dopo una guerra contro i pirati nell'Asia Minore sud-orientale nel 102 a.C., il territorio della Cilicia Pedias divenne la seconda provincia romana in Asia.

L'espansione come sfruttamento: i *publicani* romani in Asia

Durante il processo della sua espansione, Roma aveva riscosso tributi dalle sue province, inclusa la Macedonia. Le finanze pubbliche dipendevano fortemente da queste tasse, soprattutto dal momento che doveva essere finanziato un intenso programma di riforme sociali. Anche se la nuova provincia d'Asia probabilmente non versava denaro a Roma nei primi anni dopo la sua creazione, c'era da aspettarsi che i Romani seguissero il modello di altre province, come la Sicilia e la Macedonia, e chiedessero un tributo. L'organizzazione del pagamento di un tributo fu l'opera di Caio Gracco e fu una parte essenziale dei suoi tentativi di trovare i mezzi finanziari per rendere possibile la realizzazione delle sue riforme sociali. Ampliando le riforme proposte da suo fratello, Caio propose una serie di leggi miranti a garantire la terra ai cittadini romani, creare insediamenti nelle province, acquistare grano e distribuirlo ai cittadini a basso prezzo, costruire strade ed equipaggiare i soldati a spese pubbliche (123-122 a.C.). Chi avrebbe fornito i mezzi finanziari per realizzare un simile programma? La risposta di Caio fu una riscossione più efficiente dei tributi dalle province, e la nuova provincia d'Asia, appena creata, ritenuta una fonte di ricchezze inimmaginabili, forniva l'opportunità di testare il nuovo sistema.

Un metodo diffuso di riscossione dei tributi era quello di appaltare il diritto di riscuoterli all'imprenditore o al gruppo di imprenditori che faceva l'offerta più alta. Gli offerenti basavano la loro offerta su una stima delle varie tasse che ci si attendeva da una regione – tasse sulle transazioni e sulla terra, dazi doganali nei porti e così via. In questo modo il tesoro riceveva le tasse in anticipo, non aveva bisogno di un apparato amministrativo per la loro riscossione e trasferiva il rischio di ammanchi – ad esempio, a causa di un cattivo raccolto – sugli appaltatori delle imposte. Naturalmente, il singolo o la «società» che aveva acquisito questo diritto faceva tutto ciò che era in suo potere per riscuotere tutte le tasse possibili e superare la cifra già versata al tesoro; il surplus era il suo guadagno. I riscossori di tributi a Roma, organizzati in società chiamate *societates publicanorum*, sono attestati con sicurezza a partire dal 184 a.C., ma devono essere esistiti già prima. I *publicani* appartenevano, per lo più, all'ordine equestre, la classe di Romani ricchi impegnati nei commerci, nell'estrazione mineraria, nella manifattura e nelle imprese finanziarie, e per questo motivo, a partire dal 218 a.C., non avevano il diritto di entrare a far parte del senato o di essere eletti a un'alta carica. I *publicani* divennero famigerati per la loro implacabile riscossione delle imposte e per i metodi spietati che applicavano al fine di chiedere tassi più elevati.

La *lex Sempronia de provincia Asia* di Caio Gracco predispose la riscossione delle tasse nella nuova provincia d'Asia. I contratti per la riscossione delle tasse per un periodo di cinque anni non venivano più fatti nella provincia, sotto la responsabilità del governatore, ma dovevano essere messi all'asta a Roma, sotto la responsabilità del *censor*, uno stimato magistrato responsabile della pubblicazione di un registro di cittadini romani e della loro proprietà. Caio sperava così di ridurre il pericolo di tangenti e di corruzione. La tassa sulla produzione agricola fu fissata al dieci per cento del prodotto; un dazio doganale del 2,5 per cento fu imposto su importazioni ed esportazioni. È assai probabile che una legge riguardante i dazi doganali da pagare per le importazioni e le esportazioni da e per l'Asia per terra e per mare – nella regione economicamente importante che va dal Bosforo alla Panfilia – sia stata elaborata per la prima volta in questo stesso periodo. Questa legge (*lex de portorii Asiae*) fu modificata varie volte e, grazie a un'iscrizione, abbiamo la forma che aveva assunto sotto Nerone (62 d.C.). Questa legge molto dettagliata rivela lo sforzo di regolare rigidamente le questioni fiscali nelle province e così di prevenire decisioni arbitrarie e corruzione, ma anche la perdita di introiti. Neanche le città libere erano esentate dai dazi fiscali fissati al 2,5 per cento del valore dei beni. Solo una zona franca defiscalizzata in Licia fu esentata; l'esenzione era garantita anche agli ufficiali romani, ai soldati e agli esattori delle imposte.

Anche se Caio Gracco introdusse una legge che permetteva alle province di fare appello contro la confisca illegale delle proprietà da parte delle autorità romane (*lex Sempronia repetundarum*), non si riuscì a prevenire gli abusi. Nei decenni che seguirono, le azioni dei *publicani* in Asia divennero ripetutamente oggetto di lamentele e di appelli a Roma.

Per esempio, nel 101 a.C. i *publicani* cercarono di riscuotere le imposte anche dal territorio appartenente alla libera città di Pergamo.

Caio Gracco una volta scrisse una relazione su come suo fratello, viaggiando attraverso l'Etruria, vide la campagna abbandonata dai suoi liberi contadini e i campi coltivati da schiavi stranieri; questo, disse, aveva sollecitato le riforme di Tiberio. Le sue stesse riforme erano l'opera di un cittadino romano sensibile solo verso il benessere dei cittadini romani. Nel frammento superstite di un'orazione, egli spiega le sue ragioni: «Io consiglio l'aumento delle tasse in modo tale che voi possiate più facilmente ottenere vantaggi e amministrare la repubblica». La sua mentalità era quella di un rappresentante di uno stato imperialistico che non avrebbe esitato a sfruttare le popolazioni assoggettate per il bene dei suoi cittadini. Per Cicerone, che scriveva nel 66 a.C., i *publicani* erano gli uomini più onesti e rispettabili; i tributi che essi fornivano erano «i tendini della repubblica» (*nervos rei publicae*). Il punto di vista delle popolazioni delle province romane in oriente era piuttosto diverso, come sintetizzato un secolo dopo le riforme di Caio dallo storico Diodoro: «Lasciò le province alla spietatezza e all'avidità dei riscossori d'imposte; ciò che ottenne fu l'odio giustificato dei popoli assoggettati contro il dominio romano».

Quando l'autore del Vangelo di Luca cercava un personaggio che avesse bisogno nel modo più urgente di pentimento, la scelta ricadde facilmente sul riscossore di imposte, nella parabola del Fariseo e del pubblicano. L'attitudine delle province greche verso Roma nei decenni successivi fu determinata, in buona parte, dalle esperienze che esse ebbero con i rappresentanti più visibili del potere romano.

9
Declino e caduta dei regni ellenistici in Asia e in Egitto

(188-80 a.C.)

Götterdämmerung in oriente

Il lungo tramonto dell'impero dei Seleucidi, durante il quale il loro regno, continuamente ridotto di dimensioni e dilaniato da conflitti interni, divenne irrilevante come potenza internazionale, iniziò subito dopo la pace di Apamea. Durò per più di un secolo e non può essere narrato nel dettaglio. I tentativi dei re Seleucidi di mantenere o riguadagnare parti del loro regno furono inutili. Indeboliti da conflitti dinastici e da rivolte, i Seleucidi gradualmente perdettero non solo le satrapie orientali ma anche buona parte del loro regno. Nell'83 a.C., il trono seleucide fu conquistato dal re armeno Tigrane II; vent'anni più tardi, l'ultimo «re fantoccio» di una dinastia un tempo gloriosa fu ucciso.

Per compensare le sue perdite in occidente, Antioco III iniziò una nuova campagna a est, in Luristan (Iran occidentale), subito dopo l'umiliante pace di Apamea. Morì mentre spogliava un tempio nel 187 a.C.; la sua morte mentre stava commettendo un sacrilegio deve essere apparsa a molti contemporanei come una punizione divina. A succedergli fu il figlio Seleuco IV, che ereditò l'enorme indennità di guerra imposta dai Romani a suo padre. Anziché proseguire la politica espansionistica del padre, Seleuco cercò di affrontare i problemi finanziari del suo regno migliorando l'esazione delle imposte nelle province. Uno dei provvedimenti che prese fu la centralizzazione della nomina dei sacerdoti per supervisionare i templi nelle province e i loro proventi. Un episodio narrato nel Vecchio Testamento e immortalato nel dipinto di Raffaello nella Stanza di Eliodoro in Vaticano è direttamente connesso alla politica del re. Il suo primo ministro, Eliodoro, fu inviato a Gerusalemme per impadronirsi dei tesori del Tempio, costituiti probabilmente dal denaro depositato nel Tempio stesso, ma questo fu evitato grazie all'intervento di Dio. Spetta alla fede del lettore valutare la storicità del racconto biblico, ma per i provvedimenti di Seleuco abbiamo adesso delle prove concrete. Dei ritrovamenti epigrafici in Israele hanno restituito copie di una lettera del re inviata proprio a questo Eliodoro nel 178 a.C. in cui lo si informa della nomina di un sacerdote per la supervisione dei templi in Celesiria e Fenicia.

Un breve periodo di relazioni pacifiche tra i Seleucidi e i Tolomei terminò bruscamente quando, nel 176 a.C., la regina d'Egitto, Cleopatra Sira, morì, lasciando suo figlio Tolomeo VI, ancora minorenne, sul trono. Suo fratello Seleuco IV fu assassinato un anno più tardi da Eliodoro, che aveva sperato di vedere sul trono il figlio di Seleuco, Demetrio, ancora un bambino. Invece a prendere il potere fu il fratello del re assassinato, Antioco IV, che sposò anche la vedova del re – per Laodice questo fu il terzo e ultimo matrimonio con uno dei suoi fratelli. Il fatto che la donna avesse avuto figli sia con Seleuco sia con Antioco fu l'origine di conflitti dinastici che durarono per un secolo (vedi pp. 208-210).

Quando i tutori di Tolomeo VI chiesero la restituzione della Celesiria, Antioco IV sferrò un attacco contro l'Egitto (sesta guerra siriaca), invadendo il suo territorio, raggiungendo Alessandria e catturando il re (170-169 a.C.). La popolazione di Alessandria si ribellò, portando sul trono il fratello di Tolomeo, noto come Tolomeo VIII. I due figli – rispettivamente di sedici e dodici anni – si misero d'accordo per un governo congiunto, ma Antioco utilizzò l'apparente distrazione di Roma a causa della terza guerra macedone per sferrare un secondo attacco e conquistare sia l'Egitto sia Cipro nel 168 a.C. Era vicino ad Alessandria quando un ambasciatore romano, Caio Popillio Lena, rispondendo alla richiesta di aiuto dei re egiziani, gli si fece incontro a Eleusi, un sobborgo di Alessandria. Lena chiese ad Antioco di ritirare le sue truppe dall'Egitto. Quando il re rispose che avrebbe voluto discutere la questione con il suo consiglio, Lena disegnò sulla sabbia un cerchio con il suo bastone intorno al re perplesso e disse: «Dammi una risposta per il senato romano, prima di superare questo cerchio». Di fronte alla prospettiva di una guerra con Roma, Antioco acconsentì a ritirarsi. Quanti assistettero alla scena, nota come «il giorno di Eleusi», devono essersi resi conto del fatto che il mondo era cambiato.

«Il giorno di Eleusi» piombò su Antioco IV in modo inaspettato, in un momento in cui la conquista di parte o di tutto l'Egitto sembrava alla sua portata. Secondo uno schema comune, un sovrano deve compensare un fallimento militare con una dimostrazione di potere. Antioco IV era un maestro di illusione (vedi p. 120); richiedeva una qualche messinscena da parte sua presentare la sua umiliazione a Eleusi come un trionfo. Lo fece organizzando un'imponente parata militare di oltre 50.000 uomini a Dafne, vicino alla capitale di Antiochia, al suo ritorno dalla campagna, nel 166 a.C. Questa ostentazione di potere militare, ricchezza e armi esotiche era destinata a rappresentare il canto del cigno dei Seleucidi.

Più di un secolo separa l'umiliazione di un Seleucide nel «giorno di Eleusi» dalla detronizzazione dell'ultimo «re-fantoccio» seleucide nel 63 a.C. Fu un periodo di declino incessante causato da una convergenza di fattori: una rivolta etnica in Giudea, la perdita delle province orientali e, soprattutto, una catena di conflitti dinastici e di usurpazioni. Anche se gli eventi su tutti e tre i fronti si svilupparono in modo parallelo l'uno all'altro e furono in parte interconnessi, dobbiamo esaminarli separatamente.

Uno scontro di culture in Giudea: da sommi sacerdoti a re

Antioco IV stava ancora conducendo la sua campagna in Egitto nel 168 a.C. quando un conflitto locale a Gerusalemme scatenò una serie di eventi che condussero, in ultima analisi, alla nascita del primo stato giudaico dai tempi della cattività babilonese nel 587 a.C. Gerusalemme e la Giudea, che erano stati sotto il controllo dei Tolomei nel III secolo a.C., erano caduti in mano seleucide nel 198 a.C. come parte della provincia di Celesiria e Fenicia. Le famiglie d'élite giudaiche che avevano prestato servizio presso i Tolomei rappresentavano una minaccia per i nuovi sovrani, ma una guarnigione a Gerusalemme teneva la città sotto controllo. Per ottenere l'appoggio locale, Antioco III e i suoi successori permisero ai Giudei di conservare le loro tradizioni religiose e le loro leggi, e di godere di un certo grado di libertà sotto l'autorità di un alto sacerdote. I re seleucidi erano interessati alle tasse, non ai riti dei Giudei. Già durante il regno tolemaico, dei rappresentanti dell'élite giudaica di Gerusalemme avevano adottato nomi e costumi greci. Questi «ellenizzatori» si scontravano con il disprezzo degli *hasidim*, i Giudei ultraortodossi che erano sotto l'influenza degli esegeti conservatori della Torah, i cosiddetti «scribi». Dal momento che i Giudei ultraortodossi appartenevano per lo più, anche se non esclusivamente, agli strati sociali più bassi della popolazione, questa opposizione tra i due gruppi giudaici divenne anche un conflitto sociale. Ma la contrapposizione sfuggiva a designazioni semplicistiche: aveva aspetti sociali, economici, religiosi e culturali. Gli ellenizzatori erano tutto tranne che un fronte unito con un programma chiaro. Ambizioni e inimicizie personali, così come la competizione per l'ufficio di sommo sacerdote, trasformarono questa complessa contrapposizione in un conflitto sanguinoso.

Un ellenizzatore noto con il suo nome ellenico, Giasone, il corrispettivo greco di Gesù, riuscì a diventare sommo sacerdote nel 175 a.C. promettendo di aumentare il tributo pagato ad Antioco IV. È dubbio se le sue riforme seguissero un programma politico coerente, ma c'erano passi evidenti verso l'accettazione delle istituzioni greche, ad esempio l'istituzione di un ginnasio come luogo di addestramento atletico e militare e l'introduzione dell'*ephebeia* – l'addestramento civile e militare dei futuri cittadini. Giasone dedicò un luogo di culto sul Monte del Tempio, dove si trovava il secondo tempio, a Zeus Olimpio. Non sconsacrò il tradizionale luogo di culto giudaico di Yahweh, il cui altare restò intatto, ma intendeva permettere alla comunità mista di coloni militari di origini greche e orientali che vivevano a Gerusalemme di venerare i loro propri dèi del cielo – lo Zeus Olimpio dei Greci e il siriaco Baal-Shamen. Ma nel 172 a.C. Menelao, un ellenizzatore più fervente, promise al re un tributo ancora più alto e spodestò Giasone dal suo incarico; di conseguenza, Gerusalemme divenne il palcoscenico di un violento conflitto tra due uomini ambiziosi, con Menelao che occupava la cittadella e Giasone che prendeva possesso della città. Nonostante le voci di una sua uccisione in Egitto, Antioco IV arrivò a Gerusalemme nel 168 a.C., determinato a porre fine a questi disordini appoggiando Menelao e prendendo provvedimenti molto severi contro i facinorosi. Ma andò troppo in là. I diritti concessi ai Giudei da suo padre e rispettati fino ad allora furono revocati: furono aboliti i riti tradizionali, come la circoncisione; i Giudei non avevano più il permesso di osservare la Legge; una fortezza (Akra, la cittadella) fu costruita per la guarnigione seleucide. Questi provvedimenti, che nelle intenzioni di Antioco dovevano essere la soluzione a un problema locale e non un ambizioso programma di ellenizzazione, né una campagna anti-giudaica, portarono a una rivolta giudaica nota come la guerra dei Maccabei. Quanti si opposero ai nuovi provvedimenti lasciarono Gerusalemme e organizzarono la resistenza in campagna e nel deserto sotto la guida di Mattatia (fino al 165 a.C.) e poi dei suoi figli Giuda Maqqabi o Maccabeo (165-160 a.C.) e Gionata (160-143 a.C.). Antioco non riuscì a sedare la rivolta perché impegnato in una guerra in Iran, dove morì nel 164 a.C. Giuda occupò Gerusalemme, tranne la cittadella, e riconsacrò il Tempio nel 164 a.C. La restituzione del Tempio al culto giudaico è commemorata ancora oggi con la festa di Hanukkah. Il visir di Antioco Lisia, ansioso di diventare reggente del nuovo re, Antioco V, accettò in fretta e furia un trattato di pace che restituiva i diritti ai Giudei. Ma questa non fu la fine della rivolta.

Negli anni seguenti, i conflitti interni ai Giudei proseguirono. Quando un esercito sotto il comandante seleucide Nicanore fu sconfitto da Giuda nel 161/160 a.C., il nuovo re seleucide, Demetrio I (vedi p. 209), cominciò una nuova campagna. Anche se Giuda incontrò la sconfitta e la morte nel 160 a.C., i ribelli avevano già stabilito contatti con Roma, e il fratello di Giuda, Gionata, continuò la lotta per alcuni anni contro il generale seleucide Bacchide. Un trattato di pace con i Seleucidi gli permise di accrescere il suo potere, con Machmas (o Michmash) come sua roccaforte. Il punto di svolta della ribellione giunse nel 150 a.C., quando Gionata approfittò dei conflitti dinastici nel regno seleucide. Offrì i suoi servizi all'usurpatore Alessandro Bala (vedi p. 209), ricevendo in cambio non solo l'incarico di sommo sacerdote ma anche la posizione politica di *meridarches* (il capo della *meris*, il governatorato della regione della Giudea). Fu questo il primo passo verso la creazione di uno stato giudaico. Quando comparve l'usurpatore successivo, Diodoto Trifone, Gionata offrì di nuovo i suoi servizi, ma cadde vittima di un tradimento. Trifone lo invitò a un incontro, lo arrestò e lo fece giustiziare nel 143 a.C. Per vendicare la sua morte, il fratello di Gionata, Simone, si schierò dalla parte del re legittimo, Demetrio II, e ottenne la libertà dalle tasse e il riconoscimento del ruolo di primo sovrano di una semi-indipendente Giudea nel 142 a.C. L'anno seguente un concilio di sacerdoti, anziani e gente comune lo elesse sommo sacerdote a vita. Questo fu l'inizio della dinastia degli Asmonei, che governò la Giudea fino al 63 a.C. Dopo l'assassinio di Simone nel 135 a.C., suo figlio Giovanni Ircano (135-104 a.C.) proseguì il suo lavoro, conquistando la Transgiordania, la Samaria, la Galilea e la Idumea, ma restando un vassallo dei Seleucidi fino al 110 a.C., quando il suo stato divenne completamente indipendente. La Giudea sopravvisse come stato fino all'occupazione romana di Gerusalemme nel 63 a.C., anche se dilaniata dai conflitti dinastici e dalla guerra civile, impegnata in frequenti guerre con i re seleucidi e gli usurpatori.

L'ascesa e la caduta dei regni greci in Asia centrale

Parallelamente a quanto stava accadendo in Giudea, i Seleucidi stavano combattendo per mantenere il possesso della maggior parte dei loro territori nella parte orientale dell'impero. Anche se alla fine perdettero le cosiddette satrapie superiori, nell'Iran e nell'Afghanistan attuali, la cultura e le istituzioni greche continuarono a prosperare in quelle zone fino alla fine del II secolo a.C., con un impatto significativo sull'arte e sulla cultura dell'Asia centrale.

La lealtà delle satrapie superiori dipendeva dalla capacità di un monarca di offrire protezione contro le razzie delle tribù nomadi e delle invasioni straniere. Con la sua grande campagna militare tra il 210 e il 204 a.C., Antioco III aveva ripristinato la propria autorità in quelle zone, costringendo i satrapi disertori e i dinasti locali ad accettarlo come loro signore. Ma la sua sconfitta da parte dei Romani e i successivi disordini crearono un vuoto di potere. Il regno che trasse il maggiore vantaggio dal conseguente declino seleucide fu quello dei Parti.

Il regno dei Parti era stato creato quando la satrapia di Partia nell'Iran nordorientale si separò dal regno seleucide nel 247 a.C. e il satrapo Andragora si autoproclamò re. Il suo regno fu conquistato nel 238 a.C. dalla popolazione iranica dei Parni, conosciuti a partire da questo momento con il nome di Parti. Incapace di ristabilire qui il proprio potere, Antioco III non poté fare altro che tollerare Arsace II come re e chiedere, nel 209 a.C., che il re dei Parti lo riconoscesse come signore. Quando Mitridate I (171-138 a.C.) salì al trono, si presentò un'opportunità di espansione. Antioco IV si era concentrato sulle campagne in Egitto e poi sui problemi in Giudea. Nei primi anni del suo regno, Mitridate conquistò Herat e parti della Battriana (vedi Cartina 6). La morte di Antioco IV nel 164 a.C., durante la sua campagna contro i Parti e i conflitti dinastici che ne seguirono, diedero a Mitridate l'opportunità di conquistare gradualmente i territori seleucidi a est del Tigri (Media e Persia) e parti della Mesopotamia e della Babilonia. Nel 141 a.C., Seleucia sul Tigri, la prima capitale seleucide, che doveva il suo nome al fondatore della dinastia, cadde in mano a Mitridate e divenne la capitale occidentale dell'impero dei Parti. I territori che non furono conquistati dai Parti caddero sotto il controllo di dinasti locali, noti grazie alle loro monete. Anche se alcuni dei re seleucidi successivi ripresero la lotta contro i Parti, non riuscirono mai a riconquistare i territori perduti. Quando i Seleucidi furono privati di tutti i loro possedimenti in

Iran, i Greci più a oriente, in Battriana e in India, furono tagliati fuori dal resto del mondo ellenistico.

Il regno greco-battriano nacque dal bisogno delle satrapie più a est di difendersi contro l'emergente stato parto. Re Eutidemo era stato costretto alla subordinazione da Antioco III, ma il figlio di Eutidemo, Demetrio I, rese di nuovo autonomo il regno greco-battriano e, approfittando della caduta dell'impero Maurya in India nel 185 a.C., riconquistò Arachosia (Afghanistan del sud/Pakistan del nord; vedi Cartina 6). Un'iscrizione trovata in una qualche parte della Battriana orientale elogia Eutidemo come «il più grande di tutti i re» e suo figlio Demetrio come «colui che ha vinto giuste vittorie». Le campagne di Demetrio, che forse lo portarono fino all'India del nord, erano già iniziate durante il regno di suo padre. Dopo la morte di Demetrio, intorno al 180 a.C., il suo regno fu diviso a causa di usurpazioni da parte dei generali. Un regno indo-greco sorse intorno al 175 a.C., con Gandhara (nell'attuale Pakistan) come suo nucleo centrale; nei periodi di espansione possedette ulteriori territori in Arachosia, Paropamisade e Punjab. Il regno greco-battriano vero e proprio fu diviso in due parti, governate da due diverse dinastie. Il sovrano più importante fu Eucratide (170-145 a.C. circa; vedi Figura 8). Regnò su una vasta area, ma non riuscì a impadronirsi dei territori orientali controllati dal re Menandro (165/155-130 a.C. circa), il più grande dei re indo-greci.

La storia successiva di questi regni ellenistici a oriente costituisce anche un episodio della storia dell'Asia centrale. Il movimento delle popolazioni nelle steppe dell'Asia centrale avviò il movimento di tribù verso ovest e verso sud. Le invasioni di tribù nomadi, prima gli Sciti da nord e poi gli Yuezhi (Tocari?) dal confine occidentale della Cina, distrussero l'autorità centrale e favorirono la dissoluzione dei regni greco-battriani intorno al 130 a.C. Anche se il regno indo-greco perdette la sua unità più o meno nello stesso periodo, i sovrani greci continuarono a controllare buona parte del regno di Menandro. Conosciamo i loro nomi dalle loro monete, che recano didascalie bilingui greco-indiane, e da informazioni sparse in fonti greche, indiane e cinesi. Isolati e protetti dalle invasioni dalla catena montuosa dell'Hindu Kush, poterono detenere il potere più a lungo dei Greco-battriani, ma le invasioni degli Sciti, dei Parti e degli Yuezhi ridussero gradualmente i loro territori. Un'iscrizione da Mathura (attuale Uttar Pradesh nell'India del nord) fa riferimento alla costruzione di un pozzo nel «sedicesimo anno del regno degli Yavanas» (gli Ioni, cioè i Greci); se quest'era locale cominciò con Demetrio (186/185 a.C. circa), l'implicazione è che i sovrani greci controllarono questa zona fino all'inizio del I secolo a.C. L'ultima dinastia indo-greca governava ancora il Punjab orientale nel I secolo a.C., quando i territori di Stratone, il loro ultimo re, furono conquistati dagli Indo-sciti intorno al 10 d.C.

I re greco-battriani e indo-greci conservarono la lingua e la cultura greca e promossero il sincretismo tra la religione greca e il credo buddista (vedi p. 407). La fusione tra arte greca e religione buddista è evidente nei rilievi buddisti della zona di Gandhara. Da qui l'influenza artistica greca si espanse fino al subcontinente indiano ed è riconoscibile fino al II secolo d.C. Un'iscrizione con un componimento lungo ed elaborato proveniente da Alessandria Arachosia (Kandahar) alla fine del I secolo a.C. (vedi pp. 403-404) è la prova della conservazione di una cultura greca sofisticata oltre la caduta dei regni greco-battriani.

I conflitti dinastici seleucidi e la morte lenta della dinastia

La perdita di territori nelle parti orientali e occidentali dell'impero seleucide coincise con, e fu in parte determinata da, i conflitti dinastici che iniziarono dopo la morte di Antioco IV nel 164 a.C. e che durarono per un secolo. Oltre ai problemi intrinseci a ogni sistema in cui una posizione di potere è occupata non sulla base del merito ma dell'eredità, la crisi seleucide peggiorò a causa della confluenza di ulteriori fattori. A differenza di molti re precedenti, che erano saliti al trono dopo essere stati associati dai loro padri al governo dei regni e aver acquisito una formazione e un'esperienza sufficienti a governare, a partire dal III secolo a.C. l'infante reale, posto sotto la tutela di un cortigiano ambizioso o di una regina vedova, diventa un fenomeno molto comune. La preoccupazione principale dei tutori non era formare i giovani, ma conservare il loro proprio potere e la loro propria sopravvivenza. Altri fattori nuovi – almeno per intensità – furono gli interventi di regni stranieri e di Roma nelle questioni di successione. La debolezza dei sovrani faceva sì che le donne delle varie dinastie avessero reali possibilità di intervento politico. Nel primo periodo ellenistico, le principesse erano state per lo più strumenti diplomatici, concesse in mogli a re stranieri dai padri e dai fratelli. Tuttavia, molte donne di stirpe reale nel II e nel I secolo a.C. erano consapevoli del loro peso politico e del ruolo che potevano svolgere nella legittimazione del potere di un fratello o di un figlio. Consapevoli erano anche le popolazioni delle capitali, che stabilivano dei requisiti perché la legittimità di un re fosse da loro accettata. Che la popolazione delle capitali fosse divenuta parte attiva dei cambiamenti dinastici non fu una delle cause della crisi, ma di certo fu uno dei suoi sintomi.

La storia molto confusa delle guerre civili seleucidi non può essere qui raccontata, ma dovremo esaminare almeno che cosa causò la catena senza precedenti di conflitti dinastici. La storia più antica di questi conflitti è istruttiva. Al tempo dell'assassinio di Seleuco IV nel 175 a.C., suo figlio Demetrio, di sei anni, era tenuto a Roma come ostaggio. In assenza di Demetrio, il fratello di Seleuco, Antioco IV, usurpò il trono e sposò la vedova di suo fratello, che era anche sua sorella. Quando Antioco IV morì nel 164 a.c., suo figlio Antioco V era un bambino di nove anni. Demetrio si rese conto che era questa la sua occasione di rivendicare il trono. Si rivolse al senato romano per ottenerne l'appoggio, assegnandogli l'autorità di riconoscere la legittimità di un re ellenistico. Il senato preferì un bambino sul trono piuttosto che un giovane ambizioso e respinse la sua richiesta, ma questo non scoraggiò il principe ventiduenne. Demetrio fuggì da Roma e tornò in Siria nel 161 a.C., dove uccise Antioco V e il suo visir Lisia e diede inizio a un regno che è sintetizzato così da Kavafis nel primo verso della sua poesia *Demetrio Sotere*: «Ogni attesa per lui finì delusa».

All'inizio, sembrava che Demetrio potesse avere la possibilità di riunificare l'impero. In Giudea sconfisse Giuda Maccabeo, e in Media sconfisse il satrapo Timarco, che aveva difeso la satrapia dai Parti e si era autoproclamato re (162-160 a.C.). Entrambi i nemici furono uccisi, ma entrambi avevano dei fratelli, che contribuirono alla caduta di Demetrio. In Giudea, Gionata Maccabeo proseguì la rivolta, e il fratello di Timarco, Eraclide, trovò un giovane nel 152 a.C. che potesse avanzare delle pretese sul trono seleucide: Bala. Questi era di origine oscure, ma fu presentato come figlio di Antioco IV e assunse un nome associato con la regalità e la gloria: Alessandro.

A questo punto del suo breve regno Demetrio I aveva già accumulato così tanti nemici interferendo nei conflitti dinastici nel vicino regno di Cappadocia e in Egitto che la sua lotta contro l'usurpatore Alessandro Bala era destinata al fallimento. Il senato romano appoggiò la rivendicazione di Bala, Gionata Maccabeo appoggiò l'usurpatore in cambio dell'alto sacerdozio e Tolomeo VI diede in moglie a Bala sua figlia Cleopatra Tea. Demetrio I, noto come Soter (Salvatore), fu incapace di salvare se stesso. Fu sconfitto e ucciso nel 150 a.C.

Questa non fu la fine ma l'inizio delle guerre dinastiche. Il figlio di Demetrio, Demetrio II, sfidò con successo il governo di Bala nel 147 a.C., ma il suo stesso regno fu breve, impopolare e infelice. Doveva il suo trono alla protezione straniera e al supporto militare dei mercenari. Il saccheggio di Antiochia da parte di questi mercenari portò a una rivolta popolare. La rivolta fu soffocata nel sangue, ma i giorni di Demetrio ad Antiochia erano contati, e con questi anche i giorni di un regno seleucide unificato. Dilaniato dalle pretese al trono di un numero sempre crescente di figli di re defunti, dagli sforzi dei sovrani di regioni semi-autonome di guadagnare la loro autonomia e dalle ambizioni di vedove reali e di generali, il regno seleucide fu diviso e le province a est del Tigri o caddero in mano ai Parti o divennero regni autonomi. È probabilmente intorno all'epoca di Demetrio II che la satrapia seleucide nella zona del Golfo Persico, Ispaosine, dichiarò la propria indipendenza, fondando il regno di Caracene, che controllava la zona a sud della confluenza tra il Tigri e l'Eufrate, e il Golfo Persico almeno fino al Bahrain. Un'iscrizione del Bahrain, una dedica fatta dal generale del distretto «di Tilo e delle Isole» ai Dioscuri a nome del re Ispaosine e della regina Talasia, mostra la conservazione, nel nuovo regno, delle istituzioni amministrative seleucidi, della lingua e della cultura greche.

Nei primi decenni del I secolo a.C., dopo anni di guerre e di atrocità, il regno seleucide diviso consisteva in poco più che nel territorio intorno ad Antiochia. Circondato da nemici, il regno aveva perduto il suo significato e i re il potere di legittimare la loro autorità offrendo sicurezza e prosperità alla popolazione, privilegi alle città, bottino di guerra all'esercito e favori ai cortigiani. Nell'83 a.C., la popolazione di Antiochia invitò il re più potente della zona a prendere il trono: Tigrane II, re dell'Armenia. Negli anni precedenti, Tigrane aveva espanso i confini del suo regno a spese dei Parti, conquistando dei territori nell'Iran settentrionale e in Iraq. Tigrane accettò l'offerta, infastidendo così il senato romano, che preferiva riconoscere un principe seleucide come «re-fantoccio». Questo non impedì a Tigrane di aggiungere al suo regno non solo la Siria, ma anche la Cilicia, portando i suoi confini a coincidere con quelli dell'Asia Minore. Per la prima volta dalla battaglia di Gaugamela nel 331 a.C., quando Alessandro sconfisse il Gran Re e fu dichiarato re d'Asia, un re di origine iranica con il titolo di Re dei Re governava un impero che si estendeva dal mar Caspio fino al Mediterraneo. Se l'83 a.C. non è l'anno che segna la fine della cultura ellenica in questa zona, è solo grazie alla vittoria di Pompeo su Tigrane nel 63 a.C. La Siria tornò allora a far parte del mondo greco, anche se come provincia romana.

Il gioco dei troni: le guerre civili dei Tolomei

Uno sceneggiatore che si sforzi di creare trame per una soap opera piena di rivalità familiari, intrighi, relazioni incestuose, omicidi e i più incredibili rovesci di fortuna non dovrebbe fare altro che cercare ispirazione negli ultimi 150 anni della dinastia tolemaica. La gloria di questo casato aveva raggiunto il suo apogeo con due fratelli che si erano sposati, avevano regnato insieme ed erano noti come Filadelfi, il re e la regina «amanti del fratello»: Tolomeo II e Arsione II. Epiteti reali come Filopatore (amante del padre, per Tolomeo IV, VII e XIII e per Cleopatra VII) e Filometore (amante della madre, per Tolomeo VI) trasmettevano l'immagine di una famiglia amorevole. La realtà era diversa.

Tolomeo V era un bambino di undici anni quando Antioco III conquistò la Celesiria e la Fenicia nel 198 a.C. Per buona parte del suo regno l'Egitto meridionale fu in mano a ribelli egizi governati dal faraone locale Ankmachis. La famosa stele di Rosetta, un'iscrizione in greco, geroglifico e demotico che ha reso possibile la decifrazione della scrittura geroglifica, risale al periodo in cui Tolomeo prese personalmente il controllo di parte del regno nel 196 a.C. Contiene un decreto di sacerdoti egizi a Menfi che gratificano di onori divini il re tredicenne come riconoscimento per l'esenzione dalle tasse da lui concessa ai templi. Il testo prova, più che il potere del re, la sua dipendenza dai sacerdoti tradizionali. Tolomeo impiegò altri undici anni perché l'usurpatore nell'Egitto meridionale fosse arrestato e fu solo nel 183 a.C. che i ribelli furono infine sconfitti. Il suo matrimonio con Cleopatra I Sira nel 193 a.C. portò la pace con i Seleucidi, almeno temporaneamente. Quando Tolomeo V morì nel 180 a.C., Cleopatra divenne la prima regina a governare l'Egitto per conto proprio, mentre il suo figlio maggiore, Tolomeo VI, aveva solo sei anni. La morte di Cleopatra nel 176 a.C. segnò l'inizio di un lungo periodo di sanguinosi conflitti dinastici, guerre civili e disordini che finirono solo quando l'ultima Cleopatra (VII) riuscì a sbarazzarsi dei suoi fratelli-mariti Tolomeo XIII nel 47 a.C. e Tolomeo XIV nel 44 a.C. e rimase l'unica, e ultima, sovrana d'Egitto.

Con la morte di Cleopatra I, Tolomeo VI Filometore, di dieci anni, rimase l'unico sovrano. Secondo la prassi tolemaica, sposò sua sorella

Cleopatra II, con cui ebbe quattro figli. Senza tener conto dei problemi che avrebbe causato agli storici del futuro, chiamò entrambi i figli Tolomeo ed entrambe le figlie Cleopatra. I maschi, Tolomeo Eupatore ([figlio] di un buon padre) e Tolomeo VII Neo Filopatore (nuovo amante del padre) sono di scarsa rilevanza storica, fatta eccezione per i brevi periodi in cui regnarono insieme al padre, prima di morire in giovane età. Non si può dire lo stesso per le due Cleopatre. Cleopatra Tea divenne regina delle Siria (vedi p. 210), sposò in successione Alessandro Bala, Demetrio II, Antioco Sidete e di nuovo Demetrio II. Sua sorella Cleopatra III superò qualsiasi altra regina ellenistica nella sua lotta per il potere.

I fattori che contribuirono alle crisi dinastiche nell'Egitto Tolemaico non sono diversi da quelli già menzionati in connessione con la crisi dinastica nel regno seleucide. Minorenni senza esperienza venivano posti sul trono; dei fratelli erano costretti a regnare insieme ma finivano per lottare tra loro per il potere assoluto; le regine – madri reali e sorelle-mogli – erano ora profondamente coinvolte nella lotta per il potere, come lo erano i cortigiani. Interventi stranieri, specialmente da parte di Roma e dei Seleucidi, ignoti nel III secolo a.C., erano ora comuni e contribuivano alla crisi di potere. Re deposti dai loro fratelli o sorelle presero l'abitudine di andare a Roma a chiedere aiuto. Più debole era l'autorità reale, più forte il ruolo svolto dalla popolazione della capitale, le cui rivolte contribuivano alla caduta di un re e alla sua sostituzione con un parente. A differenza del regno seleucide, l'Egitto non fu soggetto a incursioni straniere – con l'eccezione dell'invasione da parte di Antioco IV durante la sesta guerra siriaca del 170-168 a.C. – ma i suoi re, in compenso, ebbero problemi locali: il controllo di due province lontane, la Cirenaica e Cipro, che in tempi di guerra civile erano spesso governate da re autonomi; l'insoddisfazione della popolazione indigena per l'amministrazione reale che determinava piccole sollevazioni di contadini e, più spesso, la loro diserzione dai campi.

Tra il 170 e il 118 a.C., l'Egitto fu teatro di varie guerre civili tra re e regine, fratelli e sorelle, che avevano invariabilmente i nomi di Tolomeo e Cleopatra. Qualche episodio di questi decenni turbolenti esemplifica la grandezza della crisi. Temendo attentati reali o immaginari alla sua vita, uno dei re di questo periodo, Tolomeo VIII Fiscone (Grassone), che governava sulla Cirenaica, prese un provvedimento senza precedenti per accertarsi che se anche suo fratello Tolomeo VI fosse riuscito ad assassinarlo, non avrebbe avuto nulla da guadagnare. Nella primavera del 155 a.C., pubblicò un testamento, secondo il quale in caso di sua morte il regno sarebbe diventato proprietà del popolo romano. Anche se i termini di questo testamento non furono mai rispettati (Fiscone sopravvisse a suo fratello), divenne il modello per tre lasciti simili, attraverso i quali Roma ottenne il controllo dei territori del regno di Pergamo nel 133 e di Cirenaica e Bitinia nel 74 a.C.

Il secondo episodio riguarda di nuovo Fiscone. Quando suo fratello Tolomeo VI morì nel 145 a.C., gli succedettero suo figlio Tolomeo VII e la sua vedova Cleopatra II. Spinto dalla popolazione di Alessandria, che ne chiedeva il ritorno, Fiscone conquistò Cipro e avanzò verso la capitale. Cleopatra II, sostenuta soltanto dalla popolazione giudaica della capitale e dagli studiosi del Museo, riconobbe che la resistenza sarebbe stata inutile e accettò di sposare Fiscone. Questo segnò il destino di suo figlio: Tolomeo VII fu assassinato nella notte delle nozze. Fiscone si mostrò spietato nella sua vendetta. Perseguì tutti coloro che gli si erano opposti in passato, inclusi molti intellettuali, che furono mandati in esilio. Altri centri di cultura, tra cui Pergamo, avrebbero tratto vantaggio da questo esodo di studiosi.

Una nuova svolta drammatica in questo gioco dei troni occorse nel 142 a.C. Fiscone si innamorò della figlia di sua moglie (nonché sua nipote), Cleopatra III, e la prese come seconda moglie. Questo incestuoso *ménage à trois* non funzionò bene e la lotta tra le due Cleopatre portò alla divisione del regno nel 131 a.C. Con il sostegno della popolazione di Alessandria, che diede fuoco al palazzo, Cleopatra II riuscì a occupare il trono da sola, mentre Fiscone fuggì a Cipro insieme a Cleopatra III e all'unico figlio che aveva avuto da Cleopatra II: Tolomeo Menfite. Da Cipro, Fiscone inviò alla sua sorella-moglie un macabro dono: la testa, le mani e i piedi del loro figlio. Riconquistò il controllo dell'Egitto nel 127 a.C. e Cleopatra II andò in esilio fino al 124 a.C., quando divenne possibile la riconciliazione con suo fratello e sua figlia.

Nel 118 a.C. fu dichiarata un'amnistia; il documento sopravvive e rivela quanto fosse stata profonda la divisione del paese, con vari gruppi – la popolazione greca, i sacerdoti egiziani, i contadini indigeni e i soldati – che partecipavano alla guerra civile o ne diventavano le vittime. Quando gli inviati romani sotto Scipione Emiliano avevano visitato l'Egitto nel 140/139 a.C., avevano ammirato la fertilità e la prosperità della terra, il gran numero di città e di villaggi, la popolazione numerosa, le infrastrutture e la sicurezza. Vent'anni più tardi, le formulazioni accuratamente scelte del decreto di amnistia non riuscivano a nascondere l'impressione di un regno dove la legge e l'autorità erano state trascurate per anni. La campagna era stata abbandonata dai contadini, che erano diventati briganti; il tesoro reale aveva sofferto dei ritardi nel pagamento delle tasse e i templi dell'interruzione del versamento dei contributi; la terra era stata occupata illegalmente, le case distrutte e i supplici allontanati dai loro luoghi di asilo; i magistrati avevano abusato del loro potere; le infrastrutture, infine, erano state lasciate senza le cure appropriate.

I conflitti dinastici proseguirono e alla fine del II secolo a.C. il regno tolemaico era diviso, di fatto, in tre parti: Egitto, Cirene e Cipro. La Cirenaica andò perduta per sempre nel 96 a.C., quando il suo ultimo re, Tolomeo Apione, lasciò libere le città e diede in eredità il suo regno al popolo romano. I Romani crearono una nuova provincia in Cirenaica nel 74 a.C. Tolomeo IX Latiro riunificò temporaneamente ciò che restava del regno nell'88 a.C., ma la sua morte nell'81 a.C. aprì l'ultima fase del gioco dei troni tolemaico.

10
Un campo di battaglia di ambizioni straniere
(88-30 a.C.)

Nostalgia della libertà di fare la guerra

Poiché se lasciate che le nubi che si stanno ora addensando in occidente si fermino sopra la Grecia, temo fortemente che il potere di fare la pace o la guerra, e, in una parola, tutti questi giochi che stiamo giocando l'uno contro l'altro, ci saranno strappati di mano in modo così completo che dovremo pregare il cielo perché ci garantisca solo questo, il potere di fare la guerra o la pace gli uni con gli altri come ci pare e piace, e di dirimere le nostre proprie controversie.

Quando Polibio scrisse queste righe, intorno alla metà del II secolo a.C. (vedi p. 163), sapeva che ciò che aveva preoccupato un politico dell'Etolia nel 217 a.C. era diventato realtà: il potere crescente di Roma aveva privato i Greci della loro libertà di combattere le loro guerre. Le guerre erano state onnipresenti nei due secoli successivi alla morte di Alessandro. Con l'eccezione di invasioni barbariche occasionali alle frontiere del mondo ellenistico, queste guerre avevano riguardato stati, confederazioni e regni greci. Ma dalla fine del III secolo a.C. in poi, le guerre macedoni avevano determinato un cambiamento significativo nella guerra greca: avevano reso i Romani parte dei «giochi che i Greci stavano giocando gli uni contro gli altri». E intorno alla metà del II secolo a.C. l'imposizione di un governo romano diretto nella maggior parte della Grecia e in buona parte dell'Asia Minore rese impossibili le guerre tra i Greci. E tuttavia un altro cambiamento importante, che Polibio non avrebbe mai potuto prevedere, occorse nel I secolo, quando Grecia e Asia Minore divennero il campo di battaglia di guerre motivate dalle ambizioni personali non di re greci ma di stranieri: prima le guerre tra Roma e Mitridate, re del Ponto, poi le guerre civili tra ambiziosi politici romani.

L'espansione romana portò in Grecia e in Asia Minore un gran numero di commercianti e di artigiani (*negotiatores*), noti come Italici. Essi sfruttarono le opportunità offerte dalle regioni greche sottomesse per il commercio di schiavi, oggetti di lusso e prodotti agricoli, specialmente quelli che potevano essere facilmente conservati all'interno di recipienti e trasportati per nave: vino e olio d'oliva. Erano anche coinvolti sempre di più nel settore bancario, nell'artigianato e, ovunque potessero procurarsi appezzamenti di terreno, anche nella produzione agricola. Anche se non possiamo determinare il numero di coloni italici in oriente, varie fonti, ad esempio documenti di associazioni private, epitafi e iscrizioni onorifiche, non lasciano dubbi sul fatto che la loro presenza fosse forte.

I nuovi venuti erano non solo imprenditori ma anche esattori di imposte (*publicani*). Per i Greci dell'Asia Minore il pagamento di un tributo a Roma costituiva chiaramente un problema: il dieci per cento della produzione agricola e degli introiti cittadini doveva essere pagato a Roma; l'importo da versare non veniva definito su base annua ma per un periodo di cinque anni, senza considerare le fluttuazioni della disponibilità di beni. Nei decenni successivi alla guerra di Aristonico, la provincia d'Asia fu vittima di un implacabile sfruttamento economico. La popolazione provinciale presentava le sue rimostranze al senato e ai magistrati romani, ma poiché queste non comportavano alcun cambiamento significativo, i Greci riposero le loro speranze nel re ambizioso di un regno in ascesa: Mitridate VI, re del Ponto. Il desiderio di Mitridate di espandere il proprio regno a spese di Roma, unito all'insoddisfazione dei Greci dell'Asia Minore e della Grecia, fu la causa delle guerre mitridatiche, che si protrassero dall'88 al 64 a.C.

Il Ponto: da regno periferico a protagonista internazionale

Posto nell'angolo sud-orientale del mar Nero e originariamente parte della satrapia di Cappadocia, il Ponto divenne una regione indipendente durante le guerre dei successori. Il primo sovrano fu un dinasta persiano della città di Chio che, come i suoi discendenti, aveva il nome di Mitridate. Suo figlio Mitridate Ktistes (il fondatore) si autoproclamò re nel 281 o nel 280 a.C. Nei secoli successivi il regno si espanse lungo le coste sud-orientale e orientale del mar Nero (vedi Cartine 3 e 5). Con il controllo di porti importanti come Amastri, Sinope e Trapezunte, e con alleati come il Chersoneso Taurico in Crimea e Odessa nell'odierna Bulgaria, il regno del Ponto divenne una potenza importante nella regione del mar Nero. Alleando il suo regno con Roma, Mitridate V (150-120 a.C.) trasse vantaggio dalla sua dimostrazione di lealtà e ricevette ulteriori territori in Frigia. Sotto di lui l'ellenizzazione del regno fece progressi e mercenari greci entrarono a far parte del suo esercito.

Dopo il suo assassinio, in circostanze oscure, il regno fu governato dalla sua vedova, Laodice, che favorì uno dei suoi due figli, Mitridate Chrestos (il virtuoso), a scapito di suo fratello Mitridate Eupatore ([figlio] di un buon padre). Il giovane principe andò in esilio, per tornare a vendicarsi nel 113 a.C. Uccise suo fratello, fece imprigionare e poi giustiziare sua madre e trasformò radicalmente le politiche tradizionalmente filoromane del regno. La sua prima espansione fu verso est. Aggiunse l'Armenia Minore al suo regno per via ereditaria, conquistò la Colchide e si guadagnò la fiducia dei Greci in Crimea difendendoli contro gli attacchi degli Sciti.

Dopo aver acquisito ulteriori uomini e risorse, essersi guadagnato il controllo di importanti vie commerciali e aver consolidato il proprio potere, Mitridate si espanse in Asia Minore a spese dei regni confinanti. La Paflagonia fu conquistata e divisa tra lui e re Nicomede IV di Bitinia. Parti della Galazia furono incorporate nel suo regno. In Cappadocia, sua sorella, che aveva sposato Ariarate VI, architettò l'uccisione del re nel 116 a.C. e si pose a capo del regno, finché Mitridate non pose il proprio figlio Ariarate IX sul trono nel 101 a.C. La situazione internazionale favoriva questa espansione, dal momento che Roma era indebolita da due lunghe guerre che avevano minacciato i suoi possedimenti nell'Italia settentrionale e in Nord Africa: le guerre contro le tribù germaniche dei Timbri e dei Teutoni nel 113-101 a.C. e la guerra contro re Giugurta in Numidia, odierna Algeria, nel 112-105 a.C.

Ma nel 97 a.C., la pressione romana si fece di nuovo sentire e Mitridate si ritirò dalla Cappadocia, dove il senato aveva posto come re Ariobarzane. Tuttavia, non appena i Romani rivolsero la loro attenzione al conflitto con i loro alleati in Italia, che stavano chiedendo la cittadinanza romana, Mitridate riprese la sua politica espansionistica. Mentre il suo genero e alleato Tigrane il Grande di Armenia invadeva la Cappadocia nel 91 a.C. su istigazione di Mitridate, Mitridate stesso conquistava la Bitinia. Ma il deposto re Nicomede IV riconquistò il suo trono con l'appoggio di Roma. Anche se i Romani stavano ancora combattendo la «guerra sociale» contro i loro alleati in Italia, inviarono un esercito in Asia nel 90 a.C. e costrinsero Tigrane a ritirarsi dalla Cappadocia.

Questa non fu la fine dei conflitti tra questi regni periferici. Quando Nicomede saccheggiò i territori di Mitridate, Mitridate invase di nuovo la Bitinia nell'89 a.C., ignorando un ultimatum romano. Poteva contare su un imponente esercito – a quanto si dice, una fanteria di 250.000 uomini, 50.000 cavalieri e 130 carri sciti – oltre che sull'appoggio dei suoi alleati e sull'insoddisfazione della popolazione greca in Asia. Sperava anche che la guerra che i Romani stavano combattendo contro i loro alleati in Italia avrebbe impedito loro di mandare molte legioni in oriente. Le circostanze invitavano all'azione, e Mitridate era un uomo d'azione. Ciò che egli non poteva prevedere era che la sua espansione avrebbe offerto preziose opportunità anche a generali romani assetati di gloria e di potere. Nei successivi sei anni, l'oriente greco ed ellenizzato sarebbe diventato un campo di battaglia in cui grandi personaggi romani avrebbero riportato vittorie destinate ad accrescere il loro potere a Roma.

La prima guerra mitridatica e l'ascesa di Silla

La prima guerra mitridatica, che durò dall'89 all'84 a.C., fu accompagnata da una sollevazione contro Roma in Grecia e in Asia Minore e coincise con la prima guerra civile a Roma. Le guerre civili romane traevano origine dalla divisione tra i *populares*, che chiedevano delle riforme per risolvere i problemi sociali accumulatisi per decenni, e i conservatori, gli *optimates*. Mentre Mario, esperto generale e capo dei *populares*, e Silla, il paladino degli *optimates*, si contendevano il comando delle operazioni nella guerra contro Mitridate, il re del Ponto riuscì a imporre il proprio dominio su buona parte della provincia d'Asia.

Nell'88 a.C., durante la sua permanenza a Efeso, Mitridate ordinò l'uccisione dei coloni e degli imprenditori romani e italici presenti in Asia. In una sola notte furono uccisi circa 80.000 Romani e Italici. Questo episodio atroce, noto come «i Vespri di Efeso», rivela sia la forte presenza degli Italici in Asia Minore sia l'odio della popolazione sottomessa. Un ulteriore massacro ebbe luogo a Delo. La notizia del successo di Mitridate suscitò nei Greci la speranza della liberazione da Roma. Dalla Macedonia, l'esercito di Mitridate marciò attraverso la Tessaglia verso la Grecia centrale. Solo poche città in Asia Minore e a Rodi, tradizionalmente nemiche dei pirati, che erano alleati di Mitridate, restarono fedeli a Roma. Il periodo di pace di cui la Grecia aveva goduto dopo la conquista del 146 a.C. non aveva spento il desiderio di libertà. Ad Atene, Mitridate fu accolto come un liberatore e un nuovo Dioniso e altre città subito ne seguirono l'esempio. Nel giro di un anno il dominio di Roma in oriente sembrava appartenere al passato.

Lo storico e filosofo contemporaneo Posidonio (135-51 a.c. circa), che all'epoca viveva a Rodi e vedeva in Roma uno strumento di stabilità, racconta come il filosofo Atenione esortasse gli Ateniesi a impugnare le armi contro il dominio di Roma. La descrizione mostra come le voci e le esagerazioni sulla potenza e sul successo di Mitridate influenzassero il processo decisionale:

> Lasciate che dica cose mai aspettate, mai sognate prima: re Mitridate è signore della Bitinia e della Cilicia. I re della Persia e dell'Armenia sono i suoi attendenti reali, i suoi attendenti principeschi sono i principi del distretto maiotico e tutto intorno al mar Nero a una distanza di 50.000 km. Il governatore romano della Panfilia, Quinto Oppio, si è arreso e lo segue in catene. Il console Manio Aquillio, che ha trionfato sulla Sicilia, è trascinato con una lunga catena, guidato da un guerriero bastarno alto cinque cubiti, il Romano a piedi dietro il barbaro a cavallo. Gli altri Romani giacciono davanti ai loro idoli o hanno cambiato di nuovo le loro toghe in abiti greci, reclamando le loro patrie precedenti. Non c'è città che non lo gratifichi di onori ultra-umani e non lo accolga come un re-dio. Profezie da ogni parte del mondo gli promettono la sovranità della terra. Grossi eserciti si stanno dirigendo in Tracia e in Macedonia e molti paesi d'Europa si affrettano a schierarsi dalla sua parte. Ambascerie da parte non solo delle tribù italiche ma anche dei Cartaginesi cercano alleati nella guerra per la distruzione di Roma.

Il discorso di Atenione ci dà anche un'idea delle aspettative degli Ateniesi:

> Che cosa vi consiglio? Di non sopportare più l'anarchia che il senato di Roma ci infligge con il pretesto di esaminare la nostra costituzione. Di non tollerare più che i nostri santuari vengano chiusi, i nostri ginnasi trascurati, i nostri teatri derubati dei pubblici incontri che un tempo vi si tenevano, i nostri tribunali siano muti e la nostra Pnice, che ci è stata assegnata per una decisione divina, sottratta al popolo. Non tolleriamo più, cittadini di Atene, che il sacro grido di Iacco non sia più udito, che

la sacra dimora della dea sia chiusa e che le scuole dei filosofi siano costrette al silenzio!

Gli Ateniesi lo elessero entusiasticamente generale, insieme agli uomini da lui nominati, e tollerarono l'implacabile condanna dei suoi oppositori.

Le tradizionali istituzioni politiche di Roma, create per l'amministrazione di una città e non di un impero, erano inadeguate di fronte a una simile crisi. Il numero di magistrati dotati di *imperium* (potere militare) era limitato e il processo decisionale lungo e complesso. Indeboliti dalle guerre e divisi per il bisogno di riforme sociali e politiche, i Romani erano lenti a reagire. I due principali nemici a Roma, Mario e il console in carica, Silla, si contendevano il comando militare nella guerra contro Mitridate, in mezzo a violenti disordini in città. Quando Silla fece l'impensabile e marciò su Roma con sei legioni, diventando il primo generale a superare il *pomoerium* (il confine della città) con un esercito, Mario e i suoi sostenitori furono costretti a fuggire, e Silla si assicurò il comando.

Giunse in Epiro nell'87 a.C. con cinque legioni, senza sospettare quanto velocemente sarebbe cambiata la situazione nei suoi confronti a Roma. Durante la sua assenza, Mario tornò in città, condannò Silla all'esilio e fu eletto console per l'anno seguente. La sua morte subito dopo l'elezione lasciò Roma in mano al suo sostenitore Lucio Cornelio Cinna, che stava progettando di sollevare Silla dal comando. Ma l'attenzione di Silla era concentrata sul nemico dello stato romano e sui suoi alleati greci. Marciò attraverso la Beozia alla volta di Atene e mise la città sotto assedio. Gli Ateniesi difesero la loro città per circa un anno, finché la mancanza di cibo e di uomini li obbligò a trattare con lui. Il rapporto di Plutarco sulle brevi negoziazioni può essere letto come un commento sul contrasto tra la gloria passata e la miseria presente e tra la tradizionale retorica ateniese e il pragmatismo di un generale romano:

> Quando i messi non facevano alcuna richiesta che potesse salvare la città, ma parlavano orgogliosamente di Teseo, Eumolpo e delle guerre persiane, Silla disse loro: «Andatevene, uomini beati, e tenete per voi questi discorsi; infatti io non sono stato mandato ad Atene dai Romani per soddisfare il mio amore per la conoscenza, ma per sottomettere i ribelli».

Atene capitolò nel marzo dell'86 a.C., ma questo non salvò la città da un brutale saccheggio. Nel frattempo, i nemici di Silla a Roma avevano inviato un esercito guidato da Lucio Valerio Flacco e Caio Flavio Fimbria a sollevarlo dal comando. Ma non appena l'esercito raggiunse la Grecia, molti dei soldati di Flacco disertarono e passarono dalla parte di Silla, e l'astuto generale sconfisse le truppe di Mitridate prima a Cheronea e poi a Orcomeno. Mentre i residui del secondo esercito romano operavano nella Grecia settentrionale contro le truppe pontiche, per poi muovere verso l'Asia Minore, Silla prese il controllo della Grecia, distrusse le città che avevano opposto resistenza agli eserciti romani e occupò le isole dell'Egeo.

La potenza di Mitridate si stava sfaldando anche in Asia Minore. Anche se c'erano dei contrasti tra i comandanti romani – Fimbria diede il via a una rivolta contro Flacco, che fu catturato e giustiziato – le truppe di Mitridate non poterono resistere all'avanzata delle legioni. I Greci cominciarono a rendersi conto che avrebbero sostituito il dominio di Roma con quello di un despota orientale che non aveva alcun interesse a rispettare le loro tradizioni e la loro autonomia cittadina. Gli abitanti di Chio, verso cui il re nutriva dei sospetti a causa di una forte fazione filoromana, furono prima obbligati a dare in ostaggio le loro armi e i figli delle famiglie più influenti, poi condannati a una multa e infine imprigionati e portati nel Ponto. Quando la crudeltà del suo generale Zenobio fu nota alle altre città, Mitridate restò praticamente senza alleati. Rispose alla defezione dei suoi alleati con una vecchia ricetta populista. Istigò il malcontento popolare contro la classe dirigente promettendo la terra ai diseredati, la cancellazione dei debiti ai debitori e la libertà agli schiavi. Le sue promesse gli fecero guadagnare un po' di tempo, ma, attaccato su due fronti, si rese conto che la cosa migliore per lui era trattare. Anche Silla era desideroso di finire la guerra il prima possibile per occuparsi dei suoi avversari a Roma. Per questo motivo il generale romano accettò di incontrare Mitridate a Dardano nell'85 a.C. e gli offrì termini di pace clementi. A Mitridate fu chiesto di sgomberare tutti i territori che aveva conquistato a partire dall'88 a.C., ma non si trattava di una condizione esagerata; Fimbria aveva in ogni caso riconquistato questi territori. Mitridate accettò anche di fornire a Silla una flotta e del denaro, e in cambio gli fu permesso di mantenere il suo regno e di essere accolto tra gli «amici del popolo romano».

Silla era ora libero di occuparsi dei suoi nemici in Asia Minore, e lo fece con un'implacabilità che anticipava i massacri che avrebbero avuto luogo a Roma qualche anno dopo. Attaccò Fimbria nel suo accampamento, determinando la diserzione del suo esercito e il suicidio di Fimbria stesso; premiò i suoi veterani con il permesso di saccheggiare le città ribelli dell'Asia e impose grosse multe ai Greci per la loro ribellione. I sostenitori di Roma furono risarciti con la concessione di privilegi e Rodi ottenne alcuni territori in Caria. Silla poi tornò a Roma, dove inaspettatamente si era creato un vuoto di potere nell'84 a.C. Durante una campagna militare mal organizzata in Illiria, il console Cinna era stato lapidato dai suoi stessi soldati. Nell'83 a.C., Silla approdò in Italia e dopo una sanguinosa guerra civile conquistò Roma nel novembre dell'82 a.C. Nominato *dictator* dal senato «per fare le leggi e sistemare la costituzione» nell'81 a.C., diede il via a riforme che cambiarono significativamente l'amministrazione provinciale romana (vedi p. 280). Dopo essere stato console per un anno, si ritirò a vita privata nel 79 a.C. e morì un anno più tardi, dopo aver portato a termine le sue memorie, di cui sopravvivono solo alcune citazioni.

La seconda e la terza guerra mitridatica e le ambizioni di Lucullo

La pace di Dardano durò poco. Una seconda guerra mitridatica iniziò nell'83 a.C., quando il delegato di Silla Lucio Licinio Murena invase il Ponto, affermando che Mitridate stava violando la pace e organizzando un nuovo esercito per invadere la provincia d'Asia. Murena fu sconfitto da Mitridate e per ordine di Silla la guerra terminò nell'81 a.C. Ma se Murena sospettava che le ambizioni espansionistiche di Mitridate non fossero morte a Dardano, alcuni anni più tardi si sarebbe visto che aveva ragione. Nicomede IV, re di Bitinia, morì nel 74 a.C. e lasciò il suo regno ai Romani. Il senato accettò il testamento e istituì una nuova provincia in Asia: la Bitinia. Intravedendo l'opportunità di recuperare il terreno perduto, Mitridate occupò la Bitinia nel 73 a.C., dove fu accolto con gioia dalla popolazione locale, che preferiva il suo dominio allo sfruttamento da parte dei *publicani* romani.

A Lucio Licinio Lucullo, un nobile romano che aveva già prestato servizio in oriente sotto Silla, fu conferito il comando militare nella guerra contro Mitridate. Era destinato a diventare più famoso per le sue cene che per le sue imprese militari, che nella prima fase della terza guerra mitridatica furono comunque significative. Nel giro di tre anni riuscì non soltanto a recuperare la Bitinia ma anche a conquistare il regno di Mitridate nel Ponto. Nel 70 a.C., al re sconfitto fu offerto rifugio da Tigrane, re d'Armenia, il sovrano più forte in oriente.

In questo periodo, la politica estera di Roma era diventata strettamente connessa con gli interessi politici personali degli aristocratici romani, con la loro competizione per il comando e con il loro bisogno di offrire il bottino di guerra ai loro soldati e la terra ai loro veterani. L'espansione romana aveva reso evidenti anche le manchevolezze delle istituzioni politiche di Roma. Il comportamento di Lucullo in oriente dopo la sua vittoria può essere spiegato nei termini di questi conflitti romani interni. Il suo compito si era esaurito con la vittoria su Mitridate, ma le sue ambizioni non erano completamente appagate. Lucullo aveva bisogno di restare al comando delle legioni. Questo era di vitale importanza in un'epoca in cui ad altri politici romani era affidato il comando militare in una serie di guerre interconnesse cruciali per la sopravvivenza della potenza romana. Cneo Pompeo, più tardi noto come Pompeo Magno, fu celebrato come vincitore per il suo successo contro Sertorio, governatore ribelle di Spagna, che aveva guidato una rivolta della popolazione oppressa contro Roma e creato uno stato indipendente che esistette dall'83 fino alla sua uccisione nel 72 a.C. Più vicino a Roma, in Italia, Marco Licinio Crasso aveva sedato la rivolta degli schiavi di Spartaco, che aveva terrorizzato le città e le campagne italiane dal 73 al 70 a.C. E nel 74 a.C., Marco Antonio – il padre del Marco Antonio più celebre – aveva ricevuto il comando per combattere i pirati, i cui assalti alle navi mercantili avevano reso pericolosi i commerci nel Mediterraneo orientale. Tutti questi nemici dell'ordine romano – Mitridate, Sertorio, gli schiavi e i pirati – erano in contatto tra loro. La loro collaborazione contro Roma era in alcuni momenti più stretta di quella dei generali romani che avrebbero dovuto sconfiggerli.

Per prolungare il proprio comando, Lucullo continuò l'offensiva contro Tigrane, con il pretesto che il re armeno rifiutava di consegnare Mitridate. Ma oltre alle sue ambizioni, Lucullo aveva anche altre buone ragioni per proseguire la guerra. In vista del comportamento passato di Mitridate, deve essere stato chiaro ai leader romani che i loro possedimenti in oriente non sarebbero stati al sicuro finché il re fosse stato vivo; e qualsiasi politico lungimirante avrebbe riconosciuto i pericoli legati all'ascesa del regno d'Armenia, che sotto Tigrane il Grande aveva annesso la Mesopotamia, la Cilicia e la maggior parte della Siria settentrionale, prendendo il posto del regno seleucide come principale potenza del Vicino e del Medio oriente.

Nel 70 a.C., Lucullo riportò una grande vittoria vicino a Tigranocerta, la capitale di Tigrane, ma non riuscì a catturare Tigrane e Mitridate. Accecato da questo successo, continuò le sue campagne militari in regioni dove nessun esercito romano aveva mai messo piede, avvicinandosi così al regno dei Parti e rendendo difficili i rifornimenti per i suoi eserciti. Inoltre, suscitò l'inimicizia dei *publicani* e dei cavalieri romani con la sua tassazione blanda della popolazione provinciale e l'invidia degli altri *nobiles* per il suo successo. Nel 69 a.C., il senato romano lo sollevò dal comando nella provincia d'Asia e poi in Cilicia. Nel 67 a.C., Lucullo dovette interrompere la sua campagna in Armenia a causa di una rivolta nel suo esercito. Tigrane recuperò il suo regno e Mitridate riuscì a riconquistare parte del suo vecchio regno del Ponto. Ciò che Lucullo aveva ottenuto in sei anni di guerre continue era stato di riportare i Romani esattamente al punto iniziale della loro guerra.

Un cambiamento ai vertici di Roma ci fu quando Pompeo fu eletto supremo comandante militare nel Mediterraneo. Fu un punto di svolta nella storia non solo dell'espansione romana, ma anche della lunga marcia di Roma dalla repubblica alla monarchia.

Le guerre contro i pirati e l'ascesa di Pompeo

A causa della collaborazione di Mitridate con comunità che vivevano, tradizionalmente, di razzie navali, specialmente i Cretesi e i Cilici, la terza guerra mitridatica venne a intrecciarsi strettamente, fin dall'inizio, con le guerre di Roma contro i pirati. Nel Mediterraneo antico, la distinzione tra le spedizioni navali miranti a far bottino – ciò che i Romani chiamavano pirateria – e la guerra «regolare» era molto sottile, ammesso che ce ne fosse una. Atti di rappresaglia, consistenti in razzie e in sequestri di proprietà, erano spesso commessi da una comunità ai danni di un'altra per avere soddisfazione di un torto subito. Le razzie erano praticate anche dai corsari, che sfruttavano le condizioni di caos durante le guerre, spesso accompagnando un esercito e supportandone le operazioni tramite l'attacco a navi e a coste. Ma in alcune regioni, come l'Illiria, l'Etolia, Creta e la Cilicia, gli attacchi erano regolarmente sferrati contro quanti non erano protetti da un trattato di inviolabilità (*asylia*). La raccolta di bottino – non diversamente da una conquista – era considerata un profitto legittimo, derivante da superiorità militare e acquisito con l'assistenza divina. I proventi della pirateria e delle razzie consistevano principalmente in oggetti di valore e prigionieri, che erano venduti come schiavi o per i quali le famiglie o le città d'origine pagavano un riscatto. Non appena l'incursione finiva, i pirati si trasformavano in mercanti, andando a vendere il bottino nel porto più vicino o in patria. Il detto proverbiale «Le tre c peggiori sono Cappadocia, Creta e Cilicia» deriva dalla fama di pirati e banditi degli abitanti di queste regioni.

Alla fine del II secolo a.C. e all'inizio del I, i frequenti attacchi rendevano pericolose le rotte navali che mettevano in comunicazione l'Italia con i mercati, i fornitori di grano e le risorse in Nord Africa, Grecia, Asia Minore e Vicino oriente. L'aumento della pirateria fu il risultato di vari fattori: il declino di Rodi come potenza militare che in passato aveva contribuito alla sicurezza del Mediterraneo orientale, la collaborazione tra Mitridate e i pirati, il bisogno dei Cretesi di compensare la perdita del loro lavoro come mercenari negli eserciti reali con l'intensificazione della pirateria e forse anche l'accresciuta domanda di schiavi per l'agricoltura e l'artigianato. Si dice che fino a 10.000 schiavi potevano essere venduti in un solo giorno a Delo, e queste persone erano spesso vittime dei pirati.

La prima campagna di Roma contro i pirati fu lanciata nel 74 a.C., quando al pretore Marco Antonio fu affidato il compito di liberare i mari dai predoni. La sua campagna fu un totale fallimento e la richiesta di risorse alle popolazioni delle province per la sua guerra fece crescere il malcontento dei Greci verso il governo romano. Marco Antonio morì a Creta nel 71 a.C. senza aver ottenuto nulla. Fu ricordato come Cretico, ma invece di ricevere questo nome come onorificenza per aver sconfitto i Cretesi (il conquistatore dei Cretesi), lo ricevette in ricordo ironico del suo fallimento, dal momento che in latino il termine può essere tradotto anche come «l'uomo di gesso». Nondimeno, i Romani erano determinati a risolvere il problema delle pirateria.

Quando una delegazione della confederazione cretese apparve a Roma nel 70 a.C. per negoziare i termini di un trattato di pace, il senato chiese il pagamento dell'enorme somma di 4000 talenti, la consegna delle loro navi da guerra a Roma e di oltre 300 ostaggi, inclusi i loro capi militari. I Cretesi erano divisi: i cittadini più anziani erano inclini ad accettare queste richieste, ma i giovani, addestrati sin dall'infanzia a combattere e ad accumulare bottino, prevalsero. Così 24.000 giovani cretesi combatterono contro i Romani sotto il comando di Lastene di Cnosso e di Panare di Cidonia dal 69 al 67 a.C. Gli eserciti romani erano guidati da Quinto Cecilio Metello, che percorse l'isola da ovest a est, premiando quanti erano disposti a collaborare, radendo al suolo le roccaforti dei pirati, come il porto di Falasarna, e infliggendo danni ingenti a città come Eleuterna e Cnosso. Alla fine di questa guerra fu abolito un sistema sociale e politico che durava dal VII secolo a.C. e Creta accolse la sua prima ondata di imprenditori romani e italici.

Nel 67 a.C., prima che la guerra cretese fosse finita, furono concessi a Pompeo pieni poteri per fare la guerra totale contro i pirati. La *lex Gabinia*, cioè la legge che descriveva l'estensione del comando straordinario di Pompeo, preparò in modo decisivo il terreno per l'istituzione di un potere monarchico quattro decenni più tardi. Il suo comando era superiore a quello di tutti gli altri comandanti (*imperium maius*); durò per tre anni e diede a Pompeo il controllo sulla terra e sul mare fino a una distanza di 80 km dalla costa. Un simile *imperium* violava due principi fondamentali della costituzione romana: nessun mandato doveva superare la durata di un anno e ciascun magistrato doveva avere almeno un collega. A Pompeo furono affiancati anche tredici vicecomandanti (*legati*, cioè «delegati»), che prefiguravano i futuri *legati Augusti pro praetore* (vedi p. 281), rappresentanti dell'imperatore nelle province dove erano stanziate le truppe romane. L'opposizione dei circoli conservatori in senato fu infine superata con il supporto di Caio Giulio Cesare e del tribuno della plebe Aulo Gabinio, che propose la legge.

Pompeo e i suoi *legati* cominciarono con la distruzione sistematica delle roccaforti e delle flotte dei pirati da ovest a est. Nel giro di quaranta giorni, tra la Spagna e l'Italia non c'era più alcuna nave pirata. Poi la campagna si spostò nei due centri principali della pirateria: Creta, dove Metello era già attivo, e la Cilicia. Con una combinazione di operazioni militari e di negoziazioni, Pompeo costrinse i pirati della Cilicia ad abbandonare la loro occupazione tradizionale, e solo alcune isolate sacche di pirateria sopravvissero per un altro decennio.

Durante il suo soggiorno in Cilicia, Pompeo sembra aver elaborato il progetto di un est pacificato all'interno dei confini dell'impero romano. Fece stanziare molti pirati nella città di Soli, che rinominò Pompeiopoli. Questa fu una decisione fondamentale, non solo per il trattamento mite riservato a degli ex nemici, a cui fu offerta una fonte alternativa di guadagno – l'agricoltura – ma anche perché, per la prima volta, un generale romano aveva fondato una città che prendeva il nome da lui, seguendo la tradizione dei re ellenistici. Dopo questo successo in una guerra che era stata preparata in inverno, iniziata in primavera e portata a termine in estate – nelle parole di Cicerone – a Pompeo fu ora chiesto di riuscire laddove Lucullo aveva fallito. Gli fu prorogato il comando e gli fu assegnata la guerra contro Tigrane e Mitridate.

Il progetto di Pompeo per l'oriente romano

Nella guerra contro Tigrane, Pompeo seguì il principio del *divide et impera*. Stabilì dei contatti con il regno dei Parti, minacciato dall'espansione di Tigrane, e fissò come confine dei Parti a occidente il fiume Eufrate. In questo modo Pompeo definì un limite a oriente per l'espansione dell'impero romano, destinato a dominare la politica romana per secoli. Mentre i Parti tenevano impegnato Tigrane ai confini orientali del suo regno, Pompeo aveva mano libera per occuparsi di Mitridate. L'esercito di Mitridate fu sconfitto vicino al corso settentrionale dell'Eufrate, in un luogo in cui Pompeo fondò Nicopoli (la città della vittoria). Affrontando nemici su due fronti, Tigrane fu costretto a capitolare nel 66 a.C., ritirandosi nel suo originario regno d'Armenia e abbandonando tutte le sue conquiste.

Mitridate riuscì a fuggire con quanto restava del suo esercito nella parte più settentrionale del suo regno, il Bosforo Cimmerio, sulla costa orientale del mar Nero. Ma nonostante la resistenza delle tribù caucasiche, Pompeo proseguì l'inseguimento finché non raggiunse la Colchide. Nel 65 a.C., Mitridate occupò la Crimea e, dopo aver messo a morte il proprio figlio, Macare, salì sul trono del regno del Bosforo. Stava progettando di invadere l'Italia seguendo il corso del Danubio quando si rese conto che tutti lo avevano abbandonato, anche suo figlio Farnace, che capeggiò una ribellione contro di lui. Assediato a Panticapeo, il vecchio re non riuscì neanche a prendere il veleno e a suicidarsi; per anni aveva assunto in piccole quantità vari veleni e accrescendo via via la dose aveva reso se stesso immune alla loro azione – questa pratica prende da lui il nome di mitridatismo. Infine, un mercenario lo uccise su sua richiesta nel 63 a.C. Il suo vecchio regno fu unito alla Bitinia per creare la nuova provincia della Bitinia e del Ponto. Pompeo lasciò sul trono del regno del Bosforo il figlio che aveva tradito il padre, Farnace, senza sospettare che questi avesse ereditato l'ambizione di Mitridate. Nel 49 a.C., Farnace avrebbe approfittato dell'opportunità offertagli dalla guerra civile a Roma per annettere la Colchide e parte dell'Armenia. Il suo regno sarebbe stato privo di significato, se non fosse stato per la breve campagna militare di Cesare contro di lui nel 47 a.C. e per una veloce vittoria che indusse il generale romano a scrivere a un amico la celebre frase «*veni, vidi, vici*» («venni, vidi, vinsi»).

Sbarazzatosi di Mitridate, Pompeo doveva ora occuparsi della Siria e del Medio oriente. Se il regno seleucide esisteva ancora, ormai era completamente alla mercé di Roma. Nell'83 a.C., molti dei suoi territori erano stati incorporati nel regno di Tigrane. I discendenti dei vari rami della dinastia seleucide continuavano le guerre civili che per quasi un secolo avevano diviso il regno e avevano il controllo solo di zone molto piccole. Soltanto uno di loro, Antioco XIII, fu riconosciuto re dal senato romano. Quando fu ucciso da un dinasta arabo di Emesa nel 63 a.C., su ordine di Pompeo, il generale romano poté infine sistemare le cose a ovest dell'Eufrate. Ora che Roma aveva confini comuni con i Parti, non poteva permettersi delle sacche di anarchia lungo le frontiere. La Siria divenne una provincia romana nel 63 a.C. Anche il regno asmoneo di Giudea, dilaniato da endemiche guerre civili, fu abolito; il suo re, Aristobulo, fu deposto e sostituito da suo figlio Ircano II, a cui fu attribuito il titolo di sommo sacerdote ed *ethnarches* (capo del popolo). La Giudea fu inglobata nella provincia di Siria e divenne soggetta al pagamento di un tributo.

In meno di cinque anni, Pompeo aveva riorganizzato l'oriente in modo radicale. Aveva creato le nuove province di Bitinia e Ponto e di Siria e riorganizzato la provincia di Cilicia; aveva aggiunto più territori all'impero romano di qualsiasi altro generale prima di lui; aveva fissato i confini degli altri regni – Armenia, Cappadocia, Bosforo e Parti. A differenza delle espansioni precedenti, l'organizzazione pompeiana dell'oriente sembra il risultato di una precisa idea di quello che sarebbe dovuto essere l'impero romano. Le regioni venivano conquistate, annesse o assegnate a stati confinanti con lo scopo di creare una frontiera ininterrotta per l'impero. Sotto questo aspetto, la politica di Pompeo anticipa quella di Augusto.

La fondazione di nuove città fu parte della stessa politica di consolidamento e riorganizzazione, finalizzata a trasformare gradualmente gli ex nemici e i pirati in leali sudditi dell'impero. Pompeo riorganizzò come *poleis* i porti dei pirati della Cilicia e rinominò Soli Pompeiopoli. Nell'ex regno di Mitridate VI, restituì ad Amastri, Sinope, Amiso e Fanagoria il loro vecchio *status* di *poleis*, mentre vari villaggi furono promossi a *poleis*: Abonutico, più tardi chiamata Ionopoli, la «città degli Ioni», Zela e Cabiria, che fu rinominata Diopoli, «la città di Zeus».

Fatto ancora più importante, Pompeo fondò cinque *poleis* completamente nuove che commemoravano le sue vittorie: Nicopoli, «la città della vittoria», Megalopoli, «la città di [Pompeo] il Grande», Magnopoli, «la città di [Pompeo] Magno», una seconda Pompeiopoli e Neapolis, «la città nuova». Il corpo cittadino consisteva di coloni militari romani a Nicopoli e Pompeiopoli in Paflagonia, e di Greci e indigeni nelle altre *poleis*.

Quando Pompeo tornò a Roma nel 61 a.C., celebrò un trionfo, ma il senato lo accolse con più sospetto che entusiasmo. I suoi nemici si opposero alla ratifica delle misure che aveva preso in oriente e ai compensi previsti per i suoi veterani. Per ottenere ciò che il senato gli stava negando, Pompeo unì le sue forze con quelle di altri due uomini potenti in un patto segreto noto come primo triumvirato: Caio Licinio Crasso, l'uomo più ricco di Roma, che aveva salvato la città dalla rivolta degli schiavi capeggiata da Spartaco, e Caio Giulio Cesare, discendente di una delle più antiche famiglie romane, un sostenitore dei *populares* e un generale di successo nella guerra contro Sertorio in Spagna. Ciò che questi uomini avevano in comune era l'ambizione illimitata; ciò con cui tutti e tre dovettero scontrarsi fu la diffidenza dei loro pari, che temevano la concentrazione del potere nelle mani di pochi individui. Nel 60 a.C., appoggiarono una legge che favoriva i loro immediati interessi – elezione alle cariche, comandi militari e terra per i loro veterani. I loro nemici più eloquenti, l'oratore Cicerone e il politico conservatore Catone il Giovane, furono mandati in esilio; Cesare ottenne il comando che gli permise la conquista della Gallia dal 58 al 50 a.C., mentre Crasso e Pompeo si assicurarono il consolato nel 55 a.C.

Questa alleanza opportunistica non fece altro che ritardare lo scoppio della guerra civile. Quando Crasso fu ucciso in una guerra contro i Parti nel 53 a.C., il conflitto tra i due triumviri rimasti fu inevitabile. Scontri a Roma tra i *populares*, sostenitori di Cesare, e gli *optimates*, conservatori per i quali Pompeo aveva manifestato in modo crescente le proprie simpatie, portarono all'anarchia e alla nomina di Pompeo alla carica di console unico (*consul sine collega*). Si trattò di una palese violazione dell'ordine costituzionale e di una provocazione nei confronti di Cesare. Quando gli sforzi di riconciliazione fallirono e il senato espulse Marco Antonio, sostenitore di Cesare a Roma, Antonio si rifugiò nell'accampamento di Cesare vicino al fiume Rubicone, frontiera legale del suo comando militare. Il 7 gennaio del 49 a.C., il senato dichiarò Cesare traditore e nemico pubblico. Il dado era tratto. Tre giorni più tardi, Cesare e il suo esercito attraversarono il Rubicone e marciarono contro Roma, costringendo Pompeo e i suoi sostenitori a rifugiarsi in Grecia. Era iniziata una nuova guerra civile, questa volta strettamente connessa con l'unico regno superstite dei successori di Alessandro: l'Egitto tolemaico.

Gli ultimi Tolomei: da re a clienti di patroni romani

Quello che un tempo era stato il regno più potente del mondo ellenistico, il regno tolemaico, era stato ridotto dalle rivolte delle popolazioni autoctone, dai conflitti dinastici, dalle sconfitte militari e dagli introiti limitati a una potenza marginale nell'angolo sud-orientale del Mediterraneo. Dopo aver perduto tutti i suoi possedimenti esterni in Asia Minore, Siria, Egeo e Cirenaica, era ora costituito solo dall'Egitto e da Cipro.

Quando Tolomeo IX Latiro morì nell'81 a.C. senza lasciare un figlio legittimo come erede, ci fu una nuova crisi dinastica. Per la prima volta, a salire al trono fu una donna, la figlia di Latiro Berenice III, che era stata un tempo sposata con suo zio, re Tolomeo X Alessandro, ma che era adesso vedova. Berenice era molto popolare tra la popolazione di Alessandria ma non godeva della fiducia del senato. Roma non poteva permettersi problemi in un paese che costituiva un importante fornitore di grano. Doveva essere trovato un nuovo re. Vale la pena soffermarsi brevemente sul modo in cui lo si fece, perché esso rivela le pietose condizioni di un regno un tempo grande, il ruolo svolto da Roma e dalla popolazione di Alessandria e l'incessante lotta per il potere all'interno della disfunzionale famiglia tolemaica.

Un figlio di Tolomeo X Alessandro, la cui madre era forse Berenice, e che viveva ora a Roma, fu reclutato da Silla per questo scopo. Nell'80 a.C., Berenice fu costretta a sposare il figlio di suo marito (e suo?), noto come Tolomeo XI. Tuttavia, il suo nuovo marito la uccise pochi giorni dopo il matrimonio, per essere linciato lui stesso dalla popolazione di Alessandria. Anziché risolvere una crisi dinastica, il breve regno di Tolomeo XI ne aveva causata un'altra, resa più acuta dal fatto che, in accordo con il testamento di Tolomeo XI, l'Egitto sarebbe diventato un possedimento romano se egli fosse morto senza un erede. Ma un erede fu trovato: Tolomeo IX Latiro aveva dei figli illegittimi che vivevano in esilio. Il maggiore fu ora posto sul trono e regnò come Tolomeo XII Neo Dioniso, ma era più conosciuto come Aulete (il flautista) e Nothos (il bastardo). La sua mossa più brillante fu la capacità di ottenere, tramite la corruzione, il riconoscimento del proprio ruolo di alleato dei Romani nel 63 a.C., mettendo così al sicuro il proprio regno.

Questo non impedì ai Romani di procedere con l'annessione di Cipro nel 59 a.C. L'isola, strategicamente importante per il controllo del Mediterraneo orientale, fu fusa con la Cilicia per formare una provincia più grande. Una rivolta della popolazione di Alessandria contro Aulete diede a sua moglie Cleopatra Trifena e alla figlia maggiore, Berenice IV, l'occasione per deporlo dal trono, costringendolo a fuggire a Roma insieme alla seconda figlia, Cleopatra. Proseguendo la lunga tradizione tolemaica di lotte familiari, Berenice IV riuscì ad avvelenare sua madre e suo marito, e regnò da sola dal 57 al 55 a.C., finché una grossa somma di denaro convinse Gabinio, il governatore della Siria, a ristabilire Aulete sul suo trono. Berenice fu decapitata per ordine di suo padre e 2000 soldati romani, i cosiddetti gabiniani, furono lasciati ad Alessandria per la protezione del re ma anche per assicurare a Roma i rifornimenti di grano dall'Egitto. Durante questa spedizione, a quanto si racconta, una ragazza di quattordici anni, la futura regina Cleopatra, attirò l'attenzione di Marco Antonio, allora un ventiseienne comandante di cavalleria nell'esercito di Gabinio. Ma la loro relazione, materia di un dramma shakespeariano, di una dozzina di film e di innumerevoli dipinti, avrebbe dovuto attendere altri sedici anni per nascere.

Quando Aulete morì nel 51 a.C., lasciò un regno in rovina e, a combattere per esso, due figlie adolescenti e due figli maschi. La figlia maggiore, la diciottenne Cleopatra, e il suo fratello undicenne, Tolomeo XIII, furono posti sul trono, mentre il senato nominava Pompeo come loro tutore. Ma Pompeo era lontano e la sua attenzione era rivolta al suo conflitto con Cesare. L'inizio della successiva guerra civile romana, nel gennaio del 49 a.C., fu presto seguito dall'ultima di una serie di sanguinose lotte dinastiche ad Alessandria.

Una relazione romana: Cleopatra e Cesare

Cleopatra VII aveva ereditato dai suoi predecessori l'ambizione a non dividere il potere con nessuno, insieme a una cultura fuori dal comune, alla conoscenza della lingua e dei costumi indigeni e a un grande carisma. I suoi ritratti superstiti sulle monete non rendono giustizia al suo potere seduttivo (vedi Figura 13). Mostrano una donna con un

13. Moneta con ritratto di Cleopatra VII.

naso tipicamente lungo – indicazione di un carattere forte, secondo i fisionomisti del XVII secolo. Questo suggerì a Pascal l'osservazione che l'intera faccia della terra sarebbe cambiata se il suo naso fosse stato più corto. Dopo secoli di re deboli, il potere della corte di Alessandria era aumentato. Come in molte monarchie orientali, avevano grande potere a corte gli eunuchi, che non erano visti come una minaccia per la dinastia, dal momento che erano stati privati della loro forza procreativa. Una simile corte non vedeva di buon occhio le ambizioni di un monarca energico. Poco dopo l'inizio della guerra civile a Roma, sotto l'influenza di un eunuco, Potino, la corte privò Cleopatra del suo potere e fece di Tolomeo XIII l'unico sovrano. Cleopatra cercò rifugio in Siria, dove organizzò un proprio esercito. Anche sua sorella minore, Arsinoe IV, aveva avanzato pretese al trono, spinta da un altro eunuco, Ganimede.

La guerra civile egiziana era solo all'inizio quando la guerra a Roma conobbe una svolta drammatica. Dopo aver portato sotto il suo controllo le province occidentali e l'Italia, Cesare continuò la sua campagna contro Pompeo in Epiro. Nell'agosto del 48 a.C., sconfisse Pompeo a Farsalo, in Tessaglia. La maggior parte del senato difese Cesare, ma

Pompeo era ancora il tutore dei re in Egitto. Pompeo fuggì immediatamente in Egitto, sperando di ottenere l'appoggio dei re. Ma non appena sbarcò, fu ucciso per ordine di Potino. L'eunuco pensava che Cesare gli sarebbe stato grato per il suo gesto, ma aveva torto. Quando Cesare, eletto dittatore e poi console nel 47 a.C., arrivò ad Alessandria, non trovò ad accoglierlo alcun sovrano, ma Potino, che gli offrì in dono la testa e l'anello con sigillo di Pompeo. Per Cesare, che, a quanto si racconta, si mise a piangere alla vista della testa tagliata del suo rivale, l'uccisione di Pompeo non era l'eliminazione di un nemico, ma l'assassinio di un cittadino romano. Su invito di Cesare, Tolomeo XIII tornò ad Alessandria per scoprire che la sua sorella esiliata era al fianco del dittatore romano. L'ambiziosa regina si era introdotta nella stanza di Cesare, nascosta in un tappeto, e aveva conquistato il cuore dell'attempato generale.

Gli sforzi di Cesare di riconciliare la famiglia reale erano destinati al fallimento. Gli intrighi incessanti degli eunuchi, le lotte tra Tolomeo XIII, Cleopatra e Arsinoe per il potere e l'ambizione del comandante dell'esercito egizio, Achilla, sfociarono in una sollevazione ad Alessandria nel 47 a.C., nota come *bellum Alexandrinum*. Questa fu l'ultima importante impresa militare di Cesare. Assediato nel palazzo, dovette affrontare un esercito più grande del suo. Ricevuti rinforzi da Pergamo e dalla Giudea e approfittando dei conflitti tra i suoi nemici, Cesare alla fine sconfisse i ribelli. Tolomeo XIII annegò mentre tentava di fuggire; Arsinoe, che aveva guidato la rivolta, fu catturata e con la sua presenza impreziosì il trionfo di Cesare l'anno dopo. Le fu concesso di vivere come supplice nel tempio di Artemide a Efeso, dove fu uccisa per ordine di Cleopatra nel 41 a.C. La principale vittima della guerra fu la celebre biblioteca di Alessandria, che fu bruciata. Cesare pose Cleopatra sul trono, questa volta insieme al suo fratello minore, Tolomeo XIV. Nel 47 a.C., lasciò l'Egitto per tornare a Roma appena pochi giorni prima che Cleopatra desse alla luce suo figlio, Tolomeo Cesare, o Cesarione (piccolo Cesare). Lasciò quattro legioni romane, perché ristabilissero l'ordine in oriente.

Negli anni successivi, dal 47 al 44 a.C., l'attenzione di Cesare fu rivolta a ristabilire l'ordine a Roma, ad attuare riforme politiche e di altro tipo e a preparare una campagna contro i Parti. La decisione di Cleopatra, di raggiungerlo a Roma, non giovò né a lei né al suo amante. La sua presenza fece nascere sospetti sui progetti futuri di Cesare; era fonte di preoccupazione per la sua famiglia, di critiche per i suoi nemici e di pettegolezzi per il popolo. Circolava la voce che Cesare stesse predisponendo una legge che avrebbe reso legale la bigamia, per poter sposare Cleopatra e stabilire il proprio potere monarchico in Egitto, facendo di Alessandria la seconda capitale dell'impero. Ma la realtà è che nel testamento di Cesare non si faceva alcuna menzione né di Cleopatra né del suo unico figlio, Cesarione.

Il dittatore è morto. Lunga vita a chi?

Durante una festa nel febbraio del 44 a.C., il console Marco Antonio offrì a Cesare, ora dittatore a vita, un diadema, simbolo del potere regale. Cesare rifiutò, ma questo non trasse in inganno un gruppo di senatori sospettosi. Cesare aveva già il potere assoluto e l'istituzione formale della monarchia era solo una questione di tempo. Guidati da Cassio e Bruto, circa sessanta senatori assassinarono Cesare durante un'assemblea del senato il 15 marzo, pochi giorni prima dell'inizio delle campagne del dittatore contro i Parti. La speranza degli assassini che la morte di Cesare avrebbe automaticamente riportato in vita la repubblica era illusoria quanto l'aspettativa di George W. Bush che la caduta di Saddam Hussein avrebbe automaticamente portato la democrazia occidentale in Medio oriente. L'assassinio di Cesare servì solo a inaugurare una nuova stagione di guerre civili.

Il vuoto di potere dopo la morte di Cesare durò per mesi. Il senato evitò di creare cariche incostituzionali, ma allo stesso tempo fu incapace di affrontare una crisi di questo tipo senza ricorrere ai servizi di uomini di eccezionale autorità. La posizione degli assassini era ambigua. Alcuni li celebravano come liberatori; altri li odiavano in quanto uccisori di un personaggio popolare, che presto sarebbe stato ufficialmente divinizzato. La guida della fazione cesariana era contesa. I suoi capi naturali erano il console in carica, Marco Antonio, e un senatore d'esperienza, Marco Emilio Lepido. Marco Antonio, nato nell'83 a.C., aveva passato la sua giovinezza dedicandosi al gioco, ai piaceri erotici indiscriminatamente offerti a donne e uomini, facendo parte di una banda di strada, contraendo debiti e studiando per un breve periodo retorica e filosofia ad Atene. Ma nel 57 a.C. era entrato a far parte dell'esercito come ufficiale di cavalleria nella provincia di Siria e aveva dato prova delle sue capacità militari durante una ribellione in Giudea e, più tardi, durante le guerre galliche di Cesare. Negli anni che avevano condotto all'assassinio di Cesare, era stato il suo collaboratore più stretto. Lepido era stato console insieme a Cesare nel 46 a.C. e maestro di cavalleria durante la sua dittatura. Tuttavia, il testamento di Cesare conteneva una sorpresa per entrambi: il dittatore aveva adottato suo nipote, il diciannovenne Caio Ottavio, e lo aveva nominato erede del suo ricco patrimonio e della sua rete di clienti. Con il nome di *Caius Iulius Octavianus*, il giovane emerse, in modo del tutto inatteso, come il principale candidato a succedere a Cesare. Il testamento di Cesare gli dava il diritto di rivendicare una posizione di comando, nonostante non rivestisse alcuna carica pubblica. Ottaviano è meglio conosciuto come Augusto, il nome che ricevette diciassette anni più tardi.

Dopo una serie di violenti conflitti, Antonio e Ottaviano decisero di mettere da parte le loro divergenze e di affrontare insieme i difensori del senato, che stavano cercando di restaurare la repubblica. Sesto Pompeo, figlio di Pompeo il Grande, ottenne dal senato il comando della flotta in Sicilia; gli assassini di Cesare, Bruto e Cassio, furono nominati governatori della Macedonia e della Siria. Con questi incarichi l'intera parte orientale dell'impero era in mano ai nemici di Antonio e Ottaviano. Il 27 novembre del 43 a.C., Antonio, Lepido e Ottaviano, che aveva preso Roma con la forza e si era autoproclamato console, formarono un triumvirato sancito dalla legge, al quale fu conferito il nome eufemistico di «triumvirato per la restaurazione della repubblica», sebbene l'unico obiettivo dei triumviri fosse quello di riunire l'impero sotto il loro potere. Dopo il massacro dei loro avversari a Roma tra il dicembre del 43 e il gennaio del 42 a.C., Antonio e Ottaviano erano pronti a iniziare la loro campagna in Macedonia e in Tracia, dove i «liberatori» stavano saccheggiando città in preparazione per la guerra. In due battaglie a Filippi nell'ottobre del 42 a.C., Ottaviano e Antonio sconfissero i «liberatori», che si suicidarono, mentre il loro esercito si arrendeva. Vittoriosi, i triumviri si divisero l'impero tra loro. Antonio ottenne la Gallia – ma la cedette a Ottaviano nel 40 a.C. – tutte le province orientali e il compito di guidare una spedizione contro i Parti, che avevano appoggiato Cassio e Bruto; Lepido ricevette il Nord Africa; Ottaviano il controllo di Spagna e Gallia; l'Italia era sotto la loro responsabilità congiunta.

Sesto Pompeo si rivelò un rivale più forte di Cassio e Bruto. La sua resistenza continuò fino al 39 a.C. Solo quando i Parti, guidati dal generale romano ribelle Labieno, invasero la Siria e conquistarono quasi tutta l'Asia Minore, Sesto Pompeo giunse a un accordo di pace con

Ottaviano in nome di Roma. Quando i Parti furono cacciati dai territori romani nel 39 a.C., la guerra contro Sesto cominciò di nuovo. Egli sconfisse ripetutamente Ottaviano, finché alla fine il suo amico, Marco Vipsanio Agrippa, riportò una vittoria decisiva nel 36 a.C. Sesto fu arrestato in Asia Minore e giustiziato senza processo nel 35 a.C. Nel 36 a.C., Ottaviano rimosse Lepido dal potere. La scena per il confronto finale tra gli ultimi triumviri era pronta.

L'ultimo dramma ellenistico: Antonio e Cleopatra

Dopo l'uccisione di Cesare, a Cleopatra non restava altro che tornare al suo regno. Lì mise a morte il fratello-marito Tolomeo XIV, associando Cesarione al trono con il nome di Tolomeo XV. Mentre la sua flotta prendeva parte alla guerra contro Bruto e Cassio al fianco dei triumviri, Cleopatra riorganizzava ciò che era rimasto del suo regno. A differenza dei suoi immediati predecessori, che erano in primo luogo re di Alessandria, Cleopatra si sentiva regina dell'Egitto. Fu il primo membro della dinastia tolemaica a parlare la lingua locale; sosteneva i culti locali e aveva a sua volta il sostegno della popolazione indigena. Non è un caso che uno dei suoi attributi onorifici fosse *philopatris*, «amante della patria». Mentre gli epiteti onorifici dei suoi predecessori indicavano il loro affetto verso i membri della famiglia (vedi p. 92), l'attributo di Cleopatra ne sottolineava l'affetto verso un regno che ella sentiva come la propria patria. In un'epoca in cui la minaccia parta stava riemergendo oltre l'Eufrate e i re clienti alla periferia dell'impero avvertivano l'assenza di un governo romano e nutrivano speranze di espansione, una personalità forte era di nuovo sul trono tolemaico.

Quando a Marco Antonio fu assegnato l'oriente, tra i suoi incarichi c'era anche quello di fermare l'espansione dei Parti e di garantirsi la fedeltà dei numerosi regni e stati clienti in Anatolia e in Medio oriente. Pertanto, l'Egitto acquisì un'importante posizione strategica. Dal 42 al 41 a.C., Antonio passò del tempo in Grecia e in Asia Minore, facendosi degli amici tra i Greci, premiando le città che si erano opposte ai «liberatori», concedendo il perdono ai senatori romani in esilio, eleggendo al ruolo di governatori delle persone di fiducia, riscuotendo tasse e intervenendo negli affari dinastici dei regni clienti. Nel 41 a.C. decise infine di occuparsi dell'Egitto. La regina accettò un invito a incontrarlo a Tarso, in Cilicia. Ben consapevole del potere delle immagini e delle messinscene teatrali, preparò uno spettacolo per il severo soldato romano, che gli appariva come una facile preda.

Risalì il fiume Cidno su un battello dalla poppa d'oro, con le vele di porpora spiegate al vento, e i rematori vogavano con remi d'argento al ritmo del flauto, accompagnato da zampogne e cetre. Lei stessa stava sdraiata in un baldacchino trapunto d'oro, acconciata come le Afroditi dei quadri, e alcuni servetti stavano ai suoi fianchi, simili agli Eroti dei dipinti, a farle vento. Allo stesso modo anche le più belle tra le sue ancelle, vestite come Nereidi e Grazie, se ne stavano alcune sopra la sbarra del timone, altre sui pennoni. Meravigliosi profumi si spandevano lungo le rive del fiume al passaggio della nave, diffusi dall'incenso che vi veniva continuamente bruciato.

Due cene più tardi, una nella stravagante tenda di Cleopatra, l'altra consumata in accordo con i dettami della tipica austerità militare romana, Marco Antonio si era arreso al fascino della regina ventottenne, una capitolazione che, secondo tutte le fonti, fu determinata non dalla sua bellezza fisica, ma dalla forza della sua personalità.

Poiché le tensioni tra i triumviri crescevano, la guerra contro i Parti, già programmata da Cesare, divenne, per Antonio, della massima importanza. Una vittoria in oriente gli avrebbe permesso di prendere il controllo del resto dell'impero. Ma una spedizione di successo richiedeva delle risorse e solo l'Egitto aveva la capacità di fornirle. Pertanto, a prescindere dal fascino di Cleopatra, la decisione di Antonio di unire il suo destino a quello della sovrana può essere stata determinata da interessi politici. Nel 37-36 a.C., Antonio attuò una riorganizzazione territoriale che comprometteva la visione di Pompeo dell'oriente romano. Solo tre province romane rimasero intatte: Asia, Bitinia e Ponto e Siria. Le altre province divennero regni clienti, sul cui trono Antonio pose degli amici fidati. La Giudea divenne di nuovo un regno, ma sotto una nuova dinastia inaugurata da Erode. A trarre i maggiori vantaggi da questa riorganizzazione fu Cleopatra, il cui regno recuperò Cipro e la Cirenaica, ma ottenne anche l'isola di Creta e nuovi territori nel Vicino oriente (l'entroterra della Cilicia, parti del regno nabateo e di quello di Calcide in Siria). Il regno di Cleopatra acquisì dimensioni che l'Egitto non aveva più avuto dalla fine del III secolo a.C.

La successiva propaganda interpretò questi provvedimenti come il risultato della cattiva influenza di una seduttrice egizia che aveva indotto al tradimento un soldato romano. Ma dovremmo considerare i vantaggi di questa organizzazione. Senza perdere alcun introito, dal momento che l'Asia e la Bitinia continuavano a pagare un tributo, Antonio sollevava Roma dall'amministrazione di regioni montagnose e arretrate, lasciando il difficile compito di controllarle a re clienti fedeli a Roma, che avrebbero appoggiato la sua campagna. Abolendo le province, Antonio poteva usare le legioni lì stanziate per la sua guerra; ingrandendo l'Egitto, infine, non stava ingrandendo un altro regno cliente, ma un regno che nel futuro sarebbe stato la base del suo potere autocratico personale.

Mentre Antonio, nel 36 a.C., era ad Antiochia per preparare la guerra, vide per la prima volta i suoi gemelli, nati da Cleopatra tre anni prima. I loro nomi, Alessandro Elio (il Sole) e Cleopatra Selene (la Luna), avevano un valore simbolico non solo per il mondo greco e per l'Egitto, ma anche per il nuovo nemico, dal momento che il titolo del re dei Parti era «fratello del Sole e della Luna». La guerra iniziò quello stesso anno; la campagna di Antonio in Armenia, tuttavia, non fu un gran successo. Ottaviano avrebbe dovuto inviare un contributo di 20.000 soldati, ma ne mandò solo 2000. La sua propaganda a Roma criticava Antonio come un traditore che, sebbene sposato con la sorella di Ottaviano, Ottavia, aveva donato possedimenti romani alla sua concubina egizia. Tornando dalla campagna in Armenia, Antonio si convinse che un chiarimento con Ottaviano fosse impossibile e una guerra inevitabile. Silla, Pompeo e Cesare avevano già sperimentato varie versioni di un potere personale senza rivali: Silla come «dittatore per la promulgazione delle leggi e la sistemazione degli affari pubblici» per un periodo superiore ai sei mesi ammessi dalla costituzione, Cesare con la posizione incostituzionale di dittatore a vita e Pompeo con una serie di incarichi di comando straordinari. Il nuovo piano di Antonio era più diretto: potere monarchico in un impero a oriente, con Alessandria come sua capitale. Dopo il suo ritorno dall'Armenia e la celebrazione di un trionfo ad Alessandria, procedette a dichiarare Cleopatra e Cesarione regina e re di tutti i re. I suoi tre figli sarebbero dovuti diventare i sovrani di tre regni più piccoli: Alessandro Elio dell'Armenia e di tutti i territori a est dell'Eufrate (*i.e.* il regno dei Parti); Tolomeo Filadelfo delle terre a ovest dell'Eufrate, della Siria e della Cilicia; e Cleopatra Selene della Libia e della Cirenaica.

... Così gli Alessandrini correvano alla festa:
ecco, s'entusiasmavano, acclamavano
in greco, in egiziano, anche in ebraico,
affascinati dal bello spettacolo.
E sì che lo sapevano bene, quanto valeva
quella roba, e che vuote parole erano i regni.
(C. Kavafis, «Re alessandrini», 1912)

Queste «donazioni di Alessandria» segnarono la rottura definitiva di Antonio con Roma. Il triumvirato, che era scaduto alla fine del 33 a.C., non fu rinnovato e, dopo due anni di propaganda contro Antonio a Roma, il senato romano lo dichiarò nemico di Roma nel 31 a.C.; iniziò così l'ultima guerra civile della repubblica. La più grande risorsa di Ottaviano fu il suo generale, Agrippa, che conquistò un porto importante in Grecia, Metone, e poi sconfisse la flotta di Antonio e Cleopatra ad Azio il 2 settembre del 31 a.C.

Vinto e disperato, Antonio fuggì in Egitto, che nell'agosto del 30 a.C. fu invaso dalle truppe di Ottaviano. Rendendosi conto che la resistenza sarebbe stata inutile, Antonio si tolse la vita. Pochi giorni dopo, Ottaviano arrivò ad Alessandria e arrestò Cleopatra. Dopo aver svolto i riti funebri per Antonio e non volendo diventare uno spettacolo durante il trionfo di Ottaviano, Cleopatra si uccise, a quanto si racconta, lasciando che un aspide la mordesse a un braccio o al seno. Il regno d'Egitto fu abolito e il territorio passò sotto il controllo diretto di Ottaviano e degli imperatori successivi. Dei quattro figli di Cleopatra, Cesarione, l'unico figlio di Cesare, fu messo a morte per volere di Ottaviano, il figlio adottivo di Cesare. Il consiglio del suo maestro, il filosofo stoico Ario Didimo, era difficile da ignorare: «Non è un bene che ci siano molti Cesari». Ma le vite dei tre figli di Antonio furono risparmiate. Furono portati a Roma e marciarono al trionfo di Ottaviano. In luogo dei diademi, simbolo di regalità, che il padre aveva sperato per loro, portavano catene d'oro così pesanti che a malapena riuscivano a camminare, suscitando la pietà degli spettatori. Cleopatra Selene fu più tardi data in sposa a re Giuba di Numidia. Nulla si sa del destino dei suoi fratelli; presumibilmente morirono a Roma in giovane età.

Non sappiamo se Antonio, che veniva chiamato Neo Dioniso, udì davvero il rumore e la musica dei seguaci di Dioniso nella sua ultima notte, come descrive Kavafis nella sua poesia «Il dio abbandona Antonio». Ma se non altro, dovremmo essere grati ad Antonio per aver ispirato a Kavafis una delle sue poesie più belle.

> Come s'udrà, d'un tratto, a mezza notte,
> invisibile tíaso passare
> tra musiche mirabili, canoro,
> la tua fortuna che trabocca ormai,
> le opere fallite, i tuoi disegni
> delusi tutti, non piangere in vano.
> Come pronto da tempo, come un prode,
> salutala, Alessandria che dilegua.
> Non t'illudere più, non dire: «è stato
> un sogno», oppure «s'ingannò l'udito»:
> non piegare a così vuote speranze.
> Come pronto da tempo, come un prode,
> come s'addice a te, cui fu donato
> d'una città sì grande il privilegio,
> va risolto accanto alla finestra:
> con emozione ascolta e senza preci,
> senza le querimonie degl'imbelli,
> quasi a fruire di suprema gioia, i suoni,
> gli strumenti mirabili di quell'arcano tíaso,
> e saluta Alessandria, che tu perdi.

L'abolizione dell'ultimo regno fondato da uno dei successori di Alessandro segna la fine del periodo che tradizionalmente chiamiamo l'età ellenistica. Segna anche la fine di una serie continua di guerre e l'unificazione dell'impero romano sotto la guida di un singolo individuo, in un sistema politico che gli studiosi moderni chiamano principato. Nonostante i grandi cambiamenti portati dalla *pax romana* e dal potere monarchico del *princeps*, tutti i principali avvenimenti politici, sociali e culturali nel mondo greco nei due secoli che seguirono ebbero le loro radici nel periodo ellenistico.

11
Un oriente romano

Storie locali e il loro contesto globale (30 a.C.-138 d.C.)

Dèi terreni e re celesti

Il maggiore storico dell'età imperiale, Tacito, riserva solo un breve cenno a ciò che milioni di persone considerano l'evento più importante della storia mondiale. Scrivendo i suoi *Annali*, intorno al 116 d.C., egli annota, in merito alla crocifissione di Gesù:

> Cristo ... era stato condannato al supplizio capitale sotto l'impero di Tiberio da uno dei nostri procuratori, Ponzio Pilato; ma, repressa per il momento, l'esiziale superstizione erompeva di nuovo, non solo per la Giudea, origine di quel male, ma anche per l'Urbe, dove da ogni parte confluiscono tutte le cose atroci e vergognose.

Tre o quattro anni prima il governatore della Bitinia e del Ponto, amico personale dell'imperatore Traiano, Plinio il Giovane, aveva solo un'idea molto vaga di chi fossero questi cristiani. Ciò che gli era stato detto delle loro pratiche religiose non differiva molto dalle pratiche di culto di altri gruppi religiosi: si incontravano in notti prestabilite, cantavano inni, giuravano di attenersi a un comportamento improntato a principi etici e mangiavano insieme cibi ordinari. Né Plinio né Tacito avrebbero mai pensato che gli unici eventi intercorsi nei 150 anni dalla vittoria di Ottaviano ai loro tempi a essere ancora celebrati ogni anno due millenni più tardi in tutto il mondo sarebbero stati la nascita e la passione di Cristo, eventi accaduti in una provincia piccola ma turbolenta dell'oriente romano.

Cinque anni prima della data che, secondo gli storici del Cristianesimo, vide la nascita di Cristo, la confederazione dei Greci della provincia d'Asia emise un decreto in onore di Ottaviano, che ormai dal 27 a.C. era noto con un nuovo nome: Augusto. Il decreto (vedi p. 269) stabiliva che il compleanno di Augusto, il 23 settembre, fosse l'inizio del nuovo anno:

> Con la sua comparsa Cesare ha superato le speranze di tutti quelli che hanno ricevuto in passato liete notizie, non solo eclissando quanti furono dei benefattori prima di lui, ma anche spegnendo ogni speranza che quanti verranno dopo di lui possano superarlo. Il compleanno del dio fu l'inizio di buone notizie sul suo conto per il mondo.

Per la maggior parte della popolazione dell'oriente romano, il principale protagonista della vita pubblica nei secoli che seguirono la vittoria di Ottaviano ad Azio fu l'imperatore di Roma, un dio in terra, mortale ma con poteri che potrebbero essere paragonati a quelli degli immortali. Il suo dominio era ecumenico: vale a dire che si estendeva su tutta la «terra abitata» (*ecumene*), o almeno sulla sua parte più significativa. Uno dei titoli onorifici attribuiti a Ottaviano/Augusto era «signore della terra e del mare». Lo stesso titolo era già stato attribuito a Pompeo, ma nel caso di Augusto aveva un significato tangibile. Augusto era il signore assoluto di un impero che si estendeva dalla penisola iberica e dalle province della Gallia (attuali Francia, Belgio, Lussemburgo e parti della Germania) fino all'Eufrate, compresa tutta l'Europa a sud del Danubio, con l'eccezione del regno alleato di Tracia, nell'odierna Bulgaria, la maggior parte della costa dell'Africa settentrionale, dall'Algeria al mar Rosso, inclusi tutta la Cirenaica e l'Egitto, quasi tutta l'Asia Minore, la Siria e le aree costiere della sponda nord del mar Nero (vedi Cartina 7). La Germania a nord del Reno andò perduta nel 9 d.C., ma Augusto aggiunse al suo dominio i territori di alcuni regni clienti, la Galazia nel 25 a.C. e parte della Giudea nel 4 a.C. I suoi successori aggiunsero nuove province (vedi pp. 252 e 261-262).

Nell'*Eneide*, Virgilio menziona una profezia, secondo la quale Giove avrebbe dato ai Romani un impero illimitato: *imperium sine fine*. In una lussuosa casa a Efeso, occupata dal I secolo d.C. alla metà del III, qualcuno scrisse su un muro un'acclamazione che doveva aver udito per le vie della città: «Roma, signora di tutto, il tuo potere non finirà mai!». Grazie a un libro noto come libro della Rivelazione, o Apocalisse, composto nella piccola isola greca di Patmos solo due decenni prima che l'impero avesse raggiunto la sua estensione più ampia, sappiamo che c'erano dei gruppi all'interno dell'impero che avevano altre aspettative: la distruzione del regno terrestre e l'avvento di un regno celeste. In una delle visioni dell'autore, un angelo gli mostra Roma, paragonata a una prostituta seduta su una bestia a sette teste piena di nomi blasfemi, i titoli dell'imperatore:

> La donna era ammantata di porpora e di scarlatto, adorna d'oro, di pietre preziose e di perle, teneva in mano una coppa d'oro, colma degli abomini e delle immondezze della sua prostituzione ... Al vederla, fui preso da grande stupore. Ma l'angelo mi disse: «Perché ti meravigli? Io ti spiegherò il mistero della donna e della bestia che la porta, con sette teste e dieci corna. La bestia che hai visto era ma non è più, salirà dall'Abisso, ma per andare in perdizione ... Le sette teste sono i sette colli sui quali è seduta la donna; e sono anche sette re. I primi cinque sono caduti, ne resta uno ancora in vita, l'altro non è ancora venuto e quando sarà venuto, dovrà rimanere per poco. La donna che hai vista simboleggia la città grande, che regna su tutti i re della terra».

La storia del mondo greco sotto Augusto e i dieci imperatori che vennero dopo di lui non è solo la storia di alcuni grandi eventi che i Greci osservarono come spettatori della storia dell'impero. È anche la storia di sentimenti collettivi che vanno dalla speranza di pace e prosperità in questo mondo alla fiducia nell'avvento di un salvatore divino; è la storia delle tensioni tra l'ideologia imperiale dominante e quanti la mettevano in discussione; è la microstoria di comunità locali in lotta tra loro per mantenere un senso di identità e di auto-determinazione in un nuovo mondo; è la storia, infine, della riorganizzazione continua delle province e dei regni clienti e della ridefinizione dei confini dell'impero.

I Greci ai margini della storia mondiale

La maggior parte delle guerre degli imperatori romani da Augusto ad Adriano non condizionava direttamente la vita della gente in Grecia, Asia Minore ed Egitto. Le varie località del mondo greco rivestivano un'importanza solo secondaria in relazione agli eventi principali. Le popolazioni ellenofone d'oriente avevano l'impressione di essere partecipi di imprese militari importanti solo quando vedevano le legioni romane attraversare i loro territori mentre si dirigevano verso un fronte che si trovava oltre i confini del loro mondo.

Che le operazioni militari raramente si svolgessero vicino alla Grecia era una benedizione per una regione che si stava riprendendo solo lentamente dalle guerre devastanti del II e del I secolo a.C. Il concetto moderno di *pax Romana*, che trova dei precedenti nei testi antichi, è qualcosa che molti Greci avrebbero volentieri accettato, specialmente se si fossero trovati a confrontare la loro esposizione assai limitata alla guerra con la violenza continua ed estrema dei decenni precedenti ad Azio. Filippo di Pergamo, uno storico greco noto solo tramite un'iscrizione sulla base della sua statua, introdusse la sua opera, composta all'incirca all'epoca di Augusto, con parole che fanno esplicito riferimento agli orrori della guerra nell'intera *ecumene*:

> Ho presentato ai Greci, con mano pia, la narrazione storica delle imprese più recenti: poiché sofferenze di ogni sorta e un massacro mutuo e ininterrotto hanno avuto luogo ai nostri giorni in Asia e in Europa, nelle tribù di Libia e nelle città degli isolani. L'ho fatto, perché essi possano apprendere anche attraverso di noi quanti mali sono causati dall'adulazione della folla, dall'amore del profitto, dalla guerra civile, dall'inosservanza dei patti, e così, osservando le sofferenze degli altri, possano vivere le loro vite nel modo giusto.

Filippo condivide la ferma convinzione degli storici di tutti i tempi che la gente possa imparare dalla storia. Ma a dire il vero, la *pax Romana* non fu il risultato di una lezione di storia. Fu prima di tutto il risultato della morte violenta di tutti i rivali al potere di Ottaviano e della sottomissione di quanti mettevano in discussione il dominio di Roma. In questo processo, il mondo greco fu trasformato da area turbolenta vicino ai confini dell'impero a una serie di province a distanza di sicurezza dai nemici barbari.

Gli annunci ufficiali e le orazioni encomiastiche per gli imperatori durante le varie festività tenevano i Greci al corrente degli eventi importanti che accadevano lontano. Nel 2 d.C., il nipote ed erede di Augusto, Caio Cesare, stipulò una pace con i Parti su un'isola dell'Eufrate. Quando la notizia giunse a Messene, un magistrato romano,

> venendo a sapere che Caio, il figlio di Augusto, combattendo contro i barbari per la salvezza di tutti gli uomini, era in buona salute, era sfuggito al pericolo e si era vendicato del nemico, esplose di gioia di fronte a questa splendida notizia, fece indossare a tutti corone e svolgere sacri-

fici, dal momento che erano liberi e sereni, e lui stesso sacrificò dei buoi per festeggiare la salvezza di Caio e diede vari spettacoli.

Un rappresentante dell'autorità romana chiese alla popolazione di Messene di manifestare gioia e devozione di fronte a un episodio che si era verificato nel lontano oriente e che aveva ben poco a che fare con le loro vite, per quanto la campagna militare di Caio venisse presentata come una guerra «per la salvezza di tutti gli uomini». Un trattato di pace fu celebrato come se fosse una vittoria militare. Cos, all'annuncio della notizia, si spinse ancora più in là: Caio fu onorato come un dio e gratificato, anche se solo in via informale, del titolo di Partico, «il vincitore dei Parti». Un anno più tardi Caio morì per le ferite riportate durante una battaglia in Armenia. Per imprese militari come le sue, le popolazioni greche erano un pubblico compiacente a una distanza di sicurezza. Statue e monumenti in onore degli imperatori e dei loro congiunti rendevano visibili i successi della famiglia imperiale (vedi Figura 16); i fallimenti venivano opportunamente dimenticati.

L'inclusione del mondo greco nell'impero romano può dare l'impressione che una storia «greca» separata in senso stretto – una storia greca i cui attori fossero le comunità greche e i loro capi politici – non esistesse più. Può essere vero che gli uomini di stato e i sovrani greci non erano più i protagonisti dei principali eventi politici come lo erano stati in età classica individui come Pericle, Demostene e Filippo e, in età ellenistica, Alessandro, Tolomeo II, Arsinoe, Filippo V, Antioco III e Cleopatra VII. I nuovi protagonisti e promotori degli eventi erano adesso gli imperatori, i senatori e i governatori, e in misura minore i politici e gli intellettuali greci a loro legati. Anche nel campo della cultura e delle arti, Roma non era più soltanto la beneficiaria delle idee, la vincitrice selvaggia che era stata culturalmente conquistata dai Greci. Alla fine del I secolo d.C., il filosofo greco Plutarco si chiedeva: «Ai nostri tempi, quando gli affari delle città non offrono l'opportunità di assumere il comando militare in guerra, o di rovesciare tirannidi, o di concludere alleanze, in che modo si può iniziare una carriera illustre ed eccellente?».

Che le élite cittadine del tempo di Plutarco non avessero modo di dimostrare la loro abilità nella guida delle comunità attraverso guerre o operazioni diplomatiche importanti non implica né la fine della storia, né la fine della vita politica. In questo periodo, la vita politica e le relazioni interstatali si svolgevano su molti palcoscenici. Sul palcoscenico locale della città dovevano essere risolte le questioni politiche e, soprattutto, finanziarie. Anche se l'iniziativa era in mano all'élite, la pressione esercitata dalla massa era significativa (vedi p. 296). Sul palcoscenico più grande delle regioni e delle province, le città lottavano per ottenere onori e privilegi: il privilegio di erigere un tempio per il culto dell'imperatore, il diritto di organizzare una fiera o di celebrare una gara, la difesa dell'inviolabilità di un santuario. Infine, le popolazioni provinciali e i loro capi erano chiamati a svolgere determinati ruoli sul palcoscenico ancora più grande dell'impero. Questi ruoli variavano: supplici per ottenere aiuto dopo un disastro naturale; contestatori contro un comportamento oppressivo da parte delle autorità imperiali; difensori di diritti e privilegi; base di reclutamento per l'amministrazione e l'esercito romani.

In questo capitolo esamineremo una selezione di eventi e di processi storici che plasmarono le province dell'oriente romano e influenzarono la vita delle popolazioni greche ed ellenizzate da Augusto ad Adriano.

Augusto e la creazione del principato

Qualche anno dopo l'incoronazione del figlio di Cesare ad Alessandria (vedi p. 238), «Cesarione, tutto grazia e bellezza» era morto e un altro figlio di Cesare, adottivo, aveva in mano le sorti dell'impero romano. Ottaviano aveva ereditato le ricchezze e l'influenza politica di Giulio Cesare dopo l'assassinio del dittatore; dopo la sua vittoria nel 30 a.C., sorse la questione di quale forma il nuovo governo dovesse assumere. Una risposta non fu data subito. Dopo un periodo di sperimentazione, fu raggiunto un accordo nel 23 a.C. Ottaviano, che era ormai noto come l'imperatore Cesare Augusto, accumulò una serie di poteri, titoli e privilegi che lo resero il *princeps*, «il primo cittadino», dell'impero. Gli storici moderni, per mancanza di alternative migliori, chiamano principato questa forma di governo, che sopravvisse con lievi modifiche fino alla fine della dinastia antonina (192 d.C.). Augusto presentò la nuova forma di governo ai Romani, ossessionati dalle tradizioni, come una restaurazione dell'antica repubblica: *res publica restituta*. Il primo *princeps* descrisse questo evento in un resoconto delle sue imprese (*Res Gestae Divi Augusti*). La versione finale, terminata poco prima della sua morte nel 14 d.C., fu iscritta nelle principali città delle province, o nel latino dell'originale o in una traduzione greca. Una copia quasi completa di entrambe le versioni sopravvive sulle mura del tempio di

Roma e di Augusto ad Ancyra (attuale Ankara; vedi Figura 14). Questo è ciò che la traduzione greca comunicava ai Greci sudditi di Augusto:

> Nel mio sesto e settimo consolato [28 e 27 a.C.], dopo aver estinto il fuoco delle guerre civili e aver assunto il potere supremo in accordo con le preghiere dei miei concittadini, trasferii dalla mia persona al senato e al popolo romano il governo della repubblica. Per questo mio atto, in segno di riconoscenza, mi fu dato il titolo di Augusto [*Sebastos*, «Venerabile»], per delibera del senato; la porta della mia casa per ordine dello stato fu ornata con rami d'alloro, e una corona civica fu affissa alla mia porta; e nella casa del senato fu posto uno scudo d'oro, la cui iscrizione attestava che il senato e il popolo romano me lo davano a motivo del mio valore e della mia clemenza, della mia giustizia e della mia pietà. Sovrastai tutti per autorità [*axioma*], ma non ebbi potere più ampio di quelli che mi furono colleghi in ogni magistratura.

La collegialità era un principio importante della costituzione repubblicana: ogni magistrato condivideva il potere con almeno un altro collega. Sottolineando la collegialità, Augusto cercava di distrarre l'attenzione dalla violazione di altri due principi della vecchia repubblica: nessun cittadino romano doveva accumulare molti poteri e nessun magistrato doveva rivestire la stessa carica in modo continuativo per più di un anno. Naturalmente, nelle circostanze eccezionali delle guerre civili, i principi repubblicani erano stati ripetutamente infranti; ma ora l'accumulo delle cariche e la continuità del potere supremo erano stati istituzionalizzati. Sotto il velo della restaurata repubblica, Augusto portò a conclusione il processo di trasferimento del potere dal senato a un singolo individuo; gli imperatori successivi, soprattutto Vespasiano (69 d.C.), apportarono delle piccole modifiche, ma la forma augustea di governo restò sostanzialmente immutata fino alla fine del II secolo d.C.

Augusto fu l'unico individuo a Roma a detenere vari poteri nello stesso momento e senza interruzione fino alla sua morte. Tutti i poteri di Augusto avevano la loro origine negli incarichi tradizionali della repubblica: la *tribunicia potestas*, cioè l'autorità di tribuno della plebe, gli dava il diritto di convocare il senato, proporre le leggi, porre il veto alle decisioni del senato e dell'assemblea, parlare per primo agli incontri e presiedere alle elezioni. Aveva anche il diritto di fare un censimento e di determinare così chi sarebbe stato senatore. L'*imperium proconsulare maius* lo rendeva governatore di tutte le province in cui era stanziato

14. Il tempio di Augusto ad Ancyra e le *Res Gestae*.

l'esercito romano. Di quando in quando, Augusto e i suoi successori detenevano anche l'ufficio annuale di console, riservato ai senatori più importanti, e svolgevano anche la funzione di *pontifices maximi*, rappresentando la massima autorità religiosa. In origine Roma aveva solo due consoli, ma la necessità di offrire posizioni di prestigio ai senatori più importanti o di dare un riconoscimento per i loro servizi a comandanti e governatori fedeli portò all'elezione di ulteriori *consules suffecti*.

La posizione eccezionale del *princeps* era espressa dal nome di Augusto. Ogni cittadino romano aveva tre nomi: un primo nome (*praenomen*); il nome della famiglia alla quale apparteneva per nascita, adozione o manumissione (*nomen gentile*); il nome con cui era conosciuto (*cognomen*). Per questioni di identificazione, i documenti ufficiali includevano anche il nome del padre o dell'ex padrone: per esempio, *Lucii filius* o *Publii libertus*, «il figlio di Lucio» o «il liberto di Publio». Il nome completo di Silla era Lucio Cornelio Silla, con un ulteriore «soprannome», o *agnomen*: Felix. Il nome originario di Ottaviano era *Caius Octavius* – il suo *cognomen* era, presumibilmente, *Thurinus*. Quando Cesare fu ucciso nel 44 a.C., il diciannovenne Ottavio fu adottato dopo la morte dal dittatore assassinato sulla base del suo testamento. *Caius Iulius Caii filius Caesar* divenne il suo nuovo nome, ma era noto anche come Ottaviano, «che proviene dalla famiglia degli Ottavi». Quando Cesare fu divinizzato nel 42 a.C., il nome di Ottaviano indicava la sua relazione unica con una divinità e lo distingueva dalle migliaia di altri *Iulii*: lui era *Caius Iulius Divi filius* (figlio di un dio) *Caesar*. Qualche tempo più tardi, tra il 38 e il 31 a.C., sostituì il suo *praenomen* e il suo *nomen gentile* con nomi che nessun altro romano aveva: *Imperator*, un titolo che un generale vittorioso riceveva dai suoi soldati attraverso l'acclamazione, divenne il suo primo nome; *Caesar*, un nome mantenuto in segno di rispetto, divenne il suo nome «di famiglia». Il nome *Imperator Caesar Divi filius* esprimeva senza ambiguità la posizione elevata di Ottaviano. Infine, il 6 gennaio del 27 a.C., l'attributo onorario di *Augustus* divenne il suo terzo nome e l'imperatore fu noto come *Imperator Caesar Augustus*. I nomi di Cesare e Augusto furono adottati anche dai successori di Ottaviano. Quando gli imperatori della dinastia flavia (69-98 d.C.) aggiunsero anche il nome di *Imperator*, *Imperator Caesar Augustus* divenne parte integrante del nome di qualsiasi imperatore, tanto da poter essere inteso come un titolo.

Gli studenti si sorprendono quando scoprono che *Imperator Caesar Augustus* in origine non era una posizione o un titolo, ma un nome di persona. Ciò che gli studenti di oggi capiscono (si spera) dopo un primo momento di sorpresa, probabilmente non fu mai capito dalla popolazione delle province grecofone. Come deduciamo dalle traduzioni, talvolta piuttosto libere, dei nomi degli imperatori nelle iscrizioni greche, i nomi venivano intesi come titoli onorifici. Ma anche se le popolazioni delle province grecofone non capivano gli aspetti tecnici di questi nuovi fenomeni, sapevano che essi riguardavano le loro vite. I rituali del potere, gli interventi dell'imperatore e dei suoi rappresentanti nell'amministrazione delle province, i benefici imperiali alle città e i favori concessi ai membri dell'élite rendevano chiaro che essi erano i sudditi di un monarca.

Organizzare l'oriente romano: re clienti e annessioni

Durante il regno di Claudio e di Nerone, ad Afrodisia, una città libera dell'Asia Minore, fu costruito un lussuoso complesso edilizio. Passando attraverso una porta monumentale, si raggiungeva un ampio viale costeggiato da portici a tre piani che conduceva al tempio degli imperatori, posto su un podio (vedi Figura 15).

15. Il Sebasteion di Afrodisia.

I portici erano decorati con 190 pannelli a bassorilievo in cui erano rappresentati scene di culto, temi connessi con la mitologia romana e greca e rappresentazioni allegoriche che si riferiscono ai primi imperatori romani e alle loro vittorie (vedi Figura 16). Questa decorazione includeva rappresentazioni di circa cinquanta «nazioni» ai margini del dominio romano, dalla Spagna all'Arabia. Alcune popolazioni sono più note di altre: per esempio, i Giudei, gli Egiziani e gli Arabi. Ma anche uno specialista di storia antica può avere difficoltà nel localizzare su una mappa tribù come i Pirusti, gli Andizeti o i Trumplini. Queste immagini davano a un visitatore antico di questo Sebasteion, «il luogo dedicato agli Augusti», un'impressione visiva dell'estensione del potere romano. La lunga lista di tribù con i loro nomi esotici doveva riempirlo di ammirazione, forse anche di orgoglio per essere un libero socio o anche un alleato dei Romani.

Quando il Sebasteion fu completato, il processo di annessione e di creazione delle province non era ancora terminato. Una serie di regni clienti formava una zona cuscinetto tra l'impero e i suoi potenziali nemici. I più importanti esistevano da secoli ed erano governati da dinastie

16. Bassorilievo del Sebasteion di Afrodisia: Claudio sottomette la Britannia.

locali: i regni di Ponto, Paflagonia, Cappadocia e Galazia in Asia Minore e il regno di Emesa in Siria. Inoltre, la caduta dell'impero seleucide nel II secolo a.C. e le condizioni caotiche del I secolo avevano prodotto un gran numero di piccole regioni e di città indipendenti governate da dinasti o sacerdoti: per esempio, il re di Ierapoli/Castabala, i re-sacerdoti di Olba in Cilicia e Comana nel Ponto e un ex bandito diventato re di Gordiucome in Misia. Per ottenere l'appoggio locale sia nella sua progettata guerra contro i Parti sia nella guerra civile contro Ottaviano, Marco Antonio era intervenuto nella geografia politica dell'est, ponendo i suoi sostenitori – di solito Greci colti e ricchi – sul trono dei regni tradizionali, premiando i re alleati con donazioni territoriali e tollerando o dando addirittura il proprio appoggio ai tiranni delle città e ai dinasti delle piccole regioni.

Augusto entrò in questo campo minato di ambizioni personali e di conflitti locali con la cautela necessaria, rimuovendo alcuni dei sostenitori di Antonio ma tollerandone altri, giudicando ogni caso individuale secondo quanto reputava giusto. Dinasti e re clienti offrivano vantaggi indiscutibili: conoscevano le condizioni locali e potevano svolgere fun-

17. Pietra miliare della via Egnazia, fatta costruire dal primo governatore della Macedonia, Cneo Egnazio.

zioni amministrative che avrebbero altrimenti sovraccaricato l'amministrazione romana. In alcuni casi, Augusto premiava anche i suoi sostenitori permettendo loro di stabilire un dominio personale nella loro città. Ma la conoscenza delle condizioni locali poteva costituire anche una minaccia. Troppo potere non era auspicabile, così come non lo era uno stato cuscinetto troppo debole vicino ai confini dell'impero. Dal momento che il potere dei re clienti dipendeva interamente dal favore imperiale, poteva essere interrotto all'improvviso. Una volta che avevano fatto abituare le popolazioni locali alla presenza romana, i re clienti erano superflui. Quando se ne presentava l'opportunità, a causa di conflitti dinastici (*e.g.* la Giudea), ribellioni e scorrerie (*e.g.* la Tracia) o conflitti interni (*e.g.* la lega licia), gli stati clienti venivano annessi e inglobati nella provincia romana più vicina oppure trasformati in una nuova provincia. Si tratta di uno schema ricorrente durante il regno di Augusto, che continuò per circa un secolo dopo la sua morte, portando la maggior parte delle regioni greche ed ellenizzate sotto un'unica amministrazione.

Solo le città greche in Crimea e sulla costa nord-orientale del mar Nero, Olbia, Chersoneso in Tauride, Panticapeo e Fanagoria, tra le al-

18. Pilastro con indicata la misurazione della distanza tra Patara e le altre città della Licia.

tre, erano al di fuori dell'amministrazione dell'impero romano sotto Augusto. Erano infatti soggette al dominio dei re del regno del Bosforo. Ma anche qui i re clienti portavano orgogliosamente il nome di Tiberio Giulio, indicando che erano cittadini romani, e il titolo di *philorhomaios* (amico dei Romani).

L'incorporazione degli stati clienti migliorò la difesa dell'impero romano e, di conseguenza, la sicurezza delle aree greche, che avrebbero conosciuto un periodo di pace senza precedenti. I Romani posero le popolazioni greche ed ellenizzate sotto un'unica amministrazione, che portò degli oneri fiscali, ma anche un miglioramento delle infrastrutture – specie attraverso la costruzione e la manutenzione di strade – e così anche delle possibilità di comunicazione. Pietre miliari (vedi Figura 17) che indicavano la distanza dalle città importanti erano una testimonianza visibile dell'unità dell'impero. Quando la Licia fu annessa sotto Claudio (43 d.C.), a Patara fu eretto un pilastro monumentale che probabilmente sosteneva una statua dell'imperatore. Un'iscrizione su tre dei suoi lati dà una lista di tutte le città della nuova provincia e riporta, per ciascuna, la distanza da Patara (vedi Figura 18). Misurando il loro impero e facendone la mappatura, i Romani creavano un senso di ordine.

Rivitalizzare la Grecia e l'Asia Minore

Le guerre del II e del I secolo a.C. avevano lasciato delle ferite aperte in Grecia e in Asia Minore. Anche quando una città non era stata danneggiata da un assedio o depredata dopo un attacco, anche quando i campi non erano stati bruciati e gli schiavi non erano stati costretti a fuggire, era comunque stata di solito costretta a fornire cibo, rifornimenti, navi, bestie da soma e alloggi agli eserciti stranieri. Dopo il 146 a.C., un numero sempre crescente di città fu anche costretto a pagare un tributo a Roma. Le guerre avevano rovinato l'economia. Avevano anche condizionato i rapporti tra città e campagna, l'entità della popolazione, l'occupazione e lo sfruttamento del territorio. Bisogna ammettere che l'impatto della guerra sulla demografia e sullo sfruttamento delle campagne non fu uniforme. In alcune regioni – per esempio, in Beozia e in Attica – le ricerche archeologiche suggeriscono la diminuzione del numero di siti occupati nelle campagne dal 200 a.C. circa in avanti, ma in altre zone lo spopolamento delle aree rurali cominciò prima e fu seguito da una rinnovata crescita dopo l'occupazione romana. Analogamente, non si può parlare di un calo generale della popolazione, come quello descritto da Polibio intorno alla metà del II secolo a.C.:

> Ai nostri tempi l'intera Grecia è stata soggetta a un basso tasso di natalità e a un calo generale della popolazione; per questo motivo le città sono state abbandonate e si sono verificate carestie, anche se non siamo stati colpiti né da guerre continue né da epidemie ... Perché da quando gli uomini sono caduti in un tale stato di arroganza, di avidità e di indolenza da non volersi sposare, o, quando si sposano, da non voler allevare dei figli, o al massimo solo uno o due, così da lasciare loro in eredità grandi ricchezze e da indurli a sperperare le loro sostanze, il male è cresciuto rapidamente e insensibilmente.

Se un simile declino demografico in effetti si verificò, fu un fenomeno regionale, specialmente nelle aree della Grecia dove le guerre avevano causato grosse distruzioni di città e delle loro campagne. Queste aree, inclusi la Macedonia, il Peloponneso settentrionale e parti della Grecia centrale, avevano urgente bisogno di nuovi abitanti. Alla periferia del mondo greco, anche le città della Crimea soffrivano di un calo demografico. I nomi personali attestati a Olbia, per esempio, suggeriscono che la città dovette rinforzare il suo corpo cittadino attraverso la naturalizzazione degli Iranici ellenizzati e i matrimoni misti.

Nel 39 o 38 a.C., Ottaviano (Figura 19), che ancora collaborava con Marco Antonio, ricevette un messaggero da Afrodisia, «la città di Afrodite», in Asia Minore. Il messaggero tracciò un quadro drammatico delle sofferenze della sua città durante l'invasione di Labieno. Sapeva che avrebbe suscitato la simpatia di Ottaviano aggiungendo che una statuetta d'oro di Eros, dedicata ad Afrodite da Cesare, era stata portata a Efeso come bottino di guerra. Afrodite, madre di Eros e dea patrona di Afrodisia, era vista come l'antenata della famiglia di Cesare (Enea, il fondatore di Roma, era il figlio di Afrodite e di conseguenza Ottaviano la considerava una lontana antenata). La lettera di Ottaviano a Efeso ci dà un'idea di quale fosse l'atmosfera in questi anni difficili:

> Solone, figlio di Demetrio, messaggero degli abitanti di Plarasa e di Afrodisia, mi ha riferito quanto la loro città abbia sofferto durante la guerra contro Labieno e quanti beni, pubblici e privati, siano stati depredati ... Sono stato anche informato del fatto che è stato portato a voi come bottino di guerra e dedicato ad Artemide un Eros d'oro, che era stato donato da mio padre ad Afrodite. Vi comporterete bene e in modo degno se restituirete l'offerta fatta da mio padre ad Afrodite.

Ottaviano aggiunse, non senza arguzia: «In ogni caso Eros non è un'offerta adatta ad Artemide» – la dea vergine Artemide avrebbe difficilmente apprezzato una statuetta dell'allegro dio dell'amore. Fu un bel gesto, ma Afrodisia e le altre città avevano bisogno di ben altro. Alcuni anni più tardi Ottaviano, ora chiamato Augusto, era il solo sovrano dell'*ecumene*. Anche se la situazione delle città greche non era disperata come i messaggeri greci e i loro rappresentanti implicano, esse avevano urgente bisogno di provvedimenti che ne permettessero la ripresa. La pace era d'aiuto, ma la pace da sola non ripopolava automaticamente di abitanti le città spopolate, né rivitalizzava l'economia. Augusto doveva agire.

19. Busto dell'imperatore Augusto (Ottaviano).

Alcuni dei suoi primi provvedimenti rivelano l'entità dei problemi. Senza la distribuzione di un surplus di grano alle città dopo la sua vittoria ad Azio, molte *poleis* si sarebbero trovate ad affrontare la fame. Il *princeps* dichiarò la generale remissione del debito pubblico verso Roma, aspettandosi probabilmente che le città cancellassero a loro volta i debiti dei singoli nei loro confronti. Rodi, una città ricca, fu l'unica a declinare l'offerta; a molti dei Greci questo provvedimento portò un temporaneo sollievo. Ma la Grecia aveva bisogno di ben più che di simili atti di generosità.

Uno dei provvedimenti più importanti per il rilancio delle aree greche fu la migrazione pianificata della popolazione. Naturalmente la motivazione dei generali romani per il reinsediamento della popolazione non era il rilancio del territorio greco ma il loro proprio bisogno di fornire terra ai veterani, agli Italici diseredati, alla popolazione urbana povera e agli schiavi liberati di Roma. La Grecia forniva lo spazio necessario. Nuove fondazioni erano necessarie anche in Asia Minore – per esempio, in Cilicia, Ponto e Paflagonia – per promuovere l'urbanizzazione e, con essa, l'accettazione del dominio romano. Pompeo era già stato un pioniere, sotto questo punto di vista (vedi p. 228). Molte delle città fondate o rifondate dai Romani rappresentano una tipologia legalmente distinta di insediamento urbano: la colonia di cittadini romani.

Fondando colonie, Augusto applicava un metodo che aveva contribuito alla stabilizzazione del dominio romano in Italia ed era stato già messo in pratica dal suo padre adottivo, Giulio Cesare. Cesare aveva fondato colonie dopo la sua vittoria nel 47 a.C. Una di esse era Corinto, sul sito della gloriosa città che era stata abbandonata per quasi un secolo dopo la sua distruzione nel 146 a.C. Anche le colonie di Dima nel Peloponneso, di Butroto in Epiro e di Sinope sulla costa sud del mar Nero possono essere attribuite all'iniziativa di Cesare, e forse anche Pario in Asia Minore. C'erano anche degli stanziamenti organizzati di cittadini romani insieme alla popolazione greca in varie città sulla costa nord dell'Asia Minore – per esempio a Eraclea, Cizico e Amiso.

Questa pratica fu proseguita da Ottaviano/Augusto, che trasformò vecchie città in colonie romane, incluse Dyrrhachion sulla costa adriatica dell'Illiria, Dion e Pella, rispettivamente santuario tradizionale e capitale regia dei Macedoni, Filippi in Macedonia, Patrasso nel Peloponneso, Cnosso a Creta e Alessandria Troade nell'Asia Minore nord-occidentale. Lo scopo principale di una densa rete di colonie in Asia Minore era di salvaguardare il dominio romano, specie nelle aree meno ellenizzate; oltre a fornire terra ai veterani, le nuove fondazioni assicuravano la presenza di una popolazione leale nei territori di recente acquisizione. La Pisidia da sola ospitava sei colonie – Antiochia, Olbasa, Comana, Cremna, Parlais e Listra. Colonie che possono essere attribuite, con ogni verosimiglianza, ad Augusto esistevano anche a Ninica in Cilicia, a Germa nella Galazia del nord e ad Apamea Mirlea (rinominata *colonia Iulia Concordia*) in Bitinia. C'erano anche due colonie augustee in Siria: Berito ed Eliopoli. Altre colonie furono fondate dai successori di Augusto, soprattutto in Asia Minore e in Giudea. Sotto Claudio, Seleucia sul Calicadno in Cilicia divenne Claudiopoli; Vespasiano promosse Cesarea Marittima al grado di colonia; nel 130/131 d.C. Adriano fondò la *colonia Aelia Capitolina* a Gerusalemme, a fianco della vecchia città.

La fondazione di una colonia era un intervento drastico dell'autorità romana sul paesaggio tradizionale, non solo per l'arrivo di una popolazione che parlava una lingua diversa (il latino), venerava dèi diversi e aveva tradizioni culturali differenti, ma anche perché alle colonie romane veniva attribuito un territorio sottratto a insediamenti preesistenti, i quali o cessavano di esistere o diventavano villaggi dipendenti. Per esempio, quando nel 28 a.C. Augusto fondò la sua «città della vittoria», Nicopoli, ad Azio, assegnò al suo territorio quasi tutto l'Epiro meridionale e grosse parti dell'Acarnania e dell'Etolia, creando uno dei territori urbani più grandi e costringendo la popolazione delle città e delle confederazioni vicine a stanziarsi nella nuova città. I veterani romani coesistevano con una popolazione greca alla quale non era concessa la cittadinanza romana, ma che godeva dei privilegi di una comunità cittadina.

Le colonie romane avevano un impatto sulla cultura e sulla società locali (vedi p. 290), contribuivano all'urbanizzazione o alla riurbanizzazione di aree che avevano sofferto a causa della guerra e creavano nuove opportunità per l'artigianato e il commercio. Creta è un buon esempio. Non appena la conquista dell'isola fu completata nel 67 a.C., vari commercianti romani si stabilirono nella sua città più importante, Gortina, attratti dal commercio di olio d'oliva e di vino. Intorno al 27 a.C., Augusto istituì una colonia romana a Cnosso, che accolse immigrati della Campania e veterani. Nelle loro regioni d'origine, i nuovi coloni e proprietari terrieri erano abituati alle opportunità e ai rischi di una modalità di produzione agricola orientata verso le esportazioni. Nel giro di pochi decenni, i vini cretesi furono ampiamente esportati in tutto il Mediterraneo; giare di vino rinvenute in gran numero a Pompei – distrutta dall'eruzione del Vesuvio nel 79 d.C. – recano delle iscrizioni che rivelano la loro origine cretese. L'inclusione di Creta in un impero pacificato e lo stanziamento degli Italici resero parte integrante di una rete internazionale di scambi (vedi p. 326) un'isola la cui produzione agricola nel passato era stata principalmente destinata al consumo locale e a un commercio limitato. Fenomeni simili si possono osservare anche altrove. Nel Peloponneso e nella Grecia continentale, le colonie augustee a Corinto, Patrasso e Nicopoli avevano stretti contatti commerciali con l'Italia attraverso l'Adriatico. L'impulso dato dagli interventi di Augusto proseguì sotto i suoi successori. La Grecia e l'Asia Minore non si trasformarono in un paradiso in terra; le tensioni sociali persistevano e l'insoddisfazione per il dominio romano occasionalmente portava a delle rivolte. Ma alla maggior parte delle zone greche ed ellenizzate furono risparmiati gli orrori della guerra dall'età di Augusto fino ad Adriano.

Nerone, la breve libertà dei Greci e la lunga lotta dei Giudei

Nel mondo pacificato creato da Augusto, l'Acaia, la provincia che corrisponde alla Grecia a sud della Macedonia, era una provincia tranquilla, non esposta direttamente a minacce esterne. Dopo la morte di Augusto fu assegnata al governatore della Mesia Inferiore, ma nel 44 d.C. divenne di nuovo una provincia separata. Il primo imperatore a visitare la Grecia dopo Augusto fu Nerone (54-68 d.C.). Verso la fine del suo regno, Nerone fece il *grand tour* della Grecia, dal settembre del 66 d.C. al novembre del 67. La sua ambizione era di riportare vittorie nella composizione e nel canto in tutti e quattro i concorsi panellenici tradizionali (giochi olimpici, istmici, nemei e pitici). Dal momento che i festival di solito avevano luogo in successione per un periodo di quattro anni e alcuni non includevano una competizione di citaredi (cantori con la cetra), i loro programmi dovettero cambiare e tutti e quattro dovettero essere concentrati nello stesso anno. Com'era prevedibile, l'imperatore vinse tutte le competizioni e fu salutato da folle entusiastiche, se non per il suo talento almeno per la sua generosità. Invitò tutti i Greci alle Istmiche del 28 novembre del 67 d.C. e dichiarò la libertà dell'Acaia e l'esenzione dalle tasse in un discorso conservato da un'iscrizione:

> Elleni, vi concedo un dono che mai vi sareste aspettati, per quanto non vi sia nulla che non sia lecito sperare dalla mia magnanimità. Vi sto facendo un dono così grande che mai avreste osato chiederlo. Tutti voi che abitate l'Acaia e soprattutto voi che abitate la terra che finora è stata chiamata isola di Pelope, riceverete la libertà con l'esenzione dal tributo, che non aveste neanche nei tempi più felici, dal momento che siete sempre stati schiavi o degli stranieri, o gli uni degli altri. Se solo avessi potuto offrire questo dono all'Ellade quando era all'apice del suo splendore, così che un maggior numero di persone potesse godere della mia liberalità! Per questo biasimo l'età presente, che sciupa la grandezza della mia liberalità. Ma anche adesso vi concedo questo beneficio, non per pietà nei vostri confronti, ma per benevolenza, e chiedo ai vostri dèi, di cui ho sperimentato l'attenzione nei miei confronti, per terra e per mare, dal momento che mi hanno concesso l'opportunità di gratificarvi di questo beneficio. Anche altri sovrani hanno liberato singole città, Nerone solo ha liberato una provincia.

Per emanare il suo proclama di libertà Nerone scelse la stessa sede scelta da Flaminino 263 anni prima. Ma a parte il luogo e il termine *eleutheria*, nulla era più lo stesso. Questa era una dichiarazione di libertà che esprimeva relazioni di dipendenza. Nerone ricordava ai Greci che anche nei loro giorni più gloriosi erano sempre stati schiavi. In qualità di signore del mondo intero, assimilato al Sole, Nerone sottolineava la grandezza del proprio dono istituendo un confronto tra passato e presente e spiegando la sua motivazione in termini emotivi: agiva non in base a sentimenti di pietà, ma per affetto e gratitudine verso gli dèi. Per accrescere l'impatto emotivo, Nerone non esprimeva gioia per il proprio dono, ma angoscia, perché il declino demografico della Grecia aveva fatto diminuire il numero di destinatari del suo dono. Le circostanze storiche avevano guastato la sua gioia e ai Greci si ricordava il loro declino.

Il dono di Nerone fu accolto con gratitudine ed entusiasmo. Epaminonda, un politico di Akraiphia, in Beozia, formulò un decreto in onore dell'imperatore, in cui Nerone viene elogiato per aver restituito «la libertà ai Greci, che sin dall'inizio dei tempi erano stati indigeni e autoctoni, ma a cui essa era stata sottratta». Ciò che per l'imperatore era un dono, per un Greco consapevole della propria storia e delle proprie tradizioni era il ripristino di una condizione ancestrale. Il proclama di Nerone fece balzare alle stelle la popolarità dell'imperatore e giustificò la sua assimilazione a Zeus Eleutherios, il «patrono della libertà». Ma la gioia non durò a lungo, né per lui né per i Greci.

Mentre i Greci in Acaia avevano motivo di festeggiare, altri invece non l'avevano. L'inquieto regno cliente del Ponto era stato annesso nel 64 d.C. (vedi p. 309). Ma i problemi maggiori si presentavano in Giudea. I Giudei erano guidati da un governatore (*procurator*) romano sin dal 44 d.C. Le provocazioni dei soldati romani, la forte tassazione e le espressioni di disprezzo verso i Giudei determinarono la radicalizzazione anche dei moderati e fecero crescere l'influenza di un gruppo con forti sentimenti anti-romani, i cosiddetti Zeloti. Quando nel 66 d.C. il governatore, Floro, spogliò il Tempio di molti dei suoi tesori, l'esplosione fu inevitabile; durante i disordini che seguirono, la guarnigione romana fu spazzata via e presto Roma fu in guerra con i Giudei. Non solo i Giudei si dovettero confrontare con le truppe romane, ma dovettero affrontare anche le loro profonde divisioni interne, con gli Zeloti che uccisero i leader moderati. La grande rivolta giudaica durò per quattro anni.

Ma Nerone aveva maggiori problemi in patria. Dopo l'inferno a Roma nella notte del 18 luglio del 64 d.C., che distrusse gran parte della città, e le enormi spese per stravaganti progetti edilizi nella capitale, la valuta dovette essere svalutata per la prima volta nella storia di Roma. Il senato e vari governatori erano indignati dalla politica di Nerone. Nel corso di una ribellione nel giugno del 68 d.C., Nerone si rese conto di non avere alcuna via di scampo e chiese al suo segretario di ucciderlo. Anche se Nerone era morto, la sua popolarità nell'oriente greco gli sopravvisse. Nei vent'anni successivi alla sua morte, tre impostori che affermavano di essere Nerone sfruttarono questa popolarità per guidare ribellioni effimere in Asia Minore. Con la morte di Nerone, la dinastia giulio-claudia fondata da Augusto giunse alla sua fine. Essa aveva riconciliato i Romani e i loro sudditi con l'idea che l'impero potesse essere retto da un solo monarca.

Seguì un anno di guerre, noto come «l'anno dei quattro imperatori», che vide l'assassinio di uno di loro, Galba, il suicidio di un altro, Otone, e l'esecuzione di un terzo, Vitellio. Un quarto imperatore, Vespasiano, fu acclamato ad Alessandria nel 69 d.C. Egli riuscì a riunire l'impero e fondò la dinastia flavia.

L'inclusione dei Greci nell'élite imperiale: i Flavi

Vespasiano è noto per il suo motto *Pecunia non olet* (il denaro non puzza), quando introdusse la tassazione sui bagni pubblici. Ma oltre a riassestare le finanze di Roma, la sua priorità fu quella di ristabilire l'ordine nelle province orientali. Subito dopo essersi garantito il trono, dopo una breve guerra civile, inviò a Gerusalemme suo figlio Tito. Fu solo dopo un lungo assedio che la città cadde nell'estate del 70 d.C. Il secondo tempio fu distrutto e i tesori e i simboli religiosi dei Giudei portati a Roma. La resistenza di un gruppo radicale di 960 persone, i Sicarii, continuò fino al 73 d.C. nel forte di Masada, una fortezza naturale vicino al mar Morto. Secondo il resoconto di Giuseppe Flavio, che non è però del tutto corroborato dai dati archeologici, i difensori si suicidarono quando, dopo molti mesi di assedio, i Romani costruirono una rampa per portare una torre d'assedio gigante in cima alla montagna. Poiché la religione giudaica non ammette il suicidio, si racconta che essi tirarono a sorte e si uccisero a turno, con l'eccezione di due donne e tre bambini, che sopravvissero nascosti in una cisterna.

La Grecia non risentì della rivolta giudaica del 69-70 d.C. o della guerra civile del 69. Ma Vespasiano ribadì la concessione della libertà all'Acaia, a Rodi, a Bisanzio, a Samo e forse alla Licia. La rivolta giudaica e le continue minacce dell'impero dei Parti resero chiaro che la difesa della frontiera orientale aveva bisogno di essere migliorata. Vespasiano ci riuscì annettendo dei territori, riorganizzando le province e risistemando le legioni lungo le frontiere del regno dei Parti. Questo ebbe un impatto sull'amministrazione delle aree ellenizzate più orientali. Nel 72 o nel 73 d.C., il governatore della Siria, Cesennio Peto, annetté il regno cliente di Commagene e lo aggiunse alla sua provincia. La distanza tra Siria e Cappadocia, le due province con la maggiore importanza strategica in oriente, veniva così colmata. La provincia di Cappadocia fu unita alla Galazia e ai territori dell'Armenia Minore; la nuova grande provincia di Cappadocia e Galazia comprendeva il meno urbanizzato ed ellenizzato altipiano anatolico. Un'altra grande provincia fu creata nel sud dell'Asia Minore: la Licia e la Panfilia, che includeva parti della Pisidia e della Cilicia Trachea occidentale. La Cilicia Pedias, precedentemente parte della Siria, fu unita a parte della Cilicia Trachea e divenne una nuova provincia. Alcune di queste riforme furono annullate da Traiano, che ancora una volta separò la Cappadocia e la Galazia, unendo l'Armenia alla Cappadocia e la Galazia alla Paflagonia.

Questi cambiamenti vicino alla frontiera orientale dell'impero contrastano fortemente con le condizioni ben più stabili e pacifiche della Grecia e della parte ellenizzata dell'Asia Minore. Questa parte dell'oriente romano fu anche integrata in modo più rapido e radicale nell'impero sotto Vespasiano (69-79 d.C.), Tito (79-81 d.C.) e Domiziano (81-96 d.C.). Seguendo una generosa politica di concessione della cittadinanza romana a individui ricchi e politicamente influenti in Grecia e in Asia Minore, gli imperatori flavi reclutarono nei ranghi dell'aristocrazia romana uomini di origine greca. Nove uomini dell'oriente greco furono ammessi in senato sotto Vespasiano, raggiungendo così i ranghi più alti dell'élite imperiale. Sette di loro provenivano da città dell'Asia Minore, mentre altri due divennero senatori dopo aver prestato servizio nell'esercito romano. Seguirono, sotto Domiziano, altri otto senatori provenienti dall'Asia Minore. Approfittando di un prolungato periodo di pace, dello sfruttamento delle risorse naturali, come il marmo, della fertilità del suolo e della presenza di legioni romane lungo il Danubio e l'Eufrate, l'Asia Minore sperimentò un periodo di crescita. Un segnale di questa crescita è il fatto che sotto i Flavi 300 delle circa 500 città dell'Asia Minore coniarono le loro proprie monete, promuovendo sia un senso di identità, sia gli scambi economici. Ai Flavi si può riconoscere anche il merito di aver costruito nuove strade e di aver provveduto alla manutenzione delle vecchie.

La dinastia flavia terminò quando Domiziano, impopolare presso i senatori a causa del suo governo autocratico, ma incredibilmente popolare nelle province orientali, fu ucciso in una cospirazione di palazzo. Una nuova dinastia salì al potere con Nerva, un senatore anziano e di esperienza. La decisione più importante del suo breve regno (96-98 d.C.) fu di adottare un abile generale, Traiano, come suo successore. Fu questo l'inizio della dinastia degli «imperatori adottivi», gli Antonini.

Il consolidamento dei confini dell'*ecumene*: Traiano e Adriano

Sotto il regno di Traiano (98-117 d.C.), l'impero romano raggiunse la sua massima estensione (vedi Cartina 8). Le campagne di Traiano in Dacia – attuale Romania – nel 101-6 d.C. fecero guadagnare all'impero questo regno turbolento; il regno di Nabatea, all'incirca equivalente all'attuale Giordania, fu annesso nel 107 d.C. L'unico serio nemico dell'impero di Roma rimase il regno dei Parti. Sia Roma sia i Parti lottavano per il controllo dell'Armenia. L'offensiva di Traiano in Armenia e Mesopotamia dal 113 al 115 d.C. spinse temporaneamente le frontiere di Roma fino al Tigri e al Golfo Persico. Verso la fine del suo regno, nel 115 d.C., Traiano affrontò una nuova rivolta dei Giudei, che si estendeva da Babilonia e dalla Siria fino all'Egitto e alla Cirenaica. La rivolta fu sedata nel sangue e quasi l'intera popolazione giudaica di Alessandria fu uccisa. Traiano morì nel 117 d.C., poco dopo aver fatto raggiungere all'impero la sua massima espansione.

Seguendo le politiche flavie, Traiano ammise nel senato molti Greci, originari dell'Asia Minore e ora anche della Grecia continentale. Uno di loro, Tiberio Claudio Attico, era il padre di Erode Attico, l'uomo più ricco della Grecia nel II secolo, oratore importante che fu anche il primo Greco a diventare console ordinario (non suffetto) nel 143 d.C. Ancora oggi, i turisti ad Atene partecipano a concerti e assistono a rappresentazioni teatrali nell'auditorium da lui finanziato, l'odeon di Erode Attico (vedi Figura 20).

Quando Traiano morì senza figli nel 117 d.C., Adriano, il suo figlio adottivo, salì al trono all'età di quarantun anni. Era il figlio di un

20. L'odeon di Erode Attico ad Atene.

senatore spagnolo, nipote di Traiano e marito della pronipote dell'imperatore, Sabina. Come il suo predecessore, Adriano aveva esperienza militare. Poco prima della sua ascesa al trono era stato nominato governatore della più importante provincia orientale, la Siria. Ma è meglio conosciuto per il suo amore per la letteratura greca e la filosofia, che gli guadagnò il soprannome di *Graeculus* (il piccolo greco; vedi Figura 21). Le sue altre grandi passioni erano la caccia e un bel fanciullo della Bitinia, Antinoo. Alla sua ascesa al trono, Adriano terminò la guerra contro i Parti, abbandonò l'Armenia e la Mesopotamia e passò la maggior parte del suo regno a viaggiare per i territori dell'impero, a sedare le rivolte e a mettere al sicuro i confini dell'impero stesso, dal vallo che porta il suo nome, nella Britannia del nord, fino all'Eufrate. I suoi lunghi soggiorni in oriente resero il suo impatto sugli affari greci più significativo di quello di tutti i suoi predecessori, incluso Nerone.

Durante il suo primo tour dell'impero, dal 121 al 125 d.C., Adriano iniziò la costruzione del vallo in Britannia e si occupò di una ribellione in Mauritania, prima di doversi muovere velocemente verso est per evitare una nuova guerra contro i Parti. Passò in Asia Minore l'inverno del 123 d.C. e la primavera del 124, visitando numerose città. In occasione della sua visita, Stratonicea fu rinominata Adrianopoli e una fortunata

21. Adriano.

caccia al cinghiale in Misia fu commemorata con la fondazione della città di Hadrianou Therai (la caccia di Adriano). Durante questo viaggio, un ragazzino di dodici anni di Mantinea, in Bitinia, fu presentato all'imperatore: Antinoo crebbe fino a diventare uno dei ragazzi più belli del suo tempo, nonché il favorito dell'imperatore (vedi Figura 22). Nell'estate del 124 d.C. Adriano andò in Grecia, dove visitò i siti più famosi – Atene, Delfi e Sparta – e dove mostrò il suo amore per quella terra svolgendo la funzione di magistrato ad Atene e facendosi iniziare ai misteri eleusini. Si assicurò che il tempio di Zeus Olimpio, rimasto incompleto fin dai tempi del tiranno Pisistrato alla fine del VI secolo a.C., fosse completato. Nel 125 d.C. Adriano tornò in Italia.

Andò di nuovo in Grecia nel 128 d.C. dopo un viaggio in Africa, ora in possesso del titolo onorifico di *pater patriae* (padre della patria). In oriente, fu salutato come l'«Olimpio», un appellativo tramite il quale veniva assimilato a Zeus. Ad Atene, il suo arrivo fu visto come l'inizio di una nuova era. Centinaia di altari innalzati per il suo culto, sia pubblico sia privato, attestano ancora la sua popolarità. Da Atene viaggiò ancora una volta attraverso l'Asia Minore e la Siria nel 129-130 d.C. Giungendo a Gerusalemme nel 130 d.C., l'imperatore filelleno prese dei provvedimenti che riaccesero l'opposizione giudaica al dominio roma-

22. Antinoo.

no: proibì la circoncisione, forse nel tentativo di promuovere l'ellenizzazione dei Giudei. Ordinò anche la costruzione di un tempio a Giove Capitolino e fondò una nuova città sul sito della vecchia Gerusalemme, la *colonia Aelia Capitolina*.

Nel luglio del 130 d.C., Adriano con il suo seguito giunse in Egitto, dove passò un po' di tempo a discutere con gli studiosi del Museo. Una caccia al leone nel deserto libico insieme ad Antinoo ispirò un componimento al poeta alessandrino Pancrate. La visita imperiale fu occasione di produzione poetica anche quando la poetessa Giulia Balbilla, accompagnatrice di Sabina, commemorò la visita ai monumenti egizi in versi che possono essere visti ancora oggi incisi sulle gambe delle statue colossali del faraone Amenoterpe III nella necropoli tebana. All'epoca si pensava che le statue rappresentassero il principe reale Memnone, ucciso da Achille nella guerra di Troia. Danneggiate da un terremoto, a volte emettevano un suono al tramonto. Si riteneva che fosse il canto di Memnone. Per tre volte Memnone cantò per Adriano con un potente ruggito:

Allora l'imperatore Adriano salutò a sua volta
Memnone e lasciò sulla pietra per le future generazioni
questa iscrizione, che racconta tutto ciò che egli vide e tutto ciò che egli udì.
Fu chiaro a tutti che gli dèi lo amano.

Questi versi, composti in novembre, non mostrano la minima traccia di una tragedia che era occorsa appena pochi giorni prima: Antinoo, diciannovenne, era affogato nel Nilo il 24 ottobre. Questo accadde proprio nel giorno in cui gli Egiziani commemoravano la morte del loro grande dio Osiride, che, come Antinoo, era affogato nel fiume. Se fu un incidente o un sacrificio, imposto o liberamente scelto, non lo sapremo mai. Ma questa morte diede ad Adriano l'opportunità di competere con il lamento di Achille per Patroclo e con quello di Alessandro per Efestione. Nel mito, Iside, sorella e moglie di Osiride, fece resuscitare Osiride. Adriano non poteva far resuscitare Antinoo, ma poteva renderlo un dio, e in effetti lo fece. La sua bella immagine decorò templi nella parte orientale dell'impero e ad Atene gli efebi competevano nella composizione di poesie e panegirici per il loro compagno divinizzato durante un nuovo festival, gli Antinoeia. Solo qualche giorno dopo la morte di Antinoo, il 30 ottobre, fu fondata la nuova città di Antinopoli, vicino al luogo in cui si era verificato l'incidente e al monumento sepolcrale di Antinoo. L'esenzione dalle tasse e altri privilegi attrassero nella città i coloni greci e i veterani dell'esercito romano, e Antinopoli crebbe sino a diventare sia un porto importante sia una promotrice dell'ellenismo in Egitto.

Nella primavera del 131 d.C., Adriano cominciò il suo lungo viaggio di ritorno a Roma visitando di nuovo la Siria, l'Asia Minore e Atene. La sua maggiore impresa durante il suo secondo viaggio fu la fondazione del Panellenio nel 132 d.C. L'idea era quella di creare un'assemblea in cui fossero rappresentate tutte le città greche. Proseguendo una tradizione che affondava le sue radici nelle guerre persiane e nella temporanea unità dei Greci e combinandola con il concetto di centro religioso, come Olimpia e Delfi, in cui tutti i Greci erano rappresentati, Adriano creò un'istituzione che riuniva tutte le *poleis* in grado di produrre prove plausibili di una loro origine greca. La fondazione del Panellenio era, di fatto, un invito alle città, anche distanti, a fornire le prove delle loro origini elleniche. Questo non solo promosse la storiografia locale, ma diede anche un grande impulso alla definizione dell'identità greca. Il Panellenio divenne un palcoscenico per lo sfoggio di un'identità greca e per la competizione tra le città elleniche.

Le conseguenze delle azioni di Adriano in Giudea non gli lasciarono però il tempo di godersi la creazione di questa nuova comunità di Greci. Una grande rivolta in Giudea cominciò con Simeone Bar Kochba nel 132 d.C. Per combattere contro i ribelli, l'imperatore convocò dalla Britannia il suo miglior generale, Sesto Giulio Severo, e le truppe dalle province vicine. Tornò a Roma nel 133 d.C., ma la guerra, che minacciava seriamente il dominio romano in questa zona, proseguì fino al 135 d.C., quando la Giudea fu integrata nella provincia di Siria e Palestina. Dopo la vittoria romana, ai Giudei non fu più permesso l'ingresso a Gerusalemme.

Adriano passò i suoi ultimi anni in malattia, alla ricerca di un successore adeguato. Quando il successore designato, Lucio Elio Cesare, morì, la scelta ricadde su Aurelio Antonino, ricordato come Pio. Deve questo attributo alla sua insistenza nel far divinizzare Adriano nonostante l'opposizione del senato. L'ultima dimora di Adriano è uno dei monumenti più noti di Roma, Castel Sant'Angelo.

La rivolta giudaica e i problemi di salute di Adriano nei suoi ultimi anni non diminuirono il suo impegno verso i Greci. Un numero sempre crescente di lettere imperiali rinvenute nelle iscrizioni fornisce prove del suo interesse per le questioni politiche e culturali della Grecia. Nel 134 d.C., scrisse tre lunghe lettere con istruzioni dettagliate sull'organizzazione delle gare, sui doveri degli organizzatori, sui premi monetari da pagare ai vincitori e sulla necessità di stabilire una stretta sequenza di competizioni che consentisse agli atleti e agli artisti di viaggiare da una sede all'altra. Altre due lettere risalenti ai suoi ultimi anni riguardano l'elezione di magistrati nel *koinon* macedone e l'erezione di un tempio in onore dell'imperatore a Pergamo, onorificenza che però egli rifiutò. Poche settimane prima della sua morte, Adriano si stava ancora occupando di controversie in Grecia. Rispondendo a un'ambasciata inviata dalla piccola città di Naricia, nella Grecia centrale, egli conferma che Naricia aveva lo *status* e i diritti di una *polis*, mostrando la propria erudizione: «E alcuni dei poeti più celebri, sia Romani sia Greci, vi hanno menzionato come Nariciani; essi nominano esplicitamente alcuni degli eroi come originari della vostra città». Adriano si riferisce all'eroe locrese Aiace e alle sue imprese celebrate dalla poesia di Callimaco, Virgilio e Ovidio. Una breve frase in un'iscrizione a Delfi in onore dell'«imperatore Adriano, il salvatore», riconosce con gratitudine che l'imperatore «salvò e nutrì la *sua* Grecia» (*ten heautou Hellada*), un possessivo che non scaturisce da un dominio imposto con la forza, ma da affetto.

12
Imperatori, città e province da Augusto ad Adriano

(30 a.C.-138 d.C.)

Il dono della divina Provvidenza agli uomini: l'imperatore romano

Un decreto dell'assemblea dei Greci residenti in Asia Minore nel 9 a.C. dichiara che il compleanno di Augusto è «l'inizio di buone notizie per il mondo». Di conseguenza, questo giorno – il 23 settembre – dovrebbe essere considerato il primo giorno dell'anno. La retorica del testo lascia pochi dubbi sulla posizione dell'imperatore:

> La Provvidenza, che amministra divinamente le nostre vite, con zelo e ardore ha trovato la soluzione perfetta generando Augusto. Lo ha dotato di eccellenza per il bene dell'umanità e lo ha donato a noi e ai nostri discendenti come un dio, perché ne fosse il rappresentante in terra. Egli pose fine alla guerra e stabilì l'ordine.

La popolazione greca non aveva idea delle delicate negoziazioni di Augusto con l'aristocrazia senatoriale, su cui si fondava il potere dell'imperatore. Alla fine della dinastia giulio-claudia (68 d.C.), questo potere aveva assunto una forma più o meno chiaramente definita. Nel 69 d.C., una *lex de imperio Vespasiani*, emanata dal senato per Vespasiano, specificò le prerogative dell'imperatore e la loro base istituzionale: la *tribunicia potestas* e l'*imperium proconsulare maius*. In primo luogo, l'imperatore era direttamente e indirettamente responsabile del governo e delle province. Come proconsole era il governatore nominale di tutte le province in cui erano stanziate le legioni romane. Buona parte dei Balcani – vale a dire, sotto Adriano, l'Epiro, la Tracia, la Mesia e la Dacia – buona parte del Vicino oriente e dell'Egitto erano quindi sotto la sua diretta autorità. Dal momento che egli non era presente personalmente in tutte queste «province imperiali», le governava attraverso senatori importanti inviati nelle province come suoi rappresentanti (vedi p. 281). Nessun esercito era stanziato nelle province che si trovavano sotto la diretta autorità del senato (province senatoriali). Tuttavia, l'imperatore era coinvolto nella scelta dei governatori anche di queste province. E tutti i governatori si rivolgevano a lui per avere consigli, supporto e autorizzazioni varie, a volte anche per questioni banali. La corrispondenza tra Plinio il Giovane, governatore della Bitinia e del Ponto, con Traiano mostra il carico di lavoro che un imperatore coscienzioso poteva doversi sobbarcare, se voleva fornire dei consigli. Di solito l'imperatore rispondeva alle richieste e reagiva ai problemi quando questi si presentavano, ma alcuni imperatori, soprattutto Vespasiano, Traiano e Adriano, favorivano anche politiche generali in relazione alla difesa dell'impero, all'inclusione dell'élite provinciale nell'aristocrazia, alle finanze, ai progetti edilizi e alla riorganizzazione delle province.

Gli imperatori intervenivano nella vita delle province formulando regole generali nei loro editti, inviando lettere (*epistulae*) con istruzioni ai governatori o all'assemblea provinciale, assumendo supervisori delle finanze (*correctores*) e rispondendo a petizioni su ogni questione possibile: limitazioni nella produzione del vino, la fissazione del prezzo del pesce, arbitrati in conflitti civili e dispute territoriali tra le città, l'esenzione dalle tasse e dai privilegi, la protezione dagli abusi dell'esercito e l'organizzazione di competizioni. Augusto dovette occuparsi anche della morte di un uomo a Cnido, che era stato colpito da un pitale lanciatogli contro da uno schiavo. La vittima meritava la morte, fu il verdetto di Augusto, dal momento che aveva aggredito la casa di un altro uomo di notte. Di solito la risposta dell'imperatore (*apokrima*) era scritta, generalmente di sua propria mano, alla fine della lettera (*subscriptio*, *hypographe*). A giudicare da una facezia narrata da Plutarco, la risposta di un imperatore poteva essere tanto ambigua quanto gli oracoli dell'Apollo delfico – o semplicemente esprimere un certo senso dell'umorismo. Qualcuno porse ad Augusto un *libellus* con su scritta la domanda: «Teodoro di Tarso il calvo è un ladro? Che cosa ne pensi?». Augusto rispose: «Sì, penso».

Il potere dell'imperatore era percepito in modi diversi nella città di Roma e in Italia, nelle province occidentali e in quelle province del Vicino oriente che avevano una lunga tradizione di potere monarchico. Per le popolazioni greche l'imperatore era un monarca assoluto con un diritto al potere universale senza precedenti, un sovrano a cui la popolazione provinciale doveva obbedienza. La posizione di potere eccezionale dell'imperatore veniva riconosciuta attraverso giuramenti di lealtà.

Il giuramento veniva prestato solo al momento dell'ascesa al trono di un nuovo imperatore dalla popolazione di una provincia – o dai suoi rappresentanti – di solito nel luogo in cui era praticato il culto imperiale. Inoltre venivano inviate ambascerie all'imperatore per congratularsi con lui. La popolazione delle province dimostrava indirettamente la sua lealtà invocando la buona sorte dell'imperatore nei giuramenti ordinari prestati durante le transazioni. Simili rituali, che venivano eseguiti regolarmente, rendevano chiaro alle popolazioni greche che l'imperatore era il loro sovrano. Egli era più che il rappresentante supremo della dominazione romana. Era un monarca che esercitava un dominio diretto e assoluto che nessun altro re ellenistico si sarebbe mai sognato. Il suo potere si estendeva sull'intero mondo abitato. Augusto fu elogiato come «salvatore dei Greci e dell'intera *ecumene*», Vespasiano come «signore e salvatore dell'*ecumene*», Adriano come «il salvatore e il fondatore dell'*ecumene*» e «il signore dei Greci e dell'*ecumene*», in onore del quale «l'*ecumene* offre sacrifici e prega per la sua eterna protezione». Nulla di simile è noto per nessun re ellenistico.

Anche se quasi tutti gli imperatori passarono un po' di tempo in oriente prima della loro ascesa al trono, solo Augusto, Nerone, Traiano e Adriano viaggiarono nei Balcani, in Grecia e in Asia Minore da imperatori. Augusto trascorse un po' di tempo nelle province orientali tra il 22 e il 19 a.C. Il suo successore, Tiberio, non andò in Grecia durante il suo regno, ma aveva trascorso alcuni anni a Rodi, adottando costumi e abiti greci. Nerone fu in Grecia per la sua partecipazione alle gare nel 67-8 d.C., Traiano nei Balcani, in Asia Minore e in Mesopotamia per le sue campagne militari, Adriano visitò l'oriente due volte. Alcuni imperatori svilupparono relazioni particolari con singole città o province, o perché lì avevano degli amici, o perché ci avevano vissuto o studiato. Per esempio, Claudio fu un grande benefattore dell'isola di Cos, la patria del suo medico e amico Caio Stertinio Senofonte. Ciò detto, due di questi imperatori superarono tutti gli altri per l'intimità delle loro relazioni con le province e le città greche e per l'estensione dei loro benefici: Nerone e Adriano.

Anche a distanza, quasi tutti gli imperatori ebbero un impatto sulla storia degli insediamenti; essi divennero metaforicamente «fondatori» (*ktistai*) delle città donando fondi per i lavori pubblici, ampliando i territori, assicurando privilegi e ricostruendo le città danneggiate dai terremoti o da altri disastri naturali, o dalla mancanza di fondi. Con la concessione di un titolo onorifico, come quello di «guardiano del tempio» (*neokoros*) del culto imperiale regionale, scatenavano la competizione tra le città per il rango e i privilegi e così, senza volerlo, arrivavano a promuovere il patriottismo e l'identità locali come molti politici del luogo. Anche se le popolazioni delle province non avevano quasi alcuna possibilità di vedere un imperatore, l'imperatore era ritualmente e simbolicamente presente nelle loro vite.

Governare da lontano: la visibilità dell'imperatore

In un passo famoso del Vangelo di Marco, Gesù prende un denaro in mano e, indicando le immagini che decoravano i suoi due lati, dice: «Date a Cesare ciò che è di Cesare e a Dio ciò che è di Dio». Per buona parte della popolazione dell'oriente romano, il contatto quotidiano più diretto con l'imperatore era l'uso di monete decorate con la sua immagine (vedi Figura 23). Sulle monete erano incise iscrizioni che glorificavano l'imperatore e trasmettevano informazioni importanti sulla sua posizione, ma anche sulle aspettative dei suoi sudditi: *aequitas, aeternitas, concordia, felicitas, fortuna, gloria, securitas* – imparzialità, permanenza, concordia, gioia, buona sorte, gloria, sicurezza. Quando i fruitori delle monete nell'est ellenofono avevano difficoltà a capire le legende latine, altri mezzi di comunicazione rendevano l'imperatore e il suo potere visibili ovunque.

Varie forme di comunicazione facevano conoscere alla popolazione il capo dell'impero: proclami e annunci, festival e gare, processioni e sacrifici, inni, orazioni encomiastiche e immagini. Molte persone sapevano chi li governava e che aspetto aveva. In un mondo privo di internet, poteva volerci un po' di tempo perché la notizia della morte di un imperatore e il nome del suo successore raggiungessero le parti più remote dell'impero. Un papiro scritto il 17 novembre del 54 d.C. conserva la bozza di un proclama in occasione dell'ascesa di Nerone al trono. Dalla morte di Claudio il 2 ottobre, la notizia del nuovo imperatore raggiunse l'Egitto più di un mese più tardi:

> Il Cesare che spettava ai suoi antenati, manifestazione di dio in terra, è andato a raggiungerli, e l'imperatore che il mondo aspettava e nel quale sperava è stato proclamato, il buon genio del mondo e la fonte di ogni gioia, Nerone Cesare, è stato proclamato. Tutti dovremmo pertanto indossare corone e ringraziare gli dèi con un sacrificio di buoi.

23. Moneta dell'imperatore Domiziano.

C'era da aspettarsi confusione in tempi di usurpazione, come nell'«anno dei quattro imperatori», e almeno tre finti Neroni sono attestati nell'oriente romano nei vent'anni successivi al suicidio dell'imperatore.

Un esiguo numero di Greci dell'oriente romano poteva incontrare l'imperatore in persona andando a Roma in qualità di messaggero – uno dei servizi più grandi che un membro dell'élite potesse offrire alla sua città o alla sua provincia. I messaggeri dovevano affrontare i consueti rischi del viaggio, pericoli ulteriori determinati dall'umore capriccioso di un imperatore e, infine, il timore di deludere la loro comunità nel promuovere le sue richieste. Ma una missione diplomatica coronata da successo non veniva dimenticata, ed essere chiamato *sebastognostos* (amico dell'imperatore) era un titolo d'onore che conferiva grande prestigio a un individuo e ai suoi discendenti. I messaggeri incontravano l'imperatore per rivolgergli richieste concrete, ma anche solo per rendergli omaggio, fargli gli auguri nel giorno del suo compleanno, congratularsi per una vittoria o in occasione del conferimento della *toga virilis* a un principe quindicenne, una cerimonia che ne segnava il passaggio all'età adulta. Simili ambascerie divennero un onere finanziario terribile per le città: per esempio, Bisanzio pagava 12.000 sesterzi l'anno – il prezzo di sei schiavi – per inviare all'imperatore un ambasciatore con un decreto onorifico e altri 3000 per un messo al governatore della Misia, finché Plinio, con l'approvazione dell'imperatore, fece risparmiare alla città il denaro stabilendo che essa potesse inviare una lettera senza un messo. Alcune ambascerie erano così numerose che Vespasiano emanò un editto che vietava alle città di inviare più di tre messi. Con un po' di fortuna gli ambasciatori tornavano con una lettera dell'imperatore contenente la raccomandazione che essi fossero rimborsati delle spese di viaggio, a meno che non avessero promesso di condurre l'ambasceria a loro spese. I volontari potevano essere pochi nei periodi critici, e così la città di Maronea, intorno alla metà del I secolo d.C., mise a punto una procedura che permetteva a tutti i cittadini di prendere l'iniziativa di proporre ai magistrati la loro candidatura per recarsi come ambasciatori dall'imperatore. Il decreto di Maronea dà anche istruzioni su come l'ambasciatore si deve comportare:

> Quando gli ambasciatori giungono dal divino Cesare Augusto, devono abbracciarlo per conto della città e, dopo aver espresso la loro gioia per la salute sua e di tutta la sua famiglia e per lo stato eccellente dei suoi affari e degli affari del popolo romano, dovranno spiegare a lui e al sacro senato tutti i diritti della città e gli dovranno chiedere con ogni implorazione e con ogni supplica che ci conservi la nostra libertà, le nostre leggi, la nostra città e il suo territorio insieme a tutti gli altri privilegi dei nostri antenati e nostri, che noi abbiamo ricevuto in eredità da loro, così che noi, che sempre e senza interruzione abbiamo conservato la benevolenza e la fiducia verso i Romani, possiamo per questo godere sempre della loro gratitudine.

Uno degli attributi onorifici utilizzati per gli imperatori a partire dall'inizio del I secolo era quello di *epiphanestatos*: vale a dire, colui il cui potere è visibilmente presente. Vari mezzi di comunicazione insinuavano efficacemente la loro presenza. Gli imperatori spesso avevano incarichi civili o religiosi: per esempio, Augusto fu *strategos* (generale) della lega tessala, Traiano e Adriano profeti nel santuario di Didima, Adriano sommo magistrato a Delfi. Naturalmente non svolgevano il loro incarico di persona, ma attraverso un rappresentante locale.

In molte città o province, le persone che firmavano e datavano i contratti utilizzavano, per chiamare i mesi, nomi che commemoravano Augusto, membri della sua famiglia o altri imperatori; a Cibira il primo giorno del mese era chiamato *sebaste* in onore di Augusto. In molte città, le tribù, suddivisioni del corpo cittadino, venivano chiamate con il nome dell'imperatore, per omaggiarlo: un esempio è la tribù Adriana ad Atene e ad Afrodisia. Statue degli imperatori e di membri delle loro famiglie venivano erette mentre essi erano in vita e restavano visibili dopo la loro morte, tranne che nei rari casi di *damnatio memoriae*.

24. Immagine di un sommo sacerdote del culto imperiale su un sarcofago di Afrodisia.

Talvolta in occasione di ogni compleanno di un imperatore veniva dedicata una nuova statua. Ritratti degli imperatori decoravano le corone dei sommi sacerdoti (vedi Figura 24); i busti erano in vista negli edifici pubblici e venivano portati cerimonialmente in processione. Le statue dei membri della famiglia imperiale facevano conoscere anche loro alla popolazione delle province. Cambiamenti nella pettinatura dei membri della famiglia imperiale – inclusa la barba degli uomini – erano osservati attentamente e imitati da tutti gli strati della popolazione. L'elaborata capigliatura di Flavia Domitilla, la moglie di Vespasiano, ebbe lo stesso impatto sulle teste delle donne dall'Egitto alla Macedonia (vedi Figura 25) del colore e della pettinatura di Lady D. sulle teste delle donne occidentali negli anni Ottanta del XX secolo.

Orazioni encomiastiche per gli imperatori e per la casa imperiale erano tenute regolarmente durante le feste in onore degli dèi tradizionali ed erano una delle discipline in cui gli oratori e gli efebi gareggiavano in alcuni festival. L'ascesa al trono di un imperatore veniva salutata con sacrifici se non in tutte le città, almeno nelle più importanti. Nel giorno del compleanno dell'imperatore, inni e orazioni lo elogiavano per le sue

25. Rilievo funerario. La capigliatura dell'uomo imita quella di Traiano, quella della ragazza vicino a lui è modellata sulla pettinatura di Faustina Maggiore, moglie di Antonino Pio.

imprese. Il culto imperiale, tipicamente celebrato in occasione del suo genetliaco, era chiaramente lo strumento più importante per creare un legame non solo tra l'imperatore e le popolazioni delle province, ma anche per unire simbolicamente le varie genti dell'impero.

Theoi sebastoi: la divinità degli imperatori

Nell'oriente romano, il culto dell'imperatore era profondamente radicato nelle tradizioni locali: nel culto religioso tributato ai re ellenistici (vedi p. 113-120) e al comandante romano Flaminino, a *Thea Rhome* – la personificazione di Roma – e, occasionalmente, al senato romano personificato e ai governatori romani. Seguendo questo modello, molte città greche istituirono il culto di Giulio Cesare dopo la sua morte e poi di Augusto e dei suoi successori durante la loro vita. Il culto cittadino dell'imperatore era connesso, di solito, con la venerazione della dea Roma o con il culto di un dio tradizionale, spesso Zeus. Agli imperatori si dava di solito il nome di un dio come epiteto onorifico, per indicare che essi possedevano qualità analoghe. Augusto, Tiberio e Claudio erano chiamati «Zeus»; Augusto, Claudio e Nerone erano assimilati ad Apollo; Claudio e Nerone ad Asclepio; Caio Cesare, il nipote di Augusto, era onorato come Ares. Le parenti donne degli imperatori venivano associate con le figure femminili che proteggevano la fertilità e la maternità: per esempio, Giulia, figlia di Augusto, era associata a Latona; Agrippina e Sabina a Demetra «latrice di frutti» (*Karpophoros*); Drusilla ad Afrodite. Il più celebre degli imperatori, Adriano, veniva onorato come un nuovo Dioniso, un nuovo Pizio (*i.e.* Apollo), «patrono del consiglio» (*Boulaios*), Olimpio e «Zeus protettore della libertà» (*Eleutherios*).

Un sacerdote o un sommo sacerdote del *sebastos* o dei *sebastoi* era responsabile del culto cittadino dell'imperatore in carica. Questi sacerdoti cittadini erano sempre membri delle famiglie più ricche e rispettate. Pagavano le spese per la celebrazione e talvolta il loro incarico era vitalizio. Spesso lo detenevano insieme a una donna della famiglia, di solito la loro moglie, talvolta la figlia. Oltre alle città, le confederazioni (*koina*) formate dalle città di una determinata regione geografica, talvolta il distretto di una provincia, organizzavano il loro proprio culto e celebravano festival annuali. Queste confederazioni regionali erano presiedute da un presidente il cui titolo consisteva nel nome della regione più il suffisso -*arches* (sommo magistrato): per esempio, l'asiarca era il presidente della confederazione d'Asia, il macedoniarca di quella di Macedonia, il lisiarca dei Lici, e così via. Questo magistrato svolgeva anche la funzione di sommo sacerdote (*archiereus*) del culto imperiale nella sua confederazione, insieme a sua moglie o alla sua parente più stretta. Era assistito da un agonoteta (presidente delle gare). Talvolta, gli uomini più ricchi svolgevano sia l'incarico di sommo sacerdote sia quello di agonoteta.

Una delle città della regione o della provincia, non necessariamente la capitale provinciale, ospitava il tempio dell'imperatore e deteneva il prestigioso titolo di *neokoros* (guardiano del tempio). La prima *neokoreia* fu stabilita poco dopo la battaglia di Azio, quando la confederazione dei Greci d'Asia chiese il permesso di stabilire il culto di Ottaviano nel 29 a.C. Il tempio fu eretto a Pergamo e fu dedicato al culto congiunto di Ottaviano/Augusto e Roma. La popolazione romana della provincia non partecipò al culto, ma ne istituì piuttosto uno per Giulio Cesare e Roma a Efeso. Altre regioni seguirono il modello dell'Asia. Nel 25 a.C., non appena la Galazia fu annessa da Roma, un culto di Roma e di Augusto fu istituito ad Ancyra. Dopo la morte di Augusto, nel 23 d.C., il *koinon* d'Asia chiese la costruzione di un secondo tempio, questa volta per il culto di Tiberio, di sua madre, Livia, e del senato; in questo modo, i Greci d'Asia volevano esprimere la loro gratitudine per la condanna di due governatori corrotti. Dopo una lunga disputa tra undici città che reclamavano il diritto di ospitare il tempio sulla base della loro antichità e della loro lealtà verso Roma, questo privilegio fu concesso a Smirne. Al tempo degli imperatori flavi competere per l'onore della *neokoreia* era, per le città importanti, una pratica ben stabilita, e talvolta questa competizione portava ad amari conflitti e inimicizie che duravano per decenni.

Come il culto dei re ellenistici, il culto dell'imperatore comprendeva una serie di attività derivate direttamente dal culto degli dèi: una processione, un sacrificio e delle gare atletiche – e talvolta anche musicali. I Greci modellavano consciamente il culto dell'imperatore sul culto degli dèi. A Mitilene, per esempio, i riti per il compleanno di Augusto erano copiati dalla «legge riguardante Zeus» (*Diakos nomos*), che regolava i rituali per il culto di Zeus. Il compleanno dell'imperatore era di solito l'occasione per la celebrazione del festival imperiale. Sia a livello cittadino sia regionale c'erano anche sacrifici per gli imperatori precedenti, oltre a sacrifici nel giorno di ogni mese che corrispondeva al compleanno di un imperatore: per esempio, poiché Augusto era nato il 23 settembre, a Pergamo i sacrifici venivano offerti nel ventitreesimo giorno di ogni mese.

Queste celebrazioni erano eventi spettacolari. Il sacerdote e l'agonoteta indossavano indumenti sontuosi, talvolta di porpora, e in testa avevano una corona d'oro decorata con i ritratti dell'imperatore o degli imperatori, talvolta anche di un dio associato alla celebrazione (vedi Figura 24). «I portatori delle immagini degli Augusti» (*sebastophoroi*) partecipavano alla processione, portando immagini scintillanti dell'imperatore in carica e degli imperatori precedenti, di solito dorate o fatte d'oro. Il sacrificio all'imperatore, talora anche agli dèi tradizionali, era accompagnato dal canto di inni. Associazioni di cantori di inni (*hymnodoi*), formate dai rampolli delle famiglie più in vista, erano responsabili della performance degli inni, mentre i *sebastologoi* (coloro che parlano dell'imperatore) pronunciavano orazioni encomiastiche. Il poeta Publio Elio Pompeiano Peone, gratificato, per le sue qualità, del titolo di «nuovo Omero», aveva acquisito fama per i suoi componimenti melici ed epici che cantavano la gloria di Adriano divinizzato (*melopoios kai rhapsodos Theou Hadrianou*).

Il sacrificio era seguito da un banchetto a cui i cittadini, e talora anche gli stranieri e gli schiavi, erano invitati. Una componente importante era la gara (*agon*), che prendeva tipicamente il nome dall'imperatore – Sebasteia per Augusto, Hadrianeia per Adriano e così via – e talvolta, oltre all'imperatore, onorava anche un dio tradizionale. Per esempio, a Tespie, la gara tradizionale per Eros serviva anche a celebrare Roma e Augusto (*Kaisareia Erotideia Rhomaia*). La celebrazione del culto imperiale era anche una buona occasione per la dedica di statue dell'imperatore e di membri della sua famiglia, anche se una simile dedica poteva aver luogo in qualsiasi momento dell'anno.

Il culto imperiale era basato sulla reciprocità: i fedeli esprimevano la loro lealtà, aspettandosi, in cambio, cura e protezione. Alle famiglie più ricche e nobili, dalle quali provenivano i sommi sacerdoti, il culto conferiva prestigio – ma talvolta si rivelava un onere economico che alcuni non erano disposti a sostenere. Per le città, creava un'arena di competizione in cui esse potevano esibire le loro glorie passate e la loro identità locale. Per le regioni e le province, l'assemblea dei rappresentanti delle città in occasione del festival annuale forniva l'opportunità di discutere questioni importanti connesse con la cattiva amministrazione, tasse troppo onerose e disastri naturali.

L'amministrazione provinciale

Lo sviluppo dell'amministrazione provinciale romana fu un processo lento determinato da due fattori: le esperienze che il senato romano e gli uomini politici di spicco avevano collezionato nel corso dell'espansione di Roma e il cambiamento della società e delle istituzioni romane, specie dopo la distruzione di Cartagine e la sottomissione della Grecia nel 146 a.C. All'inizio, i Romani non avevano alcuna istituzione per l'amministrazione delle province. Il termine *provincia* indicava le responsabilità assegnate dal senato a magistrati con il potere di comando militare – consoli e pretori – e l'area geografica in cui essi avrebbero dovuto esercitare il loro comando per un anno. Quando parti della Sicilia e della Sardegna furono annesse nel 241 e nel 238 a.C., questi nuovi territori richiesero un'amministrazione diretta e permanente; per questo motivo, essi furono posti sotto la responsabilità di un magistrato dotato di potere militare, diventando la *provincia* di quel magistrato. I senatori che governavano una provincia, di solito con il titolo di pretori, erano assistiti da comandanti militari di rango più basso e da amministratori finanziari. Un governatorato assicurava loro esperienza, ricchezza – attraverso l'estorsione o lo sfruttamento – e contatti politici.

La popolazione delle province non era del tutto indifesa di fronte a uno sfruttamento sconsiderato e alla malversazione. In primo luogo, il sistema romano del patronato, secondo il quale gli influenti senatori romani promettevano la loro protezione ai cittadini alle loro dipendenze, i *clientes*, in cambio del loro supporto politico, si estendeva oltre la città di Roma. Questo permetteva alle comunità provinciali di dichiarare loro *patronus* un politico romano, impegnandosi a offrirgli lealtà in cambio di aiuto in caso di bisogno. In secondo luogo, a causa della competizione tra i nobili romani, le accuse di corruzione o di malversazione contro un ufficiale provinciale potevano essere utilizzate dai suoi rivali come un'arma politica. In terzo luogo, così come il senato romano durante la repubblica e l'imperatore durante il principato erano interessati al flusso regolare dei tributi dalle province al *fiscus*, così lo erano anche a evitare le rivolte.

La più importante riforma dell'amministrazione provinciale fu opera di Silla, durante la sua dittatura dell'81 a.C. Rendendosi conto che il numero tradizionale dei magistrati con potere militare (*imperium*) – due consoli e quattro pretori – non era sufficiente per amministrare un numero accresciuto di province, Silla introdusse un sistema che restò in vigore, sostanzialmente, fino ad Augusto. Il numero dei pretori fu portato a otto. La regola adesso era che due consoli e otto pretori venivano eletti per un anno e svolgevano la loro funzione a Roma; alla fine dell'anno, il loro *imperium* veniva prorogato ed esercitato nelle province, non a Roma. In quanto proconsoli e propretori (sostituti dei consoli e dei pretori), veniva loro assegnato il governo di una delle dieci province e il comando delle truppe lì stanziate. Questo sistema si rivelò insufficiente, non solo perché il numero delle province era cresciuto, ma anche perché comandi straordinari divennero comuni durante le guerre che seguirono. Tuttavia, l'idea di base che le province dovessero essere governate da senatori che avessero prestato servizio in posizioni di alto comando non cambiò.

Il principato di Augusto portò modifiche significative al sistema. Gli imperatori detenevano continuativamente i poteri di un proconsole, uniti con un'autorità nelle province superiore a quella di qualsiasi altra autorità (*imperium maius*). Come proconsoli, gli imperatori erano i governatori di tutte le province in cui erano stanziate delle truppe romane. In circostanze regolari, gli imperatori erano rappresentati nelle province imperiali da «messi», i *legati Augusti pro praetore* (legati di Augusto con poteri di pretore), che venivano eletti personalmente dagli imperatori. Gli imperatori eleggevano anche i governatori di province piccole e di recente creazione, oltre ai governatori che venivano posti a capo dei regni clienti; questi governatori non erano senatori ma cavalieri, e avevano il titolo di *praefectus* e, più tardi, di procuratore.

Le province senza esercito erano sottoposte all'autorità del senato, che eleggeva i suoi governatori o proconsoli. I proconsoli erano senatori, ex pretori, a cui veniva assegnata una provincia per estrazione; solo il proconsole d'Asia era un ex console, per l'importanza economica e il prestigio di questa provincia. L'imperatore, tuttavia, era coinvolto nella loro selezione, nella nomina dei candidati, e interveniva in importanti questioni amministrative. Non c'è dubbio che il processo di estrazione a sorte fosse manipolato. Altrimenti non si può spiegare perché, dalla metà del I secolo d.C. in poi, i proconsoli erano originari delle province che venivano loro assegnate più spesso di quanto consenta una semplice coincidenza. Il primo senatore a provenire dall'Asia, un certo Celso Polemeano, più tardi divenne governatore d'Asia; subito dopo anche Giulio Quadrato, un altro console proveniente dall'Asia, occupò il governatorato nella sua provincia d'origine. L'esperienza derivata da precedenti servizi prestati in oriente, le tradizioni familiari, le conoscenze personali e gli interessi economici devono aver influenzato simili assegnazioni.

Di solito il governatore restava nella sua provincia per un anno, a meno che circostanze eccezionali, come una rivolta, non rendessero necessaria la proroga del suo incarico. Il governatorato più importante era quello di Siria, per la sua vicinanza al regno dei Parti. Qui, il legato imperiale di solito rimaneva in carica per tre anni. Il governatore riceveva istruzioni (*mandata*) dall'imperatore e corrispondeva con lui regolarmente. Tutti i governatori ricevevano uno stipendio sostanzioso che andava dai 100.000 sesterzi per un procuratore a un milione per il governatore dell'Africa alla fine del II secolo d.C. (per dare un termine di confronto, il salario annuale di un legionario alla fine del I secolo d.C. era di circa 1200 sesterzi).

Il governatore era assistito da un piccolo staff. Il proconsole sceglieva un deputato (*legatus*) tra i senatori. I governatori delle province grandi e importanti come l'Asia avevano tre *legati*. L'amministrazione finanziaria era di competenza di un giovane senatore, il questore. I governatori erano supportati nel loro lavoro da scribi, araldi e da una guardia personale. Il personale di basso rango del senatore era reclutato tra i suoi schiavi, quello di rango elevato tra parenti e amici. I governatori erano anche molto inclini a mantenere dei rapporti con le élite della loro provincia e reclutavano, di conseguenza, dei consulenti tra i loro membri. Nelle province in cui l'imperatore aveva proprietà o interessi economici – terre, miniere e così via – veniva rappresentato da un cavaliere con il titolo di procuratore.

Nell'oriente greco, lo sviluppo dell'amministrazione provinciale fu un processo complesso, dal momento che nuove province furono create e ridefinite fino a Traiano, e il loro *status* – o lo *status* delle singole città – cambiava sulla base dei bisogni dell'impero o in conseguenza dei privilegi garantiti dagli imperatori. Per esempio, Rodi perdette il suo *status* di città libera nel 43 d.C. e lo riguadagnò nel 44; l'Acaia fu abolita come provincia intorno al 15 d.C. e fu parte della Macedonia fino al 44 d.C.; nel 67 d.C. Nerone la abolì di nuovo temporaneamente e dichiarò le città libere, ma questo provvedimento fu annullato dopo la sua morte.

Durante il regno di Adriano, quando i confini dell'impero erano stati consolidati, c'erano quattro province nei Balcani (vedi Cartina 8). L'Acaia, con Corinto come sua capitale, copriva la maggior parte della Grecia, includendo il Peloponneso, la Grecia centrale e occidentale, le isole dello Ionio e buona parte delle isole dell'Egeo. La Macedonia, la provincia più antica sul suolo greco, aveva per capitale Tessalonica e comprendeva la Macedonia, la Tessaglia e l'Epiro. La Tracia, pesantemente popolata da tribù non greche, con la popolazione non greca concentrata in varie città lungo la costa occidentale del mar Nero, era governata da un procuratore. Divenne provincia nel 46 d.C., con Filippopoli come capitale. Qualche colonia greca si trovava anche nella Mesia Inferiore, più a nord; le vecchie colonie sulla sponda nord del mar Nero erano attaccate a questa provincia. La Tracia e la Mesia Inferiore, così come le province balcaniche latinofone della Dacia e della Mesia Superiore, erano importanti per la difesa dei confini ed erano governate da *legati* imperiali. A sud, l'isola di Creta formava una provincia insieme alla Cirenaica, la cui capitale era Gortina, a Creta; le due parti della provincia avevano contatti molto limitati. Le zone dell'Asia Minore dominate dalle città greche formavano la provincia d'Asia, con Efeso per capitale. La Bitinia e il Ponto, nella parte nord più o meno ellenizzata dell'Asia Minore insieme alla costa sud del mar Nero, era un'altra provincia imperiale governata da un proconsole, la cui sede era Nicomedia. Anche Cipro era governata da un proconsole ed era priva di una presenza militare. La Cilicia ebbe una storia complessa fino a circa il 74 d.C., quando Vespasiano riunì Roma e i territori semi-autonomi in una singola provincia con Tarso per capitale.

Il resto dell'oriente romano era diviso in province imperiali, governate da *legati* imperiali, che comandavano eserciti di varie dimensioni, a seconda dell'importanza strategica della provincia. La Licia, provincia sin dal 43 d.C., fu riunita alla Panfilia nel 70 d.C.; Attalia era la sua capitale. Le altre province in Asia Minore erano ellenizzate in modo piuttosto superficiale: la Galazia, con un misto di popolazione celtica, greca, romana e indigena, aveva Ancyra come capitale. Anche la Cappadocia, con Cesarea per capitale, aveva una popolazione prevalentemente indigena che continuò a parlare la sua lingua locale fino al IV secolo d.C. A sud, la Siria era la provincia più importante, non solo dal punto di vista strategico, per la sua vicinanza all'impero dei Parti, ma anche dal punto di vista culturale ed economico, grazie a un'importante rete di fondazioni ellenistiche. La sua capitale, Antiochia, era uno dei centri urbani più importanti dell'impero. La presenza di tre o quattro legioni fece del legato di Siria, un ex console, uno dei più importanti governatori dell'impero. La Giudea aveva una storia travagliata di conflitti locali endemici e di ripetute rivolte contro Roma; era governata da un procuratore, finché la rivolta del 66 d.C. rese necessario porla sotto un *legatus*. La vicina provincia dell'Arabia Petrea, aggiunta all'impero solo sotto Traiano, con Petra per capitale, era poco ellenizzata, anche se la lingua greca veniva utilizzata nelle iscrizioni pubbliche e private. Infine, l'Egitto, fortemente colonizzato dai Greci fin dalla sua conquista da parte di Alessandro, era una provincia particolare. La sua importanza per i rifornimenti di grano a Roma e per il commercio con l'oriente, ma anche le condizioni della sua conquista da parte di Ottaviano dopo Azio e la lunga tradizione di potere personale, centralizzato, giustificavano un trattamento differente. L'Egitto era governato non da un senatore, ma da un membro dell'ordine equestre con il titolo di prefetto d'Egitto. Nessun senatore poteva neanche mettere piede in Egitto senza il consenso dell'imperatore.

Le condizioni di ciascuna provincia dipendevano da una varietà di fattori, come il grado di ellenizzazione e di urbanizzazione al tempo della sua creazione, l'omogeneità della regione in relazione alla cultura e alla vita urbana, la presenza di forze armate e lo *status* delle città provinciali – ex capitali di regni, colonie romane e città libere. I dettagli riguardanti le singole province erano contenuti nella «legge provinciale» (*lex provinciae*). Solo il contenuto delle leggi per l'Asia e la Bitinia, di cui una bozza fu redatta rispettivamente da Silla e Pompeo, ci è indirettamente noto attraverso riferimenti nelle fonti letterarie e nelle iscrizioni. Tra le altre cose, le leggi regolavano le procedure elettorali nelle città, i requisiti di età per rivestire i vari incarichi e per essere eletti nel consiglio, e le spese di viaggio per i messi. A dispetto delle differenze regionali, l'amministrazione delle province presentava elementi comuni.

Il governatore risiedeva nella capitale (*caput provinciae*). Le capitali provinciali non erano nuove fondazioni, ma vecchie città importanti: le capitali dei regni aboliti – come Alessandria, Antiochia e Nicomedia; centri urbani con accesso al mare – come Corinto, Tessalonica, Efeso e Tarso; città importanti di una regione – come Gortina. Il palazzo del governatore (*praetorium*) non era solo una lussuosa residenza con terme e sale cerimoniali per i ricevimenti e i processi. Ospitava uffici, archivi, santuari e alloggi per le guardie. A seconda delle dimensioni della provincia, parte dell'amministrazione si svolgeva in altri luoghi oltre alla capitale. Le province senatoriali erano suddivise in distretti, chiamati *conventus*. L'Asia, una provincia molto grande, aveva tredici distretti; la Macedonia quattro. Il governatore visitava le capitali dei distretti almeno una volta all'anno per amministrare la giustizia. Nelle grandi città, come Efeso, era continuamente rappresentato da uno dei suoi legati. I cittadini romani, i rappresentanti delle città, ma anche le persone comuni avevano la possibilità di presentare il loro caso di fronte al governatore.

Le principali responsabilità del governatore erano l'amministrazione della giustizia, le tasse, l'ordine pubblico, la difesa della provincia e l'arbitrato nei conflitti tra città. La corrispondenza tra Plinio e Traiano ci fornisce informazioni importanti sulla vita quotidiana di un governatore coscienzioso. I soggetti con cui il governatore poteva doversi confrontare erano tanto variegati quanto gli incidenti che potevano verificarsi durante il suo governatorato; andavano dal permesso di costruire terme pubbliche ai problemi causati da una nuova religione, dalle questioni fiscali all'ordine pubblico, dalle dispute territoriali tra città alle richieste dei magnati locali di essere liberati delle varie incombenze. Spesso il governatore si limitava a rispondere alle richieste delle città e delle confederazioni regionali che gli si rivolgevano con le loro questioni, ma anche i governatori potevano prendere l'iniziativa, per interesse o per ambizione, o perché avevano dei legami personali con le province. Per le loro decisioni si appellavano a un precedente, facevano riferimento alle regole stabilite nella *lex provinciae*, ascoltavano il parere di uomini politici e intellettuali locali, oppure scrivevano all'imperatore per ricevere istruzioni.

Un compito importante del governatore era l'amministrazione della giustizia. I principi che avrebbe seguito erano spiegati in un editto, pubblicato all'inizio del suo incarico. Il suo editto spesso includeva norme introdotte dai suoi predecessori. Molti conflitti legali erano risolti attraverso un arbitrato; quando un arbitrato non era possibile, i casi venivano portati di fronte ai magistrati o alle corti. Il governatore doveva fare i conti solo con un numero molto limitato di casi, specie quelli relativi a cittadini romani e a individui influenti, o a crimini per i quali si poteva incorrere nella pena di morte, come l'omicidio, il sacrilegio e l'adulterio. Solo il governatore aveva lo *ius gladii*, il «diritto della spada»: vale a dire, il diritto di imporre la pena di morte. Se condannati, i cittadini romani avevano il diritto di appello di fronte all'imperatore. Le richieste dei singoli individui o delle singole città a farsi giudicare dal governatore avevano successo o meno a seconda non solo dell'importanza del caso, ma anche delle conoscenze delle persone coinvolte – e talvolta dalle mazzette pagate. Nel complesso, i governatori, assistiti da un consiglio (*consilium*), dimostravano flessibilità e rispettavano le tradizioni locali.

Il governatore doveva mostrare attenzione per le città a prescindere dal loro *status*. Doveva accertarsi che i magistrati eletti svolgessero le loro funzioni e coprissero le relative spese, che i membri del consiglio cittadino non dimenticassero i loro doveri, che gli edifici fossero restaurati e gli acquedotti costruiti o sottoposti a manutenzione. I governatori sovrintendevano alla costruzione delle strade, che erano importanti per il commercio, la comunicazione e i trasporti militari (vedi p. 191). Una responsabilità molto importante era la supervisione delle finanze cittadine. A causa della cattiva amministrazione delle città, l'imperatore a volte eleggeva delle apposite autorità di sorveglianza, anche nelle città autonome. I meccanismi di controllo che in precedenza erano stati nelle mani del popolo erano ora presi in consegna dall'imperatore.

Le città che non avevano il privilegio dell'esenzione dalle imposte (*immunitas*) erano soggette al pagamento di una varietà di tasse. Oltre a una tassa *pro capite*, si dovevano pagare tasse anche sulla produzione agraria; esportazioni e importazioni erano soggette a dazi doganali e anche l'utilizzo dei porti comportava il versamento di tasse. A causa delle proteste delle popolazioni provinciali contro i *publicani* (vedi pp. 198-199), il loro ruolo declinò gradualmente. In Asia, Cesare trasferì la responsabilità della riscossione delle tasse dai *publicani* alle città, lasciando agli esattori delle imposte il compito di riscuotere solo i dazi doganali; nel II secolo d.C. i loro compiti erano passati nelle mani dei rappresentanti del governo imperiale. Le tasse venivano prima riscosse dalle autorità civiche, che poi pagavano la cifra dovuta o al questore nelle province senatoriali o al procuratore nelle province imperiali. Il procuratore era responsabile anche delle entrate imperiali in quelle province in cui l'imperatore possedeva terra, foreste, cave, miniere e così via.

La buona amministrazione di una provincia dipendeva non solo dall'integrità e dalla competenza del governatore, ma anche dalla sua collaborazione con le autorità delle città e delle regioni e dalle sue consultazioni con l'imperatore. Durante la repubblica e la prima fase del principato, alcuni governatori d'Asia, come Quinto Muzio Scevola, governatore nel 98/7 o nel 94/3 a.C., e Sesto Appuleio, governatore nel 23-21 a.C., riuscirono a svolgere così bene i vari compiti da ricevere onori straordinari. Il festival delle *Moukieia* veniva celebrato nelle maggiori città, e Appuleio veniva onorato come un dio ad Alessandria Troade. Subito dopo l'ascesa al trono di Traiano, i proconsoli della Bitinia e del Ponto, dell'Africa e della Betica furono accusati di abuso di potere. Varie leggi mostrano gli sforzi dell'imperatore di limitare la corruzione e l'estorsione. I governatori non potevano acquisire terra nella loro provincia durante il loro governatorato; i matrimoni tra un proconsole o suo figlio e una donna della provincia non erano permessi; quando il comportamento delle mogli dei governatori finì sotto inchiesta per decisione del senato nel 20 d.C., alcuni governatori scelsero di – o trovarono una buona scusa per – lasciare le loro mogli a Roma durante il loro governatorato.

I governatori romani, che di solito erano passati per molti anni attraverso i vari stadi di una carriera equestre o senatoriale, avevano comandato eserciti e avevano svolto una grande varietà di compiti amministrativi, erano generalmente all'altezza dei loro compiti. Ma erano stati anche istruiti nell'arte della persuasione e talvolta la loro educazione retorica nelle argomentazioni sofistiche aveva lasciato le sue tracce nel modo in cui essi pensavano e agivano. Plinio dovette affrontare il problema seguente: anche se la legge della provincia non permetteva a un uomo di detenere la cittadinanza di due città della Bitinia nello stesso momento, questa legge non era stata osservata in modo rigoroso per 150 anni, così che molti consiglieri avevano una doppia cittadinanza. I censori, che controllavano regolarmente i membri del consiglio, ora volevano sapere come affrontare questa situazione. Nella sua lettera all'imperatore, con cui gli chiede consiglio, Plinio non nasconde la sua risposta preliminare: «È vero che la legge vieta di dare la cittadinanza a un cittadino di un'altra città, ma non chiede di espellerlo dal consiglio per questa ragione». La forza di questo argomento non derivava da un ragionamento rigoroso in termini legali, ma da pragmatismo: troppe città avrebbero perso troppi consiglieri se la legge fosse stata applicata in modo rigido. La flessibilità e il realismo facevano un buon governatore; Plinio lo sapeva. Sapeva però anche che era meglio non prendere l'iniziativa e demandare la questione al giudizio di Traiano.

È difficile raggiungere un giudizio equilibrato sull'efficacia dell'amministrazione romana e sul grado di accettazione del governo romano. La maggior parte delle nostre fonti – encomi, documenti ufficiali romani, iscrizioni pubbliche formulate da membri delle élite cittadine – sono o filtrate o di parte. Ma non si può negare che il sistema dell'amministrazione provinciale in oriente riuscì in modo piuttosto efficace, almeno fino alla fine del II secolo d.C., a mantenere al minimo il numero di rivolte e spesso a fornire soluzioni a problemi pressanti causati da disastri naturali, crisi finanziarie e minacce alla sicurezza. Una varietà di fattori contribuiva a questo stato di cose: i governatori e gli imperatori per lo più rispondevano ai doveri amministrativi con flessibilità e pragmatismo; delegavano la principale responsabilità dell'amministrazione municipale – la giurisdizione locale, il mantenimento dell'ordine pubblico, la riscossione delle tasse, il rifornimento di acqua e cibo, l'erezione e la manutenzione degli edifici pubblici – ai magistrati cittadini e ai consiglieri reclutati tra le élite locali benestanti; la graduale creazione di una «élite sovranazionale», costituita da persone delle province che erano state accettate nelle classi dei senatori e dei cavalieri, contribuì alla coesione dell'impero.

In una scena memorabile del film *Brian di Nazareth* dei Monty Python un membro del Fronte Popolare di Giudea pone questa domanda: «Che hanno fatto per noi i Romani?». Si potrebbe pensare che sia una domanda retorica. Gli altri membri del Fronte Popolare, tuttavia, presentano una lista: i Romani hanno portato la salute, l'irrigazione, l'istruzione, il vino, la sicurezza e la pace; hanno costruito strade, terme e acquedotti. Molti di questi doni da parte di Roma erano il risultato di una buona amministrazione. Uno dei suoi maggiori risultati fu la riconciliazione della popolazione assoggettata con il dominio di Roma. Il fatto che intorno al 200 d.C. i sacerdoti in Lidia scelsero i termini *senatus* (senato) e *praetorium* (la sede del governatore provinciale) per designare il consiglio degli dèi e il tempio mostra che, per loro, due importanti istituzioni legate al dominio romano non avevano associazioni negative. Fiorivano identità culturali separate finché non erano percepite come una minaccia – come nel caso dei Giudei. E grazie al governo «morbido» di saggi governatori romani l'amministrazione imperiale poteva coesistere con una pulsante vita pubblica nelle città.

Le città: *poleis* tradizionali, colonie romane e vita politica

Nel suo *Encomio di Roma*, l'oratore Elio Aristide paragona l'impero romano a una città-stato, con Roma che fa da centro urbano e da cittadella e il mondo civilizzato da territorio circostante:

> Ciò che un'altra *polis* è per i suoi propri confini e per il suo territorio, questa città lo è per i confini e il territorio dell'intero mondo civilizzato, come se quest'ultimo fosse un distretto territoriale e Roma fosse stata scelta come città comune. Si potrebbe dire che questa cittadella sia il rifugio e la sede dell'assemblea di tutti i perieci o di tutti gli abitanti dei demi esterni.

Per Aristide, come per buona parte della popolazione dell'impero romano, la città-stato rimaneva l'unica realtà politica di cui essi avessero esperienza diretta. Agli intellettuali forniva la principale cornice di pensiero. Per i poeti e i romanzieri, costituiva un'alternativa ai paesaggi pastorali idealizzati come ambientazione per le loro creazioni letterarie.

Anche se l'elogio di Aristide è esagerato e unilaterale come tutte le orazioni encomiastiche, l'oratore su un punto aveva ragione: l'impero romano in effetti conteneva un numero ineguagliabile di città grandi e piccole. Nelle province occidentali e in Nord Africa questo era il risultato della colonizzazione e dell'urbanizzazione su iniziativa dei Romani. Nell'oriente ellenofono, dove l'urbanizzazione aveva una tradizione molto più antica che in occidente, è necessario fare qualche distinzione. Nella Grecia continentale, in alcune isole e in Asia Minore, numerose *poleis* scomparvero nel corso dell'età ellenistica, o perché furono completamente distrutte, o perché perdettero il loro *status* di comunità autonome. Ma nacquero nuove città e le vecchie furono rivitalizzate per iniziativa prima di Pompeo, poi di Cesare, di Augusto e di altri imperatori. La fondazione di colonie sotto Augusto rivitalizzò la Grecia e l'Asia Minore (vedi pp. 257-258). Ma gli imperatori incentivarono anche le città appartenenti al tipo tradizionale della *polis*. Traiano e Adriano ebbero un impatto particolarmente forte sulla storia degli insediamenti greci, come fondatori di città e come promotori del passaggio di alcuni insediamenti allo *status* di *poleis*, il primo per le sue campagne nei Balcani, il secondo per i suoi viaggi nell'oriente greco. Traiano fondò Augusta Traiana, una *polis* grande e prospera in Tracia, e trasformò la fortezza di Dorisco in Traianopoli. In Misia, Adriano fondò Hadrianoi, Hadrianeia e Hadrianou Therai; altre quattro città in Asia Minore e due in Grecia furono chiamate Adrianopoli in onore dello stesso imperatore. Per commemorare il suo amato Antinoo, Adriano fondò anche Antinopoli in Egitto (vedi p. 267). La coesistenza di città greche e di colonie romane nelle stesse regioni contribuiva alle influenze reciproche tra le istituzioni greche e romane. Le colonie erano miniature di Roma, «per così dire, ritratti e piccoli simulacri» (*quasi effigies parvae simulacraque*), per dirla con Gellio. La loro organizzazione politica ricalcava le istituzioni romane, e gli uffici religiosi erano, a loro volta, tipicamente romani. I cittadini (*coloni*) avevano tutti i diritti dei cittadini romani ed erano esentati dal pagamento dei tributi. Veneravano gli dèi di Roma, in particolare la triade capitolina costituita da Giove, Giunone e Minerva, e lo «spirito della colonia» (*genius coloniae*). Per secoli dopo lo stabilimento di una colonia, il latino fu usato non solo per l'amministrazione degli affari della colonia, ma anche come la lingua comune della comunicazione privata. Almeno nei primi secoli della vita di una colonia, la maggioranza della popolazione urbana, i *coloni*, era di origine italica: veterani dell'esercito e altri coloni dall'Italia che possedevano la cittadinanza romana, inclusi gli schiavi liberati. La popolazione delle campagne, gli *incolae* o *paroikoi*, era costituita dalla popolazione locale greca ed ellenizzata. Le colonie erano governate da un consiglio di *decuriones*, e da un comitato costituito da due «sindaci» (*duoviri*) e da due supervisori dello spazio pubblico (*aediles*). Tra gli altri funzionari c'era l'augure, responsabile della divinazione per conto della colonia, e un comitato di sei uomini (*seviri*). Talvolta la colonia eleggeva l'imperatore stesso al ruolo di «sindaco»; in questi casi egli era rappresentato da un *praefectus Caesaris quinquennalis*, un prefetto dell'imperatore, che restava in carica senza collega per un periodo di cinque anni. Questo onore straordinario era riservato agli individui ricchi e illustri.

Anche l'organizzazione dello spazio urbano era romana. Due strade che si intersecavano, l'*ordo* e il *decumanus*, dominavano la pianta della città (vedi Figura 26). Ad Antiochia in Pisidia, i distretti della città avevano esattamente gli stessi nomi dei distretti (*vici*) della città di Roma. Le colonie, con i loro complessi edifici termali e i bagni pubblici, le fontane e gli acquedotti, i teatri e le sale da concerto, contribuivano all'urbanizzazione delle aree meno ellenizzate dell'Anatolia e del Vicino oriente e alla riurbanizzazione delle zone che erano state danneggiate dalla guerra. In Grecia e in Asia Minore i coloni italici arrivavano in luoghi che avevano una lunga tradizione di auto-governo, strutture politiche avanzate, una cultura raffinata e una diffusa alfabetizzazione, e che erano pienamente integrati nella cultura comune del mondo ellenistico. Uno scambio intenso tra la popolazione locale e i nuovi arrivati, non privo di tensioni o conflitti, produceva gradualmente un nuovo profilo culturale e politico. In molti casi, i coloni erano pienamente ellenizzati due o tre generazioni dopo il loro arrivo – gli antenati di alcuni coloni erano Greci d'Italia – ma in alcune città, come Filippi, per esempio, il latino restò la lingua dominante fino al III secolo d.C.

Le istituzioni delle colonie romane influenzavano indirettamente le istituzioni politiche delle città greche. L'amministrazione romana e le norme dei governatori avevano a loro volta un impatto considerevole sulla proprietà e la legge criminale. Infine, gli interventi diretti da parte di Roma favorivano e acceleravano un processo che era già iniziato in età ellenistica (vedi pp. 142-149): la trasformazione delle città greche da «democrazie» moderate di un qualche tipo a oligarchie. In una lettera a Traiano, Plinio chiese all'imperatore istruzioni sul seguente problema. Secondo la legge provinciale della Bitinia, solo gli uomini di età superiore ai trentacinque anni potevano ricoprire un incarico; a partire da quel momento erano eleggibili per rivestire una posizione all'interno del consiglio. Tuttavia Augusto aveva abbassato a venticinque anni i requisiti di età per gli incarichi meno importanti. Questo implicava dunque – si chiedeva il governatore locale – che questi uomini più giovani potevano anche entrare a far parte del consiglio – dal momento che avevano ricoperto una magistratura? E se questi individui, di età inferiore

26. La principale via pavimentata nella colonia romana di Dion in Macedonia.

ai trent'anni, potevano entrare a far parte del consiglio, allora anche tutti gli altri individui, di età compresa tra i venticinque e i trenta, erano eleggibili al consiglio, anche senza aver rivestito una magistratura? Questa è una delle poche informazioni dettagliate che abbiamo su come la *lex provinciae* potesse influenzare l'organizzazione interna delle città greche. La legge provinciale della Bitinia conteneva disposizioni con un impatto immediato sulla vita politica: i criteri secondo cui un uomo poteva diventare un membro del consiglio, l'età richiesta per un incarico, la cifra che doveva pagare ogni nuovo membro del consiglio e le limitazioni al diritto di una persona di detenere più di una cittadinanza. Un insieme di interventi da parte di Roma e l'intensificarsi di tendenze preesistenti rafforzavano il regime di monopolio di una élite di «notabili».

La ricchezza era il fondamento dei diritti politici. Per determinare lo *status* di un cittadino, veniva condotto regolarmente il censimento delle proprietà, che serviva come base per l'esercizio dei diritti di cittadinanza. Per esempio, a Sparta, 300 cittadini avevano uno *status* privilegiato; i trentadue membri di un comitato di magistrati (*synarchia*) venivano eletti tra questi. Un'iscrizione di Xanto in Licia della seconda metà del II secolo d.C. distingue tra varie categorie di cittadini; solo i cittadini più ricchi potevano diventare membri del consiglio cittadino (*boule*) e di un consiglio di anziani (*gerousia*), che non aveva significato politico ma implicava un forte prestigio sociale; un secondo gruppo era costituito da *sitometroumenoi* (quanti si trovano nella condizione di distribuire razioni di grano), che erano al di sopra «degli altri cittadini» e dei residenti stranieri. Alcune funzioni pubbliche erano determinate esclusivamente dalla ricchezza, non dal merito. Per esempio, «i primi dieci» e «i primi venti» (*dekaprotoi* e *eikosaprotoi*) erano i cittadini più ricchi, che si sobbarcavano le liturgie più costose ed erano eletti, sulla base della ricchezza e del prestigio, agli incarichi civili più importanti. Con la loro proprietà personale essi garantivano la riscossione diretta delle tasse che potevano essere pagate dalla città al tesoro imperiale, ma supervisionavano anche la riscossione delle entrate da parte della città.

Un'innovazione importante nel periodo imperiale è la trasformazione del consiglio, che nelle costituzioni greche tradizionali veniva rinnovato ogni anno, in un corpo permanente di cittadini con incarico vitalizio – simile al senato romano. Il consiglio continuava ad avere la stessa funzione che in passato: preparare le proposte per l'assemblea e cooperare con i magistrati su questioni quotidiane di tipo politico e finanziario; ma i suoi membri ora erano costituiti da ex magistrati. Poiché in molte città chi deteneva una magistratura era tenuto a versare una somma di denaro (*summa honoraria*), il consiglio era costituito dai membri dell'élite che avevano raggiunto l'età richiesta dalla legge e avevano ricoperto una magistratura. Questa regola consolidava la posizione privilegiata dell'élite dei maggiorenti nella leadership politica. È significativo che il termine «consiglieri» (*bouleutai*) designasse non solo quanti effettivamente prestavano servizio nel consiglio, ma anche l'intera classe di proprietari che aveva il diritto di entrarne a far parte. Lo scopo di regole come questa è chiaramente affermato da Plinio in una lettera a Traiano: «È meglio consentire l'accesso al consiglio ai figli di famiglie prominenti che ai figli del popolo». Questo talvolta accadeva quando i membri dell'élite condividevano un incarico con i loro figli o pagavano al loro posto le spese di una liturgia. Un uomo di Nisa, in Asia Minore, che era stato generale, «garante della pace» (*eirenarches*, responsabile della sicurezza), tutore dei fanciulli, tesoriere, *dekaprotos* e, per quattro volte, sovrintendente del mercato (*agoranomos*), trasferì l'ufficio di *agoranomos* poco prima della sua morte a suo figlio, che già prestava servizio come segretario della città.

Molte magistrature richiedevano di sobbarcarsi delle spese che avrebbero velocemente prosciugato le limitate risorse della città, come, ad esempio, gli incarichi di sovrintendente del ginnasio e dell'*agora* (*gymnasiarchos, agoranomos*), ma anche l'ufficio, originariamente religioso, di *stephanephoros* (portatore di corona), che dava il suo nome all'anno nel quale il magistrato prestava servizio. Di conseguenza, simili uffici erano occupati solo da persone facoltose: queste soltanto potevano permettersi di essere nominate ed elette. Pertanto, la distinzione tra una magistratura (*arche*), a cui una persona giungeva tramite elezione o estrazione a sorte, e una liturgia (*leitourgia*), cioè un servizio obbligatorio e onorifico in favore della comunità imposto alle classi più abbienti, divenne confuso. Dalla ristretta cerchia dei cittadini più ricchi ci si attendevano tre servizi: che occupassero le magistrature e gli incarichi religiosi, che si assumessero l'onere delle liturgie e che prestassero servizio come ambasciatori.

Almeno in alcune città, l'accesso all'assemblea – o forse a certi incontri dell'assemblea – non era aperto a tutti i cittadini, ma solo a quanti possedevano determinati requisiti di proprietà. Per esempio, Pogla in Pisidia e Sillion in Panfilia avevano un gruppo di cittadini chiamati «coloro che partecipano [regolarmente] all'assemblea» (*ekklesiastai*); questo implica che alcuni cittadini erano esclusi da certe riunioni dell'assemblea. Una distinzione analoga può essere implicita anche nell'espressione *ekklesia pandemos*, «assemblea dell'intero popolo»; a quanto pare, ad alcuni incontri dell'assemblea partecipava solo una parte del corpo cittadino. Similmente, gruppi come i «Cinquecento» di Enoanda e i «Mille» di Tlos, in Licia, erano gruppi di cittadini a cui erano riservati dei privilegi in virtù della loro ricchezza. Dal momento che la ricchezza era ereditaria, anche i privilegi politici lo divennero. Alla fine del II secolo a.C. il potere ereditario *de facto* di una ricca élite era diventato la realtà nella maggior parte del mondo greco (vedi pp. 143-146).

Già alla fine dell'età ellenistica veniva riconosciuto lo *status* di superiorità sociale di alcune famiglie. In età imperiale la distinzione era anche formalmente connessa con i privilegi politici. Le iscrizioni pubbliche del periodo imperiale usano una serie di termini che distinguono chiaramente un piccolo gruppo di famiglie appartenenti all'élite più abbiente dal resto della popolazione. Questi termini in parte alludono all'origine del loro potere – sono *dynamenoi* o *dynatoi*, «coloro che hanno il potere [finanziario]». In parte, ne indicano la posizione di comando – sono i «primi» (*protoi, proteuontes*). In parte, infine, ne esprimono l'autostima – sono gli *aristoi*, i «migliori», e gli *endoxoi*, «coloro che hanno una buona reputazione».

Le iscrizioni onorifiche del I e del II secolo d.C. esprimono questa convergenza di ricchezza, incarichi pubblichi e rivendicazione ereditaria del potere politico riferendosi esplicitamente al rango (*axioma*) di certe famiglie. Il rango era un insieme di diritti basati sul lignaggio e di obblighi derivanti dalle tradizioni familiari. In piena età imperiale, un'iscrizione onorifica rinvenuta a Olbia, sulla costa settentrionale del mar Nero, datata intorno al 200 d.C., esprime bene la fusione di ricchezza ereditata, tradizioni familiari e potere politico:

> Callistene, figlio di Callistene, fu un uomo di illustri antenati, amici degli imperatori, responsabili della costruzione della città e prodighi di benefici nei momenti di crisi, uomini di cui è difficile esprimere l'elogio a parole, ma che, nel tempo, restano vivi nella memoria. Discendente di tali antenati, non solo ne ereditò le proprietà, ma anche le virtù, aggiungendo a esse ulteriori ornamenti. Senza essere obbligato dalla necessità umana, ma educato dalla divina provvidenza, possedeva un intrinseco, impareggiabile amore della saggezza. Da adulto fu attivo negli affari politici e divenne un generale affidabile, prendendosi cura della salvaguardia [della città]; esercitò anche per quattro volte le più alte magistrature eponime con umiltà e giustizia. Facendo le proposte migliori e comportandosi in modo vantaggioso, divenne padre della città.

Esattamente allo stesso modo in cui l'imperatore romano era «padre della patria» (*pater patriae*), un uomo come Callistene era «padre della città», posto al di sopra degli altri cittadini e con un'autorità indiscussa basata sull'eredità. Titoli onorifici come «padre della città» e «figlio/figlia della città o del popolo» creavano la finzione di una relazione intima, addirittura familiare, tra il popolo e l'élite. Veniva così a stabilirsi un rapporto di cura e di affetto reciproci. I membri dell'élite erano assimilati a membri della famiglia adottiva della comunità: l'élite si assumeva la responsabilità di prendersi cura della comunità, esattamente come un padre si prende cura dei suoi figli e i figli dei loro genitori; in cambio, la comunità accettava l'autorità dell'élite. I membri dell'élite sedevano in seggi speciali alle rappresentazioni teatrali e alle competizioni agonistiche e i decreti in loro onore venivano letti a voce alta nelle occasioni pubbliche. Le statue onorifiche che decoravano gli spazi pubblici e le iscrizioni che elencavano magistrature e benefici e registravano i servizi prestati dagli antenati rendevano visibile la posizione elevata dell'élite e servivano come modello per le future generazioni di benefattori provenienti dagli stessi ranghi sociali. Le acclamazioni durante le riunioni dell'assemblea e durante i festival erano un altro mezzo importante per il rafforzamento della posizione elevata dell'élite: «Epaminonda è il solo e unico benefattore di tutti i tempi!», «Solo Dione ama la sua città!», «Lunga vita a lui, che ama i suoi concittadini, lunga vita a lui, che ama la moderazione, promotore di buone iniziative, fondatore della città!». Acclamazioni come queste affermavano la gratitudine dei cittadini e il riconoscimento della leadership di un individuo, ma allo stesso tempo esprimevano delle aspettative. Gli Alessandrini in particolare erano tali maestri nelle acclamazioni che Nerone portò a Roma alcuni uomini di Alessandria per insegnare anche al popolo romano come eseguirle.

Quando i membri dell'élite morivano dopo aver servito la loro comunità, potevano aspettarsi un funerale pubblico, che creava, di nuovo, la finzione della città come famiglia. Nel 177 d.C., quando il cittadino più ricco di Atene, Erode Attico, morì e il suo funerale si stava svolgendo, per iniziativa dei suoi liberti, a Maratona, dove egli aveva i suoi possedimenti, gli efebi ateniesi marciarono da Atene a Maratona, «si impadronirono del corpo con le loro stesse mani», lo riportarono in processione ad Atene e lo seppellirono vicino allo stadio che Erode aveva donato. Filostrato racconta che tutti gli Ateniesi parteciparono al funerale, lamentando la morte del loro benefattore «come bambini che hanno perso un buon padre». Simili dimostrazioni di gratitudine e di affetto incoraggiavano l'élite a concedere benefici ancora maggiori, e nello stesso tempo stabilivano relazioni di dipendenza e definivano i ruoli: il ruolo paternalistico di padre per Erode, quello di membri dipendenti della famiglia per il popolo.

Questo non significa che il *demos* – la massa dei cittadini meno privilegiati – fosse politicamente irrilevante. Aveva la sua influenza e poteva esercitare pressioni sull'élite, rendendo la vita politica nella città greca di età imperiale un sistema complesso di negoziazione del potere. In primo luogo, le proposte dei magistrati dovevano essere approvate dall'assemblea del popolo. A giudicare dagli occasionali riferimenti a rumorose proteste e persino a ribellioni, non possono esserci dubbi sul fatto che alcune proposte fatte dal consiglio e dai magistrati si scontrarono con l'opposizione popolare. In secondo luogo, l'assemblea eleggeva i magistrati. Queste due caratteristiche – approvazione delle decisioni da parte dell'assemblea del popolo ed elezioni regolari – insieme all'obbligo, per i magistrati, di rendere conto del proprio operato, erano residui delle antiche costituzioni moderatamente democratiche. Ma anche se tutti i cittadini votavano, non tutti i cittadini avevano il diritto di essere eletti agli incarichi pubblici. Osserviamo il predominio politico esercitato dall'élite in fenomeni come l'accumulo di funzioni pubbliche, che era inusuale nel periodo classico, la ripetuta occupazione di un ufficio, che nelle democrazie di età classica veniva concessa eccezionalmente per gli incarichi militari, l'occupazione di uffici da parte di parenti stretti e il monopolio delle iniziative politiche nel consiglio e nell'assemblea.

A prescindere dal suo potere istituzionale, attraverso l'assemblea, il «popolo» (*demos*, *plethos*) prendeva parte alla vita politica esercitando pressioni sull'élite e facendo le sue richieste attraverso le acclamazioni e talvolta sollevazioni violente. Abbiamo prove concrete di proteste popolari e di rivolte specie nei primi anni del principato, quando l'opposizione tra i seguaci di Antonio e di Ottaviano era ancora recente e le condizioni instabili. Il geografo Strabone, più o meno contemporaneo di Augusto, e l'oratore Dione di Prusa, vissuto alla fine del I secolo d.C., ci hanno lasciato molti racconti sulle città che hanno visitato, raccogliendo non solo vecchi miti e descrizioni di paesaggi e di edifici, ma anche storie di controversie politiche. I loro scritti dimostrano che la vita politica greca era vivace e scalpitante nelle città che stavano scendendo a patti con il nuovo potere imperiale, ma mantenevano anche la libertà di combattere incessantemente per ciò che stava loro a cuore: l'elezione dei magistrati, la spesa pubblica, la riduzione del prezzo del grano, la gestione dei disastri naturali o la competizione con una comunità limitrofa per privilegi e rango. Alcune proteste erano dirette contro i Romani, mentre alcune rivolte avevano origini etniche e religiose ed erano rivolte contro i Giudei. Alcuni esempi possono dimostrare che cosa nutriva la vita politica e forniva al «popolo» l'opportunità di dimostrare che ancora contava.

Tarso era una città con una vita politica vibrante come ogni patria di uomini dotati di ambizione e capacità retoriche. Quando il filosofo Atenodoro tornò lì durante il regno di Augusto, dopo aver passato alcuni anni a Roma come precettore del futuro imperatore Tiberio, trovò la sua città ancora sotto il controllo del poeta e demagogo Boeto, un vecchio sostenitore di Antonio (vedi p. 298). Strabone non spiega le cause della divisione politica, ma formula soltanto una generica accusa – che il partito di Boeto non si asteneva da nessun atto di insolenza. Usando l'autorità conferitagli da Augusto, Atenodoro condannò Boeto e i suoi seguaci all'esilio, probabilmente non senza che questa decisione fosse in qualche modo approvata da un tribunale o dall'assemblea. In seguito, i sostenitori di Boeto

> scrissero contro di lui sui muri, «le azioni sono per i giovani, i consigli per quelli di mezza età, ma per i vecchi ci sono solo le scoregge». Prendendo questa iscrizione come uno scherzo, Atenodoro chiese che fosse aggiunta la frase «tuoni per i vecchi». Ma poi qualcuno che disprezzava ogni decenza e aveva il ventre rilassato andò di notte a casa sua e imbrattò copiosamente la porta e il muro. Quando Atenodoro portò in assemblea le accuse contro questa fazione, disse: «Si può riconoscere la malattia e la disaffezione della città da molti fattori, in particolare dai suoi escrementi».

Atenodoro poteva considerarsi fortunato che la sua casa fosse stata solo «imbrattata». Si racconta che in molti casi delle folle armate di pietre, bastoni e torce attaccassero le case dei personaggi più in vista e appiccassero a esse il fuoco. Uno dei Tessali più importanti durante il regno di Augusto, un certo Petreo, che era stato per due volte «generale» della lega tessala, fu bruciato vivo nella sua casa. Si racconta che a Cizico furono crocifissi dei cittadini romani sotto Tiberio e a Rodi sotto Claudio; durante una sollevazione ad Alessandria anche il governatore, il prefetto Caio Petronio, fu lapidato. Quando un uomo ricco di Afrodisia, Attalo, istituì una fondazione per finanziare il ginnasio e altre cose all'inizio del II secolo d.C., sapeva che la sua iniziativa si sarebbe potuta scontrare con un'opposizione, poiché il ginnasio era un'istituzione elitaria. Nel suo testamento scrisse:

> né un magistrato né un segretario né un privato avrà l'autorità di trasferire l'intero capitale o una sua parte o i suoi interessi o di cambiare il conto o di usare il denaro per un fine diverso, né organizzando un voto separato né tramite un decreto dell'assemblea, una lettera, un decreto o una dichiarazione scritta, né tramite una sollevazione violenta della folla né in alcun altro modo.

Il donatore era preoccupato non solo per il possibile intervento delle autorità non cittadine (*i.e.* romane), ma anche per le azioni delle autorità locali, per le discussioni in assemblea e per la pressione della «folla» – oggi la chiameremmo opposizione «extra-parlamentare». Alcune persone ad Afrodisia avrebbero potuto pensare che l'immagazzinamento del grano per rivenderlo a un prezzo più basso, o forse anche l'allestimento di spettacoli gladiatori, sarebbero stati un investimento migliore. Le attività dell'élite venivano vagliate attentamente, come sapeva per esperienza personale l'oratore Dione di Prusa. Quando comprò dei terreni pubblici per costruirvi dei negozi, in un periodo in cui la sua città si trovava ad affrontare l'aumento del prezzo del grano, dovette fare i conti con un'assemblea arrabbiata e – dal suo punto di vista – invidiosa. D'altro canto, sono attestate anche delle dimostrazioni spontanee in onore dei membri dell'élite. Per esempio, dopo la morte dei benefattori, la gente si raccoglieva per strada per chiedere un funerale pubblico o arrivava persino a trafugare la salma e a trasformare il funerale privato in un pubblico evento, insinuando così che il benefattore fosse un parente del popolo.

Le sollevazioni politiche più significative in oriente non avevano le loro origini in conflitti tra Greci o tra Greci e Romani, ma in tensioni culturali, religiose e sociali tra Greci e Giudei. Alessandria, con una numerosa popolazione giudaica, era un importante palcoscenico per le rivolte, anche se non l'unico. La comunità giudaica acquistò un forte senso di identità quando Augusto creò un «consiglio di anziani» come suo organo direttivo e assegnò ai Giudei uno specifico dovere civico: tenere pulite le rive del fiume. Il fatto che solo i Giudei, che vivevano in un singolo quartiere sul delta del Nilo, avessero diritti di residenza e godessero dell'esenzione dalle tasse, e anche che i Giudei fossero esclusi dal ginnasio, contribuiva alla creazione di una comunità giudaica chiusa, che rivaleggiava continuamente con gli Alessandrini di stirpe greca. I conflitti si intensificarono sotto Caligola, quando un piccolo incidente innescò una serie di sollevazioni violente. Nel 38 d.C., Caligola mandò Erode Agrippa, governatore della Galilea e suo amico personale, ad Alessandria, per controllare l'operato del governatore Flacco, nel quale l'imperatore non aveva fiducia. L'aspetto sicuro di sé di un «re dei Giudei» fece arrabbiare i Greci, influenzati dal demagogo Isidoro. Con un pretesto, e cioè il presunto rifiuto dei Giudei di venerare l'imperatore, le cui statue erano poste in alcune sinagoghe, la folla greca attaccò i Giudei, profanò le sinagoghe e crocifisse trentotto anziani, finché il governatore non fu richiamato e l'esercito romano pose fine alle rivolte. Dopo l'assassinio di Caligola nel 41 d.C., dei messi di entrambe le parti furono inviati all'imperatore Claudio, il cui verdetto non soddisfece nessuno. Furono ripristinati i privilegi dei Giudei, ma fu loro rigidamente proibito di frequentare il ginnasio o di prendere parte alle competizioni atletiche; la richiesta degli Alessandrini di avere un consiglio fu rigettata e due dei loro capi, Isidoro e Lampone, furono condannati. I papiri conservano delle versioni un po' romanzate dell'incontro tra i notabili greci e l'imperatore, presentando i Greci come modelli di libertà di parola, coraggio e patriottismo, di fronte a un imperatore autoritario. I cosiddetti *Atti dei martiri alessandrini* sono una testimonianza eloquente del valore della libertà in una comunità politica sotto il dominio romano, della sfida all'autorità imperiale, ma anche della discriminazione etnica.

Simili sollevazioni con motivazioni religiose sono attestate sporadicamente anche altrove. Intorno al 55 d.C., durante il soggiorno di Paolo a Efeso, un argentiere che costruiva templi d'argento di Artemide, per venderli ai pellegrini, vide nella diffusione del Cristianesimo una minaccia alla sua attività commerciale e istigò le proteste della corporazione locale degli argentieri. L'incidente, così come è descritto negli Atti degli Apostoli, sembra aver portato a una riunione spontanea dell'assemblea nel teatro:

> All'udire ciò s'infiammarono d'ira e si misero a gridare: «Grande è l'Artemide degli Efesini!» Tutta la città fu in subbuglio e tutti si precipitarono in massa nel teatro, trascinando con sé Gaio e Aristarco macedoni, compagni di viaggio di Paolo. Paolo voleva presentarsi alla folla, ma i discepoli non glielo permisero. Anche alcuni dei capi della provincia, che gli erano amici, mandarono a pregarlo di non avventurarsi nel teatro. Intanto, chi gridava una cosa, chi un'altra; l'assemblea era confusa e i più non sapevano il motivo per cui erano accorsi.

Quando un Giudeo cercò di rivolgersi all'assemblea, il popolo gridò all'unisono «Grande è l'Artemide degli Efesini!». Solo il cancelliere dell'assemblea, il massimo ufficiale della città, riuscì a imporre il silenzio alla folla riunita, chiedendo che le accuse fossero presentate o in tribunale o nel corso di una regolare assemblea e avvertendola: «C'è il rischio di essere accusati di sedizione per l'accaduto di oggi». Altre sollevazioni contro i Giudei si verificarono nelle città greche durante le grandi rivolte giudaiche del 68 d.C. e del 115-17 d.C.

Per quanto il concetto di *pax Romana* possa essere valido per caratterizzare, in generale, la prima età imperiale, l'impero romano era meno omogeneo e pacificato di quanto non ammetterebbero gli autori di encomi. I disordini e le rivolte rivelano un quadro più complesso, non privo di tensioni sociali ed etniche.

13
Le condizioni socio-economiche
Da città greche a rete «ecumenica»

La ridefinizione delle gerarchie sociali: ricchezza, *status* giuridico e posizione sociale

Se le vecchie abitudini sono dure a morire, ancora più forte è la resistenza al cambiamento delle strutture sociali tradizionali. Le conquiste di Alessandro e la valanga di cambiamenti nella geografia politica del Mediterraneo orientale e dell'Asia a cui esse diedero il via ebbero un forte impatto sull'economia e sulla società. Alcuni cambiamenti furono più veloci, specialmente quelli innescati dalla migrazione e dalle nuove opportunità per il commercio; altri divennero visibili solo più tardi, ad esempio quelli relativi alla posizione delle donne e degli schiavi. In questo capitolo, vedremo l'interazione tra continuità e cambiamento nel mondo greco allargato, così come fu trasformato nei secoli successivi alla morte di Alessandro e, di nuovo, durante il lungo processo della sua incorporazione all'interno dell'impero romano.

Gli elementi di continuità e di frattura sono chiari in relazione ai fattori che determinavano la posizione sociale di un individuo. Fino al IV secolo a.C., era prevalso il peso di due fattori giuridici: la libertà e la cittadinanza. Naturalmente, ulteriori criteri contribuivano a una migliore differenziazione tra i cittadini e gli uomini liberi privi dei diritti di cittadinanza. La ricchezza era il più importante tra questi. Ma il prestigio sociale di un individuo dipendeva moltissimo anche dalla fonte della sua ricchezza – a seconda che fosse la terra, il commercio, la manifattura, l'attività bancaria o le razzie – così come dal suo *status* giuridico. Uno schiavo liberato poteva essere ricco il doppio di un cittadino, ma nondimeno difficilmente riusciva a raggiungere la posizione sociale di quest'ultimo. Altri parametri significativi di stratificazione sociale includevano la famiglia e gli antenati, le imprese militari e la formazione. La combinazione di simili fattori determinava la posizione di un individuo nella struttura sociale di una comunità nella Grecia pre-ellenistica. Le norme sociali determinavano ruoli diversi per uomini e donne, bambini, giovani e ragazze, vecchi e vecchie. L'impatto di questo fattori variava a seconda delle dimensioni di una comunità, della sua posizione geografica e delle sue istituzioni. Ma dalla fine del IV secolo a.C. in poi, il peso di questi fattori cambiò e ne emersero di nuovi.

Non c'è da stupirsi se l'importanza della ricchezza in relazione a un'elevata posizione sociale non cambiò. Ciò che cambiò fu il peso della ricchezza nella vita politica delle comunità rispetto al V e al IV secolo a.C. Di fatto, la ricchezza era sempre stata un prerequisito per l'attività politica, ma dalla tarda età ellenistica in poi divenne anche un obbligo istituzionale (vedi p. 146). La ricchezza permetteva a un individuo di mantenere una rete di rapporti sociali estendendo gli inviti a cene stravaganti, offrendo un supporto finanziario e coltivando altre forme di mecenatismo. Consentiva anche di guadagnarsi la reputazione di buon cittadino tramite la concessione di benefici e di uomo pio tramite le dediche agli dèi. Un altro cambiamento è costituito dall'aumento del numero di donne che possedevano patrimoni ingenti e che potevano così svolgere un ruolo importante come benefattrici (vedi pp. 347-348). Infine, si osserva un cambiamento nell'accettabilità sociale di forme diversificate di ricchezza. Naturalmente, un'agiatezza ereditaria era importante e la proprietà terriera restava la fonte di ricchezza più rispettata. Ma nel corso dell'età ellenistica forme di accumulo di ricchezza diverse dal possesso della terra divennero più comuni e non furono più oggetto di discriminazione sociale come lo erano state in passato in molte città. Tra queste, il commercio, l'attività bancaria, l'artigianato, una carriera di successo nel mondo dello spettacolo, come attore, poeta, oratore o musicista, competenze in una professione specializzata – per esempio come medico o maestro di filosofia o di retorica – premi nelle competizioni atletiche, il servizio mercenario e, più tardi, all'interno dell'esercito romano. Naturalmente, il nuovo ricco aveva un forte interesse a investire la sua fortuna nella proprietà terriera, se non nella sua patria, almeno in un altro luogo. Nel nuovo mondo cosmopolita, la terra poteva essere ottenuta più facilmente che in passato. Un uomo – talvolta anche una donna – poteva stabilire una relazione privilegiata con una comunità straniera ottenendo il titolo di *proxenos* – una sorta di amico dello stato; i privilegi associati alla prossenia di solito includevano il diritto di acquistare la terra e una casa, il diritto di immunità da interventi esterni (*asylia*) e vantaggi in alcune questioni legali.

Anche il significato della cittadinanza come parametro per stabilire la posizione sociale cambiò, prima perché l'acquisizione della cittadinanza divenne più facile; poi perché il numero di non-cittadini nelle città greche crebbe; infine perché i diritti dei non-cittadini erano spesso tutelati attraverso accordi interstatali. La popolazione urbana era un gruppo molto eterogeneo, composto da cittadini, schiavi e residenti liberi privi della cittadinanza. Questi ultimi avevano varie origini: immigrati stranieri, figli illegittimi o di matrimoni misti, liberti e persone che avevano perduto i loro diritti di cittadinanza a causa di una qualche condanna. La cittadinanza dava a un individuo la possibilità di esercitare un'influenza politica, il privilegio di possedere la terra e il diritto di ottenere la protezione della legge. Dopo le conquiste di Alessandro, la mancanza o la perdita della cittadinanza poteva essere compensata più facilmente che in passato. Coloro che avevano perduto i diritti di cittadinanza nella loro patria a causa di una conquista, delle guerre civili o di una condanna, emigravano in un regno, aspettandosi di essere stabiliti in una delle nuove fondazioni, o speravano di ricevere la cittadinanza in un'altra comunità, offrendo lì i loro servizi. Concessioni di cittadinanza o di privilegi associati alla cittadinanza – l'acquisizione di terra e di una casa, la protezione giuridica – divennero molto più comuni rispetto ai periodi precedenti. Grazie ad accordi interstatali, i cittadini delle città partner erano posti sotto la protezione della legge. Centinaia di iscrizioni attestano concessioni individuali di cittadinanza, di solito a benefattori stranieri, ad amici dei re, a uomini di spettacolo e a medici, ma anche ad altri professionisti, commercianti e banchieri. La naturalizzazione di interi gruppi, specialmente di soldati, è meno frequente, ed è per lo più attestata nelle città dove c'era stata una perdita di popolazione a causa delle guerre. Veniva praticato anche l'acquisto della cittadinanza, soprattutto nella periferia del mondo greco, nelle città del mar Nero e in Magna Grecia, dove il declino della popolazione greca rendeva necessario il reclutamento di ulteriori difensori contro le minacce barbare. Su una scala molto maggiore di quanto non fosse mai accaduto in passato, la gente giunse anche a possedere varie cittadinanze in conseguenza degli onori ottenuti in *poleis* diverse dalla loro madrepatria. Questa tendenza continuò in età imperiale. Dal I al III secolo d.C., molti atleti, intrattenitori e oratori, persone che vivevano una vita itinerante passando da un festival all'altro, possedevano cittadinanze multiple.

Data la complessità sociale dell'età ellenistica, i liberi non-cittadini erano una categoria eterogenea. Un gruppo significativo sul piano economico e politico era composto dai residenti stranieri (meteci). Grazie ai servizi resi a una città o sulla base di accordi interstatali, alcuni residenti stranieri erano privilegiati e assimilati ai cittadini per quanto riguarda i diritti giuridici – pagamento di tasse, esenzione da determinate imposte, diritti matrimoniali, accesso ai tribunali e diritti patrimoniali. E grazie alla creazione di associazioni private di volontari, i residenti stranieri sviluppavano un senso di comunità e di identità (vedi p. 335). La conquista romana creò un nuovo tipo di stranieri dotati di privilegi: i cittadini romani. Si trattava di immigrati da Roma e dall'Italia che vivevano in città greche, erano organizzati in comunità separate (*conventus*) ed erano privilegiati perché possedevano la cittadinanza romana e avevano diritto a un trattamento speciale. Nel primo periodo della dominazione romana in Grecia e in Asia Minore, i cittadini romani erano talvolta vittime di attacchi, i più famosi dei quali occorsero a Efeso nell'88 a.C. (vedi p. 218). Ma quando la concessione della cittadinanza romana ai Greci divenne comune, specie sotto i Flavi, e la manumissione degli schiavi da parte dei padroni romani moltiplicò il numero dei cittadini, la cittadinanza romana gradualmente perdette la sua importanza come segno di una posizione privilegiata.

La popolazione libera meno privilegiata sia nelle città sia nei regni era costituita dagli abitanti delle campagne. Coloro che vivevano nella terra dei re, i *laoi* (vedi p. 103), erano soggetti al pagamento di un tributo. Alcune città in Asia Minore e nelle aree conquistate da Alessandro avevano ampi territori abitati da una popolazione libera priva della cittadinanza, i *paroikoi* (coloro che vivono vicino alla città). Essi avevano il diritto di possedere la terra ma non il diritto di partecipare alla vita politica, anche se erano obbligati a contribuire alla difesa della città. La maggior parte di queste persone erano indigene, ma adottarono la lingua e la cultura greca nel corso dell'età ellenistica. Continuarono a venerare gli dèi locali, di solito con un nome greco, e a praticare i riti tipici della loro regione. Nei secoli violenti dell'età ellenistica questi *paroikoi* erano spesso vittime di incursioni: per esempio, le incursioni dei Galli in Asia Minore nel III secolo a.C. Durante le guerre dovevano affrontare la cattività e la distruzione della terra coltivata e delle sue attrezzature. Le città ellenistiche si sforzarono di trattare questi abitanti delle campagne come parte della *polis*. Essi erano inclusi nelle preghiere per la salvezza della città e del territorio e nelle lamentele per le incursioni e l'insicurezza; venivano invitati alle feste cittadine; dalla fine dell'età ellenistica in poi, i benefattori generosi che finanziavano i banchetti pubblici occasionalmente invitavano a partecipare anche i *paroikoi* e altri non cittadini. Questa veniva presentata come una generosità eccezionale; permetteva alla popolazione che non godeva dei privilegi dei cittadini di sentirsi parte della comunità. Simili gesti contribuivano a ottenere la concordia senza colmare il divario giuridico e sociale tra i diversi gruppi della popolazione. Se la mobilità verso l'alto era possibile, era grazie all'istruzione, alle competenze individuali o alla vicinanza al potere.

Uomini di cultura: l'avanzamento sociale grazie all'istruzione e alle competenze

Particolari doti artistiche (vedi p. 341), le competenze atletiche (vedi p. 340) e l'istruzione furono tre fattori la cui importanza per la promozione sociale crebbe continuamente in tutto il mondo greco dal IV secolo a.C. fino all'avvento del principato. Nell'età ellenistica l'istruzione – privilegio, in molte città, degli strati sociali più elevati che avevano il tempo libero necessario per dedicarsi allo studio – così come i meriti letterari e scientifici, acquisirono un particolare significato nella vita politica e nella società. Per i poeti, gli storici, i mitografi e gli scienziati era una fortuna che i re fossero genuinamente interessati alla promozione delle arti e delle scienze, sia per il profitto diretto che essi ricavavano dalle scoperte tecnologiche, sia per il prestigio che accumulavano circondandosi di artisti e di letterati famosi o venendo celebrati nei loro componimenti. I maggiori poeti ellenistici, Teocrito, Callimaco e Posidippo, erano tutti strettamente legati alla corte di Tolomeo II ad Alessandria.

Anche se lo «scienziato universale» non era ignoto al mondo ellenistico, i progressi rivoluzionari in ambito scientifico furono spesso connessi con la specializzazione promossa dalle corti reali. Il Museo fu fondato da Tolomeo I ad Alessandria come centro di sapere, unito al palazzo e all'edificio che ospitava la più grande biblioteca del mondo. Riuniva studiosi di tutte le discipline, dall'astronomia alla zoologia e dallo studio di Omero alla medicina. I fondatori della scuola alessandrina di medicina, Erofilo (331-280 a.C. circa) ed Erasistrato (304-250 a.C. circa), diedero un impulso significativo alla ricerca medica, specialmente attraverso la pratica dell'anatomia. Erofilo stabilì che il cervello è il centro dell'intelligenza e rivoluzionò le conoscenze relative al sistema vascolare e al sistema nervoso. Erasistrato, originariamente il medico di Seleuco I che diagnosticò la malattia d'amore di Antioco (vedi p. 93), fu un esperto non solo negli affari di cuore, ma anche nel suo funzionamento. Studiò la circolazione del sangue, distinguendo tra vene e arterie.

Nel campo delle scienze applicate, le necessità militari dei re ellenistici attrassero alle loro corti scienziati e ingegneri. Questo mecenatismo reale determinò l'invenzione di elaborate macchine d'assedio, come l'*helepolis* di Demetrio Poliorcete, un eccezionale dispositivo di sollevamento, il *sambyke*, con il quale piccoli distaccamenti di soldati venivano sollevati sulle mura, la catapulta a torsione, la catapulta a ripetizione e il lanciafiamme. Il matematico Archimede (287-212 a.C. circa) è lo scienziato più famoso che fiorì in stretto rapporto con una corte reale, quella di Ierone II di Siracusa in Sicilia. Durante l'assedio di Siracusa da parte dei Romani (214-212 a.C.), mise il suo genio e le sue invenzioni a disposizione della sua patria (vedi p. 166).

Gli oratori, i filosofi e gli insegnanti di queste discipline erano un altro gruppo di persone che potevano realisticamente attendersi una promozione sulla base dell'istruzione. Nelle democrazie moderate delle città ellenistiche, l'assemblea del popolo continuava a essere la fonte di ogni decisione. Anche se l'iniziativa delle proposte era in mano ai membri dell'élite più abbiente, i capi politici avevano ancora bisogno di una formazione retorica e di capacità di persuasione per ottenere il supporto dei cittadini e rappresentare gli interessi di una città nei contatti diplomatici. Alcuni oratori e filosofi, che erano allo stesso tempo anche maestri nell'arte della persuasione, non solo ricercavano fama e ricchezza ma divennero anche figure politiche di spicco nelle loro città (vedi p. 308). I filosofi stoici spesso seguivano l'esempio del fondatore della scuola, Zenone di Cizico, che alla fine del IV secolo a.C. declinò gli inviti a far visita ad Antigono Gonata, suo ammiratore, alla sua corte, così come rifiutò la cittadinanza ateniese. Zenone pose le basi di una filosofia dell'etica che metteva l'accento sulla necessità di vivere secondo la ragione e la virtù, evitando le emozioni negative del desiderio, della paura e del piacere, e fu molto influente per tutto il periodo ellenistico e imperiale, ammirato soprattutto dagli uomini di stato. Ma molti filosofi si misero al servizio delle loro città come messi e magistrati, e altri ottennero influenza politica grazie alla loro amicizia con re, politici romani e governatori provinciali.

I filosofi e gli oratori occasionalmente riuscivano a ottenere posizioni politiche di prestigio tramite la demagogia o la loro vicinanza al potere, specialmente nei decenni tormentati tra le guerre mitridatiche e Azio, come mostrano questi esempi. All'inizio del I secolo a.C., l'oratore Metrodoro di Scepsi, «un uomo povero, riuscì a conquistarsi un matrimonio glorioso a Calcedonia grazie alla sua reputazione, e ne ottenne la cittadinanza». Raggiunse una posizione importante nell'amministrazione della giustizia nel regno di Mitridate VI, ma cadde vittima di una cospirazione da parte dei suoi oppositori. Gli anni tumultuosi della tarda repubblica offrivano opportunità, a uomini di umili origini, di salire i gradini della scala sociale utilizzando le loro doti intellettuali per impressionare i politici romani e ottenerne l'amicizia. Nella città di Milasa due abili oratori di diversa origine divennero i capi della loro comunità nel I secolo a.C. Eutidemo era un tipico rappresentante dell'élite. Aveva ereditato dai suoi antenati denaro e prestigio, che seppe combinare con l'abilità retorica così da diventare un uomo influente nella sua città e in Asia Minore. La sua leadership a Milasa era simile a un potere autocratico. Durante il suo funerale, l'oratore Ibrea lo elogiò con queste celebri parole: «Eutidemo, tu sei un male necessario per la città. Non possiamo vivere né con te, né senza di te». Questo Ibrea, il secondo oratore e politico di Milasa, era un *parvenu*. Poco dopo la sua morte, la sua carriera fu riassunta così da Strabone:

> Come Ibrea stesso narrava nella sua scuola, e come è confermato dai cittadini, suo padre gli aveva lasciato soltanto un mulo che trasportava legna e un uomo che lo guidava. Per un breve periodo visse di questo. Ma dopo essere stato a scuola da Diotrefe di Antiochia, tornò in città e divenne sovrintendente del mercato. Per un certo periodo si dedicò a quell'attività e guadagnò un po' di denaro, poi passò con zelo alla politica e iniziò a seguire gli arringatori. La sua influenza crebbe molto velocemente e fu ammirato, già durante la vita di Eutidemo, ma soprattutto dopo la sua morte; allora egli diventò quasi il padrone della città.

Ibrea convinse i suoi concittadini a restare leali a Roma e a opporsi a Labieno, il generale ribelle, e ai Parti nel 40/39 a.C. (vedi p. 235). A causa del suo consiglio, la città fu presa con la forza e saccheggiata; Ibrea fuggì a Rodi e la sua lussuosa dimora fu depredata. Ma quando Labieno fu sconfitto, Ibrea tornò nella sua città e al potere, e la lealtà di Milasa fu ricompensata dai Romani. A Ibrea furono concessi la cittadinanza romana e onori eroici dopo la morte. Anche se la ricchezza era sempre un requisito necessario per esercitare l'influenza politica, talvolta non era ereditata ma acquisita di recente, come l'esempio di Ibrea dimostra. Sebbene l'abilità retorica da sola non fosse sufficiente a garantire una carriera politica, essa era importante, dal momento che anche il potere delle élite richiedeva una legittimazione attraverso l'assemblea.

Quando l'impero era ancora diviso tra Ottaviano e Marco Antonio e l'oriente era in mano ad Antonio, un poeta e oratore di Tarso, Boeto, salì al potere come demagogo. Scrivendo un componimento in lode di Antonio per la sua vittoria a Filippi, si guadagnò il favore del generale e cercò di utilizzarlo a vantaggio di Tarso. I Tarsi erano disposti a ospitare la struttura tipica di una città greca: il ginnasio. Come spiega Strabone:

> Antonio promise ai Tarsi di creare l'ufficio di sovrintendente del ginnasio: e invece designò Boeto, affidandogli le spese. Ma Boeto fu sorpreso a rubare, tra le altre cose, l'olio d'oliva. Mentre i suoi accusatori lo denunciavano in presenza di Antonio, egli cercò di placarne l'ira dicendogli, tra le altre cose: «Come Omero ha celebrato le lodi di Achille, Agamennone e Odisseo, così io ho composto inni in tuo onore. Non è giusto, pertanto, che io venga portato di fronte a te con queste accuse diffamatorie». L'accusatore, tuttavia, rispose prontamente a questa affermazione: «Sì, ma Omero non ha rubato l'olio di Agamennone, né quello di Achille: tu sì. Meriti, pertanto, di essere punito».

Boeto riuscì a evitare la punizione e continuò a governare la città per alcuni anni dopo la sconfitta di Antonio (vedi p. 296).

Zenone di Laodicea è un altro oratore salito al potere grazie alla sua decisione di appoggiare i Romani durante l'invasione parta di Labieno. La carriera di suo figlio, Polemone, che in seguito sarebbe diventato re, superò quella di molti altri uomini negli anni travagliati della tarda repubblica e del primo principato. Marco Antonio lo fece re del Ponto, della Colchide e dell'Armenia Minore. Il governo di Polemone non fu condizionato dalla caduta di Antonio. Anche se perdette l'Armenia Minore nel 20 a.C., quando Augusto l'assegnò a un altro dinasta, egli espanse il proprio regno sposando la regina del Bosforo, Dinamide. Dopo la morte della donna nel 14 a.C., concluse un altro vantaggioso matrimonio. La sua nuova moglie, Pitodoride, proveniva da una ricca famiglia greca di Tralle. Polemone e Pitodoride governarono insieme fino alla morte di Polemone nell'8 a.C. L'influenza della sua famiglia continuò fino alla fine della dinastia giulio-claudia. Il suo primo figlio, Zenone, divenne re dell'Armenia; il suo secondogenito, Polemone II, regnò sul Ponto fino all'annessione da parte di Nerone intorno al 64 d.C. Sua figlia Antonia Trifena, regina della Tracia grazie al matrimonio con il re Rhoimetalkes (12-38 d.C.), si ritirò nella città di Cizico, dove si distinse per le sue opere di bene.

L'importanza dell'attività retorica, letteraria e scientifica per ottenere la protezioni degli imperatori e, insieme a essa, la promozione sociale, proseguì nel periodo imperiale. La capitale dell'impero attrasse numerosi oratori, filosofi, poeti, storici, maestri e scienziati, i più abili dei quali trovarono dei patroni nei circoli filelleni dell'élite senatoria. Pochi fortunati stabilirono strette relazioni con gli imperatori romani e se ne guadagnarono persino l'amicizia. Caio Stertinio Senofonte, per esempio, medico personale dell'imperatore Claudio, era l'uomo più importante di Cos intorno alla metà del I secolo d.C., e i suoi discendenti mantennero una posizione influente nella loro città. Il filosofo Atenagora di Tarso fu portato a Roma da Augusto come maestro. Da vecchio tornò a Tarso, mandò il su menzionato Boeto in esilio, governò con un potere assoluto fino alla sua morte e riformò le istituzioni della sua città (vedi p. 296). Gli succedette un altro filosofo, Nestore, il maestro di Marcello, nipote di Augusto.

Caio Giulio Nicanore, un poeta di Ierapoli, in Siria, venne ad Atene durante il regno di Augusto e utilizzò il suo ingente patrimonio per acquistare, a nome di Atene, parti dell'isola di Salamina che erano state comprate da privati durante le guerre civili. Restituire ad Atene il pieno controllo dell'isola che la città associava a uno dei momenti più gloriosi della sua storia gli guadagnò il titolo onorifico di «nuovo Temistocle» – il primo era stato il generale ateniese che aveva sconfitto i Persiani nel 479 a.C. Se Nicanore si meritasse anche il titolo di «nuovo Omero» non lo sapremo mai. Nessuna delle sue opere poetiche è sopravvissuta all'urto del tempo.

Prossimità al potere e mobilità sociale

Il fattore di promozione sociale più importante per un individuo nella società ellenistica e poi durante il principato era la vicinanza a un rappresentante del potere autocratico: un re ellenistico, un comandante romano con poteri straordinari o l'imperatore.

Il servizio militare dava a molti Greci l'opportunità di acquisire influenza politica in qualità di alti comandanti negli eserciti, amministratori, amici e consiglieri dei re. Con un po' di fortuna, potevano ritirarsi in una città greca e servirsi della protezione del re per ottenere terra e prestigio. I re erano disposti a ripagare la lealtà e l'efficienza con onori, promozioni e ricompense materiali. Al livello più basso, i soldati ricevevano terre e i comandanti militari meno importanti regali e distinzioni; ma gli ufficiali di alto rango e gli «amici» dei re potevano aspettarsi di più, ad esempio grandi proprietà e statue come testimonianze visibili della protezione da parte del re. Dopo essersi ritirati in una città come proprietari terrieri, continuavano a coltivare relazioni con la corte, e da quel momento in poi questi uomini appartenevano agli ambienti di spicco della loro comunità.

Anche i senatori, i comandanti e i governatori romani avevano bisogno di consiglieri greci che conoscessero le condizioni locali. Trovavano supporto tra i cittadini colti e benestanti delle città greche, che avevano forti simpatie per la forma oligarchica di governo romana. Tra gli amici dei leader romani si annoverano lo storico Polibio, il filosofo epicureo Filodemo, il maestro e amico del governatore della Macedonia Lucio Calpurnio Pisone Cesonino (57-55 a.C.), l'erudito, filosofo e storico Posidonio di Apamea, amico di Pompeo, e Teopompo, uomo influente a Cnido e autore di un'opera mitografica, amico di Cesare. Se il dittatore gli avesse prestato ascolto, non sarebbe andato all'adunanza del senato durante la quale fu assassinato. Teofane di Mitilene è un buon esempio di uomo molto colto e di esperienza al servizio di un comandante romano. Accompagnò Pompeo nella sua campagna contro Mitridate. Sfruttò il suo rapporto con Pompeo per il bene della sua città, ottenendo il riconoscimento della sua libertà. Non solo gli fu concessa la cittadinanza romana, ma fu anche accolto all'interno dell'ordine equestre. I suoi servizi non furono dimenticati dopo la morte di Pompeo: la sua città stabilì il suo culto e i suoi discendenti mantennero una posizione influente per molti decenni. Uno di loro, Pompeo Macro, fu chiamato a organizzare la biblioteca imperiale a Roma; ascese al rango di cavaliere romano e prestò servizio in Asia come procuratore dell'imperatore. Suo figlio entrò in senato come pretore nel 15 d.C. Simili relazioni personali erano vantaggiose per entrambe le parti. I comandanti romani e i governatori potevano contare su consiglieri d'esperienza e su sostenitori fedeli. I loro amici greci venivano ricompensati con la protezione e talvolta con la cittadinanza romana. Quando erano in grado di sfruttare il loro rapporto con i potenti per ottenere privilegi per la loro città, questo ne faceva crescere immediatamente l'influenza politica e il prestigio sociale.

Durante le guerre civili di Roma, dal 49 al 30 a.C., alcuni uomini, soprattutto oratori e filosofi, inclusi individui di umili origini, sfruttarono la protezione romana per stabilire un potere quasi monarchico nelle loro città, visto come leadership politica dai loro amici e come tirannide dai loro nemici – Boeto a Tarso (vedi p. 296), Ibrea a Milasa (vedi p. 307) e Nicia a Cos (vedi p. 152) sono esempi di questo tipo di *parvenus*. L'appoggio dato da questi uomini alla fazione perdente poteva essere fatale per la loro posizione, se non per la loro stessa vita; alcuni riuscirono a cambiare parte in tempo, altri ottennero la fiducia del vincitore. Coloro che avevano appoggiato Ottaviano furono ricompensati per i loro servizi.

Nell'ultima fase della battaglia di Azio, quando si rese conto che i suoi alleati, inclusa Cleopatra, lo avevano abbandonato e che la battaglia era perduta, Marco Antonio fuggì a bordo della sua nave. Questa nave fu inseguita senza sosta da un tal Euricle di Sparta. Dal ponte della nave, questi scagliò la sua lancia contro la nave di Antonio. Quando Antonio gli chiese chi fosse, egli rispose: «Sono Euricle, figlio di Lacare, e seguo la sorte di Cesare per vendicare la morte di mio padre». Come spiega Plutarco, Lacare era stato giustiziato da Antonio per l'esercizio della pirateria e possiamo presumere che la pirateria fosse anche la fonte di sostentamento di Euricle. Tenne fede alla sua intenzione di «seguire la sorte di Cesare» – vale a dire, di sostenere Ottaviano – e si vendicò non attaccando la nave di Antonio, ma catturando la seconda ammiraglia e un'altra nave che conteneva i beni più preziosi di Antonio. Questo Euricle e i suoi discendenti sono un caso interessante, per quanto atipico, di mobilità sociale durante il principato. Di origini oscure e forse non appartenente a una delle nobili famiglie di Sparta che derivavano prestigio e ricchezza dalla proprietà terriera, lui e suo padre appartenevano all'ultima generazione di pirati che trasse vantaggio dalle condizioni caotiche delle guerre civili. Fu ricompensato da Ottaviano/Augusto con il potere personale su Sparta. Non sappiamo se la sua posizione quasi monarchica era accompagnata da un titolo: per esempio, leader (*hegemon* o *prostates*) o sovrintendente (*epistates*) dei Lacedemoni. Euricle ottenne la cittadinanza romana e governò su Sparta, Laconia e Citera come monarca finché il suo abuso di potere non divenne intollerabile per la popolazione locale e Augusto fu costretto a mandarlo in esilio nel 2 a.C. Nondimeno, i suoi discendenti rimasero la famiglia più importante di Sparta per generazioni.

La conoscenza di un imperatore era il fattore più importante per ottenere la promozione sociale. Spesso iniziava molto tempo prima della sua ascesa al trono. Molti futuri imperatori passarono un po' di tempo in oriente, come studenti, viaggiatori, governatori, ufficiali militari o esuli, venendo così in contatto con Greci dediti a una grande varietà di occupazioni e appartenenti a strati sociali diversi. Le famiglie greche con *nomina* «imperiali», come *Iulius*, *Flavius* o *Aelius*, spesso dovevano la cittadinanza romana alla protezione di imperatori o futuri imperatori. Un gran numero di persone, quasi esclusivamente uomini, interagivano con l'imperatore grazie ai loro contributi intellettuali come poeti, oratori, filosofi o storici, oppure lo colpivano con le loro imprese artistiche o atletiche. Per esempio, l'amante dell'imperatore Tito, il conquistatore di Gerusalemme, fu il pugile greco Melancoma (dai capelli neri), mai battuto da alcun avversario, ma sconfitto dalla morte in giovane età durante la celebrazione dei Sebasta a Napoli nell'82 o nell'86 d.C. Altri esempi di promozione sociale grazie al servizio prestato a un imperatore sono forniti dal medico di Cos Caio Stertinio Senofonte (vedi p. 309) e da Flavio Arriano, o Arriano di Nicomedia, la cui importanza letteraria oscura la lunga e proficua carriera amministrativa. Dopo aver studiato filosofia con Epitteto, un ex schiavo che divenne il filosofo stoico più influente tra la fine del I secolo e l'inizio del II d.C., Arriano entrò a far parte dell'amministrazione imperiale come membro dell'ordine equestre. Probabilmente sotto Adriano fu ammesso in senato e inviato come governatore nella Betica (Spagna) e in Cappadocia (131-7 d.C.). Dopo la morte di Adriano, si ritirò ad Atene, dove compose opere di storia, geografia e tattica militare, la più nota delle quali è la storia di Alessandro Magno.

Un'altra categoria di persone con prestigio sociale e ricchezza erano i discendenti di alcuni dei re clienti. Essi occupavano una posizione di spicco e divennero benefattori di città greche. Per esempio, Filopappo (65-116 d.C.), il nipote di Antioco IV, l'ultimo re di Commagene, visse una vita brillante ad Atene, utilizzando il titolo di *basileus* (re), elargendo benefici, occupando alti incarichi in città e facendo amicizia con i filosofi. Sotto gli imperatori Traiano e Adriano, salì ai più alti ranghi della società romana, divenendo senatore e console suffetto nel 109 d.C. Sua sorella Balbilla, amica intima di Adriano, fece erigere un monumento funerario per Filopappo ad Atene – ancora oggi un monumento importante di fronte al Partenone.

Il gruppo sociale di quanti traevano vantaggio dalla vicinanza all'imperatore includeva gli schiavi imperiali di origine greca che riuscivano a guadagnarsi la fiducia del loro padrone. Quando venivano manomessi, ricevevano automaticamente la cittadinanza romana e potevano rivestire posizioni importanti. Simili liberti influenti esistevano già nel periodo tardo-repubblicano. Alcuni di loro erano probabilmente cittadini di città greche che erano stati fatti prigionieri di guerra; grazie alla loro istruzione, alla loro esperienza e alle loro capacità, venivano loro affidati importanti incarichi. Un certo Cornelio Epicado, per esempio, fu un liberto di Silla, che completò l'autobiografia dell'ex padrone dopo la sua morte. Il numero di schiavi e liberti con posizioni importanti nella casa e nell'amministrazione imperiali aumentò dopo l'avvento del principato. Per assolvere alle sue varie mansioni e mantenere uno stile di vita elevato – ma anche per restare in vita – l'imperatore aveva bisogno del servizio di medici personali, segretari responsabili della corrispondenza (*ab epistulis*) o delle finanze (*a rationibus*) e di centinaia di schiavi che lavorassero nei palazzi e nelle ville.

Uno dei liberti imperiali più importanti fu Caio Giulio Zoilo, liberto di Augusto, che riuscì a ottenere privilegi per la sua città natale, Afrodisia, occupò gli uffici più alti della città e fu sepolto in uno straordinario monumento funerario al suo centro. Data la frequenza della riduzione in schiavitù, durante le guerre del I secolo a.C., le cui vittime erano persone di ogni posizione sociale, è possibile che uomini come Zoilo appartenessero a famiglie rispettabili nelle loro città prima che fossero venduti come schiavi.

Altri schiavi imperiali dovevano il loro potere all'istruzione e alle capacità. I tre segretari dell'imperatore Claudio, Callisto, Pallas e Narciso, erano ancora più ricchi di Crasso, l'uomo più ricco della repubblica. Per raggiungere il loro livello di ricchezza, 200 milioni di sesterzi, un uomo doveva prestare servizio come governatore provinciale d'Asia per 200 anni. Un altro dei liberti di Claudio, Polibio, tradusse Omero in latino e Virgilio in greco. Un componimento del poeta romano Stazio ci dà alcune informazioni sulla vita di un liberto imperiale, l'anonimo padre di Claudio Etrusco. Nato a Smirne nel 2 d.C., fu venduto alla casa imperiale sotto Augusto, forse dopo essere stato abbandonato alla nascita. Sotto Tiberio, fu manomesso, ricevendo il *nomen* di Claudio. Sotto Claudio fu uno degli uomini di fiducia dell'imperatore e sposò una donna di nascita libera. Sopravvisse al regno di Nerone, e quando Vespasiano salì al trono divenne capo dell'amministrazione finanziaria imperiale come *a rationibus*. I suoi due figli, nati liberi, avevano i requisiti di proprietà per essere ammessi nell'ordine equestre, e Vespasiano concesse questo onore anche all'ex schiavo. Fu esiliato da Domiziano, ma tornò a Roma quando aveva circa novant'anni, poco prima della sua morte. Suo figlio Etrusco era ricco a sufficienza da costruire un lussuoso stabilimento termale pubblico.

Per queste persone un rapporto personale con l'imperatore poteva essere un momento cruciale nelle loro vite. Ma apriva anche strade uniche per utilizzare il favore imperiale non solo per la propria personale promozione sociale, ma anche per aiutare la propria patria. Anche se molti degli «uomini dell'imperatore» vivevano a Roma, essi non dimenticavano il loro luogo di origine e divennero gli strumenti attraverso i quali un imperatore poteva mostrare la sua generosità. Publio Elio Alcibiade, *cubicularius* (*epi tou koitonos*), cioè ciambellano di Adriano, era originario di Nisa. Varie iscrizioni della sua città, dove egli tornò come liberto e visse dopo la morte dell'imperatore, rivelano la sua notevole ricchezza, che egli utilizzò per elargire benefici, ricevendo in cambio straordinari onori. Le sue statue d'oro furono erette nei templi degli imperatori in Asia Minore e a Nisa. Nessun liberto avrebbe mai neanche sognato di ottenere una simile onorificenza nel mondo greco prima della conquista romana.

Problemi urgenti e soluzioni fallimentari nella Grecia ellenistica

Intorno al 320 a.C., il filosofo Teofrasto, discepolo di Aristotele, descrisse, nei suoi *Caratteri*, come si comportava la gente negli spazi pubblici e privati di Atene. Alcune delle situazioni delineate sono intrinsecamente connesse con il divario tra ricchi e poveri. Teofrasto descrive alcune ostentazioni di stravaganza e di lusso da parte degli Ateniesi: per esempio, scegliere come animale domestico una scimmia o comprare dadi fatti di corna di gazzella; costruire una palestra personale e invitare sofisti, addestratori militari e musicisti a esibirvisi; acquistare uno schiavo importato dall'Etiopia; appendere il cranio di un bue sacrificale, la vittima più costosa, vicino al portone di casa perché tutti possano vederlo. Il ricco sostenitore dell'oligarchia non nasconde il suo disprezzo per la gente comune; sedersi in assemblea vicino a un uomo del ceto popolare, magro e sudato, gli provoca disgusto; protesta contro i contributi finanziari alle spese della città che quelli del suo ceto sono tenuti a versare. La mancanza di ricchezza è così imbarazzante che un tale che non ha niente manda ostentatamente il suo schiavo in banca – nessuno deve sapere che i suoi risparmi ammontano a non più di una dracma.

Nell'Atene della tarda età classica la disparità economica era avvertita come l'espressione di diseguaglianza più evidente e importante. Le condizioni sociali che osserviamo attraverso la lente d'ingrandimento di un autore che scrive nel più grande centro urbano greco esistevano, con qualche differenza, nella maggior parte del mondo ellenico nel periodo della spedizione di Alessandro, anche se erano più chiaramente visibili nelle città grandi che in quelle piccole. Le peculiarità locali – per esempio, l'esistenza di servi in Tessaglia, Sparta e Creta, e normative speciali sullo *status* giuridico dei commercianti e degli artigiani in alcune città – rendono il quadro generale più eterogeneo. Ma condizioni simili esistevano su scala diversa in tutto il mondo greco nel IV secolo a.C.: il divario tra quanti potevano sfruttare la manodopera di un significativo numero di schiavi nell'agricoltura, nell'artigianato e nelle loro case e quanti lottavano per vivere delle proprie fatiche e di quelle dei membri della propria famiglia; la differenza tra gli eredi di grandi patrimoni e quanti erano condannati a svolgere un lavoro faticoso; il contrasto tra piccoli e grandi proprietari terrieri, creditori e debitori, donatori e beneficiari di atti di generosità. A giudicare dall'elevato numero di uomini disposti a rischiare la loro vita come mercenari, dai molti esuli la cui proprietà era stata confiscata e dalle controversie persistenti sulla questione dei debiti e della proprietà terriera, la diseguaglianza sociale ed economica era un fenomeno diffuso che causava insoddisfazione. Ogni volta che questa insoddisfazione sfuggiva di mano, scoppiava la guerra civile e i capi politici più ambiziosi ne approfittavano per stabilire un potere autocratico nelle loro comunità profondamente divise.

Spesso sappiamo di una guerra civile in età ellenistica solo grazie a un patto di riconciliazione conservato da un'iscrizione; e spesso sappiamo di un tiranno solo perché una fonte fa riferimento a come questi giunse al potere o a come fu abbattuto. Che dietro a queste violente rotture dell'ordine ci fossero le tensioni sociali è una buona congettura, ma niente di più. Per esempio, il peculiare e complesso processo di riconciliazione nella piccola città siciliana di Nacone, intorno al 300 a.C., dà un'immagine della profonda divisione della città, ma nessun'idea della sua causa. Dopo un arbitrato, i due gruppi rivali si incontrarono in assemblea, ciascuno presentando una lista di trenta oppositori. Tirando a sorte, crearono delle «confraternite», ciascuna formata da membri delle due fazioni opposte e da cittadini neutrali – un processo assimilabile alla creazione, in Israele, di famiglie artificiali costituite da coloni israeliani, combattenti Hamas e pacifisti. Gli arbitri speravano che questi nuovi legami familiari artificiali potessero ristabilire la concordia. In altri casi, le parti in conflitto erano costrette a dimenticare vecchie ferite e a non vendicarle.

Purtroppo, le fonti limitate di cui disponiamo non ci permettono di scrivere una storia sociale continuativa di nessuna città greca. Dobbiamo raccogliere affermazioni isolate e talora esagerate sparse nelle fonti letterarie, nelle iscrizioni e nei papiri. Ma il ripresentarsi ripetutamente di una serie fissa di problemi in regioni molto diverse, dal Chersoneso sul mar Nero a Creta e dalle coste dell'Adriatico all'Asia Minore, suggerisce che la «vecchia Grecia» – vale a dire il mondo delle *poleis* greche precedente alla spedizione di Alessandro – si trovò ripetutamente ad affrontare le tensioni sociali causate dall'indebitamento di parti significative della popolazione e dall'esistenza di grandi fasce di cittadini a cui mancavano proprietà terriere di dimensioni sufficienti. Se così spesso tanto i politici ben intenzionati quanto i demagoghi – Agatocle in Sicilia, Agide e Cleomene a Sparta, Perseo e Andrisco in Macedonia, Critolao in Acaia e Aristonico a Pergamo – sfruttarono esattamente questi due problemi, cercando il supporto di quanti ne erano afflitti, è perché questi problemi erano reali e restavano irrisolti.

Solo Cleomene, che regnò come re a Sparta dal 235 al 222 a.C., realizzò quella che sembrerebbe una riforma coerente e completa per affrontare i due problemi del debito e della concentrazione delle proprietà terriere nelle mani di pochi. Dopo aver abolito il consiglio di cinque efori che sovrintendeva ai poteri esecutivi del re, annunciò che «tutta la terra sarebbe diventata proprietà comune, i debitori sarebbero stati liberati dai loro debiti, gli stranieri sarebbero stati esaminati e valutati, così che i più forti potessero diventare cittadini spartani e aiutare nella difesa dello stato con le loro armi». Quando tutta la terra privata divenne terra comune, fu divisa in lotti e assegnata a ciascun cittadino. Tra i destinatari c'erano anche Spartani tornati dall'esilio e nuovi cittadini. L'esercito spartano, ora composto da 4000 unità, apprese nuove tattiche e furono riportate in vita le tradizioni arcaiche del tirocinio militare per i giovani e delle mense pubbliche per i cittadini. Le riforme di Cleomene fecero rinascere le speranze anche in altre città del Peloponneso, dove la gente chiedeva l'abolizione dei debiti e la ridistribuzione della terra, ma la lega achea e i Macedoni si scontrarono nella battaglia di Sellasia nel 222 a.C., ponendo fine a questi esperimenti. Anche se le riforme spartane fallirono, i problemi rimasero. Per affrontare le necessità più impellenti dei debitori e dei poveri furono spesso presi dei provvedimenti, ma nessuno di essi riuscì a fornire soluzioni reali. Possiamo farci un'idea delle pratiche demagogiche a cui fanno vagamente riferimento le fonti antiche guardando alla situazione che Polibio descrive per la Beozia dell'inizio del II secolo a.C.:

> Alcuni dei generali concedevano indennità ai bisognosi con i fondi pubblici. Le masse imparavano in questo modo ad affidarsi, conferendo loro i più alti incarichi, a quanti avrebbero permesso loro di evitare le punizioni per i crimini commessi e i debiti non pagati e ad aspettarsi gratifiche occasionali dai fondi pubblici come un favore da parte dei magistrati.

Il resoconto di Polibio non è esente dal *cliché* che è lecito aspettarsi da uno spirito conservatore. Ma le iscrizioni fanno spesso riferimento a debiti non pagati e a giudici stranieri che si recavano nelle varie città per affrontare i problemi cronici delle dispute legali relative ai debiti. Inoltre, gli autori dei decreti in molte città spesso lamentano la condizione deplorevole delle finanze statali e il pesante fardello del debito pubblico. Molto meno comuni sono le allusioni ai creditori disposti a esentare i loro debitori dagli interessi e dai debiti. Tribunali e magistrati indulgenti a volte concedevano un po' di sollievo, ma nessun cambiamento strutturale. Con l'eccezione dell'esperimento spartano, una risposta comune alle tensioni generate dai debiti e dalla mancanza di proprietà terriera era una guerra finalizzata alla conquista di un territorio vicino. Simili guerre per la definizione dei confini erano endemiche nel Peloponneso, in Asia Minore e a Creta. Un risultato comune della guerra civile e della crisi economica era la migrazione dei nullatenenti, talvolta solo temporanea – per prestare servizio come mercenari – ma spesso permanente, in Asia Minore e in Egitto, finché ci furono territori disposti a ospitare nuovi coloni.

Ubi bene ibi patria: migrazioni ellenistiche

All'inizio del III secolo a.C., Teocrito descrive in un suo componimento le sofferenze di Eschine, un giovane malato d'amore lasciato dalla sua amata, Cinisca, per un altro uomo, che prende in considerazione di partire come mercenario per curare le proprie sofferenze: «Simos, che si era innamorato di quella fanciulla svergognata, andò all'estero e tornò felice – un uomo della mia età. Anch'io attraverserò il mare. Il tuo soldato non è il peggiore degli uomini, forse neanche il migliore, ma è comunque nella media». Le delusioni d'amore e la paura della vendetta da parte di un marito tradito hanno spesso indotto gli uomini a lasciare la loro patria e a dedicarsi alla guerra. Ma al tempo di Alessandro e dei suoi successori la mancanza di terra, i debiti e l'esilio dopo una guerra civile, non gli affari di cuore, erano le cause principali della disponibilità di mercenari.

Le campagne di Alessandro Magno e la colonizzazione delle aree conquistate diedero un sollievo temporaneo dal peso dei debiti e dalla mancanza di terra. I coloni delle nuove *poleis* erano soldati dell'esercito di Alessandro e dei suoi successori, originari della Macedonia, della Grecia continentale, delle isole dell'Egeo e delle vecchie colonie greche dell'Asia Minore; il loro numero non può essere determinato. La migrazione continuò nei secoli successivi, e gradualmente anche mercenari di origine non greca – Traci, popolazioni indigene dell'Anatolia, Iranici, Galli e Giudei – si aggiunsero ai coloni greci, adottando la lingua e la cultura greca. Oltre a portare coloni in Egitto, all'interno dell'Asia Minore, della Siria e della Mesopotamia, i re collocavano anche delle guarnigioni in posizioni strategiche. Nel 192 a.C., Antioco III portò ad Antiochia Greci dall'Eubea, da Creta e dall'Etolia; lo stesso re fece stanziare 2000 famiglie giudaiche della Mesopotamia e di Babilonia in roccaforti nel suo regno, soprattutto in Asia Minore, dove veniva data loro la terra; intorno alla metà del II secolo a.C., Attalo II fondò Eucarpia (la città dai bei frutti) in Frigia, stanziando dei soldati e dando loro degli appezzamenti di terreno. Le devastazioni che seguirono l'espansione romana in Macedonia probabilmente diedero nuovo impulso alla migrazione verso l'Asia Minore.

Ricompensare il servizio militare con appezzamenti di terreno divenne una prerogativa comune degli eserciti dei principali regni ellenistici. Naturalmente, la diversa struttura dei loro territori determinava delle varianti locali. Nell'Egitto tolemaico, i soldati e gli ufficiali di esperienza ottenevano un lotto (*kleros*), che potevano sfruttare in cambio del servizio militare ogni volta in cui se ne presentava la necessità. I soldati erano proprietari delle loro armi e delle loro armature, di cui potevano disporre nel loro testamento. Le loro famiglie mantenevano la designazione originaria dell'origine etnica o della cittadinanza dell'antenato che era stato reclutato per primo (Cretese, Corinzio, Cirenaico ecc.), e troviamo queste designazioni anche alcune generazioni dopo lo stanziamento originario di un uomo in Egitto. Nel regno dei Seleucidi, i mercenari di solito venivano stanziati in colonie di carattere urbano, alcune delle quali acquisirono, a un certo punto, lo statuto di *poleis* indipendenti. Nelle colonie militari seleucidi, il lotto di terra poteva essere lasciato in eredità dal colono a parenti stretti e veniva restituito al re solo quando non c'era nessuno in grado di prestare servizio come soldato che lo potesse ereditare. Un sistema analogo esisteva nella Macedonia antigonide. Non è improbabile che una forma precoce di concessione di terra ai soldati secondo determinate condizioni sia stata ideata da Alessandro Magno o da suo padre, Filippo II. Sia Filippo sia Alessandro furono fondatori di città e dovettero occuparsi di problemi connessi con i coloni militari. Si sa che Alessandro diede «ai Macedoni» la città di Calindia nella Calcidica, il suo territorio e i suoi villaggi; e anche i primi successori, Cassandro e Lisimaco, fecero concessioni individuali di terra a soldati e ufficiali dell'esercito.

La prospettiva della conquista di proprietà terriere motivò centinaia di uomini a cercare lavoro come mercenari. Spesso i mercenari non venivano assunti individualmente ma si univano a un esercito straniero o sulla base di un trattato tra la loro città e un potenziale datore di lavoro o come gruppi sotto la guida di condottieri, ufficiali esperti e generali. Gli «ufficiali di reclutamento» (*xenologoi*) ricevevano grosse ricompense dai re e dalle città per recarsi in aree dove si aspettavano di trovare potenziali mercenari. Per esempio, Pirgopolinice (conquistatore di molte torri), il protagonista della commedia di Plauto *Miles gloriosus*, aveva la sua agenzia di reclutamento a Efeso. Un caso ben documentato di migrazione di massa è quello dei mercenari da Creta alla fine del III secolo a.C. Avendo recentemente annesso delle terre nella valle del Meandro, nel 234/33 e nel 229/28 a.C., Mileto affrancò più di 1000 mercenari cretesi e li fece stanziare, con le loro famiglie, nel nuovo territorio – per un totale stimato di circa 3000 persone. Quando la concentrazione di proprietà terriera nelle mani di pochi proprietari di grosse tenute e il numero crescente della popolazione portò a una crisi socio-economica a Creta, i cittadini senza terra videro nella guerra una professione remunerativa, dedicandosi ad azioni di rappresaglia o arruolandosi come mercenari. Il fatto che molti di questi mercenari si siano stabiliti all'estero, non solo a Mileto, ma anche a Cretopoli (la città cretese) in Pisidia e in Egitto, suggerisce che ciò che li spinse a lasciare la loro isola fosse il desiderio di possedere della terra. La povertà o la prospettiva di guadagno, oltre alle tradizioni militari, motivavano anche la popolazione di altre aree di montagna a cercare un impiego come mercenari: per esempio, i bellicosi Lici, i Panfili e i Pisidi.

A seconda delle condizioni concordate con il loro datore di lavoro, i soldati ricevevano un buon salario – almeno nel III secolo a.C., esso era superiore alla paga media ricevuta da altri professionisti. Inoltre, un mercenario si aspettava razioni di cibo e, dopo una battaglia vittoriosa, bottino e doni. L'interesse vitale di molti mercenari era ricevere ciò che non avevano in patria: la terra. La mancanza di terra persistette in varia misura per tutto il III secolo a.C. e per parte del II; fu la principale causa di insoddisfazione sociale in Grecia. Per i mercenari che avevano un impiego solo temporaneo, il possesso di terra era una prospettiva meno realistica che la morte in battaglia, la prigionia, la disabilità o la disoccupazione. È noto che i mercenari disoccupati (*apergoi*) si riunivano nel tempio di Era a Samo, dove esercitavano illegalmente il commercio, molto probabilmente vendendo il bottino guadagnato durante il servizio.

La distribuzione della terra nella Grecia continentale occorreva più raramente che in Asia Minore e nei regni tolemaico e seleucide. Ma quando le guerre e la migrazione determinavano lo spopolamento di aree ricche di campi coltivati, come la Tessaglia, la distribuzione di terra a nuovi coloni era possibile. Per esempio, nel 214 a.C. Filippo V consigliò a Larissa, in Tessaglia, di liberare i Tessali e altri Greci che vivevano in città, forse soldati, e di dare loro la terra che negli ultimi anni era rimasta incolta. Nelle città greche, l'acquisizione di terra da parte di stranieri era possibile solo come privilegio – chiamato *enktesis* – concesso a singoli individui come premio per i loro servizi e a intere comunità sulla base di un accordo interstatale di cooperazione economica e politica – chiamato *isopoliteia*. I cittadini delle città che firmavano un trattato di *isopoliteia* avevano «parità di diritti», se decidevano di stabilirsi nella comunità alleata.

La migrazione di massa verso nuovi territori allentò temporaneamente le tensioni nelle città greche alla fine del IV secolo a.C. e nel III, e contribuì all'urbanizzazione e all'unificazione all'interno di grosse reti economiche delle aree in cui erano stanziate le truppe greche. Ma le guerre continue non smisero mai di creare nuovi problemi. Il servizio militare e le incursioni possono aver risposto ai bisogni economici di quanti li praticavano, ma non risolsero i problemi sociali accumulati dalle città greche. Il profitto di un mercenario o di un razziatore era la perdita di un'altra famiglia. Inoltre, le opportunità di prestare servizio come mercenari diminuirono gradualmente nel corso del II secolo a.C. e dell'inizio del I, via via che diminuiva il numero di potenziali datori di lavoro – i regni ellenistici. Le guerre ellenistiche riciclavano i problemi, non ne risolvevano nessuno. Solo la pacificazione del Mediterraneo orientale determinò un cambiamento significativo.

Specializzazione professionale e mobilità

Con l'eccezione della migrazione di massa di soldati verso le città fondate dai re, le reti economiche e politiche che si stabilirono gradualmente dopo le conquiste di Alessandro fecero crescere anche il numero di individui, famiglie e gruppi di ogni tipo di professionisti specializzati. Alcuni di questi professionisti vivevano una vita itinerante perché a richiederlo era la loro professione. Passando di città in città, di corte in corte, di festival in festival e di fiera in fiera, avevano migliori possibilità di impiego in attività per le quali c'era solo una richiesta temporanea. Per esempio, le performance teatrali e i concerti non si svolgevano tutti i giorni, ma solo durante i festival principali e, irregolarmente, durante celebrazioni eccezionali. Stando in una singola città, attori, poeti o musicisti professionisti specializzati sarebbero stati occupati solo in poche occasioni all'anno; soltanto i continui viaggi verso le città che in quel momento organizzavano dei festival garantivano un impiego per buona parte dell'anno. Un altro elemento che contribuiva ai continui viaggi dei professionisti è il fatto che una formazione di alta qualità in certe discipline, come la medicina o la scultura, non era possibile ovunque. Era offerta solo dai centri maggiori, e molto spesso alcune città sviluppavano «scuole» locali: per esempio, la Cos ellenistica nella medicina, Atene nell'oratoria e nella filosofia, Rodi – e in età imperiale Afrodisia – nella scultura e Sicione nella pittura. Di conseguenza, i professionisti di queste città erano richiesti molto oltre i confini del loro luogo di origine.

Professionisti famosi, specie nelle grandi città, potevano permettersi di stare a casa e di attendere che i clienti bussassero alle loro porte o li invitassero a mettere a disposizione le loro competenze all'estero in cambio di un sostanzioso compenso. Per esempio, un certo Antipatro di Eleuterna, a Creta, un suonatore di *hydraulis* – una forma primitiva di organo ad acqua che fu inventata ad Alessandria nel III secolo a.C. e che funzionava grazie alla pressione idrica – era uno di questi professionisti. Nel 94 a.C., Delfi mandò un'ambasceria a invitarlo, insieme a suo fratello, che lo assisteva nel funzionamento di questo complesso strumento musicale, a dare dei concerti, e ricompensò entrambi generosamente. Ma solo le grandi città offrivano la possibilità di avere un'occupazione più o meno continua nelle arti specializzate e nei commerci. Così centinaia di intrattenitori – musicisti, danzatori, attori e cantori – ma anche numerosi artisti, medici e intellettuali – filosofi, oratori e storici – passarono parti significative della loro vita a viaggiare. In età ellenistica, questi professionisti itineranti includevano anche donne (vedi p. 349). Solo pochi medici o intellettuali di successo potevano permettersi di offrire gratis i propri servizi. Il motivo per cui sappiamo qualcosa di questi individui è il loro eccezionale successo; centinaia di loro colleghi che lottavano per sopravvivere si sono perduti nell'anonimato.

Sappiamo di più circa la specializzazione professionale in relazione alle arti performative e visive per la maggiore visibilità dei loro rappresentanti. Ma la specializzazione, una caratteristica importante dell'economia urbana e della società, riguardava molte attività economiche, dall'agricoltura al commercio, dalla produzione della ceramica e dei profumi alla manifattura tessile e alla lavorazione del metallo. Una novità tardo-ellenistica è l'organizzazione dei rappresentanti della stessa professione in associazioni volontarie. Specialmente per i residenti stranieri nei grandi centri commerciali, come Atene, Rodi e Delo, questa forma di organizzazione forniva un senso di solidarietà e di identità, oltre che vantaggi pratici (vedi pp. 334-336).

La specializzazione nella produzione può essere colta grazie alle testimonianze archeologiche. Che l'origine di prodotti come le anfore per il vino, le lampade o la ceramica più raffinata potesse essere determinata semplicemente dalla loro forma e dalla loro decorazione non era qualcosa di nuovo; ma divenne più comune che in qualsiasi altro periodo e riguardò l'intero mondo greco, dal momento che i prodotti locali venivano esportati in mercati lontani su una scala molto più vasta. L'esportazione di vini locali da Taso, Rodi, Cnido, Cos e dalle città del mar Nero come Sinope, Chersoneso ed Eraclia è l'esempio più noto, perché l'origine del vino può essere determinata da un timbro che indica il luogo e l'anno di produzione, così come dalla forma dell'anfora – proprio come la forma della bottiglia ci permette oggi di distinguere un rosso di Beaujolais da un Pinot grigio.

La specializzazione professionale combinata con la mobilità e la diffusione dei centri urbani forniva delle alternative all'agricoltura e migliorava le possibilità dei diseredati di cercare un impiego. Anche se la proprietà terriera restò la fonte più apprezzata di ricchezza per tutta l'antichità, la gente che doveva la sua prosperità economica a un impegno nell'artigianato, nel commercio e nelle attività bancarie poteva ora ottenere un'elevata posizione sociale e un'influenza politica in molte città, specialmente quando era disposta a usare parte delle sue sostanze per compiere atti di beneficenza. La specializzazione e la mobilità che iniziarono in età ellenistica raggiunsero il loro apogeo nell'*ecumene* pacificata dell'età imperiale.

Pax Romana: tensioni ereditate in un nuovo contesto

Quasi due secoli dopo l'avvento del principato, il mondo greco era ampiamente pacificato, ma i problemi sociali continuavano a causare disordini civili (vedi p. 297). Nel periodo del regno di Adriano, le iscrizioni che elogiano i benefattori per le loro donazioni al popolo rivelano i bisogni urgenti di parte della popolazione e di città incapaci di finanziare progetti pubblici. Per esempio, Opramoa di Rodiapoli in Licia, un grande benefattore la cui attività copre gli ultimi anni del regno di Adriano e il regno del suo successore, non solo fornì fondi per templi, ginnasi, terme, mercati e festival in varie città, ma rispose anche ai bisogni dei poveri: fornì grano a basso costo, garantì un funerale dignitoso a quanti avevano famiglie che non potevano permetterselo e doti alle ragazze dai mezzi finanziari limitati, pagò per l'istruzione e gli alimenti dei figli dei cittadini meno abbienti e donò cibo ai poveri.

L'origine e la natura dei problemi e delle tensioni sociali non cambiò radicalmente nei primi secoli del principato: il divario tra poveri e ricchi era più visibile di sempre. Le persone dalle risorse limitate, per lo più la popolazione urbana, dipendevano dai benefici per avere accesso a grano a basso costo. Alcuni dei diseredati non trovarono altra risorsa che esporre i loro bambini appena nati – i trovatelli (*threptoi*) erano di solito allevati come schiavi –, vendere se stessi come schiavi o darsi al crimine. Il brigantaggio organizzato continuava a essere un problema, soprattutto in Asia Minore, non solo perché la vecchia abitudine di praticare razzie e incursioni nelle aree di montagna è dura a morire, ma anche per la disperazione. All'inizio del II secolo d.C., Tillorobo terrorizzava la zona intorno al monte Ida, nell'Asia Minore nord-occidentale, saccheggiava la campagna e attaccava anche gli insediamenti urbani: Arriano (vedi p. 312) scrisse una storia non solo di Alessandro Magno, ma anche di Tillorobo.

Se i problemi principali non scomparivano, le risposte cambiavano, poiché un modo tradizionale di gestire la pressione sociale – la conquista di un territorio vicino e la distribuzione della terra e del bottino tra i cittadini – non esisteva più. Le dispute territoriali tra le città continuarono anche in età imperiale, ma le guerre di conquista non rappresentavano più una risposta temporanea al bisogno pressante di terra. Dopo Pompeo, la pirateria e le razzie costiere, importanti fonti di reddito per le popolazioni di Creta e Cilicia, scomparvero in buona parte dal Mediterraneo orientale. Nonostante una famosa scena di *Ben Hur*, in cui alcune navi romane sono attaccate da pirati macedoni più o meno nell'età di Augusto, i pirati continuarono a svolgere un ruolo importante soltanto nei romanzi di età imperiale, le cui trame sono ambientate in età precedenti, quando i pirati nel Mediterraneo orientale erano numerosi quanto i delfini.

Una risposta tradizionale alla pressione continuò a esistere nell'impero romano: il servizio nell'esercito. Il servizio mercenario su larga scala negli eserciti reali veniva sostituito su scala minore dal servizio militare nell'esercito romano; solo le condizioni del servizio erano cambiate. Uomini dalle province orientali che non possedevano la cittadinanza romana (*peregrini*) potevano offrirsi volontari per il servizio nelle unità ausiliarie per un periodo fisso di venticinque anni. Al tempo di Adriano c'erano ventisei unità di arcieri, metà dei quali provenienti dalla Siria e l'altra metà dalla Tracia, dall'Asia Minore e da Creta. Uomini in possesso della cittadinanza romana – il loro numero crebbe nel corso dei primi due secoli d.C. – avevano il permesso di prestare servizio nelle legioni regolari. Di conseguenza, il servizio militare continuò a fornire un impiego a coloro che non possedevano terra o non avevano altre prospettive attraenti.

Anche l'integrazione dell'oriente nell'impero romano portò nuove opportunità. Già dal II secolo a.C. in poi erano emerse nuove reti di scambio. Delo aveva ospitato un numero significativo di immigrati dall'Italia, per lo più commercianti e banchieri, subito dopo essere diventata un libero porto nel 167 a.C. In altre zone, in Macedonia, nella Grecia continentale e in Asia Minore, la presenza di imprenditori italiani e romani (*negotiatores*) e, in misura molto minore, proprietari terrieri (*enkektemenoi*) divenne notevole solo a partire dal I secolo a.C. in poi. Le colonie romane erano il risultato di una singola fondazione, non di una crescita e di uno sviluppo graduali. Di conseguenza, la stratigrafia sociale della loro popolazione, che consisteva principalmente di ex soldati, liberti, artigiani, commercianti e plebe urbana a cui era stata assegnata la terra, era diversa da quella delle vecchie città greche. Le attitudini verso fonti di reddito diverse dal possesso della terra cambiarono. Per esempio, la sicurezza con cui i commercianti romani e italici presentano se stessi nei monumenti e nelle dediche nel porto internazionale di Delo alla fine del II secolo a.C. e all'inizio del I è senza paralleli nella maggior parte delle città greche. I coloni romani potevano stabilire e promuovere reti di cooperazione economica che superavano i confini delle città e delle regioni. Vari rami della stessa famiglia romana potevano risiedere in città diverse, fornirsi aiuto reciproco nelle varie attività economiche e lavorare per la loro promozione sociale. Per queste ragioni, i nuovi arrivati italici ebbero un impatto straordinario sull'economia. A cavallo tra il I secolo a.C. e il I secolo d.C., i coloni romani rivitalizzarono le aree che avevano sofferto durante le guerre. Corinto e Patrasso, per esempio, rispettivamente a est e a ovest del golfo di Corinto, facilitarono il traffico con l'Italia e così contribuirono alla crescita economica. L'industria della ceramica a Corinto riforniva di lampade di argilla Grecia, Asia Minore, Nord Africa e Italia.

In Asia Minore, lo stabilimento di province romane e, di conseguenza, l'integrazione di grosse aree sotto un unico modello amministrativo, la costruzione e la manutenzione di strade e le nuove opportunità di movimento per commercianti e imprenditori oltre i confini di città e province diedero un impulso senza precedenti al commercio di prodotti specializzati – per esempio, le stoffe – e di materie prime – soprattutto il marmo. I grandi latifondi, in cui la produzione agricola era organizzata non solo per soddisfare le esigenze dei mercati locali ma anche per esportare prodotti specializzati come l'olio d'oliva e il vino, erano comuni in Asia Minore e in Macedonia, e in misura minore anche in altre zone. Alcuni di questi latifondi erano adesso di proprietà di senatori romani e di Greci che erano stati ammessi nell'ordine equestre. Uomini facoltosi – e alcune donne – talvolta possedevano terreni nel territorio di città diverse dalle loro. I grandi latifondi erano gestiti da schiavi e liberti, che prestavano servizio come amministratori (*oikonomoi*) dei proprietari.

Creta è un buon esempio dell'impatto che la conquista e la pacificazione ebbero sull'economia (vedi p. 258). Non appena i Cretesi, che erano soliti guadagnarsi da vivere attraverso le razzie e il servizio mercenario, si ripresero dallo shock causato dalla loro conquista nel 67 a.C., sfruttarono i vantaggi offerti dall'integrazione della loro fertile isola all'interno delle reti commerciali dell'impero. Oltre alla massiccia esportazione di vino, ci sono anche tracce evidenti del commercio di olio d'oliva e di piante medicinali; grossi contenitori di pesci di età imperiale rivelano un nuovo tipo di produzione di cibo; Creta eccelleva nella produzione di lampade che venivano esportate in Asia Minore e Nord Africa. L'impulso alla produzione di lampade a stampo di terracotta venne dagli immigrati campani. Intorno alla metà del II secolo d.C., il grande medico Galeno fa riferimento a un'altra redditizia attività di esportazione, non attestata prima della conquista romana:

> Ogni anno, in estate, molte piante medicinali giungono da Creta a Roma. L'imperatore tiene nell'isola degli erboristi, che consegnano non solo a lui, ma alla città intera cestini pieni di piante medicinali. Creta esporta queste erbe anche verso altre regioni, perché l'isola non manca di erbe, frutta, cereali, radici e succhi. Tutti gli altri prodotti sono puri, ma alcuni succhi sono adulterati, anche se questo non succede spesso. La varietà di piante a Creta è così grande, che gli erboristi non hanno davvero bisogno di ingannare i loro acquirenti.

La provincializzazione del mondo greco da parte dei Romani fu un processo lento. Le autorità romane affrontavano le varie problematiche via via che queste si presentavano; non seguivano un piano. Questo non significa che non fossero consapevoli di alcuni degli impatti di lungo termine che i loro provvedimenti avrebbero avuto. Nell'oriente greco, specie nelle province greche o fortemente ellenizzate, con le loro forti tradizioni urbane e i loro alti livelli di cultura, non cercavano di «romanizzare». Non sradicavano le tradizioni locali. Non imponevano una cultura, costumi, istituzioni giuridiche o valori specificamente romani. Ma la creazione di una zona geografica pacificata sotto un'amministrazione unificata e con confini relativamente liberi e stabili aveva un potere di integrazione straordinario. Quando Adriano visitò le sue province orientali per la seconda volta, le donne imitavano la capigliatura di sua moglie e gli uomini la sua barba; in ogni angolo dell'impero si potevano trovare persone di nome Publio Elio, che dovevano la loro cittadinanza romana ad Adriano; parole romane erano state adottate dai Greci; colonne dalle cave del monte Claudiano in Egitto venivano portate a Roma per essere usate nel Pantheon; le navi partivano regolarmente da Berenice e Tolemaide in Egitto per raggiungere i porti dell'Arabia e dell'India; cesti pieni di erbe medicinali cretesi raggiungevano Roma e altre città; carovane dalla Mesopotamia e dall'Arabia erano connesse all'impero attraverso Palmira in Siria e Petra in Giordania, mentre le vie commerciali erano protette da guarnigioni romane come Dura-Europo. Nel 155 d.C., Elio Aristide, in un panegirico per Roma che presentò nella capitale dell'impero, delineò un quadro di prosperità e opulenza. Esagerazioni di un encomiasta professionista a parte, il suo discorso comunque riflette le opportunità di avanzati scambi economici offerte a molte regioni greche da più di un secolo di pace ininterrotta:

> Il mare [Mediterraneo] sembra una sorta di cintura in mezzo alla terra abitata e al tuo impero. I grandi continenti che la circondano inclinano verso di essa, portandoti sempre qualcosa in abbondanza. Perché tutto ciò che le stagioni fanno crescere e che ogni paese produce, i fiumi, i laghi e le arti dei Greci e dei barbari, giunge a te da ogni terra e da ogni mare. Se qualcuno volesse vedere tutto questo, dovrebbe o viaggiare per tutta l'*ecumene* per ispezionare questi prodotti, o semplicemente venire in questa città. Perché qui non può mai esserci penuria di nessuna cosa che cresca o sia prodotta in qualsiasi paese in qualsiasi momento ... Se desideri dei prodotti dall'India o dall'Arabia Felix, puoi vederne qui così tanti che ti verrà il dubbio che gli alberi di quei paesi siano rimasti nudi e che se i loro abitanti hanno bisogno di qualcosa debbano ora venire qui a chiederti parte dei loro stessi prodotti.

La prospettiva di Aristide, quella di un proprietario terriero colto originario dell'Asia Minore, la cui famiglia aveva ricevuto la cittadinanza romana sotto Adriano e aveva tratto vantaggi dal dominio romano, non era di certo condivisa dai Giudei, la cui ultima rivolta era stata repressa venti anni prima. E deve essere stata incomprensibile a quanti dovevano lottare per pagare il tributo su cui lo splendore di Roma – come quello dell'Atene di Pericle sei secoli prima – era basato.

14
Tendenze sociali e culturali
Benefattori, confratelli, efebi, atleti, donne e schiavi

Individuare tendenze e innovazioni

Un'iscrizione a Metropoli in Asia Minore, scritta nel I o nel II secolo d.C., registra i nomi di quanti avevano elargito donazioni a un ginnasio, luogo di addestramento atletico e di svago. L'elenco dei loro nomi è introdotto in questo modo:

> Per la buona sorte e per la salvezza degli imperatori e di tutta la loro casa, quando Alessandro, figlio di Alessandro, nipote di Ressimaco, era sacerdote, nel secondo giorno del mese di Distro, in accordo con il decreto dei cittadini più anziani, e quando Alessandra Mirtone, figlia di Asclepiade, era sovrintendente del ginnasio, le persone che seguono hanno consacrato dei doni agli imperatori e ai cittadini più anziani.

Il ginnasio fu dedicato alla famiglia imperiale e posto sotto la sua protezione. A usarlo sarebbero stati i cittadini oltre i sessant'anni (*presbyteroi*). Molti donatori si impegnarono a finanziare un *triclinium*, un complesso di tre letti usato nei banchetti. Gli anziani di Metropoli andavano al ginnasio non solo per esercitare i loro corpi ma anche – o più probabilmente – per passare un po' di tempo stesi su questi letti, a bere e a conversare. Solo uno degli sponsor era «uno dei *presbyteroi* lui stesso»; i numerosi individui che elargirono un contributo devono averlo fatto per i membri anziani delle loro famiglie e in vista di un uso futuro anche da parte loro.

Non c'è nulla di inconsueto in tutto questo; al contrario, questo testo è esemplificativo di tre tendenze importanti dell'età ellenistica e imperiale: le donazioni, la convivialità all'interno delle associazioni volontarie e l'importanza sociale e culturale del ginnasio. Ma ci sono due elementi importanti che sarebbero stati impensabili prima del III secolo a.C. In primo luogo, una donna appare come titolare di una funzione civica importante, quella di ginnasiarca, sovrintendente di un'istituzione esclusivamente maschile. Deteneva questo incarico solo in virtù della sua ricchezza; appare infatti tra i donatori che promisero somme significative (630 denari). In secondo luogo, tra i donatori troviamo tre individui a cui di certo non era permesso mettere piede nel ginnasio: due donne e uno schiavo pubblico. Fecero delle donazioni perché avevano i mezzi per farlo e potevano liberamente disporne, e perché si aspettavano di ricevere un riconoscimento pubblico in cambio del loro contributo.

Questa iscrizione di Metropoli, apparentemente ordinaria, non è frutto di una rivoluzione ma di cambiamenti graduali che incisero sulla società e la cultura. Esamineremo ora brevemente una serie di tendenze che hanno un elemento in comune: iniziarono tutte nel periodo ellenistico, più o meno nel III secolo a.C., e proseguirono senza cambiamenti significativi fino all'età imperiale. Riflettono così l'unità – non l'uniformità, né l'omogeneità – della «lunga età ellenistica».

«Evergetismo»: benefici, prestigio sociale e potere politico

Le città greche non avevano un sistema avanzato di imposta sul reddito e sul patrimonio. C'era, naturalmente, una varietà di tasse e di entrate: i proventi dell'affitto della terra e dei pascoli pubblici, delle miniere e delle cave; le imposte sulle vendite, le multe, il bottino di guerra, i proventi della vendita dei sacerdozi e così via. Per la mancanza endemica di fondi, alcune spese regolari importanti, come il finanziamento di festival e il mantenimento di una flotta, dovevano essere coperte da cittadini ricchi attraverso un sistema di liturgie, tramite il quale simili oneri venivano delegati sulla base di criteri di proprietà. Restava l'importante problema delle spese straordinarie: per esempio, per i progetti edilizi, le misure di difesa o per l'acquisto di scorte di cereali a buon prezzo. In questi casi, ai cittadini era richiesto il versamento di imposte straordinarie (*eisphorai*) o di contributi volontari attraverso sottoscrizioni pubbliche (*epidoseis*). Ma neanche questo era sufficiente. A causa delle guerre frequenti, talvolta i proventi attesi non arrivavano, anche quando i bisogni diventavano più pressanti: quando, per esempio, si dovevano pagare i soldati mercenari, o le provviste per le truppe, o si doveva provvedere al restauro delle mura della città.

Quando le loro spese erano superiori ai fondi disponibili, le città greche facevano ciò che molti governanti fanno ancora oggi: prendevano soldi in prestito, talvolta a condizioni poco favorevoli, a meno che cittadini dallo spirito patriottico non fossero disposti a prestare denaro senza interessi. Tuttavia, la motivazione principale di chi dava i soldi in prestito era proprio l'alto tasso di interesse. Durante la guerra dei Romani contro i pirati nel 71 a.C., nessun creditore era disponibile a prestare a Giteo, a sud di Sparta, i soldi di cui la piccola città aveva bisogno. Due Romani, i fratelli Cloati, acconsentirono al prestito, ma all'interesse altissimo del quarantotto per cento. Anche così, furono onorati come benefattori, perché alla fine rinunciarono a una grossa parte dell'interesse, quando Giteo (e non c'è da stupirsene) non fu in grado di ripagare il debito. Il caso di Giteo è estremo, ma un tasso di interesse relativamente alto, del dodici per cento o più, e prestiti mai restituiti, erano una circostanza comune nel II e nel I secolo a.C. Talvolta, le città sollecitavano i donatori, ma in casi estremi non c'era altra soluzione che porre un'ipoteca sull'intero territorio pubblico. Molte iscrizioni onorifiche di età ellenistica furono dedicate a uomini che avevano prestato denaro a interesse basso o addirittura senza alcun interesse – o che avevano accettato di fare una riduzione del prestito.

Nelle società moderne, agli sponsor o ai donatori di solito non viene promesso nulla in cambio della loro generosità. Le aspettative dei donatori non vanno oltre il nome dato a un edificio, a una strada o a un premio in loro onore – e anche questo accade spesso dopo la morte dell'interessato; non succede di rado, poi, che i benefattori vogliano mantenere l'anonimato. Nella Grecia ellenistica e in età imperiale, non esistevano gli sponsor anonimi, e la generosità faceva parte di un sistema di reciprocità con un impatto fortissimo sulla vita politica (vedi p. 144). Le donazioni erano spettacoli pubblici, organizzati come dimostrazioni di patriottismo. Venivano annunciate la finalità e la data di una sottoscrizione pubblica e ai donatori venivano promessi degli onori. Durante la sottoscrizione, il popolo riunito faceva richieste a voce alta ai cittadini di cui sospettava la ricchezza e ogni promessa veniva annunciata pubblicamente e salutata con grida e acclamazioni, motivando i cittadini ricchi a impegnarsi in donazioni più importanti – o facendo sì che essi desiderassero scomparire senza essere notati. Le donazioni venivano commemorate pubblicamente. Spesso non venivano registrate in base alla loro importanza – con le più ricche che venivano prima – ma secondo l'ordine in cui venivano fatte. Promettere era una sorta di competizione, e quelli che si offrivano volontari per primi ricevevano gli onori maggiori. Venivano commemorati non solo i nomi di coloro che avevano versato un contributo, ma anche di coloro che non avevano mantenuto le loro promesse, che venivano così esposti al disprezzo dei loro concittadini.

Nel caso delle sottoscrizioni, la finalità era determinata dall'assemblea. Con le donazioni volontarie, i donatori prendevano l'iniziativa di proporre un progetto, spesso rispondendo a bisogni reali – un edificio pubblico, olio d'oliva per il ginnasio, fondi per la copertura di un pubblico incarico – ma talvolta guidati da interessi e inclinazioni personali, come nel finanziamento delle spese per un nuovo festival. L'accresciuta visibilità dei benefattori (*euergetai*) e il loro ruolo sociale e politico sono designati negli studi moderni come «evergetismo». L'evergetismo era basato sulla reciprocità. Una buona e semplice definizione del concetto di reciprocità si trova nella canzone di Mama nel musical *Chicago* di Fred Ebb:

> Ho un piccolo motto,
> che mi torna sempre utile:
> quando sei buono con la mamma,
> la mamma è buona con te!

Con i contributi volontari, i benefattori locali rivelavano la loro disponibilità a offrire alla comunità parte dei loro beni. Tuttavia, questa disponibilità si combinava con l'aspettativa che la comunità accettasse la loro leadership politica. In cambio delle donazioni e delle liturgie fornite dalle famiglie ricche, il *demos* ne accettava il monopolio del potere. Questa relazione di reciprocità permetteva alle città nella tarda età ellenistica e imperiale di mantenere in vita alcune istituzioni moderatamente democratiche e di conservare l'illusione della sovranità del popolo, nonostante le caratteristiche oligarchiche assunte dalla vita politica.

I benefattori locali erano onorati con statue in luoghi importanti, corone pubbliche e il pubblico annuncio delle loro donazioni; erano invitati a sedersi nei posti migliori a teatro e in occasione delle competizioni atletiche, a mangiare insieme ai magistrati, e gli edifici che finanziavano – municipi, bagni pubblici, ginnasi – prendevano il loro nome. Quando morivano, potevano aspettarsi un funerale pubblico e qualche volta l'onore straordinario di un funerale all'interno delle mura cittadine. In casi eccezionali, ricevevano onori cultuali dopo la loro morte.

Questi onori rendevano i benefattori visibilmente presenti nella loro città. Cosa ancora più importante, i benefici non venivano dimenticati. Le iscrizioni onorifiche per i cittadini importanti spesso menzionano il fatto che i loro antenati avevano contribuito a sottoscrizioni o avevano fatto delle donazioni. Le donazioni rafforzavano il prestigio sociale e l'influenza politica non solo dei benefattori ma anche delle loro famiglie, per decenni.

I benefattori non erano soltanto grandi proprietari terrieri o membri dell'élite. Dal momento che il loro retroterra sociale era sempre più variegato – c'erano donne, stranieri, liberti e anche schiavi – i benefici divennero uno strumento importante di mobilità verso l'alto. Gli stranieri che avevano donato a una *polis* significativi contributi in denaro potevano aspettarsi di avere, lì, un trattamento privilegiato, e i loro privilegi talvolta erano ereditari. Il benefattore di solito era ricompensato con il privilegio della prossenia (vedi p. 302) e in alcuni casi con la cittadinanza. La dipendenza delle città greche dai contributi di ricchi benefattori era diventata chiaramente visibile nel II secolo a.C. Questa tendenza raggiunse il suo culmine in età imperiale. Nuove forme di benefici erano le donazioni lasciate alla città per coprire le spese di incarichi pubblici, come quelli di *stephanephoros*, *agonothetes* e *gymnasiarchos*. Negli anni in cui nessun cittadino era disponibile a sobbarcarsi questi uffici, la donazione copriva le spese e il benefattore deteneva il titolo della carica. Simili donazioni – chiamate «*stephanephoria* perpetua», «*agonothesia* perpetua» e «*gymnasiarchia* perpetua» – permettevano a un individuo di occupare nominalmente un ufficio anche dopo la sua morte.

Nella prima età ellenistica il titolo di *euergetes* era spesso conferito a un individuo per il suo eroismo in battaglia o per i servizi politici resi alla città. Gli *euergetai* venivano rispettati come patrioti. In questo periodo, gli uomini ricchi più generosi diventavano i primi tra i loro concittadini; ma via via che un numero sempre maggiore di attività pubbliche e religiose veniva finanziato attraverso liturgie e benefici volontari, il trattamento straordinario degli *euergetai* li innalzò al di sopra dei loro concittadini. Questa evoluzione è chiara nel linguaggio dei decreti in onore dei benefattori – per esempio, nell'elogio di un certo Ermogene ad Afrodisia intorno al 50 a.C.:

> uno dei cittadini più eminenti e più illustri, un uomo che ha tra i suoi antenati alcuni tra gli uomini più grandi e alcuni di quelli che hanno costruito insieme la comunità e sono vissuti nella virtù, nell'amore del-

la gloria, nella generosa promessa di benefici e nelle imprese più belle per la patria; un uomo che è stato lui stesso buono e virtuoso, amante della patria, costruttore e benefattore della *polis*, un salvatore; un uomo che ha rivelato benevolenza e prudenza nella sua condotta verso tutta la popolazione e verso ciascuno dei cittadini; un uomo che ha sempre mostrato il più grande rispetto per gli dèi e la patria; che ha adornato la patria, tenendo generosamente fede alle promesse più nobili e facendo delle dediche ...

In simili encomi (vedi p. 294), uomini come Ermogene di Afrodisia appaiono come gli amati leader di una città. Non possiamo aspettarci che le iscrizioni pubbliche dicano ciò che molte persone devono aver pensato in privato: che questi benefattori erano, per una *polis*, un male necessario. Erode Attico, il più grande benefattore di Atene durante il regno di Adriano, deve essersene reso conto. Fece incidere terribili maledizioni, rivolte contro eventuali distruttori, sulle basi delle statue da lui dedicate. I benefattori sapevano cosa potevano aspettarsi dai loro concittadini: non gratitudine, ma invidia.

Le associazioni volontarie

Prima delle campagne di Alessandro, la popolazione di residenti stranieri era significativa solo nei principali centri urbani, soprattutto ad Atene e in poche altre città dove si svolgevano attività commerciali. La presenza di stranieri in molte città greche crebbe continuamente nel corso dell'età ellenistica. Tra questi c'erano i residenti stranieri permanenti (meteci), mercanti e banchieri, esuli, membri delle guarnigioni e mercenari. La presenza di stranieri raggiunse il suo apice nei primi due secoli dopo Augusto.

Mentre nelle città di nuova fondazione gli immigrati venivano subito integrati nella comunità e condividevano una nuova identità civica con altri coloni di origini diverse, la situazione era molto diversa nelle vecchie città elleniche della Grecia e dell'Asia Minore. Qui i residenti stranieri erano e restavano una ristretta minoranza. Bisogna ammettere che venivano in buona parte trattati allo stesso modo dei cittadini per quanto attiene ai diritti giuridici, avevano obblighi militari e finanziari, davano contributi economici e a determinate condizioni avevano il permesso di possedere proprietà terriere, ma non avevano diritti politici.

La loro graduale assimilazione ai cittadini non cambiava il fatto che questi ultimi coltivassero un'identità separata, basata su un elaborato sistema di istruzione «patriottica» (vedi pp. 341-345). Gli stranieri potevano sentirsi parte di un gruppo aderendo a un'associazione volontaria. Oltre che su un'analoga origine etnica, le associazioni potevano essere basate anche su relazioni familiari, sull'esercizio di uno stesso mestiere o sulla condivisione di una comune fede religiosa.

Le associazioni volontarie (*eranos*, *thiasos*, *koinon*), simili a moderni «club», esistevano già nel VI secolo a.C. Ma il loro numero crebbe incredibilmente a partire dal IV secolo a.C., per tre ragioni principali. La prima è, appunto, che la maggiore mobilità fece crescere il numero di residenti stranieri, specie nelle più importanti città portuali e nei principali centri di commercio, cultura e artigianato. Gli espatriati formavano delle associazioni per creare una forma di comunità. Quando, nel II secolo a.C., iniziò la migrazione di commercianti italici in Grecia e Asia Minore, le associazioni divennero una sede importante per l'organizzazione e la celebrazione di feste romane, specie in centri economici come Delo. La seconda è che i culti che promettevano una relazione stretta e privilegiata tra un fedele e una divinità crebbero in numero; particolare successo avevano i culti che richiedevano l'iniziazione dei loro membri a riti e dottrine segrete; essi erano organizzati sulla base di gruppi esclusivi di devoti o di iniziati che celebravano cerimonie di culto in determinate date nelle sedi delle associazioni (vedi p. 386). Anche i luoghi di preghiera e le sinagoghe dei Giudei della diaspora erano una forma di organizzazione volontaria – *synagoge* infatti in greco significa «adunata», «congregazione». Infine, le associazioni offrivano alle persone di condizione sociale più bassa la possibilità di riprodurre una forma di convivialità che in passato caratterizzava l'élite e che in età ellenistica era praticata nelle corti reali: il simposio. Queste associazioni organizzavano incontri nelle loro sedi, celebravano le feste dei patroni nei santuari e offrivano ai loro membri una sepoltura nei loro lotti funerari.

Indipendentemente dall'origine dei loro membri o dalla loro attività principale, le associazioni erano sempre poste sotto la protezione di una divinità. In molti casi, il nome di un'associazione derivava dal dio o dagli dèi venerati dai suoi membri. Gli Apolloniasti erano posti sotto la protezione di Apollo, gli Hermaistai sotto quella di Hermes e così via. Le associazioni volontarie riproducevano, su una scala più piccola, le istituzioni della *polis*: avevano i loro statuti, le loro assemblee, i loro magistrati, i loro decreti, le loro proprietà comuni e le loro finanze. L'appartenenza alle associazioni volontarie somigliava alla cittadinanza e, in una certa misura, sostituiva la cittadinanza come fondamento di comunità e identità. Le associazioni di solito ammettevano i membri a prescindere dalla loro condizione: cittadini, residenti stranieri, liberti, spesso donne e talvolta anche schiavi. Le basi della comunanza erano la devozione a certe divinità e l'accettazione di determinati principi etici e di determinate credenze religiose, non l'origine, il genere o lo stato sociale. In questo modo, le associazioni contribuivano ad allentare i rigidi confini giuridici che dominavano la società greca arcaica; in un certo senso, facilitavano l'accresciuta interazione tra i diversi gruppi sociali.

Un tipo molto specifico di associazione volontaria, e allo stesso tempo una caratteristica espressione di mobilità e cosmopolitismo, era l'associazione degli artisti di teatro, i cosiddetti «artisti di Dioniso» (*Dionysiakoi technitai*). Fondata per la prima volta alla fine del IV o all'inizio del III secolo a.C. ad Atene, contribuiva all'organizzazione dei festival, rappresentava gli interessi dei suoi membri (che in tempi pericolosi erano in continuo movimento), stabiliva stretti legami con i re ed esercitava un'influenza politica. Nel corso dell'età ellenistica, associazioni locali esistevano in molti luoghi in Grecia, Asia Minore, Egitto, Cipro e Sicilia. Il capo locale degli artisti di Dioniso a Teo stabilì con la città un legame così stretto che i Tei dedicarono l'intera *polis* e il suo territorio al dio Dioniso. L'associazione somigliava a uno stato nello stato, coniava persino una sua moneta da utilizzare per il finanziamento dei festival.

Contribuendo alla creazione di reti sociali all'interno di una città e creando ponti tra i diversi gruppi di residenti, le associazioni volontarie erano un motore di cambiamento sociale e un indicatore del carattere cosmopolita delle città ellenistiche. La loro importanza continuò sotto il dominio romano. Per la popolarità crescente dei culti misterici, il numero di associazioni religiose crebbe. Inoltre, le associazioni professionali divennero più comuni, esercitando un'influenza economica, sociale e politica; strade, piazze pubbliche e interi quartieri ne prendevano il nome. In età imperiale, i membri più anziani dell'élite formavano un'«associazione di anziani» (*gerousia*) con grande prestigio sociale e una certa influenza politica.

Gli interessi comuni che riunivano le persone in un'associazione non avevano limiti. Sappiamo di associazioni di amanti degli scherzi (*philo-*

paiktores), della gioia e dell'esuberanza (*kalokardioi, eutherapioi*) e degli spettacoli gladiatori (*philhoploi*). Inoltre, gli atleti e i rappresentanti delle arti sceniche che prendevano parte ai festival internazionali erano organizzati in «associazioni ecumeniche», i cui leader avevano stretti contatti con l'imperatore. Le associazioni volontarie riflettono in molti modi il carattere internazionale e cosmopolita del mondo che emerse dalle conquiste di Alessandro.

Cultura agonistica e star internazionali nello sport e nell'intrattenimento

I Greci organizzarono gare atletiche e musicali sin dagli albori della loro storia. Gli agoni si svolgevano in connessione con i festival delle città e delle confederazioni, i riti di passaggio e i funerali delle persone importanti – e, più tardi, le vittorie militari. Una gara (*agon*) di solito attirava concorrenti da una singola città o i membri di una confederazione, ma nel VI secolo a.C. quattro festival – a Olimpia e Nemea in onore di Zeus, a Delfi in onore di Apollo Pizio e sull'Istmo, vicino a Corinto, in onore di Poseidone – avevano acquisito una reputazione panellenica. Si svolgevano ogni quattro anni, venendo così a formare un ciclo quadriennale denominato *periodos* (circuito). I Greci venivano invitati a partecipare tramite messaggeri sacri (*theoroi*), e una tregua veniva dichiarata nel periodo in cui si svolgeva la competizione.

Dall'età ellenistica in poi, il numero delle competizioni crebbe enormemente. Nuove gare venivano finanziate dai re, dalle città vecchie e nuove, dalle confederazioni e dagli sponsor privati. Venivano istituite per ricordare una vittoria militare o per commemorare la liberazione di una città, per onorare dèi di recente introduzione, re, benefattori locali, politici, capi militari, membri defunti di una famiglia e, a partire dal 196 a.C., generali e governatori romani. Le confederazioni rafforzavano la loro unità attraverso le gare, le città le usavano per supportare i loro sforzi di essere riconosciute come inviolabili e gli sponsor, con i loro finanziamenti, speravano di accrescere il loro proprio prestigio e quello delle loro famiglie. Ogni volta che in una città veniva istituito un nuovo *agon*, un vicino invidioso si sentiva stimolato a istituirne uno lui stesso o a potenziarne uno già esistente. Questa tendenza continuò e si espanse in età imperiale, quando furono fondate gare anche in onore degli imperatori. Via via che le città acquisivano caratteri oligarchici, crebbe il numero di individui benestanti che istituivano una gara pubblica (*themis*) in onore di membri defunti della loro famiglia, così come crebbe il numero di gare finanziate dai benefattori e che portavano il loro nome, come i Demostheneia a Enoanda.

Tra i festival importanti del III a.C. ci sono le Tolemaiche ad Alessandria in onore di Tolomeo I (vedi pp. 77-78), i Soteria celebrati a Delfi per commemorare la vittoria sui Galli, i Didymeia a Mileto in onore di Apollo, gli Asklepieia per Asclepio a Cos e le feste per Artemide Leucofriene a Magnesia sul Meandro. L'avvento del principato portò alla fondazione di altri due festival di fama internazionale: i Sebasta a Napoli in onore di Augusto e le feste Azie (Aktia) a Nicopoli in ricordo della vittoria di Ottaviano ad Azio. Nerone cercò di introdurre un *agon* di stile greco a Roma con i suoi Neronia, che tuttavia non sopravvissero al loro fondatore. Per contrasto, l'*agon Capitolinus*, fondato da Domiziano a Roma nell'86 d.C. in onore di Giove Capitolino, raggiunse lo stesso prestigio dei quattro festival più antichi. I Panhellenia ad Atene, connessi con la fondazione del Panellenio sotto Adriano (vedi p. 267), non raggiunsero mai lo stesso prestigio, nonostante l'appoggio dell'imperatore. Si è calcolato che nel II secolo d.C. ci fossero all'incirca 500 *agones* nelle province orientali, ma si tratta di una stima per difetto. La proliferazione dei festival agonistici determinò, nel 134 d.C., l'intervento di Adriano, che stabilì una rigida sequenza per le gare più importanti, così che i concorrenti potessero muoversi da una gara all'altra in modo tempestivo. La cultura agonistica dalla fine del III secolo a.C. all'inizio del III d.C. non ha paralleli in nessuno dei periodi precedenti; può essere paragonata solo alla fioritura di competizioni sportive e di arti sceniche dopo la seconda guerra mondiale.

Per far crescere il richiamo delle loro gare, le città e le confederazioni ampliarono il loro programma così da includere competizioni musicali e drammatiche. Le gare più prestigiose erano quelle che, come premi, assegnavano delle corone – fatte di ulivo selvatico ai giochi olimpici, di alloro ai pitici, di sedano a Nemea e alle Istmiche (anche se, più tardi, in quest'ultimo festival subentrò l'uso di corone di pino). In alcune gare erano messi in palio dei premi che avevano un valore materiale: scudi, corone d'oro, tripodi e denaro. Tuttavia, gli *hieronikai*, i «vincitori in una gara sacra», in cui il premio era una corona, non si aspettavano solo la gloria e il prestigio sociale che giungevano con la vittoria. A seconda del tipo di festival, la loro madrepatria li gratificava con privilegi che andavano da un posto d'onore in una processione o a teatro a premi in denaro, al vitto a spese dello stato nei pasti pubblici. Quando a un festival veniva riconosciuta un'importanza analoga a quella delle Pitiche a Delfi (*isopythios*), l'atleta vittorioso si aspettava di ricevere dalla sua città gli stessi premi di un vincitore alle Pitiche. I vincitori delle gare *iselastiche* venivano onorati con l'*eiselasis*, l'ingresso cerimoniale in città, e ricevevano in premio del denaro.

Molte gare erano eventi atletici in cui erano ammessi concorrenti appartenenti a differenti gruppi di età – ragazzi, efebi e uomini. Il programma di solito includeva le discipline «classiche» dello sport antico: corse a varia distanza, talvolta di uomini in armi, lotta, boxe, pentathlon (disco, salto in alto, giavellotto, corsa nello stadio, lotta) e pancrazio – una specie di kickboxing. Inoltre, vari *agones* includevano eventi eccezionali. Una corsa con l'armatura si svolgeva al festival delle Eleuterie a Platea, per commemorare la vittoria dei Greci sui Persiani nel 478 a.C. I concorrenti dovevano correre dal trofeo della battaglia all'altare di Zeus Eleutherios – circa 2500 metri. Il vincitore riceveva il titolo onorifico di «il migliore degli Elleni». Gare femminili sono attestate in rari casi. Gli eventi equestri erano meno comuni, ma popolari e importanti in aree con una tradizione di allevamento equino: gare di cavalli singoli, giovani e adulti, di cavalli da guerra, di coppie di cavalli, di coppie di muli, competizioni nel lancio del giavellotto da cavallo, corse coi carri trainati da cavalli giovani e adulti. La partecipazione alle discipline equestri era il privilegio delle classi ricche che potevano permettersi un cavallo e il suo addestramento. Le donne partecipavano agli eventi equestri come proprietarie dei cavalli.

Per il pubblico, le gare atletiche erano eventi spettacolari ed esaltanti. Una vittoria senza competizione era molto prestigiosa, specialmente quando un pugile la otteneva grazie alla sua fama, alla sua forza o alla sua abilità nel terrorizzare tutti i potenziali concorrenti fino a farli ritirare dalla gara. Il pugile Melancoma, l'amante dell'imperatore Tito (vedi p. 312), doveva la sua fama straordinaria al fatto che non era mai stato ferito da un avversario. Non sconfiggeva i suoi nemici stendendoli al suolo, ma sfinendoli. C'erano casi di competizioni incerte, perché entrambi i contendenti si ritiravano o l'*agon* veniva interrotto dagli allenatori; in questi casi, il premio veniva dedicato al dio. In alcuni casi entrambi i concorrenti venivano dichiarati vincitori, sulla base di limiti di tempo o perché i rivali concordavano di dividersi la vittoria e i premi. Gli atleti che erano vincitori nella loro disciplina in tutti e quattro i festival erano noti come *periodonikai*, i «vincitori del circuito» – l'equivalente dei vincitori del Grande Slam nel tennis di oggi. Nel caso di competizioni prestigiose, anche essere stati ammessi alla gara poteva essere considerato un onore.

Le competizioni musicali hanno radici antiche, tanto quanto quelle delle competizioni atletiche. Le più diffuse erano le competizioni tra cori di fanciulli, ragazze e uomini che riflettevano le suddivisioni civiche della *polis*. Per influenza di Atene, i festival drammatici si diffusero in tutto il mondo ellenizzato. I festival dionisiaci che includevano *agones* corali, musicali e teatrali sono attestati quasi in ogni città. Le gare musicali e drammatiche – o thymeliche – furono aggiunte anche al programma dei festival atletici tradizionali. I concorrenti competevano nella presentazione di nuovi drammi e nella produzione dei «classici», nella poesia, nella musica e nella danza, con l'accompagnamento di canti, e nell'esibizione vocale degli araldi. Gradualmente, si sviluppò un programma di competizioni più o meno standardizzato, aperto a variazioni locali. Gare comuni erano quelle dei trombettieri, degli araldi, degli autori di encomi, dei poeti, dei musicisti (suonatori di oboe e di cetra), dei cori tragici, dei commediografi e dei tragediografi. Il cantore adulto con la cetra riceveva il premio in denaro più alto. Anche se le esibizioni dei pantomimi erano molto popolari, non furono incluse nei festival agonistici fino alla fine del II secolo d.C. Alcune città avevano degli *agones* in discipline particolari, connesse con le tradizioni locali. Per esempio, sappiamo di una gara di scultori ad Afrodisia, di una gara di medici a Pergamo e di gare di bellezza a Lesbo.

I festival agonistici erano di solito connessi con una fiera che attraeva visitatori e mercanti stranieri. C'erano anche ulteriori concerti, oltre a una varietà di iniziative culturali, come le orazioni epidittiche e le conferenze. I festival agonistici ospitavano anche eventi politici e sociali. Venivano fatti gli annunci importanti: magistrati e persone di spicco erano invitati a sedere in un posto d'onore e venivano annunciate le onorificenze.

I concorrenti nelle gare atletiche erano spesso i rampolli delle famiglie ricche, che avevano il tempo libero per allenarsi nel ginnasio; se avevano le capacità fisiche, cominciavano a partecipare alle competizioni già nella prima fanciullezza. Per queste persone, le vittorie atletiche erano solo una componente in più del prestigio della loro famiglia. Le statue dei fanciulli vittoriosi nelle competizioni atletiche si aggiungevano a quelle dei loro parenti che si erano distinti per gli atti di beneficenza o per i servizi pubblici.

Gli intrattenitori erano un gruppo socialmente diversificato – variegato quanto la musica, le discipline letterarie e drammaturgiche che essi rappresentavano – dal poeta epico al pantomimo. Dal momento che il virtuosismo e il successo richiedevano una formazione continua – che nell'antichità spesso si svolgeva all'interno dell'ambiente familiare – i musicisti, i ballerini, gli acrobati e i commediografi appartenevano di frequente a famiglie di artisti e venivano iniziati alle varie discipline fin dalla più tenera età. La loro specializzazione professionale è spesso riflessa dai loro nomi: Arescusa e Terpno (colei che piace), o Apolausto (il piacevole). A un uomo o una donna di talento di umili origini, il successo nelle vittorie musicali portava ricchezza e prestigio sociale.

La cultura agonistica non solo faceva crescere l'unità e la mobilità del mondo ellenistico ed ellenizzato, ma creava anche, per gli artisti e per gli atleti, nuove opportunità di specializzarsi nelle loro discipline e di guadagnarsi da vivere solo gareggiando per i premi.

La formazione dei valori e dell'identità civica: l'efebia e il ginnasio

La pubblica istruzione – che verteva sull'addestramento militare e sulla trasmissione dei valori civici, dei costumi locali e delle tradizioni storiche – era un requisito perché un giovane potesse entrare a far parte del corpo cittadino e della società della *polis*. L'istruzione non solo distingueva i cittadini dai residenti stranieri, ma anche i membri dell'élite dalla massa del popolo e, naturalmente, gli uomini dalle donne. Le ragazze venivano educate, prima di tutto, a gestire gli affari domestici; ricevevano poi i primi rudimenti della scrittura e della lettura, della musica e della poesia. A seconda della ricchezza e del livello di istruzione della loro famiglia, la loro educazione letteraria poteva essere considerevole, e dall'età ellenistica in poi troviamo un numero significativo di poetesse. Le ragazze si esibivano nei cori alle feste religiose e questo incarico le rendeva familiari con le tradizioni e i valori della loro città. In casi eccezionali, le donne ricevevano un'istruzione avanzata nelle scuole filosofiche. L'istruzione dei ragazzi si svolgeva sia nelle loro case, con maestri privati (di solito di condizione servile), sia nelle scuole statali, nelle città che avevano fondi per finanziare insegnanti pubblici. Oggetto dell'insegnamento erano di solito la lettura e la scrittura, la retorica e la mitologia, la recitazione di versi di Omero e di altri poeti, e la musica. In età ellenistica, l'importanza dell'istruzione che i ragazzi ricevevano sotto la supervisione delle autorità cittadine crebbe. Due istituzioni collegate tra loro promuovevano la formazione «patriottica» di un giovane cittadino: il *gymnasion* (ginnasio) e l'*ephebeia* (efebia).

Il ginnasio – letteralmente, il luogo dove gli uomini si allenano nudi – era la sede principale dell'allenamento maschile. Il supervisore del ginnasio, il ginnasiarca, era di solito un uomo ricco e rispettato tra i trenta e i sessant'anni. La carica era elettiva, ma a causa delle spese che essa comportava, in età ellenistica e imperiale la *gymnasiarchia* divenne una delle liturgie più importanti; occasionalmente veniva svolta anche da donne ricche in grado di coprire le relative spese. Il ginnasiarca si accertava che fossero osservati la disciplina e gli orari di apertura, e che le differenti classi di età si allenassero separatamente. Controllava gli allenatori (*paidotribai*), procurava i fondi necessari per l'acquisto dell'olio d'oliva utilizzato per ungere i corpi degli atleti, organizzava le competizioni e finanziava i premi che venivano assegnati ai vincitori.

Hermes ed Eracle erano gli dèi protettori del ginnasio. Alle feste in onore di Hermes, i giovani competevano in disciplina (*eutaxia*), resistenza (*philoponia*), virilità (*euandria*) e buona condizione fisica (*euexia*); i membri più giovani del ginnasio si confrontavano nelle gare con le torce. I premi erano scudi. In alcuni ginnasi ellenistici, le competizioni atletiche includevano – oltre alle discipline «classiche» (corse, lotta, boxe, pancrazio e corsa con la torcia) – le discipline militari, come l'uso della catapulta, del giavellotto, dell'arco e la lotta con lo scudo e la lancia. A seconda delle idiosincrasie del ginnasiarca, potevano svolgersi anche competizioni insolite, come le gare letterarie.

Nell'ultima fase dell'età ellenistica, nel ginnasio si svolgevano conferenze – specie di filosofi e storici. Gli uomini continuavano a frequentare il ginnasio anche da adulti, per allenarsi e per socializzare. Le città con grandi mezzi e popolazioni numerose avevano vari ginnasi, che si trovavano non solo in luoghi diversi, ma erano anche riservati a gruppi diversi di età. Gli schiavi e i liberti, così come i discendenti dei liberti, erano di solito esclusi dal ginnasio; altre persone escluse erano i prostituti maschi, e in alcune città anche i commercianti, gli ubriachi e i folli. Ad Alessandria, ai Giudei fu negato l'accesso al ginnasio sotto Claudio (vedi p. 298). Il ginnasio era pertanto un'espressione delle gerarchie sociali e tale restò per tutto il periodo imperiale.

In età ellenistica, il ginnasio non era solo un luogo di addestramento atletico e, indirettamente, militare. Era un centro di interazione sociale tra cittadini; fuori dalla Grecia continentale, divenne anche un simbolo di cultura greca e una delle caratteristiche esteriori più importanti di una *polis*. I ginnasi esistevano in ogni principale città greca, sino all'attuale Afghanistan. In effetti, uno dei ginnasi più grandi è stato riportato alla luce ad Ai-Khanoum (Alessandria sull'Oxus) in Battriana (vedi Figura 27). All'inizio del II secolo a.C., ciò che distingueva i Giudei ellenizzatori a Gerusalemme da quanti restavano fedeli alla legge giudaica era che i primi frequentavano il ginnasio. Quando Tirieo in Frigia chiese di essere ammessa al rango di *polis* indipendente, ciò che chiese a re Eumene II fu un ginnasio, oltre a un consiglio e a delle leggi. Questa percezione restò viva per tutta l'età imperiale. Alla fine del II secolo d.C., il viaggiatore Pausania si stupì che la città di Panopeo in Focide fosse annoverata tra le *poleis*, nonostante non avesse un ginnasio, un teatro e una piazza.

Il termine efebia indica l'addestramento di un gruppo di giovani, di solito tra i diciotto e i vent'anni, sotto la supervisione di autorità statali. In età ellenistica furono rivitalizzate, sia per ragioni militari sia come espressione di sovranità civica, alcune forme di addestramento in uso in età arcaica, ma che in età classica erano cadute in declino. Per esempio, l'*agoge*, l'addestramento arcaico degli Spartani, che era stato uno dei prerequisiti per la cittadinanza, aveva perduto la sua importanza nel IV secolo a.C. Fu ripristinata da re Cleomene III nel 228 a.C. come uno dei fondamenti delle sue riforme, ma abolita di nuovo nel 188 a.C. da Filopemene. Solo in luoghi molto conservatori, come Creta, le antiche forme di addestramento sopravvissero in apparenza immutate. Nelle città cretesi, i giovani erano organizzati in «greggi» (*agelai*) sotto la guida di un loro coetaneo di stato sociale elevato; si allenavano nella lotta, nella boxe, nella corsa, nella caccia e nella danza armata. In Macedonia, un'altra regione conservatrice, i rituali e le gare efebiche – corse a piedi e a cavallo – sopravvissero fino all'età ellenistica.

Ad Atene, la turbolenza politica del tardo IV secolo a.C. portò a un declino dell'efebia come addestramento militare obbligatorio dei giovani cittadini tra i diciotto e i diciannove anni. Durante il regime di Demetrio Falereo (317-307 a.C.), l'addestramento efebico era un privilegio dei figli dei cittadini con una proprietà di almeno 1000 dracme; nel periodo tra circa il 306 e il 268 a.C., la partecipazione all'efebia non era obbligatoria e l'addestramento durava solo un anno anziché due. Solo dopo la fine della monarchia macedone, quando Atene riguadagnò alcuni dei suoi possedimenti d'oltremare e ai residenti stranieri fu con-

27. Il ginnasio di Ai-Khanoum (II secolo a.C.).

sentito l'accesso all'efebia, il numero degli efebi crebbe di nuovo, fino a raggiungere all'incirca tra i 100 e i 180 uomini. Il grande interesse della comunità per l'addestramento dei rampolli dell'élite è rivelato dal gran numero di decreti onorifici che elogiano, anno dopo anno, i volontari che hanno completato con successo la loro istruzione così da dimostrare le virtù che gli Ateniesi si aspettavano dai loro futuri cittadini e soldati: diligenza, resistenza, obbedienza, disciplina, pietà e rispetto per le tradizioni degli antenati. L'efebia ateniese era un insieme di attività atletiche, addestramento militare e compiti di polizia nelle campagne, partecipazione ai riti religiosi tradizionali, presenza agli anniversari commemorativi e preparazione ai doveri civici. L'istituzione dell'efebia esisteva in molte altre città e regioni, che spesso adottavano il modello ateniese. I coloni greci portarono queste istituzioni anche in Anatolia, Vicino oriente ed Egitto.

Sotto la dominazione romana, le città greche conservarono l'istituzione dell'efebia. Un'iscrizione di Anfipoli in Macedonia del 24/23 a.C., che registra però una legge dell'inizio del II secolo a.C., mostra la persistente importanza dell'addestramento efebico per le città greche. Gli efebi venivano addestrati prima di tutto nell'atletica, in misura limitata nell'uso delle armi (arco, fionda, giavellotto) e, dove l'allevamento dei cavalli aveva una tradizione consolidata, anche nell'equitazione. Alcuni componenti dell'élite controllavano gli efebi, e il loro capo (*ephebar-*

chos) era talvolta un parente stretto del sovrintendente. Gli efebi avevano ancora il compito di pattugliare il territorio cittadino e di proteggerlo dai banditi. La funzione principale dell'efebia in età imperiale, però, era quella di costruire un senso di identità attraverso i riti religiosi, promuovere il patriottismo locale attraverso la trasmissione della memoria storica, diffondere la lealtà verso l'imperatore e creare relazioni tra i membri delle classi dominanti, i cui figli potevano permettersi di dedicare uno o due anni a questo tipo di formazione.

Fino al III secolo d.C., l'istituzione dell'efebia rimase un tratto caratteristico della cultura ellenica, anche nel cuore dell'impero romano, in Italia. Poco prima della sua morte, Augusto, mentre si trovava a Neapolis (l'attuale Napoli), osservava gli efebi di questa città greca che si esercitavano secondo le tradizioni antiche. E all'inizio del III secolo d.C., la piccola città beota di Tanagra aveva ancora più di sessanta efebi suddivisi in due «reggimenti» (*tagmata*). I giovani gareggiavano in otto festival in varie discipline da cui si evince una sorta di ossessione per il rispetto delle tradizioni. Una delle competizioni era la simulazione di un attacco improvviso da parte della fanteria e della cavalleria (*prosdromai*), relitto di un'epoca in cui l'efebia aveva come scopo quello di formare dei soldati. Un'altra disciplina richiedeva di trascinare un bue per una certa distanza (*boarsion*), un'antica gara tra giovani. L'efebia restò, almeno fino all'inizio del III secolo d.C., un importante strumento di socializzazione che preparava i rampolli delle famiglie dell'élite a guidare le loro comunità.

Nuovi modelli matrimoniali e la visibilità delle donne

Nella sua orazione funebre per gli Ateniesi caduti nel 430 a.C., Pericle non aveva molto da dire sulle donne: «Il non essere più deboli di quanto comporta la vostra natura sarà un grande vanto per voi, e sarà una gloria se di voi si parlerà pochissimo tra gli uomini, in lode o in biasimo». La posizione delle donne nell'antica Grecia non può essere adeguatamente riassunta dall'affermazione ideologicamente connotata di Pericle. Le sue parole di certo non rendono giustizia alla visibilità e all'influenza della sua stessa compagna, Aspasia. Il ruolo delle donne nella famiglia, nella società, nell'economia, nella religione e nella cultura era complesso e variava grandemente da città a città. Ma, di solito, le donne erano poste sotto la tutela del loro parente maschio più stretto (*kyrios*, signore): quando non erano sposate, il padre o il fratello, quando erano sposate, il marito, quando erano vedove, il figlio maschio. In molte comunità, non avevano il diritto di eredità. Non detenevano uffici pubblici, a eccezione di quelli sacerdotali. Le donne nate in una famiglia di cittadini passavano la cittadinanza ai loro figli, poiché in molte città solo i matrimoni tra cittadini erano visti come legittimi; tuttavia, esse erano escluse dalla partecipazione politica in prima persona. Naturalmente, alcune donne potevano influenzare i loro mariti. E talvolta, donne di bassa condizione sociale ma impegnate in attività professionali – nutrici, lavandaie, cuoche e cortigiane – avevano maggiore libertà di movimento e potevano disporre del proprio patrimonio (*e.g.* facendo dediche) più delle mogli e delle figlie delle classi dominanti. La vita delle donne in Grecia prima di Alessandro è troppo complessa per essere considerata semplicemente una vita all'ombra degli uomini.

Il nuovo mondo che emerse dopo le conquiste di Alessandro portò cambiamenti significativi. La migrazione fu un'importante molla di cambiamento. L'accresciuto numero di immigrati nei centri urbani rese i matrimoni tra uomini e donne di diversa cittadinanza più comuni di quanto non fossero mai stati in passato. Gli accordi tra due comunità potevano rendere possibili i matrimoni misti (*epigamia*). Nelle città che insistevano a richiedere la cittadinanza di entrambi i partner perché il matrimonio fosse considerato legittimo, i figli dei matrimoni misti erano ancora visti come illegittimi. Ma dal momento che un gran numero di Greci si trovava lontano da casa, con scarse prospettive di farvi mai ritorno e poche possibilità di trovare, all'estero, una partner della stessa città, non si facevano obiezioni a una moglie greca che avesse una cittadinanza diversa da quella del marito. Tuttavia, coloro che prestavano servizio in guarnigioni remote non avevano alternative a una moglie indigena. Già Alessandro si era reso conto delle conseguenze di una simile circostanza e aveva organizzato un matrimonio di massa tra i suoi soldati e donne iraniche.

Un contratto matrimoniale proveniente dall'Egitto, dove simili documenti sono stati conservati dai papiri, illustra questo nuovo stato di cose. Datato al 311 a.C., il contratto riguarda il matrimonio di un uomo di Temno, in Asia Minore, con la figlia di un uomo di Cos. I due uomini, insieme ai testimoni, che provenivano da Temno, Gela, Cirene e Cos, devono essere stati dei mercenari al servizio di Tolomeo I, ora stanziatisi in Egitto in modo permanente.

Eraclide prende come moglie legittima Demetria di Cos, essendo entrambi liberi di nascita, da suo padre Leptine di Cos e da sua madre Filotide; porta in dote i suoi vestiti e i suoi gioielli per un valore di 1000 dracme. Eraclide dovrà fornire a Demetria tutto ciò che si addice a una donna libera. Dovremo vivere insieme in qualunque luogo sembri il migliore a Leptine e a Eraclide, secondo una decisione presa di comune accordo. Se Demetria è colta a danneggiare in qualsiasi modo la reputazione di suo marito Eraclide, dovrà essere privata della sua dote, ma Eraclide dovrà dimostrare le sue accuse contro Demetria davanti a tre uomini, approvati da entrambi. Eraclide non potrà portare in casa un'altra donna, a insulto di Demetria, né avere figli da un'altra donna, né danneggiare Demetria in alcun modo, per nessun motivo. Se Eraclide è colto a fare una di queste cose e Demetria lo dimostra di fronte a tre uomini approvati da entrambi, Eraclide dovrà restituire a Demetria la dote di 1000 dracme che avrà portato e pagare una multa aggiuntiva di 1000 dracme della moneta d'argento di Alessandro ...

Alcuni elementi di questo contratto corrispondono alle vecchie tradizioni greche: entrambi gli sposi erano liberi; la moglie era rappresentata dal parente maschio più stretto; portava allo sposo una dote che le veniva restituita in caso di divorzio; il contratto proteggeva l'onore sia della moglie che del marito. Ma vediamo anche influenze locali: la proibizione esplicita di una seconda moglie o concubina deve essere attribuita all'influenza egizia. La caratteristica più innovativa in questo contratto, tuttavia, è il fatto che marito e moglie abbiano una diversa cittadinanza. La questione importante non era se i loro figli avrebbero avuto la cittadinanza di una città che probabilmente non avrebbero mai visto, ma la legittimità dei figli e la loro eredità.

Via via che le norme sulla legittimità del matrimonio divennero più flessibili e la cittadinanza cominciò a non essere più considerata necessaria per l'acquisizione di proprietà, le possibilità per le donne di acquistare e gestire una loro proprietà crebbero gradualmente. In età classica, una ereditiera era obbligata a sposare il suo parente maschio più stretto, poiché non poteva ereditare lei stessa; poteva solo trasferire i propri beni ai suoi figli. Questa legge, che svolgeva ancora un ruolo importante nella trama delle commedie ellenistiche e dei loro adattamenti latini, perdette gradualmente il proprio significato. Le donne ereditavano una proprietà a pieno titolo, come figlie o vedove; erano proprietarie di botteghe, grosse tenute terriere e schiavi; potevano acquisire nuove proprietà anche in virtù delle loro attività professionali. Le donne erano attive in molti mestieri, dal commercio alla medicina, anche se le professioni meglio rappresentate nelle fonti sono quelle legate all'intrattenimento, come la professione di musicista, attrice, poetessa.

Quando le donne utilizzavano la propria ricchezza per fare delle donazioni, la loro visibilità sociale cresceva. Le personalità femminili più importanti in età ellenistica – a parte le regine – erano le donne ricche note per la loro prodigalità. Di solito provenivano da famiglie facoltose, e questo metteva a loro disposizione una rete di contatti sociali, mezzi finanziari e la conseguente possibilità di elargire benefici. Se sappiamo della loro esistenza, è grazie alle iscrizioni in loro onore che ne commemorano le donazioni e le offerte. Queste donne mettono in ombra le migliaia che restano anonime, a meno che una lapide non sia stata innalzata alla loro memoria.

Le benefattrici svolgevano un ruolo importante nelle città anche in età imperiale. Grazie alla loro ricchezza, abbellivano le loro *poleis* con edifici e statue; venivano loro assegnate delle liturgie, così si sobbarcavano funzioni che sarebbero state impensabili prima del III secolo a.C., come l'ufficio «eponimo» di «portatore di corona» (*stephanephoros*) e quello di sovrintendente del ginnasio. Due donne straordinarie appartenenti a questa classe danno un'idea delle possibilità aperte dalla ricchezza. La prima è una certa Epitteta, vissuta nel III secolo a.C. Epitteta era una ricca vedova dell'isola di Thera, che aveva ereditato ingenti proprietà, ma aveva anche acquistato ulteriori terreni lei stessa. Seguendo le istruzioni del defunto marito e del figlio, completò la costruzione di un santuario delle Muse, dove furono innalzate le statue di alcuni familiari. Creò anche un'associazione di membri della famiglia che doveva riunirsi in quel santuario una volta all'anno per offrire sacrifici commemorativi a lei stessa, a suo marito e ai loro figli; i sacrifici erano finanziati attraverso una donazione. Il fatto che abbia lasciato un testamento dimostra che poteva disporre liberamente dei suoi beni.

La seconda donna straordinaria è Archippe di Cuma, vissuta alla fine del II secolo a.C. Nata in una famiglia con antenati celebri, Archippe utilizzò la proprietà che aveva ereditato per finanziare la costruzione di una sala del consiglio e per fornire fondi per una festa in onore dell'intera popolazione libera. In cambio, fu onorata con una statua, affiancata da una personificazione del Popolo rappresentato nell'atto di porre una corona sulla sua testa. Archippe ricevette una corona alla celebrazione del festival dionisiaco durante la competizione dei cori di fanciulli: vale a dire, quando ci si attendeva il maggior numero di spettatori. Si stabilì che durante il suo funerale avrebbe dovuto ricevere una corona d'oro. Per accelerare il processo di costruzione della sua statua, l'assemblea chiese a suo fratello di finanziarne la realizzazione, senza aspettarsi di ricevere indietro il denaro. Quando Archippe si riprese da una seria malattia, la città offrì pubblicamente un sacrificio di ringraziamento agli dèi, esattamente come avrebbero fatto dei figli per la guarigione della madre.

Oltre alle benefattrici, un altro gruppo di donne con una grande visibilità sociale erano le intrattenitrici itineranti. Anche questa fu un'evoluzione determinata dall'accresciuta mobilità, ma anche dalla frequenza dei festival e dalla richiesta di artisti. Poetesse, musiciste e altre figure dello spettacolo viaggiavano estesamente per il mondo greco, sole o accompagnate da parenti. Le più affermate tra loro ricevettero onori per le loro esibizioni e acquisirono ricchezza e fama. Un esempio precoce di questo tipo di donna è la suonatrice di tromba Aglaide, intorno al 270 a.C. Il suo stesso nome, ispirato a quello della Musa Aglaia, suggerisce che sia stata cresciuta come un'artista; forse apparteneva a una famiglia di gente dello spettacolo. Era nota per il suo grande appetito, che aumentava le sue capacità di suonare uno strumento come la tromba, per il quale erano richiesti forti polmoni; si dice che arrivasse a mangiare dodici kg di carne accompagnati da quattro kg di pane, e che bevesse tre litri di vino al giorno. Vera «star», era elogiata per il vigore delle sue esibizioni durante le processioni e le celebrazioni degli atleti vittoriosi. Il giorno più importante della sua carriera fu quando si esibì durante la processione alle Tolemaiche di Alessandria, indossando una parrucca e un elmo crestato.

La suonatrice d'arpa Polignota di Tebe è un altro esempio significativo. Nell'86 a.C., quando i Delfi si stavano preparando per celebrare i giochi pitici, la campagna di Silla in Grecia rese pericolosi i viaggi e la gara dovette essere cancellata. Tuttavia, Polignota – più coraggiosa dei suoi colleghi – arrivò a Delfi con suo cugino e diede una serie di concerti con un successo spettacolare. Fu onorata per la sua devozione e per la sua buona condotta professionale. Oltre a vari privilegi importanti, incluso il diritto di acquistare proprietà terriere a Delfi, ricevette un onorario di 500 dracme – più di quanto un soldato mercenario guadagnasse in un anno.

La visibilità delle donne crebbe anche in occasione delle celebrazioni religiose. Sin dai tempi più antichi, le ragazze e le donne partecipavano alle processioni e agli eventi pubblici e avevano i loro propri festival, esclusivamente femminili. Tuttavia, dal III secolo a.C. in avanti, la frequenza dei festival crebbe, e con essa anche le occasioni in cui le donne potevano uscire di casa, per assistere alle processioni e svolgere funzioni religiose. Inoltre, furono fondati nuovi festival esclusivamente femminili, come le Eisiteria a Magnesia sul Meandro, che commemoravano la dedica di una statua di Artemide Leucofriene nel suo nuovo tempio. Se si crede a un *topos* letterario, era durante le processioni o i festival che le ragazze perdevano la testa, il cuore e la verginità.

Un'indicazione dell'accresciuta mobilità delle donne è anche il fatto che esse appaiono tra i membri delle associazioni volontarie, specialmente nelle città di età imperiale. In parte per l'influenza romana, in parte su imitazione degli organi collegiali maschili, come l'assemblea, il consiglio degli anziani e le associazioni di giovani, le donne avevano le loro proprie organizzazioni corporative, composte dalle mogli di cittadini greci e romani; tali associazioni femminili sono attestate a Dion in Macedonia, a Stratonicea in Caria e ad Acmonia in Frigia. Probabilmente tenevano le loro proprie assemblee durante i festival femminili. Una delle attività testimoniate per queste associazioni era la dedica di statue onorifiche; poiché si trattava di un'attività costosa, se ne deduce che queste organizzazioni femminili potessero amministrare i loro propri fondi.

Ogni volta in cui le donne nelle società tradizionali acquistano una qualche influenza, è probabile che i difensori della tradizione reagiscano. L'ufficio di «sovrintendente delle donne» (*gynaikonomos*), introdotto in alcune città ellenistiche, era una risposta alle sfide – la protezione delle donne, del decoro e del dominio maschile – poste da un mondo che era cambiato.

Sfumature di grigio: la schiavitù nel mondo ellenistico e nell'oriente romano

La schiavitù è una delle più antiche istituzioni greche, attestata già nei documenti del XIV secolo a.C. La sua definizione è semplice: uno schiavo è un individuo di proprietà di un altro individuo o di un gruppo di individui – uno schiavo pubblico o lo schiavo di un'associazione. Spesso le definizioni legali più semplici coprono una realtà sociale molto complessa. La posizione e la vita degli schiavi dipendevano dalla loro origine etnica, dalle condizioni dell'asservimento, dal livello di istruzione e dall'occupazione svolta. C'erano uomini che erano nati schiavi, bambini esposti cresciuti come schiavi e gente nata in Nord Africa, Asia Minore e nei Balcani settentrionali venduta nei mercati di schiavi, ma anche persone che avevano perduto la loro libertà come prigionieri di guerra o vittime dei pirati, o a causa di debiti non pagati. Gli schiavi impiegati nell'amministrazione della città (*e.g.* negli archivi o nelle forze dell'ordine) e nelle case private erano in una posizione di gran lunga migliore rispetto a quelli che lavoravano in massa nelle miniere. Gli schiavi che servivano i loro padroni nel commercio, nell'artigianato e nelle attività bancarie potevano arrivare a possedere una ricchezza considerevole; quelli impegnati nella produzione agricola talvolta godevano di una qualche forma di indipendenza.

La storia della schiavitù greca – come di qualsiasi schiavitù del resto – non è soltanto, né principalmente, la storia di norme legali e di pratiche socio-economiche, ma è anche la storia di relazioni interpersonali e di esperienze individuali. Le esperienze individuali non combaciano facilmente con il quadro generale. Da una parte, ci sono storie di schiavi eponimi: Epicle, il figlio di un mercenario cretese a Cipro, catturato e venduto dai pirati, liberato e naturalizzato ad Anfissa; l'eunuco Croco, istitutore di una principessa della Cilicia; lo schiavo pubblico Filippo, che aveva mezzi finanziari a sufficienza da permettergli di fare una donazione al ginnasio di Metropoli (vedi p. 329); Epafrodito, uno schiavo di Traiano e di Adriano e imprenditore nelle cave di pietra in Egitto. Queste vite possono essere messe in contrasto, dall'altra parte, con il fato dei 10.000 anonimi che, a quanto si racconta, venivano venduti ogni giorno a Delo, le migliaia di rematori nelle navi, i gladiatori che deponevano le loro speranze di liberazione nell'uccisione dei loro avversari, i lavoratori nelle miniere e nelle cave. Nel I secolo a.C., Diodoro dipinse un quadro cupo delle attività che si svolgevano nelle miniere d'oro dell'Egitto meridionale, con la gente legata in catene, che lavorava di giorno e di notte, le lampade legate sulla fronte. I più forti fisicamente spezzavano le rocce di quarzo con martelli di ferro, poi i ragazzi, attraverso dei tunnel, le portavano fuori, dove venivano macinate da persone anziane, costrette al lavoro a suon di percosse, finché non morivano:

> E dal momento che essi non possono prendersi cura del loro corpo e mancano persino degli abiti per coprire le loro vergogne, nessuno può

guardare questi poveri sciagurati senza sentire pietà per loro, tanta è la grandezza delle loro sofferenze ... A causa della loro severa punizione, queste persone sfortunate credono che il futuro sarà sempre più terribile del presente e aspettano pertanto con ansia la morte, che considerano più desiderabile della vita.

Per quanto le storie individuali possano essere affascinanti, in questo capitolo abbiamo spazio soltanto per le tendenze generali. Anche se gli intellettuali ellenistici – specialmente Epicuro all'inizio del III secolo a.C. e il suo contemporaneo Zenone, fondatore della scuola filosofica dello stoicismo – criticavano la schiavitù, attribuendo la sua esistenza non alla natura ma alla convenzione umana, ciò che portò dei cambiamenti nella schiavitù non fu la filosofia, ma la guerra. In primo luogo, le guerre offrivano agli schiavi che vivevano in campagna l'opportunità di fuggire. In secondo luogo, in situazioni disperate le città aumentavano il numero dei loro soldati liberando e talvolta naturalizzando gli schiavi, dai quali si attendevano che combattessero per tutelare la loro nuova condizione. Terza cosa, e più importante, le continue guerre da Alessandro ad Azio, oltre alla pirateria e alle razzie, fecero crescere il numero degli schiavi che cambiavano padrone e degli uomini liberi che venivano venduti in schiavitù. Mentre i prigionieri che avevano la condizione di cittadini potevano essere riscattati dalle loro famiglie e fare ritorno a casa, gli schiavi non-greci di solito venivano venduti all'estero. Uno schiavo poteva raggiungere un prezzo di 100-300 dracme; il riscatto per una persona libera era alto almeno il doppio. I pirati si trasformarono in mercanti e in commercianti di schiavi, che seguivano gli eserciti durante le loro campagne militari, rifornivano regolarmente i principali mercati di schiavi dell'Egeo – Rodi, Delo, Creta ed Efeso. Anche se le fonti antiche ci danno il numero di donne, bambini e altri prigionieri venduti in schiavitù, specialmente nel periodo dell'espansione romana, questi numeri devono essere presi *cum grano salis*. A quanto si dice, 50.000 *perioikoi* – cioè persone libere, ma prive di cittadinanza, che abitavano in Laconia – furono fatti schiavi dagli Etoli durante una singola campagna nel 240 a.C., così come 150.000 Epiroti nel 167 a.C. furono ridotti in schiavitù dai Romani. Simili numeri, per quanto possano essere esagerati, indicano comunque che c'era un'aumentata offerta di schiavi non nati in casa. Questo non solo ebbe ripercussioni sull'economia in Italia, dove gli schiavi venivano utilizzati estensivamente nella produzione agricola e nella manifattura; ebbe anche un impatto sulla frequenza delle manumissioni. Per i padroni era vantaggioso manomettere uno schiavo, ricevendo in cambio una compensazione che corrispondeva, più o meno, al suo prezzo e che poteva pertanto essere utilizzata per comprarne uno nuovo.

La manumissione degli schiavi era praticata già in età classica, specialmente nei grandi centri urbani, come Atene. Alcune delle richieste dei fedeli all'oracolo di Zeus a Dodona alla fine del III e all'inizio del II secolo a.C. furono fatte da schiavi ansiosi di apprendere se sarebbero stati liberati; la manumissione era, pertanto, una prospettiva realistica, specialmente quando uno schiavo aveva dei risparmi per pagare il riscatto per la liberazione. Ma la libertà poteva essere una sfida. Solo gli schiavi con una qualche formazione avevano la prospettiva di camminare con le loro proprie gambe; molti schiavi devono aver sperato di poter continuare a lavorare per i loro ex padroni, offrendo dei servizi a pagamento. I liberti erano talvolta obbligati a restare nella casa dell'ex padrone fino alla sua morte e a continuare a offrire qualche servizio. Per alcuni schiavi questo obbligo, chiamato *paramone* (obbligo di restare vicino), era una benedizione. In una delle tavolette di Dodona, intorno al 300 a.C., uno schiavo chiede al dio che cosa fare riguardo alla sua manumissione per avere il diritto di restare con il suo padrone.

Nella Grecia centrale e settentrionale, le manumissioni spesso assumevano la forma di una dedica o di una cessione a una divinità. La registrazione di una manumissione proveniente da Fisco, nella Grecia centrale, e datata al II secolo a.C., è un esempio tipico:

> ... Antemone e Ofelione vendettero ad Atena un giovane schiavo della città dei Fisci, nato in casa, di nome Soterico, per il prezzo di tre mine, alle condizioni seguenti: Soterico resterà con Antemone e obbedirà ai suoi ordini finché lei sarà in vita. Se non resterà con lei o non eseguirà i suoi ordini, allora Antemone, o un delegato da lei designato, avrà il potere di punire Soterico in qualunque modo voglia. Ma se Antemone muore, Soterico sarà libero.

Dal momento che i liberti non avevano accesso alla cittadinanza e non potevano usufruire della protezione legale a essa connessa, la dedica a un dio tutelava la loro nuova condizione. Diventando «proprietà» di un dio, gli ex schiavi erano liberi dalla cattura, poiché chiunque avesse tentato di impadronirsi di loro avrebbe violato una proprietà del dio. La manumissioni, che fossero determinate dal testamento di un padrone o assumessero la forma di una transazione o di una dedica a un dio, venivano registrate su appositi documenti e poi nell'archivio pubblico. A partire dal III secolo a.C., divenne sempre più comune incidere su pietra i documenti di manumissione nei santuari. Ne sopravvivono migliaia databili tra il III secolo a.C. e il III secolo d.C. La maggiore concentrazione di documenti di manumissione di età ellenistica proviene dal santuario di Apollo a Delfi, che ne ha restituiti circa 1250. Si potrebbe obiettare che il numero di manumissioni non crebbe a partire dal III secolo a.C., ma che fosse nuova soltanto l'abitudine di registrarle sulla pietra. Ma abbiamo altre prove, come le tombe e le dediche dei liberti, a dimostrare che le manumissioni erano più frequenti alla fine dell'età ellenistica di quanto non lo fossero state in passato. Questo stato di cose può essere stato influenzato dalle pratiche romane di manumissione e dalla grande offerta di schiavi. Le manumissioni continuarono a essere comuni in età imperiale.

Un altro fattore importante per l'evoluzione della schiavitù in età ellenistica fu la concentrazione di terra nelle mani di un piccolo numero di proprietari. Questa tendenza raggiunse il culmine dopo l'avvento del principato, quando i grossi latifondi costituivano la principale risorsa finanziaria dell'élite. Riferimenti agli amministratori (*oikonomoi*) che gestivano tali proprietà, oltre alle iscrizioni onorifiche predisposte da gruppi di schiavi per il loro proprietario terriero, ne confermano l'esistenza. Inoltre, i senatori e l'imperatore romano possedevano grandi tenute nelle province orientali, e utilizzavano la mano d'opera schiavile per il loro sfruttamento.

L'avvento del principato portò ulteriori cambiamenti. I mercati di schiavi continuavano a fiorire in città come Efeso, Sardi e Tiatira. Non solo i proprietari terrieri, ma anche gli imprenditori assumevano degli agenti (*pragmateutai*) che agivano con una grande dose di iniziativa personale e godevano di una sostanziale libertà di movimento. I liberti dei cittadini romani e degli imperatori acquisivano la cittadinanza romana e questo apriva possibilità di promozione sociale, se non per loro stessi, almeno per i loro figli. Molti magistrati nelle colonie romane erano liberti o discendenti di liberti. Gli schiavi ora appaiono regolarmente tra i membri delle associazioni cultuali.

Altre categorie di schiavi che acquistano una maggiore visibilità in età imperiale sono i bambini esposti, accolti e cresciuti da un'altra famiglia (*threptoi, trophimoi*) e gli schiavi sacri (*hieroi, hierodouloi*). Ma non ogni *threptos* era uno schiavo, e alcuni «schiavi sacri» erano liberi secondo la legge laica, designati come «sacri» perché manomessi attraverso la dedica a un dio. Una categoria totalmente nuova di schiavi è formata dai gladiatori. Anche se c'erano gladiatori di stato libero, di solito erano schiavi e detenuti. Squadre di gladiatori (*ludi*) erano possedute, addestrate e sfruttate da imprenditori, e talvolta da membri dell'élite, che organizzavano giochi gladiatori legati al culto imperiale.

Il periodo imperiale sembra avere accresciuto l'eterogeneità della schiavitù e la gamma di attività a cui gli schiavi potevano dedicarsi. Gli schiavi pubblici lavoravano come guardie, scribi e personale negli archivi; gli schiavi privati erano impiegati nell'artigianato e nelle attività agricole e bancarie, mentre in casa lavoravano come precettori e supervisori dei bambini. Le schiave prestavano servizio come cameriere e nutrici. Danzatrici, musiciste, acrobate, mime e prostitute, così come le gladiatrici, erano spesso di condizione schiavile. Un venditore di schiavi greco a Roma, Marco Sempronio Nicocrate, ha una sua specialità commemorata nel suo epitafio: «commerciante di belle donne».

In età imperiale, non c'era matrimonio legale tra schiavi o schiave e uomini liberi; i figli degli schiavi erano considerati illegittimi. Tuttavia, gli schiavi che erano impiegati nelle case o nell'agricoltura potevano avere una vita familiare e i loro epitafi non differiscono da quelli degli uomini liberi. In alcuni casi, vediamo anche dei segni di affetto tra gli schiavi e i loro padroni. I liberti potevano raggiungere ricchezza e potere. Ma in che modo l'esperienza della schiavitù condizionava la vita di uno schiavo liberato? Caprilio Timoteo, un liberto di Anfipoli vissuto intorno al 100 d.C., scelse di ricordare, sul suo monumento funebre, non solo che egli era un liberto, ma anche che era diventato un mercante di schiavi lui stesso (vedi Figura 28). Fece rappresentare la sua occupazione in due rilievi: i prigionieri che camminano in catene nel registro inferiore mostrano la fonte della sua ricchezza; una scena nel registro superiore, in cui è rappresentata la produzione del vino, suggerisce che questi schiavi, forse catturati in Tracia, venissero impiegati nell'agricoltura in Macedonia. È questa un'espressione dell'orgoglio di Timoteo e della sua gioia per essere sfuggito al fato di coloro ai quali più tardi dovette la sua propria ricchezza? O è una forma di sovra-compensazione per l'umiliazione sofferta? Non lo sappiamo. Ciò che sappiamo è che nei rari casi in cui le voci personali degli schiavi ci raggiungono, la schiavitù è presentata come il peggior destino che un uomo possa aspettarsi. Un certo Menandro esprime questo concetto in un epigramma che scrisse per suo fratello Illo, schiavo e maestro di scuola nella Efeso

28. Il monumento funebre di Timoteo, un ex schiavo che divenne mercante di schiavi.

del I secolo d.C.: «La Sorte ti compiange, la dura Necessità commisera la tua condizione di schiavo, che il Fato ha filato per te». Né i discorsi filosofici, né le leggi resero in alcun modo migliore questo fato.

15
Dal culto cittadino al megateismo
Le religioni in un mondo cosmopolita

Tendenze globali, esperienze individuali

Nel suo mimo in versi, «Le donne alla festa di Adone», il poeta Teocrito, nato a Siracusa ma attivo ad Alessandria all'inizio del III secolo a.C., descrive in che modo due donne di Siracusa vivono una festa ad Alessandria. Gorgo invita la sua amica Prassinoa ad andare con lei a visitare il palazzo per la celebrazione delle festa annuale in onore di Adone:

> (Gor.) Andiamo al palazzo del ricco re Tolemeo, voglio vedere Adone; ho sentito dire che la regina ha preparato qualcosa di bello.
> (Prass.) A casa del ricco tutto è ricco.
> (Gor.) Cose che, quando le hai viste, le puoi raccontare a chi non le ha viste.

Facendosi faticosamente strada tra la folla, le due donne arrivano al palazzo:

> (Gog.) Prassinoa, vieni qui. Prima di tutto guarda quei drappi variopinti, come sono fini e belli. Li diresti vesti di dèi!
> (Prass.) Atena veneranda, che brave tessitrici li hanno lavorati, e che artisti hanno fatto quei disegni così precisi! Come stanno vere, e come si muovono vere le figure; sono vive, non tessute! Ne ha d'ingegno l'uomo! E guarda lui, che meraviglia, come giace sul letto d'argento, con la prima barba che gli scende dalle tempie, l'amatissimo Adone, amato anche nell'Acheronte.

Questo mimo, con tutte le esagerazioni connaturate al genere, riassume alcuni aspetti centrali dell'esperienza religiosa nel mondo cosmopolita che emerse dopo le conquiste di Alessandro. Notiamo il carattere urbano e «internazionale» del culto: le protagoniste del mimo sono due donne siciliane; partecipano alla festa in onore di un dio di origine orientale, un nuovo arrivato in Egitto. Prassinoa è affascinata dall'illusione creata dalle immagini. Fortemente impressionata dalla decorazione del carro su cui appare l'immagine del dio, la donna usa l'acclamazione rituale «l'amatissimo Adone» – una manifestazione emotiva di devozione. Riconosciamo l'importanza del sovrano in questa celebrazione spettacolare. Infine, una festa religiosa è vissuta come un'esperienza estetica. Le due donne partecipano alla festa come pubblico di una rappresentazione scenica della quale poi potranno parlare. Simili elementi caratterizzano, più in generale, l'esperienza religiosa nel mondo ellenistico e, più tardi, nell'impero romano.

I processi di trasformazione religiosa talvolta richiedono un esame attraverso lunghi periodi di tempo, anche se questo lascia, inevitabilmente, poco spazio per lo studio delle differenze locali e delle evoluzioni di breve termine. A partire dal IV secolo a.C. circa fino alla metà del II secolo d.C., il mondo greco nella sua interezza fu attraversato dalle stesse tendenze, ma a livelli diversi. Si deve tener conto delle differenze regionali: per esempio, nelle città greche della costa nord del mar Nero, le pratiche religiose comportavano la fusione di divinità greche, traci, scite e iraniche, mentre i villaggi dell'Anatolia continuavano a eseguire riti che affondavano le loro origini nell'età del bronzo e a venerare dèi locali sotto una veste greca.

In questo lungo periodo, vi furono significativi punti di svolta. Nei primi decenni dopo le conquiste di Alessandro, come conseguenza della migrazione dei coloni greci in Egitto e in oriente, crebbe la familiarità con le religioni straniere, furono stabiliti nuovi culti, emerse la tendenza a gratificare di onori divini re ancora vivi o sovrani defunti e le associazioni per il culto privato divennero molto comuni nei centri urbani. Nella fase successiva, all'incirca dalla celebrazione delle Tolemaiche ad Alessandria poco dopo il 280 a.C. (vedi pp. 77-78) alla conquista della Grecia continentale da parte dei Romani nel 146 a.C., si osserva come le città greche riorganizzarono e migliorarono i vecchi festival, fondarono nuove gare e promossero culti locali che erano importanti per l'espressione dell'identità e l'acquisizione dei privilegi. Molte missioni diplomatiche per il riconoscimento dell'inviolabilità (*asylia*) dei santuari hanno luogo in questo periodo, così come i decreti relativi alle celebrazioni più spettacolari dei festival tradizionali. Le tendenze principali delle fasi precedenti culminano in una terza fase, dallo stabilimento di un'amministrazione provinciale romana in Grecia fino all'inizio del dominio di Augusto – vale a dire, dal 146 al 27 a.C.: le associazioni cultuali divennero significativi luoghi di preghiera e crebbe l'importanza dei culti misterici. Espressioni di devozione privata erano molto più comuni ed elaborati che nei periodi precedenti. Queste tendenze continuarono in condizioni di pace e mobilità nella quarta fase – i primi due secoli del principato, dal 27 a.C. circa al regno di Marco Aurelio (161-180 d.C.). Oltre al culto imperiale, che divenne una delle occasioni più importanti per i sacrifici e le competizioni nelle città e nelle regioni dell'impero (vedi pp. 275-279), furono rivitalizzati i vecchi culti locali e organizzate celebrazioni sontuose. Il patriottismo locale, la competizione tra città e la dimostrazione di generosità da parte dell'élite rafforzarono questo processo. I culti misterici e la associazioni cultuali offrivano agli espatriati, inclusi i soldati, i commercianti, i liberti e gli schiavi, la possibilità di appartenere a una comunità – una comunità di fedeli. Il bisogno di protezione divina rafforzò l'attaccamento dei singoli a culti al di fuori di quelli tradizionali delle città, o in concomitanza con essi. La diaspora ebraica, molto importante già in età ellenistica ma che si intensificò dopo il fallimento della rivolta giudaica in Giudea e Cirenaica, contribuì a uno scambio tra i gruppi religiosi. I bisogni escatologici e il desiderio di una connessione forte e continua tra i mortali e il divino era stata soddisfatta fino a questo momento da culti che richiedevano una devozione profonda, quasi esclusiva, a un dio. Nel I secolo d.C., il Cristianesimo offrì una risposta nuova. La mobilità delle idee nell'impero romano facilitò l'ibridazione delle religioni, poiché i filosofi itineranti, i «santoni» e i primi proseliti cristiani divennero un fattore importante in questo movimento delle idee.

Che cosa c'è di «ellenistico» nelle religioni della «lunga età ellenistica»?

Si potrebbe affermare che poco sia cambiato nella religione greca nei secoli successivi ad Alessandro Magno. I Greci continuavano a venerare i loro vecchi dèi. C'è da dire che ne aggiunsero di nuovi, ad esempio Serapide e Mitra, ma questo non può essere considerato un fenomeno nuovo. Lo avevano già fatto spesso in passato. Per esempio, il culto della dea trace Bendis era stato introdotto ad Atene alla fine del IV secolo a.C.; divinità anatoliche e vicino-orientali come Cibele e Adone erano onorate in tempi ancora più antichi. Gli dèi greci continuarono a essere assimilati, identificati o venerati insieme alle divinità straniere, come accadde per Artemide e la persiana Anahita, Hermes e l'egizio Thot, Zeus e l'anatolico Sabazio. La forma di celebrazione del culto restò immutata, con processioni, sacrifici, libagioni, inni, preghiere e competizioni atletiche e musicali. Naturalmente, furono introdotti nuovi rituali dietro l'influenza delle religioni straniere. L'accensione delle lampade nei templi degli dèi, tradizionali e nuovi, imitava una pratica egizia. Ma questi nuovi rituali non cambiarono nella sostanza il carattere del culto. Gli oracoli continuavano a dare le loro ambigue risposte ai fedeli frustrati. E mentre i filosofi continuavano a speculare sulla natura del divino, come avevano fatto fin dal VI secolo a.C., uomini e donne di tutti gli strati sociali continuavano a praticare la magia, sperando in questo modo di proteggere se stessi e di rendere miserabili le vite dei loro nemici. I mortali continuavano ad avere una conoscenza incerta di cosa sarebbe successo dopo la morte, compensando questa ignoranza con immagini molto elaborate e spesso contraddittorie dell'aldilà e basando le loro speranze in una vita felice dopo la morte sull'iniziazione ai culti misterici, come avevano fatto per secoli. Miti, santuari e culti erano sempre stati oggetto di uno sfruttamento politico e diplomatico, e questo non cambiò dopo le conquiste di Alessandro. In età ellenistica, mortali, re e benefattori erano onorati come dèi, talvolta dopo la loro morte, ma anche in vita; dopo il 196 a.C., a loro si unirono anche i generali romani e, più tardi, gli imperatori. L'attribuzione di onori divini ai mortali non è un'innovazione ellenistica. C'è dunque qualcosa di veramente nuovo nella religione e nel culto dalla fine del IV secolo a.C. alla metà del II secolo d.C., al di là dell'istituzione di molti nuovi festival religiosi e dell'introduzione di qualche nuova divinità nel pantheon? Per rispondere a questa domanda, dobbiamo prendere in considerazione qualcosa di più astratto: lo *Zeitgeist*, lo spirito del tempo. In che modo le pratiche e le concezioni religiose dal IV secolo a.C. in avanti corrispondono alla mentalità contemporanea generale?

Un modo di affrontare lo *Zeitgeist* dell'età ellenistica e del primo principato è di studiarne il vocabolario specifico: vale a dire, le espressioni utilizzate più spesso nei documenti dell'epoca. Ogni periodo storico ha le sue parole chiave che riflettono le preoccupazioni e le priorità di un'epoca – ai giorni nostri, per esempio, «sostenibilità», «trasparenza», «social network» e così via. Possiamo riconoscere queste parole nel periodo che stiamo esaminando nei documenti pubblici, specialmente nei decreti dell'assemblea e nelle opere degli storici contemporanei. Parole che compaiono o per la prima volta, o con una maggiore frequenza che in passato ci danno indizi significativi sui valori e le preoccupazioni dell'élite intellettuale e politica che influenzava il dibattito, rivitalizzava i vecchi costumi, introduceva nuove pratiche, stabiliva le priorità e rispondeva alle richieste.

Vari termini ed espressioni riflettono la mentalità religiosa contemporanea. *Spoudé* (brama) e *zelos* (emulazione della gloria) esprimono una tendenza alla manifestazione intensa e visibile della devozione. *Epauxanein* (accrescere) corrisponde ai cambiamenti quantitativi nelle celebrazioni: non c'è quasi nulla di nuovo nella religione dopo il IV secolo a.C., ma tutto era più grande di quanto non fosse mai stato prima. La formula «così che sia chiaro a tutti che la comunità mostra la sua gratitudine», una frase che conclude i decreti onorifici, riflette la tendenza alla manifestazione teatrale dei sentimenti. Il termine *paradoxon* rivela l'attenta registrazione dei contrasti e il fascino esercitato dall'opposizione tra aspettativa e cambiamento improvviso, tra speranza e destino ineluttabile. Infine, gli epiteti laudativi utilizzati nelle acclamazioni e negli elogi degli dèi esprimono una certa attitudine verso il divino. Gli epiteti *epekoos* (che ascolta le preghiere), *soter* (salvatore), *megas* (grande) e *heis* (genitivo: *henos*, uno, unico) riflettono il desiderio dei mortali di ricevere protezione divina dai pericoli e di stabilire un legame personale con un dio. I termini moderni «soteriologia», «enoteismo» e «megateismo», che si riferiscono alla forte devozione personale verso un dio e alla popolarità di divinità e culti che promettono la sicurezza in questo mondo e la redenzione nell'altro, derivano da questi epiteti (vedi p. 378).

Un secondo metodo di approccio ai tratti «ellenistici» della religione è considerare i fattori che plasmarono il mondo in questo periodo e di conseguenza influenzarono la religione e i sentimenti religiosi. In primo luogo, la monarchia prima e il potere imperiale poi ebbero un visibile impatto sulle pratiche religiose. Oltre al culto del sovrano e al culto dell'imperatore (vedi pp. 113-120 e 275-279), l'istituzione della monarchia influenzò il culto religioso attraverso il suo interesse alla manifestazione del lusso. I festival che venivano celebrati nelle capitali reali dettavano le mode. I re valevano come agenti religiosi in vari modi. Promuovevano culti che erano connessi con le loro case – Tolomeo I, per esempio, promosse il culto di Serapide. Favorivano i santuari con la loro protezione e i loro doni, competendo tra loro per ostentare il proprio potere in centri di culto tradizionali, come Delfi e Delo. Intervenivano attivamente nelle questioni religiose – per esempio, la traduzione della Thora dall'ebraico al greco fu resa possibile dal sostegno economico di Tolomeo II. Infine, i loro soldati trasferivano le tradizioni religiose della loro madrepatria ai luoghi in cui prestavano servizio.

In secondo luogo, la creazione di grossi regni multietnici e l'unificazione del Mediterraneo orientale e del Vicino oriente sotto il dominio romano fecero crescere la mobilità delle popolazioni, contribuendo così alla disseminazione delle idee religiose e delle pratiche di culto. La partecipazione degli stranieri e dei residenti stranieri ai culti pubblici delle città divenne più comune, e le attività delle associazioni di culto private fecero crescere la diversità religiosa. La mobilità religiosa era rafforzata anche dagli intensi contatti diplomatici tra le città, le confederazioni, i re e le autorità romane. La guerra era un altro fattore di straordinaria importanza, non solo perché contribuiva alla mobilità, ma anche perché rafforzava la convinzione che la sicurezza e il benessere degli uomini dipendessero dalla loro comunicazione efficace con gli dèi e dal buon rapporto stabilito con loro.

Nelle città, tra i fattori ulteriori che ebbero un impatto sulla religione si possono menzionare la maggiore visibilità e il maggiore potere delle donne; l'influenza sull'innovazione religiosa esercitata da uomini (e poche donne) con una fede forte; il sostegno offerto ai culti e ai santuari dai benefattori; il contributo dell'élite allo sviluppo della religione – tramite l'istituzione di nuovi culti, l'organizzazione di celebrazioni spettacolari, la rivitalizzazione dei vecchi riti e l'introduzione di nuovi.

I festival

Il geografo Strabone, che scriveva nel I secolo a.C. basandosi però su una fonte precedente, afferma che a Tara le feste di stato erano più numerose dei giorni lavorativi. Un'affermazione simile su Atene è fatta dal viaggiatore ellenistico Eraclide. Ciò che un visitatore poteva trovare nella città nel III secolo a.C. erano «feste di ogni tipo», divertimenti e ricreazione intellettuale grazie alla presenza di «filosofi provenienti da ogni parte del mondo ..., molte opportunità per trascorrere il tempo libero; spettacoli senza interruzione» (vedi p. 127). Anche se queste affermazioni non possono essere prese alla lettera, le celebrazioni erano un fenomeno molto più frequente nelle città ellenistiche e imperiali di quanto non lo fossero state nei periodi precedenti. A Cos, il calendario delle celebrazioni che si tenevano nel ginnasio locale intorno al 150 a.C. elenca otto sacrifici e festival, nel solo mese di Artemisio, in cui la partecipazione dei giovani del ginnasio era obbligatoria: la festa di Poseidone nel quarto giorno, una processione per re Eumene II nel sesto, il festival di Apollo e processioni ai santuari di Apollo Ciparissio e dei Dodici Dèi nel settimo, il festival di Zeus Soter, finanziato da Filocle, nel decimo, un sacrificio a Dioniso nel dodicesimo, una processione al santuario di Apollo Delio nel quindicesimo, una processione in onore delle Muse nel diciannovesimo e una processione per re Attalo II nel ventiseiesimo. Tre di queste processioni erano state aggiunte nel periodo ellenistico: due per onorare re ellenistici e una finanziata da un benefattore. Il numero di celebrazioni crebbe continuamente, specialmente dopo la metà del II secolo a.C. Più di 500 festival agonistici – festival uniti a gare atletiche e/o musicali – furono celebrati in Grecia e in Asia Minore nel II secolo d.C.

Molti fattori contribuirono all'esplosione di una cultura dei festival. Le nuove città dovettero stabilire i loro propri festival; alcuni eventi politici, di solito le vittorie militari, portavano alla creazione di nuove feste; i membri delle élite locali usavano la celebrazione dei festival come una delle arene della competizione tra loro, facendo donazioni per rendere le celebrazioni sempre più lussuose, istituendo fondazioni, rivitalizzando vecchie tradizioni o prestando servizio come funzionari responsabili dei festival e delle gare. Oltre ai nuovi festival pubblici, emerse un nuovo fenomeno quasi sconosciuto nella Grecia pre-ellenistica: la fondazione di festival finanziati da privati, spesso per commemorare un membro defunto di una famiglia importante. Una nuova forma di celebrazione fu l'accoglienza ritualizzata nelle città dei re, dei messi stranieri, dei magistrati romani e, più tardi, degli imperatori e delle loro famiglie. Gare teatrali ritualizzate, una rarità in età classica, erano un fenomeno comune in età ellenistica, attestato in quasi tutte le città che avevano un numero significativo di abitanti. Infine, un altro fattore importante fu la diffusione dei ginnasi. Questi non erano solo luoghi di addestramento e di preparazione militare e atletica; erano anche la sede di competizioni e di celebrazioni regolari.

Le fonti antiche di solito fanno riferimento ai festival attraverso la perifrasi «processione, sacrificio e gara» (*pompe kai thysia kai agon*), sottolineando in questo modo le principali componenti delle celebrazioni religiose: il sacrificio era l'elemento cultuale più importante; le competizioni atletiche e musicali costituivano la parte più spettacolare della festa; la processione richiedeva la partecipazione attiva di un gran numero di cittadini e di non cittadini e poteva pertanto essere facilmente soggetta a dettagliate «istruzioni organizzative». Un'iscrizione proveniente da Mallo (Antiochia sul Piramo) in Cilicia esemplifica la combinazione di tradizione e innovazione evidente nei nuovi festival. Intorno alla metà del II secolo a.C., in questa città fu stabilito un festival per onorare la personificazione della Concordia (Homonoia) e per commemorare la fine di un conflitto con Tarso (Antiochia sul Cidno). A Homonoia fu dedicato un altare e

> nel giorno in cui l'altare sarà fondato, si terrà una processione, il più possibile bella ed elegante, dall'altare del consiglio al santuario di Atena. La processione sarà guidata dal *demiourgos* [primo magistrato] e dai *prytaneis* [consiglieri]. Offriranno il sacrificio di una vacca con le corna dorate ad Atena e a Homonoia. I sacerdoti, tutti gli altri magistrati, i vincitori dei giochi, il responsabile del ginnasio con tutti gli efebi e i giovani, il responsabile dei fanciulli con tutti i fanciulli dovranno partecipare alla processione. Questo sarà un giorno di festa; tutti i cittadini indosseranno ghirlande; tutti saranno dispensati dal lavoro; gli schiavi saranno liberati dalle catene ...

Le autorità furono invitate a utilizzare gusto, immaginazione e soldi, o a rifarsi ai modelli osservati in altri festival, per rendere la celebrazione «il più possibile bella ed elegante». Tre aspetti principali emergono dai discorsi dell'epoca sui festival e le processioni: dimensioni, estetica e valenze politiche.

L'aumento della dimensione dei festival – durata, spese e numero di partecipanti – è la tendenza più immediatamente evidente. I festival organizzati dai re avevano fissato nuovi standard. Dal momento che i festival erano un aspetto importante dell'auto-rappresentazione monarchica, essi erano organizzati e realizzati in modo sontuoso per avere un grosso impatto e dimostrare il potere. Questo modo di concepire i festival era imitato, su scala ridotta, dalle città, e anche dai privati. Gli organizzatori dei festival cittadini non potevano competere con le celebrazioni monarchiche, come le Tolemaiche di Alessandria (274 a.C. circa; vedi pp. 77-78), ma cercarono almeno di superare i loro predecessori e le altre città. Le città potenziarono le competizioni e aumentarono i premi per gli atleti vittoriosi. Furono presi provvedimenti per far crescere il numero di partecipanti, sacerdoti, magistrati, vincitori, efebi, cittadini e residenti stranieri. Le dimensioni erano importanti. Importanti erano anche la bellezza e l'ordine.

Le processioni sono sempre state oggetto di una pianificazione accurata, poiché riflettono le strutture sociali e politiche, ma anche perché l'estetica era una delle strategie impiegate dai mortali per attirare l'interesse degli dèi. Dalla metà del IV secolo a.C. in avanti, osserviamo una maggiore attenzione all'estetica e alle – per così dire – «indicazioni di scena». Le normative sacre non si pronunciano solo sulle questioni relative ai riti religiosi, ma si preoccupano anche di dare precise indicazioni su come debbano comportarsi i partecipanti, nonché sulla preparazione, l'organizzazione, gli ornamenti da utilizzare e lo svolgimento effettivo della processione: la pulizia delle strade interessate dal suo passaggio, l'acquisto degli strumenti e degli oggetti da portare in processione, gli abiti dei magistrati e della popolazione, la sequenza degli animali da sacrificare, secondo la loro bellezza, la partecipazione dei cavalieri, l'accompagnamento musicale e la disposizione dei partecipanti in gruppi a seconda della tribù di appartenenza, dell'età, della gerarchia, del prestigio o dei compiti di ciascuno. Una normativa cultuale sui culti misterici ad Andania, vicino a Messene, all'inizio del I secolo d.C. non rivela nulla sui riti di iniziazione, ma dà informazioni dettagliate su una processione spettacolare che iniziava a Messene e giungeva fino al santuario dei Grandi Dèi ad Andania forse tre ore più tardi. A guidare la processione era Mnasistrato, la persona responsabile della riorganizzazione del culto; lo seguivano le autorità sacre, suonatori di flauto, le «ragazze sacre» che accompagnavano i carri su cui erano trasportati gli oggetti sacri dei misteri, la donna che aveva organizzato il banchetto per Demetra e le sue assistenti, le «donne sacre» che impersonavano le dee, gli «uomini sacri» e gli animali sacrificali. Veniva posta grande attenzione alla solennità, al decoro e all'ordine. Le normative stabilivano gli abiti esatti che dovevano essere indossati dai funzionari e dai fedeli: corone per gli «uomini sacri», copricapo bianchi e lunghe vesti per le «donne sacre», una tiara per i «sommi adepti» all'inizio dell'iniziazione e una corona d'alloro alla fine, vesti bianche e piedi nudi per gli altri iniziati. Le donne non dovevano indossare vesti trasparenti o con bordi ampi, gioielli, acconciature stravaganti o trucco eccessivo. I decreti in onore di singoli individui responsabili della buona organizzazione dei festival pongono in primo piano la bellezza della processione. Un decreto dalla città macedone di Calindia nell'1 d.C. onora un benefattore locale per l'organizzazione di una processione «artistica/vivace» e «degna di essere vista». I magistrati responsabili vengono onorati per aver offerto uno spettacolo piacevole e bello.

Vari fattori storici e culturali determinarono questo forte interesse per gli aspetti estetici del culto degli dèi. L'onnipresenza di elaborate rappresentazioni drammaturgiche in questo periodo accrebbe l'interesse per la teatralizzazione delle celebrazioni. Via via che aumentavano le possibilità di viaggiare, si diffondevano anche le informazioni relative alle celebrazioni più innovative e spettacolari, così che le singole comunità erano indotte a emulare o a superare quanto era stato fatto altrove. Il festival celebrato in una città poteva facilmente essere sulla bocca di tutti in un'altra. Ma c'era un ulteriore fattore in gioco: il desiderio di sperimentare la presenza del divino. I termini *enargeia* (vividezza) e *enarges* (vivido), che in retorica e letteratura si riferiscono all'abilità di un oratore o di un autore di far sentire al pubblico che sta effettivamente assistendo a quanto viene descritto a parole, sono spesso utilizzati in contesti religiosi. Si riferiscono a manifestazioni del potere divino con un forte impatto emotivo sui singoli individui o sui gruppi presenti. La teatralizzazione delle celebrazioni era uno dei modi utilizzati per rendere il potere divino «più evidentemente manifesto» (*enargestera*), così da mantenere l'illusione della presenza del dio e suscitare le emozioni appropriate.

Un'altra ragione per cui i festival erano così importanti in questo periodo erano i vantaggi politici che essi offrivano. Per una *polis* costituivano l'occasione per intraprendere una missione diplomatica, attrarre visitatori, dimostrare lealtà verso un re o un imperatore, organizzare una fiera, autorappresentarsi, trasmettere ai giovani le tradizioni, rafforzare la propria coesione interna e distrarre l'attenzione dei poveri dai loro problemi.

La paura della guerra e delle incursioni faceva sì che le città fossero molto inclini a vedere riconosciuta dalle altre comunità la propria inviolabilità dagli attacchi esterni (*asylia*). Molto spesso, l'invio di messaggeri alle città, alle confederazioni e ai re con la richiesta di *asylia* coincideva con la riorganizzazione di un festival e con l'invito ad altre comunità greche a partecipare. Cos chiese l'*asylia* per il santuario di Asclepio nel 242 a.C., e Tenos per il santuario di Poseidone e Anfitrite, così come per l'intera isola, più o meno nello stesso periodo; queste due città furono seguite da Magnesia, che dichiarò inviolabile il suo intero territorio quando riorganizzò il festival di Artemide Leucofriene nel 208 a.C., e Teo, che dedicò il suo territorio a Dioniso nel 203 a.C.

Le ambascerie inviate da Cos, Magnesia e Teo all'intero mondo greco sono le imprese diplomatiche meglio documentate a noi note dell'antichità greca. La dichiarazione di *asylia* divenne così comune – e causa di problemi, dal momento che i criminali approfittavano dell'*asylia* dei santuari per evitare di essere puniti – che nel 22 d.C. il senato romano riesaminò, caso per caso, tutte le richieste di inviolabilità e finì per rigettarne la maggior parte.

Tutti i festival che furono istituiti in età ellenistica, e molti dei nuovi festival dell'età imperiale, avevano una base politica e laica. Venivano istituiti per commemorare un evento politico recente – una vittoria in guerra, la liberazione da una guarnigione straniera o la restaurazione della libertà e della democrazia – per onorare un re o un imperatore, o per ricordare un benefattore. In questi festival, i riti religiosi erano inseriti in un esplicito contesto politico. Quando gli Ateniesi celebravano le Panatenaiche dal VI secolo a.C. in avanti, onoravano Atena; quando gli Etoli introdussero i Soteria nel III secolo a.C., onoravano Apollo Pizio e Zeus Soter. Ma gli Ateniesi commemoravano la vittoria di Atena su Poseidone, mentre gli Etoli celebravano la *loro* vittoria sui Galli. Non tener conto della differenza vorrebbe dire ignorare la funzione laica assegnata ai nuovi festival da parte delle autorità che li istituirono.

Un buon esempio delle funzioni politiche dei festival ellenistici è fornito da un decreto relativo a una delle feste ateniesi più antiche: le Targelie. I riti principali di queste celebrazioni erano l'offerta delle primizie ad Apollo Patroo, il patrono degli avi, e il rituale del capro espiatorio. Quando fu riorganizzato nel 129/128 a.C., divenne un festival patriottico inteso a celebrare le imprese degli avi. L'uomo che preparò la bozza di decreto spiega:

> È regola dei nostri avi, costume del *demos* ateniese e tradizione ancestrale mostrare il massimo rispetto della pietà verso gli dèi. È per questo motivo che gli Ateniesi hanno ottenuto la fama e la lode per le imprese più gloriose, sia per terra che per mare, in molte campagne terrestri e a bordo delle navi, iniziando sempre tutte le loro attività con un omaggio a Zeus Soter e con l'adorazione degli dèi. E c'è anche Apollo Pizio, dio avito degli Ateniesi e interprete di tante cose belle, e allo stesso tempo salvatore di tutti i Greci, figlio di Zeus e di Latona.

Furono presi provvedimenti per «aumentare i sacrifici e gli onori in modo bello e pio». Questo testo combina i principali aspetti che caratterizzano i festival ellenistici: accrescimento, bellezza e valenze politiche.

La popolarità mutevole dei vecchi dèi

Una strana storia è narrata da Plutarco nella sua opera *Il tramonto degli oracoli*. Un certo Tamo stava navigando vicino alla piccola isola di Passo, diretto verso l'Italia, durante il regno di Tiberio (14-37 d.C.), quando sentì una voce che lo incitava a proclamare questa notizia: «Pan è morto!». Gli dèi antichi a volte morivano, ma morivano con uno scopo: rinascevano periodicamente, rappresentando il ciclo annuale della natura – si ritiene che sia così per lo Zeus cretese; oppure la loro morte e il loro ritorno alla vita divina diventava il fondamento di un culto misterico, come nel caso di Dioniso e di Osiride; o era parte di un accordo particolare – i Dioscuri, fratelli inseparabili, passavano un giorno sì e uno no nell'aldilà; oppure la morte era rievocata ogni anno in un contesto rituale, come nel caso di Adone. Gli dèi greci non morivano in quanto dèi, almeno non fino alla diffusione del Cristianesimo – e, secondo uno dei primi episodi di *Star Trek*, si ritiravano semplicemente a Pollux IV, impossibilitati a mantenere il loro potere senza l'amore dei mortali.

Non è chiaro il significato della presunta morte di Pan. Ma è certo che i culti dei singoli dèi avevano i loro alti e bassi. Le iscrizioni menzionano ripetutamente il fatto che si dovette ripristinare un certo culto per la pia iniziativa di un fedele, di un sacerdote o di un magistrato. Talvolta la ragione era, semplicemente, la mancanza di fondi per il mantenimento di un culto. In alcune città ellenistiche, i sacerdozi venivano messi pubblicamente all'asta, per assicurare la presenza costante di un cittadino che garantisse l'esecuzione regolare dei riti e la cura degli spazi sacri. Talvolta il culto di un certo dio declinava mentre la popolarità di un'altra divinità aumentava. La costellazione di dèi venerati in una qualsiasi città greca – ciò che si definisce di solito il «pantheon» di una *polis* – cambiava continuamente.

Bisogna ammettere che il culto di certi dèi non fu mai toccato da simili cambiamenti. La prima posizione tra questi spetta all'onnipotente Zeus, seguito da Atena, la protettrice delle rocche, e Demetra, la dea della fertilità, i cui riti sacri erano celebrati annualmente dalle donne di tutto il mondo greco. Altre divinità centrali includevano Dioniso, non solo dio del teatro, ma associato anche a riti orgiastici e garante di una vita felice oltre la morte a quanti erano iniziati ai suoi misteri; Apollo, dio della musica, degli oracoli, della purezza e della guarigione; la cacciatrice Artemide, protettrice delle donne, specialmente durante il parto; Afrodite, dea dell'amore, venerata anche come patrona dei magistrati; Hermes, il patrono dei viaggi e delle transazioni; Estia, protettrice del focolare domestico. A partire dal V secolo a.C., Asclepio, il dio della medicina – venerato originariamente solo in pochi luoghi – divenne una delle divinità più popolari. Anche se Eracle non era uno degli dèi olimpici tradizionali, era il dio invocato da molti nei momenti di bisogno.

Anche prima delle conquiste di Alessandro, i contatti dei Greci con le religioni straniere comportarono l'assimilazione degli dèi stranieri ai loro corrispettivi ellenici, oltre all'introduzione di nuove divinità, onorate con nomi stranieri o greci: la cacciatrice trace Bendis, la Grande madre anatolica Cibele, il dio del Vicino oriente Adone, gli egizi Amun e Iside ecc. L'introduzione di culti dall'Asia e dal Nord Africa si intensificò, naturalmente, durante le campagne di Alessandro; inoltre, la conquista romana della Grecia e la fondazione di colonie romane portò varie divinità italiche nei Balcani, in Asia Minore e nel Vicino oriente. Tra questi la triade capitolina – Giove, Giunone e Minerva, rispettivamente assimilati a Zeus, Era e Atena – e il patrono dei boschi, Silvano.

In molti luoghi, le divinità più importanti erano dèi locali di origine molto antica, come Dictinna e Britomarti a Creta, o quelle tradizionalmente associate con una città, come le Nemesi a Smirne. Le popolazioni non greche del nord dei Balcani e dell'Asia continuarono a venerare i loro dèi indigeni tradizionali. Talvolta abbiamo fonti scritte su queste divinità solo dopo che i livelli di alfabetizzazione delle popolazioni indigene sono aumentati con la diffusione della lingua greca come lingua franca. Con l'aumento del numero delle iscrizioni in greco, vengono ora menzionati i nomi di divinità che erano venerate da secoli ma che avevano lasciato scarsa traccia della loro popolarità, spesso assimilate a dèi greci. Per esempio, una divinità popolare in Tracia era il cosiddetto «cavaliere trace», di solito associato con Apollo e Asclepio e rappresentato come un giovane cavaliere che si avvicina a un altare e a un albero con un serpente avvolto intorno al suo tronco (vedi Figura 29). Veniva onorato come «eroe», dio salvatore (*soter*) e che ascolta le preghiere (*epekoos*).

La popolarità degli dèi è spesso indicata dagli epiteti elogiativi con cui erano invocati nelle preghiere e nelle acclamazioni. Tali epiteti mo-

29. Il rilievo funerario di Kotys, un «nuovo eroe»,
decorato con un'immagine del cavaliere trace.

strano affetto, devozione e la convinzione che gli dèi rispondano alle richieste e ai bisogni umani. «Salvatore» – *soter* per gli dèi, *soteira* per le dee – è uno dei più comuni, utilizzato anche per vari re ellenistici e mortali divinizzati. Ci si aspettava che un dio invocato ed elogiato come *soter* offrisse protezione in tutte le situazioni potenzialmente mortali: malattie, terremoti, cataclismi, crimini e guerre. Dèi come Zeus, la sua figlia guerriera Atena, onorata come Poliade (patrona della cittadella) e Nikephoros (portatrice di vittoria), Artemide, i Dioscuri, protettori dei naviganti e dei soldati, ed Eracle, associato con la giusta vittoria (Kallinikos), dovevano la loro popolarità al loro *status* di patroni della guerra. Ma i soldati e i difensori delle città potevano invocare il potere protettivo di molti dèi, da Pan, dio del panico, ad Ares, dio tradizionale della guerra, ad Afrodite Stratia, capo delle armi, a Hermes, il difensore delle porte della città (*propylaios*) e a Ecate, la regina dei trivi, della magia e della notte. In epoca imperiale, questa funzione protettiva fu attribuita anche all'imperatore romano.

Nell'età dell'impero, nelle condizioni di relativa pace che prevalevano in molte parti del mondo greco, la protezione cercata dai singoli fedeli e dalle comunità implicava il sollievo da altri problemi: carestie, problemi fiscali, il deterioramento del paesaggio urbano, il brigantaggio e, soprattutto, la malattia. Questo spiega la popolarità di Apollo, di suo figlio Asclepio e di sua sorella Artemide. Ma tutta una serie di dèi vecchi e nuovi aveva funzioni analoghe: ad esempio la Madre degli dèi (*Meter Theon*), un'antica divinità anatolica assimilata a Latona (madre di Apollo e Artemide), il nuovo dio guaritore Glicone, Nuovo Asclepio (vedi pp. 392-394), e altre divinità di origini diverse i cui culti si erano diffusi attraverso le estese reti di contatti e la mobilità. Il culto di alcune divinità egizie, il culto di *Theos Hypsistos*, i culti orientali e misterici e il Cristianesimo meritano di essere qui trattati in modo più dettagliato.

Culti egizi ed egizianeggianti

I Greci avevano familiarità con i culti egizi molto prima che Alessandro conquistasse l'Egitto. Amun, identificato con Zeus, veniva venerato già nel V secolo a.C. e immigrati e commercianti egizi avevano portato il culto della grande dea lunare Iside, sorella e moglie di Osiride, ad Atene nel IV secolo a.C. Ma questo trasferimento di culto non può essere paragonato con la diffusione massiccia di culti egizi a partire dal III secolo a.C. in poi, e soprattutto dopo la conquista romana. Iside, Osiride e Serapide erano onorati da soli o insieme ad altri esseri divini con nomi egizi e forme di rappresentazione inconsuete: Anubi dalla testa di canide e il dio-bambino Arpocrate.

Con l'appoggio reale, il culto di Serapide fu ampiamente diffuso in aree che si trovavano sotto l'influenza dei Tolomei. Molto probabilmente ebbe origine nella capitale tradizionale dell'Egitto, Menfi, dove era venerato Api, un bue sacro. Dopo la sua morte, il bue fu identificato con Osiride come Oserapide. Tolomeo I promosse una versione di questo dio sotto il nome di Sarapide o Serapide, presumibilmente per dare un po' di coesione al suo regno vasto e multiculturale attraverso un culto condiviso; così i coloni greci in Egitto potevano onorare un dio locale che non sembrasse del tutto estraneo e barbaro. L'immagine del dio (vedi Figura 30), una mescolanza artificiale di elementi eterogenei, combinava caratteristiche di Zeus, del dio guaritore Asclepio e di Plutone, il dio dell'oltretomba. Serapide divenne il patrono della divinazione, della guarigione, della fertilità e della vita oltremondana. Grazie alla mobilità dei soldati tolemaici, degli amministratori e dei messi, il culto

30. Statua di Serapide.

si diffuse prima nei possedimenti tolemaici e nelle aree dove i Tolomei esercitavano un'influenza politica – le isole dell'Egeo e l'Asia Minore – e poi in tutto il Mediterraneo. Amuleti, statue e statuette, iscrizioni e nomi di persona (Sarapione, Serapas, Serapammon ecc.) attestano la popolarità di Serapide nella tarda antichità. A Delo, il culto dovette prima vincere la resistenza dei sacerdoti del culto tradizionale di Apollo. Quando ciò avvenne, questo fu interpretato dai sacerdoti di Serapide come il miracolo del dio, che contribuiva ulteriormente al richiamo del culto sui fedeli. La narrazione di miracoli era parte essenziale del culto di Serapide. C'erano differenze regionali nel culto di questa divinità. Per esempio, era solo nel suo principale santuario a Menfi che i suoi devoti passavano lunghi periodi di tempo in clausura (*enkatochoi*).

Il culto di Iside (vedi Figura 31) ebbe origine nei miti e nei riti egizi ma si arricchì di elementi ulteriori. Un aspetto importante del suo culto era la celebrazione dei misteri, che promettevano agli iniziati il favore della dea in questo mondo e un destino di beatitudine nel successivo. Secondo un mito egizio, Osiride fu ucciso dal dio del deserto, Seth, e smembrato. Iside riuscì a raccogliere le parti del corpo mutilato di suo

31. Rilievo votivo da Dion in cui è rappresentata la dea Iside con scettro e spighe di grano.

fratello. Dopo averlo riportato alla vita, lo prese come marito, dando alla luce il loro figlio, Horus. Questo mito di morte, rinascita e vita eterna offriva consolazione agli iniziati, li invitava a cercare una vita oltre la morte nel regno di Osiride e dava loro speranza per affrontare le avversità della vita. Le cerimonie sacre includevano rappresentazioni teatrali della sofferenza di Iside, messa in scena dagli addetti al culto. Un rilievo a Tessalonica mostra un sacerdote che impersona il dio Anubi (vedi Figura 32). Sotto il forte impatto emotivo lasciato da simili rappresentazioni sacre, gli iniziati eseguivano un rito che suggeriva la loro stessa morte e rinascita. Data l'importanza dell'acqua del Nilo nei rituali egizi, «Nili» in miniatura venivano ricreati nei santuari degli dèi egizi, che si trattasse di Dion, in Macedonia, o di Tivoli, vicino a Roma; la riproduzione del corso d'acqua portava simbolicamente gli iniziati nel luogo di nascita di Osiride e rafforzava l'illusione di un legame forte con il dio egizio. In età imperiale Iside veniva celebrata come la dea protettrice della navigazione. Un festival di Iside segnava l'inizio della stagione della navigazione il 5 marzo.

32. Rilievo funerario da Tessalonica in cui è rappresentato un sacerdote nelle vesti di Anubi.

Il culto di Iside richiedeva un livello di devozione e di attaccamento emotivo più alto rispetto ai culti pubblici tradizionali. Testi religiosi, inni, narrazioni dei miracoli e dei poteri di Iside, le cosiddette «aretalogie», contribuivano alla costruzione del suo profilo di dea potente e premurosa. Una di queste aretalogie, presumibilmente copia di un'iscrizione in un tempio egizio, fu riprodotta in vari suoi santuari. Presenta la dea che parla in prima persona («Io sono Iside») e rivela i suoi poteri. Testi di questo tipo davano alla comunità di fedeli la speranza della salvazione. Le aretalogie erano probabilmente recitate da sacerdotesse che impersonavano la dea. Alcuni passi di una copia di questa iscrizione, posta a Cuma nel I secolo a.C., ci dà un'idea dell'impatto che questa autorivelazione divina poteva avere sui fedeli:

Io sono Iside, signora di tutta la terra ... Sono io che ho inventato le colture per gli uomini ... Ho diviso il cielo dalla terra. Ho tracciato i percorsi delle stelle. Ho regolato il passaggio del sole e della luna. Ho inventato la pesca e la navigazione. Ho reso forte la giustizia. Ho unito donna e uomo ... Ho posto fine al governo dei tiranni. Ho fatto cessare gli omicidi. Ho obbligato le donne a essere amate dagli uomini. Ho reso la giustizia più forte dell'oro e dell'argento ... Sono signora della guerra. Sono signora del tuono. Calmo il mare e lo agito. Sono nei raggi del sole. Accompagno il cammino del sole. Tutto ciò che io decido si trasforma in realtà.

Le qualità di Iside erano così variegate che essa poteva essere assimilata ad altre dee: ad Artemide Lochia, in quanto patrona delle nascite, a Demetra, in quanto protettrice dell'agricoltura, alla dea lunare Ecate, ad Afrodite e a innumerevoli altre divinità greche e orientali. L'elevazione di Iside al di sopra di altri esseri divini e la sua connessione con l'iniziazione ai culti misterici sono significative evoluzioni religiose del periodo tardo ellenistico e imperiale.

Mitra

Anche se molto diverso per il suo contenuto, il culto di Mitra, il dio iranico della luce, era simile ad altri culti misterici nell'esecuzione delle cerimonie, nell'esistenza di sette diversi gradi di iniziazione e nelle aspettative nutrite dagli iniziati. Questo culto era già importante nei regni ellenistici con popolazioni iraniche, specialmente il Ponto e la Commagene. Ma intorno al I secolo a.C., in circostanze non chiare, fu trasformato in un culto misterico con affinità a dir poco discutibili con le sue origini iraniche. Gli iniziati si incontravano in templi sotterranei dotati di caverne artificiali (*speleum*, *antrum*), dove celebravano delle feste. Anche se quasi nulla è noto riguardo ai testi sacri del culto, l'iconografia di Mitra dà qualche idea sulle sue proprietà di dio vittorioso che protegge la vita. È di solito rappresentato come nato da una roccia o mentre uccide un toro, accompagnato da due figure con la fiaccola; può essere raffigurato anche mentre condivide un pasto con il dio del Sole, o sale in cielo su un carro. In alcune delle scene dove Mitra uccide il toro, uno scorpione afferra i genitali dell'animale, e un cane e un serpente si avvicinano al sangue; spighe di grano spuntano dalla coda del toro o dalla sua ferita (vedi Figura 33). Pare che solo gli uomini fossero ammessi a questi misteri, e di solito quelli di grado sociale non elevato – principalmente soldati, ma anche un numero significativo di liberti e di mercanti. Fino alla fine del II secolo d.C., il culto non era ampiamente

33. Rilievo di Dura-Europo raffigurante Mitra.

diffuso nelle province ellenofone, tranne quelle dove c'era una presenza forte dell'esercito romano, specialmente la Siria.

L'iconografia coerente e le designazioni, ampiamente attestate, di sette gradi di iniziazione (forse connessi con i pianeti), lasciano ipotizzare che, nonostante le variazioni locali, ci possa essere stata una qualche omogeneità nei miti, nei rituali e nelle idee religiose connesse con questo culto. Ma non sappiamo nulla sull'uomo o sugli uomini che formularono i suoi principi fondanti, ne plasmarono le narrazioni mitiche classiche, scrissero i testi sacri utilizzati durante le cerimonie, inventarono le prove di iniziazione richieste ai fedeli e svilupparono i modelli iconografici per le scene che furono copiate innumerevoli volte nei mitrei via via che il culto si diffuse per l'impero. Non può essere esclusa un'evoluzione graduale, ma è più probabile che i misteri mitraici, nella forma in cui si diffusero nell'impero romano, fossero l'opera di un riformatore religioso rimasto anonimo – un uomo come Alessandro di Abonutico, che fondò il culto di Glicone, o come Paolo, che contribuì significativamente a plasmare il Cristianesimo.

Il sommo dio, influenze giudaiche e tendenze monoteistiche

L'idea che esista un solo essere divino chiamato con tanti nomi si trova nelle opere degli intellettuali greci già a partire dal V secolo a.C. Una divinità onnipotente poteva facilmente essere integrata all'interno di un sistema politeistico tollerante; il culto di un essere divino supremo poteva coesistere con il culto di altri dèi; talvolta, due o anche tre dèi originariamente separati potevano essere fusi in uno solo – per esempio, Zeus Elio Serapide era considerato un dio unico. Un'espressione particolare di questa tendenza alla venerazione di un dio unico, pur all'interno di un sistema politeistico, era il culto di *Theos Hypsistos*. L'epiteto è ambiguo. Letteralmente significa il «dio altissimo», ma può significare anche il «dio dei cieli» e il «dio che viene esaltato». L'epiteto di *Hypsistos* era spesso usato per Zeus, già prima del periodo ellenistico, ma in età imperiale era attribuito a un dio anonimo, che veniva chiamato semplicemente *Theos*, «dio». Nelle aree in cui esistevano comunità giudaiche – in Grecia, Asia Minore e nella regione del mar Nero – il culto di *Theos Hypsistos* era spesso il nome con il quale i Giudei veneravano il loro dio nei luoghi di culto. I fedeli di *Theos Hypsistos* (*Hypsistarii*, *Hypsistiani*) sono talvolta designati come *theosebeis* (timorati di dio); almeno alcuni di questi timorati di dio erano Gentili che frequentavano la sinagoga ebraica.

È poco probabile che tutte le allusioni a *Theos Hypsistos* facciano riferimento a un unico dio con una teologia omogenea, ma è certo che il culto era già significativamente diffuso nei primi due secoli d.C. Un oracolo di Apollo Clario può essere un'allusione a questo dio:

> Autogenerato, innato, senza una madre, immoto, non contenuto in un nome, conosciuto con molti nomi, che abita nel fuoco, questo è dio. Noi, i suoi angeli, siamo una piccola parte del dio. A te che chiedi questo sul dio, qual è l'essenza della sua natura, egli risponde che l'etere è il dio che tutto vede. A lui devi rivolgere le tue preghiere all'alba, con gli occhi su di lui e guardando verso il sorgere del sole.

Questo oracolo permetteva agli dèi tradizionali di essere introdotti, sotto forma di angeli, nel culto dell'unico dio. Citato anche dagli autori cristiani, l'oracolo ebbe un impatto sul culto in Asia Minore e oltre.

La concezione del divino rivelata da questo oracolo è stata talvolta associata con il primo monoteismo pagano, ma il termine monoteismo – che implica l'adorazione esclusiva di un solo dio – è inadeguato a descrivere i fenomeni religiosi di questo periodo, con l'eccezione di Giudaismo e Cristianesimo. I non giudei e non cristiani potevano essere devoti a una singola divinità senza negare l'esistenza di altri dèi. I credenti di questo tipo tendevano ad assimilare dèi di origine diversa e a considerarli ipostasi differenti di una singola divinità; le acclamazioni in lode di questi dèi utilizzano il termine *heis* (genitivo: *henos*), da cui deriva la parola enoteismo: vale a dire, l'assimilazione di dèi diversi e l'attribuzione, a essi, di supreme proprietà divine. *Heis* veniva utilizzato anche nel senso di «singolare» (non di «solo»). Ma in molti casi, i fedeli di un dio specifico si limitavano a dichiarare la loro preferenza e a constatare il grande potere della loro divinità utilizzando l'attributo *megas* (per gli dèi) o *megale* (per le dee): «grande» (o, al superlativo, *megistos*). Ogni dio poteva essere acclamato come «grande» da un singolo individuo che ne avesse provato il potere, ma Zeus, Apollo e Artemide tra gli Olimpi, e Serapide e Mes tra gli dèi di origine straniera, erano quelli più comunemente chiamati con questo epiteto, che esprimeva una particolare devozione. La presenza degli dèi era connessa alla loro efficacia, ed è questo che esprimeva l'epiteto di *megas*. L'acclamazione *megas theos* (dio è grande) o *megas* seguito dal nome di un dio (– è grande) si trova in centinaia di iscrizioni, amuleti e testi letterari, e riflette la tendenza dell'epoca a mostrare devozione agli dèi che avevano dato prova visibile del loro potere. Per quest'uso di *megas*, megateismo è stato suggerito come il termine per indicare questo culto affettivo, quasi esclusivo.

La presenza fisica di un dio (*parousia*, *epiphaneia*), il potere rivelato dall'efficacia del suo intervento (*arete*, *dynamis*) e la sua propensione ad ascoltare le preghiere (*epekoos*) costituisce una triade di capacità interconnesse che svolgevano un ruolo significativo nella religiosità. I riferimenti alle epifanie divine riflettono lo stesso anelito alla presenza degli dèi. Epiteti divini come *epidemos* (colui che è presente) ed *epiphanestatos* (colui il cui potere è più visibile) insinuavano la presenza tangibile, continua ed effettiva degli dèi nel mondo dei mortali. Le narrazioni dei miracoli fornivano la prova del potere divino.

Un'età di miracoli

Prove della manifestazione del potere divino, dell'*arete*, erano fornite dalle iscrizioni che registravano i miracoli, sia guarigioni miracolose, sia salvataggi e punizioni. Le raccolte di guarigioni miracolose poste nei santuari di Asclepio a Epidauro, Lebena a Creta, Cos e Roma illustrano l'esperienza dei pellegrini in questi santuari. Dopo l'esecuzione dei rituali, i fedeli dormivano in un dormitorio, l'incubatorio, vicino al tempio, aspettando che il dio apparisse loro in sogno e li guarisse. La raccolta più ampia, quella di Epidauro, contiene narrazioni di miracoli che sfidano ogni spiegazione razionale: «Un uomo aveva un calcolo nel pene. Fece un sogno. Gli parve di far sesso con un bel ragazzo, ebbe una polluzione notturna, espulse il calcolo, lo raccolse e se ne andò tenendolo tra le mani». Alcuni di coloro che praticavano l'incubazione – che passavano cioè la notte in un santuario e aspettavano che il dio comparisse in sogno e prescrivesse loro delle cure o li guarisse direttamente – credevano veramente di essere curati. L'incubazione non eliminava la malattia, ma cambiava la sua percezione soggettiva da parte del paziente. Alcuni pazienti erano malati immaginari, ipocondriaci. Stando nello spazio sacro e ascoltando le narrazioni dei miracoli, si preparavano a credere che il dio beneficiasse anche loro. Se aveva compiuto così tante cure miracolose, come avrebbe potuto non curare anche loro? Altri pazienti continuavano a star male, ma non potevano ammetterlo. Il fatto che il dio li avesse ignorati poteva apparire come la conseguenza di un peccato. Alcuni pazienti devono pertanto aver affermato che il loro male se ne era andato per salvare la faccia. I pazienti la cui malattia era di origine psicosomatica trovavano sollievo nell'autosuggestione. Infine, molte cure avvenivano in modo naturale, senza l'intervento di un medico. Una certa Artemisia, a Efeso, soffriva di strabismo all'occhio sinistro a causa della paralisi temporanea di un nervo, come si può vedere nella tavoletta votiva che mostra il suo occhio malato (vedi Figura 34). Quando la malattia di Artemisia improvvisamente scomparve e la donna fu in grado di veder bene di nuovo, attribuì la guarigione al dio a cui aveva rivolto le sue preghiere. Grazie a queste guarigioni innegabili, per quanto poche esse siano state, le raccolte di miracoli incise su pietra divennero credibili, alimentando le speranze nei fedeli. Per quanti potevano nutrire ancora dei dubbi o potevano cercare di ingannare il dio non offrendogli, in cambio della guarigione, la dedica obbligatoria, storie come questa servivano da ammonimento:

> Un uomo che aveva tutte le dita della mano paralizzate, tranne una, venne supplice dal dio. Osservando le tavolette votive nel santuario non credeva ai racconti di guarigione e sogghignava un po' leggendo le iscrizioni. Addormentatosi, ebbe una visione. Gli sembrò di giocare con gli

34. Ex-voto anatomico di Artemisia, che soffriva di una malattia all'occhio.

astragali presso il tempio e di essere in procinto di tirare; il dio gli apparve, si slanciò sulla sua mano e gli distese le dita una per una. Dopo che le ebbe raddrizzate tutte, il dio gli chiese se ancora diffidava delle iscrizioni sulle tavolette votive presenti nel santuario. Lui rispose di no. «Poiché prima ne hai diffidato», disse il dio, «anche se non erano indegne di fede, d'ora in poi il tuo nome sia 'Apistos' [Incredulo]». Fattosi giorno, se ne andò guarito.

Testi che riflettono la stessa mentalità religiosa e la fede nella comunicazione tra mortali e dèi vengono rinvenuti di continuo nell'oriente greco e romano. Un gruppo molto importante consiste di documenti relativi alla manifestazione della potenza divina, sia in termini di guarigione che punitivi, trovati in santuari dell'Asia Minore e databili dal I al III secolo d.C. Devono la designazione, un po' imprecisa, di «iscrizioni confessionali» al fatto che alcuni di coloro che le posero confessano le loro trasgressioni o descrivono i peccati di antenati o parenti. Talvolta gli dèi apparivano in sogno dando istruzioni oppure offrendo aiuto, ma spesso la comunicazione della loro volontà richiedeva degli intermediari: sacerdoti e oracoli. Un buon esempio è fornito da un'iscrizione di Silando del 235 d.C. Teodoro, uno schiavo sacro di Silando, aveva ripetutamente violato l'obbligo dell'astinenza sessuale e aveva anche commesso adulterio. Quando si trovò a soffrire di una malattia agli occhi, andò al santuario. Tenuto lì in custodia, ricevette istruzioni sui rituali attraverso i quali avrebbe potuto propiziarsi Mes, il dio lunare iranico che lo aveva punito. L'iscrizione non fornisce una narrazione continua degli eventi, ma presenta le confessioni di Teodoro, seguite da pronunciamenti divini e istruzioni rituali:

> Mi è stato restituito il senno dagli dèi, da Zeus e dal Grande Mes Artemidoro ... Ho fatto sesso con Trofima, la schiava di Aplocoma, moglie di Eutichide, nel *praetorium* ... Quando ero schiavo degli dèi di Nonno, ho fatto sesso con la flautista Ariagne ... Ho fatto sesso con la flautista Aretusa.

Le dichiarazioni del dio e le sue istruzioni per rimuovere i peccati trasferendoli su triadi di animali (vedi p. 412) erano probabilmente pronunciate da sacerdoti che impersonavano gli dèi. Teodoro fu fortunato; afferma: «Ho avuto Zeus come mio avvocato difensore [*parakletos*]». È interessante il fatto che egli usi qui la stessa parola e lo stesso concetto dell'autore della prima lettera di Giovanni, che afferma: «se qualcuno ha peccato, abbiamo un avvocato [*parakletos*] presso il Padre, Gesù Cristo il Giusto». Con il sostegno di Zeus, il consiglio degli dèi in una corte celeste supplicò Mes di perdonare Teodoro. Mes, alla fine, gli restituì la vista.

La cultura epigrafica dell'età ellenistica e imperiale non creava l'attesa di una protezione divina e la paura di una giustizia celeste, ma di certo le rafforzava. È questo scambio dinamico tra esibizione e sentimento che determinò dei cambiamenti nella religiosità. La maggiore mobilità rispetto al passato rendeva possibile la circolazione di idee e di storie, facilitava l'introduzione di nuovi culti e accresceva l'impatto di quanti dettavano nuove tendenze.

Chiunque giungeva in un santuario pronto a credere alle narrazioni di miracoli dimostrava di credere nel potere di un dio; mostrando pietà, ne guadagnava l'attenzione. I racconti del potere divino costruivano l'immagine di una divinità potente disposta a comprendere, assistere, essere presente. La popolarità di certi dèi in età ellenistica e imperiale era strettamente legata a questa immagine, che caratterizza anche il dio cristiano e suo figlio in terra. Gli dèi che contavano erano quelli «che ascoltavano le preghiere», dèi con cui i fedeli potevano stabilire una comunicazione diretta.

A me le orecchie: la comunicazione personale con il divino

Il culto religioso è dominato dai tre sentimenti della paura, della speranza e della gratitudine: paura della punizione per le trasgressioni, speranza di ottenere assistenza nei momenti di bisogno, gratitudine per le manifestazioni di aiuto divino. Questi sentimenti sono rafforzati dalla fiducia nella possibilità di una comunicazione tra dèi e mortali. Il desiderio di ricevere la protezione divina non era avvertito per la prima volta dalla gente in età ellenistica; era antico quanto la religione greca. Ciò che era davvero nuovo dopo le campagne di Alessandro era la diffusione di una cultura epigrafica nell'intero mondo greco. Dediche, esaltazioni degli dèi, storie di miracoli e altri testi di questo tipo incisi su pietra e attestanti interventi divini divennero più numerosi e non erano più limitati alle poche città maggiori e ai santuari. E l'aumento di una simile esibizione di fruttuose comunicazioni con gli dèi ebbe un impatto sul sentimento religioso contemporaneo e sulla percezione del divino. Per quanto le scuole filosofiche, specie gli epicurei, affermassero che gli dèi, se anche esistevano, erano irrilevanti per le vite dei mortali, i visitatori dei santuari si trovavano circondati da prove testuali e visive del fatto che gli dèi avevano salvato le persone in difficoltà e vendicato le azioni malvage. La loro speranza che le loro preghiere potessero essere sentite cresceva, come cresceva la loro paura della punizione divina. E proprio a causa della onnipresente manifestazione di prove della potenza divina, gli epiteti che sottolineavano la presenza, la forza, la giustizia, la santità e il potere protettivo degli dèi erano utilizzati in modo più esteso per caratterizzare il divino di quanto non lo fossero prima del III secolo a.C. Per queste ragioni, la comunicazione personale tra mortali e dèi può essere considerata una caratteristica importante, anche se non esclusiva, del sentimento religioso nei secoli da Alessandro ad Adriano.

Nel mondo greco, i canali di questa comunicazione erano diversi – orali e scritti, linguistici e visuali. I mortali davano voce alle loro richieste con le preghiere. Le accompagnavano con voti, che promettevano una ricompensa. Chiedevano consigli rivolgendo agli oracoli richieste sia oralmente, sia in forma scritta. Si propiziavano gli dèi per le loro trasgressioni, ma anche per le trasgressioni di parenti e avi. In alcune regioni dell'Asia Minore romana, confessavano pubblicamente i loro peccati. Con tavolette di maledizione – depositate nelle tombe delle persone che avevano sofferto una morte prematura o violenta – consegnavano i loro nemici all'ira degli dèi inferi. Con sostanze magiche, cercavano di vincere il cuore dell'uomo o della donna per i quali provavano desiderio; con incantesimi e incubazioni nei santuari di Asclepio, cercavano la guarigione dalle malattie. Speravano di ricevere consigli dagli dèi nei loro sogni. E quando sentivano di aver subito un'ingiustizia, si rivolgevano agli dèi con «preghiere di giustizia». Quando un desiderio veniva realizzato, i fedeli credevano che gli dèi avessero prestato ascolto alle loro preghiere, accettato il voto e risposto. Un epiteto comune degli dèi nella «lunga età ellenistica» è *epekoos*: «colui che ascolta». Gli orecchi rappresentati sui rilievi votivi del periodo imperiale (vedi Figura 35) alludono esattamente alla disponibilità degli dèi ad ascoltare le preghiere. Si credeva che gli dèi rispondessero anche attraverso dei segni, come il volo degli uccelli, il latrato dei cani, una tempesta improvvisa o un rombo di tuono.

Forme più elaborate di comunicazione erano le risposte oracolari in prosa o in versi, rivolte a singoli individui e a comunità. Di solito riguardavano questioni pratiche, ma a partire dal I secolo d.C. gli oracoli che davano istruzioni sulla forma del culto e sui riti, e che rivelavano anche la natura del divino (vedi p. 377), divennero molto comuni. Le apparizioni degli dèi nei sogni e nelle visioni non erano probabilmente più comuni rispetto a prima di Alessandro, ma adesso venivano più spesso registrate nelle iscrizioni; la gente era incline a dire di aver comunicato direttamente con un dio e di aver ricevuto istruzioni divine. L'incubazione era già praticata nel V secolo a.C. in alcuni santuari di Asclepio, certamente ad Atene e a Epidauro; in età ellenistica, tuttavia, divenne molto più comune e fu praticata nei santuari di altri dèi, specialmente Serapide. La comunicazione non era solo individuale, perché i segni divini potevano apparire anche a interi gruppi di persone. Durante le battaglie più importanti, i combattenti affermavano di aver visto degli eroi combattere al loro fianco; a Mileto, nel II secolo d.C., sembra che ci sia stata un'intrusione di massa degli dèi nei sogni degli umani, facendo sì che Alessandra, sacerdotessa di Demetra, si chiedesse: «Gli dèi non si erano mai manifestati così tanto nei sogni – sia nei sogni delle ragazze e in quelli delle donne sposate, nei sogni degli uomini e in quelli dei bambini – dal giorno in cui sono diventata sacerdotessa. Che succede? È un segnale propizio?».

Per capire l'importanza della comunicazione nella religione dei Greci, dobbiamo considerare una verità elementare, ma spesso trascurata relativamente agli dèi greci: essi potevano essere in un solo posto alla volta. La presenza di un dio in un certo luogo era il risultato della sua scelta personale ed era pertanto oggetto di competizione. Quando la gente narrava un miracolo in un'iscrizione, faceva una dedica ad adem-

35. Dedica a Dioniso con le orecchie dell'epekoos theos.

pimento di un voto o affermava che la sua dedica veniva fatta in accordo con un comando divino, asseriva di aver comunicato con successo con una divinità e così stabiliva, anche se solo temporaneamente, una relazione privilegiata con il divino. A Epidauro alla fine del IV secolo a.C., un ragazzo di nome Isillo descrive la sua esperienza della guarigione da parte di Asclepio in un inno. Mentre Sparta era sotto attacco da parte dell'esercito macedone, Isillo implorò il dio di curarlo da una malattia; nella sua visione, il dio rispose: «'Fatti coraggio. Verrò da te al momento opportuno. Tu resta qui, mentre io evito il disastro agli Spartani ...'. Così se ne andò a Sparta». Mentre Asclepio era a Sparta, non poteva curare il ragazzo a Epidauro; le sue epifanie si svolgevano l'una dopo l'altra. La presenza di un dio doveva pertanto essere negoziata. Intorno al 100 a.C., un oratore anonimo a Maronea, in Tracia, scrisse in lode di Iside, ricordando alla dea di aver curato i suoi occhi in passato e richiedendo di nuovo la sua presenza:

> Iside, proprio come hai prestato ascolto alle mie preghiere curando i miei occhi, ora vieni ad ascoltare il canto della tua lode e accogli una seconda preghiera ... Io sono convinto che tu sarai presente. Giacché se sei venuta quando ti ho invitato a salvarmi, come potresti non venire a ricevere onori?

Invitando Iside a ricevere gli onori appropriati, l'autore le chiedeva anche di prestare ascolto a un'altra preghiera. Questo bisogno di avvicinarsi agli dèi era legato ad attese concrete: protezione, salute, ricchezza, longevità. Gli altari innalzati da un'associazione privata di culto a Filadelfia intorno al 100 a.C. erano dedicati a un agglomerato di personificazioni e di divinità connesse non solo con qualità spirituali, ma anche con vantaggi materiali: il benevolo Zeus, Felicità (Eudamonia), Ricchezza (Pluto), Virtù (Arete), Salute (Igeia), Buona Sorte (Tyche Agathe), il Demone Buono (Agathos Daimon), Memoria (Mneme), le Grazie, la Vittoria (Nike). Questa associazione richiedeva ai fedeli qualità morali, purezza e l'esecuzione di rituali di iniziazione. Ci si aspettava che l'iniziazione a un culto misterico stabilisse una relazione personale tra il devoto e la divinità.

Culti misterici tradizionali

Konkurrenz belebt das Geschäft è un detto proverbiale tedesco: la competizione fa bene al mercato. La diffusione del culto misterico di Iside rispondeva a bisogni affrontati anche dai misteri tradizionali – soprattutto i misteri eleusini, il culto iniziatico più antico della Grecia, e i misteri dionisiaco-orfici che cominciarono a diffondersi a partire dal VI secolo a.C. Il mito del rapimento di Persefone o Core (la Fanciulla) da parte di Plutone, il dio dell'oltretomba, forniva un'eziologia, cioè una spiegazione, per i misteri che venivano celebrati a Eleusi, vicino ad Atene. Dopo una ricerca disperata, Demetra – la madre di Persefone – raggiunse un accordo con Plutone, secondo il quale Persefone avrebbe passato nell'aldilà solo una parte dell'anno. Per ricompensare il re di Eleusi, che le aveva offerto ospitalità, Demetra gli diede il dono dell'agricoltura. Il mito di un bambino divino, Iacco (identificato con Dioniso), era già associato con questo culto in uno stadio precoce. Le cose dette, fatte e mostrate (*legomena, dromena, deiknymena*) svolgevano una parte centrale nelle cerimonie di questa iniziazione, di cui poco si sa. L'iniziazione, originariamente accessibile solo ai parlanti greco, era connessa con idee di fertilità e visioni dell'aldilà. Poiché, secondo il mito, l'agricoltura fu introdotta per la prima volta da Demetra nel territorio ateniese, gli Ateniesi chiedevano a tutti i Greci di portare in offerta a Eleusi le primizie dei loro raccolti. Questa usanza fu trascurata nei periodi del declino ateniese, ma attestazioni sporadiche nel I secolo a.C. e nel II secolo d.C. indicano che c'erano periodicamente delle reviviscenze. L'associazione dei misteri con idee di purezza e l'iniziazione di alcuni Romani, di solito politici importanti e imperatori, sono due innovazioni significative intervenute in questo culto conservatore.

L'associazione dei misteri con idee morali e l'attrattiva esercitata sui Romani si ritrovano anche nei culti misterici dei Grandi Dèi di Samotracia. Grazie al mecenatismo di Arsinoe II e di Tolomeo II, il santuario dei Grandi Dèi di Samotracia si sviluppò da piccolo centro di culto regionale a santuario internazionale che attraeva regolari ambasciate festose (*theoriai*) da molte città, e iniziati da luoghi distanti come l'Asia Minore, la Siria, l'Egitto, la Sicilia e Roma. Questi misteri erano molto in voga presso gli schiavi e i liberti, gli equipaggi delle navi e i militari romani.

Un altro importante culto misterico esisteva ad Andania, vicino a Messene. Una lunga iscrizione – la più dettagliata norma cultuale che sia sopravvissuta in Grecia, databile forse al 24 d.C. – dà istruzioni per l'esecuzione della processione e la celebrazione della festa, senza, tuttavia, rivelare nulla sulle idee religiose connesse con il culto dei Grandi Dèi e i loro misteri.

Questi culti misterici, insieme a molti altri di importanza minore, si svolgevano in luoghi specifici. Al contrario, i misteri di Dioniso, esattamente come i misteri egizi, potevano essere compiuti ovunque esistesse un'associazione cultuale (un *thiasos* o *bakcheion*); troviamo queste associazioni in ogni angolo del mondo greco. Non abbiamo bisogno di presumere che tutte le associazioni dionisiache seguissero le stesse dottrine nella celebrazione dei loro misteri dal III secolo a.C. fino al tardo III secolo d.C. Occasionalmente possiamo farci un'idea dei loro riti grazie a riferimenti fortuiti a vari gradi di iniziazione, santuari e corridoi coperti da volte, camere sotterranee e grotte artificiali, addetti al culto che trasportavano statue, oggetti rituali, falli e altri simboli sacri, portatori di fiaccola, che presuppongono cerimonie notturne. Designazioni come «primo pastore» e «sileno» suggeriscono l'uso di costumi.

I misteri dionisiaci erano di origine molto antica. Alla fine del VI secolo a.C., se non prima, essi furono connessi con idee escatologiche. Anche se non abbiamo i testi sacri degli iniziati dionisiaci, i testi posti nelle loro tombe forniscono alcune informazioni circa le loro idee sull'aldilà, un tema di fondamentale importanza per le religioni della «lunga età ellenistica».

L'aldilà

Un epigramma funerario a Perinto del 100 d.C. circa presenta uno studente di oratoria di Efeso, morto a diciott'anni, che parla dalla tomba e dice: «Abito nella dimora sacra degli eroi, non quella dell'Acheronte [il fiume infernale]; perché questa è la fine della vita per gli uomini saggi». Manipolare la voce del defunto e presentarlo nell'atto di parlare dalla tomba, per descrivere la sorte felice che attende, nell'aldilà, le persone meritevoli – i saggi, i pii, i giusti e i morti prima del tempo, con una coscienza pura – era una pratica comune, di solito una strategia consolatoria per i sopravvissuti. Lo stesso espediente fu utilizzato intorno alla metà del III secolo a.C. dal poeta alessandrino Callimaco, ma questa volta il dialogo tra un defunto e il passante fermatosi di fronte alla sua tomba limita le aspettative del lettore: «– Cosa c'è di là? – Solo buio. – E il ritorno? – Bugie. – E Plutone? – Tutte storie. – È la fine. – Questa è la verità. Ma vuoi sapere una cosa carina? Con un soldino ti compri un toro intero, nell'Ade». Ciò che il poeta di Perinto e Callimaco hanno in comune è che nessuno dei due parla per esperienza personale. Anche se le concezioni dell'aldilà e della vita dopo la morte sono il frutto dell'immaginazione dei vivi, esse vengono spesso presentate come resoconti di mortali che andarono nell'aldilà e tornarono – per esempio Odisseo o Orfeo – o di defunti che appaiono in sogno ai loro amati e descrivono il regno che ora essi chiamano casa. Per esempio, una ragazza di Tiatira in età imperiale parla dalla tomba:

> Apparvi all'improvviso alla mia cara madre nel cuore della notte per spiegarle questo: «Melitine, madre mia, cessa il lamento, cessa il dolore, e pensa alla mia anima, che Zeus, signore del tuono, rese immortale ed eternamente giovane; egli la rapì per portarla nel cielo stellato».

Le concezioni greche della vita oltremondana e dell'aldilà hanno una storia lunga e complessa. Andavano dalla completa negazione della vita oltre la morte alla convinzione che la morte fosse un sonno eterno, e da immagini elaborate della geografia oltremondana all'idea che il defunto raggiungesse l'etere o diventasse una stella. Un epitafio di Smirna è agnostico: «Se c'è una rinascita, allora il sonno non ti tratterrà a lungo. Ma se non c'è modo di tornare, allora il sonno eterno ti possiede». Un epigramma contemporaneo di Amorgo presenta un giovane che si rivolge a sua madre: «Madre, non piangere per me, a che serve? Ora che sono diventato una stella nel cielo della notte, tra gli dèi, mostra per me rispetto». Queste concezioni così variegate e spesso contraddittorie sono riflesse molto bene nelle iscrizioni sepolcrali a partire dal VI secolo a.C. e fino alla tarda antichità. Si possono osservare alcune tendenze significative in età ellenistica e imperiale.

Secondo un'idea antica e diffusa, la morte è un viaggio che conduce il defunto in una zona scura sotto terra. Solo poche persone hanno una destinazione diversa – l'isola dei Beati o i Campi Elisi, dove li attende una vita eterna di gioia. Secondo un'altra concezione diffusa, l'anima del defunto era unita all'etere. Già in età classica, una vita felice dopo la morte era associata all'iniziazione a un culto misterico, i misteri eleusini o quelli dionisiaci. Abbiamo raccolto alcune informazioni sulla vita dopo la morte di questi iniziati grazie alla scoperta di lamine d'oro iscritte rinvenute nelle tombe, spesso in bocca a un defunto, e anche grazie alle fonti letterarie relative alle sette orfiche e pitagoriche, che erano associate con la figura di Dioniso.

I misteri dionisiaci erano radicati nella supposta dicotomia tra il corpo mortale e l'anima, divina e immortale. Una condotta esistenziale ispirata a principi morali, lo studio dei riti e dei testi sacri, il rispetto di prescrizioni rituali relative alla purezza garantivano all'iniziato di evitare la reincarnazione – il destino dei comuni mortali – e di unirsi agli dèi in un banchetto eterno. L'iniziazione ai misteri rendeva gli iniziati consapevoli dell'origine divina della loro anima e li preparava per il viaggio verso l'oltretomba. Brevi testi, iscritti su lamine d'oro e posti nelle tombe degli iniziati, sono stati rinvenuti nella Macedonia ellenistica, in Tessaglia, nel Peloponneso e a Creta, a dimostrazione della popolarità duratura di questi misteri. Alcuni testi danno al defunto istruzioni sulla strada che essi dovrebbero seguire nell'aldilà, lo ammoniscono a evitare di bere dalla fonte dell'oblio e danno consigli su cosa dire quando incontreranno i guardiani dell'aldilà o la stessa Persefone: «Sono il figlio della Terra e del Cielo stellato», «Dioniso stesso mi ha liberato». Se l'iniziato ricordava le dottrine del culto al momento della morte, lui, o lei – era permessa l'iniziazione anche alle donne – avrebbe raggiunto il luogo riservato nell'aldilà ai beati e ai pii.

Ma l'iniziazione da sola non era sufficiente. Una vita oltremondana di beautitudine richiedeva una vita terrena pia. L'enfasi sui valori e non sulle azioni corrisponde a un importante cambiamento di attitudine verso i riti che stava già emergendo alla fine del V secolo a.C. Secondo un'opinione sempre più influente, prima espressa da intellettuali come

Euripide e poi attestata tra gli esperti di riti, l'efficacia dei rituali non dipende solo dalla corretta recitazione di un copione, ma richiede anche motivazioni autentiche e un'adesione ai valori. Una supplica non veniva accettata automaticamente quando un supplice raggiungeva l'altare; vennero anzi presi dei provvedimenti per escludere i criminali dal diritto di asilo. Gli autori di maledizioni non si affidavano solo all'uso delle formule corrette; giustificavano anche se stessi, creando così una distinta categoria di maledizioni nota come «preghiere per la giustizia». Il rito di purificazione non si concentrava più soltanto sulla purezza del corpo, come era stato fino al V secolo a.C.; esigeva anche la purezza del cuore. Il culto degli dèi implicava ora espressioni verbali di devozione, non solo sacrifici. Similmente, i culti misterici cominciarono a richiedere l'impegno a seguire certi valori morali oltre all'iniziazione. Lo statuto di un'associazione cultuale a Filadelfia intorno al 100 a.C. (vedi p. 385) si preoccupa della condotta morale degli iniziati, proibendo l'inganno, l'uso di veleni e pozioni, le relazioni extraconiugali e l'aborto; condanna non solo quanti avevano violato le regole ma anche quanti erano solo al corrente di un comportamento scorretto e non avevano fatto nulla per contrastarlo. In età ellenistica e soprattutto imperiale, il riferimento alla giustizia e alla pietà come prerequisiti per una vita felice dopo la morte diventano comuni.

Un'altra tendenza importante è l'eroizzazione dei mortali. Attestata già nei periodi più antichi – per i morti in guerra e per i fondatori di città – divenne comune nel periodo tardo-ellenistico per il ruolo prominente svolto dai capi politici e poi dai benefattori. Sotto l'influenza dell'eroizzazione di figure pubbliche, questa pratica si diffuse nella società ellenistica, con le persone ricche che elevavano i membri della loro famiglia alla condizione di eroi e istituivano culti in loro nome.

Innovazione religiosa: fondatori di culti, missionari e «santoni»

Nuovi santuari e nuovi culti furono spesso fondati nel V e nel IV secolo a.C. per l'iniziativa privata di singoli individui. Il culto del dio guaritore Asclepio deve la sua grande diffusione alla fine del V e nel IV secolo a.C. all'iniziativa di missionari e devoti; il poeta tragico Sofocle era uno di questi: ospitò il culto di Asclepio nella propria casa. L'istituzione di simili culti privati registra una straordinaria espansione in età ellenistica. Questa tendenza, che diventa molto chiara nel III secolo a.C., specialmente con la fondazione di santuari di Serapide da parte dei devoti, continuò nel periodo imperiale. Le motivazioni dei responsabili di queste innovazioni religiose erano varie. Alcuni erano esuli guidati dalla loro gratitudine verso gli dèi che li avevano aiutati, persone che credevano di essere state investite di una missione da parte di un dio e «santoni» che affermavano di avere una relazione speciale con il divino. Altri erano benefattori cittadini che desideravano associare il loro nome a una celebrazione pubblica, o conservatori che volevano rivitalizzare antiche tradizioni, o uomini e donne che desideravano mantenere viva la memoria di loro familiari defunti e così istituivano dei culti commemorativi. Anche l'intervento dei sovrani era molto importante. I soldati tolemaici contribuirono alla diffusione del culto di Serapide. Intorno alla metà del III secolo a.C., il re indiano dell'impero Maurya, Ashoka – uno zelante buddista – emise un editto di rinuncia alla guerra e di propaganda dei principi etici del Buddismo. Fece tradurre in greco questo testo, lo fece iscrivere in spazi pubblici e mandò i suoi monaci in occidente. Anche se la sua iscrizione afferma che alcuni Greci nei regni ellenistici si erano convertiti al Buddismo, questo è attestato solo nelle zone che più tardi furono governate da re greco-battriani e greco-indiani. E alla fine del I secolo d.C., re Antioco I di Commagene – famoso per il suo santuario e la sua tomba a Nemrud Dağ in Turchia – introdusse riforme religiose basate su un miscuglio di pratiche ellenistiche relative al culto dinastico, a concetti religiosi zoroastriani, a rituali greci e indiani, a dèi greci, iranici e armeni.

L'istituzione di culti da parte delle persone comuni era molto più diffuso di queste elaborate riforme religiose. Artemidoro, originariamente un cittadino di Perge in Panfilia, è uno dei primi esempi di uomo devoto fondatore di un culto. Dopo aver prestato servizio negli eserciti dei Tolomei (285-245 a.C. circa), Artemidoro si ritirò, da anziano abbiente qual era, sull'isola di Thera. Qui ripristinò il tempio degli dèi egizi; dopo un sogno in cui la personificazione della Concordia gli apparve e gli raccomandò la fondazione del suo altare, fondò un recinto per il suo culto, in cui stabilì anche i culti di varie altre divinità, per lo più di origine straniera. Ciò che esse avevano in comune erano i loro poteri protettivi: i Dioscuri Soteres, gli dèi salvatori di marinai e soldati; i Grandi Dèi di Samotracia, percepiti come protettori delle persone bisognose; le divinità locali Zeus Olimpio, Apollo Stephanephoros, Poseidone ed Ecate Phosphoros; il dio della fertilità Priapo; Tyche, personificazione della Fortuna; le eroine. Un altare fu dedicato anche al culto di Artemide di Perge, la dea della patria di Artemidoro e la sua salvatrice personale (*Soteira*).

Molto spesso, la fondazione di un nuovo culto era meno elaborata della costellazione divina creata da Artemidoro. Per esempio, quando un certo Menofilo assistette a un'epifania di Zeus, fondò un altare; il dio a cui venivano offerti i sacrifici su questo altare divenne noto, a partire da quel momento, come il «Grande Zeus di Menofilo». In rari casi, un nuovo culto acquistava una popolarità regionale. Un altare fondato dall'altrimenti ignoto Artemidoro nella città Lidia di Axiotta fu dedicato a «Mes di Artemidoro di Axiotta»; da Axiotta, il culto si diffuse in tutte le altre aree della Lidia e della Frigia. Il racconto, affidato alla pietra, della guarigione di Mes e dei miracoli di punizione lo resero noto come un dio potente che richiedeva una lode continua da parte dei suoi fedeli.

L'introduzione di un nuovo culto o di una nuova festa di solito richiedeva la donazione di fondi. Per le feste che commemoravano il loro sponsor, i fondi erano limitati e la celebrazione modesta: un sacrificio, accompagnato da un banchetto, talvolta l'esibizione di un coro o una competizione atletica. Ma in età imperiale, la competizione crescente tra benefattori portò a festival stravaganti come quello sponsorizzato a Efeso nel 104 d.C. da Caio Vibio Salutaris, un ricco cittadino locale e cavaliere romano. Salutaris stanziò i fondi per l'erezione di una statua d'oro di Artemide e ventotto statue d'argento – otto di esse rappresentavano la dea e le altre l'imperatore Traiano e sua moglie Plotina, il senato romano e il popolo romano, re Lisimaco (il fondatore della città ellenistica) e personificazioni che commemoravano istituzioni romane ed efesie e luoghi significativi per l'identità locale. Dal tempio di Artemide, le statue venivano portate in processione al teatro durante i pubblici eventi e lì venivano messe in mostra. La donazione di Salutaris glorificava la dea locale, mostrava lealtà a Roma e trasmetteva elementi di storia locale e valori civici.

Un tipo particolare di soggetto religioso nella prima età imperiale era il «santone», un predicatore itinerante con interessi teologici e filosofici. Filostrato, un autore dell'inizio del III secolo d.C., narra la vita di uno di questi personaggi: Apollonio, nato a Tiana in Cappadocia, era un seguace della filosofia pitagorica; inoltre, era un filosofo lui stesso che viveva una vita itinerante e viaggiò fino all'India in cerca della fonte della saggezza. Si conquistò la fama di uomo dalle straordinarie capacità, in grado di fare miracoli: per esempio, si raccontava che intorno al mezzogiorno del 18 settembre del 96 d.C., Apollonio avesse annunciato a Efeso di aver appena assistito all'assassinio dell'imperatore Domiziano a Roma, elogiando l'impresa come l'uccisione di un tiranno. Si tratta per lo più di invenzioni. Che abbia seguito le dottrine pitagoriche relative a una divisione tra corpo mortale e anima immortale, reincarnazione e fuga dalla reincarnazione attraverso una vita giusta è plausibile – dopo tutto, queste idee pitagoriche divennero molto popolari nel periodo imperiale. È anche molto probabile che Apollonio abbia passato la maggior parte della sua vita viaggiando in Asia Minore e nelle regioni vicine, come la Siria e Creta – una simile vita itinerante era molto comune tra i filosofi. La sua critica dei sacrifici e la sua opinione che dio, come puro intelletto, non risponda alle preghiere e ai sacrifici ma a un culto spirituale da parte dell'intelletto umano sono idee che ci si devono aspettare in età imperiale. Un oracolo di Apollo di Didima nel II secolo d.C. presenta il dio che afferma che gli immortali non sono interessati ai sacrifici; ciò che riempie Apollo di gioia sono gli inni, e più sono antichi e meglio è. Per la somiglianza dei racconti dei miracoli di Apollonio con quelli di Gesù, alla fine del III secolo d.C. e nel IV, Apollonio divenne oggetto di ammirazione da parte dei fedeli degli dèi tradizionali e bersaglio di attacchi da parte dei cristiani. Molto tempo dopo che il Cristianesimo era diventato la religione di stato dell'impero romano, le città in oriente credevano ancora nel potere protettivo di talismani attribuiti ad Apollonio.

Il più complesso e sofisticato tra i culti di nuova istituzione di questo periodo è quello che fu introdotto, poco dopo la morte di Adriano, da un certo Alessandro nella sua patria, Abonutico, sulla costa turca del mar Nero. Apollonio di Tiana era il suo mentore. Nel suo «Alessandro o il falso profeta», l'autore satirico Luciano presenta Alessandro come un imbroglione che, cercando il modo migliore per guadagnare soldi e potere, si rese conto che la vita umana è governata dalla speranza e dalla paura, e di conseguenza dal desiderio di prevedere il futuro. Con il profitto materiale come obiettivo, persuase i suoi concittadini a intraprendere la costruzione di un tempio di Asclepio. Poi li convinse che un serpente di dimensioni e bellezza straordinarie, Glicone (il Dolce), fosse il Nuovo Asclepio. Il tempio divenne un centro di divinazione, guarigioni miracolose e di un culto misterico. Monete, statuette e iscrizioni confermano la diffusione del culto in Asia Minore. Si racconta che anche il governatore provinciale romano della Cappadocia, Rutiliano, consultò l'oracolo; sua figlia sposò il fondatore del culto. Una vera innovazione era che gli oracoli venivano dati da un dio-serpente con voce umana.

Secondo Luciano, Alessandro si sedeva su un cuscino in una stanza buia, con abiti maestosi, tenendo Glicone in grembo. Avvolgendosi il serpente intorno al collo e lasciando che la sua lunga coda passasse sul suo ventre e strisciasse fino a terra, ne teneva la testa nascosta sotto il suo braccio; mostrava invece una testa di tessuto a cui erano attaccate delle trachee di gru. Un collaboratore rispondeva alle domande parlando in questa apparecchiatura, dando l'impressione che la voce fosse quella del serpente.

Influenzato dalle idee pitagoriche relative alla metempsicosi, Alessandro predicava che uno stile di vita corretto e puro liberava un individuo dal ciclo delle rinascite. Lo stile di vita e le qualità morali di un individuo ne determinavano il destino dopo la morte: la rinascita nel corpo di un animale, un re o uno schiavo, o la liberazione dal ciclo della rinascita e l'unione con i beati e con gli dèi. Per le masse dei fedeli, Alessandro stabilì un rituale di iniziazione copiando il modello dei misteri di Eleusi, i culti misterici greci più antichi e più prestigiosi. La descrizione di Luciano di questo rito, nonostante le esagerazioni che ci si deve aspettare da parte di un autore satirico, ci danno un'impressione del ruolo giocato dalle «sacre rappresentazioni», dal suono e dalla luce, dai costumi e dai canti in un culto misterico:

> Nel primo giorno, come ad Atene, se ne faceva il bando: «Se un ateo, un cristiano o un epicureo è venuto a spiare i misteri, se ne vada. Coloro che credono nel dio prendano parte ai misteri, con buona sorte». Poi aveva luogo l'«espulsione», subito all'inizio. Cominciava dicendo: «Fuori i cristiani!», e la folla rispondeva: «Fuori gli epicurei!». Poi venivano rappresentati il parto di Latona, la nascita di Apollo, le sue nozze con Coronide e la nascita di Asclepio; nel secondo giorno si celebrava l'epifania di Glicone nel mondo e la nascita del dio; nel terzo, il matrimonio di Podalirio [il figlio di Asclepio] e della madre di Alessandro. Questo giorno era chiamato giorno delle torce, e delle torce venivano accese. Infine, veniva messo in scena l'amore della dea della Luna e di Alessandro, e la nascita della figlia di Rutiliano. Alessandro, nuovo Endimione [l'amante mitologico della Luna], svolgeva il ruolo di portatore di torcia e di ierofante [capo supremo del sacerdozio di Eleusi]. Mentre giaceva disteso, in atto di dormire, scendeva su di lui dal tetto, come se venisse dal cielo, non la dea della Luna ma una certa Rutilia, donna bellissima, moglie di uno dei procuratori dell'imperatore, che era davvero innamorata di Alessandro e lui di lei. E davanti agli occhi di quel pecorone di suo marito, cominciavano a baciarsi e ad abbracciarsi in pubblico. E se

non ci fossero state tutte quelle torce, ben presto si sarebbero congiunti. Dopo un po', Alessandro entrava di nuovo, con indosso i paramenti da ierofante, circondato da un profondo silenzio. Poi a un tratto gridava: «Viva Glicone!», e qualche imitatore paflagone degli Eumolpidi e degli araldi [dei misteri eleusini], che lo seguiva con le suole allacciate ai piedi, rispondeva: «Viva, Alessandro!», ruttando aglio.

Una componente essenziale del successo di Alessandro era che il suo santuario forniva, in un posto solo, tutto ciò che i fedeli di solito dovevano cercare in luoghi sacri diversi: la guarigione da una malattia, previsioni circa il futuro e la liberazione dall'ansia della morte tramite l'iniziazione a un culto che garantiva una vita oltremondana di beatitudine. Come molti altri sacerdoti, Alessandro operava con trucchi, illusioni e l'abile messinscena di drammi rituali. Nella celebrazione dei misteri, costumi, torce, effetti di luce e il drammatico contrasto tra silenzio e grida ad alta voce erano funzionali a suscitare un sentimento di meraviglia tra i fedeli. Un altro elemento importante in questo culto era la presenza fisica della divinità nel santuario. Glicone era presentato come continuamente preoccupato per i problemi dei suoi fedeli e attento alle loro richieste. Nelle statue e negli amuleti, il dio-serpente è rappresentato con delle orecchie molto grandi – un'allusione alla sua disponibilità a rispondere alle preghiere (vedi Figura 36). Infine, Alessandro poneva l'accento sull'interazione emotiva dei fedeli. L'espulsione degli avversari del culto era costruita come un evento di aggressione ritualizzata che separava i fedeli di Glicone dagli «altri», rafforzando il loro senso di solidarietà e così anche la loro devozione quasi esclusiva a questo unico dio.

Altre fonti contemporanee confermano le caratteristiche principali della religiosità che gli esempi di innovazione religiosa passati in rassegna dimostrano: il forte desiderio di raggiungere una comunicazione personale con il divino; un'enfasi sugli aspetti estetici, performativi e teatrali delle celebrazioni religiose; una forte emotività durante il culto; la devozione personale.

Il Cristianesimo e l'inizio dell'intolleranza religiosa

Brian di Nazareth dei Monty Python popola la Giudea nei primi decenni del I secolo d.C. di una miriade di profeti, predicatori, missionari e asceti, tutti desiderosi di mostrare la retta via a chiunque sia disposto ad

36. Statua di Glicone, Nuovo Asclepio.

ascoltare. Questa è una rappresentazione piuttosto accurata del clima religioso dell'epoca, con la sua pluralità di culti e credenze. In Giudea, accese discussioni tra le principali sette – Esseni, Sicarii, Zeloti, Farisei e Sadducei – si incentravano sull'interpretazione della Torah e del volere di Dio, così come sull'avvento del Messia, sulla moralità e la purezza, sulla corretta esecuzione dei rituali, sul peccato e la redenzione, sulla resurrezione e la vita oltre la morte. Se questi dibattiti non spiegano la nascita del Cristianesimo, di certo ne spiegano la diffusione: persone di diversa origine etnica e religiosa ponevano domande simili, e le diverse religioni davano risposte che erano, in certa misura, simili. Nonostante la sua unicità e il suo profilo ben definito, il Cristianesimo può non essere parso così straordinario a un osservatore contemporaneo, eccetto che per la sua richiesta di venerare un unico dio. I cristiani non solo dichiaravano che la loro fede era la vera fede, ma la vedevano anche come incompatibile con qualsiasi altra pratica religiosa, inclusi gli atti di culto in onore dell'imperatore.

Il Gesù storico e i suoi insegnamenti sono stati oggetti di dibattito per secoli, e non è questa la sede per presentarne una sintesi. Non è l'origine del Cristianesimo a essere rilevante per la storia del mondo greco, ma la sua diffusione a partire dalla metà del I secolo d.C. in avanti. Sia le sette giudaiche sia il movimento cristiano delle origini condividevano alcune delle loro preoccupazioni con i culti precedenti e contemporanei, soprattutto quelli a sfondo soteriologico: la definizione corretta di purezza e le fonti di contaminazione; la purezza della mente o del cuore; la regolamentazione dei codici sessuali di comportamento e le restrizioni in relazione al cibo; l'importanza attribuita all'ammissione dei peccati e alla penitenza; la fede in un dio superiore che comunica con i mortali tramite angeli e a cui gli dèi minori demandano i bisogni dell'umanità; la forma del culto e l'efficacia e appropriatezza dei sacrifici animali. Alcuni aspetti del Giudaesimo erano ben noti anche oltre la Giudea grazie all'esistenza di significative comunità colpite dalla diaspora nelle città principali (*e.g.* Alessandria), ma anche in molte città più piccole in Asia Minore, Creta, alcune isole dell'Egeo e il regno del Bosforo. Il fallimento delle rivolte giudaiche nel I e nel II secolo d.C. diedero nuovo impulso alla diaspora involontaria e fecero crescere il numero dei Giudei e delle loro sinagoghe nel mondo greco. A differenza del Giudaesimo, che accettava con riluttanza nuovi proseliti, il Cristianesimo delle origini non poneva alcuna limitazione rigorosa definita da etnicità, provenienza o condizione sociale. Al contrario, uno zelante proselitismo fu, fin dall'inizio, un tratto caratteristico del Cristianesimo.

Dal momento che i cristiani sono di solito invisibili nella documentazione epigrafica e non sono quasi mai menzionati nelle fonti letterarie del I e del II secolo d.C., non abbiamo informazioni imparziali a sufficienza circa la loro missione. Conosciamo solo poche cose sicure sul messaggio dei primi cristiani: la fede nella resurrezione di Gesù come nel Messia tanto atteso; l'attesa della resurrezione dei morti; l'amore del prossimo; la condanna dell'avidità e dei piaceri materiali. Anche il governatore di una provincia aveva solo un'idea vaga di chi fossero realmente. Desideroso di capire che cosa fosse questa nuova forma di culto religioso, Plinio, governatore della provincia della Bitinia e del Ponto, condusse un'indagine nel 112 d.C., e questo è quanto scoprì e comunicò all'imperatore:

> Affermavano che tutta la loro colpa o errore consisteva nell'esser soliti riunirsi prima dell'alba e intonare a cori alterni un inno a Cristo come se fosse un dio, e obbligarsi con giuramento non a perpetrare qualche delitto, ma a non commettere né furti, né frodi, né adulteri, a non mancare alla parola data e a non rifiutare la restituzione di un deposito, qualora ne fossero richiesti. Fatto ciò, avevano la consuetudine di ritirarsi e ri-

unirsi poi nuovamente per prendere un cibo, ad ogni modo comune e innocente.

Non c'è nulla nel rescritto di Plinio sulle pratiche cristiane che potesse apparire come una strana novità. Incontrarsi in giorni stabiliti è attestato per molte associazioni di culto. Il canto di inni era una forma comune di preghiera – un sostituto più spirituale dei sacrifici animali. L'obbligo, sotto giuramento, di attenersi a norme morali e la condanna di certi crimini, soprattutto dello spergiuro, trova dei paralleli esatti nelle iscrizioni religiose d'Asia Minore a partire dalla fine del II secolo a.C. fino all'inizio del III d.C. Infine, consumare insieme un cibo comune – ovviamente pane e vino – e celebrare i propri culti di notte non erano affatto una caratteristica esclusiva del culto cristiano. Per esempio, a mezzanotte, in certi giorni, il pane veniva distribuito tra i membri di un'associazione religiosa dedita al culto di Dioniso a Tessalonica più o meno nello stesso periodo in cui Plinio scriveva la sua lettera. Come si può quindi spiegare l'ostilità verso il Cristianesimo?

Una caratteristica distintiva del primo Cristianesimo, che ne spiega sia il successo, sia l'ostilità che suscitò, è il suo spirito missionario – l'obbligo, fortemente sentito dai primi cristiani, di diffondere la parola presso i Gentili, fino alla persecuzione e alla morte, se necessario. Questo zelo missionario è naturalmente connesso con la fede in un unico vero dio, il cui culto non può essere conciliato con l'esecuzione di rituali religiosi in onore di altri dèi, incluso l'imperatore. C'erano stati missionari di culti in passato – specialmente zelanti devoti di Asclepio e Serapide – ma nessuno di loro aveva mai mostrato intolleranza verso gli altri dèi e si era mai opposto al culto dei re e degli imperatori; la devozione a un dio specifico non impediva loro di partecipare ai culti pubblici o persino di assumere incarichi sacerdotali nei culti di dèi diversi da quello a cui erano devoti.

I missionari cristiani, un nuovo tipo di «santoni», divennero una caratteristica distintiva del Cristianesimo. Il meglio noto tra loro è Paolo. Informazioni sui suoi viaggi, i suoi insegnamenti, i suoi conflitti occasionalmente violenti sia con i Giudei, sia con le autorità civiche romane, la sua prigione temporanea a Filippi e infine la sua morte a Roma nel 64 d.C. derivano dagli Atti degli Apostoli e dalle sue epistole autentiche e «deteuro-paoline». La sua predicazione aveva luogo negli spazi pubblici, come le sinagoghe cristiane e il luogo di incontro del consiglio ateniese dell'Areopago, davanti all'acropoli. Il suo pubblico era costituito da Giudei, Gentili e simpatizzanti delle idee religiose giudaiche noti come i timorati di dio, i *theosebeis*. Dalla Palestina, il Cristianesimo si diffuse fino all'Egitto e alla Cirenaica, alla Siria del Nord (Antiochia), all'Asia Minore, a Creta e, come apprendiamo dalle lettere autentiche di Paolo, anche a città grandi in Grecia come Filippi, Tessalonica e Corinto. Le prime sedi del Cristianesimo furono i centri urbani, caratterizzati da una complessa stratificazione sociale e spesso dalla presenza di una comunità giudaica, che sorgevano di solito in prossimità di importanti vie di traffico e di commercio. Le comunità e le sette cristiane esistevano anche nelle campagne dell'Asia Minore: per esempio, in Frigia.

Questi missionari spesso si scontravano con una reazione violenta da parte della folla giudaica. La legge romana non mise il Cristianesimo fuori legge in quanto tale, ma puniva i facinorosi, e i cristiani talvolta erano visti come agitatori, specialmente quando entravano in conflitto con i Giudei. La responsabilità del grande incendio a Roma nel luglio del 64 d.C. fu attribuita da Nerone ai cristiani e portò a una loro persecuzione violenta. Il popolo era incline a credere che i seguaci di questa nuova, odiata setta, i cui riti e le cui credenze erano noti solo sommariamente, fossero responsabili del crimine, e accolsero con gioia la condanna di quanti furono arrestati. Intorno alla metà del II secolo d.C., i cristiani erano un gruppo religioso così importante e visibile, che Alessandro di Abonutico li considerava, insieme agli atei filosofi epicurei, come i più grandi nemici del nuovo culto, da lui fondato, di Glicone Nuovo Asclepio (vedi p. 393).

Il Cristianesimo era nato nel Mediterraneo orientale, nell'atmosfera religiosa delineata in questo capitolo. Rispondeva alle stesse esigenze che portavano i fedeli ai santuari dei «Grandi Dèi» e ai culti misterici. Nonostante la novità delle risposte che forniva, i primi predicatori cristiani esprimevano il loro messaggio in termini familiari ai Giudei e ai pagani del tempo. Secondo gli Atti degli Apostoli, quando Paolo giunse ad Atene nell'inverno del 51/52 d.C., iniziò la sua predicazione segnalando che esisteva nella città un altare per il «dio ignoto» (Agnostos Theos). I Greci, che per secoli avevano cercato una protezione divina efficace, erano aperti a nuove proposte.

16
I Greci e l'*ecumene*

Sei gradi di separazione: un'antica «globalizzazione»

Il film *Babel*, realizzato nel 2006, mostra come il destino di un gruppo di persone in Marocco, Giappone, Messico e Stati Uniti – persone che sono estranee le une alle altre – sia connesso per una serie di circostanze. Questo dramma, diretto da Alejandro González Iñárritu e scritto da Guillermo Arriaga, è uno dei molti film, commedie teatrali e serie tv basati sulla teoria che ognuno si trovi a sei gradi di separazione, o anche di meno, rispetto a qualunque altra persona nel mondo, per via di parentela o di conoscenza. Questo concetto fu formulato per la prima volta dall'autore ungherese Frigyes Karinthy nel suo racconto «Lánсszemek» («Catene»), del 1939. Divenne noto grazie all'opera dello psicologo sociale Stanley Milgram, autore di «Teoria del mondo piccolo», pubblicato in *Psychology Today* nel 1967. Nelle parole di un personaggio della commedia teatrale *Sei gradi di separazione* (1990) di John Guare: «Sei gradi di separazione. Tra noi e chiunque altro su questo pianeta. Il presidente degli Stati Uniti, un gondoliere a Venezia. Sostituite pure i nomi». Nell'era di internet, Facebook e Twitter, questo concetto sembra arcaico.

Non si può affermare seriamente che quando Alessandro salì al trono di Macedonia nel 336 a.C. ci fossero sei gradi di separazione tra lui e qualsiasi altro individuo che abitava nelle zone che, dieci anni più tardi, sarebbero state parte del suo impero. Al contrario, non è irragionevole presumere che quando Adriano salì al trono 453 anni più tardi ci fossero sei gradi di separazione, o anche meno, tra l'imperatore e qualsiasi altra persona del suo impero e degli stati adiacenti. Anche un semplice fellah nell'Egitto meridionale conosceva il segretario di un villaggio, che comunicava con il capo del villaggio, che aveva contatti con il governatore del distretto, che conosceva il prefetto d'Egitto, che era stato nominato dall'imperatore. I cambiamenti a cui le campagne di Alessandro in definitiva diedero il via portarono alla creazione di una complessa rete di connessioni politiche, amministrative, economiche e culturali che si avvicinano al fenomeno moderno della globalizzazione. Naturalmente, questa rete non si estendeva per l'intero globo, ma copriva la regione che i contemporanei conoscevano come *ecumene*, «terra abitata». Si può parlare, più correttamente, di ecumenizzazione.

Le conquiste di Alessandro distrussero l'impero persiano ma non crearono un impero duraturo che lo sostituisse. Nondimeno, generarono un'enorme rete politica di regni, dinastie semi-indipendenti e *poleis* dal mare Adriatico all'Afghanistan e dalla costa nord del mar Nero fino all'Etiopia. Questi stati avevano anche relazioni con l'Italia, le *poleis* greche della Magna Grecia e Roma, le colonie greche nel sud della Francia, Cartagine in Nord Africa e l'impero Maurya in India. Così il mondo dei successori di Alessandro costituiva una rete che comprendeva l'intero mondo conosciuto, con l'eccezione dell'Asia orientale. Ma se consideriamo anche i vari movimenti di popoli – per esempio, la migrazione dei Galli in Grecia e Asia Minore all'inizio del III secolo a.C., l'invasione degli Yuezhi e altre tribù nomadi in Battriana nel II secolo a.C. e le ripetute incursioni degli Sciti e di altre tribù nei territori delle città greche – il mondo dei successori di Alessandro era connesso anche con l'Europa centrale, l'Asia centrale e i confini occidentali della Cina. L'espansione romana a partire dalla fine del III secolo a.C. in poi allargò gradualmente i confini di questa rete di regioni interconnesse fino a includere la penisola iberica, l'Europa centrale e occidentale, la Britannia e il Nord Africa. Al tempo della morte di Adriano, una gran parte dell'*ecumene* era dentro i confini di un unico impero.

Naturalmente, la grande colonizzazione greca dall'VIII al VI secolo a.C. aveva allargato la prospettiva dei Greci, ma non è in alcun modo paragonabile a ciò che incontriamo dopo le campagne di Alessandro. Questo processo interessò varie regioni greche in modi diversi. Potenze tradizionalmente egemoniche come Atene, Sparta e Tebe furono superate in importanza politica dai regni ellenistici e dagli stati federali, e anche da potenze regionali come Rodi. La conquista romana potenziò il peso economico di capitali provinciali e colonie romane. Nel Mediterraneo romano pacificato, Creta non era più un'isola alla periferia del mondo greco, ma uno snodo con una posizione centrale nei traffici del Mediterraneo orientale. In questo capitolo conclusivo, esamineremo brevemente il mutevole scenario geografico dei Greci e i fattori che determinarono la loro nuova posizione nell'*ecumene*: connettività, mobilità e multiculturalismo.

Connettività: un mondo piccolo

Più o meno nello stesso periodo in cui Alessandro cercava di superare Eracle conquistando Aorno – la rocca che l'eroe non era riuscito a prendere durante la sua avventura più orientale – un altro Greco compì un'audace impresa nel luogo che segnava la più occidentale delle fatiche di Eracle: le colonne d'Ercole, attuale Gibilterra. Intorno al 325 a.C., il geografo e marinaio Pitea di Massalia intraprese una spedizione per esplorare l'oceano occidentale. Dopo aver superato il blocco cartaginese dello stretto di Gibilterra, navigò lungo la costa del Portogallo in un tentativo di circumnavigare l'Europa. Nel corso del suo viaggio, scoprì le isole britanniche, forse raggiunse la Norvegia o l'Islanda – a seconda di dove si colloca il luogo che gli antichi chiamavano Thule – e navigò nel mar Baltico. Anche se è improbabile che Alessandro sia mai venuto a sapere dell'impresa di Pitea, non è una coincidenza che queste avventure siano state più o meno contemporanee. Sia Pitea sia Alessandro erano motivati dallo stesso spirito indagatore e dalla stessa fascinazione per l'ignoto. In questo periodo, nella sede più confortevole degli ombrosi giardini del Liceo ateniese, Aristotele e i suoi allievi stavano mettendo a punto il progetto di mappare, analizzare e classificare il mondo visibile nella sua interezza e tutti gli aspetti del comportamento umano. Pitea a occidente, Alessandro a oriente e Aristotele nel cuore intellettuale della Grecia sono punti di arrivo paralleli di decenni di esplorazione scientifica da parte dei Greci, che alla fine del IV secolo a.C. stava aprendo nuove strade.

Dopo che Alessandro ebbe aperto nuovi orizzonti in oriente, altri ne seguirono l'esempio, guidati da precisi progetti o dalla fortuna. Lo studioso universale Posidonio, mentre faceva visita a Gades (l'attuale Cadiz, in Spagna) e stava studiando le maree sulla costa atlantica all'inizio del I secolo a.C., venne a sapere delle avventure di un certo Eudosso di Cizico di qualche anno prima. La sua opera *Sull'Oceano* è perduta, ma un resoconto delle spedizioni di Eudosso è conservato nella *Geografia* di Strabone:

Durante il regno di Tolomeo II Evergete (Tolomeo VIII Evergete II) [145-116 a.C. circa], Eudosso giunse in Egitto come messo sacro e araldo per le gare delle feste di Core. Si unì al re e alla sua corte, in particolare nei loro viaggi per risalire il Nilo, poiché era un uomo che provava una curiosità naturale per i luoghi inusuali, dei quali non era ignorante. Accadde così che un Indiano fu portato al re dalla guarnigione di stanza sul mar Rosso, che riferì di averlo trovato mezzo morto, naufrago e solo; ma non avevano idea di chi fosse e da dove venisse, dal momento che non riuscivano a capire la sua lingua. Fu affidato a qualcuno che potesse insegnargli il greco. Dopo che lo ebbe imparato, poté raccontare la sua storia: partito in nave dall'India, si era perso, ma alla fine era riuscito a cavarsela, mentre i suoi compagni di viaggio erano morti di fame. Fu creduto sulla parola e promise di fare da guida in India a un gruppo di persone scelte dal re. Eudosso fu una di queste. Così salpò con dei doni e tornò con un carico di profumi e di pietre preziose ... Ma Eudosso fu deluso nelle sue speranze. Re Evergete si appropriò dell'intero carico.

Ciò che Eudosso apprese dal navigatore indiano fu lo sfruttamento dei monsoni per viaggiare direttamente dall'Etiopia all'India attraverso l'oceano Indiano, evitando il viaggio lungo, costoso e pericoloso lungo la costa meridionale dell'Arabia e attraverso il golfo di Oman. Nel 166 a.C., il re morì e, qualche tempo dopo, la regina Cleopatra III inviò Eudosso a fare una nuova spedizione, che gli consentì, anche questa volta, di riempire le sue navi di beni di lusso – probabilmente spezie, profumi e pietre preziose. Il viaggio di ritorno fu avventuroso; la nave si arenò da qualche parte tra Capo Guardafui in Somalia e Zanzibar. Eudosso riuscì a tornare ad Alessandria, solo per vedere il suo carico sequestrato dal nuovo re. Allora Eudosso tentò la fortuna in occidente. Andò a Gades in Spagna, con il piano di circumnavigare l'Africa e di raggiungere l'India attraverso una via alternativa. Non ci riuscì, e il re di Mauritania lo consegnò a Silla. Tentò un quarto viaggio, dal quale non fece mai ritorno. Il modo in cui questa storia è raccontata da Posidonio (e Strabone) corrisponde al gusto ellenistico: la sorte combina un incontro tra un Indiano naufrago, un Greco curioso e un re avido. E come in molte storie ellenistiche, ci sono inattesi colpi di fortuna e attese deluse. Le avventure di Eudosso esemplificano, ai loro estremi livelli, le nuove possibilità che il mondo ellenistico creava per il commercio di prodotti esotici e la disseminazione delle informazioni. Questo in parte era dovuto al fenomeno del mecenatismo regio, ignoto prima di Alessandro.

Un libro di viaggio noto come *Circumnavigazione del mare Eritreo* (*Periplous Maris Erythraei*), forse composto intorno alla metà del I secolo d.C., fornisce informazioni dettagliate sui porti, i centri commerciali e i prodotti che si potevano trovare lungo le coste del mar Rosso, del Golfo Persico e dell'oceano Indiano. Per esempio, i mercanti interessati all'importazione dell'incenso dalla penisola arabica apprendevano che

> dopo l'Arabia Felix c'è un lungo tratto di costa, e una baia che si estende per 200 stadi o più, lungo la quale ci sono Nomadi e Mangiatori di Pesce che vivono in villaggi. Appena oltre il capo che sporge da questa baia c'è un'altra città mercantile lungo la costa, Canò, del regno di Eleazo, la regione dell'incenso; e di fronte a essa ci sono due isole deserte, una chiamata Isola degli Uccelli, l'altra Trulla, a 120 stadi di distanza da Canò. Da qui, nell'entroterra, c'è la metropoli di Sabata, in cui vive il re. Tutto l'incenso prodotto nella regione è trasportato lì con cammelli per essere conservato, e a Canò in zattere di cuoio fatte di otri, secondo l'uso della regione, e in barche.

Questo testo mostra in modo evidente quanto fosse progredita la conoscenza di queste regioni rispetto ai tempi di Nearco, l'ammiraglio di Alessandro che aveva viaggiato dall'India al Golfo Persico nel 327 a.C. Sotto Nerone, quando l'imperatore romano aveva relazioni diplomatiche con i sovrani dell'Arabia, i suoi sudditi – motivati dall'aspettativa di guadagno – rischiavano viaggi commerciali lungo la costa della penisola arabica e nel lontano oriente, fino all'India e allo Sri Lanka. L'attività commerciale con queste regioni era piuttosto diversa. Per esempio, l'importante porto di Barygaza nell'India nord-occidentale era un luogo dove mercanti romani e greci potevano vendere con profitto vino, stoffe e vasi d'argento, oltre a giovani cantori e belle ragazze per l'harem del re, ricevendo in cambio pietre semi-preziose, erbe, spezie e animali esotici.

Un certo Sofito, un uomo che morì ad Alessandria Arachosia (la moderna Kandahar) alla fine del I secolo a.C., può essere uno dei commercianti che visitarono Barygaza. Nell'elaborato epigramma funerario che compose per se stesso, fa un resoconto delle sue imprese. Perduto il patrimonio di famiglia, Sofito cercò il modo di risollevare la sua casa. Prese un prestito e lasciò la sua città, determinato a tornare solo dopo essersi arricchito: «Con questo obiettivo mi imbarcai su navi commerciali alla volta di molte città e ottenni grande ricchezza senza provocare alcun danno». Le sue imprese marittime devono essersi svolte nell'oceano Indiano. Da Kandahar potrebbe aver facilmente raggiunto il porto di Barygaza, e da lì i suoi viaggi possono averlo portato fino in Egitto. Tornò ricco, ricostruì la casa di famiglia, fece erigere una nuova tomba per i suoi antenati e per se stesso, compose un componimento in greco per la popolazione ellenica che doveva ancora vivere ad Alessandria Arachosia. Gli scavi archeologici nei porti dell'India meridionale e la scoperta, in quei luoghi, di monete romane e anfore di vino dimostrano quanto gli scambi commerciali greci con queste aree fossero aumentati nella prima età imperiale.

L'impulso a questi contatti venne da Alessandro. La sua campagna militare fu il «big bang» della «globalizzazione» ellenistica, per così dire. Alessandro decise di fare dei confini del mondo, piuttosto che dei confini dell'impero persiano, la destinazione finale della sua spedizione. Stanziò i suoi soldati in punti strategici durante il suo viaggio verso l'oceano Indiano ed esplorò scientificamente tutte le regioni che visitò.

Popoli in movimento

Lo sviluppo di una rete di regioni interconnesse – a volte impegnate in guerre, a volte unite sotto un'unica autorità – fu accompagnato da un movimento di popoli senza precedenti. Come abbiamo visto negli scorsi capitoli, questo andava dai movimenti volontari di mercenari, artisti, mercanti, intrattenitori, oratori e maestri itineranti, studenti di retorica e filosofia, pellegrini in viaggio verso luoghi sacri e atleti, fino alla migrazione forzata degli esuli dopo le guerre civili, dei prigionieri, degli schiavi e dei Giudei vittime della diaspora. Alcuni movimenti erano periodici, come i viaggi dei «messi sacri» (*theoroi*), che annunciavano i festival panellenici, le visite degli spettatori alle grandi gare atletiche a Olimpia e Delfi e i viaggi marittimi attraverso l'oceano Indiano agevolati dai monsoni. Più spesso, essi erano determinati da esigenze particolari, come i viaggi intrapresi dagli ambasciatori nelle città, dai re, dalle autorità e dagli imperatori romani. I movimenti potevano essere di massa, come nel caso della fondazione di nuove città ellenistiche o colonie romane, delle invasioni galliche della Grecia e poi dell'Asia Minore, o del reinsediamento dei Giudei dopo le loro rivolte. Il movimento di grossi gruppi era di solito permanente, aveva come conseguenza cambiamenti significativi nella composizione etnica della popolazione e contribuiva alla diversità culturale. Allo stesso tempo, i movimenti individuali e temporanei delle persone, soprattutto dei commercianti e dei dotti, avevano un impatto significativo sulla cultura.

I viaggi degli intellettuali sono un buon esempio. Oratori, filosofi e storici che viaggiavano intorno al mondo greco, dando lezioni nelle città e nei santuari principali, sono già attestati nel V e nel IV secolo a.C. Per l'aumentata connettività del mondo dal III secolo a.C. in poi, così come per la frequenza dei grandi festival, il progresso nell'istruzione, nella storiografia, nell'oratoria e nella filosofia, e l'esistenza di corti reali (seguite dalla corte imperiale a Roma), queste lezioni divennero molto più comuni di quanto non lo fossero mai state prima. *Akroasis* (lezione pubblica) è il termine che indica la principale attività degli intellettuali itineranti: visitare una città, un santuario o una corte, stare lì per giorni o mesi, e tenere delle conferenze nei ginnasi, nei teatri, nei municipi e nei palazzi. Il contenuto delle conferenze era molto vario: la lettura di estratti di opere storiografiche, la presentazione di questioni filosofiche, gli encomi che elogiavano una città – facendo riferimento ai suoi miti, alle sue imprese storiche, ai suoi edifici, ai suoi cittadini famosi e alla bellezza del suo paesaggio – elogi degli imperatori, orazioni che davano consigli su questioni sociali e politiche, come la concordia all'interno di una stessa città o la riconciliazione tra città diverse, l'esposizione di prove della «parentela» tra due città o due regioni, che veniva fatta risalire alla parentela tra certe divinità o eroi fondatori.

Polemone di Ilio è uno degli eruditi meglio noti di questo periodo. Viaggiò estesamente, raccogliendo informazioni sulla storia e sui culti locali e tenendo conferenze su questi argomenti, per esempio a Delfi e ad Atene negli anni Settanta del II secolo a.C. A partire dal II secolo a.C. in poi, gli elogi dei Romani divennero sempre più comuni, e via via che cresceva l'influenza del senato romano sugli affari greci, la città di Roma fu aggiunta alle destinazioni preferite dagli intellettuali. Alcuni di loro giunsero a Roma come ambasciatori delle loro città, altri come amici di politici romani e altri ancora tentarono la loro fortuna nella nuova metropoli del mondo. Un punto di svolta sotto questo punto di vista fu l'«ambasceria dei filosofi» di Atene a Roma nel 155 a.C., che fu inviata a fare appello contro la decisione del senato di imporre una multa alla città. Le conferenze di Carneade, un giorno incentrate sulla difesa della giustizia e il giorno successivo contro di essa, divennero famose: anche se Catone il Vecchio, un senatore romano conservatore, si accertò che i filosofi lasciassero subito la città, la loro influenza perdurò e nei decenni successivi il numero di intellettuali greci in visita a Roma si moltiplicò.

Le attività di storici, oratori, grammatici e filosofi itineranti – o studiosi che combinavano competenze in questi campi ed erano noti come «sofisti» – continuarono fino all'età imperiale culminando in un'epoca nota come «Seconda Sofistica» e che durò all'incirca dal regno di Nerone fino all'inizio del III secolo d.C. Le orazioni di Dione di Prusa, che fiorì sotto i Flavi e Adriano ed è noto come Crisostomo (bocca d'oro), sono gli esempi meglio conservati di simili conferenze in questo periodo. Erano spesso dedicate a importanti argomenti politici e morali, come il sovrano ideale, la libertà e la schiavitù, ma includevano anche esercizi giocosi di abilità retorica, come il suo «Elogio della chioma». Esprimere un'opinione, tuttavia, può essere pericoloso in tempi di potere autocratico. I filosofi furono espulsi da Roma sotto Vespasiano per aver corrotto degli studenti e Dione fu mandato in esilio sotto Domiziano. Ma, in generale, il II secolo d.C. fu un'età d'oro per gli intellettuali itineranti, i cui insegnamenti e le cui conferenze contribuirono significativamente all'omogeneizzazione della cultura e alla trasmissione di idee e stili letterari e retorici.

«Andate in oriente» era il monito per molti dei Greci sotto i successori di Alessandro, e con poche (anche se importanti) eccezioni – come le campagne di Pirro in Italia e in Sicilia – tale rimase per secoli. Mentre Roma consolidava la sua posizione come centro dell'*ecumene* e la *pax Romana* rendeva i viaggi relativamente sicuri, singoli individui e interi gruppi di persone dalla Grecia e dalle province ellenizzate trovavano la loro strada per Roma, l'Italia e le province occidentali. Uomini di lettere, attori e atleti erano una minoranza di queste persone, sovra-rappresentata nelle nostre fonti; i più erano schiavi, commercianti, artisti e operai qualificati. Occasionalmente, le iscrizioni sepolcrali raccontano le storie di queste persone, come nel caso, triste, di Ile di Tessalonica, che morì da sola a Bonn intorno al 200 d.C.: «Tessalonica fu la mia patria e Ile il mio nome. Eso, il figlio di Batallo, mi conquistò con filtri d'amore, anche se era un eunuco. E così il mio letto coniugale fu inutile. Ora giaccio qui, così lontano dalla mia patria». Nel piccolo mondo dell'impero romano, una donna di Tessalonica che aveva seguito suo marito in Germania poteva ancora pensare alla sua patria con nostalgia.

Il movimento nella «lunga età ellenistica» non era solo movimento di popoli, ma anche di oggetti. Le opere d'arte depredate dal mondo greco ornavano le case e le ville romane, e le lampade romane di ter-

37. L'epitafio di un maiale itinerante.

racotta illuminavano le case dell'Asia Minore. Oggetti isolati di manifattura greca e romana raggiunsero anche Cina, Tailandia e Corea, suggerendo contatti, se non commerci regolari.

Infine, non ci dovremmo dimenticare il movimento di animali: cavalli e cani provenienti da zone rinomate per i loro allevamenti, ma anche creature esotiche esibite nelle processioni e nei trionfi o uccise nell'arena. L'epigramma sepolcrale di un maiale itinerante ci permette di dare uno sguardo inusuale alla mobilità in questo periodo. Forse addestrato a eseguire esercizi acrobatici durante i festival, il maiale percorse l'intero tragitto da Dyrrhachion, sul mare Adriatico, fino a Edessa, in Macedonia, per partecipare a una processione dionisiaca. Ma durante un festival fu schiacciato da un carro (vedi Figura 37):

Qui giace «il Maiale», amato da tutti, un giovane quadrupede, dopo aver lasciato la terra della Dalmazia, portato in dono. Raggiunsi Dyrrachion e desiderando vedere Apollonia attraversai ogni strada con i miei piedi, solo, mai sconfitto. Ma ora ho lasciato la luce a causa della violenza delle ruote. Volevo vedere Emazia e il carro del fallo, ma ora giaccio qui, anche se ero troppo giovane per pagare il mio tributo alla morte.

Non è possibile pensare a un periodo più antico della storia umana a noi nota in cui il movimento fu così intenso, massiccio e ampio. Tuttavia, la graduale convergenza politica e culturale dell'*ecumene* che iniziò con Alessandro e proseguì sotto gli imperatori romani non sradicò mai le identità e le istanze locali.

Convergenza culturale e tradizioni locali

Un altare o un piedistallo fu eretto vicino a un tempio nell'oasi di Bahariya durante la permanenza di Alessandro in Egitto o poco dopo. Davanti, un testo scritto in geroglifico menziona Alessandro con i suoi titoli faraonici, come Re dell'Alto e del Basso Egitto, figlio di Ammone, Amato da Ammone-Ra. Sul lato sinistro, un testo greco, probabilmente scritto da un lapicida egizio che non aveva familiarità con le lettere elleniche, dichiara: «Re Alessandro fece questa dedica ad Ammone, suo padre». Si tratta, probabilmente, del testo più antico che testimonia l'adozione, da parte di Alessandro, delle tradizioni locali di una regione conquistata, presentando se stesso come il figlio di un dio indigeno, esattamente come ogni faraone avrebbe fatto prima di lui. Alessandro adottò anche le tradizioni reali dell'impero persiano. I suoi successori seguirono il suo esempio, sia in Egitto sia nel regno Seleucide.

La fusione di tradizioni greche e locali è stata riconosciuta come uno dei fenomeni culturali più importanti dell'età ellenistica. Essa assunse forme diverse ed ebbe livelli diversi di intensità. L'arte visiva e l'architettura di stile greco divennero predominanti nell'impero Seleucide, un po' meno nella maggior parte dell'Egitto, ed esercitarono una forte influenza oltre i suoi confini, nelle aree dei regni greco-battriano e greco-indiano. Questa influenza era profonda in Pakistan e nell'India del Nord, come dimostrato da bassorilievi rinvenuti a Mathura e databili al II secolo a.C. (vedi Figura 38) e da tavolozze di pietra con soggetti mitologici provenienti dal Pakistan del I secolo a.C. Restò visibile fino al II secolo d.C., come si può vedere nella scultura buddista di Gandhara.

38. Bassorilievo di Mathura con scene delle peregrinazioni di Buddha. L'artista era influenzato dalla scultura greca.

La forma meglio attestata di convergenza culturale è l'uso della lingua greca nei regni di Egitto e Asia. Il greco era usato non solo dall'amministrazione, ma anche dalle popolazioni locali: per esempio, nelle dediche e nelle iscrizioni sugli edifici. Anche se la lingua era il greco, le idee e i costumi che essa esprimeva erano per lo più indigeni, gradualmente mescolati con le pratiche, i valori e le credenze dei coloni greci. Istituzioni sociali tipicamente greche, come l'addestramento atletico, gare e rappresentazioni teatrali, furono introdotte nei territori conquistati, e viceversa; i coloni greci adottarono sempre di più costumi locali, identificarono gli dèi indigeni con i loro, adattarono i loro abiti e le loro abitudini alimentari alle condizioni del luogo – in Egitto, per esempio, indossando vesti di lino anziché di lana. I più importanti rappresentanti delle tradizioni indigene nelle aree dei regni ellenistici erano i sacerdoti locali; essi non solo difendevano i privilegi delle loro comunità attraverso negoziazioni con i re, ma ne conservavano anche i costumi attraverso l'interazione con le popolazioni indigene, continuavano a comporre documenti nelle lingue locali e mantenevano viva la memoria del passato locale. Manetone, a quanto si dice un sacerdote di Eliopoli sotto Tolomeo II, scrisse una storia dell'Egitto, che sopravvive solo in frammenti ma che per i Greci era una fonte importante per la conoscenza del passato egizio.

A un livello inferiore rispetto a quello dell'amministrazione, i Greci e le popolazioni locali erano impegnati in continui processi di scambio, non scevri da conflitti. I Giudei conservatori a Gerusalemme rifiutavano l'istituzione greca del ginnasio e in Egitto le petizioni conservate dai papiri occasionalmente fanno riferimento a tensioni etniche. Nel 218 a.C., un certo Eraclide descrive, in una petizione, il suo conflitto con una donna egizia a Magdala:

> Mentre passavo vicino a casa sua, una donna egizia, il cui nome si diceva fosse Psenobastis, si sporse da una finestra e svuotò un pitale di urina sui miei vestiti, così che ne fui completamente inzuppato. Quando la rimproverai con rabbia, mi rivolse delle offese. Quando risposi a tono, Psenobastis afferrò con la sua mano destra la piega del mantello in cui ero avvolto, lo strappò e me lo tolse, così che il mio petto rimase tutto nudo. Mi sputò pure in faccia, in presenza di varie persone che ho chiamato come testimoni ... Pertanto ti prego, o Re, per favore, di non ignorare che io, un Greco e un visitatore, sono stato maltrattato così, senza ragione, da una donna egizia.

Ma i papiri mostrano anche che, nello stesso periodo, i coloni greci cominciarono gradualmente a formare delle famiglie miste sposando donne egizie. Un uomo di nome Dryton e la sua famiglia ci hanno lasciato molti documenti che forniscono informazioni sulla vita dei Greci e degli Egizi. Dryton, probabilmente figlio o discendente di mercenari cretesi, era nato intorno al 195 a.C. come cittadino della città greca di Tolemaide. Come possiamo dedurre dal nome cretese di suo suocero, Esthladas, la sua prima moglie, Sarapiade, era di origine cretese; pertanto Dryton dapprima si sposò all'interno del suo stesso gruppo etnico. Dopo la morte di Sarapiade o dopo un divorzio dalla donna, si sposò di nuovo intorno al 150 a.C. La sua seconda moglie, Apollonia, chiamata anche Senmouthis, era molto più giovane, non aveva la condizione di cittadina e non era cretese. La sua famiglia era probabilmente emigrata in Egitto, al più tardi intorno alla metà del III secolo a.C., da Cirene. Dopo tre o quattro generazioni vissute nelle campagne egizie, i membri di questa famiglia avevano in larga misura adottato la cultura egizia e nomi egizi. Questa Apollonia, le sue quattro sorelle e le sue cinque figlie avevano tutte nomi doppi, uno greco e uno egizio. La convergenza tra le due culture diventa più evidente nella generazione dei figli di Dryton. Si sa che due delle sue figlie si sono sposate con uomini egizi – da cui poi hanno divorziato.

Cambiamenti simili occorsero nella Grecia continentale e nelle colonie greche dell'Asia Minore quando gli Italici si stabilirono lì a partire dalla metà del II secolo a.C. in poi. I matrimoni misti – ma anche semplicemente la convivenza in una stessa area geografica – promossero la convergenza culturale. Anche la legge e le istituzioni romane ebbero un grosso impatto. Per esempio, intorno al 100 d.C., Chersoneso in Tauride (attuale Sebastopoli) riformò il suo sistema giudiziario, adottando il principio romano della *reiectio iudicum*: vale a dire, il diritto degli avversari di rifiutare fino a cinque giudici.

L'effetto più importante della colonizzazione romana fu il suo impatto sulla cultura. La lingua latina era non solo la lingua ufficiale nelle colonie romane, ma anche la lingua parlata dalla popolazione. In molte colonie, il latino fu gradualmente sostituito dal greco e fu usato solo per i documenti ufficiali o per le iscrizioni pubbliche. Ma c'erano anche colonie, come Filippi e Dion in Macedonia, Patrasso in Acaia e Alessandria Troade in Asia Minore, dove il latino rimase la lingua principale della comunicazione fino alla fine del II o del III secolo d.C. Furono introdotti anche dèi, festival e riti romani, e il loro impatto non restò limitato alle colonie. Uno dei primi esempi di convergenza culturale è l'introduzione del festival romano dei Compitalia a Delo alla fine del II secolo a.C. Veniva celebrato nei quartieri dove vivevano le famiglie italiche, di fronte alle case, con sacrifici offerti agli dèi familiari dei Romani, i Lari, così come a Mercurio (assimilato al greco Hermes) ed Ercole. Anche se il festival era una celebrazione ufficiale della comunità degli Italici, fu adottato anche dai liberti delle famiglie italiche. Le competizioni atletiche (*ludi*) e i sacrifici erano parte della tradizione originale, ma il costume di erigere altari di fronte alle case era una pratica greca adottata dai coloni italici.

Il rituale funebre romano dei *rosalia* è un altro esempio. L'ornamento annuale delle tombe con rose aveva luogo in occasione del festival romano dei Rosalia in maggio, dedicato alla commemorazione del defunto. Questo costume fu dapprima portato nei Balcani dai coloni romani e italici e presto fu adottato dalle popolazioni locali con il nome di *rhoda* o *rhodismos*, perché poteva essere facilmente associato con il costume tradizionale di portare fiori alle tombe. Dai Balcani, si diffuse ulteriormente a est, in Asia Minore. L'influenza artistica viaggiava nella direzione opposta, dalla Grecia all'Italia, Roma e le province occidentali. La cultura agonistica dei Greci non era ignota neanche in occidente. All'incirca all'epoca della morte di Adriano, un certo Caio Valerio Avito costruì una villa a Tarraco, in Spagna. Scritte in greco su un affresco murale commemoravano le vittorie – assai probabilmente quelle di un membro della famiglia – a due competizioni atletiche in Grecia: le Nemee e le Aktia.

Sotto la cultura più o meno uniforme che chiamiamo *koine*, persistevano le tradizioni locali. Talvolta le conosciamo solo perché la diffusione dell'alfabetizzazione permetteva alle popolazioni indigene di produrre iscrizioni che attestano l'esistenza di riti già praticati da secoli, ma che non avevano lasciato ancora alcuna traccia nelle fonti scritte. In Lidia, è solo nel II e nel III secolo d.C. che le iscrizioni menzionano un rito piuttosto peculiare, tramite il quale un peccato veniva trasferito su triadi di animali che rappresentavano spazi diversi, come la terra, il cielo, il sottosuolo e i fiumi – il *triphonon* (animali con tre voci) e l'*enneaphonon* (animali con nove voci); ci si aspettava che gli animali portassero via il peccato. Questo trasferimento rituale del peccato sugli animali trova dei paralleli in rituali ittiti del secondo millennio a.C., secondo cui varie creature – uccelli, pesci, topi – venivano lasciate libere perché rimuovessero mali e peccati; il rituale era accompagnato da incantesimi. La spiegazione più probabile sembra la sopravvivenza nei secoli di simili rituali tradizionali nei santuari locali, piuttosto che un revival artificiale. A Tralle, iscrizioni del II e del III secolo d.C. menzionano gli incarichi rituali, altrimenti non attestati, della «concubina» (*pallake*) e di «quelli che non si lavano i piedi» (*aniptopodes*). Potremmo essere inclini a guardare a queste peculiarità di culto come a revival artificiali o a «invenzioni di tradizioni», se i testi non affermassero esplicitamente che le funzioni erano trasmesse da generazioni all'interno della stessa famiglia. Un altro rituale lidio che appare come la sopravvivenza di una lunga tradizione è descritto da Pausania, che lo vide in santuari di «Artemide Persiana» a Ierocesarea e a Hypaipa in Lidia intorno alla metà del II secolo d.C. In questi santuari, c'erano altari sui quali un *magus*, un sacerdote persiano, indossando una tiara, poneva del legname secco. «Poi rivolgeva a un dio o a un altro un'invocazione in una lingua straniera, inintelligibile ai Greci, recitando l'invocazione da un libro», in attesa che il legname si infiammasse senza l'uso del fuoco.

Quando si trovava a Capri, pochi mesi prima della sua morte nel 14 d.C., Augusto distribuì abiti greci ai Romani e vesti romane ai Greci, e incoraggiò i due gruppi a parlare l'uno la lingua dell'altro. L'età imperiale fu un'epoca di osmosi. Fu proprio questo confronto dei Greci con culture diverse a rendere i più colti tra loro consapevoli delle proprie tradizioni culturali, promuovendo un forte interesse per le antichità e la storia greche. La «lunga età ellenistica» è l'età dell'oro della storiografia, almeno dal punto di vista quantitativo; è anche l'età dell'oro degli anniversari commemorativi, dei monumenti storici e della mitografia. I Greci lottavano per mantenere viva, in un mondo cosmopolita, un'identità ellenica più ampia, spesso in aggiunta a una locale, cittadina o regionale. Ellenarca, «sommo magistrato dei Greci», era il titolo di un ufficiale a Tanaide, all'ingresso del mar d'Azov, nel II secolo d.C.

Anche in tempi in cui l'integrazione nell'impero romano, specialmente linguistica, era forte, la memoria delle origini greche non venne mai meno. In una delle sue «Poesie nascoste», Kavafis, ispirato da un passo contenuto nell'opera di Ateneo, autore del II secolo d.C., esprime, con la sua tipica sensibilità storica e la sua perspicacia, questa persistenza della memoria:

La lingua ellenica i Posidoniati
dimenticarono vivendo tanti secoli
mescolati a Tirreni, Latini e altri stranieri.
Rimase loro dell'antica patria
solo una festa greca, con cerimonie belle,
con le lire e gli zufoli, le gare e le corone.
E usavano alla fine della festa
raccontare le antiche consuetudini
e ripetere ancora i nomi greci,
comprensibili ormai soltanto a pochi.
Quella festa finiva sempre nella tristezza.
Perché si ricordavano che anch'essi erano Greci,
Greci d'Italia un tempo, e come adesso
erano decaduti, com'erano cambiati,
ridotti a vivere e parlare come barbari
e sradicati – ahimè! – dall'ellenismo.

Citazioni e fonti

Abbreviazioni

BCH: *Bulletin de Correspondance Hellénique*
CIG: *Corpus Inscriptionum Graecarum*, Berlin, 1825-77
F.Delphes: *Fouilles de Delphes*
FdXanthos VII: A. Balland, *Inscriptions d'époque impériale du Létôon. Fouilles de Xanthos* VII, Paris, 1981
FgrH: F. Jacoby et al., *Die Fragmente der griechischen Historiker*, Berlin-Leiden, 1923-
I.Didyma: A. Rehm, *Didyma, II: Die Inschriften*, edited by R. Harder, Berlin, 1958
I.Ephesos: H. Wankel et al., *Die Inschriften von Ephesos (IGSK*, 11-17), Bonn, 1979-81
I.Erythrai: H. Engelmann e R. Merkelbach, *Die Inschriften von Erythrai und Klazomenai*, I-II. (*IGSK*, 1-2), Bonn, 1972-73
IG: *Inscriptiones Graecae*, Berlin, 1873-
IGR: *Inscriptiones Graecae ad res Romanas pertinentes*, Paris, 1911-27
IGSK: *Inschriften griechischer Städte aus Kleinasien*, Bonn, 1972-
IGUR: L. Moretti, *Inscriptiones Graecae Urbis Romae*, Roma, 1968-90
I.Iasos: W. Blümel, *Die Inschriften von Iasos (IGSK*, 28, 1/2), Bonn, 1985
I.Knidos: W. Blümel, *Die Inschriften von Knidos*, I (*IGSK*, 41), Bonn, 1992
I.Kyme: H. Engelmann, *Die Inschriften von Kyme (IGSK*, 5), Bonn, 1976
I.Metropolis: B. Dreyer e H. Engelmann, *Die Inschriften von Metropolis. Teil I. Die Dekrete für Apollonios: Städtische Politik unter den Attaliden und im Konflikt zwischen Aristonikos und Rom (IGSK*, 63), Bonn, 2003
I.Olympia: W. Dittenberger e K. Purgold, *Inschriften von Olympia*, Berlin, 1896
IOSPE I²: V. Latyshev, *Inscriptiones antiquae orae septentrionalis Pontis Euxini Graecae et Latinae*. Vol. 1. *Inscriptiones Tyriae, Olbiae, Chersonesis Tauricae*, 2ª ed., St. Petersburg, 1916
I.Pergamon: M. Fraenkel, *Die Inschriften von Pergamon*, Berlin, 1890-95
I.Perinthos: M.H. Sayar, *Perinthos-Herakleia (Marmara Ereglisi) und*

Umgebung: Geschichte, Testimonien, griechische und lateinische Inschriften, Vienna, 1998

I.Priene: F. Hiller von Gaertringen, *Inschriften von Priene*, Berlin, 1906

ISE: L. Moretti, *Iscrizioni storiche ellenistiche*, I–II, Firenze 1967-75

I.Side: J. Nollé, *Side im Altertum: Geschichte und Zeugnisse. Band II* (*IGSK*, 44, 2), Bonn, 2001

I.Smyrna: G. Petzl, *Die Inschriften von Smyrna* (*IGSK*, 23–4), Bonn 1982–90

I.Tralleis: F.B. Poljakov, *Die Inschriften von Tralleis und Nysa*. Volume I: *Die Inschriften von Tralleis* (*IGSK*, 36, 1), Bonn, 1989

JHS: *Journal of Hellenic Studies*

JRS: *Journal of Roman Studies*

LSAM: F. Sokolowski, *Lois sacrées d'Asie Mineure*, Paris, 1955

Milet VI.1: *Inschriften von Milet. Teil 1: A. Inschriften n. 187–406 (Nachdruck aus den Bänden I.5–II.3) von A. Rehm, mit einem Beitrag von H. Dessau; B.Nachträge und Übersetzungen zu den Inschriften n. 1–406 von P. Herrmann*, Berlin-New York, 1997

OGIS: W. Dittenberger, *Orientis Graeci Inscriptiones Selectae*, Leipzig, 1903–5

P. Eleph.: O. Rubensohn, *Ägyptische Urkunden aus den Königlichen Museen in Berlin: Griechische Urkunden, Sonderheft. Elephantine-Papyri*, Berlin, 1907

P.Enteux.: O. Guéraud, *Enteuxeis: Requêtes et plaintes adressées au Roi d'Égypte au IIIe siècle avant J.-C.*, Cairo, 1931–2

P.Oxy.: *Oxyrrhynchus Papyri*, London, 1898–

REG: *Revue des études grecques*

SEG: *Supplementum Epigraphicum Graecum*, Leiden, 1923–

Staatsverträge III: H.H. Schmitt, *Die Staatsverträge des Altertums*, III, Munich, 1969

Steinepigramme I: R. Merkelbach e J. Stauber, *Steinepigramme aus dem griechischen Osten. Band I: Die Westküste Kleinasiens von Knidos bis Ilion*, Stuttgart-Leipzig, 1998

*Syll.*³: W. Dittenberger, *Sylloge Inscriptionum Graecarum*, 3ª ed., Leipzig, 1915–24

TAM: *Tituli Asiae Minoris*, Vienna, 1901–

ZPE: *Zeitschrift für Papyrologie und Epigraphik*

Tutte le traduzioni delle poesie di Kavafis sono di Filippo Maria Pontani, Mondadori, Milano 1961, tranne quella di *Posidoniati* (p. 413), che è di Massimo Peri (*Poesie rifiutate e inedite*, Imprimitur, Padova 1993).

1 Come tutto ebbe inizio

Per approfondire: A.B. Bosworth, *A Historical Commentary on Arrian's History of Alexander*, Oxford, 1980-95; Bosworth, 1988; A.B. Bosworth, *Alexander and the East: The Tragedy of Triumph*, Oxford, 1996; P. Cartledge, *Alexander the Great: The Hunt for a New Past*, London, 2004; A.W. Collins, 'The Royal Costume and Insignia of Alexander the Great', *American Journal of Philology* 133, 2012, 371–402; Errington, 1992; P.M. Fraser, *Cities of Alexander the Great*, Oxford, 1996; N.G.L. Hammond, *Sources for Alexander the Great: An Analysis of Plutarch's 'Life' and Arrian's 'Anabasis Alexandrou'*, Cambridge, 1993; N.G.L. Hammond, *Alexander the Great: King, Commander and Statesman*, 2ª ed., Bristol, 1994; Hammond-Walbank, 1988; M.B. Hatzopoulos, 'Philippe II fondateur de la Macédoine nouvelle', *REG*, 125, 2012, 37–53; W. Heckel, *The Conquests of Alexander the Great: Key Conflicts of Classical Antiquity*, Cambridge, 2008; W. Heckel-L.A. Tritle (edd.), *Alexander the Great: A New History*, Malden, MA, 2009; W. Heckel-J.C. Yardley, *Alexander the Great: Historical Sources in Translation*, Malden, MA, 2004; A.J. Heisserer, *Alexander the Great and the Greeks: The Epigraphic Evidence*, Norman, OK, 1980; F.L. Holt, *Into the Land of Bones: Alexander the Great in Afghanistan*, Berkeley, 2005; R. Lane Fox, *Alexander the Great*, London, 1973; Lane Fox (ed.), 2011; J. Roisman (ed.), *Brill's Companion to Alexander the Great*, Leiden, 2004; H.-U. Wiemer, *Alexander der Grosse*, 2ª ed., Munich, 2015; Worthington, 2014; I. Worthington (ed.), *Alexander the Great: A Reader*, London, 2003.

Fonti: *Arriano su Filippo*: Anabasi, 7.9.2 (le traduzioni di Arriano sono di Delfino Ambaglio, Bur, Milano 1994). *Il palazzo a Ege (Vergina)*: A. Kottaridi et al., *The Palace of Aegae 2007-2009: The Commencement of a Major Project*, Thessaloniki, 2009. *La lettera di Isocrate a Filippo*: Ep. 5.16. *Demostene e Filippo*: Eschine, 2.34. *Il trattato di pace dopo Cheronea*: Staatsverträge, III, 403. *Alessandro a Troia*: Arriano, Anabasi, 1.11.6-8. *Corrispondenza tra Alessandro e Dario*: Arriano, Anabasi, 2.14. *I progetti militari di Alessandro*: M.B. Hatzopoulos, 'Alexandre en Perse: la revanche et l'empire', *ZPE*, 116, 1997, 41–52. *Alessandro e l'Iliade*: Plutarco, Alessandro, 7. *Il decreto di esilio*: S. Dmitriev, 'Alexander's Exiles Decree', *Klio*, 86, 2004, 348–81. *Il culto di Efestione*, SEG, XL, 547. *Droysen su Alessandro*: J.G. Droysen, *Alexander der Große* (ristampa), Frankfurt-Leipzig, 2004, 1. *Aristotele su Greci e barbari*: Politica, 1285a19-22.

2 I successori

Per approfondire: E.M. Anson, *Eumenes of Cardia, a Greek among Macedonians*, Leiden, 2015; R.A. Billows, *Antigonos the One-Eyed and the Creation of the Hellenistic State*, Berkeley, 1990; A.B. Bosworth, *The Legacy of Alexander: Politics, Warfare and Propaganda under the Successors*, Oxford, 2002; Bouché-Leclercq, 1913–14; Bowman, 1996; P. Briant, *Antigone le Borgne: Les débuts de sa carrière et les problèmes de l'assemblée macédonienne*, Paris, 1973; S.N. Consolo Langher, *Agatocle: Da capoparte a monarca fondatore di un regno tra Cartagine e i Diadochi*, Messina, 2000; W.M. Ellis, *Ptolemy of Egypt*, London, 1994; Errington, 1992; J.D. Grainger, *Seleukos Nikator: Constructing a Hellenistic Kingdom*, London, 1990; Habicht, 1997; Hammond-Walbank, 1988; Hauben-Meeus (edd.), 2014; W. Heckel, *The Marshals of Alexander's Empire*, London, 1992; Hoelbl, 2000; J. Kobes, 'Kleine Könige': *Untersuchungen zu den Lokaldynastien im hellenistischen Kleinasien (323–188)*, St Katharinen, 1996; C. Lehmler, *Syrakus unter Agathokles und Hieron II: Die Verbindung von Kultur und Macht in einer hellenistischen Metropole*, Frankfurt, 2005; P. Lévêque, *Pyrrhos*, Paris, 1957; H.S. Lund, *Lysimachus: A Study in Hellenistic Kingship*, London, 1992; Martinez-Sève, 2011; A. Meeus, 'Kleopatra and the Diadochoi', in P. Van Nuffelen (ed.), *Faces of Hellenism: Studies in the History of the Eastern Mediterranean (4th Century BC–5th Century AD)*, Leuven, 2009, 63–92; L. O'Sullivan, *The Regime of Demetrius of Phalerum in Athens, 317–307 BCE: A Philosopher in Politics*, Leiden, 2009; J. Seibert, *Das Zeitalter der Diadochen*, Darmstadt, 1983; Sherwin-White-Kuhrt, 1993.

Fonti: *Cassandro e la statua di Alessandro*: Plutarco, *Alessandro*, 74. 6. *Eumene e il trono di Alessandro*: Diodoro, 18.60.6. *Le ultime parole di Alessandro*: Diodoro, 17.117.4. *Demade sulla morte di Alessandro*: Plutarco, *Focione*, 22. «Guerra ellenica»: IG, II², 467. *La proclamazione di Antigono a re*: Plutarco, *Demetrio*, 17. *Demetrio ad Atene*: Democare, *FgrH*, 75, F 2; Duride, *FgrH*, 76, F 13; Plutarco, *Demetrio*, 12, 34; Erodiano, 1.3.3. *Il mantello di Demetrio*: Duride, *FgrH*, 76, F 14. *Pirro, nuovo Alessandro*: Plutarco, *Pirro*, 8. *Pirro e Cinea*: Plutarco, *Pirro*, 14. *Annibale su Pirro*: Plutarco, *Pirro*, 8.2.

3 La «vecchia» Grecia nel III secolo breve

Per approfondire: A.J. Bayliss, *After Demosthenes: The Politics of Early Hellenistic Athens*, London-New York, 2011; K. Buraselis, *Das hellenistische Makedonien und die Ägäis: Forschungen zur Politik des Kassandros und der drei ersten Antigoniden im Ägäischen Meer und in Westkleinasien*, Munich, 1982; Cartledge-Spawforth, 1989; Errington, 1992; J.J. Gabbert,

Antigonus II Gonatas: A Political Biography, London, 1997; Gray, 2015; Habicht, 1997; Hammond-Walbank, 1988; H. Heinen, *Untersuchungen zur hellenistischen Geschichte des 3. Jahrhunderts v.Chr. zur Geschichte der Zeit des Ptolemaios Keraunos und zum Chremonideischen Krieg*, Wiesbaden, 1972; Koehn, 2007; S. Le Bohec, *Antigone Dôsôn, roi de Macédoine*, Nancy, 1993; McKechnie-Guillaume (edd.), 2008; G. Nachtergael, *Les Galates en Grèce et les Sotéria de Delphes: Recherches d'histoire et d'épigraphie hellénistique*, Brussels, 1977; Oliver, 2007; K. Scherberich, *Koinè symmachía: Untersuchungen zum Hellenenbund Antigonos' III. Doson und Philipps V. (224–197 v. Chr.)*, Stuttgart, 2009; F.W. Walbank, *Aratos of Sicyon*, Cambridge, 1933.

Fonti: *Il miracolo a Delfi*: Pausania, 10.23.1–10; cf. Giustino, 24.8. *Il piccolo donario attalide*: Pausania, 1.25.2. *Le roccaforti antigonidi come «catene della Grecia»*: Polibio, 18.45. *Glaucone e Platea*: SEG, LXI, 352. *Il decreto di Cremonide*: IG, II, 687; Austin, 2006, n. 61; Bagnall-Derow, 2004, n. 19. *Polibio sulla lega achea*: 2.38.6.

4 L'età d'oro tolemaica

Per approfondire: Bowman, 1996; K. Buraselis-M. Stefanou-D.J. Thompson (edd.), *The Ptolemies, the Sea, and the Nile: Studies in Waterborne Power*, Cambridge, 2013; D.L. Clayman, *Berenice II and the Golden Age of Ptolemaic Egypt (Women in Antiquity)*, Oxford, 2014; Fraser, 1972; Grainger, 2010; Harris-Ruffini (edd.), 2004; Hoelbl, 2000; McKechnie-Guillaume (edd.), 2008; Manning, 2010; J.G. Manning, *'Hellenistic Egypt'*, in Scheidel et al. (edd.), 2007, 434–59; R. Strootman, *The Birdcage of the Muses: Patronage of the Arts and Sciences at the Ptolemaic Imperial Court (305–222 BCE)*, Leiden, 2016; Weber, 1991.

Fonti: *Teocrito su Tolomeo II*: 17.77–97 e 104–105 (le traduzioni di Teocrito sono di Bruna M. Palumbo Stracca, Bur, Milano 1993). *La processione alle feste tolemaiche*: Ateneo, V, 202a–203b. *Arato sull'Egitto*: Plutarco, *Arato*, 15. *La nave «Iside» da Ninfeo*: SEG, L, 696. *L'iscrizione di Tolomeo III ad Aduli*: OGIS, 54; Austin, 2006, n. 268; Bagnall-Derow, 2004, n. 26. *La battaglia di Rafia*: Polibio, 5.82.5–86.6. *La ribellione degli Egizi*: Polibio, 14.12.4.

5 Re e regni

Per approfondire: Allen, 1983; G.G. Aperghis, *The Seleukid Royal Economy: The Finances and Financial Administration of the Seleukid Empire*, Cambridge, 2004; Bagnall, 1976; B. Bar-Kochva, *The Seleucid Army:*

Organisation and Tactics in the Great Campaigns, Cambridge, 1976; J. Bauschatz, *Law and Enforcement in Ptolemaic Egypt*, Cambridge, 2013; Bikerman, 1938; Billows, 1995; Bouché Leclercq, 1913-14; D. Bonneau, *Le regime administratif de l'eau du Nil dans l'Égypte grecque, romaine et byzantine*, Leiden, 1993; Bowman, 1996; Capdetrey, 2009; Chaniotis, 2005, 57-77; A. Chaniotis, 'The Ithyphallic Hymn for Demetrios Poliorcetes and Hellenistic Religious Mentality', in P.P. Iossif-A.S. Chankowski-C.C. Lorber (edd.), *More Than Men, Less Than Gods: Studies in Royal Cult and Imperial Worship*, Leuven, 2011, 157-95; Fischer-Bovet, 2014; Fraser, 1972; J.D. Grainger, *The Cities of Seleukid Syria*, Oxford, 1990; C. Habicht, *Divine Honors for Mortal Men in Greek Cities*, tradotto da J.N. Dillon, Exeter, 2017; Hansen, 1971; Hatzopoulos, 1996; M.B. Hatzopoulos, *L'organisation de l'armée macédonienne sous les Antigonides: Problèmes anciens et documents nouveaux*, Athens-Paris, 2001; Hoelbl, 2000; W. Huss, *Der makedonische König und die ägyptischen Priester: Studien zur Geschichte des ptolemäischen Ägypten*, Stuttgart, 1994; L. Koenen, 'The Ptolemaic King as a Religious Figure', in A. Bulloch et al. (edd.), *Images and Ideologies: Self-definition in the Hellenistic World*, Berkeley, 1993, 25-115; Kosmin, 2014; A. Lichtenberg, K. Martin, H.-H. Nieswandt e D. Salzmann (edd.), *Das Diadem der hellenistischen Herrscher: Übernahme, Transformation oder Neuschöpfung eines Herrschaftszeichens*, Münster, 2012; Ma, 2002; J. Ma, 'The Attalids: A Military History', in Thonemann (ed.), 2013, 49-82; Manning, 2003 e 2010; H. Melaerts (ed.), *Le culte du souverain dans l'Égypte ptolémaïque au IIIe siècle avant notre ère*, Louvain, 1998; A. Monson, *Agriculture and Taxation in Early Ptolemaic Egypt: Demotic Land Surveys and Accounts (P. Agri)*, Bonn, 2012; Monson, 2012; L. Mooren, *La hiérarchie de cour ptolémaique: Contribution à l'étude des institutions et des classes dirigeantes à l'époque hellénistique*, Leuven, 1977; K. Mueller, *Settlements of the Ptolemies: City Foundations and New Settlement in the Hellenistic World*, Leuven, 2006; Préaux, 1939; P. Sänger, 'Das politeuma in der hellenistischen Staatenwelt: eine Organisationsform zur Systemintegration von Minderheiten', in P. Sänger (ed.), *Minderheiten und Migration in der griechisch-römischen Welt*, Paderborn, 2016, 25-45; I. Savalli-Lestrade, *Les philoi royaux dans l'Asie hellénistique*, Geneva, 1998; Scholz, 2015; C. Schuler, 'Landwirtschaft und königliche Verwaltung im hellenistischen Kleinasien', *Topoi*, 6, 2004, 509-43; Sherwin-White-Kuhrt, 1993; Strootman, 2014; Thompson, 1988; P. Thonemann, 'The Attalid State', in Thonemann (ed.), 2013, 1-48; P. Van Nuffelen, 'Le culte royal de l'Empire des Séleucides: une réinterpretation', *Historia*, 52, 2004, 278-301; Versnel, 2011, 439-492; B. Virgilio, *Le roi écrit: Le correspondance du souverain hellénistique, suivie de deux lettres d'Antiochos III, à partir de Louis Robert et d'Adolf Wilhelm*, Pisa, 2011; Weber, 1991; Welles, 1934.

Fonti: *Definizione di regalità*: Suda, s.v. *basileia*; Austin, 2006, n. 45.

Cassandro «re dei Macedoni»: Hatzopoulos, 1996, II, n. 20. *Proclamazione a re di Demetrio Poliorcete*: Plutarco, *Demetrio*, 37.2–3; cf. Giustino, 16.1.9 e 18. *L'ascesa al trono di Antioco IV: IG*, II, 1323. *Antioco I e Stratonice*: Plutarco, *Demetrio*, 38. *Il dossier di documenti da Filomelio*: *SEG*, LI V, 1353. *Brigantaggio nel «decreto di amnistia»*: Austin, 2006, n. 290. *Il processo di Focione*: Plutarco, *Focione*, 34; Diodoro, 18.66–67. *Gli Achei «imbrigliati come cavalli»*: Plutarco, *Arato*, 38.10. *Le lettere di Filippo a Larissa*: Austin, 2006, n. 75; Bagnall-Derow, 2004, n. 32. *Il comportamento teatrale di Filippo V*: Polibio, 10.26.1–2. *Demetrio e la vecchia*: Plutarco, *Demetrio*, 42. *L'encomio di Tolomeo di Teocrito*: 17.105–6. *Il sangue di Alessandro*: Plutarco, *Alessandro*, 28. *Prosecuzione del culto di Alessandro*: *LSAM*, 26, L. 9; *I.Ephesos*, 719; *I.Erythrai*, 64. *Il culto di Seleuco I e Antioco I a Ege*: *SEG*, LIX, 1406 A. *Il culto di Antioco III a Teo*: *SEG*, XLI, 1003; A. Chaniotis, 'Isotheoi timai: la divinité mortelle d'Antiochos III à Téos', *Kernos*, 20, 2007, 153–71. *L'inno per Demetrio*: Democar, *FgrH*, 75, F 2; Ateneo, VII, 253 D–F. *Dione Cassio sugli onori divini*: 52.35.5. *Prusia I a Roma*: Polibio, 30.18–19. *La teatralità di Demetrio Poliorcete*: Plutarco, *Demetrio*, 28, 34, 41, 44–45, 53. *Diotogene sulla regalità*: Stobeo, 4.7.62. *La teatralità di Filippo V*: Polibio, 10.26.1–2. *Polibio su Antioco IV*: 26.1.5. *I figli di Attalo I a Cizico*: Polibio, 22.20.5–7.

6 La città-stato in un mondo di confederazioni e di imperi

Per approfondire: Beck-Funke (edd.), 2015; R. Behrwald, *Der lykische Bund: Untersuchungen zu Geschichte und Verfassung*, Bonn, 2000; Berthold, 1984; Billows, 1995; Brun, 1996; Cartledge-Spawforth, 1989; Chaniotis, 2005; Cohen, 1978, 1995 e 2006; Couvenhes-Fernoux (edd.), 2004; Dmitriev, 2005; Fernoux, 2004; Fröhlich, 2004; Fröhlich-Müller (edd.), 2005; Gabrielsen, 1997; Gauthier, 1985; Grainger, 1999; V. Grieb, *Hellenistische Demokratie: Politische Organisation und Struktur in freien griechischen Poleis nach Alexander dem Großen*, Stuttgart, 2008; Habicht, 1997; P. Hamon, 'Le conseil et la participation des citoyens: les mutations de la basse époque hellénistique', in Fröhlich-Müller (edd.) 2005, 121–44; Hamon, 2007; Harding, 2015; Labarre, 1996; C. Mann-P. Scholz (edd.), *'Demokratie' im Hellenismus. Von der Herrschaft des Volkes zur Herrschaft der Honoratioren*, Mainz, 2012; Migeotte, 1992; K. Mueller, *Settlements of the Ptolemies: City Foundations and New Settlement in the Hellenistic World*, Leuven, 2006; Quass, 1993; Roubineau, 2015; Sartre, 1995; Sherwin-White, 1978; Wörrle-Zanker (edd.), 1995.

Fonti: *Eraclide sulle città della Grecia*: F. Pfister, *Die Reisebilder des Herakleides*, Vienna, 1951. *Polibio sulla lega achea*: 2.37.11. *Città nell'impero romano*: Elio Aristide, *Orazioni*, 26.93. *Tirieo diventa una polis*: *SEG*,

XLVII, 1745. *La guarnigione a Cirbisso*: SEG, XXVI, 1306, 8–11. *La lega achea come democrazia*: Polibio, 2.38.6. *Il trattato dei Lici con Cesare*: SEG, LV, 1452. *Diocle di Cos*: SEG, XLVIII, 1104. *Eraclide e Micione*: IG, II, 834, 1705; C. Habicht, *Studien zur Geschichte Athens in hellenistischer Zeit*, Göttingen, 1982, 179–82. *Elicone di Priene*: I.Priene, 19. *Filippide di Atene*: IG, II², 657. *Protogene di Olbia*: IOSPE, I, 32; Austin, 2006, n. 115. *Strabone su Rodi*: 14.2.5. *Mummio e le costituzioni oligarchiche*: Pausania, 7.16.9. *Kondylis sul populismo*: P. Kondylis, *Niedergang der bürgerlichen Denk- und Lebensform*, Frankfurt, 1991, 200. *I consigli di Quintiliano agli oratori*: Institutio oratoria, 11.3.147. *La campagna di Bush*: E. Burns, *Theatricality: A Study of Convention in the Theatre and in Social Life*, London, 1972, 34. *Alceta*: Diodoro, 18.46.1–47.3. *Tirannidi a Sicione*: Plutarco, *Arato*, 2.1–2. *Eugnoto di Akraiphia*: J. Ma, 'The Many Lives of Eugnotos of Akraiphia', in B. Virgilio (ed.), *Studi ellenistici*, 16, Pisa, 2005, 141–91. *Diodoro Pasparos*: C.P. Jones, 'Diodoros Pasparos and the Nicephoria of Pergamon', *Chiron*, 4, 1974, 183–205. *Cheremone, Pitodoro e le loro famiglie*: C.P. Jones, 'An Inscription Seen by Agathias', ZPE, 170, 2011, 107–15. *Nicia di Cos*: IG, XII.4, 682–711; Buraselis, 2000, 30–65, 131–33. *Diodoro di Adramittio*: Strabone, 13.1.66. *Lisia di Tarso*: Ateneo, V, 215b–c.

7 Intreccio

Per approfondire: Berthold, 1984; Eckstein, 2006; R.M. Errington, *Philopoemen*, Oxford, 1969; Errington, 1992; Grainger, 1999, 2010, e 2015; Ferrary, 2014; Gruen, 1984; Hammond-Walbank, 1988; Hansen, 1971; Harris, 1979 e 2016; Hoyos (ed.), 2013; Koehn, 2007; Ma, 2002; R. Pfeilschifter, *Titus Quinctius Flamininus: Untersuchungen zur römischen Griechenlandpolitik*, Göttingen, 2005; J.B. Scholten, *The Politics of Plunder: Aitolians and their Koinon in the Early Hellenistic Era, 279–217 BC*, Berkeley, 2000; Sherwin-White-Kuhrt, 1993, 188–216; Wiemer, 2002.

Fonti: *Polibio sulla* symploke: 1.3.1–4. *Polibio su Teuta*: 2.4.8–9. *Plinio sull'impero romano*: Plinio, *Storia naturale*, 3.39. *Il discorso di Agelao a Naupatto*: Polibio, 5.104. *L'impatto di Canne*: Polibio, 3.117.2; Livio, 22.54.7. *Il trattato tra Filippo V e Annibale*: Polibio, 7.9. *L'assedio di Siracusa*: Plutarco, *Marcello*, 14–19. *Il trattato tra Roma e gli Etoli*: Staatsverträge, III, n. 536. *La dichiarazione di libertà alle Istmiche*: Polibio, 18.46; Plutarco, *Tito*, 10.3–6. *Il discorso di Antioco III a Lisimachia*: Polibio, 18.51. *Cicerone sulla missione di Roma*: Polibio, 18.51. *Le ultime parole di Annibale*: Livio, 39.51. *Filopemene, «l'ultimo dei Greci»*: Plutarco, *Filopemene*, 1. *Pausania su Filopemene*: 8.52.

8 Gli stati greci diventano province romane

Per approfondire: Bernhard, 1985 e 1998; Camia, 2009; Cartledge-Spawforth, 1989; G. Champion, 'Empire by Invitation: Greek Political Strategies and Roman Imperial Interventions in the Second Century BCE', *Transactions of the American Philological Association*, 137, 2007, 255-75; Eckstein, 2006; Ferrary, 2014; Gruen, 1984; Hansen, 1971; Harris, 1979 e 2016; J. Hopp, *Untersuchungen zur Geschichte der letzen Attaliden*, Munich, 1977; Hoyos (ed.), 2013; P. Kay, *Rome's Economic Revolution*, Oxford, 2014, 59-83; Magie, 1950; Martinez-Sève, 2011; Z. Yavetz, 'Towards a Further Step into the Study of Roman Imperialism', in E. Hermon (ed.), *Gouvernants et gouvernés dans l'imperium romanum (Cahiers des Études Anciennes 3)*, Québec, 1991, 3-22.

Fonti: *Il monumento di Perseo a Delfi*: SEG, XLVIII, 588. *Le accuse romane contro Perseo a Delfi*: Bagnall-Derow, 2004, n. 44; Austin, 2006, n. 93. *Decreto di Abdera*: Syll., 656. *Orazio sull'impatto culturale dell'espansione*: Epistole, 2.1.156-7. *Antipatro di Sidone sul sacco di Corinto*: Antologia Greca, 9.151 (traduzione di Mario Marzi, UTET, Torino 2009). *La lettera di Attalo II a Pessino*: Welles, 1934, n. 61; Bagnall-Derow, 2004, n. 50. *L'iscrizione onorifica per Attalo III*: I.Pergamon, 246. *L'iscrizione onorifica per Apollonio di Metropoli*: I.Metropolis, 1. *La lex de portorii Asiae*: M. Cottier et al., *The Customs Law of Asia*, Oxford, 2008. *Marco Antonio sulla tassazione dell'Asia*: Appiano, Guerre civili, 5.1. *Il viaggio di Tiberio Gracco attraverso l'Etruria*: Plutarco, Tiberio, 8.7. *Il discorso di Gracco*: Gellio, Noctes Atticae, 11.10.3. *Cicerone sui publicani*: De imperio Cnaei Pompeii, 17. *L'impatto della tassazione*: Diodoro, 34/35.25.

9 Declino e caduta dei regni ellenistici in Asia e in Egitto

Per approfondire: B. Bar-Kochva, *Judah Maccabee: The Jewish Struggle Against the Seleucids*, Cambridge, 1989; C.R. Benjamin, *The Yuezhi: Origin, Migration and the Conquest of Northern Bactria*, Turnhout, 2007; E.J. Bickerman, *The Jews in the Greek Age*, Cambridge, MA, 1988; Bouché-Leclercq, 1913-14; Bowman, 1996; Braund, 1984; Chauveau, 2000; Coloru, 2009; F. Daubner, *Bellum asiaticum: Der Krieg der Römer gegen Aristonikos von Pergamon und die Einrichtung der Provinz Asia*, 2ª ed., Munich, 2004; Eddy, 1961; Ehling, 2008; C. Feyel-L. Graslin-Thomé (edd.), *Le projet politique d'Antiochos IV*, Nancy, 2014; Grajetzki, 2011; E.S. Gruen, *Heritage and Hellenism: The Reinvention of Jewish Tradition*, Berkeley, 1998; Hoelbl, 2000; F. L. Holt, *Thundering Zeus: The Making of Hellenistic Bactria*, Berkeley, 1999; S. Honigman, *Tales of High Priests and Taxes: The Books of the Maccabees and the Judean Rebellion against An-*

tiochos IV, Berkeley, 2014; O. Hoover, 'A Revised Chronology for the Late Seleucids at Antioch (121/0–64 BC)', *Historia*, 56, 2007, 280–301; Hoyos (ed.), 2013; A. Jördens-J.F. Quack (edd.), *Ägypten zwischen innerem Zwist und äußerem Druck: Die Zeit Ptolemaios' VI. bis VIII.*, Wiesbaden, 2011; Kallet-Marx, 1995; J.D. Lerner, *The Impact of the Seleucid Decline on the Eastern Iranian Plateau: The Foundations of Arsacid Parthia and Graeco-Bactria*, Stuttgart, 1999; Martinez-Sève, 2011; P.F. Mittag, *Antiochos IV. Epiphanes. Eine politische Biographie*, Berlin, 2006; Schwartz, 2001 e 2014; Sherwin-White, 1984; Sherwin-White-Kuhrt, 1993, 217–29; A.-E. Véïsse, *Les 'révoltes égyptiennes': Recherches sur les troubles intérieurs en Egypte du règne de Ptolémée III Evergète à la conquête romaine*, Leuven, 2004.

Fonti: *Eliodoro nel tempio di Gerusalemme*: Maccabei 2.3. *Iscrizione che nomina Eliodoro*: SEG, LVII, 1838; LX, 1723; H.M. Cotton-A. Ecker-D. Gera, 'Juxtaposing Literary and Documentary Evidence: A New Copy of the So-Called Heliodoros Stele and the Corous Inscriptionum Iudaeae/Palestinae (CIIP)', *Bulletin of the Institute of Classical Studies*, 60, 2017, 1–15. *Il «giorno di Eleusi»*: Polibio, 29.27.1–10. *La parata di Antioco IV a Dafne*: Ateneo, V, 194c–195f. *Iscrizione in onore di re Eutidemo*: SEG, LIV, 1569. *Iscrizione da Mathura*: R. Salomon, 'The Indo-Greek Era of 186/5 BC in a Buddhist Reliquary Inscription', in O. Bopearachchi-M.-F. Boussac (edd.), *Afghanistan, ancien carrefour entre l'est et l'ouest*, Turnhout, 2005, 373. *Iscrizione dal Bahrain*: P. Kosmin, 'Rethinking the Hellenistic Gulf: The New Greek Inscription from Bahrain', *JHS*, 133, 2013, 61–79. *La stele di Rosetta*: OGIS, 90. *Scipione Emiliano sulle ricchezze dell'Egitto*: Diodoro, 33.28b. *Il decreto di amnistia tolemaico*: Austin, 2006, n. 290.

10 Un campo di battaglia di ambizioni straniere

Per approfondire: S.-A. Ashton, *Cleopatra and Egypt*, Oxford, 2008; S. Benne, *Marcus Antonius und Kleopatra VII.: Machtausbau, herrscherliche Repräsentation und politische Konzeption*, Göttingen, 2001; Bernhard, 1985 e 1998; H. Börm, 'Hellenistische Poleis und römischer Bürgerkrieg. Stasis im griechischen Osten nach den Iden des März (44 bis 39 v. Chr.)', in H. Börm-M. Mattheis-J. Wienand (edd.), *Civil War in Ancient Greece and Rome*, Stuttgart, 2015, 99–125; Braund, 1984; Chauveau, 2000; De Souza, 1999; Ferrary, 2014; Gruen, 1984; Habicht, 1997; Hoelbl, 2000; Kallet-Marx, 1995; Magie, 1950; A. Mayor, *The Poison King: The Life and Legend of Mithradates, Rome's Deadliest Enemy*, Princeton, 2010; B.C. McGing, *The Foreign Policy of Mithridates VI Eupator King of Pontos*, Leiden, 1986; A. Niebergall, 'Die lokalen Eliten der griechischen Städte Kleinasiens und Mithridates VI Eupator zu Beginn des ersten römisch-pontischen Krieges', *Hermes*, 139, 2011, 1–20; H. Pohl, *Die römische Politik und die Piraterie im östlichen Mittelmeer vom 3. Jahrhundert bis zum 1. Jahrhundert v. Chr.*, Berlin-New York, 1993; D.W. Roller, *Cleopatra: A Biography*, Oxford, 2010; F. Santangelo, *Sulla, the Elites and the Empire: A Study of Roman Policies in Italy and the Greek East*, Leiden, 2007; Sherwin-White, 1984; R.D. Sullivan, *Near Eastern Royalty and Rome: 100–30 B.C.*, Toronto, 1990; Syme, 1939.

Fonti: *Il discorso di Atenione ad Atene*: Posidonio, *Storie*, frammento 247 (ed. Theiler); *FgrH*, 87, F 36, 51; Ateneo, V, 212b–213c. *Silla ad Atene*: Plutarco, *Silla*, 13. *Il trattamento degli abitanti di Chio da parte di Mitridate*: Appiano, *Guerre mitridatiche* 12.46–47. *Cicerone sulla guerra di Pompeo contro i pirati*: Pro Manilio, 12.35. *Veni, vidi, vici*: Plutarco, *Cesare*, 50.3; Svetonio, *Divus Iulius*, 37.2. *Lo spettacolo di Cleopatra in Cilicia*: Plutarco, *Antonio*, 26.

11 Un oriente romano

Per approfondire: M. Adak-M. Wilson, 'Das Vespasianmonument von Döseme und die Gründung der Doppelprovinz Lycia et Pamphylia', *Gephyra*, 9, 2012, 1–40; Alcock, 1993; J. Bergemann, *Die römische Kolonie von Butrint und die Romanisierung Griechenlands*, Munich, 1998; Birley, 1997; Bowersock, 1965; Braund, 1984; Cartledge-Spawforth, 1989; Champlin, 2003; Drexhage, 2007; Eck, 2003; Galinsky, 2012; Galinsky (ed.), 2005; Goldsworthy, 2014; Halfmann, 1979; C.P. Jones, 'The Panhellenion', *Chiron*, 26, 1996, 29–56; T. Kaizer-M. Facella (edd.), *Kingdoms and Principalities in the Roman Near East*, Stuttgart, 2010; C. Katsari-S. Mitchell, 'The Roman Colonies of Greece and Asia Minor: questions of State and Civic Identity', *Athenaeum*, 96, 2008, 221-49; Levick, 1967 e 2010; Magie, 1950; F.G.B. Millar, 'The Roman Coloniae of the Near East: A Study of Cultural Relations', in H. Solin-M. Kajava (edd.), *Roman Eastern Policy and Other Studies in Roman History*, Helsinki, 1990, 7–58; T. Opper, *Hadrian: Empire and Conflict*, London, 2008; Raaflaub-Toher (edd.), 1993; A.D. Rizakis, 'Roman Colonies in the Province of Achaia: Territories, Land and Population', in Alcock (ed.), 1997, 15–36; D. Rousset, 'The City and its Territory in the Province of Achaea and «Roman Greece»', *Harvard Studies in Classical Philology*, 104, 2008, 303–37; Syme, 1939; Veyne, 1999; S. Zoumbaki, 'The Colonists of the Roman East and Their Leading Groups: Some Notes on Their Entering the Equestrian and Senatorial Ranks in Comparison with the Native Elites', *Tyche*, 23, 159–79.

Fonti: *Tacito su Gesù*: Annali, 15.44. *Plinio sui Cristiani*: Epistole, 10.96. *Imperium sine fine*: Virgilio, *Eneide*, 1.279. *Acclamazione di Roma a Efeso*: SEG, LIII, 1290. *Roma nell'*Apocalisse: Giovanni, *Apocalisse*, 17.4–18 (traduzione CEI). *Lo storico Filippo*: IG, IV.1, 687; *FgrH*, 95, T 1. *Celebra-*

zione di Caio Cesare a Messene: SEG, XXIII, 206. *Onori per Caio Cesare a Cos*: IG, XII.4, 105. *Plutarco sulla vita politica*: Moralia, 805a. *I rilievi del Sebasteion di Afrodisia*: R.R.R. Smith, 'Simulacra gentium: The ethne from the Sebasteion at Aphrodisias', *JRS*, 78, 2 410 1988, 50–77. *Polibio sul declino demografico*: 36.17.5. *La lettera di Ottaviano a Efeso*: Reynolds, 1982, n. 12. *Il discorso di Nerone alle Istmiche*: IG, VII, 2713; Oliver, 1989, n. 296. *Epaminonda di Akraiphia*: IG, VII, 2713. *Il componimento di Balbilla*: SEG, VIII, 715. *Le lettere di Adriano sull'organizzazione delle gare*: SEG, LVI, 1359. *La lettera di Adriano a Naricia*: SEG LI, 641. *Gli onori di Adriano a Delfi*: Syll.³, 835 A.

12 Imperatori, città e province da Augusto ad Adriano

Per approfondire: Bekker-Nielsen, 2008; G. Boulvert, *Domestique et fonctionnaire sous le Haute-Empire romaine: La condition de l'affranchi et de l'esclave du prince*, Paris, 1974; Bowersock, 1965; B. Burrell, *Neokoroi: Greek Cities and Roman Emperors*, Leiden, 2004; Cartledge-Spawforth, 1989; M. Coudry-F. Kirbihler, 'La lex Cornelia, une lex provinciae de Sylla pour l'Asie', in N. Barrandon-F. Kirbihler (edd.), *Administrer les provinces de la République romaine*, Rennes, 2010, 133–69; Dmitriev, 2005; M. Dräger, *Die Städte der Provinz Asia in der Flavierzeit*, Frankfurt, 1993; Drexhage, 2007; F.K. Drogula, *Commanders and Command in the Roman Republic and Early Empire*, Chapel Hill, NC, 2015; W. Eck, 'Administration and Jurisdiction in Rome and in the Provinces', in M. van Ackern (ed.), *A Companion to Marcus Aurelius*, Malden, MA, 2012, 185–99; B. Edelmann-Singer, *Koina und Concilia: Genese, Organisation und sozioökonomische Funktion der Provinziallandtage im römischen Reich*, Stuttgart, 2015; Fernoux, 2004 e 2011; G. Frija, *Les prêtres des empereurs: Le culte impérial civique dans la province romaine d'Asie*, Rennes, 2012; T. Fujii, *Imperial Cult and Imperial Representation in Roman Cyprus*, Stuttgart, 2013; S. Gambetti, *The Alexandrian Riots of 38 C.E. and the Persecution of the Jews: A Historical Reconstruction*, Leiden, 2009; R. Haensch, *Capita provinciarum: Statthaltersitz und Provinzialverwaltung in der römischen Kaiserzeit*, Mainz, 1997; Halfmann, 1986; Hamon, 2007; A. Heller, *'Les bêtises des Grecs': Conflits et rivalités entre cités d'Asie et de Bithynie à l'époque romaine (129 a.C.–235 p.C.)*, Bordeaux, 2006; Jones, 1971; Lintott, 1993; B. Levick, 'Some Augustan Oaths', in S. Cagnazzi et al. (edd.), *Scritti di storia per Mario Pani*, Bari, 2011, 245–56; Magie, 1950; O. Meyer-Zwiffelhoffer, *Politikos archein. Zum Regierungsstil der senatorischen Statthalter in den kaiserzeitlichen griechischen Provinzen*, Stuttgart, 2002; Millar, 1992; S. Mitchell, 'The Administration of Roman Asia from 133 BC to AD 250', in Eck (ed.), 1999, 17–46; A.-V. Pont, 'L'empereur «fondateur»: enquête sur les motifs de la reconnaissance civique', *REG*, 120, 2007, 526–52; Price, 1984; Raaflaub-Toher (edd.), 1993; G. Salmeri, 'Reconstructing the Political Life and Culture of the Greek Cities of the Roman Empire', in van Nijf-Alston (edd.), 2011, 197–214; C. Samitz, 'Die Einführung der Dekaproten und Eikosaproten in den Städten Kleiansiens und Griechenlands', *Chiron*, 43, 2013, 1–61; Sartre, 1995; A.N. Sherwin-White, *The Letters of Pliny: A Historical and Social Commentary*, Oxford, 1985 (ed. rivista); Syme, 1939; Varga-Rusu-Bolindet (edd.), 2016; Zuiderhoek, 2009.

Fonti: *Il decreto dei Greci d'Asia per Augusto*: Sherk, 1969, n. 65; *SEG*, LVI, 1233. *La lettera di Augusto a Cnido*: *I.Knidos*, 34. *Augusto su Teodoro di Tarso*: Plutarco, *Moralia*, 207b–c. *L'imperatore come salvatore dell'ecumene*: *I.Olympia*, 366; *I.Iasos*, 602; *IG*, VII, 1840 e 2497; *I.Smyrna*, 594. *L'annuncio dell'ascesa al trono di Nerone in Egitto*: *P.Oxy.*, 1021. *Il decreto di Maronea*: *SEG*, LIII, 659. *Il culto imperiale a Mitilene*: *IGR*, IV, 39. *Sacrifici mensili a Pergamo*: *IGR*, IV, 35 (*emmenos genesios tou Sebastou*). *Publio Elio Pompeiano Peone, «il nuovo Omero»*: *I.Ephesos*, 22; *I.Side*, 70. *La* lex provinciae *di Bitinia nelle* Lettere *di Plinio*: *Epistole*, 10.79, 112, 114. *Il culto dei governatori (Scevola, Appuleio)*: G. Thériault, 'Remarques sur le culte des magistrates romains en Orient', *Cahiers des Études Anciennes*, 37, 2001, 85–95; G. Thériault, 'Culte des évergètes (magistrats) romains et agônes en Asie Mineure', in K. Konuk (ed.), *Stephanèphoros: De l'économie antique à l'Asie Mineure. Hommages à Raymond Descat*, Bordeaux; 2012, 377–88. *Termini latini (*senatus, praetorium*) utilizzati dai sacerdoti lidi*: *SEG*, XXXVIII, 1237; LVII, 1186. *L'impero romano come città*: Elio Aristide, *Orazioni*, 26.61. *Gellio sulle colonie romane*: *Noctes Atticae*, 16.13.9. *Categorie di cittadini a Xanto*: *FdXanthos* VII, 67. *Ekklesiastai*: *IGR*, III, 409. *Callistene di Olbia*: *IOSPE*, I, 42. *Acclamazioni*: *P.Oxy.*, I 41. *Il funerale di Erode Attico*: Filostrato, *Vite dei sofisti*, 15.20. *Conflitti politici a Tarso*: Strabone, 14.5.14. *Petreo di Tessaglia*: Plutarco, *Moralia*, 815d. *La fondazione di Attalo ad Afrodisia*: B. Laum, *Stiftungen in der griechischen und römischen Antike*, Leipzig-Berlin, 1914, n. 102. *Dione di Prusa*: Jones, 1978, 19–25. *Sollevazioni a Efeso*: *Atti degli Apostoli* 19:23–41 (traduzione CEI).

13 Condizioni socio-economiche

Per approfondire: Alföldy, 2011; Z. Archibald-J. Davies-V. Gabrielsen (edd.), *The Economies of Hellenistic Societies*, Oxford, 2011; Z.H. Archibald-J. Davies-V. Gabrielsen (edd.), *Making, Moving, and Managing: The New World of Ancient Economies*, 323–31 B.C., Oxford, 2005; J. Bartels, *Städtische Eliten im römischen Makedonien*, Berlin, 2008; Bekker-Nielsen, 2008; A. Bielman, *Retour à la liberté: Libération et sauvetage des prison-*

niers en Grèce ancienne, Paris, 1994; Billows, 1995; Bowersock, 1965 e 1969; Brélaz, 2005; C. Brélaz, 'Les «pauvres» comme composante du corps civique dans les poleis des époques hellénistiques et impériale', *Ktèma*, 38, 2013, 67–87; Brun, 1996; P. Brun (ed.), *Économies et societés en Grèce classique et hellénistique*, Toulouse, 2007; Cartledge-Spawforth, 1989; Chaniotis, 2005; A. Chaniotis, 'What Difference did Rome Make? The Cretans and the Roman Empire', in B. Forsén-G. Salmeri (edd.), *The Province Strikes Back: Imperial Dynamics in the Eastern Mediterranean*, Helsinki, 2008, 83–105; Chauveau, 2000; Cohen, 1978, 1995 e 2006; Couvenhes-Fernoux (edd.), 2004; De Souza, 1999; M. Domingo Gygax, *Benefaction and Rewards in the Ancient Greek City: The Origins of Euergetism*, Cambridge, 2016; Fernoux, 2004; J. Fournier, *Entre tutelle romaine et autonomie civique: L'administration judiciaire dans les provinces hellénophones de l'empire romain (129 av. J.-C.–235 ap. J.-C.)*, Athens, 2010; Fraser, 1972; Fröhlich-Hamon (edd.), 2013; Gabrielsen, 1997; Gauthier, 1972 e 1985; Gray, 2015; T. Grünewald, *Räuber, Rebellen, Rivalen, Rächer: Studien zu Latrones im römischen Reich*, Stuttgart, 1999; M. Haake, *Der Philosoph in der Stadt: Untersuchungen zur öffentlichen Rede über Philosophen und Philosophie in der hellenistischen Polis*, Munich, 2007; Harris-Ruffini (edd.), 2004; Harding, 2015; J. Hatzfeld, *Les trafiquants italiens dans l'Orient hellénique*, Paris, 1919; A. Heller-A.-V. Pont (edd.), *Patrie d'origine et patries électives: Les citoyennetés multiples dans le monde grec d'époque romaine. Actes du colloque international de Tours, 6–7 novembre 2009*, Bordeaux, 2012; Jones, 1978; Kuhn, 2012; Labarre, 1996; Launey, 1987; F. Lerouxel-A.-V. Pont (edd.), *Propriétaires et citoyens dans l'Orient romain*, Bordeaux, 2016; Lewis, 1986; Y. Le Bohec, *The Imperial Roman Army*, tradotto da R. Bate, London, 1994; Ma, 2013; C. Müller-C. Hasenohr (edd.), *Les Italiens dans le monde grec: IIe siècle av. J.-C.–Ier siècle ap. J.C. Circulation, activités, intégration*, Athens-Paris, 2000; K. Mueller, *Settlements of the Ptolemies: City Foundations and New Settlement in the Hellenistic World*, Leuven, 2006; M. Niku, *The Official Status of the Foreign Residents in Athens, 322–120 BC*, Helsinki, 2007; Oliver, 2007; Papazoglou, 1997; Perrin-Saminadayar, 2007; Peachin (ed.), 2011; Puech, 2012; Quass, 1993; G. Reger, 'Hellenistic Greece and Western Asia Minor', in Scheidel et al. (edd.), 2007, 460–83; Rizakis-Touratsoglou (edd.), 2013; Rizakis-Lepeniotis (edd.), 2010; Rostovtzeff, 1941; Roubineau, 2015; Sartre, 1995; C. Schuler, *Ländliche Siedlungen und Gemeinden im hellenistischen und römischen Kleinasien*, Munich, 1998; E. Stavrianopoulou, 'Die Bewirtung des Volkes: Öffentliche Speisungen in der römischen Kaiserzeit', in Hekster et al. (edd.), 2009, 159–80; G. Steinhauer, 'C. Iulius Eurycles and the Spartan Dynasty of the Euryclids', in Rizakis-Lepeniotis (edd.), 2010, 75–87; Thompson, 1988; Thonemann, 2011; Varga-Rusu-Bolindet (edd.), 2016; A.V. Walser, *Bauern und Zinsnehmer: Politik, Recht und Wirtschaft im frühhellenistischen Ephe-*

sos, Munich, 2008; Wörrle-Zanker (edd.), 1995; Zuiderhoek, 2009; A. Zuiderhoek, 'Sorting out Labour in the Roman Provinces: Some Reflections on Labour and Institutions in Asia Minor', in K. Verboven-C. Laes (edd.), *Work, Labour, and Professions in the Roman World*, Leiden, 2017, 20–35.

Fonti: *Le macchine di Archimede durante l'assedio di Siracusa*: Plutarco, *Marcello*, 15–17. *Metrodoro di Scepsi*: Strabone, 13.1.55. *Boeto di Tarso*: Strabone, 14.5.14. *Nicanore e Atene*: C.P. Jones, 'Julius Nicanor Again', *ZPE*, 178, 2011, 79–83. *Eutidemo e Ibrea di Milasa*: Strabone, 14.2.24. *Euricle di Sparta*: Strabone, 8.5.5. *Melancoma*: Dione di Prusa, *Orazioni*, 28 e 29. *Caio Stertinio Senofonte*: *IG*, XII.4, 712–79; Buraselis, 2000, 66–110. *Zoilo di Afrodisia*: R.R.R. Smith, *The Monument of C. Julius Zoilos*, Mainz, 1993. *Il padre di Claudio Etrusco*: Stazio, *Silvae*, 3.3; P.R.C. Weaver, 'The Father of Claudius Etruscus: Statius, Silvae 3.3', *Classical Quarterly*, 15, 1965, 145–54. *Alcibiade di Nisa*: *I.Ephesos*, 22; *SEG*, I, 417, 441; IV, 417, 418; *CIG*, 2947, 2948; *I.Tralleis*, 17. *Teofrasto su ricchezza e povertà*: *Caratteri*, 5, 21, 23, 24, 26. *La riconciliazione a Nacone*: E. Lupu, *Greek Sacred Law: A Collection of New Documents*, Leiden, 2005, 347–358 n. 26. *Le riforme di Cleomene*: Plutarco, *Cleomene*, 10–11. *Le condizioni sociali in Beozia*: Polibio, 20.6. *Giudici stranieri*: P. Hamon, 'Mander des juges dans la cité: notes sur l'organisation des missions judiciaires à l'époque hellénistique', *Cahiers du Centre Gustave Glotz*, 23, 2012, 195–222. *Debito pubblico*: Migeotte, 1984. *Teocrito su un uomo malato d'amore*: *Idilli*, 14.50–56. *Concessione di terra a Calindia da parte di Alessandro*: *SEG*, XXXVI, 636. *Donazioni reali di terra in Macedonia*: Hatzopoulos, 1996, nn. 20, 22. *Migrazione cretese a Mileto*: Milet., VI.1, 33–38. *Mercenari disoccupati a Samo*: *IG*, XII.6, 169. *Antipatro di Eleutherna*: Syll., 737. *I benefici di Opramoa*: *FdXanthos*, VII, 67; C. Kokkinia, *Die Opramoas-Inschrift von Rhodiapolis: Euergetismus und soziale Elite in Lykien*, Bonn, 2000. *Esportazione di piante medicinali cretesi*: Galeno, *Sugli antidoti*, XIV, p. 9 (ed. Kühn). *Elio Aristide sugli scambi economici nell'impero romano*: *Orazioni*, 26, 11–12.

14 Tendenze sociali e culturali

Per approfondire: Alföldy, 2011; S. Aneziri, *Die Vereine der dionysischen Techniten im Kontext der hellenistischen Gesellschaft: Untersuchungen zur Geschichte, Organisation und Wirkung der hellenistischen Technitenvereine*, Stuttgart, 2003; R.S. Bagnall, *Everyday Writing in the Graeco-Roman East*, Berkeley, 2011, 54–74; Bowersock 1965; Brun, 1996; E. Bauer, *Gerusien in den Poleis Kleinasiens in hellenistischer Zeit und der römischen Kaiserzeit: Die Beispiele Ephesos, Pamphylien und Pisidien, Aphrodisias and Iasos*, Munich, 2012; S. Bussi, *Economia e demografia della schiavitù in Asia*

Minore ellenistico-romana, Milano, 2001; Cartledge-Spawforth, 1989; Chaniotis, 2005 e 2011; R. Cribiore, *Gymnastics of the Mind: Greek Education in Hellenistic and Roman Egypt*, Princeton, 2001; I. Dittmann-Schöne, *Die Berufsvereine in den Städten des kaiserzeitlichen Kleinasiens*, Regensburg, 2001; J.C. Eule, *Hellenistische Bürgerinnen aus Kleinasien: Weibliche Gewandstatuen in ihrem antiken Kontext*, Istanbul, 2001; Fernoux, 2004; Fraser, 1972; Fröhlich-Hamon (edd.), 2013; V. Gabrielsen, 'Brotherhoods of Faith and Provident Planning: The Non-Public Associations of the Greek World', *Mediterranean Historical Review*, 22, 2, 2007, 176–203; Gauthier, 1985; P. Gauthier-M.B. Hatzopoulos, *La loi gymnasiarchique de Beroia*, Athens, 1993; L.-M. Günther, *Bürgerinnen und ihre Familien im hellenistischen Milet: Untersuchungen zur Rolle von Frauen und Mädchen in der Polis-Öffentlichkeit*, Wiesbaden, 2014; Hamon, 2007; Harris-Ruffini (edd.), 2004; Jones, 1978; D. Kah-P. Scholz (edd.), *Das hellenistische Gymnasion*, Berlin, 2004; Kuhn, 2012; B. Legras, *Néotês: Recherches sur les jeunes grecs dans l'Égypte ptolémaïque et romaine*, Geneva, 1999; Lewis, 1986; Ma, 2013; N. Massar, *Soigner et servir: Histoire sociale et culturelle de la médecine grecque à l'époque hellénistique*, Paris, 2005; Migeotte, 1984 e 1992; T. Morgan, *Literate Education in the Hellenistic and Roman Worlds*, Cambridge, 1998; H. Mouritsen, *The Freedman in the Roman World*, Cambridge, 2011; C. Müller, 'Évérgetisme et pratiques financières dans les cités de la Grèce hellénistique', *Revue des Études Anciennes*, 113, 2011, 345–63; D. Mulliez, 'Les actes d'affranchissement delphiques', *Cahiers du Centre G. Glotz*, 3, 1992, 31–44; Peachin (ed.), 2011; Perrin-Saminadayar, 2007; Pomeroy, 1984; Quass, 1993; M. Ricl, 'Legal and Social Status of threptoi and Related Categories in Narrative and Documentary Sources', in Cotton et al. (edd.), 2009, 93–114; Robert, 1940; Rostovtzeff, 1941; E. Stavrianopoulou, '*Gruppenbild mit Dame*': *Untersuchungen zur rechtlichen und sozialen Stellung der Frau auf den Kykladen im Hellenismus und in der römischen Kaiserzeit*, Stuttgart, 2006; E. Stephan, *Honoratioren, Griechen, Polisbürger: Kollektive Identitäten innerhalb der Oberschicht des kaiserzeitlichen Kleinasien*, Göttingen, 2002; Thompson, 1988; P. Thonemann, 'The Women of Akmoneia', *JRS*, 100, 2010, 163–78; van Bremen, 1996; O. van Nijf, 'Athletics and paideia: Festivals and Physical Education in the World of the Second Sophistic', in Borg (ed.), 2004, 203–27; Vatin, 1970; Velissaropoulos Karakostas, 2011; A.-M. Vérilhac-C. Vial, *Le mariage grec: du VIe siècle av. J.-C. à l'époque d'Auguste*, Paris, 1998; A. Weiss, *Sklave der Stadt: Untersuchungen zur öffentlichen Sklaverei in den Städten des Römischen Reiches*, Stuttgart, 2004; U. Wiemer, 'Von der Bürgerschule zum aristokratischen Klub? Die athenische Ephebie in der römischen Kaiserzeit', *Chiron*, 41, 2011, 487–537; R. Zelnick-Abramovitz, *Not Wholly Free: The Concept of Manumission and the Status of Manumitted Slaves in the Ancient World*, Leiden, 2005; Wörrle-Zanker (edd.), 1995.

Fonti: *Donazioni al ginnasio di Metropoli*: SEG, XLIX, 1522. *I Cloati a Giteo*: IG, V.1, 1146. *Ermogene di Afrodisia*: SEG, LIV, 1020. *Tirieo*: SEG, XLVII, 1745; Bagnall-Derow, 2004, n. 43. *Panopeo*: Pausania, 10.4.1. *I cacciatori di Eracle Kynagidas*: SEG, LVI, 625. *Augusto e gli efebi a Neapolis*: Svetonio, *Augustus*, 98.3. *La legge efebarchica di Anfipoli*: M. B. Hatzopoulos, 'Loi ephebarchique d'Amphipolis', *Archaiologike Ephemeris*, 154, 2015, 46–8. *Efebi a Tanagra*: SEG, LIX, 492. *Pericle sulle donne*: Tucidide, 2.45.2. *Contratto di matrimonio*: P. *Eleph.* 1; D. Thompson, 'Hellenistic Families', in Bugh (ed.), 2006, 93–4. *Epitteta di Thera*: IG, XII.3, 330. *Archippe*: *I.Kyme*, 13. *Aglaide*: Ateneo, X, 415a–b. *Polignota*: F.*Delphes*, III.3, 249. *Epicle*: Syll., 622 B. *L'eunuco Croco*: J. Strubbe, *Arai epitymbioi: Imprecations Against Desecrators of the Grave in the Greek Epitaphs of Asia Minor. A Catalogue*, Bonn, 1997, n. 393. *Miniere d'oro in Egitto*: Diodoro, 3.12–13. *Tavoletta da Dodona*: SEG, LVII, 536.14. *Registrazione di una manumissione da Fisco*: SEG, LVI, 572. «*Commerciante di belle donne*»: IGUR, 1326. *Caprilio Timoteo*: SEG, XXVIII, 537. *Illo a Efeso*: SEG, LIX, 1318.

15 Dal culto cittadino al megateismo

Per approfondire: C. Bonnet-A. Motte (edd.), *Les syncretismes religieuses dans le monde méditerranéen antique*, Roma, 1997; Bricault, 2005; P. Bruneau, *Recherches sur les cultes de Délos à l'époque hellénistique et romaine*, Paris, 1970; A. Busine, *Paroles d'Apollon: Pratiques et traditions oraculaires dans l'Antiquité tardive (IIe–VIe siècles)*, Leiden, 2005; A. Chaniotis, 'Ritual Performances of Divine Justice: The Epigraphy of Confession, Atonement, and Exaltation in Roman Asia Minor', in Cotton et al. (edd.), 2009, 115–53; A. Chaniotis, 'Megatheism: The Search for the Almighty God and the Competition of Cults', in S. Mitchell e P. van Nuffelen (edd.), *One God: Pagan Monotheism in the Roman Empire*, Cambridge, 2010, 112–40; Chaniotis, 2011; A. Chaniotis, 'Processions in Hellenistic Cities: Contemporary Discources and Ritual Dynamics', in R. Alston-O.M. van Nijf -C.G. Williamson (edd.), *Cults, Creeds and Contests*, Louvain, 2013, 21–47; S.G. Cole, *Theoi Megaloi: The Cult of the Great Gods at Samothrace*, Leiden, 1984; N. Deshours, *L'été indien de la religion civique*, Bordeaux, 2011; H. Engelmann, *The Delian Aretalogy of Sarapis*, Leiden, 1975; Fraser, 1972; F. Graf, *Roman Festivals in the Greek East: From the Early Empire to the Middle Byzantine Era*, Cambridge, 2015; F. Graf-S.I. Johnston, *Ritual Texts for the Afterlife: Orpheus and the Bacchic Gold Tablets*, London-New York, 2007; C.P. Jones, *New Heroes in Antiquity: From Achilles to Antinoos*, Cambridge, MA, 2010; Lane Fox, 1986; B. Legras, *Les reclus grecs du Sarapieion de Memphis: Une enquête sur l'hellénisme égyptien*, Leuven, 2010; J. Lieu-J.A. North-T. Rajak (edd.), *The Jews among Pagans and Christians in the Roman Empire*, London, 1992; MacMullen, 1981 e 1984; J.D. Mikalson, *Religion in Hellenistic Athens*, Berkeley, 1998; S. Mitchell, 'The Cult of Theos Hypsistos between Pagans, Jews, and Christians', in P. Athanassiadi-M. Frede (edd.), *Pagan Monotheism in Late Antiquity*, Oxford, 1999, 81–148; Nock, 1933; J.A. North-S.R.F. Price (edd.), *The Religious History of the Roman Empire. Pagans, Jews, and Christians*, Oxford, 2011; R. Parker, *Polytheism and Society at Athens*, Oxford, 2005; É. Perrin-Saminadayar, 'L'accueil officiel des souverains et des princes à Athènes à l'époque hellénistique', *BCH*, 128/129, 2004–5, 351–75; S. Price, 'Religious Mobility in the Roman Empire', *JRS*, 102, 2012, 1–19; E. Rice, *The Grand Procession of Ptolemy Philadelphus*, Oxford, 1983; K.J. Rigsby, *Asylia: Territorial Inviolability in the Hellenistic World*, Berkeley, 1996; Y. Tzifopoulos, *Paradise Earned: The Bacchic Orphic Gold Lamellae of Crete*, Washington, DC, 2010; H.S. Versnel, *Ter unus: Isis, Dionysos, Hermes. Three Studies in Henotheism*, Leiden, 1990; Versnel, 2011; U. Victor, *Lukian von Samosata, Alexander oder Der Lügenprophet: Eingeleitet, herausgegeben, übersetzt und erklärt*, Leiden, 1997; H. Wendt, *At the Temple Gates: The Religion of Freelance Experts in the Early Roman Empire*, New York, 2016; Wörrle, 1988.

Fonti: *Teocrito: Le donne alle feste di Adone. Festival a Tara*: Strabone, 6.3.4. *Festival a Cos: IG*, XII.4, 281. *Festival ad Antiochia sul Piramo: LSAM*, 81. *La processione alle Tolemaiche*: Ateneo, V, 196a–203b. *Le normative cultuali di Andania*: L. Gawlinski, *The Sacred Law of Andania: A New Text with Commentary*, Berlin, 2012. *Iscrizione di Calindia: SEG*, XXXV, 744. *Targelie ad Atene: SEG*, XXI, 469 C. *La morte di Pan*: Plutarco, *Moralia*, 419b–d. *L'aretalogia di Cuma*: Bricault, 2005, n. 302/0204. *L'oracolo di Apollo Clario: SEG*, XXVII, 933. *I miracoli di Epidauro*: L. LiDonnici, *The Epidaurian Miracle Inscriptions: Text, Translation and Commentary*, Atlanta, 1995. *Artemisia di Efeso*: R. Merkelbach, 'Aurelia Artemisia aus Ephesos, eine geheilte Augenkranke', *Epigraphica Anatolica*, 20, 1992, 55. *La confessione di Teodoro*: G. Petzl, *Die Beichtinschriften Westkleinasiens (Epigraphica Anatolica, 22)*, Bonn, 1994, n. 5. *Sogni a Mileto*: I.Didyma, 496. *L'inno di Isillo*: W.D. Furley-J.M. Bremer, *Greek Hymns*, Tübingen, 2001, I, 227–40. *L'elogio di Iside a Maronea*: Y. Grandjean, *Une nouvelle arétalogie d'Isis à Maronée*, Leiden, 1975. *L'associazione di culto di Filadelfia*: TAM, V.3, 1539. *Epigrammi funerari che esprimono una concezione dell'aldilà*: I.Perinthos, 213; Callimaco, *Epigrammi*, 13 (ed. Pfister; traduzione di Giuseppe Zanetto, Mondadori, Milano 1992); *TAM*, V.2, 1108; *Steinepigramme* I 05/01/63; *IG*, XII.7, 123. *La fondazione di un culto da parte di Artemidoro a Thera*: IG, XII.3, 421–2, 464, 863, 1333–50, 1388. *Lo «Zeus di Menofilo»: SEG*, LVI, 1434. *La fondazione di Salutaris*: I.Ephesos, 27. *I misteri di Glicone*: Luciano, *Alessandro o il falso profeta*,

38-9. *Plinio sui cristiani*: Epistole, 10.96 (traduzione di Andrea Nicolotti). *Distribuzione di pane a mezzanotte*: IG, X.2.1, 259.

16 I Greci e l'*ecumene*

Per approfondire: J. Boardman, *The Greeks in Asia*, London, 2015; Bowersock, 1969; Goldhill (ed.), 2001; J.-C. Couvenhes-B. Legras (edd.), *Transferts culturels et politique dans le monde hellénistique: Actes de la table ronde sur les identités collectives (Sorbonne, 7 février 2004)*, Paris, 2006; F. De Romanis-M. Maiuro (edd.), *Across the Ocean: Nine Essays on Indo-Mediterranean Trade*, Leiden, 2015; Jones, 1978; C. P. Jones, *Kinship Diplomacy in the Ancient World*, Cambridge, MA, 1999; M. Pitts-M.J. Versluys (edd.), *Globalisation and the Roman World: World History, Connectivity, and Material Culture*, New York, 2015; Puech, 2002; Veyne, 1999; Whitmarsh (ed.), 2010.

Fonti: *Eudosso di Cizico*: Strabone, 2.2.3. *Commercio con l'Arabia*: L. Casson, *The Periplus Maris Erythraei: Text with Introduction, Translation, and Commentary*, Princeton, 1989, Cap. 49. *Sofito*: SEG, LIV, 1568; J. Lougovaya, 'Greek Poetry in a Post-Greek Milieu: The Epigram of Sophytos from Kandahar Contextualized', in P. Sänger (ed.), *Minderheiten und Migration in der griechischrömischen Welt*, Paderborn, 2016, 185-201. *L'epitafio di Ile*: IG, XIV, 2566. *La tomba del «maiale»*: SEG, XV, 711. *La dedica di Alessandro nell'oasi di Bahariya*: SEG, LIX, 1764. *La petizione degli Eraclidi*: P.Enteux., 79. *L'archivio di Dryton*: J. Mélèze-Modrzejewski, 'Dryton le crétois et sa famille, ou Les marriages mixtes dans l'Égypte hellénistique', in *Aux origines de l'Hellénisme: La Crète et la Grèce. Hommage à Henri van Effenterre*, Paris, 1984, 353-76. *Le corti nel Chersoneso in Tauride*: SEG, LV, 838; LXI, 607. *La villa di Avito a Tarraco*: SEG, LXI, 832. *Triphonon e enneaphonon*: Petzl, 1994, nn. 6 e 55; SEG, LVII, 1172 e 1222. *Pallake e aniptopodes a Tralle*: I.Tralleis, 6-7. *Riti a Hypaipa*: Pausania, 5.27.5-6.

Bibliografia

Ager, S.L., *Interstate Arbitrations in the Greek World, 337–90 BC*, Berkeley, 1996

Alcock, S.E., *Graecia Capta: The Landscapes of Roman Greece*, Cambridge, 1993

Alcock, S.E. (ed.), *The Early Roman Empire in the East*, Oxford, 1997

Alföldy, G., *Römische Sozialgeschichte*, 4ª ed., Stuttgart, 2011

Allen, R.E., *The Attalid Kingdom, a Constitutional History*, Oxford, 1983

Austin, M.M., *The Hellenistic World from Alexander to the Roman Conquest: A Selection of Ancient Sources in Translation*, 2ª ed., Cambridge, 2006

Bagnall, R.S., *The Administration of the Ptolemaic Possessions Outside Egypt*, Leiden, 1976

Bagnall, R.-P. Derow, *Historical Sources in Translation: The Hellenistic Period*, 2ª ed., Oxford, 2004

Beck, H.-P. Funke (edd.), *Federalism in Greek Antiquity*, Cambridge, 2015

Bekker-Nielsen, T., *Urban Life and Local Politics in Roman Bithynia: The Small World of Dion Chrysostomos*, Aarhus, 2008

Bernhard, R., *Polis und römische Herrschaft in der späten Republik (149–31 v.Chr.)*, Berlin, 1985

Bernhard, R., *Rom und die Städte des hellenistischen Ostens (3.–1. Jahrhundert v. Chr.)*, Munich, 1998

Berthold, R.M., *Rhodes in the Hellenistic Age*, Ithaca, NY, 1984

Bikerman, E.J., *Institutions des Séleucides*, Paris, 1938

Billows, R.A., *Kings and Colonists: Aspects of Macedonian Imperialism*, Leiden, 1995

Birley, A.R., *Hadrian, the Restless Emperor*, London, 1997

Borg, B. (ed.), *Paideia: The World of the Second Sophistic*, Berlin and New York, 2004

Bosworth, A.B., *Conquest and Empire: The Reign of Alexander the Great*, Cambridge, 1988

Bouché-Leclercq, A., *Histoire des Séleucides (323–64 avant J.-C.)*, Paris, 1913–14

Boulay, T., *Arès dans la cité: Les poleis et la guerre dans l'Asie Mineure hellénistique*, Pisa-Roma, 2014

Bowersock, G.W., *Augustus and the Greek World*, Oxford, 1965

Bowersock, G.W., *Greek Sophists in the Roman Empire*, Oxford, 1969

Bowman, A.K., *Egypt After the Pharaohs: 332 BC-AD 642, from Alexander to the Arab Conquest*, 2ª ed., London, 1996

Braund, D., *Rome and the Friendly King: The Character of Client Kingship*, London, 1984

Brélaz, C., *La sécurité publique en Asie Mineure sous le Principat (Ier–IIIème s. ap. J.-C.): Institutions municipales et institutions impériales dans l'Orient romain*, Basel, 2005

Bresson, A. (ed.), *Approches de l'écomonie hellénistique*, Saint-Bertrand-de-Comminges, 2006

Bresson, A.-R. Descat (edd.), *Les cités d'Asie Mineure occidentale au IIe siècle a.C.*, Paris, 2001

Bricault, L., *Recueil des inscriptions concernant les cultes isiaques*, Paris, 2005

Brun, P., *Les archipels égéens dans l'antiquité grecque (V[e]–IIe siècles av. notre ère)*, Paris, 1996

Bugh, G.R. (ed.), *The Cambridge Companion to the Hellenistic World*, Cambridge, 2006

Buraselis, K., *Kos between Hellenism and Rome: Studies on the Political, Institutional and Social History of Kos from ca. the Middle Second Century BC until Late Antiquity*, Philadelphia, 2000

Camia, F., *Roma e le poleis. L'intervento di Roma nelle controversie territoriali tra le comunità greche di Grecia e d'Asia Minore nel secondo secolo a.C.: Le testimonianze epigrafiche*, Athens, 2009

Capdetrey, L., *Le pouvoir séleucide: Territoire, administration, finances d'un royaume hellénistique (312–129 avant J.-C.)*, Rennes, 2009

Cartledge, P.-A. Spawforth, *Hellenistic and Roman Sparta: A Tale of Two Cities*, London, 1989

Champlin, E., *Nero*, Cambridge, MA, 2003

Chaniotis, A., *War in the Hellenistic World: A Social and Cultural History*, Malden, MA, 2005

Chaniotis, A., 'Festivals and Contests in the Greek World', in *Thesaurus Cultus et Rituum Antiquorum*, VII, Los Angeles, 2011, 1–43

Chauveau, M., *Egypt in the Age of Cleopatra: History and Society under the Ptolemies*, tradotto da D. Lorton, Ithaca, NY, 2000

Cohen, G.M., *The Seleucid Colonies: Studies in Founding, Administration, and Organisation*, Wiesbaden, 1978

Cohen, G.M., *The Hellenistic Settlements in Europe, the Islands, and Asia Minor*, Berkeley, 1995

Cohen, G.M., *The Hellenistic Settlements in Syria, the Red Sea Basin, and North Africa*, Berkeley, 2006

Coloru, O., *Da Alessandro a Menandro: Il regno greco di Battriana*, Pisa, 2009
Cotton, H.M.-R.G. Hoyland-J.J. Price-D.J. Wasserstein (edd.), *From Hellenism to Islam: Cultural and Linguistic Change in the Roman Near East*, Cambridge, 2009
Couvenhes, J.-C.-H.-L. Fernoux (edd.), *Les cités grecques et la guerre en Asie Mineure à l'époque hellénistique*, Tours, 2004
Crook, J.A.-A. Lintott-E. Rawson (edd.), *The Cambridge Ancient History. Volume IX, Part 1: The Last Age of the Roman Republic, 146–43 BC*, 2ª ed., Cambridge, 1994
De Souza, P., *Piracy in the Graeco-Roman World*, Cambridge, 1999
Dignas, B., *Economy of the Sacred in Hellenistic and Roman Asia Minor*, Oxford, 2002
Dmitriev, S., *City Government in Hellenistic and Roman Asia Minor*, Oxford, 2005
Drexhage, H.-W., *Wirtschaftspolitik und Wirtschaft in der römischen Provinz Asia in der Zeit von Augustus bis zum Regierungsantritt Diokletians*, Bonn, 2007
Eck, W., *The Age of Augustus*, tradotto da D.L. Schneider, con materiali di S.A. Takács, Oxford, 2003
Eck, W. (ed.), *Lokale Autonomie und römische Ordnungsmacht in den kaiserzeitlichen Provinzen*, Munich, 1999
Eckstein, A.M., *Mediterranean Anarchy, Interstate War, and the Rise of Rome*, Berkeley, 2006
Eddy, S.K., *The King is Dead: Studies in the Near Eastern Resistance to Hellenism, 334–31 BC*, Lincoln, NB, 1961
Ehling, K., *Untersuchungen zur Geschichte der späten Seleukiden (164–63 v. Chr.): Vom Tode des Antiochos IV. bis zur Einrichtung der Provinz Syria unter Pompeius*, Stuttgart, 2008
Errington, R.M., *A History of Macedonia*, tradotto da C. Errington, Berkeley, 1992
Errington, R.M., *A History of the Hellenistic World, 323–30 BC*, Malden, MA, 2008
Erskine, A. (ed.), *A Companion to the Hellenistic World*, Malden, MA, 2003
Erskine, A.-L. Llewellyn-Jones (edd.), *Creating a Hellenistic World*, Swansea, 2011
Fernoux, H.-L., *Notables et élites des cités de Bithynie aux époques hellénistiques et romaine (IIIe siècle av. J.-C.–IIIe siècle ap. J.-C.): Essai d'histoire sociale*, Lyon, 2004
Fernoux, H.-L., *Le demos et la cite: Communautés populaires en Asie Mineure à l'époque impériale*, Rennes, 2011
Ferrary, J.-L., *Philhellénisme et impérialisme: Aspects idéologiques de la conquête romaine du monde hellénistique, de la seconde guerre de Macédoine à la guerre contre Mithridate*, 2ª ed., Paris, 2014

Fischer-Bovet, C., *Army and Society in Ptolemaic Egypt*, Cambridge, 2014
Fraser, P.M., *Ptolemaic Alexandria*, Oxford, 1972
Freeth, T.-A. Jones, 'The Cosmos of the Antikythera Mechanism', ISAW Papers 4. http://dlib.nyu.edu/awdl/isaw/isaw-papers/4/.
Fröhlich, P., *Les cités grecques et le contrôle des magistrats (IVe–Ier siècle avant J.-C.)*, Geneva, 2004
Fröhlich, P.-P. Hamon (edd.), *Groupes et associations dans les cités grecques (IIe siècle a. J.-C.–IIe siècle apr. J.-C.)*, Geneva, 2013
Fröhlich, P.-C. Müller (edd.), *Citoyenneté et participation à la basse époque hellénistique*, Geneva, 2005
Gabrielsen, V., *The Naval Aristocracy of Hellenistic Rhodes*, Aarhus, 1997
Galinsky, K., *Augustus: Introduction to the Life of an Emperor*, Cambridge, 2012
Galinsky, K. (ed.), *The Cambridge Companion to the Age of Augustus*, Cambridge, 2005
Gauthier, P., *Symbola: Les étrangers et la justice dans les cités grecques*, Nancy, 1972
Gauthier, P., *Les cités grecques et leurs bienfaiteurs (IVe–Ier siècle avant J.-C.): Contribution à l'histoire des institutions*, Paris, 1985
Gehrke, H.-J., *Geschichte des Hellenismus*, 4ª ed., Munich, 2008
Goldhill, S. (ed.), *Being Greek under Rome: Cultural Identity, the Second Sophistic and the Development of Empire*, Cambridge, 2001
Goldsworthy, A., *Augustus: First Emperor of Rome*, New Haven, 2014
Grainger, J.D., *The League of the Aitolians*, Leiden, 1999
Grainger, J.D., *The Syrian Wars*, Leiden, 2010
Grainger, J.D., *The Seleukid Empire of Antiochos III, 223–187 BC*, Barnsley, 2015
Grainger, J.D., *Great Power Diplomacy in the Hellenistic World*, London, 2017
Grajetzki, W., *Greeks and Parthians in Mesopotamia and Beyond, 331 BC–224 AD*, Bristol, 2011
Gray, B., *Stasis and Stability: Exile, the Polis, and Political Thought, c. 404–146 BC*, Oxford, 2015
Green, P., *Alexander to Actium: The Historical Evolution of the Hellenistic Age*, Berkeley, 1990
Gruen, E.S., *The Hellenistic World and the Coming of Rome*, Berkeley, 1984
Gutzwiller, K., *A Guide to Hellenistic Literature*, Malden, MA, 2007
Habicht, C., *Athens from Alexander to Antony*, tradotto da D.L. Schneider, Cambridge, MA, 1997
Halfmann, H., *Itinera principum: Geschichte und Typologie der Kaiserreisen im Römischen Reich*, Wiesbaden, 1986
Halfmann, H., *Die Senatoren aus dem östlichen Teil des Imperium Romanum bis zum Ende des 2. Jahrhunderts n. Chr.*, Göttingen, 1979

Hammond, N.G.L.-F.W. Walbank, *A History of Macedonia. Volume III: 336-167 BC*, Oxford, 1988
Hamon, P., 'Élites dirigeantes et processus d'aristocratisation à l'époque hellénistique', in H.-L. Fernoux-C. Stein (edd.), *Aristocratie antique: Modèles et exemplarité sociale*, Dijon, 2007, 79-100
Hansen, E.V., *The Attalids of Pergamon*, 2ᵃ ed., Ithaca, NY, 1971
Harding, P.E., *Athens Transformed, 404-262 BC: From Popular Sovereignty to the Dominion of the Elite*, New York-London, 2015
Harris, W.V., *War and Imperialism in Republican Rome, 327-70 BC*, Oxford, 1979
Harris, W.V., *Roman Power: A Thousand Years of Empire*, Cambridge, 2016
Harris, W.V.-G. Ruffini (edd.), *Ancient Alexandria between Egypt and Greece*, Leiden, 2004
Hatzopoulos, M. B., *Macedonian Institutions Under the Kings: A Historical and Epigraphic Study*, Athens-Paris, 1996
Hauben, H.-A. Meeus (edd.), *The Age of the Successors and the Creation of the Hellenistic Kingdoms (323-276 BC)*, Leuven, 2014
Hekster, O.-S. Schmidt-Hofner-C. Witschel (edd.), *Ritual Dynamics and Religious Change in the Roman Empire*, Leiden, 2009
Hoelbl, G., *A History of the Ptolemaic Empire*, tradotto da T. Saavedra, London, 2000
Holleaux, M., *Études d'épigraphie et d'histoire grecques*, voll. I-III, Paris, 1938-42
Hoyos, D. (ed.), *A Companion to Roman Imperialism*, Leiden, 2013
Jones, A.H.M., *The Cities of the Eastern Roman Provinces*, Oxford, 1971
Jones, C.P., *The Roman World of Dio Chrysostome*, Cambridge, MA, 1978
Kallet-Marx, R.M., *Hegemony to Empire: The Development of the Roman Imperium in the East from 148 to 62 BC*, Berkeley, 1995
Koehn, C., *Krieg - Diplomatie - Ideologie: Zur Außenpolitik hellenistischer Mittelstaaten*, Stuttgart, 2007
Kosmin, P.J., *The Land of the Elephant Kings: Space, Territory, and Ideology in the Seleucid Empire*, Cambridge, 2014
Kuhn, A., 'Herodes Atticus and the quintilii of Alexandria Troas: Elite Competition and Status Relations in the Graeco-Roman East', *Chiron*, 42, 2012, 421-58
Labarre, G., *Les cités de Lesbos aux époques hellénistique et impériale*, Paris, 1996
Lane Fox, R., *Pagans and Christians*, London, 1986
Lane Fox, R. (ed.), *Brill's Companion to Ancient Macedon*, Leiden, 2011
Launey, M., *Recherches sur les armées hellénistiques*, nuova edizione con *addenda* e postfazione di Y. Garlan-P. Gauthier-C. Orrieux, Paris, 1987
Levick, B.M., *Roman Colonies in Southern Asia Minor*, Oxford, 1967

Levick, B.M., *Augustus: Image and Substance*, London, 2010
Lewis, N., *Greeks in Ptolemaic Egypt: Case Studies in the Social History of the Hellenistic World*, Oxford, 1986
Lintott, A.W., *Imperium Romanum: Politics and Administration*, London, 1993
Ma, J., *Antiochos III and the Cities of Western Asia Minor*, 2ª ed., Oxford, 2002
Ma, J., *Statues and Cities: Honorific Portraits and Civic Identity in the Hellenistic World*, Oxford, 2013
McKechnie, P.-P. Guillaume (edd.), *Ptolemy II Philadelphus and His World*, Leiden, 2008
MacMullen, R., *Paganism in the Roman Empire*, New Haven-London, 1981
MacMullen, R., *Christianizing the Roman Empire (AD 100–400)*, New Haven, 1984
Magie, D., *Roman Rule in Asia Minor to the End of the Third Century after Christ*, Princeton, 1950
Manning, J.G., *Land and Power in Ptolemaic Egypt: The Structure of Land Tenure*, Cambridge, 2003
Manning, J.G., *The Last Pharaohs: Egypt under the Ptolemies, 305–30 BC*, Princeton, 2010
Martinez-Sève, L., *Atlas du monde hellénistique (336–31 av. J.-C.): Pouvoirs et territoires après Alexandre le Grand*, Paris, 2011
Matthaei, A.-M. Zimmermann (edd.), *Urbane Strukturen und bürgerliche Identität im Hellenismus*, Heidelberg, 2015
Migeotte, L., *L'emprunt public dans les cités grecques: Recueil des documents et analyse critique*, Québec, 1984
Migeotte, L., *Les souscriptions publiques dans les cités grecques*, Geneva, 1992
Millar, F., *The Emperor in the Roman World (31 BC–AD 337)*, 2ª ed., London, 1992
Millar, F., *The Roman Near East (31 BC–AD 337)*, Cambridge, MA, 1993
Mitchell, S., *Anatolia: Land, Men, and Gods in Asia Minor*, Oxford, 1993
Monson, A. *From the Ptolemies to the Romans: Political and Economic Change in Egypt*, Cambridge, 2012
Nock, A.D., *Conversion: The Old and the New in Religion from Alexander the Great to Augustine of Hippo*, Oxford, 1933
Oliver, J.H., *Greek Constitutions of Early Roman Emperors from Inscriptions and Papyri*, Philadelphia, 1989
Oliver, G.J., *War, Food, and Politics in Early Hellenistic Athens*, Oxford, 2007
Papazoglou, F., *Laoi et paroikoi: Recherches sur la structure de la société hellénistique*, Belgrade, 1997
Peachin, M. (ed.), *The Oxford Handbook of Social Relations in the Roman World*, Oxford, 2011

Perrin-Saminadayar, É., *Éducation, culture et société à Athènes: Les acteurs de la vue culturelle athénienne (299–88): un tout petit monde*, Paris, 2007
Pomeroy, S.B., *Women in Hellenistic Egypt from Alexander to Cleopatra*, New York, 1984
Prag, J.R.W.- J.C. Quinn (edd.), *The Hellenistic West: Rethinking the Ancient Mediterranean*, Cambridge, 2013
Préaux, C., *L'économie royale des Lagides*, Brussels, 1939
Préaux, C., *Le monde hellenistique: La Grèce et l'Orient de la mort d'Alexandre à la conquête romaine de la Grèce (323–146 av. J.-C.)*, Paris, 1978
Price, S.R.F., *Rituals and Power: The Roman Imperial Cult in Asia Minor*, Cambridge, 1984
Puech, B., *Orateurs et sophistes grecs dans les inscriptions d'époque impériale*, Paris, 2002
Quass, F., *Die Honoratiorenschicht in den Städten des griechischen Ostens: Untersuchungen zur politischen und sozialen Entwicklung in hellenistischer und römischer Zeit*, Stuttgart, 1993
Raaflaub, K.A.-M. Toher (edd.), *Between Republic and Empire: Interpretations of Augustus and His Principate*, Berkeley, 1993
Reynolds, J., *Aphrodisias and Rome*, London, 1982
Rizakis, A.D.-E.S. Lepeniotis (edd.), *Roman Peloponnese. Volume 3: Society, Economy, and Culture under Roman Rule*, Athens-Paris, 2010
Rizakis, A.D.-I.P. Touratsoglou (edd.), *Villae rusticae: Family and Market-oriented Farms in Greece under Roman Rule*, Athens-Paris, 2013
Robert, L., *Les gladiateurs dans l'orient grec*, Paris, 1940
Robert, L., *Choix d'écrits*, a cura di D. Rousset, Paris, 2007
Rostovtzeff, M., *The Social and Economic History of the Hellenistic World*, Oxford, 1941
Roubineau, J.-M., *Les cités grecques (VIe–IIe siècle avant J.-C.): Essai d'histoire sociale*, Paris, 2015
Sartre, M., *L'Asie Mineure et l'Anatolie d'Alexandre à Dioclétien, IVe siècle av. J.-C./IIIe siècle ap. J.-C.*, Paris, 1995
Sartre, M., *D'Alexandre à Zénobie: Histoire du Levant antique, IVe siècle av. J.-C.–IIIe siècle ap. J.-C.*, Paris, 2001
Scheidel, W.-I. Morris-R.P. Saller (edd.), *The Cambridge Economic History of the Greco-Roman World*, Cambridge, 2007
Schneider, C., *Kulturgeschichte des Hellenismus*, Munich, 1967–9
Scholz, P., *Der Hellenismus: Der Hof und die Welt*, Munich, 2015
Schwartz, S., *Imperialism and Jewish Society: 200 BCE–640 CE*, Princeton, 2001
Schwartz, S., *The Ancient Jews from Alexander to Muhammad*, Cambridge, 2014

Sherk, R.K., *Roman Documents from the Greek East: Senatus consulta and epistulae to the Age of Augustus*, Baltimore, 1969
Sherk, R.K., *Rome and the Greek East to the Death of Augustus*, Cambridge, 1984
Sherwin-White, A.N., *Roman Foreign Policy in the East 168 BC to AD 1*, London, 1984
Sherwin-White, S.M., *Ancient Cos: An Historical Study from the Dorian Settlement to the Imperial Period*, Göttingen, 1978
Sherwin-White, S.M.-A. Kuhrt, *From Samarkhand to Sardis: A New Approach to the Seleucid Empire*, Berkeley, 1993
Shipley, G., *The Greek World after Alexander 323-30 BC*, London, 2000
Stavrianopoulou E. (ed.), *Shifting Social Imaginaries in the Hellenistic Period: Narrations, Practices, and Images*, Leiden, 2013
Strootman, R., *Courts and Elites in the Hellenistic Empires: The Near East after the Achaemenids, c. 330 to 30 BCE*, Edinburgh, 2014
Syme, R., *The Roman Revolution*, Oxford, 1939
Thompson, D.J., *Memphis under the Ptolemies*, Princeton, 1988
Thonemann, P., *The Maeander Valley: A Historical Geography from Antiquity toByzantium*, Cambridge, 2011
Thonemann, P., *The Hellenistic World: Using Coins as Sources*, Cambridge, 2015
Thonemann, P. (ed.), *Attalid Asia Minor: Money, International Relations, and the State*, Cambridge, 2013
van Bremen, R., *The Limits of Participation: Women and Civic Life in the Greek East in the Hellenistic and Roman Periods*, Amsterdam, 1996
van Nijf, O.-R. Alston (edd.), *Political Culture in the Greek City after the Classical Age*, Leuven, 2011
Varga, R.-V. Rusu-Bolindet (edd.), *Official Power and Local Elites in the Roman Provinces*, London, 2016
Vatin, C., *Recherches sur le mariage et la condition de la femme mariée à l'époque hellénistique*, Paris, 1970
Velissaropoulos-Karakostas, J., *Droit grec d'Alexandre à Augustue (323 av. J.-C.-14 ap. J.-C.): Personnes, biens, justice*, Athens, 2011
Versnel, H.S., *Coping with the Gods: Wayward Readings in Greek Theology*, Leiden, 2011
Veyne, P., 'L'identité grecque devant Rome et l'empereur', *REG*, 112, 1999, 510-67
Walbank, F.W., *A Historical Commentary on Polybius. Volume I: Commentary on Books I-VI. Volume II: Commentary on Books VII-XVIII. Volume III: Commentary on Books XIX-XL*, Oxford, 1957-79
Walbank, F.W.-A.E. Astin-M.W. Frederiksen-R.M. Ogilvie (edd.), *The Cambridge Ancient History. Volume VII, Part 1: The Hellenistic World*, 2ª ed., Cambridge, 1994

Walbank, F.W.-A.E. Astin-M.W. Frederiksen-R.M. Ogilvie (edd.), *The Cambridge Ancient History. Volume VIII: Rome and the Mediterranean to 133 BC*, 2ª ed., Cambridge, 1989

Weber, G., *Dichtung und höfishe Gesellschaft: Die Rezeption von Zeitgeschichte am Hof der ersten drei Ptolemäer*, Stuttgart, 1991

Weber, G. (ed.), *Kulturgeschichte des Hellenismus von Alexander bis Kleopatra*, Stuttgart, 2007

Welles, C.B., *Royal Correspondence in the Hellenistic Period: A Study in Greek Epigraphy*, New Haven, 1934

Whitmarsh, T. (ed.), *Local Knowledge and Microidenities in the Imperial Greek World*, Cambridge, 2010

Wiemer, H.-U., Krieg, *Handel und Piraterie: Untersuchungen zur Geschichte des hellenistischen Rhodos*, Berlin, 2002

Wilhelm, A., *Kleine Schriften*, Berlin, 1974

Will, É., *Histoire politique du monde hellénistique, 323–30 av. J.-C.*, 3ª ed., Paris, 2003

Wörrle, M., *Stadt und Fest im kaiserzeitlichen Kleinasien: Studien zu einer agonistischen Stiftung aus Oinoanda*, Munich, 1988

Wörrle, M.-P. Zanker (edd.), *Stadtbild und Bürgerbild im Hellenismus*, Munich, 1995

Worthington, I., *By the Spear: Philip II, Alexander the Great and the Rise and Fall of the Macedonian Empire*, Oxford, 2014

Zuiderhoek, A., *The Politics of Munificence in the Roman Empire: Citizens, Elites, and Benefactors in Asia Minor*, Cambridge, 2009

Cronologia

336 a.C.	Assassinio di Filippo II di Macedonia; Alessandro diventa re
335	Distruzione di Tebe
334–325	Campagna di Alessandro in Asia
334	Vittoria di Alessandro presso il Granico
333	Alessandro sconfigge Dario III a Isso
332–331	Alessandro in Egitto; fondazione di Alessandria
331	Alessandro sconfigge Dario III a Gaugamela
330	Incendio del palazzo di Persepoli; assassinio di Dario III
330–327	Alessandro conquista l'Iran nord-orientale
327–325	Campagna di Alessandro in Punjab
326	Battaglie di Alessandro presso l'Idaspe; vittoria su Poro
325	Ritorno di Alessandro dall'India; Nearco esplora l'oceano Indiano e il Golfo Persico
324	Editto di Alessandro sul ritorno degli esuli; ammutinamento dell'esercito di Alessandro a Opis; morte di Efestione
323	Morte di Alessandro; Filippo III Arrideo e Alessandro IV vengono proclamati re sotto la tutela di Cratero; divisione delle satrapie tra i generali di Alessandro
323/22	Guerra ellenica o lamiaca (rivolta delle città greche contro la supremazia macedone); sconfitta di Atene
321–281	Guerre dei diadochi (successori) per la divisione dell'impero di Alessandro
321/320	Perdicca ed Eumene contro Antipatro, Cratero, Antigono Monoftalmo e Tolomeo; divisione dell'impero di Alessandro nell'accordo di Triparadiso
319–315	Cassandro contro Polipercone e Olimpiade; Antigono contro Eumene
319–288	Governo autocratico di Agatocle di Siracusa in Sicilia
317	Olimpiade ordina l'uccisione di Filippo III

315	Sconfitta e morte di Eumene
314	Coalizione di Cassandro, Lisimaco, Tolomeo e Seleuco contro Antigono Monoftalmo e suo figlio Demetrio Poliorcete; Antigono e Demetrio dichiarano la libertà delle città greche
312	Seleuco fa ritorno alla sua satrapia a Babilonia
311	Accordo di pace tra i successori
310	Cassandro ordina l'uccisione di Alessandro IV, l'ultimo membro della dinastia argeade
308–306	Campagna di Agatocle di Siracusa in Nord Africa
307	Demetrio Poliorcete libera Atene dall'occupazione macedone
306	Vittoria di Demetrio Poliorcete su Tolomeo vicino a Salamina a Cipro; l'«anno dei re»; Antigono Monoftalmo e Demetrio assumono il titolo di re; il loro esempio è seguito da Tolomeo, Cassandro, Lisimaco e Seleuco
305–304	Assedio di Rodi da parte di Demetrio Poliorcete
304	Agatocle è proclamato re in Sicilia
303–301	Guerra di Tolomeo, Cassandro, Lisimaco e Seleuco contro Antigono e Demetrio; Antigono e Demetrio fondano un'alleanza ellenica
301	Antigono muore nella battaglia di Ipso; Ariarate II fonda il regno di Cappadocia
297	Morte di Cassandro, re di Macedonia; gli succede Filippo IV; Zipoete è proclamato re di Bitinia; Pirro è proclamato re dell'Epiro
296	Morte di Filippo IV, re di Macedonia; conflitto dinastico tra i figli di Cassandro Alessandro e Antipatro
295	Demetrio Poliorcete occupa Atene
294	Demetrio è proclamato re di Macedonia
288	Lisimaco e Pirro rimuovono Demetrio dalla Macedonia; Lisimaco allontana Pirro e regna da solo in Macedonia e Tracia; sua moglie è Arsinoe, figlia di Tolomeo I
287–285	Campagne fallimentari di Demetrio in Asia Minore; Demetrio è fatto prigioniero da Seleuco e muore in cattività nel 283
283	Morte di Tolomeo I, re d'Egitto; Arsinoe fa ordinare a Lisimaco l'uccisione di suo figlio Agatocle; la vedova di Agatocle, Lisandra, e suo fratello Tolomeo Cerauno cercano rifugio alla corte di Seleuco I
283–246	Tolomeo II, re d'Egitto (281–268 ca. insieme ad Arsinoe II)
281	Guerra tra Seleuco e Lisimaco; Lisimaco muore nella battaglia di Curopedio; Seleuco viene ucciso dal suo alleato Tolomeo Cerauno, che diventa re della Macedonia

281–261	Antioco I, re del regno seleucide
280–275	Campagne di Pirro d'Epiro in Italia e Sicilia
279–278	Invasione dei Galli (Galati); morte di Tolomeo Cerauno; anarchia in Macedonia; vittoria degli Etoli sui Galli a Delfi; ascesa della lega etolica
278	I Galli giungono in Asia Minore e cominciano le loro incursioni contro le città greche
277	Vittoria di Antigono Gonata sui Galli a Lisimachia; Antigono è proclamato re
275/4–271	Prima guerra siriaca tra Antioco I e Tolomeo II per il controllo della Celesiria
274–272	Pirro riconquista parte della Macedonia; guerra di Pirro contro Antigono Gonata; Pirro è ucciso ad Argo (272)
272–239	Antigono Gonata, unico re di Macedonia
268–261	Guerra cremonidea: Antigono Gonata contro Tolomeo II, Atene, Sparta e i loro alleati; Gonata ha la meglio; occupazione macedone di Atene (fino al 229)
264–241	Prima guerra punica tra Roma e Cartagine
261–246	Antioco II, re del regno seleucide
260–253	Seconda guerra siriaca: Antioco II, Rodi e Antigono Gonata contro Tolomeo II
255–254	Guerra di successione in Bitinia
251	Arato libera Sicione; Sicione entra a far parte della lega achea
250–245	Secessione di Alessandro, comandante della guarnigione macedone a Corinto, da Antigono Gonata
247	Nascita del regno dei Parti
246	Morte di Tolomeo II (gennaio) e di Antioco II (estate)
246–221	Tolomeo III, re d'Egitto
246	Inizio della terza guerra siriaca, o guerra di Laodice; vittoriose campagne di Tolomeo III nel regno seleucide (Siria e Mesopotamia)
246–225	Seleuco II, re del regno seleucide
245	Vittoria di Antigono Gonata sulla flotta tolemaica ad Andro; Seleuco II riconquista territori nella Siria settentrionale e in Mesopotamia
243	Arato libera Corinto dalla guarnigione macedone
241	Fine della terza guerra siriaca; Tolomeo III guadagna dei territori in Siria
241–197	Attalo I, re di Pergamo; è proclamato re nel 238

240	Secessione di Antioco Ierace dal regno seleucide; suo governo in Asia Minore
239	Morte di Antigono Gonata; alleanza tra la lega achea e la lega etolica
239–229	Demetrio II, re di Macedonia
239–233	Guerra di Demetrio contro la lega achea e la lega etolica
238	Vittorie di Attalo I di Pergamo in guerre contro i Galli in Asia Minore
231–229	Invasione dei Dardani in Macedonia
230–227	Vittoria di Attalo I di Pergamo contro Antioco Ierace; morte di Antioco Ierace nel 226
229–221	Antigono Dosone, re di Macedonia
229	Liberazione di Atene dalla guarnigione macedone
229–228	Prima guerra illirica: i Romani sconfiggono la regina Teuta
229–222	Guerra di Cleomene (Sparta contro la lega achea)
229–220	Incursioni etoliche in Peloponneso e Grecia centrale
227	Operazioni militari di Antigono Dosone di Macedonia in Caria (Asia Minore)
225–222	Seleuco III, re del regno seleucide
224–222	Alleanza ellenica sotto la guida di Antigono Dosone; guerra contro Cleomene di Sparta; sconfitta di Cleomene nella battaglia di Sellasia (222)
222–187	Antioco III, re del regno seleucide
222–213	Guerra di Antioco III contro Molone, che ha il controllo di parti dell'Asia Minore; vittoria di Antioco
221	Morte di Tolomeo III e Antigono Dosone; il generale cartaginese Asdrubale è assassinato in Spagna; gli succede Annibale
221–179	Filippo V, re in Macedonia
221–204	Tolomeo IV, re in Egitto
221–219	Guerra di Litto a Creta (Cnosso e Gortina con i loro alleati contro Litto, guerra civile a Gortina); operazioni militari di Annibale in Spagna
220	Guerra di Rodi contro Bisanzio per l'abolizione dei dazi richiesti alle navi che passavano attraverso lo stretto dei Dardanelli
220–217	«Guerra sociale»: l'alleanza ellenica guidata da Filippo V di Macedonia contro la lega etolica; invasioni dei Dardani in Macedonia (220–219, 217)
219–218	Seconda guerra illirica: Roma sconfigge Demetrio di Faro
219–217	Quarta guerra siriaca tra Tolomeo IV e Antioco III

218	Annibale inizia la sua campagna contro Roma; inizio della seconda guerra punica
217	22 giugno: Tolomeo IV sconfigge Antioco III nella battaglia di Rafia; fine giugno: Annibale sconfigge i Romani vicino al lago Trasimeno; agosto: conferenza di pace a Naupatto tra Filippo V e gli Etoli
216	Annibale sconfigge i Romani a Canne
216-213	Guerra tra Antioco III e l'usurpatore Acheo in Asia Minore
215	Trattato di alleanza tra Filippo V e Annibale
215-205	Prima guerra macedone: Filippo V contro Roma
214	Morte di Arato
212	I Romani conquistano Siracusa; alleanza tra la lega etolica e Roma contro Filippo V
212-205	Riconquista delle province orientali da parte di Antioco III
206	Trattato di pace tra gli Etoli e Filippo V
205	La pace di Fenice pone fine alla prima guerra macedone; rivolta dei nativi egizi nell'Egitto meridionale
205-185	L'Egitto meridionale è governato da faraoni indigeni
205-201	Prima guerra cretese: città cretesi, alleate di Filippo V, contro Rodi, Cos e altre isole
204	Morte di Tolomeo IV
204-180	Tolomeo V, re d'Egitto
203/202	Trattato segreto tra Filippo V e Antioco III per dividere il regno tolemaico
202	Sconfitta di Annibale nella seconda guerra punica; quinta guerra siriaca: Antioco III contro Tolomeo V
202-200	Operazioni militari di Filippo V nell'Asia Minore meridionale; guerra di Filippo V contro Rodi
201	Attalo I e Rodi chiedono l'aiuto di Roma contro Filippo V
200-197	Seconda guerra macedone: Filippo V contro Roma e i suoi alleati Pergamo, Rodi e Atene
197	Vittoria di Tito Quinto Flaminino su Filippo V a Cinocefale; Antioco III occupa i possessi macedoni e tolemaici in Asia Minore e Tracia; morte di Attalo I
197-158	Eumene II, re di Pergamo
196	Flaminino dichiara la libertà delle città greche
195	Guerra dei Romani contro re Nabide di Sparta
194	Le truppe romane si ritirano dalla Grecia; «guerra fredda» tra Antioco III e Roma

192–188	Guerra di Antioco: Antioco III e gli Etoli contro Roma e i suoi alleati, Pergamo e la Macedonia
191	Sconfitta di Antioco III alle Termopili; ritorno in Asia Minore
189	Sconfitta di Antioco III a Magnesia
188	Pace di Apamea: Antioco perde i suoi possedimenti in Asia Minore; Eumene II di Pergamo e Rodi guadagnano territori
185	Morte di Antioco III in Iran; creazione di un regno greco-battriano autonomo sotto Eutidemo
187–175	Seleuco IV, re del regno seleucide
180–175	Nascita di un regno greco-battriano e di un regno greco-indiano separati
180	Morte di Tolomeo V
180–170	Primo regno di Tolomeo VI
179	Morte di Filippo V
179–168	Perseo, re di Macedonia
175	Seleuco V è assassinato dal suo primo ministro Eliodoro
175–164	Antioco IV sale al potere nel regno seleucide
171–168	Terza guerra macedone: Roma e i suoi alleati contro Perseo di Macedonia
170	Sesta guerra siriaca; Antioco IV invade l'Egitto; a Tolomeo VI subentra come re il fratello Tolomeo VIII
170–118	Conflitti dinastici e guerre civili in Egitto tra Tolomeo VI (170–145), Tolomeo VIII (170–163, 145–116), Cleopatra II (145–127, 124–116) e Cleopatra III (139–101)
168	Vittoria di Emilio Paolo su Perseo nella battaglia di Pidna; fine della monarchia antigonide; il regno macedone è diviso in quattro stati; 1000 ostaggi greci vengono portati a Roma; Rodi perde i suoi possedimenti in Asia Minore; Delo è dichiarata porto franco; Antioco IV è costretto dai Romani a ritirarsi dall'Egitto; abolisce i privilegi dei Giudei a Gerusalemme; inizio della rivolta dei Maccabei
164	Morte di Antioco IV; inizio di usurpazioni e guerre civili tra vari rami dei Seleucidi; Giuda Maccabeo occupa Gerusalemme
159–154	Guerra tra Pergamo e Prusia II, re di Bitinia; vittoria di Pergamo
158	Morte di Eumene II
158–138	Attalo II, re di Pergamo
153–145	Usurpazione del trono seleucide da parte di Alessandro Bala
149–148	Andrisco prende il potere in Macedonia e ripristina il regno macedone; è sconfitto dai Romani; la Macedonia diventa la prima provincia romana in Grecia

146	Guerra achea: la lega achea contro Roma; gli Achei sono sconfitti, Corinto viene distrutta e la Grecia è posta sotto la diretta amministrazione romana
145–139	Demetrio II, re del regno seleucide
143/142	Demetrio II Seleucide riconosce l'indipendenza della Giudea
142–138	Usurpazione del trono seleucide da parte di Diodoto Trifone
141	I Parti occupano Seleucia sul Tigri, una delle capitali seleucidi
139	Demetrio II è sconfitto dai Parti e trascorre dieci anni in cattività
138	Morte di Attalo II
138–133	Attalo III, re di Pergamo
133	Morte di Attalo III di Pergamo, che lascia in eredità il suo regno ai Romani
133–129	Guerra di Aristonico: Aristonico, figlio illegittimo di Attalo II di Pergamo, combatte contro i Romani sostenuti dagli strati sociali più bassi
130	I Seleucidi perdono la Mesopotamia, che passa in mano ai Parti
129	Aristonico è sconfitto; creazione della provincia romana d'Asia
123–122	Riforme di Caio Gracco a Roma; provvedimenti sulla riscossione dei tributi in Asia
ca. 105–96	Tolomeo Apione, re della Cirenaica
96	Tolomeo Apione lascia in eredità il suo regno ai Romani; la Cirenaica diventa una provincia nel 74
88–86	Prima guerra mitridatica: Mitridate VI, re del Ponto, e i suoi alleati greci contro Roma; campagne vittoriose di Silla in Grecia
85	Pace di Dardano tra Silla e Mitridate VI
83	La popolazione di Antiochia invita il re dell'Armenia Tigrane II ad assumere il controllo del regno seleucide
83–81	Seconda guerra mitridatica: Mitridate VI contro Roma
74	Cirenaica e Bitinia diventano province romane
74–64	Terza guerra mitridatica: Mitridate VI contro Roma
74–67	Campagne di Lucullo contro Mitridate
69–67	Conquista di Creta da parte dei Romani
67	*Lex Gabinia*: Pompeo riceve il comando straordinario nella guerra contro i pirati e Mitridate
64	Mitridate VI si suicida; il regno del Ponto viene abolito; Pompeo riorganizza l'oriente; creazione della provincia di Bitinia e Ponto; Pompeo fonda città in Asia Minore
63	Il regno seleucide diventa una provincia romana

59	Roma annette Cipro
55	Tolomeo XII riconquista il suo trono in Egitto con l'aiuto di Roma
49–48	Guerra civile tra Pompeo e Cesare
48	Cesare sconfigge Pompeo a Farsalo; Pompeo è assassinato ad Alessandria
47	Cesare è nominato *dictator* a Roma; *Bellum Alexandrinum*: Cesare seda una ribellione ad Alessandria e stabilisce come regina Cleopatra
44	Cesare viene assassinato; Cleopatra torna da Roma ad Alessandria con suo figlio Cesarione
43	Triumvirato a Roma: Ottaviano, Marco Antonio e Lepido; Antonio controlla l'oriente romano
40	Antonio si allea con Cleopatra
37–36	Antonio riorganizza l'oriente romano, creando regni clienti e ingrandendo il regno di Cleopatra
31	Roma dichiara guerra ad Antonio e Cleopatra; vittoria di Ottaviano ad Azio
30	Antonio e Cleopatra si suicidano; Cesarione è messo a morte da Ottaviano; l'Egitto viene annesso a Roma
27	Ottaviano, ora con il nome di *Imperator Caesar Augustus*, stabilisce un regime monarchico a Roma
27–14 d.C.	Regno di Augusto
25	La Galazia diventa una provincia romana
6	Il regno di Paflagonia è abolito e unito alla provincia di Galazia
ca. 10	È abolito l'ultimo regno greco-indiano nell'India del nord
6 d.C.	Parte del regno di Giudea diventa una provincia romana
14–37	Regno di Tiberio
18	Il regno di Cappadocia diventa una provincia romana
37–41	Regno di Caligola
41–54	Regno di Claudio
43	La Licia diventa una provincia romana
44	Il regno di Erode Agrippa in Giudea diventa una provincia romana
46	Il regno di Tracia diventa una provincia romana
54–68	Regno di Nerone
63	Nerone annette il regno del Ponto e la Colchide
64	Un incendio distrugge parti di Roma; persecuzione dei cristiani

66–70	Rivolta giudaica
66–7	Nerone visita la Grecia e ne dichiara libere le città
68	Opposizione a Nerone a Roma; Nerone si suicida; fine della dinastia Giulio-claudia
69	Guerra civile nell'impero romano («Anno dei quattro imperatori»); Vespasiano sale al potere e fonda la dinastia flavia
69–79	Regno di Vespasiano
70	Gerusalemme è conquistata da Tito, figlio di Vespasiano
70–73	Ultima resistenza dei Giudei a Masada
ca. 71	La Licia e la Panfilia sono riunite in un'unica provincia
ca. 73	Il regno di Commagene viene annesso e diventa parte della provincia di Siria
79–81	Regno di Tito
81–96	Regno di Domiziano
96	Domiziano viene assassinato; fine della dinastia flavia
96–8	Regno di Nerva, che stabilisce la dinastia degli imperatori adottivi (dinastia antonina)
98–117	Regno di Traiano
101–6	Conquista della Dacia
107	Conquista del regno di Nabatea in Arabia
113–15	Conquista della Mesopotamia; l'impero romano raggiunge la sua massima espansione
115–17	Rivolte giudaiche in Siria, Egitto e Cirenaica
117–38	Regno di Adriano
123–5	Adriano visita Grecia e Asia Minore
128–32	Secondo viaggio di Adriano in oriente (Siria, Egitto, Asia Minore, Grecia)
130	Morte di Antinoo in Egitto
32	Adriano fonda il Panellenio ad Atene
133–5	Rivolta giudaica sotto Bar Kochba
138	Morte di Adriano

Indice analitico

Abdera 189
Abido 171, 172
Abonutico 228, 376, 392, 398
Acaia 134, 135, 137, 188, 192; provincia romana 259-260, 262, 282, 316, 411
Acarnania 76, 134, 175, 192, 258
acclamazione 33, 41, 42, 46, 90, 242, 249, 358, 378
achea, lega 71-76, 82, 128, 134, 141, 151, 166, 168-169, 174, 181-182, 188-192, 317
Achemenidi 12, 13, 19, 28, 90, 91, 97, 156, 164; *vedi anche* impero persiano
Acheo 96, 171
Achille, e Alessandro 18, 24, 26, 113
Acrocorinto 68, 72, 74, 82, 106, 175-176
Adone 357-358, 359-360, 368, 369
Adriano 4, 5, 130, 131, 243, 246, 257, 263-271, 274, 276, 279, 282, 289, 312, 314, 323, 324, 327, 338, 351, 399, 400, 406, 411
Adriatico, mare 53, 74, 157, 159, 162, 164-165, 166, 173, 176, 181, 183, 187, 191, 258, 316, 400, 407
Aduli 83-84
aedilis 289
Afghanistan 23, 97, 112, 130, 171, 206, 207, 343, 400
Afrodisia 134, 249, 255, 274, 297-298, 321, 333-334, 340
Afrodite 47, 79, 85, 117, 255, 276, 369, 370, 375
Agatocle, di Sicilia 41, 51-53, 54, 61, 89, 149, 316; uomo di corte tolemaico 170, 177; figlio di Lisimaco 50, 95, 112, 122, 125

Agelao di Etolia 163-164, 189
agema 30
agon 279, 337-340, 363; *agon Capitolinus* 338; *vedi anche* festival
agonoteta 144, 277, 333
agoranomo 125, 139, 292-293
agricoltura 100, 116, 225, 226, 315, 322, 323, 355, 375, 385
Agrippa 236, 239
akroasis 405
Aktia 338, 412
Alceta 149
Alessandrie, fondate da Alessandro Magno 131; in Egitto 2-5, 7-8, 11-12, 20, 31, 35, 39, 59-60, 77, 81, 85, 90, 94, 99-101, 104, 112, 119, 131, 133, 170, 177, 202, 213, 230-234, 238, 239-240, 246, 261, 263, 284, 295, 297-298, 305, 322, 342, 349, 357-358, 364, 396, 402; Arachosia (Kandahar) 208, 403, 404
Alessandro III il Grande 11-31, 61, 62, 77, 81, 83, 84, 89, 90, 91, 95-98, 113-114, 119, 121, 128, 130, 139, 151, 164, 171, 210, 245, 267, 283, 301, 312, 318, 319, 324, 346, 369, 371, 399-404, 406-408; imitato dai re 40, 47, 110; Alessandro IV 34-35, 40-41; Alessandro Bala 205, 209-210, 212; comandante di Corinto 96; fondatore di un culto 376, 392-394
Amastri 216, 228
«amici», dei re ellenistici 47, 98-99, 109, 117, 120-121, 303, 306, 310
amicitia 180
amicizia tra comunità 158, 165, 180
Aminta 12, 13, 17, 33

Amiso 228, 257
amministrazione, di città 73, 115-116, 128-129, 139-140, 291-295, 297, 333, 335-336, 340, 354-366; di regni 97-104; di province romane 279-288; *vedi anche* magistrati
Ammone/Amun 19-21, 369, 371, 407
amnestia decreto di, tolemaico 104, 213-214
Amun *vedi* Ammone
Anahita 360
Andania 365, 386
Andragora 83, 206
Andrisco 189-190
Andro, battaglia navale di 82
Anfipoli 187-188, 344, 355
Anfizionia 184
Annibale 56, 155, 162-168, 173, 178-180
Antigonidi 57, 58, 64, 67, 68, 74, 75, 82, 96, 106, 120, 170, 183
Antigono Dosone 74-75, 76, 82, 85, 106, 170; Monoftalmo (con un occhio solo) 36, 40, 57, 67, 75, 114, 132, 137, 149
Antikythera, meccanismo di 9
Antinoo 264-267, 289
Antinopoli 267, 289
Antiochi, re seleucidi: Antioco I 50, 56, 93-94, 95, 114, 115, 119, 131; II 80-81; III 44, 56-57, 70, 76, 85, 92, 96, 110, 115, 119, 134, 170-171, 177-179, 201-203, 206-207, 211, 245, 318; IV 90, 100, 202-205, 206, 208-209, 212, 312; V 205; XIII 228; Antioco Ierace 82-83, 95; Antioco I Commagene 390
Antiochia, di Pisidia 257, 290; di Siria 8, 81, 99, 131, 132, 133, 202, 210, 238, 257, 283, 284, 318, 398; sul Cidno 364; sul Piramo 364
Antipatro, ufficiale 36, 37, 38, 40, 62-63, 94; Antipatro di Sidone 193
Antonia Trifena 309
Antonio, Marco 152, 196, 223, 225, 229-240, 251, 255, 296, 308, 311
Anubi 371
anziani, cittadini 292, 329
Aorno 23, 114, 401
Apamea 99, 131; pace di Apamea 134, 179-180, 181, 201

Apocalisse 242-243
Apollo 63, 67, 113, 186, 270, 337, 354, 363, 367, 369, 371, 378, 390, 392; Clario 377
Apollonia, in Illiria 164, 165, 196, 407
Apollonio di Tiana 391-392
Appuleio, Sesto 286
Arabia 26, 250, 327; Felix 327, 403; Petrea 283
Arato 70-74, 75, 79, 82, 106, 130, 135, 136, 150, 151, 164, 166, 168, 169
Arbitrato 16, 135, 172, 284, 316
Arcadia 73, 134
Archelao 12, 13
Archimede 2, 59, 111, 166, 306
Archippe di Cuma 348-349
Areo 70
Argeade, dinastia 12, 34-35, 39-41, 89-90
Argo 12, 56, 71, 73, 108, 125-126, 174, 190
Ariarate I 38; II 38, 57; IV 179; V 194; VI 217; IX 217
Aristarco 59
Aristocrazia 99, 141, 145-146; a Roma 53, 161, 185, 223, 269; nell'impero romano 270
Aristonico 96, 104, 195-198, 216, 316
Aristotele 11, 14, 30-31, 314, 401
Armenia 120, 171, 210, 217, 219, 223-224, 227-228, 238, 245, 262-264, 308-309
Arpalo 25, 37
Arriano 13, 24, 312, 324
Arsace 206
Arsinoe II Filadelfo 46, 50-51, 56, 62, 68-69, 78, 80, 91-92, 94-95, 117, 118-119, 245, 386; III 170; IV 232-233
Arsinoe, porto in Egitto 131-132
Artemide 233, 255, 299, 338, 350, 360, 366, 369, 370, 371, 375, 378, 391
Artemidoro di Perge 390-391
artigianato 216, 225, 258, 302, 315, 323, 335, 351, 355; *vedi anche* manifattura
Ashoka 60, 390
Asia Minore 12, 16, 18, 28, 35, 38-40, 43, 45-50, 56-57, 62, 64-65, 67, 71, 75, 79-83, 85, 95-96, 101-104, 106, 109-110, 114-115, 119-120, 130, 132, 134-135, 139-140, 146, 156,

167-168, 170-181, 188-189, 193-194, 210, 215-218, 221, 225, 235-236, 249, 253, 255-258, 261-265, 267, 269, 271, 289-290, 292, 304, 307, 314, 316-318, 320, 324-327, 329, 334-336, 346, 351, 363, 369, 372, 377, 380, 382, 392, 396-398, 400, 407, 411
Asia, provincia 197-198, 238, 242, 277-278, 281-287; asiarca 277
Asmonei, dinastia degli 205, 228
assedio 18, 19, 43-44, 46, 86, 101, 111-112, 166, 220, 253, 261, 306
assemblea, del popolo 4, 8-9, 33, 38, 51, 93-94, 105, 107, 129-130, 136, 139-141, 143, 146, 172-174, 196, 247, 267, 269-270, 279, 288, 292-293, 295-299, 306, 314-316, 335-336, 349-350, 361; federale 135-136, 138, 191; onorario per partecipare alla 139, 143
associazione, volontaria 8, 304, 322, 329, 334-337, 350
astynomos 139
asylia, asilo 224, 302, 358, 366-367, 389
Atene, Ateniesi 3-5, 8, 12-13, 15, 17, 30-31, 37-39, 41, 46-47, 66-67, 68, 69-70, 72-74, 105-106, 111, 113-114, 117-118, 123, 127-128, 130, 133, 139, 140-141, 142, 143-144, 150, 151, 152, 166, 172, 173, 174, 180, 188, 192, 219-221, 234, 263, 264, 265, 267, 274, 295, 306, 309, 312-315, 321, 322, 327, 334, 336, 338, 340, 343-344, 345, 353, 359, 362, 367, 371, 383, 385, 393, 397-398, 400, 401, 405
Ateneo 77, 413
Atenione 152, 219
Atenodoro di Tarso 296-297
atletismo, atleti 15, 65, 71, 90, 109, 113, 114, 116, 143, 144, 175, 177, 204, 268, 278, 298-299, 302, 303, 305, 312, 329-330, 332, 342, 344, 349, 360, 364, 391, 404, 406, 411, 412; *vedi anche agon*, gara
Attalia 283
Attalidi 57, 96, 99, 102, 120, 193-198
Attalo I 57, 65, 67, 83, 89, 126, 167-168, 171, 175, 179, 184; II 96, 193-194, 318, 363; III 96, 194-196

Atti dei martiri alessandrini 299
augure 289
Augusto 3, 153, 228, 235, 241-242, 246-249, 251-252, 255-258, 259, 261, 269-281, 289, 290, 296-298, 308, 309, 311-312, 313, 324, 334, 338, 345, 359, 412; nome di Augusto 248-249; *vedi anche* Ottaviano, *Res Gestae*
autonomia 25, 38, 51, 60, 67, 103, 105-109, 125, 135, 138, 160, 176, 193, 195-196, 210, 221
axioma 247, 294
Azio 258; battaglia navale di 239, 242, 283

Babilonia 22, 26, 28, 33-34, 36, 39, 40, 41, 84, 91, 114, 120, 206, 263, 318
Bahrain 210
Balbilla 266-267, 312
banchetto 99, 279, 304-305, 329, 365, 388, 391
banchieri 303, 325, 334
banditi 128, 225, 251, 345; *vedi anche* brigantaggio
Bar Kochba 268
Barygaza 403-404
basileia 89-92
basileus 41, 89, 109-110, 312; *vedi anche* re
basilikos grammateus 100
Battriana 23, 31, 83-84, 171, 206-207, 343, 400; greco-battriani, regni 83, 97-98, 207-208, 390, 408
Bendis 359, 369
benefattore 9, 84, 116, 142-143, 144, 145, 152, 153, 196, 242, 271, 295, 298, 304-305, 312, 323, 329-334, 337, 338, 360, 362, 363, 365-366, 367, 389, 390, 391
Beota, *koinon* 135, 137
Beozia 74, 128, 134, 135, 174, 184, 191, 192, 220, 253, 260, 317
Berenice, moglie di Antioco II 80-81; I, moglie di Tolomeo I 94, 132; II, moglie di Tolomeo III 79, 118; III 85, 92, 230; IV 231; chioma di Berenice 85
biblioteca 3, 12, 59, 99, 100, 233, 305, 310

Bitinia 38, 43, 64, 106, 120, 122, 167-168, 171, 180, 184, 189, 193-194, 197, 213, 217-219, 222, 227, 228, 237, 238, 241, 257, 264, 270, 283, 284, 286, 287, 290, 291, 396
Blossio 197
Boeto di Tarso 296-297, 308-309, 311
Bosforo, regno del 106, 227-228, 252, 308, 396
bottino 121, 149, 167, 178, 185, 210, 223-225, 255, 320, 324, 330
boule 136, 139, 291-292
bouleutes 292
brigantaggio 104, 324, 371
Bruto 234-236
Buddismo 60, 208, 390, 408
Butroto 257

Caio Cesare 244, 275-276
Calcedonia 171, 307
Calcide, città in Eubea 68, 106, 175, 176; regno in Siria 237
Caligola 298
Calindia 319, 365
Callimaco 85, 268, 305, 387
Callisseno di Rodi 77
Callistene 11, 29
Callistene di Olbia 294
Cambise 19, 84
capitale, di regni ellenistici 18, 51, 81, 90, 94, 97, 99, 119, 120, 131, 132, 133, 175, 187, 203, 206, 209, 213, 224, 234, 238, 257, 361, 371; di provincia 277, 282-283, 284, 400
Cappadocia 38, 57, 106, 120, 179, 194, 209, 216-218, 225, 228, 251, 262, 312, 391, 392
Caracene 210
Caria 75, 84, 133, 188, 350
Carneade 405
Cartagine, Cartaginesi 6, 51-55, 60, 155, 162-163, 168, 172, 173, 180, 190, 191, 219, 279, 400
Cassandrea 131
Cassandro 35-36, 38, 40-41, 43, 46, 62, 89-90, 114, 131, 150, 319
Cassio 234-236
Catone il Giovane 229
Catone il Vecchio 405
Cauno 104

cavaliere, romano 185, 224, 282, 287, 310, 391
Celti 55, 61-67, 83, 162, 283; *vedi anche* Galati, Galli
censor 199, 287
Cesare, Caio Giulio 138, 226, 228, 229-239, 246, 248, 249, 255, 257, 275, 277, 289
Cesarea 257, 283
Cesarione 233-234, 236, 238, 246
Chandragupta 44
Cheremone di Nisa 151
Cheronea, battaglia di (338 a.C.) 15, 105, 175; battaglia di (86 a.C.) 221
Chersoneso in Tauride 217, 252, 411
chiliarca 34, 36
Chio 171, 216
Cibele 359-360, 369
Cibira 274
Cicerone 200, 226-227, 229
Cicladi 68, 78, 82, 84, 137, 171
Cilicia 49, 84, 171, 198, 210, 219, 223, 224, 225, 226, 228, 231, 236, 237, 238, 251, 257, 262, 283, 324, 351, 364
Cina 60, 207, 361, 407
Cinea 54-55
Cinna, Lucio Cornelio 222
Cinocefale, battaglia di 175
Cipro 41-42, 45, 119, 202, 213, 237, 283, 336
Cirenaica 5, 56, 212, 213, 214, 230, 237, 238, 242, 263, 282, 359, 398
Cirene 52, 79, 95, 214, 346, 410
città 127-153, 288-299; distruzione di 133; fondazione di 20, 129-134, 228, 256-257, 265, 283, 303, 334, 404; istituzioni 139-142; relazioni con un re 105-109, 130; valori 341-345; *vedi anche* assemblea, autonomia, capitale, colonia, consiglio, *polis*, *sympoliteia*
cittadinanza 5, 71, 105, 107-108, 115-116, 129, 132, 135, 137-138, 140, 183, 191, 196-197, 217, 258, 287, 289, 291, 301, 303-304, 306-307, 310, 312-313, 319, 324, 336, 343, 346-347, 353-354; federale 135, 138; concessione della 107-108, 132, 191, 196-197, 287, 303, 307, 320, 333; multipla 287, 291;

romana 183, 217, 258, 289, 304, 310, 312-313, 324
Cizico 67, 126, 257, 297, 306, 309, 401
Claudio 249, 252, 257, 271-272, 275, 297, 298, 309, 313, 342
Cleonimo, re di Sparta 55
Cleopatra, moglie di Filippo II 15-16; I Sira 179, 202, 211; II 92-93, 95, 211-213; III 92-93, 212-213, 402; VII 92, 95, 211, 231-234, 236-240, 245; Tea 209, 212
cliens 161, 189
Clito 105
Cnosso 87, 225, 257
Colchide 217, 227, 308
colonia, romana 4, 8, 134, 160, 183, 257-258, 266, 284, 289-299, 325, 354, 369, 400, 404, 411
colosso di Rodi 2, 3, 44, 45
commercio 80, 100, 102, 170, 185, 188, 199, 216, 223, 258, 283, 285, 299-303, 315, 322-323, 325-327, 334-335, 342, 348, 351, 358-359, 371, 398, 402-407
Concordia, culto della 69, 364, 390; *vedi anche Homonoia*
conferenze, pubbliche 128, 340, 405-406
connettività 6, 401-404
consiglio, di un'alleanza 16, 134, 135-136; di un'anfizionia 184; di una città 116, 139, 291-292; di anziani 292; di uno stato federale 136-137; di governatori 285
console 158, 162, 165, 172, 173, 179, 185, 186-187, 191, 197, 219-220, 222, 229, 233, 234-235, 248, 263, 279-280, 281, 283; console suffetto 248, 312
conventus 284, 304
Corcira 52, 157-158, 164-165
Corea 79, 407
Corinto 8, 15, 70-75, 77, 82, 96, 133, 175, 190-193, 258, 282, 284, 325, 337, 398
corinzia, alleanza 15-16
corruzione 25, 199, 231, 280
corte, nelle monarchie ellenistiche 13, 16, 28, 36, 48, 62, 67, 85, 90-91, 95, 98-99, 100, 110, 118, 121, 162, 178, 187, 232, 305, 321; titoli di corte 98-99, 121

Cos 70, 80, 143, 309, 311, 312, 321, 322, 338, 347, 366, 379
cosmopolitismo 1, 5-6, 302, 336-337, 413
Crasso, Marco Licinio 197, 223, 229
Cratero, generale di Alessandro Magno 25, 29, 34, 39; fratello di Antigono Gonata 71
Cremonide 68-69
cremonidea, guerra 67-70
Creta 87, 107, 13, 135, 137, 170, 224, 225-226, 237, 257, 258, 282, 315-320, 322, 324, 326, 343, 352, 369, 379, 388, 392, 396, 398, 400; cretese, *koinon* 76, 137; cretese, guerra, prima 170
cristiani, Cristianesimo 9, 241, 299, 359, 368, 371, 376-378, 381, 392-393, 394-398
Cristo, Gesù 241, 272, 381, 392, 395, 396
Critolao 190-191, 316
Ctesibio 2, 59
culto di Alessandro Magno 19, 28, 113-114, 119; di un benefattore 360; dei re ellenistici 114-120, 275, 278; di Filippo II 17; di Filopemene 181; di un generale romano 176; imperiale 272, 275-279, 355, 359
culto, fondatore di un 389-394
Curopedio, battaglia di 50, 56-57, 95, 115

Dacia 263, 269, 282
Dardani 62
Dardano, pace di 221-222
Dario I 28; Dario III 1, 18-23, 28, 97
dazi doganali, pagamento di 188, 198-199, 286; legge d'Asia sui dazi 199
debito, privato 2, 25, 128, 146, 185, 190, 221, 315, 351; pubblico 2, 128, 256, 317, 331; cancellazione dei debiti 52, 75, 185-186, 196-197, 221, 256, 316-318
decurio 289
dekaprotoi 292
Delfi 48, 63, 65, 67, 184-186, 265, 267, 268, 274, 322, 337-339, 349, 354, 362, 404-405
Delo 188, 325, 362, 411

demagogia 54, 146, 149-153, 296, 298, 306, 308, 316, 317
Demetriade 47, 68, 99, 114, 131, 175
Demetrio Falereo 148-150, 343; Demetrio di Faro 157-158, 161-162, 165
Demetrio, Antigonidi; Demetrio Poliorcete 36, 40-49, 53, 55, 58, 61, 70, 74, 109, 111, 114, 117, 122, 131, 150, 175-176, 184, 306; Demetrio II 74; figlio di Filippo V 95, 175; re greco-battriano, I 207-208; re seleucide, I 190, 202, 205, 209; II 205, 210, 212
democrazia 9, 31, 51, 73, 105, 107, 139-140, 141-142, 142-149, 234, 290, 296, 306, 332, 367
demos 141, 145, 293, 295, 296, 332, 367
diadema 1, 43, 90, 108, 125, 234
diadochi *vedi* successori, di Alessandro Magno
diagramma 30, 107
Dima 257
dinastico, conflitto 13, 46, 48, 50, 95-96, 104, 121, 201, 202, 203, 205, 206, 208-214, 230-231, 252
dio 368-378, 382-385; morte di un 368; punizione divina 381; oracolo sulla natura del 377; presenza 378; egizio 371-375, 390; iranico 358, 375, 381, 390; orientale 358; siriaco 204; trace 359, 369; *vedi anche* epifania, religione
Diodoro Pasparo 151
Diodoto Trifone 205
dioikesis, epi tes dioikeseos 139
dioiketes 100
Dione di Prusa 296, 298, 406
Dioniso 23, 24, 47, 77, 113, 114, 115, 116, 143, 239, 363, 366, 368, 386, 388, 397; Neo/nuovo Dioniso 219, 230, 239, 276; di Dioniso, artisti 115, 336
Dioscuri 210, 368, 370, 390
discriminazione 9, 142, 299
donazione 46, 103, 142, 144, 239, 251, 323, 329, 330-333, 348, 351, 363, 391; *vedi anche* benefattore
donne 345-350; benefattrici 348-349; istruzione 341; dello spettacolo 349; festival 349-350; attività professionali 322, 346, 349; mobilità 350; diritti di proprietà 347-348; uffici pubblici 330; ricchezza 302, 325-326, 330, 342, 348-349
duoviri 289
Dura-Europo 327
dynamis 378
Dyrrhachion 191, 257, 407; *vedi anche* Epidamno

Ecate 370, 375, 390
economia 132, 226, 325-327, 352-353; specializzazione professionale 321-323; tolemaica 86, 100; romana 183-184; guerra, impatto sull'economia 128, 253-255; *vedi anche* agricoltura, artigianato, banchieri, commercio, debito, olio d'oliva, terra, vino
ecumene 6, 242, 244, 255, 271, 323, 327, 400-401, 406-407
efebi 116, 152, 267, 275, 295, 339, 341-345, 364
Efestione 26, 29, 114
Ege, in Asia Minore 115; in Macedonia 14, 17, 99
Egeo, isole dell' 56, 70, 74, 83, 103, 119, 162, 170, 221, 282, 318, 372, 396
Egina 198
Egitto, Alessandro in 17-21, 28, 30, 35; Adriano in 266, 289; faraoni indigeni 86, 170, 211; Egitto tolemaico 36, 39-40, 51, 52, 56-58, 68-70, 77-126, 131-132, 170-171, 201-203, 211-214, 230-240, 318-320, 336, 346-347, 357-358, 409; Egitto romano 272, 283, 327, 351, 398; *vedi anche* Alessandria, Tolomeo
egizi, dèi 371-375, 389-390; sacerdoti 85, 97, 101, 119, 211, 213
Egiziani, nell'esercito tolemaico 86
Egnazia, via 191, 253
Egnazio, Cneo 191
eikosaprotoi 292
eirenarches 292
ekklesia 139, 293
ekklesiastai 293

ekklesiastikon 139
elefanti, da guerra 44-45, 55, 79, 84, 86, 171, 179, 180
Elei 72
Eleusi, «giorno di» 202-203
eleusini, misteri 47, 117, 265, 385, 393-394
eleutheria 38, 260; *vedi anche* libertà
Eleutheria, festival 128, 176, 339
Elide 76, 168
Elio Aristide 129, 288, 327
Eliodoro 201-202
élite 9, 73, 91, 96, 120, 151, 176, 245, 282, 287, 291, 293, 308, 363; *vedi anche* aristocrazia, nobiltà
ellenarca 413
ellenica, alleanza 20, 22, 25, 28, 30, 34, 44, 63, 75-76, 82, 175
ellenisti 1
ellenistica, età 1-3
ellenizzazione 7, 204, 217, 283
Ellesponto 64, 84, 170, 171, 177
Emesa 228, 251
enargeia 366
enktesis 320
Eno 82
Enoanda 293, 338
enoteismo 361, 378
epekoos 361, 369, 378, 383
epi tes dioikeseos 139; *epi tes poleos* 106; *epi ton pragmaton* 102, 120; *epi ton prosodon* 102
Epicuro, epicurei 2, 152, 310, 352, 382, 393
Epidamno 158, 164, 165, 191; *vedi anche* Dyrrhachion
Epidauro 379, 383-384
epifania 67, 118, 378, 384, 391
epiphanes (Epifane) 112, 125; *epiphanestatos* 274, 378
Epiro 16, 48, 53, 57, 62, 70, 74, 76, 95, 133, 168, 188, 220, 232, 257, 258, 269, 282
epistates 106, 311
epistrategos 100
Epitteta di Thera 348
Epitteto 312
Eracle, figlio di Alessandro Magno 34, 41, 95-96
Eracle 24, 67, 113, 114, 152, 342, 369, 370, 401; antenato dei re macedoni 12, 20, 23, 113; antenato dei Tolomei 113
Eraclide, viaggiatore 127-128, 362
Erasistrato 59, 93, 305-306
Eratostene 59
Eretria 68
Erode Agrippa 298
Erofilo 305
eroizzazione, di un mortale 26, 114, 152, 307, 389
Eros 255, 279
esercito 13-14, 25, 28-31, 75, 90, 97, 101, 109-113, 120-122, 125, 135-138, 168-169, 210, 270, 281, 302, 310, 317-321, 324; assemblea dell'esercito 94; proclamazione del re da parte dell'esercito 33-34, 42-43, 46, 90, 94
esilio 25, 48, 55, 71, 150, 213, 217, 220, 229, 230, 233, 236, 296, 309, 312, 314, 316, 318, 406
Estia 369
ethnarches 104, 228
ethnos 134
etnico, conflitto 203, 299, 410
Etolia 48, 65, 134, 163, 167, 179, 192, 215, 224, 258, 318
etolica, lega (*koinon*) 72, 73, 75, 76, 134, 167, 171
Eubea 68, 74, 96, 191, 192, 318
Euclide 2
Eucratide di Battriana 207
Eudosso di Cizico 401-402
Eumene, segretario di Alessandro Magno 35, 36, 40; re attalidi: Eumene I 167; II 90, 102, 134, 179-180, 184-185, 188, 193, 195, 343, 363
eunuco 232-233, 351, 406
Euricle di Sparta 311
Euriclide di Atene 143-144, 151
Eutidemo di Battriana 171, 207; di Milasa 307
evergetismo 330-334

famiglia 345-348, 355-356
Fanagoria 228, 252
faraone, Alessandro come 19-20, 28, 89-90, 113-114, 407-408; re tolemaico come 91, 119; faraoni indigeni in Alto Egitto 86, 170, 211

Farisei 200, 395
Faro di Alessandria 2, 3
Farsalo, battaglia di 232
Fenice, pace di 168, 170, 173
Fenicia 18, 49, 78, 84, 202, 203, 211
festival 15, 65, 77, 113, 123, 175-177, 259, 267, 272, 275, 276, 278, 279, 286, 295, 303, 321, 323, 330, 332, 336-340, 345, 348-349, 350, 358, 361, 362-368, 373, 391, 404, 405, 407, 411
fides 161, 173, 185
Filadelfia 385, 389
Filetero 50, 57, 167
Filippi 20, 113, 235, 257, 290, 308, 397, 398, 411
Filippo II 4, 12-17, 34, 69, 82, 105, 113, 164, 175, 319
Filippo III Arrideo 33, 34, 35, 95, 105
Filippo V 76, 82, 85-87, 95, 107-108, 125, 163-165, 168, 169, 171, 179, 184, 245, 320
Filippopoli 20
Filodemo 310
Filopappo 313
Filopemene 136, 151, 168-169, 181, 343
filosofi 30, 53-54, 100, 127, 147, 150, 152, 197, 219-220, 239, 245, 296, 306, 309-312, 314, 322, 342, 359, 360, 362, 391, 392, 398, 405, 406; «ambasceria dei filosofi» 405
Filota 29
Fimbria, Claudio Flavio 221-222
finanze, pubbliche 139, 142, 144, 146, 198
fiscale, amministrazione, nelle città 139-140, 142-146, 151, 285-286, 287, 316-317, 330; nell'Egitto tolemaico 101-102; nelle province romane 284; *vedi anche* tasse
Flaminia, via 183, 191
Flaminino, Tito Quinto 174-177, 192, 260, 275
Flavia, dinastia 249, 261-263, 278, 406
Focione 105
Frigia 36, 45, 50, 102, 132, 134, 193, 197-198, 217, 318, 343, 350, 391, 398
funerale, pubblico 295, 298, 332, 338

Galati 61-67, 167, 193; *vedi anche* Celti, Galli
Galazia 65, 217, 242, 251, 257, 262, 278, 283
Galli 55, 58, 61-67, 89, 103, 134, 193-194, 304, 318, 338, 367, 400, 404; *vedi anche* Celti, Galati
Gandhara 207, 208, 408
gara 338, 340, 345, 349
Gaugamela 21, 97, 210
Gaza 19, 86
generale, in una città 139; in uno stato federale 72, 136, 274; nell'Egitto tolemaico 100; nell'impero seleucide 102
gerousia 292, 336
Gerusalemme 203-205, 261, 265-266, 268, 312, 343, 410
Geti 61,
ginnasio 128, 130, 134, 151, 152, 204, 219, 293, 297, 298, 308, 323, 329, 332, 340, 341-345, 348, 351, 363, 364, 405, 410
giovani 11, 70, 85, 116, 149, 151, 152, 208, 225, 290, 297, 302, 317, 342-343, 345, 350, 363, 364, 366, 403; *vedi anche* efebi
Giteo 331,
Giudei 1, 5, 103, 203-205, 250, 259-261, 263, 265-266, 268, 288, 296, 298-299, 318, 327, 335, 342, 343, 377, 396, 397, 398, 404, 410; diaspora 335, 359, 396, 404
giudici 138, 411; stranieri 135, 317
giustizia, amministrazione della 91, 98, 101, 284, 285, 307
gladiatori 298, 337, 355
Glaucone 69
Glicone, Nuovo Asclepio 371, 376, 392-395, 398
«globalizzazione» 6, 399-401, 404; *vedi anche* connettività, *ecumene*
Gordio 18
Gortina 87, 137, 252, 282, 284
governatore, di una provincia romana 191-192, 219, 275, 286, 288, 310, 337; culto del 275
Gracchi 195, 197-200
Grandi Dèi 365, 386, 390, 398
Granico, battaglia presso il 418
grano, donazione di 46; rifornimenti di

INDICE ANALITICO

109, 144, 198, 225, 230, 231, 256, 283, 292, 297-298, 323
guardia del corpo 17, 36, 123; titolo di corte 29-30, 98
guarnigioni 16, 38, 39, 41, 66-68, 71-74, 79, 80, 82, 96, 106, 107, 109, 114, 119, 132, 134, 140-142, 144, 170, 174, 176, 180, 184, 203, 204, 260, 318, 327, 334, 346, 367, 402
guerra 17-24, 37-76, 109-113, 128
guerra civile 25, 51-52, 71, 83, 87, 104, 140, 142, 146, 150, 152, 205, 209, 211-214, 230, 232, 244, 315, 317, 318, 404; guerre civili romane 134, 215, 218, 222, 227, 228-229, 231, 232, 234, 239, 247, 251, 261, 262, 303, 309, 311
«guerra sociale» in Grecia 76
gymnasiarchos 139, 293, 333, 342
gynaikonomos 350

hegemon, della lega achea 82; dell'alleanza ellenica 16, 18, 25, 44
heis theos 361, 378
helepolis 43, 111, 306
Hermes 67, 335, 342, 360, 369, 379, 411
hetairoi 30
hierodoulos 354
hieronikes 338
Homonoia 69, 364; *vedi anche* Concordia
hydraulis 2, 59, 322
hypsistos, theos 371, 377

Ibrea di Milasa 152, 307-308, 311
identità 5, 8, 137, 138, 243, 263, 267, 272, 279, 288, 298, 304, 322, 334-335, 336, 341-345, 358, 391, 407
Idumea 205
Ierone I 57; II 111, 306
Illiria, Illiri 13, 57, 62, 64, 65, 74, 76, 157, 161, 164, 168, 186, 188, 191, 222, 224, 257; illiriche, guerre 158-162, 166
imperatore, romano 242, 269-279; assimilato agli dèi 277-278; ambasceria all'imperatore 268, 271, 273-274; culto imperiale 275-279; giuramento di lealtà 270-271; possesso di terra da parte dell' 286; viaggi dell' 271
imperialismo 5, 55, 158, 159, 164, 172-175, 192, 200
imperium 180, 220, 226, 242, 280; *imperium maius* 226, 281; *imperium proconsulare maius* 247, 269
incolae 289
incubazione 379-380, 383
incursioni, barbariche 56, 57, 128, 164, 176, 215
India 5, 6, 26, 60, 77, 84, 207, 390, 391, 400, 402-404, 408; Alessandro in 23-24, 114; Antioco III in 171; regni greco-indiani 390, 408; Seleuco I in 44-45, 50; commercio con 327
Indiano, oceano 402-404
iniziazione 8, 335, 360, 365, 375-376, 385-386, 388, 389, 393
inni 47, 117, 275, 278, 308, 396, 397
Ionia 77, 84, 172, 189, 196, 198
Ipso, battaglia di 45-46
Iran, Iranici 5, 21, 24, 25-26, 28-31, 57, 103, 204, 206, 210, 255, 318, 346, 358; iranici, dèi 375-376, 381, 390
«iscrizioni confessionali» 380
Isillo 384
heis theos —
Isocrate 15
isopoliteia 320
isotheoi timai 117
Isso, battaglia di 18, 21
istmiche (gare) 175, 259, 338
istruzione 5, 71, 288, 305-309, 313, 323, 335, 341-342, 344, 405; *vedi anche* ginnasio
Italia 6, 7, 51-55, 155-166, 173, 178, 183, 184, 188, 191-192, 217-218, 223, 225-227, 232, 235, 257-258, 265, 270, 289, 290, 304, 325, 345, 352, 368, 406, 411, 413; dèi italici 289, 369
Italici 188, 216, 256, 411; nell'oriente greco 216, 218, 226, 258, 289-290, 325, 335, 411

Kavafis 31, 48, 209, 239-240, 413
Koile Syria, Celesiria 46, 56, 79-80, 83, 86, 110, 171, 177, 202, 203, 211
koine 7, 412
ktistes 20, 216

Labieno 235, 255, 307-308
Lagidi 56
lamiaca, guerra 37-38
Laodice, moglie di Antioco II 80-81; guerra di Laodice 81-85, 95, 156; moglie di Antioco III 92, 115-116, 119, 178-179; moglie di Antioco IV 202, 217
Laodicea, in Frigia 151, 308
laoi 103-104, 304
Larissa 107-108, 320
latino, lingua in oriente 7, 246, 257, 282, 289, 290, 411
Lebena 379
legatus 226, 281-283; *legatus Augusti pro praetore* 226, 281
legge, romana 398, 411; *vedi anche* arbitrato, giudici, giustizia, tribunali
Lemno 175
Lepido, Marco Emilio 234-236
lettera, imperiale 255, 268, 270, 274; di Plinio il Giovane 287, 290, 292; del re 18, 30, 102, 105, 107-108, 193, 202
libertà, politica 16, 17, 31, 37, 38, 41, 60, 61, 65, 67-70, 73, 77, 83, 105-109, 115, 117, 143-144, 164, 174, 175-177, 178, 181, 184, 188, 192, 196, 219, 259-261, 262, 274, 299, 310, 367
liberti 248, 303, 313-314, 333, 353-355, 359, 375, 411
Licia, Lici 78, 84, 104, 133, 138, 150, 180, 188, 199, 252, 262, 277, 283, 291, 293, 320, 323; lega licia 138, 252, 277
Licurgo di Atene 151
Lidia 198, 288, 391, 412
lingua greca, come lingua franca 1, 7, 369
Lisia, visir seleucide 205, 209; Lisia di Tarso 152
Lisimachia 51, 64, 171, 177
Lisimaco 36, 39-40, 43-46, 48-51, 53, 55, 61, 63, 68, 80, 94-95, 178, 319, 391
Lisso 158, 162, 166
Litto 87
liturgia 144-145, 292, 293, 330, 332, 333, 342, 348
Luciano 392-394
Lucullo, Lucio Licinio 222-224, 227

Maccabei 1, 2, 204
Macedonia 4, 13-15, 22, 24, 26-27, 30, 33-34, 36, 39-40, 43, 46-57, 61-62, 64-65, 68, 71-74, 76, 80, 85, 86, 89, 90, 95-96, 102-103, 113, 120, 130, 155, 161-162, 166, 172-175, 179, 184-192, 218, 219, 255, 259, 275, 277, 282, 284, 310, 316, 318, 319, 325, 344, 350, 355, 373, 388, 399, 407, 411; provincia romana 191-192, 198, 235, 257, 268, 282, 284, 310, 325; *koinon* macedone 268, 277; *vedi anche* Antigonidi
Magas 79, 94-95
magistrati, cittadini 67, 73, 104-105, 107, 115, 116, 129, 130, 134, 139-141, 143, 144, 145, 146, 150, 214, 274, 287, 290-297, 306, 317, 332, 340, 364-366, 368, 369; federali 28, 34, 135-139, 268, 277; romani 133, 163, 181, 189, 199, 216, 220, 226, 244, 247, 279, 280, 285, 354, 363, 413; accumulo di magistrature 142, 145, 296; *vedi anche summa honoraria*
Magnesia sul Sipilo 179; Magnesia sul Meandro 140-141, 338, 350
Manetone 409
manifattura 199, 301, 322, 352; *vedi anche* artigianato
manumissione 248, 304, 353-354; *vedi anche* liberti
mar Nero 5-6, 51, 57, 62, 79, 106, 144, 169, 170, 216-217, 227, 242, 252, 257, 282-283, 294, 303, 316, 323, 358, 377, 400; *vedi anche* Bosforo, regno del Ponto
Marco Antonio *vedi* Antonio, Marco
marmo, commercio del 325
Maronea 274, 384
Masada 261
Mathura 207, 408
matrimoni, misti 28-29, 31, 187, 255, 303, 346-347, 411; tra fratelli 62, 80, 92, 95, 178-179, 202
Maurya, impero 6, 44-45, 207, 390, 400
medici, medicina 59, 93, 143, 194, 271, 302, 303, 305-306, 309, 312, 313, 321, 322, 340, 348, 369, 379
medicinali, piante, commercio di 326-327
Megara 72, 192

megas theos 361, 378
Megastene 45,
megateismo 361, 378
Melancoma 312, 339
mercenari 25, 28, 37, 52, 55, 64, 87, 103, 104, 106, 143, 149, 150, 169, 180, 210, 217, 225, 227, 302, 315, 317, 318-321, 324, 326, 330, 334, 346, 349, 351, 404, 410
meris 187-188, 205
Mes 378, 381, 391
Mesia Inferiore 259, 282
Mesopotamia 26, 39, 44, 56, 81, 83, 85, 206, 223, 263, 264, 271, 318, 327
Messene 168, 181, 244-245, 365, 386
Messenia 134
meteci 304, 334
Metello, Quinto Cecilio, conquistatore della Macedonia 190-191; conquistatore di Creta 226
Metropoli, in Ionia 196, 329-330, 351
Micione di Atene 143-144, 151
migrazione 62, 151, 256, 301, 317, 318-321, 335, 346, 358, 400
Milasa 151, 307
Mileto 80, 132, 140, 149, 319-320, 338, 383
militare, tattica 13-14, 101, 111-112, 312; addestramento 14, 75, 101, 110, 111, 125, 204, 341-344, 363; *vedi anche* assedio
mimo (genere letterario) 357-358
mimi (artisti) 100, 125
miniere 187, 282, 286, 330, 351
miracolo 63, 64, 67, 183, 372, 374, 378-383, 391-392; miracolo di guarigione 378-380, 392; *vedi anche* epifania
misterici, culti 47, 117, 265, 336, 359-360, 365, 369, 371, 372, 375-376, 385-386, 388-389, 392-394, 398
Mitra 375-376
Mitridate I di Partia 206; Mitridate, re del Ponto: V 215; VI 152, 216-228, 307
mobilità 6, 7, 321-323, 335, 336, 341, 349, 359, 362, 371, 381, 407; mobilità sociale 305-314, 333; *vedi anche* migrazione
Molone 85, 96, 110
Molossi 48

monarchia, di Alessandro 25, 28-31; ellenistica 89-126; ideologia della 23, 89, 124; macedone 33, 89-90; *vedi anche* imperatore, re
multiculturalismo 7, 29, 371, 401
Mummio, Lucio 191
Museo di Alessandria 2, 3, 12, 99-100, 213, 266, 305
musica 67, 99, 125, 239, 322, 341-342, 365, 369; gare musicali 65, 175, 278, 337, 338, 340, 341, 360, 363

Nabatea 263
Nabide 169, 174, 190
Nacone 315-316
nativa, popolazione, *vedi* popolazione indigena
Naupatto, conferenza di 163, 189
Neapolis (Napoli) 345
Nearco 24, 403
negotiatores 216, 325
Nemee (gare) 125, 259
Nemesi 369
neokoros 271-272, 277-278
Nerone 199, 249, 259-261, 264, 271, 272, 275, 282, 295, 309, 314, 338, 398, 403, 406
Nerva 263
nesiotica, lega 68, 137
Nicanore, Caio Iulio 309
Nicia di Cos 152, 311
Nicomedia 284, 312
Nicopoli 227, 229, 258, 338
Nilo, piena del 78, 91, 100
Nisa 151, 292, 314
nomadi, incursioni dei 112, 206, 207, 400
nomos 100-101

Ofella 52
oikonomos 100-101, 326, 354
Olbia 144, 252, 255, 294
oligarchia, oligarchici 9, 39, 51, 113, 139-142, 145-146, 188, 192, 290, 310, 314, 332, 337
Olimpiade 17, 34, 40, 95
Olimpiadi (giochi olimpici) 25, 259, 337, 338, 404
olio d'oliva, commercio dell' 109, 216, 258, 325, 326, 332, 342

Opis, ammutinamento di 25
Opramoa 323
optimates 218, 229
oracolo 19, 20, 270, 353, 360, 368, 369, 377, 380, 382, 383, 392
oratore, oratoria 7, 15, 37, 129, 147-148, 150, 151, 152, 229, 263, 275, 288, 296, 298, 302, 303, 306-309, 311, 321, 322, 366, 384, 387, 404-406
Orazio 192-193
Orcomeno 137, 221
Oreioi, koinon ton oreion 137
orfani 323-324
Orfeo 387; orfismo 385, 388
Oroferne 194
Osiride 267, 368, 371-373
Ottaviano 235-236, 238-239, 241-242, 244, 246, 251, 255-257, 277, 283, 296, 308, 311, 338; *vedi anche* Augusto

Paflagonia 197, 217, 229, 251, 257, 262
Palestina 46, 79, 101, 178, 398
Palmira 327
Panatenaiche 367
panellenica, alleanza (*vedi anche* ellenica, alleanza) 4, 82, 164; feste p. 15, 176-177, 259, 337, 404; spirito p. 69
Panellenio 4, 5, 267, 338
Panticapeo 227, 252
Paolo, Lucio Emilio 162, 187-188
Paolo, san 299, 376, 398
paradoxon 9, 39, 361
paramone 353
parente, titolo di corte 30
Pario 257
Parmenione 29
Parni 61, 83, 206
paroikoi 104, 289, 304, 305
Paropamisade 207
partecipazione, politica 8, 9, 136, 139, 141, 143, 146, 346, 364
Parti 4, 83, 112, 206-207, 209-210, 217, 224, 227-229, 233-236, 238, 244-245, 251, 262-264, 281, 283, 307
Patara 252
Patrasso 72, 257, 258, 325, 411
patronus 122, 161, 189, 280, 309

Pella 4, 99, 187, 257
Peloponneso 15, 56, 65, 68, 70-76, 79, 113, 128, 134-135, 150, 162, 168-169, 189-190, 192, 255, 257-258, 282, 317, 388
Perdicca III, re della Macedonia 13, 17, 33
Perdicca, generale di Alessandro 34, 36, 39-40
Pergamo 8, 50, 57, 65, 67, 89, 90, 99, 106, 132, 140, 151, 167-168, 171-172, 174, 175, 177, 179, 180, 183, 184, 193-198, 200, 213, 233, 244, 268, 277-278, 316, 340; altare di 194
periodonikes 339
periodos 337
peripeteia 9, 39, 123
Periplous Maris Erythraei 403
Persefone 117, 385, 388
Perseo 122, 184-190, 193, 316
Persepoli 22
persiana, religione 360, 412
persiane, guerre 4, 14, 15-16, 18, 20-21, 41, 63, 65-67, 69, 128, 164, 175, 267, 309, 339
persiane, tradizioni, adottate da Alessandro 28-29, 90
persiano, impero 4, 15-16, 18-19, 22, 30, 35, 84, 102, 400, 404, 408; *vedi anche* Achemenidi
Pessino 65, 193
philoi 98-99, 109, 121
Pidna, battaglia di 187
pirateria 128, 157, 161, 224-226, 311, 324, 352
Pitagorici 388, 391-393
Pitea di Massalia 23, 401
Pitiche (gare) 77, 184, 186, 259, 338-339, 349
Pitodoride 151, 308
Pitodoro 151
Platea 16, 69, 128, 339
Plinio il Giovane 241, 270, 273, 284, 287, 290, 292, 396-397
Plinio il Vecchio 158-159
Plutarco 28, 42, 48, 105-106, 123, 220, 245, 311, 368
Plutone 385, 387
Polemone del Ponto 308-309
Polemone di Ilio 405

Polibio 6, 73, 86-87, 125, 128-129, 135, 141, 155-156, 159, 163-165, 181-182, 188, 192, 215, 254, 310, 313, 317
Poliperconte 40-41
polis 6, 8, 9, 25, 30-31, 33, 46, 60, 61, 68, 70, 71, 97-98, 105-107, 109, 120, 127-135, 138-140, 180, 228-229, 256, 267-268, 288-299, 303-304, 316, 318-319, 333, 334, 335, 336, 340, 341, 343, 348, 366, 368, 400
politarches 104
politeuma 104
politica 333-334; influenza romana 146, 289; *vedi anche* assemblea, aristocrazia, cittadinanza, demagogia, democrazia, *demos*, élite, stato federale, oligarchia, partecipazione
Pompeiopoli 226, 228, 229
Pompeo, Cneo, 134, 210, 223-233, 237-238, 242, 257, 284, 289, 310, 324
Pompeo, Sesto 235-236
pontifex maximus 248
Ponto 57, 120, 151, 194, 197, 215-218, 221-224, 227, 228, 237, 241, 251, 257, 260, 270, 283, 286, 309, 375, 396
Ponzio Pilato 241
populares 218, 229
Poro 23-24, 28
Poseidone 15, 24, 38, 47, 115, 117, 175, 337, 363, 366, 367, 390
Posidonio di Apamea 219, 310, 401-402
pothos, di Alessandro 23, 149
povertà, poveri 52, 128, 145, 195, 314, 317, 320, 323, 366
praefectus 281, 290,
praetor 190, 225, 279, 280, 281, 310
praetorium 284, 288, 381
pragmata 120; *epi ton pragmaton* 102, 120
pragmateutes 354
prefetto d'Egitto 283, 399
prestito, pubblico 142-143, 144, 331
Priene 141, 144
princeps 240, 246, 248, 256
principato 3, 240, 246-249, 280, 286, 296, 305, 308, 309, 311, 313, 323, 338, 354, 359, 360
probouleusis 139

processione 17, 77, 113, 114, 117, 272, 275, 278, 295, 338, 349, 350, 360, 363-365, 386, 391, 407
proconsul 191, 247, 269, 280-281, 283, 286
procuratore 241, 260, 281, 282, 283, 286, 310, 393
propraetor 166, 286
proprietà, requisiti di, per rivestire un incarico 140, 146, 293; per accedere all'istruzione efebica 343
proskynesis 28, 90,
Protogene di Olbia 144
province, nei regni ellenistici 97-98, 100-101
province, sviluppo delle province romane 228, 230-231, 237-238, 242, 250-251, 260-262; amministrazione provinciale 279-288; *vedi anche* Acaia, Asia, governatore, Macedonia
provincia 279
proxenos, prossenia 302, 333
Prusia I 167, 171, 180; II 122, 184, 189, 194
publicani 192, 198-200, 216, 222, 224, 286
punica, guerra, prima 60, 155, 160; seconda 155-156, 159, 166; terza 190
Punjab 23, 207-208
purezza 369, 385, 386, 388, 395, 396

questore 282, 286

Rafia, battaglia di 85-87, 101, 162, 171
re cliente 121, 236, 238, 249-252, 312
re, proclamazione del 33-34, 35, 42-43, 46, 55, 57, 81, 89-90, 94-96, 171, 209; *vedi anche* re cliente
regine, ellenistiche 81-85, 93-95, 103, 114-117, 120, 151, 156, 170, 179, 202, 208, 210-212, 231, 233, 236-238, 308, 309, 348, 357, 402
religione 357-398; aspetti estetici 358, 364-365, 394-396; influenza straniera 357-360, 369-378; *vedi anche* culto, epifania, festival, dio, miracolo, misterici, culti, sacerdote

Res Gestae Divi Augusti 246-247
Rhoimetalkes II 309
ricchezza 11, 78, 79, 141, 144, 203, 280, 291-294, 301-305, 306, 307, 311-315, 323, 330, 331, 341, 348, 349, 351, 355, 385, 403
riforme 9, 75, 85, 146, 151, 185, 190, 195, 197-198, 200, 204, 220, 222, 233, 262, 280, 309, 316-317, 343, 376, 390, 411
riscossori d'imposte, nell'Egitto tolemaico 100-101; nell'impero romano 199-200; *vedi anche publicani*
Rivelazione, libro della; *vedi* Apocalisse
rivolta, nella capitale di un regno 177, 202, 210, 297; giudaica 203-205, 209, 234, 260-263, 268, 359; di nativi egizi 170, 177, 211
Rodi 2, 43-44, 46, 77, 80, 111, 132, 133, 137-138, 140, 145, 170, 172-174, 177, 180, 183, 186, 188, 218, 219, 222, 225, 256, 262, 271, 282, 297, 307, 321-322, 352, 400
Roma 122; culto di (*Thea Rhome*) 176, 275; espansione 6, 53, 128, 134, 156-200, 215-240; nobiltà 53, 160-161, 223, 280-281; *vedi anche rosalia*; senato, senatore
romanizzazione 7, 326
rosalia 411
Roxane 28, 34, 35

Sabina 264, 266, 276
sacerdote, sacerdozio 102, 104, 114-116, 119, 139-140, 143, 152, 192, 202, 251, 288, 329, 346, 364, 368, 372-374, 380, 381, 383, 393, 394, 397, 409; egizio 19-20, 85, 91, 97, 101, 119, 211, 213, 409; persiano 91, 412; vendita dei sacerdozi 140, 330, 368; *vedi anche* sommo sacerdote
Salamina, in Attica 309; battaglia navale di 16; Salamina, a Cipro 41
Sallustio 159
Samo 59, 106, 140, 262, 320
Samotracia 187, 386, 390
Sandrokottos 44
«santoni» 359, 389-394, 397
Sardegna 279

Sardi 18, 354
satrapia, satrapi 22, 28, 37, 83, 93, 96, 97, 101, 102, 110, 178, 201, 206, 207, 209, 210, 216
Scevola, Quinto Muzio 286
schiavo, schiavitù 7, 105, 122, 155, 183-184, 185, 188, 189, 191, 196-197, 200, 221, 253, 256, 270, 273, 279, 282, 289, 301, 303, 304, 312, 313, 315, 323-324, 326, 333, 336, 342, 347, 350-356, 359, 364, 381, 386, 393, 404, 406; imperiale 313-314, 354-356; matrimonio tra schiavi 355; schiavi pubblici 330, 350, 351, 355; schiavi sacri 354-355, 380; rivolta degli schiavi 197, 223, 229; commercio degli schiavi 216, 225, 351, 352, 354, 355
scienza 3, 11, 14, 59, 95, 111, 305-306, 309
Scipione Emiliano 213; Africano 56, 179; Cornelio 179
Sciti 61, 155, 207, 217, 218, 400
Sebasta (gare) 312, 338
Seleucia sul Calicadno 257
Seleucia di Pieria 83
Seleucia sul Tigri 81, 99, 131, 206
seleucide, regno, re 36, 39, 40-41, 43-46, 48-51, 56, 57, 68, 70, 76, 79, 80, 82-83, 87, 90, 91, 94-95, 96, 99, 101-103, 110, 112, 113, 115, 119, 120, 122, 125, 132, 133, 134, 167, 170, 178-180, 183, 190, 201-203, 204, 205, 206-211, 212, 223, 228, 251, 319, 320, 408
Seleuco I 36, 39-41, 43-46, 48-51, 56, 93, 113, 115, 131, 171, 306; II 81-85, 95; III 450; IV 184, 201-202, 209
Sellasia, battaglia di 75, 168, 317
senato, romano 5, 53, 102, 122, 133, 134, 151, 157, 158, 159, 160, 162, 163, 172, 176, 181, 185, 186, 187, 188-193, 196-197, 199, 202, 209, 210, 216, 217, 219, 222, 224, 226, 228-232, 236, 239, 247, 261, 262, 268, 269, 274, 279, 280, 286, 288, 292, 310, 312, 367, 391, 405; culto del 275, 278; province senatoriali 270, 284, 286
senatore 96, 122, 172, 181, 183, 185, 190-191, 197, 234, 236, 245, 247,

248, 263-264, 269, 280, 283, 287, 309, 310, 312, 325, 354, 405; di origini greche 262-263, 281
Senofonte, Caio Stertinio 271, 309, 312
Serapide 359, 361, 371-372, 377, 378, 383, 390, 397
seviri 290
Sicarii 395
Sicilia 5, 43, 51-55, 57, 89, 149, 157, 161, 163, 197, 198, 219, 235, 279, 306, 316, 336, 386, 406
Sicione 70-72, 130, 150, 321
Sidone 45, 49, 68, 104, 193
Silla 218-222, 230, 238, 248, 280, 284, 313, 349, 402
simposio 335; *vedi anche* banchetto
sincretismo 7, 208
Sinope 216, 228, 257, 323
Siracusa 8, 51-52, 54, 57, 59, 71, 89, 111, 165, 166, 306, 357
Siria 5, 31, 39, 40, 46, 56, 57, 76, 78, 79, 82, 83, 84, 101, 120, 171, 178, 197, 209, 210, 211, 212, 223, 228, 230, 231, 232, 234, 235, 237, 238, 242, 251, 257, 262, 263, 264, 265, 267, 268, 281, 283, 309, 318, 324, 327, 376, 386, 392, 398; *vedi anche* Koile Syria
siriache, guerre 46, 79-81, 85-87, 202, 212
Siwa, oasi 19-20
Smirne 278, 313, 369
società 301-327; conflitto sociale 3, 75, 87, 203, 221; gerarchia sociale 301-305; problemi sociali 314-317; *vedi anche* élite, povertà, schiavitù, ricchezza
sofista 314, 406; seconda sofistica 406
sogno 67, 379-380, 383, 387, 390
soldato, proprietà di terra 14, 223, 256, 257, 319; attività religiosa 119, 375; coloni militari 120, 204, 229, 19
Soli 226, 228
somatophylax 29-30, 98
sommo sacerdote, in Giudea 203-205, 209, 228; nell'impero seleucide 119; dell'imperatore 276-279
soter 63, 112, 114, 115, 118, 209, 361, 363, 367, 369, 370, 390
Soteria 65, 338, 367
soteriologia 361, 396

sottoscrizione, pubblica 142-143, 331-333
sovranità *vedi basileia*, monarchia, re
Spagna 155, 162, 173, 183, 223, 226, 229, 235, 250, 312, 401, 402, 412
Sparta, Spartani 4, 12, 16, 55-56, 68, 69, 70, 73, 75-76, 113, 130, 168-169, 174, 180, 190-192, 265, 291, 311-312, 315-317, 331, 343, 384, 400
Spartocidi 57
sport *vedi* atletismo, atletica
stato federale 65, 72, 74, 75, 106, 130, 134-138, 176, 184, 191, 192, 400
statua 2, 47, 77, 147, 244, 266, 334, 348, 389; onorifica 150-151, 153, 294, 310, 314, 332, 340, 348-349, 350; di dèi 2, 44, 114-115, 255, 350, 372, 386, 391, 392, 394; dell'imperatore 245, 252, 274-275, 279, 298; del re 35, 77, 112, 114-116, 194
stele di Rosetta 211
stephanephoros 139, 321, 333, 348, 390 (epiteto di Apollo)
stoici 2, 3, 197, 239, 306, 352
storiografia 188, 267, 405
Strabone 145, 296, 307-308, 362, 401-402
strada 8, 47, 56, 72, 102, 112, 117, 127, 128, 132, 139, 147, 183, 191, 198, 234, 252, 263, 285, 288, 298, 325, 331, 336, 365, 407; *vedi anche* Egnazia, via; Flaminia, via
stranieri 2, 77, 104-105, 127, 135, 136, 138, 140, 142, 150, 200, 206, 208, 215, 253, 259, 279, 292, 302, 303, 304, 316, 317, 319, 320, 333-336, 340, 341, 343, 362, 363, 364-365, 367
strategos 72, 100-101, 102, 136, 139, 274; *strategos autokrator* 52
Stratonice 93
Stratonicea sul Caico 196, 197; in Caria 264, 350
successori, di Alessandro Magno 2, 5, 27, 33-58, 62, 78, 84, 89, 90, 95, 96, 98, 119, 123, 131, 149, 156, 216, 230, 240, 318, 319, 400, 408
summa honoraria 292
symploke 6, 87, 155-156
sympoliteia 132

syngenes 30, 99
synhedrion 16, 136; *vedi anche* consiglio

Tacito 241
Tailandia 407
tamias 136
Tanagra 128, 137, 345
Tanaide 413
Tara 53, 362
Targelie 367
Tarso 152, 236, 270, 283, 284, 296, 308, 309, 311, 364
tasse 100, 102, 198-200, 214, 236, 279, 285-286, 292, 330; esenzione dalle 109, 115, 196, 205, 211, 259, 267, 270; *vedi anche* tributi
teatralità, comportamento teatrale 9, 94, 105, 107, 108, 122-125, 147-149, 236-237, 361
teatro, rappresentazione teatrale 17, 47, 105, 123, 127, 128, 130, 146, 219, 263, 290, 294, 299, 321, 332, 336, 338-339, 340, 343, 363, 366, 368, 373, 391, 394, 399, 405, 409
Tebaide, in Egitto 101, 133
Tebe 12, 118, 128, 130, 131, 349, 400
tecnologia 3, 9, 166, 305; *vedi anche* helepolis
Tenos 366,
Teo 115, 132, 189, 336, 366-367
Teocrito 8, 78, 110, 305, 318
Teopompo di Cnido 310
Termesso 104, 149
Tespie 137, 279
Tessaglia 15, 39, 47, 57, 68, 102, 107, 120, 131, 174-175, 190, 192, 218, 232, 282, 315, 320, 388; lega tessala 15, 27-28, 34, 274, 297
Tessalonica, città 8, 131, 187, 191, 282, 284, 373, 397, 398, 406
Tessalonica, sorella di Alessandro Magno 34, 35, 40, 131
tessile, produzione 322
testamento, di un re ellenistico in favore di Roma 194-198, 212-213, 222, 230
Teuta 74, 156-158, 162
theoria, theoroi 77, 119, 337, 386, 404
Theos Hypsistos 371, 377
theosebeis 377, 398

Thera 80, 106, 348, 390
threptos 323-324, 354
Tiberio 241, 271, 275, 278, 296-297, 313, 368
Tigrane II 201, 210, 217-218, 223-224, 227-228
Timarco, satrapo della Media 112, 209; tiranno di Mileto 80, 149-150
Tirieo 134, 343
Tiro 18, 19, 41, 45
Tito 262, 339
Tolomeo I 2, 11-12, 35, 39-44, 46, 48, 49, 50, 52, 56, 94, 118, 131-132, 150, 305, 338, 346, 361, 371; II Filadelfo 51, 56, 59, 68-70, 77-81, 91, 92, 94, 95, 110, 112, 118-119, 211, 238, 245, 305, 362, 386, 409; III 80-87, 91; IV 92, 170, 211; V 170, 179, 211; VI 92, 95, 202, 209, 211, 212, 213; VII 92, 211, 212, 213; VIII Fiscone 95, 202, 212, 402; IX Latiro 214, 230; X Alessandro 230; XI 230; XII Aulete 100, 230; XIII 92, 211, 231, 232, 233; XIV 211, 233, 236; XV (Cesarione) 233, 236; Apione 214; Cerauno 51, 57, 62, 68, 94-95; Epigono 68, 80; Eupatore 212; Menfite 213
topos (distretto) 101-102; letterario 350
Torah 203; traduzione della 59, 203, 395
Tracia 20, 36, 39-40, 49, 51, 57, 61-62, 64-65, 80, 82-84, 109, 170-175, 177-178, 189-190, 219, 235, 242, 252, 269, 282, 289, 309, 324, 355, 369, 384; cavaliere trace 369
Traiano 4, 241, 262, 263-264, 270, 271, 274, 282, 283, 284, 286, 287, 289, 290, 292, 312, 351, 391
Tralle 151, 308, 412
Trapezunte 216
trasporto 216, 285
Trezene 72
tribunali 16, 101, 116, 219, 296-297, 299, 304, 317
tribunicia potestas 247, 269
tributi, nei regni ellenistici 28, 38-39, 62, 97, 100, 102, 103, 106, 194, 195-196, 204; nell'impero romano 133, 158, 181, 187, 189, 192, 198-200, 216, 228, 238, 280, 327; esenzione

dai 16, 67, 115, 195, 196, 259, 289; *vedi anche* tasse
Triparadiso, accordo di 40
Troia 18, 266
trophimos 354
tyche 149, 385, 390

urbanizzazione 30, 129-130, 258, 283-284, 288-289, 290, 320-321
usurpazione 33, 90, 96, 101, 203, 207, 273

Vespasiano 247, 261-262, 269, 271, 273-274, 275, 283, 314, 406
veterani, concessione di terra ai 223, 229, 256, 257
villaggi 13, 101, 103, 131, 213, 228, 258, 319, 358, 399-400, 403
vino, produzione e commercio del 216, 258, 322-323, 404

visir 30, 34, 102, 120, 205, 209
vita dopo la morte 7, 8, 360, 385, 386, 387-389
Vulsone, Cneo Manlio 181

Xanto 291-292

Yuezhi 207, 400

Zeloti 260, 395
Zenone di Cizico 306, 352
Zeus 12, 14, 20, 63, 65, 77, 78, 114, 128, 136, 150-151, 204, 228, 265, 275, 278, 337, 353, 360, 363, 367, 368, 369, 370, 371, 377, 378, 381, 385, 387, 390, 391; Eleutherios 69, 260, 276, 339
Zipoete 38, 43, 57, 64
Zoilo di Afrodisia 313

Titoli della collana *Saggi*

1. A. Everitt, *Roma. Nascita di una grande potenza*
2. N. Malcolm, *Agenti dell'Impero. Cavalieri, corsari, gesuiti e spie nel Mediterraneo del Cinquecento*
3. U. Rublack, *L'astronomo e la strega. La battaglia di Keplero per salvare sua madre dal rogo*
4. A. Everitt, *Atene. Nascita di una grande civiltà*
5. S. Nadler, *La via alla felicità. L'Etica di Spinoza nella cultura del Seicento*
6. D. Jones, *I Templari. La spettacolare ascesa e la drammatica caduta dei guerrieri di Dio*
7. A. Chaniotis, *Età di conquiste. Il mondo greco da Alessandro ad Adriano*

Finito di stampare nel mese di febbraio 2019
L.E.G.O. S.p.A., stabilimento di Lavis (TN)